陳木杉編著

海峽兩岸編寫「台灣史」的反思與整合

宋晞題

臺灣學生書局印行

自序

近年來正值海峽兩岸交流頻繁與問題衍生之際，以歷史教學與研究的領域而言，數十年來，兩岸用不同的史觀，各自編寫了不同的歷史教材，使兩岸同胞對中國與台灣歷史的認知產生偏差與誤解，導致歷史文化的隔閡。基於此，本人不揣淺陋，於民國八十三年五月及八十五年九月分別撰寫《中共編寫「中華民國史」真相探討》及《大陸學界編寫「中國歷史」的理論與實際》二書，承蒙國立編譯館出版，獲得不少讀者的鼓勵，今再以上述二書作為基點，擴大撰寫《海峽兩岸編寫「台灣史」的反思與整合》一書，希望比較兩岸編寫台灣史實之異同，以還台灣歷史本來面貌。拙著疏漏之處難免，請讀者指正。本書得能順利完成及付梓，首先要感謝宋師旭軒的題封及台灣學生書局丁文治先生、鮑邦瑞先生的鼎力支持及引用不少兩岸學者的論點與史料，謹致由衷的感謝。

陳木杉　民國八十六年四月二十六日

謹誌於斗六市國立雲林科技大學人文科學院

海峽兩岸編寫「台灣史」的反思與整合

目錄

附錄：

第一章 前言

民國七十六年（一九八七）中華民國政府宣佈解嚴，原本隔絕的兩岸關係開始鬆動，兩岸重新展開民間的交流，兩岸敵對的態勢逐漸和緩，有識之士開始思考台灣與大陸之間未來的演變，經過各階層無數的討論，在台灣的中國人大多數同意中國終將統一，民國八十年（一九九一）三月行政院通過「國家統一綱領」，明白地宣示「中國的統一，在謀求國家的富強與民族長遠的發展，也是海內外中國人共同的願望。海峽兩岸應在理性、和平、對等、互惠的前提下，經過適當時期的坦誠交流、合作、協商，建立民主、自由、均富的共識，共同重建一個統一的中國。」於是政府的政策確定為和平統一中國。

然而由於四十多年的隔絕，兩岸在制度、生活與觀念上，有著相當大的差異，欲謀中國的和平統一，兩岸必須相互的瞭解、相互學習對方的長處，改正自已的缺點，產生廣泛的共識，才真正有益於統一大業。教育對於制度、生活與觀念都會產生影響，而基礎教育之影響尤大，因此，研究海峽兩岸基礎教育的異同，必然會增進海峽兩岸相互的瞭解。如果兩岸的教育工作者都能相互瞭解，在共同具有愛民族的良知下，相信會攜手合力改進基礎教育，培養出更優秀的下一代中國人。

歷史教育是基礎教育中重要的一環，對於思想，觀念的形成影響很大，歷史教育之推行與教材、教法、教具和教學環境都有關連，不過，在這些項目中，教材對歷史教育產生最直接與最明顯的影響，而且也主導學生學習的內容和活動。因此，本研究以《海峽兩岸編寫『台灣史』的反思與整合》為題，透過兩岸學界對古今台灣歷史事實的比較研究，希望達到下列目的：

㈠比較海峽兩岸在不同的政治制度和教育目標下，所編寫的台灣歷史書刊，內容有何異同。

㈡透過比較研究海峽兩岸台灣歷史書籍之內容，分析兩岸政治文化的異同。

㈢比較海峽兩岸國民因編寫台灣歷史內容之差界，各自對於國家民族之認知及歷史觀念之形成有何重大不同之處。

㈣從探討大陸學界編寫台灣歷史的理論與實際，著手增進雙方對歷史教育的相互認識。

㈤對兩岸編寫台灣史教科書的優缺點作一比較，並提供兩岸未來編寫台灣歷史教科書時改進之參考。

㈥從兩岸編寫台灣史的問題，比較唯物史觀與民生史觀之優劣，進而為台灣與大陸歷史發展的道路，找出一條正確的道路。

第二章　大陸學界編寫「台灣史」之理論架構

第一節　民國以來史學派別

史學理論是歷史科學的一個重要課題，它擔負著指導歷史研究和提高歷史研究水平的任務。在談到中共史學界編寫歷史的理論架構——「馬列主義的歷史觀」之前，吾人必須先就民國以來現代新史學的淵源、轉變與發展及史學思想作一簡要的敘述，始能窺其來龍去脈。

如果追溯現代史學的淵源，應自明末黃宗羲説起。他是主張以史學充實理學的，藉以補救王（陽明）學的空疏。同時憑史學以高倡民族思想，寄情於反清復明。但在異族統治，繼之以文字獄的威脅下，研究史學只能採考證、訂補、輯佚等方法。到了清代全盛期，有錢大昕出，他治音韻、訓詁、經義外，兼治史學，著作等身。在學術史上不但上承顧（炎武）、黃（宗羲），且下開後儒重修元史、專究西北地理以及編纂史部工具書的學風，而使現代新史學有一個穩固的學術基礎。

道光咸同以後，清廷統治權發牛動搖，學術界無法置身度外，不能始終以經史考證自誤，學術思想因之開始轉變。章炳麟是顧、黃學統的繼承者與復興者，竭力復興黃宗羲派的民族主義史觀。其著作如原經、尊史等篇，對民族革命之鼓吹，不無助力。❶

另有康有為，著「孔子改制考」，印行於清光緒二十三年（一八九七年），為經今文學給予史學以轉變動力的重要著作，其特別影響於史學的為卷一「上古茫昧無稽考」，卷九「孔子創儒教改制考」，卷十「六經皆孔子改制所作考」，卷十一「孔子改制託古考」，與卷十二「孔子改制法堯、舜、文王考」等篇。❷

近人有謂轉變期的中國史學，應該先分為「史觀」與「史料」兩派❸。史觀派因觀點不同，可分為「儒教史觀派」與「超儒教史觀派」：前者可稱為「經典派」，後者可稱為「超經典派」。「超經典派」的學者，因為對於歷史哲學與歷史方法論的取捨不同，又可再分為「疑古」、「考古」、「釋古」三派❹。至於「史料派」，因新史料的陸續發現，需要搜集、整理與研究，對史學的影響頗為重大。蔡元培曾說：「史學本是史料學」，不是無因的。

「疑古派」所研究的史料限於記載的書本，其方法不出於史實的考證，又可名之曰「記載考證派」。胡適、錢玄同、顧頡剛等是這一派的健將。他們繼承經今文學的思想體系，採用經古文學治學方法，接受宋學的懷疑精神，而使中國的史學完全脫離經學而獨立，這在中國學術演進史上是不能抹殺的。但其研究的史料只限於記載的書本，其研究的方法不免帶有主觀的成見，其研究的範圍僅及於秦、漢以前的古史以及若干部文學著作。因之，他們的成績不免消極的破壞多於積極的建設。顧氏提出「累層造成的古史觀」，以說明史實之真相既為累層的「觀點」所掩蓋，必須作清掃的工作，其主編之「古史辨」，即在反覆辯論「偽

史」，曾風行一時，未幾遭受到批評。❺

對「疑古派」的研究方法提出修正意見的是「考古派」。初期的代表者是王國維。王氏受羅振玉史料學的影響，由古文字學而古史學而西北民族史地研究。他的成就。陳寅恪說：其學術內容及治學方法，殆可舉三目以概括之者。一曰取地下之實物與紙上之遺文互相釋證；凡是屬於考古學及上古史之作，如殷卜亂中所見先公先王考及鬼方、昆吾、玁狁考等是也。二曰取外異族之故書與吾國之舊籍互相補正；凡屬於遼、金、元史事及邊疆地理之作，如蒙古考及元朝祕史之主因亦兒堅考等是也。三曰取外來之觀念與固有之材料互相參證；凡屬於文藝批評及小說戲曲之作，如紅樓夢評論及宋元戲曲史等是也。❻

王國維是一位篤實淳樸的學者，對史學方法的論爭不願參與。王氏是將甲骨學由文學演進到史學的第一人。其史學業績，不僅論斷精密，而且方法謹嚴。他之所以非僅僅屬於史料派的學者，且有別於疑古派而能卓然自成考古派者在此。考古派後期的代表者有李濟、夏鼐等，以地下發掘所得，處以嶄新的技術，不但對史前史，就是有文字記載以後的歷代史，則能以地下史料與書本史料相結合來研究。這是中國史學的新境界。考古派也可稱為「遺物考證派」，其與疑古派不同之處：考古派以地下材料與紙上材料相比較，以考證古史的真知，以建設真的古史為職志：疑古派則以紙上材料相比較，以考古史的真偽，偏於破壞的古文。兩者目的不同，方法各異，則所研究的結論自不相一致。

再說到「釋古派」，郭沫若是這一派的健將，注重社會史研究。惟其自身的論爭非常激烈，且已超出學術研究範圍之外。比較中肯的批評，要算馮友蘭為馬乘風「中國經濟史」所撰寫的「序文」中所說：

> 釋古一派之史學多有兩種缺陷：第一種是往往缺乏疑古的精神。往往對於史料，毫不審查，見有一種材料，與其先入之見解相合者，即無條件採用。第二種缺陷是，往往談理論太多，感覺他是談哲學，不是講歷史。我們應當以事實解釋證明理論，而不可以事實遷就理論。❼

錢穆以較沉痛的語調在「國史大綱」的「引論」裏說：

> 革新派之於史也，急於求智識，而怠於向材料。其於史既不能如記誦派所知之廣，亦不能如考訂派所獲之精。彼之把握全史，特把握其胸中所臆測之全史。其納合歷史於現實也，特借歷史口號爲其宣傳改革現實之工具。彼非能真切沉浸於已往之歷史智識中，而透露出改革現實之方案。彼等乃急於事功而僞造知識者❽

自命為釋古派的學人，往往感情重於理智，政治趣味過於學術修養，偏於社會學的一般性而忽略歷史學的特殊性，結果流於比附、武斷。自中國大陸赤化以後，馬列史觀由星星之火而燎原。隨著政治形勢之發展，更只講理論，不顧史實；先設有框框，而後奴役史料。譬如奴隸社會也者，他們仍聚訟紛紜。這不過是公式主義者的一種附會，本沒有歷史上的根據。西周以前，史料不完備，不能妄下斷語。在周代以後，在中國從沒有以奴隸為生產中心

的社會，已是一般史家所公認的事。❾

以下僅就「馬列史觀」的三大基本架構—「唯物史觀」、「階級鬥爭」、「社會發展史」作一簡要介紹，藉以透視中共編寫「台灣歷史」之理論基礎，及對釋古派的缺失予以揭露。

第二節　馬列主義的歷史觀

一、歷史唯物主義——唯物史觀

歷史唯物主義是馬克思主義關於社會發展的一般規律的理論。它從物質生活的矛盾，從生產力和生產關係的衝突，亦即是從階級和階級鬥爭的觀點，研究社會生活各方面的相互作用，研究決定社會制度的性質，社會的發展由一種社會制度過渡到另一種社會制度等等的條件。

在馬克思主義中，歷史唯物主義是一切社會組織部門的正確方法。它是馬列主義的一個組成部份，是共產主義的歷史基礎，是共產黨的政策、戰略和策略的理論基礎。❿在馬克思以前，歐洲的一般哲學家，大家認為意識、理性以及政治、道德、宗教等等的觀念和原則，是社會歷史中是人或歷史人物的自由意志左右著世界，決定歷史的進程。另有人認為歷史的進程歸根到底決定於知識的進步和教育在人民中的普及。所有這些，都被馬克思認為是唯心主義的觀點。

馬克思、恩格斯把德國費爾巴哈(L.A. Feuerbach 一八〇四—一八七三)的唯物主義哲學反宗教反唯心主義部份，和德國黑格爾(G.W.F. Heoel 一七七〇—一八三一)的辯證法，結合而成他的辯證唯物主義。又把辯證唯物主義的原理推廣去認識社會，研究社會生活，說明社會歷史，從而建立了歷史唯物主義，其目的在於解決社會科學的基本問題，是社會存在(即社會物質生活，首先是經濟制度或經濟關係)如和社會意識的關係問題。與一切唯心主義學說相反，歷史唯物主義用社會存在、用社會物質生活條件來說明社會意識。社會存在決定社會意識，這是歷史唯物主義的基本原理。[13]

馬克思在「政治經濟批判序言」中說：

> 人們在自已生活的社會生產中參與一定的、必然的，不依他們本身意志爲轉移的關係，即與他們當時的物質生產力發展程度相適合的生產關係，這些生產關係的總合就組成爲社會的經濟結構，即法律的、政治的上層建築所藉以樹立起來而且有一定的社會意識型態與其相適應的那個現實基礎。物質生活的生產方式決定著社會生活、政治生活以及一般精神生活的過程。並不是人們的意識決定人們的存在，恰好相反，正是人們的社會存在決定人們的意識。[12]

社會的物質生產力發展到一定階段時，便和它們向來在其中發展的那些現存生產關係，或不過是現存生產關係在法律上的表現的財產關係發生矛盾。於是這些關係便由生產力發展的形式變成了束縛生產力的桎梏。那時社會革命時代就到來。隨著經濟基礎的變更，在全部龐大的上層建築中也就會或遲或速地發生變革。

在考察這些變革時，必須時刻把經濟生產條件方面所發生的那些可用自然科學精確眼光指明出來的物質變革，去與人們所藉以意識到這個衝突並力求把它克服的那些法律的、政治的、宗教的、美術的或哲學的形式─簡言之，「思想形成」─，分別清楚。正如我們評判一個人時不能以他對於自已的揣度為根據一樣，我們評判這樣一個變革時代，也不能以它的意識為根據。恰恰相反，這個意識正須從物質生活的矛盾中，從社會生產力和生產關係間現存的衝突中求得解釋。

無論那一個社會型態，當它所給了充分發展餘地的那一切生產力還沒有展開以前，是絕不會滅亡的；而新的更高的生產關係，當它所藉以存在的那些物質條件還沒有在社會胞胎裏成熟以前，是絕不會出現的。所以人類始終只會抱定自已所能解決的任務，因為我們仔細去看時總可看出，任務本身，只有當它藉以得到解決的那些物質條件已經存在或至少是已在形成過程中的時候，才會發生。

大體說來，亞細亞的、古代的、封建的與現代資本主義的生產方式，是社會經濟形態向前發展的幾個時代。資本主義生產關係是社會生產過程的最後一個對抗形式，這裏所說的對抗，不是指個人的對抗，而是指個人的社會生活條件中生產出來的一種對抗；但是，在資本主義社會母胎中發展起來的生產力同時就創造著解決這種對抗的物質條件。因而，人類社會的前史與這種社會型態一起結束。[13]

以上馬克思的歷史觀正是唯物辯證法則的具體應用。它肯定社會的物質生活，社會的存在是第一性的現象；而社會的精神生活是第二性的，從生的現象。是社會存在決定社會意識而不是其相反意義。物質生產力和生產關係的矛盾，是社會運動發展的內在基因；這種矛盾由量變到質變，採取否定之否定的過程。故共黨認為人類社會經由亞細亞的、古代的、封建的生產的方式，而至資本主義的生產的方式，並且把共產主義社會取代資本主義社會視為一個否定過程，說成是必然，是歷史的規律。他們肯定地說：「社會的發展，也像自然界的發展一種，不是取決於人們的任意妄為，不是取決於人們的主觀願望，而是取決於不以人們的意志和意識為轉移的客觀規律。」[14]從而推論社會主義終將埋葬資本主義，作為共黨的愚想武裝與革命的理論，以進行改造世界。[15]

恩格斯且謂一個社會掌握生產資料，社會生產內的無政府狀態，為有計劃的，自覺的組織所代替。人們第一次成為自然界的真正的和自覺的主宰，成為自己社會化生活的主人。人們的社會生存一直是作為自然界和歷史強加於他們而跟他們相對立的，現在則要成為他們自己的自由事業；一直統治著歷史的客觀異己勢力，現在要受人們本身管制了。人們才開始完全自覺地自己創造自己的歷史，人類從必然王國進入自由王國的飛躍。⑯是以唯物史觀導出了社會主義必然來臨的預言，以及社會主義或共產主義社會內的歷史，可以步入自由飛躍王國的希望的二重論。

馬列主義者認為：社會發展的必然性，是指人民群眾自己的生活條件，由於階級壓迫和階級剝削的與日俱增，必然會越來越有力地促使他們為建立新社會而鬥爭。但是，社會發展規律的必然性在被認識以前，是盲目的，要到工人階級得到馬克思主義政黨的領導，掌握了社會發展規律的知識，並推動資本主義向社會主義過渡時，才實現了由盲目必然性的王國向自由的王國飛躍。

恩格斯說：「自由不是在於想像中的擺脫自然規律而獨立，而是在於認識這些規律，在於根據這種知識來有計劃地迫使自然規律為一定目的服務的可能性」。（「反杜林論」一）無論自然界的規律或社會發展的規律，都是如此。在社會主義制度下，規律性和歷史必然主要是盲目的、自發的；而在社會主義制度下，社會發展規律則為人們自覺地加以利用，生產和整個社會的發展都不再帶有自發性，而是置於全國性計劃和國家指導下。這也就是馬列主義者認為社會主義制度優於其他社會制度的地方。

二、歷史的階級觀點—階級鬥爭論

(一)階級的定義及社會劃分為階級的原因

共黨依據馬克思主義的歷史唯物論把財富生產方式的不同，視為形成社會發展各階級的特徵；依據唯物史觀的公式，社會由原始社會進入對抗社會，由低級形態向高級形態的社會運動、發展；而認為推動對抗性社會發展的規律性和它的歷史動力則是階級鬥爭。[17]

我國古代所謂「階級」，是指官位俸給之等級。馬克思認為階級的發生，是由於經濟的原因，他之所謂階級，是指經濟地位相同、利害相關之多數人。依其說法，人類社會的階級，隨原始公社的解體而出現，歷經奴隸制社會、封建社會與資本主義社會，至社會主義社會始告消滅。馬克思說：「⑴階級的存在只是生產發展的一定歷史階級聯繫著；⑵階級鬥爭必然走向無產階級專政；⑶無產階級專政本身只是社會消滅一切階級和走向無階級的社會過渡」。（「給韋得梅耶爾的信」一八五二、三、五）[18]

社會的階級劃分的特徵，首先是各階級在物質資料生產方面的相互關係。各國階級的不同是由他們在歷史上一定的社會生產體系中所處地位的不同決定的。這就是說，每一階級都是與這種或那種歷史上一定的生產方式相聯繫著，而每一對抗性的生產方式都具有自已特有的社會階級劃分：奴隸制的生產方式劃分為奴隸主階級和奴隸階級，封建主義的生產方式劃分為封建主階級和農奴階級，資本主義的生產方式劃分為資本家階級和無產階級。對抗性的階級社會的生產關係具有統治和服從的形式，在這種社會生產體系內部，各階級的地位是正反相對的；一個階級是統治的；另一個階級是服從的。同時，一切對抗性的階級形態的一般特點，就是生產資料私有制佔統治地位；而社會形態則各有特殊的私有制形式，因而也各有特殊的階級剝削方式。奴隸制、農奴制、僱傭勞動是依次更替的三種剝削方式，是對抗階級社會的三個發展階級。[19]

㈡ 階級鬥爭是對抗性社會歷史發展的動力

馬克思主義斷定階級鬥爭是歷史的規律，它貫串著全部階級社會的歷史，為階級社會發展的動力。

階級鬥爭在一切社會生活領域中進行。它包括為了物質資料生產和分配的作用和地位而進行經濟鬥爭，為了改變國家政權、國家形式和政治制度而進行政治鬥爭，為了爭奪思想、理論或主義的領導地位而進行的思想體系領域的鬥爭。階級鬥爭是毀滅妨礙社會向前發展的舊制度而推動社會發展前進的唯一手段。[20]

列寧說：「對生的統一（一致、同一、合一），是有條件的，一時的、暫存的、相對的。互相排斥的對立的鬥爭則是絕對的，正如發展、運動是絕對的一樣。」[21]，此乃共黨唯物辯證法的運用，認為自然界的事物和自然界的現象有內部矛盾，因為所有這些事物和現象都有其反面的鬥爭，舊東西和新東西間的鬥爭，衰亡著的東西和生產著的東西間的鬥爭，就是發展過程的內容，就是由量變到質變這一過程的實在內容。而從低級發展到高級的過程不過是表現於各事物、現象本身固有的矛盾的揭露，表現於在這些矛盾基礎上作用著的對立趨勢的「鬥爭」。[22]

在每一社會經濟形態中，階級鬥爭各有其本身的特點。奴隸社會發生過大規模的奴隸和貧民反抗奴隸主的起義，破壞了奴隸制度，但他們由於不是新的、更進步的生產方式的體現者，故不能建立新的社會，不能成為新社會—封建社會的主人，只是略為改善了經濟地位，由奴隸變成農民或農奴而已。在封建社會，農民或農奴為獲得土地而不斷進行鬥爭，雖曾得到暫時的勝利，結果不是為封建主所鎮壓，便是勝利的結果所產生仍然是封建政權。農民經濟的分散性，決定了農民革命的自閉性、短視性與無組織性的弱點。農民只有在團結一致的、革命的資產階級領導之下，才能贏得推翻封建制度的勝利。封建制度由此護位於資本主義制度，資產階級成為統治階級。在資本主義社會，無產階級自形成為階級起，即隨著資本主義的發展，階級隊伍日趨於壯大，階級鬥爭日趨於劇烈，直到完成社會主義革命，推翻資產階級統治，建立無產階級專政，最後消滅了一切人對人的階級剝削形式，過渡到無階級的共產主義社會，也結束了人類社會的階級鬥爭歷史。[23]

共黨認為階級鬥爭的產生，是因為在生產過程中，生產力是社會，生產關係是私有的，生產力對生產關係的鬥爭，就是公有財產對私有財產的鬥爭。公有財產是無剝削的，私有財產是有剝削的，公產對私產的鬥爭，就是反剝削剩餘價值的鬥爭。所以階級鬥爭的前提，是生產過程中有剩餘價值的存在。價值是決定於勞動量的，剝削剩餘價值，就是剝削生產者的剩餘勞動，工人應為其本身的勞動不受他人剝削而鬥爭。因此，剩餘價值說就成為階級鬥爭的中心理論，而階級鬥爭是社會進化的原動力。[24]

馬克思在「共產黨宣言」中宣稱：

> 迄今在過的一切社會底歷史都是階級鬥爭底歷史。自由民與奴隸，貴族與平民，地主與農奴，行東與幫工，簡言之，壓迫者與被壓迫者，始終是處於互相對抗的地位，進行著不斷的，有時是隱藏，有時是公開的鬥爭，每次結局若不是全部社會結構受到革命改造，便是各鬥爭階級同歸於盡。
>
> 在先前各個歷史時代，我們差不多到處可以看見社會完全分成爲各個不同的等級。──可以看見各種不同的社會地位構成爲整整一串階梯。在古代羅馬有貴族、騎士、平民和奴隸；在中世紀有封建領主、陪臣、行東、幫工和農奴，並且幾乎其中每個階級裏面又有一些特別的等第。
>
> 從滅亡了的封建社會中間產生出來的現代資產階級社會並沒有消滅掉階級矛盾。……社會日益分裂爲兩大敵對的陣營，兩大互相對抗的階級。[25]

㈢無產階級階級鬥爭的形式

無產階級的階級鬥爭有三種形式：經濟的、政治的（軍事的）和思想的。[26]為提高工資、縮短勞動時間、改善勞動條件而進行的經濟鬥爭，其主要手段是罷工，乃無產階級在歷史上的第一種階級鬥爭形式。這種鬥爭也產生了無產階級的第一個組織—工會，它成為工人階級鬥爭的學校。

但是經濟鬥爭不是無產階級主要的，具有決定性的鬥爭形式。因為單單經濟鬥爭不可能消滅迫使工人出賣勞動力的資本主義經濟關係。要消滅資本主義剝削必須進行無產階級的政治鬥爭，其目的為奪取政權，而於奪得後繼續保有它鞏固它。政治鬥爭才是無產階級鬥爭的最高形式。馬列主義反對離開政治鬥爭的經濟鬥爭，反對僅為工人的職業利益，把工人運動局限於工人與資本家間的經濟關係的工聯主義（工團主義）、機會主義，而認為無產階級的階級鬥爭必須擴大到無產階級專政。[27]

最後談到思想鬥爭可說是很重要的，在資本主義社會，佔統治地位的資產階級思想通過學校、教會、報刊、藝術等等傳播者，通過各種生產條件灌輸給工人。工人階級只有接受社會主義思想，才能破除資產階級的觀念和偏見，意識到自己作為資本主義掘墓人和共產主義創造者的歷史作用。這是自發的階級鬥爭轉變為自覺的階級鬥爭的必要條件。用馬克思的話說，無產階級必須由「自由的」階級變成「自為的」階級。[28]

總上可知，馬克思列寧主義的階級鬥爭論認為：社會劃分為階級是由一定的物質資料生產方式決定的。階級鬥爭是對抗性社會的最重要的規律性和它的歷史的動力。而社會劃分為階級是歷史的現象，在社會發展的某一個階級上必然產生階級，而在社會發展的另一階段上階級必然消滅。消滅階級是社會向前進步的最重要的條件。無產階級的階級鬥爭必然導致無產階級專政的建立，而無產階級專政乃是消滅社會的階級劃分和建立無階級的共產主義社會的工具、手段。並以無產階級鬥爭在歷史上的不可避免性和規律性的觀念，武裝了一切國家的共產黨和勞動者。教導他們不要熄滅階級鬥爭，而要把階級鬥爭進行到勝利的終結、進行到資本主義被推翻和共產主義獲得勝利。也就是以階級鬥爭為貫串階級社會的全部歷史，作為唯物史觀圓滿的補充。㉙

三、歷史發展的必然律——社會發展五階段論

馬克思的唯物史觀把辯證唯物論應用於人類社會，認為人類社會是由於內部孕育的矛盾發展，循著否定之否定的辯證過程前進。認為生產力決定著生產關係，社會的經濟結構是生產關係的總和所組成，而社會的政治生活、精神生活，是建立於基礎之上的上層建築，歸根結底，物質生產力乃是人類社會生活制度的決定者。生產關係在法律的表現為財產關係。當物質生產力發展到與原來的生產關係不相容，必須打破舊的生產關係時，那種矛盾衝突就表現為社會上的階級鬥爭，鬥爭的結果要改變社會基礎，那些上層建築也終必跟著改變，社會生活制度進到一個更高級的階級，人類的歷史也前進了一步。

馬克思認為：「大體說來，亞細亞的、古代的、封建的與現代資本主義的生產方式，是社會經濟型態向前發展的幾個時代。」㉚

這是唯物史觀人類歷史發展規定的公式，馬克思、恩格斯對「亞細亞生產方式」，曾給予明確的概念，即人工灌溉、官僚制度、土地國有及農村公社四個特徵。馬克思又認為中國在鴉片戰爭前一直是個「亞細亞生產方式」社會且長期停滯。[31]一八七七年，莫爾根(L. H. Morgan)的「古代社會」出版，馬恩讀後恍然大悟農村公社即氏族社會，於是他們放棄了「亞細亞生產方式」說，而做四個階段的唯物史觀，留下「亞細亞生產式」的「空白」。爾後，共黨為了填補這個「空白」，有許多的爭論與意見。

譬如「俄國馬克思主義之父」普列哈諾夫(Georgii Valentinovich Pleckanaw)在「馬克思主義的基本問題」中說：「當馬克思後來讀到莫爾根的『原始社會』一書時，他大概改變了他對於古代生產方式同東方生產方式的關係的觀點。實際上，封建生產方式經濟發展的邏輯導致標誌資本主義勝利的社會革命。但是像中國或古代埃及的經濟發展的邏輯並沒引導到古代生產方式的出現。前一種情形是指兩個發展階級而言，其中一個接著另一個，而為另一個所產生。後一種情形我們認為毋寧是兩個並存經濟發展的類型。古代社會代替了氏族社會組織；同樣，東方社會組織也是氏族社會組織。」由上看來，普氏已將馬克思公式修正為：

氏族社會 ↗亞細亞社會↘ ↘奴隸社會↗ →封建社會→資本主義社會

迨列寧時期，仍承認馬克思的「亞細亞生產方式」說，視俄國為一「半亞細亞的社會」。但是列寧為了自已的策略目的，在政治上，他以保護其師普列哈諾夫為名，把普氏看管起來；在理論上，他否定普氏之說，提出「亞細亞生產方式的扭轉」聲稱要把俄國「扭轉」成為一個「國家封建主義」的社會[32]他不顧歷史事實，把西歐「封建主義」套在中國社會上，當其把注意力轉移到亞洲時，指出中國的情形說：「中國這個落後的，半封建的農業國家的客觀條件，在將近五億人民的牛活日程上，只提出了這種壓迫和這種剝削的一定的歷史獨特形式——封建制度。農業生活方式和自然經濟佔統治地位是封建制度的基礎；中國農民這樣或那樣地受土地束縛是他們受封建剝削的根據；這種剝削的政治代表就是以皇帝為政體首腦的全體封建主和各個封建主。」[33]

同時列寧又以「封建社會」代替「亞細亞生產方式」：在一九一七年《國家與革命》一書中，又承認古代、封建、資本主義的三分法，否定「亞細亞生產方式」。[34]

一九三一年二月，俄國加開「亞細亞生產方式問題討論會」會上分成二派，一派為反亞細亞派，以哥達斯(M. Bodes)為代表，另一派是亞細亞派，以馬札爾·戈根(Kokin)為代表。哥達斯指斥馬札爾派否認東方有「封建殘餘」意在抹煞中國革命，並謂「理論是實踐問題的一環，理論不應落後於實際」認為「亞細亞生產方式」是「東方社會的特殊性，是東方封建社會的變種」。直接指明「亞細亞生產方式就是封建主義。」[35]

一九三四年，蘇聯史學界以柯瓦列夫為首，起來清算哥達斯的理論，認為「亞細亞生產方式是東方奴隸制乃至封建制的變種。」[36]

其後雷哈德根據柯瓦列夫的意見衍化，認為「我們不反對亞細亞生產方式的特質，就是奴隸社會的變種或奴隸社會的不完全性，但同時又不贊成以這生產方式為一種社會構成。可以說，它就是古代公社和古典奴隸制之間的過渡型態。」[37]

到了一九三五年，史達林下令至此停止討論亞細亞生產方式問題。一九三六年，史達林欽定的「聯共（布）黨史」中全盤否定「亞細亞生產方式」，指出東方社會就是「封建社會」，並以原始公社代替「亞細亞生產方式」，認為歷史上有五種基本生產關係：原始公社制的、奴隸制的、封建制的、資本主義的、社會主義的。」此即史達林的社會發展史五階段論。[38]

依史達林的論點，認為各個社會經濟形態中生產力和生產關係的發展（社會發展史），依次為：

㈠原始公社——為石器時代，生產工具（石刀、石斧、石槍、弓箭及原始農業工具等）落後，打獵、捕魚、建屋、開地、耕種及與其他民族或部落作戰，皆要求在民族公社範圍內，以後在部落範圍內共同行動。和共同勞動相適應的，是生產資料和生產品的公有制，沒有階級。在這個歷史階段，人們對自然界的依賴性很大，經常貧困缺乏衣食，文化水平極低，生產關係是帶有原始的和家族關係分不開的公共佔有、公共勞動的性質。中共據此乃認為中國夏朝及其以前的社會即氏族社會。[39]

(二)奴隸制社會——青銅器及鐵器時代，由於銅鐵生產工具的出現，引起了生產方式的改變，勞動生產率的增長，使農業成為主要勞動部門，畜牧業從農業分開而獨立發展，這是人類第一次巨大的社會分工。於是原始公社的氏族範圍或部落範圍的共同勞動逐漸不再需要，特別是農業，可以家庭為單位進行小規模生產。整個社會生產趨向於個體性質及私有制之成為必要，便與原始公社的生產關係發生矛盾，決定了公社制度的滅亡。農業、畜牧業的分工。生產品有剩餘，氏族部落後內部及其與其他部落之間，乃開始發生交換行為。家庭的出現，家庭單位的農業生產，產生了私有財產，也成為階級剝削的條件。過去戰爭俘虜因生活資料不足而被殺，現在則成養起來作為生產奴隸，形成剝削制度。又因貧分化，喪失生活資料和生產資料的人，也在本氏族或本部落內淪為奴隸。由於商品交換的出現，產生了重視財產的觀念。促使部落之間發生搶奪性戰爭，從而產生了掠奪的職業戰士。中共據此乃認為奴隸制社會約在中國殷商時代，至「批林批孔」時，又將中國夏商周時代定為奴隸制社會[40]

(三)封建社會——奴隸社會末期，製鐵技術的改進又發展了生產力，農業、手工業有了更為精巧的工具，奴隸們卻不善於使用。奴隸過著牛馬不如的生活，常破壞工具以洩憤，因此，奴隸制的生產關係漸至不能適應新生產力的要求而變成阻礙生產力發展的桎梏。「新生產力需要的是生產中能表現某種自動性，願意勞動，對勞動覺得興趣的生產者。」（史達林：「列寧主義問題」）這是新生產關係的必要條件，於是封建制生產關係乃取代了奴隸制生產關係。[41]此時期新的生產關係是地主統治農奴。中共據此認為中國自戰國（公元前四十五年）至清（公元一八四〇年）為封建社會。

㈣ **資本主義社會**——生產工具為機器，時期為近代及現代。在封建社會發展過程中，手工業和商業逐漸發達，手工業者和商人日益集中於城市。手工業者發展成小商品生產者，其生產與農民自然經濟不同。其後商業日盛，市場商品需要擴大，手工業進一步演為資本主義工場手工業，雇用工人。工人出賣勞力，產品歸資本家所有，取得工資，遂變成沒有生產工具和生產資料的無產者。迨機器發明，工場手工業發展為機器工業，生產力提高，出現了資本主義生產關係。在封建地主階級統治之下，工商業者受壓迫，而封建割據又妨礙商品的流動與商業的發展；資產階級起來反抗封建統治階級，提出「自由、平等」以反對封建等級制度，最後資產階級民主革命推翻了封建統治，資本主義關係取代了封建生產關係。[42]此時期的生產關係是資本家與勞動者，中共據此認為中國資本主義並未發達，僅具「資本主義的萌芽狀態」而已[43]，因此用「半封建半殖民地社會」取代「資本主義社會」（公元一八四〇——一九四九年）。[44]

㈤ **社會主義社會**——資本主義生產關係雖然造成了人類歷史上空前未有的生產力的發展，同時也加劇了社會的階級對立和階級鬥爭。資本主義不僅殘酷剝削工人、女工和童工，並且引起斷村和斷民的破產，使社會財富集中於極少數人的資產階級，而絕大多數一無所有，經常遭遇失業和飢餓的威脅。曾經解放了生產力的資本主義生產關係，最後於變成束縛生產力的桎梏。於是無產階級在共產黨領導下起來革命，推翻資產階級專政，建立無產階級專政，實行社會主義、共產主義。[45]社會主義生產關係建立於機械化、電氣化、自動化的龐大生產力之上。在社會主義生產關係之下，一切生產資料皆為全社會所公有，個人僅佔有食、衣、住、行等生活資料。在社會主義時期，存在著五種所有制：國家、集體、個人、「各盡所能、各取所值」，「多勞多得」、「少勞少得」。私有制既已消滅，就不會有階級和階級剝削。經過生產力大大向前發展，至各項物資極端充分，始進入共產主義社會，一切生產資料皆為全民所有，「各盡所能、各取所需」。[46]

以上五種社會發展階段構成了「唯物史觀」的公式，中共據此公式作為「放諸四海而皆準的真理」，當作人類歷史發展的普遍「規律」，用它來解釋中國與台灣歷史，顯然是「教條主義」的做法。例如為了使中國歷史發展的普遍規律，合乎唯物史觀，而硬把國民黨所領導的辛亥革命，推翻滿清，建立民國；北代統一全國；八年抗日戰爭，打敗日本等具體史實，籠統地以「半封建半殖民地社會」來概括，此乃中共株守教條曲解歷史的實例。[47]

雖然中共始終以馬列史觀來解釋歷史、改寫歷史，可是四十多年來「實踐檢驗真理」的結果，馬列教條仍有其局限性與落後性。例如一九八四年十二月七日，中共〈人民日報〉發表一篇社論，指稱傳統的馬克思理論已經過時，無法解決當前中國大陸面臨的各項難題。我們必指須出，這除了涉及一連串改革的權力鬥爭外，更顯示了經過四十多年的試驗後「證明」了馬列主義是行不通的，而無可諱言的，中共這一連串的經濟改革措施並非向前躍進，而是意識型態的後退，即是「政治、經濟學臺灣」的色彩。

同時隨著毛澤東的死亡和「四人幫」垮台後，中國大陸史學界對史學研究理論（馬列史觀）有了進一步的檢討。為根本摒棄一切形式的教條主義、資本主義及反對把馬克思主義理論簡單化、絕對化和公式化，[48]中國大陸史學界開展了有關「歷史發展動力問題」的討論。討論的問題包括階級鬥爭是否歷史發展的「唯一動力」，上層建築和下層基礎的關係，暴力在歷史中所起的作用，封建特權思想的研究和封建專制主義的批判。

為了挽救瀕臨崩潰邊緣的命運，大陸歷史學者黎澍已經公開批判「歷史唯物主義」的基本原理。在以往究竟有那一本馬克思主義著作曾經這樣說過呢？沒有。換言之：人民是歷史的主人，馬列著作並無此說。

黎某坦承：「無論馬克思、恩格斯、列寧，都沒有這樣說過。這是蘇聯哲學家尤金首創的學說。由於蘇聯共產黨當年擁有無可置疑的權威，這個學說很快就流行開來，並在我國（中國大陸）一變而為『人民群眾是歷史的主人』。我過去對蘇聯理論家的這種說法也信之不疑的，現在仔細看來，關於這個學說的這一類說明全是對馬克思主義的曲解。」[49]

黎某更指出，「馬克思、恩格斯和列寧在闡述歷史唯物主義觀點時，只有一個提法，就是『人們自己創造自己的歷史』，並且每次這樣說都強調不能隨心所欲，而必須受既定條件的制約，只能創造出這個既定條件所能允許的歷史，任何不顧條件的努力都是徒勞的。」[50]

附表一：唯物史觀釋意圖表

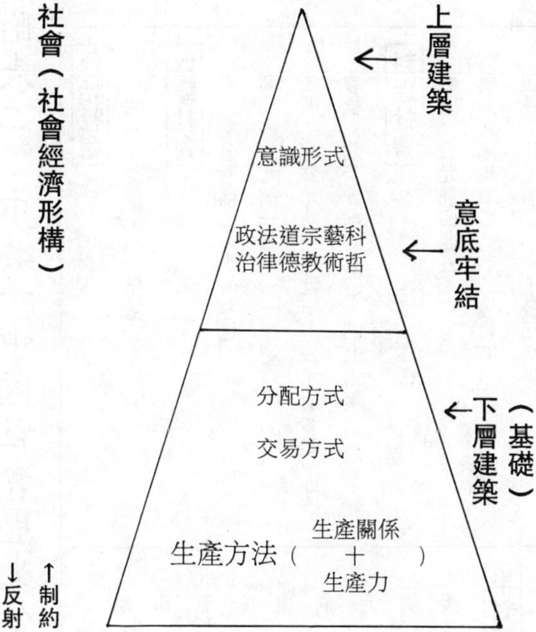

說明：

(1)社會的真實基礎在下層建築—人的謀生活動—生活方式。

(2)生產方式創造了交易方式與分配方式，這三者構成經濟活動的核心。

(3)生產方式一但變化，則帶動交易與分配方式變化，引發整個社會上層建築的變化。換言之，經濟變化↓法政文物變化↓整個社會變化。

(4)生產方式變化的主因為生產力突破生產關係的束縛，生產力與生產關係兩者陷於矛盾中。

靜態社會觀—生產力與生產關係和諧一致—平時狀態。

動態社會觀—生產力與生產關係鑿枘難容—革命之時。

(5)歷史—社會變遷史—經濟變化帶動社會變化的過程—經濟決定論—唯物史觀。

附表二：中共「中國社會歷史分期表」五階段論

原始社會
（約六十萬年—四千年前）

奴隸社會
夏　約公元前二一—一六世紀
商　約公元前一六—一一世紀
西周　約公元前一一世紀—公元前七七一世紀
春秋　約公元前七七〇—四七六年

封建社會
戰國　公元前四七五—二二一年
秦　公元前二二一—二〇七年
西漢　公元前二〇六—公元八年
東漢　公元二五年—二二〇年
三國　公元二二〇—二六五年
西晉　公元二六五—三一六年
東晉　公元前三一七—四二〇年
南北朝　公元四二〇—五八九年
隋　公元五八一—六一八年
唐　公元六一八—九〇七年
五代　公元九〇七—九六〇年
宋　公元九六〇—一二七九年
遼　公元九一六—一一二五年
金　公元一一一五—一二三四
元　公元一二七一—一三六八
明　公元一三六八—一六四四
清　公元一六四四—一八四〇

半封建半殖民地社會
（公元一八四〇—一九四九年）

社會主義社會
（公元一九四九年以後）

註釋：

❶ 吳蔚君，〈章太炎之民族主義史學〉，《中國史學史論文選集二》（民國六十五年十月），頁九四六——九五四。

❷ 周予同，〈五十年來中國之新史學〉，《中國史學史論選集三》（台北：華世出版社版，民國六十九年三月初版），頁三七一——四二八。

❸ 同前❷，頁三七八。

❹ 同前❷，頁三七八。

❺ 宋晞，〈七十年來的中國史與史學方法〉，《中國之文化復興》抽印本，（民國七十年十月），頁二六一——二七六。

❻ 同前❻，頁二七五。

❼ 同前註，頁二七六。

❽ 錢穆，《國史大綱》上冊（台北：國立編譯館出版，民國四十五年十月台版）頁三——五。

❾ 同前❺，頁二七六。

❿ 玄默：《歷史唯物主義講義》，頁一，華岡中國文化大學大陸問題研究所印。

⓫ 同前❿。

⓬ 徐堅譯馬克思著《政治經濟學批判》，序言頁二——三，人民出版社參閱《馬克思選集》第二卷，頁八二——八三，北京人民出版社，一九七二年五月版。

⑬同前⑫。
⑭尹慶耀著《辯證法研究》，頁一〇九，國際關係研究中心印行。
⑮同前⑭，頁六。
⑯恩格斯著，〈社會主義由空想發展為科學〉，《共產黨原始資料選輯》，第一集，頁一六四，中華民國國際關係研究所暨國立政治大學東亞研究所印，民國五十八年十月版。
⑰康士坦丁諾夫主編，《歷史唯物主義》，頁一二、一六六、二〇九。
⑱同前⑩，頁一八。
⑲同前⑩，頁一八。
⑳同前⑩，頁一九。
㉑列寧，〈談話辯證法問題〉，《列寧選集》，第二卷，頁七二。
㉒同前⑭，頁二一〇。
㉓同前⑩，頁一九。
㉔黃天健著，《馬克思主義的理論與實際》，第一五三頁。
㉕馬克思、恩格斯，〈共產黨宣言〉，《共黨原始資料選輯》，第一集頁二五——二十七，中華民國國際關係研究所印，中國五十八年十月版。
㉖同前⑩，頁一九。
㉗同前⑩，頁二〇。
㉘同前⑩，頁二〇。
㉙同前⑩，頁二〇九。

㉚ 參閱馬克思著徐堅譯《政治經濟學批判》序言（中共「人民出版社」出版），頁二——三。

㉛ 參閱《馬克思、恩格斯論中國》，（解放社，一九五〇年版），頁二——三及馬克思，〈前資本主義生產形態〉，原載《文史哲》一九五三年第一、二、三期。轉引自《歷史研究》。

㉜ 比共〈奴隸社會論剖析〉（法務部調查局印，民國六十三年十二月版），頁二一。

㉝ 列寧，〈中國的民主主義與民粹主義〉《列寧選集》，第二人卷，（人民出版社，一九七二年），頁三三。

㉞ 胡秋原，《中西歷史之理解》，（國防部總政治作戰部印，民國二十九年），第一冊，頁三九——四〇。

㉟ 呂振羽，《中國社會史諸問題》，（上海，耕耘出版社，民國二十九年），第一冊，頁三九——四〇。

㊱ 同前㉞，頁四二。

㊲ 何幹之，《中國社會史問題論戰》，第三輯，（生活書店，一九三七年），頁二七。

㊳ 史達林，〈辯證唯物主義與歷史唯物主義〉，《聯共（布）黨史簡明教程》，（廣州，新華書店，一九五〇年），頁一六五。

㊴ 同前❿，頁八。

㊵ 同前❿，頁九。

㊶ 同前❿，頁九。

㊷ 同前❿，頁九。

㊸ 陳木杉著：《中共史學之演展（一九四一——一九七九）》，（中國文化大學大陸問題研究所碩士

論文，民國六十九年六月印）頁一〇〇。

㊹ 同前㊸，頁一〇〇。

㊺ 同前⑩，頁一〇。

㊻ 同前⑩，頁一〇。

㊼ 吳安家著：《中共史學新探》（台北，幼獅文化事業公司印行，民國七十二年九月初版）頁一五二。

㊽ 同前㊼，頁二三——七七。

㊾ 黎澍：〈論歷史的創造及其他〉（《歷史研究》，一九八五年第五期，一九八五年十月十五日）頁五二——六一。

㊿ 同前㊼，頁五二——六一。

第三章　台灣學界編寫「台灣史」之理論架構

第一節　經世致用的儒教派

現行台灣地區歷史教育的理論基礎及教學目標，可自民國七十二年教育部修訂的「國民中學課程標準」，窺見一斑，其內容如下：

1.使學生明瞭中華民族的演進及疆域的變遷。

2.使學生就國民小學社會學科所學基礎，進一步明瞭我國政治、社會、經濟文化的發展，以期增強其愛國家、愛民族的情操與團結合作的精神。

3.使學生從我國悠久歷史、燦爛文化的史實中，認識民族的傳統精神、國民地位與責任。

4.使學生明瞭世界各民族歷史的演進、文化的發展、時代的趨勢及我國在國際上的地位與責任。

由上述可知台灣地區從小學到大學在社會科歷史教育所重視與強調的是使國人「飲水思源」建立「民族觀」、「國家觀」、「世界觀」亦即歷史教育不單只是知識傳授，也不僅是學術的研究，而其本身有一種使知識傳授，也不僅是學術的研究，而其本身有一種使命。這種使命的重要性，遠超過知識的追求，或學術的研究。知識或學術，是放諸四海而皆準，只有是非，沒有情感的東西。然而使命卻是有特定的對象，特定的時、空，不是放諸四海而皆準的真理。

歷史之有使命，通史之祖司馬遷就曾說過他為何而作史記。他作史記的目的，據他自已說，是「亦欲究天人之際，通古今之變，成一家之言。」這幾句話的意思，是說他作史記是要探究人類與不可知的上天的關係，也就是人與自然界的關係；「通古今之變」，是要明白由古演變到現在的過程，預測未來可能的趨向；最後提出自己的論評，包含價值判斷，那就是司馬遷的一家之言。

司馬遷為何作史記？他在史記太史公自序中說的很明白，而且毫無貳辭，是為了「繼春秋」。「繼春秋」就是繼承、繼續孔子的政治理想，也就是儒家思想。五經之中，司馬遷認為「春秋以道義」。此「道義」之道，作動詞用，讀作導，與導同義。司馬遷揭櫫出「春秋以導義」，就是歷史是教人做一個堂堂正正的人，知善惡是非，明取捨。定猶豫。可以通人我之際，而不陷於無奈之中。故歷史之作用，非有形之區區人、地、時、事所能為功，影響於國家、民族大矣。陶鑄國家，造成國格，非歷史不為功。欲觀一國，先觀其歷史，正如要了解一人，先察其背景一樣。

中國史學之祖司馬遷，在史記太史公自序中，說明他為何要繼春秋而作史記，故先解釋春秋的作用。既有春秋，為何還要作史記？是因自孔子至司馬遷之時，又五百年，史籍放絕，故需繼火的秋而再修史，不是非此四、五百年之事。此可明司馬遷之史記，實繼春秋之精神。後之作者，其意亦在於斯！

司馬遷藉春秋的教育作用，說明歷史的教育作用，後代亦認為，歷史教育確有此種作用，而將歷史列為學校教育之必修科目。

到底歷史教育有什麼作用，司馬遷在太史公自序中更說：

是故禮以節人，樂以發和，書以道事，詩以達意，易以道化，春秋以道義。撥亂世反之正，莫近於春秋。春秋文成數萬，其指數千。萬物之散聚皆在春秋。春秋之中，弒君三十六，亡國五十二，諸侯奔走不得保其社稷者不可勝數。察其所以，皆失其本已。故易曰：「失之毫釐，差以千里」。故曰：「而弒君，子弒父，非一旦一夕之故也，其漸久矣。」故有國者不可以不知春秋，前有讒而弗見，後有賊而不知。為人臣者不可以不知春秋，守經事而不知其宜，遭變事而不知其權。為人君父而不通於春秋之義者，必陷簒弒之誅，死罪之名。其實皆以為善，為之不知其義，被之空言而不敢辭。夫不通禮義之旨，至於君不君，臣不臣，父不父，子不子。夫君不君則犯，臣不臣則誅，父不父則無道，子不子則不孝。此四行者，天下之大過也。以天下之大過予以，則受而弗敢辭。故春秋者，禮義之大宗也。夫禮禁未然之前，法施已然之後，法之所為用者易見，而禮之所為禁者難知。

從司馬遷論春秋的作用，使人知道台灣地區各級學校歷史教育是教人如何做人的禮義教育，而有導人以正而不犯過的作用。尤其是遇到重大問題，而能知所選擇，明義利之辨，知身後是非，此種理論架構，行之已久，也成為部份學界編寫《台灣史》教材，奉為圭臬之一。

第二節　本土主義的歷史觀

壹、前　言

近年來大陸溯古之風盛行，許多地方都紛紛成立各種炎黃研究學會、大禹研究學會、三代文化研究會等等。

在台灣，近年來流行另一種探源之風。「為原住民溯源」成為許多考古、語言與歷史學者，以及台灣新一代學生們關注的焦點。許多公、私學術機構與學術基金會，皆對此投入大筆研究經費與人員。各種有關原住民、平埔族源流的學術會議，以及有獎徵文，如雨後春筍般出現。另外，數年前在美國舉行的一個國際會議中，西方學者提出「夏代並不存在，只是周人想像」的說法，引起華籍學者群起反駁。為何許多台灣民眾、學者開始關心原住民的來源？為何台灣與中國大陸都不惜鉅資，來為特定的「過去」溯源？為何華籍學者如此在意夏代存在的問題？

茲引王明珂：〈台灣與中國的歷史記憶與失憶〉乙文❶，以說明在兩岸對峙下的台灣與大陸學界，各自強調「本土化中國史觀」與「本土化的台灣史觀」，互相激盪，衝擊著彼此編寫「中國史」與「台灣史」的理論架構。

貳、歷史記憶與人群認同

或者，我們可以問一些更基本的問題：為什麼我們會對「過去」感興趣？為何探索「過去」成為專門的學問，如歷史學與考古學？如果歷史研究只是探索過去或發生的「事實」，那麼學者永遠難以充分解答上述問題。近年來，許多歷史學者以及人類學者所關心的「歷史」，不只是過去發生的事實；更重要的，它們是一種「社會記憶」。將歷史視為一種「社會記憶」，學者得以探索「過去」對於現實人群的意義。

作為一種社會動物，人類常以各種記憶，特別是與「共同起源」有關的記憶，來凝聚人群。一個人宣稱自己是中國人，是炎黃子孫。他也是某一家族的人，本家族開基祖的第某代子孫。於是，炎黃、開基祖者成為凝聚不同人群的重要記憶。一個社會中充滿各種社會記憶，它們透過文獻、口頭傳述、定期慶典儀式，以及形象化的紀念物等，在人群間流傳。在中學同學的聚會中談論從前在校時的一些瑣事，在開國紀念日的慶典中講述開國元勳們的事蹟，都是一種集體回憶活動，以強化人群（中學同學、本國國民）的凝聚。

歷史記憶不一定是對某一「歷史事實」的記憶。經常它只是一種想像，或集體創造的

「過去」，一種對歷史事實的選擇、修飾與遺忘。我們很難相信，所有宣稱自己是炎黃子孫的中國人，都真的是古代炎帝或黃帝的後代；對自己祖源的失憶，卻能使匈奴人或羌人成為華夏之裔。同樣的，宣稱是某一開基祖後代的家族，也毫無疑問是選擇「共同起源記憶」來凝聚的人群。另一方面，開基祖以前的祖先被失憶，以排除多餘的人群。人類便在這種回憶與失憶中，不斷的組合、重組各種社會群體。在一個社會群體中，許多人群也爭辯著什麼是正確的歷史，以造成群體內部的人群分類，與不平等的資源分配關係。像這樣，人類以歷史記憶凝聚人群，以失憶與重建記憶造成認同變遷的現象，發生在過去，也發生在現在。歷史記憶與失憶，曾使許多人成為中國人，也使得許多中國人成為非中國人。[2]

一、中國人認同中的歷史記憶與失憶

「中國」一詞含有處在四方蠻夷「中」的文明之邦的意思。因此凝聚中國人的歷史記憶，主要包括兩種不同的記憶：一則以「華夏的起源」來凝聚中國人；一則以「異族的起源」將另一些人群置於中國邊緣，藉此由外強化中國人的凝聚。可以說，前者是民族內部的凝著劑，後者是民族外部包裹，目的皆在於強化中國人認同。

以華夏的形成來說，一部華夏民族史，可以當做是凝聚華夏的歷史記憶。華夏之所以成為如此龐大的民族，即因為這些「歷史記憶」可以被假借、扭曲、增添，以此非華夏成為華夏，華夏的族群邊界也藉此向外擴張。春秋戰國至漢代是華夏族群邊界形成的重要時期。這時邊緣吳、越、楚、秦等國的華夏化，皆由其上層統治家族假借華夏祖先，而成為華夏。東南的吳國，被認為是周太伯的後代；越國王室是夏禹苗裔，少康的後代。西北的秦國，與南方的楚國，其王室也都被認為是帝顓頊的後代。如此，到了漢代，基本上華夏在亞洲地理上的擴張，已略具今日的規模。同時，所有夏、商、周三代聖王，以及傳說中的諸帝，都納入以炎帝、黃帝為首的古帝王世系之中。如此所有的「華夏」都成了炎黃子孫。華夏自稱、也被稱作「漢人」，其來有自。

漢代至魏晉，許多中國邊境的界族，仍自認為，或被華夏認為，是華夏的後裔。華夏的歷史記憶中，稱部分朝鮮人是箕子的後代；日本人是徐福帶領的中國童男童女的後代；西南的滇國王室，為楚將莊蹻的後代。匈奴，也被認為是夏后氏之後裔；西羌則是古姜姓的別支。匈奴部落首領赫連勃勃，對他人宣稱自已是大禹後代。一位鮮卑貴族慕容家族的人，自稱是高陽氏（帝顓頊）之苗裔。同一鮮卑家族的人，卻自稱是有熊氏（黃帝）之苗裔。魏晉時期遷入關中的姚姓羌人，自稱有虞氏舜之苗裔；党姓羌人則自稱夏后氏的後代。在中國的歷史書寫傳統下，這些都載入典籍，成為重要的歷史記憶。誰是華夏，誰不是華夏，便決定於華夏與其邊緣人群對此歷史記憶的選擇與失憶，對本身起源失憶，接受華夏祖先的人群成為華夏，如春秋至漢代的秦、楚、吳、越、滇等國的人。雖自稱華夏之裔，但不完全為華夏接受的，仍維持其華夏邊緣人群身分，如魏晉時的匈奴、鮮卑與羌人等等的匈奴、鮮卑與羌人等等。不願接受華夏祖源記憶，並保留或創造本身起源記憶的朝鮮與日本，至今仍在華夏之外。

中國傳統史家也記載四裔民族的風俗及歷史。描述的方式，無非是強調他們悖禮犯義的行為，以及低賤、甚至非人的起源。無君無父，妻寡母鰲嫂，便是在此文化偏見下華夏對四裔民族常見的評語。在族源上，華夏認為這此四裔民族都是中國古籍記載中的一些「壞分子」，如玁玁、戎狄、三苗、西羌等的後代。對於一些其風俗在華夏眼裡略有可取之處的民族(幾乎都是農業民族)如韓人、日人等，華夏則強調這些人群的祖先曾受中國移民的教化。這樣的歷史記憶，造成一種驕傲的、極端中心主義的「中國人認同」。毫無疑問，這也是一種非常強固的認同。中國人之所以能成為世界上最龐大的、存在時間最長久的民族之一，所賴的便是她豐富且傳統悠久的歷史記憶，以及對此記憶的巧妙利用。

近數十年來，在中共統治下的中國，無論是在內部或邊緣，無論是在歷史記憶或是現實局勢的變遷上，這個「中國人認同」都受到一些挑戰。在歷史記憶方面，五〇年代以來，考古學以其方法與理論優勢凌越歷史學，成為民族溯源的主要工具。七〇年代以後，考古學上中國民族與文化起源的「黃河流域中心論」，幾乎完全被滿天星斗模式的「多起源論」取代。「炎黃子孫」頓失學理上的根據。與此同時發生的是，原來即存在的地域主義，在改革開放後日益茁長。各省區在「自行搞活經濟」的原則下，發展速度不一，使得各省之間頗有怨言。落後省區希望得到國家更多的照顧，以求平衡的限制，繼續往前衝。各省區的本位主義，以及相關的本土認同，反映在地方史的研究上，尤其近年來經濟發展快速的沿海省分，頻頻加開各種有關地方歷史事件與歷史人物的研討會、紀念會。這些研討會與紀念會皆可視

為一種集體回憶活動，藉以強化鄉土認同，及強調本鄉土在全國中的關鍵地位。❸

在中國邊緣，藏獨在國外與藏區的活動一直是個困擾的問題。新疆的維吾爾地區，近年來也騷亂不斷。其他地區雖無獨立運動，由於中共沿續傳統中國懷柔遠人的政策，讓少數民族擁有明顯優於漢族的待遇，因此許多人群努力尋找、創造歷史記憶，以要求被確認是少數民族。當一地區中許多人被承認是少數民族時，整個地區又要求成立民族自治區。再者，五〇年代的民族調查與識別中，許多語言、文化有界的人群被歸為同一民族。如今，當地知識分子與領導階層吸取「民族」的概念，熱衷於統一語言、文化與創造文字的活動，以凝聚該族群的認同。因此，不只是獨立運動困擾中國，各邊緣地區人群近年來逐漸增強的本民族認同以及自治運動，都使得傳統的「華夏邊緣」受到威脅。中國除了在政治上嚴厲制裁獨立運動，在經濟上以經援改善少數民族生活外，還是以中國傳統的建立、傳播「正確歷史」（一種歷史記憶）的辦法，來強調華夏與少數民族的「兄弟民族關係」。

二、台灣人認同中的歷史記憶與失憶

關於炎黃子孫的記憶，以及其他造成「中國人」的記憶，也曾廣泛存在於，或仍存在於許多台灣人的歷史記憶中。但是，近年來愈來愈多「驕傲的中國人」，變成「驕傲的台灣人」。現實政治經濟環境的變化，是這種認同變遷背後的驅力，而歷史記憶與失憶則是推動認同變遷的工具。

台灣近年來對中國的逐漸失憶，以及重塑本土歷史記憶的風氣相當明顯。中國史課程、內容、上課時數，在各級學校中都不同程度的被削減。在歷史研究方面，八〇年代末以來，愈來愈多的歷史研究的主要方向。一年一度的「中國歷史學會」年會，年輕學者出席的愈來愈少。「九〇年代以來，許多有關台灣史與台灣本土文化的學術會議在各地密集加開。由地方到中央，許多研究經費也都以指定用途的方式，被使用在本土文化與歷史的研究上。這種歷史研究與歷史教育傾向，在若干年後，必然更進一步造成新一代台灣人對中國普遍失憶。」

在台灣，近年來台灣歷史與文化研究有兩個重點：一是日據時期的歷史；一是原住民（包括平埔族）的文化與族源。關於日據時期台灣史研究的新潮流，主要在強調台灣現代化始於這個時期，今日台灣經濟成就主要賴於日人當年的建設。這個見解，與從前台灣史中強調清代中國以及光復後國民政府對台灣的建設，適成對比。而且，這兩方面歷史學者在政治立場上也涇渭分明。由歷史記憶的觀點，這種新的台灣史研究風尚以及歷史詮釋，反映一種欲脫離中國聯繫的台灣認同，與造成這種認同的歷史記憶動向。

無論如何，對於許多台灣人而言，在脫離中國情結上最大的負擔便是難以否認的唐山移民後裔身分；原住民研究在此提供一條出路。近年來台灣原住民的溯源研究，皆偏重在原住民與南島的關係上。部分原因是，許多研究計畫與研究經費的目標與用途，已經指明了台灣原住民的源流——南島。透過語言學、考古學與人類學，原住民的遷徙史性原住民與南島民族的關係被重建起來。值得注意的是，在五〇年代，來台不久的民族學家們也曾對台灣原住民的起源感興趣；他們多半強調台灣原住民與中國南方、西南民族的關係。[4]

平埔族是台灣原住民的一部分，其後裔大多已對本族群「失憶」而融入漢人社會中。近年來，台灣歷史與人類學研究的重要成就之一，便是在平埔族研究方面。這種研究潮流與成果也提供新的記憶，讓許多人要求恢復其平埔族群身分。無論多少台灣人的血脈中有平埔族或其他原住民的血液，原住民與平埔族研究提供一種「自我宣稱的血緣聯繫」(assumed blood ties)，使得許多台灣人得以強調他們在血緣上與中國人與中國人的區別。有時，這種血緣關係想像也提供研究者研究的動機。近年來，在許多台灣本土文化研討會中常聽見「有唐山公，無唐山母」(即早年閩粵移民皆娶原住民為妻)之說，即反映了這種現象。

除了共同起源記憶之外，凝聚人群最重要的便是「集體受難記憶」。帝國主義的侵略與剝削，是許多新興國家建立其國家認同的重要記憶。納粹對猶太人的屠殺，至今仍不斷被猶太裔集體回憶。同樣的，「七七事件」，便是凝聚當代中國人的重要集體受難記憶。將「七七」定為紀念日的意義，便是一群人(中國人)每年定期重溫此記憶，以強調彼此的認同。台灣社會近年來對「七七事變紀念日」的冷淡，可以說是一種集體失憶。當許多人逐漸不認為自己是中國人時，對於「七七」給予中國人的災難，便失去如同身受的情懷，於是「七七」逐漸被遺忘。再者，兩岸對立下的台灣本土化運動，其特徵之一便是將台灣一切美好的事物歸因於「日據時代的經驗」，以此否定中國的影響。因此，在各種中日友好協會的推動下，日據時代的記憶重新被塑造，不愉快的記憶被刻意隱藏；七七事變與南京大屠殺，也就成為不合時宜的記憶了。

相反的，另一種集體受難記憶強化了台灣人認同，那就是對「二二八事件」的歷史記憶。二二八事件曾被認為是政治上的忌諱，解嚴後才逐漸被公開研究討論。由此開始，隨著台灣內部政治勢力的轉移，二二八事件成為學術界、政界與傳播媒體研究、討論、報導的焦點論題。除了公私研究團體對此進行的文獻蒐集整理外，口述歷史也被用來作為重建史實的工具。回憶與研究二二八事件的著作大量出版，各種紀念會、座談會及建碑活動都熱烈進行。這些有關「二二八」的學術討論會、紀念會、演講、座談以及著述出版，都是一種社會集體回憶活動；藉此集體回憶，使得一群人（自認為與受難者有血緣或假血緣聯繫的人群）得以強化彼此的凝聚。

總而言之，近年來在台灣進行的重建歷史記憶與失憶風潮，其主要傾向便是以「日據時代的經驗」與「南島民族的本質」，來詮釋台灣人與台灣文化的特質，並藉此脫離中國聯繫。這種風潮對內對外都產生相當的影響與爭論。對內來說，無論是對日本侵華戰爭的失憶，或是強調二二八事件的歷史記憶，都讓許多「外省族群」感到疏離或尷尬。尤其是許多學者、政客刻意以「族群」來將二二八的受害者與迫害者分類，並推廣此種二二八事件的歷史記憶，使得外省人在台灣成為一種劣勢甚至受玷汙的認同。在重塑台灣人的南島本質上，外省人也被排除在外，甚至客家人也認為自身歷史文化沒得到應有的尊重。總之，台灣在歷史記憶的本土化方面，目前面臨的重要問題之一，便是如何建立一個島內各族群皆能接受的本土歷史記憶以凝聚台灣人認同。

在兩岸關係中，台灣歷史記憶的本土化引起中國方面的關注。「正確的歷史」對於中國人的凝聚非常重要，因此自古以來中國不僅關心本身的歷史，也關心邊緣人群的歷史。宣稱是正統中國唯一代表的中共政權自不例外。近年中國大陸出版了一本《台灣歷史綱要》，並為此書在北京舉行學術研討會。這表示中國「關懷」台灣歷史的決心。會中，學者認為這本書的意義在於：「把台灣地方史放在中國歷史的大範圍之中，科學地處理個性與共性的關係，為地方例。」這段話，反映了目前威脅「中國人認同」的，不只是台灣本土化的歷史記憶重建與對中國失憶；其他地區的民族史與地方史，也需要一個可遵循的範例。這是在改革開放後，各省區「地方主義」發展，以及邊緣地區「小民族主義」盛行下，一個回歸大一統主流的號召。這也是為何中國考古學在各地域文化上，經歷滿天星斗、百花齊放的成就之後，中國中央方面又要求強化炎黃與夏商周三代考古的原因。

台灣問題，以及美日的介入，最近在中國大陸激起空前的民族主義情緒。遠者，「舊金山和約」中，日本放棄對台主權，卻未得到台灣歸還中國。如今被中國歷史學者認為是在隣國操縱下，刻意造成「台灣地位未定」的陰謀。近者，一九九六年初中共對台飛彈演習美國航空母艦的介入，甚至於亞特蘭大奧運會期間中國代表團宿舍漏水事件，在傳播媒體的鼓吹下都成為強化「美國陰謀」的集體記憶。日本政客、學者刻意修飾歷史記憶，以否定、遺忘其在二次大戰中的罪行；在台灣本土化的歷史記憶重建中，日本據台記憶受到美化，都使得中國刻意強調仇日歷史記憶。抗戰劇在大陸全國性電視節目中幾乎無日不有;蔣中正先生與當年國民黨的將領們,由美帝的走狗又變成了抗日英雄,台灣問題尚待解決,但其激起的中國民族主義,似乎已解決了中國內部改革開放以來的地方主義問題。❺

參、結　論

數千年來,歷史記憶與失憶使得許多人群成為中國人;也賴歷史記憶與失憶,許多人群成為非中國人。在現實的兩岸關係中,歷史失憶與重建歷史記憶,成為台灣人試圖脫離中國、建立本土認同的工具,以及在此過程中的重要表徵。另一方面,「正確的歷史」則是中國人維持其認同,與邊疆少數民族建立良好關係,以及對抗各種分離主義的利器。由司馬遷,到一位主張台獨的台灣歷史學者,到一位鼓吹華夏民族認同的中國歷史學者,大家都宣稱自己所寫的歷史是歷史事實,是正確的歷史。但是,如果我們所熟知的歷史,只是人們以選擇、創造、修正、組合各種對過去的記憶,以維持一種認同,或造成認同變遷,那麼,究竟什麼是「歷史事實」?什麼是「正確的歷史」?歷史學者的專業技藝是什麼?❻

這是一個值得深思的問題。一個歷史學者,可能利用他嫻熟檔案文獻的專業知識來建立一個歷史記憶,以維持、凝聚一種人群認同。歷史學者也可以將同一批資料作另一種選擇與排列,創作另一種歷史記憶,以造成或支持人群的認同變遷。他們因此可以成為偉大的愛國主義者，或革命理論先驅，或民族精神的維護者。但他們能不能算是好的歷史學者，卻值得商確。由歷史記憶的觀點，所有的檔案、文獻與一些歷史著作，都是一種「社會記憶」；反映特定時代的社會人群認同結構中，人們認為重要的「過去」。歷史學者的技藝與志業，絕非只是尋找、陳述發生在過去的「史實」，而是在詮釋人們為何選擇、扭曲、修飾、遺忘一些「過去」，以此了解人類及其社會的本質；特別是在資源競爭關係中，人類以「過去」來組織或重組社會人群範圍，以維護不平等的權力結構與分配關係的本質。藉此，學者才可能思考什麼是一個「理想社會」，什麼樣的歷史寫作有助於達成這樣的社會。❼

註釋

❶王明珂：〈台灣與中國的歷史記憶與失憶〉，《歷史月刊》十月號，頁三四—三五，（台北．一九九六年十月出版）

❷同前❶，〈台灣與中國的歷史記憶與失憶〉，頁三五。

❸同前❶，頁三五—三六。

❹同前❶，頁三五。

❺同前❶，頁三六—三七。

❻、❼同前❶，頁三九—四〇。

第四章 大陸學界研究「台灣史」之梗概

第一節 大陸學界對「台灣」名稱由來的探討

台灣—美麗而富饒的寶島，自古以來就是中國不可分割的神聖領土。關於台灣在中國古籍中最早出現的時間和名稱，雖然有各種不同的說法，但它和大陸間的政治與經濟聯繫，最晚不遲於距今一千七百五十多年的三國時期。

近年來中共為加強對台統戰，乃致力於台灣社會現狀之研究，於一九八〇年七月在其廈門大學成立台灣研究所。台灣近數十年來發展的歷史是這個研究所的主要研究課題。近年來，這個所的研究人員已出版了這方面的專著、論文集、資料選輯等數十本。在各種報刊上發表的學術論文數百篇以上。研究所成立以來先後舉辦了全國或國際性的台灣問題學術討論會多次。陸續接待了國外數十多位台灣問題專家，並派員參加了在美國、日本、香港等地舉辦的台灣問題學術討論會。該所更從一九八三年起開設了台灣文學選修課等，可見中共對台灣問題的重視。❶

由於「台灣」名稱由來，各家說法不一，乃造成有心人日後製造台灣混亂的藉口及造成分歧意識的理論，如「台灣民族自決論」❷，「台灣民族混合論」❸，「台灣地位未定論」❹，「台灣國際共管論」❺，「社會主義台獨論」❻等。為正本清源，吾人必先從「台灣」

名稱，正其名開始，探討大陸學者的看法，進而比較其異同所在。

一、第一種對「台灣」名稱由來的看法

關於「台灣」這一名稱由來的依釋，大陸學者意見紛紜，歸納起來，不外有三種。

第一種看法認為：「台灣」名稱起源於荷蘭人於一六二四年佔領台灣之後，修築樓台於海水灣人處所致❼，不少外國人多從此說。「台灣歷史考」的作者日本人岡田東寧以及英國人托瑪斯·休茲(Thomas Hughes)即是代表性人物。托瑪斯·休茲在「中國評論」中索性把「台灣」一詞譯成terraecd bay（高處之海灣）。中國亦有持此種說法的。如道光二十年重刻本康熙「台灣縣志」中曾云：「荷蘭設市於此，築磚城，制若崇台，其海濱沙環水曲日灣，又泊舟處概謂之灣，此台灣所由名也」。

形成第一種看法的原因，大陸學者邵秦認為係由兩種情況所致。一是某些外國人以台灣名稱之由來，採用荷蘭人來後才如此稱謂的說法，妄圖割斷台灣與中國人兩千年來的歷史聯繫，從而為帝國主義分離台灣製造藉口。二是多數執這種觀點的人，是由於對中國及其些外國史料有關台灣的記載或不了解，或有疏漏，以致牽強附會。❽因此邵秦舉了四例史料駁斥「台灣」一名稱之起源，決非由荷蘭人於台灣海灣處築樓台而來。所舉史料如下：

㈠明萬曆三十年不少亦商亦盜之倭寇入侵台灣，騷擾搶掠，燒殺姦淫，無惡不作，為害

人民。遂有都司沈有容奉命於明萬曆三十年十二月初八（即公元一六〇三年一月九日）前往東番行勦倭之舉。與沈有容同行者有陳第（亦稱陳志齋），陳在隨軍平倭之後，在台灣進行實地考察，返歸大陸後，於萬曆三十一年寫了著名的《東番記》，記述了台灣島上的風土人情，並涉及台灣全島及島上許多地方的名稱。《東番記》是迄今我們所見較早的關於台灣史地的確實可靠的文獻資料。文章開頭寫道：「東番夷人不知所公始，居澎湖外海洋島中，起魍港、加老灣，歷大員、堯港、打狗嶼、小淡水、雙魚口、加哩林、沙巴里、大幫坑，皆其居也」，顯而見，陳第將台灣全島稱之為「東番」，而將後來荷蘭人修築樓台的安平港稱之為「大員」（即「台灣」的閩音）。此種記載，早於荷蘭人侵佔台灣前二十年。[9]

㈡明天啟二年（一六二二年）荷蘭人入侵台灣，沈鐵上書南居益稱：「紅夷潛退大灣（大灣亦為『台灣』之閩音），蓄意叵測。……為此他提出六條措施，以利鞏固國防，制止荷蘭人繼續入侵。此事發生在荷蘭人一六二四年入台前兩年，當時稱台灣為大灣。[10]

㈢荷蘭人入侵台灣之後，曾有一些當時的文字記載，這對於台灣名稱的由來是極好的證明。如入侵台灣的荷蘭司令官高文律(Cormelis Reijersen)一六二二年的「航海日誌」中有這樣一段記載：「七月二十一日，星期四。早晨，有曾在福摩薩(For-mosa)捕角兩年的一個中國漁民來我船上，自稱熟悉福摩薩島的情形。他說在Teijoan（大員）灣中有很好的停船處。……」[11]

㈣荷蘭侵略者的最後一任駐台長官揆一(Coyett)曾著有一《被遺誤的台灣》，他在書中追溯說：「公司選定了福摩薩(Formasa)西岸有一個周圍約有一哩的名為Toyouan（台員）的小沙洲為根據地，並決定在這塊沙洲上建築一座石城，定名為Zeelandia（熱蘭遮）。」揆一的這段文字是寫於荷蘭人退出台灣之後。[12]

綜上所述，台灣名稱閩音稱謂大員、台員、大灣等，在荷蘭人侵占前早已存在，繼而在荷蘭人入侵後，從作嚮導的中國人處了解到已有稱呼，並將這一名稱記入「航海日志」，在修台築城之前，荷蘭人也隨著中國人稱安平為「大員」。因此認為「台灣」名稱來源於荷蘭人「築城修台」的說法，顯然是站不住腳的。

二、第二種對台灣名稱由來的看法

第二種看法認為：「台灣」之名稱是由「大灣」一名轉化而來。而大灣的來源，則是得之於安平港附近曾經有一片由天然砂堡環護的淺水海灣，當時估計這個海灣的水域南北長二十公里，東西寬七公里，面積約為一百平方公里左右，當時人們稱之為「大灣」。十七世紀二十年代荷蘭人占領台灣時，這個海灣有著深水泊地和航道，據荷蘭人彼得·奈茨(Pieter nuyts)給荷屬東印度公司的報告說：「海灣的入口處，潮漲時水深為十四呎（約合四點三米），港內泊地深達五尋多（約合六點四米）」[13]。

但到了十七世紀後期，海灣的陸化十分迅速，主要原因是作為這個海灣的主要水道曾文溪將大量土砂礫向下游和沿海沖積，致使其主流入海處，在二百年（一六二四—一八二四）裡先後在將軍溪至四草湖之間二十多公里的距離內來回擺動，估計流入海灣的淤積土方不下於七億立方米，使海岸線每年伸延三十五米。特別是道光二年（一八二二年）七月，曾文溪發生了一次特大洪水，河水攜帶泥沙直入海灣，此後，這個海灣便完全陸化了，至今，只留下一段稱為鹿耳溪的水道和瀉湖殘跡。[14]因此，有些大陸學者認為，台灣的名稱與這個大海灣有直接的關係。因為今西南海岸安平一帶（包括海灣）是大陸與台灣最早的聯繫中心，來台灣的大陸人最初也多集中於此，其中以閩南人最多，他們操的閩南話對「台」(dii)與「大」(dei)，員(wan)與「灣」(wan)音調極為相似，由此完全可能把「大灣」寫成「大員」或「台員」。

對於此種看法，表面看來似有道理，台灣西南岸之陸化確有其事，但作為「台灣」由此得名之考，如若縱觀歷史就不能自圓其說了。究其說來之本意，無非從地貌的形態而來。顧名思義：大者，寬大的海灣也。可是，明代記載台灣風貌人情和地理狀況的「東番記」卻為「大員」。該書作者陳第曾在一六〇三年隨同沈有容入台剿倭，他根據親身經歷所寫的「東番記」中有「起魍港、加老灣、歷大員、堯港、打狗嶼、小淡水、雙漁口、咖哩林、沙巴里、大幫坑」等語，似應視其足跡遍全西南沿岸，其中恰恰經過大員，當時大員海灣尚在，陳第並未記成大灣而寫成大員。

另外，清康熙時徐懷祖的「台灣隨筆」稱：莆車周嬰在「遠游編」中的東番一篇將台灣記成「台員」。是否會出個別字呢？大陸學者邵秦認為從陳第《東番記》洋洋灑脫的文字和栩栩如生的描述裡可以看出他的文字功力非淺，至於周嬰係崇禎十三年的進士，似非等閒之人，落筆成文，決不會別字連篇，把「大」寫成「台」，把「灣」寫成「員」，況且也不可能兩人全寫別字。⑮

不過，從陳第及周嬰或當時荷蘭人隨中國人而用「台員」和「大員」的稱謂中，啟迪人們考慮這樣一個問題……有沒有類似這樣發音的名稱早被人們流傳開來呢？由此便引出大陸學者第三種看法。

持第二種看法的大陸學者周維衍在其所著〈台灣歷史地理中的幾個問題〉一文中，主要論證三個問題。㈠中國古代地理名者「禹貢」中的「島夷」和西漢劉向「域分」、朱贛「風俗」一篇中的「東堤」就是今台灣。因此，台灣有文字記載的歷史應該予以提前。㈡「臨海堤土志」和三國萬人船隊去「夷洲」（台灣）的航行路線及其著陸的地區。這次的航行是從今天的台州灣出發，近海緣岸而行到福州、泉州海面，然後橫渡海峽取台南市和喜義一帶登陸，並不是一般人所認為的那樣由長江口南航逕趨基隆、淡水。㈢明陳第「東番記」和台灣名稱的由來。即灣這個名稱是由「大員」、「大員灣」轉來的，初指今台南市一帶及其西部海灣。清康熙二十三年（公元一六八四年）在今台南市設台灣府，管轄台灣、澎湖及附屬島嶼台灣所包含的地理概念才擴大到全島。⑯

周維衍引述清人杜臻的說法，說明陳第是明代最先記載東番的，在他之前還不曾有人寫過關於東番的長篇述略。述略大致如下：

陳第（公元一五四一－一六一七年）字季立，福建連江人，起諸生，後去文習武，隨俞大猷學兵法。明萬曆初壁官古北口，由戚繼光擢爲薊鎮游擊。後因與總督吳兌不合，棄職南歸，杜門讀書。晚年又歷游名山大川。著有「毛詩古音考」、「屈宋古音義」、「尚書疏衍」、「伏義圖贊」、「讀詩拙言」等十餘種。《東番記》則未見刊行，但杜臻「澎湖台灣紀略」有輯錄：⑰

其略曰：東番在澎湖外洋中，自烈嶼航海一晝夜至澎湖，又一晝夜而至加老灣。其起地魍港、加老灣，歷大員、封港、打狗嶼、小淡水，又有雙溪口、加哩林、沙巴里、大幫坑，皆其居也，斷續幾千餘里，種類甚蕃，別爲社，社或千人，或五、六百人，推子女多者爲社長，聽其約束。性好勇喜鬥。暇輒習走，晝夜不止。足皮甚厚至數分。覆棘棘如平地，捷及奔馬；度終日之力，可踔數百里。或兩社有隙而相攻，約日合戰，戰已，往來如初，不復相讎，每殺人，斬其首，昀肉存骨，懸之門。門懸髑髏多者稱壯士。地暖，冬夏裸體，不知衣冠，自謂簡便。婦女結草裙，略蔽下體而已，無揖讓拜跪禮。無曆日、文字。視月圓爲一月，計月十圓爲一年，久則忘之，故率不紀歲，少壯老耄，問之不知也。交易，結繩以識。無水田，治畲種禾，山花開則耕。大熟，谷粒視內地稍長，特甘香。採苦草雜米釀之爲酒。聞有佳者，豪飲至一斗。燕會則置大團坐，各酌以竹筒，不設餚核。樂則起而跳舞，口亦鳴鳴若歌曲。男子剪髮，留數寸披垂，女子則否。男子穿耳。女子年十五、六斷其唇兩傍二齒以爲飾。地多竹，大數握，長十餘丈。伐竹構屋，蒙以茅，廣長數丈。每族共屋，一區稍大曰公廨，少壘未娶者曹居之。議事必於公廨，取召集之易也。將娶，視女子可室霧，遣人遺以瑪瑙珠一雙，女子不受則已，受則夜造其家，鼓口琴挑之。口琴者，制薄護如搔頭，尾有兩歧，齧而嘘之，錚錚有聲，女聞納宿，未明徑去，不見父母。自是，每夜必來爲常。迨產子女，婦始往婿家迎婿，如親迎，婿始見父母，因家下焉，養女父母終身，其本父母不得子也。故生女喜倍男，謂其可以繼嗣云。妻更死娶。夫喪號爲「鬼殘」，終莫之醮。人死，繫鼓環哭，置屍於地，四百熾火，福而乾之。不棺，屋壞，乃立而理之，不封不祭。將耕，戒勿言。亦不復相仇殺，道始以目。田畔相遇，少者背立，長者徑行，無所聞，華人或故侮之，不之較，苟違戒，則歲輟不登。故守之惟謹。子女健作。女常勞，男常逸。有盜取人物者，嚴剔之，屍於市。故夜户不開。禾穗埸無敢竊者。無儿案，席地坐。谷有大小豆、胡麻、薏苡。蔬有蔥、薑、番薯、蹲鴟。果有椰、蔗、毛柿、佛手柑。畜有貓、狗、豬、雞。獸有鹿、豹、熊、鹿、鳥有鳩、雉、鴉、雀。山尤多鹿。人善用鏢，鏢長五尺，鏃甚舌，虎、鹿過之輒斃。其捕鹿，當以冬伺其群出，乃集衆逐而圍之。掩群盡取，積如丘陵。先屠取其皮角，次臘其舌與腎與筋。別藏之，盛以箱而鬻之華人。又能榨蔗爲糖。二者，其本業也。得鹿子，必擾馴之，刺鹿腸，出新飼草未化者，必競食，名百草亭，俗食豬，不食雞雉，惟撥其尾以飾旗。見華人烹敢雞雉，輒嘔。雖居島中，不能操舟。畏見海，但擋魚於溪澗。故老死不與他夷往來。永樂初，鄭和航海諭諸夷，東番獨遠竄，不聽約。於是，家貴以一銅鈴，使懸於頸，蓋狗畜之也。至今傳以爲寶。始皆聚居濱海，嘉靖末，遭倭寇焚掠，乃避居山。倭善鳥銃，鏢不能御也。自通於中國，獨見其居山耳。漳、泉之民至者既衆，充龍、烈嶼諸澳往往能譯其語，當以瑪瑙、瓷器、布、鹽、銅簪環之屬，易其鹿脯筋角。間遺以故衣衣輒喜。見華人則衣之，以相晉接。退則襲而藏之；得布也藏之。蓋其人習裸，不而衣冠覆束縛也。性頗醇樸，自通中國，始有嗜好。奸人又紿以濫惡之物，彼亦漸浯，知爲巧僞矣。第之言如此。

這是一篇珍貴的台灣早期歷史文獻，內容豐富，描繪栩實，敍述的地理、風俗物產等情況極為詳備。

陳第所記多半是他親歷目睹，部分則由當地番族首領「大彌勒」提供的。「臨海水土志」稱夷洲「呼民人為彌麟」，「彌麟」當即是「彌勒」，「大彌勒」就是酋長的意。陳第足跡遍及的地區自台南至高雄一帶，列舉的地名都在這範圍內。魍港即台南縣西的茅港。小淡水即高雄縣東南的下淡水溪。堯港即撓港，在高雄市西北。打狗嶼即打狗仔。加老灣在台南市西北。加哩林，雙溪口者在台南縣西南。[18]

值得注意的是杜臻稱沈有容、陳第一行出舟師擊倭，是在「大員」泊舟上岸。陳第所列舉的地名中有「大員」大處：「東西洋考，東番考」形勝類有「大員」。據「巴達維亞城日志」記載，一六二二年荷蘭人初到台灣時，曾借助於中國漁民提供的台灣海道港澳情況，說：「在大員灣中有很好的停泊處。⑲「大員」、「大圓」、「大員灣」無疑是指同一個地方。「清一統志。福建台灣府」山川類：「大圓港，在台灣縣西海港。自鹿耳門以內，周環皆堤，海舟聚泊，後紅毛建城如台，因謂港為台灣。」同書關隘類：鹿耳門，在台灣縣西三十里，門內水面寬展，可泊千艘，即大圓港也。」清台灣縣在今台南市。可見「大員」就是指今台南市西平附近地方。當時「大員」是個優良港灣，外有鹿耳門沙清環繞，可避海濤風浪，內則水面遼闊，能停泊眾多的船隻，又遙對澎湖，與大陸之間交通方便。福建沿海居民來島上，常在這裡登岸。陳第稱「充龍、烈嶼諸澳往往能譯其語」。烈嶼即小金門。「大員」可能是閩南人民根據土著番族的稱謂譯成的，所指地區是台南市及其附近安平一帶。這地方的海灣就稱「大員灣」，簡稱「大員」。

清徐懷祖《台灣隨筆》：「台灣於古無考，惟明季莆田周嬰著「遠游編」，載東番記一篇稱台灣為台員。」一般都認為台灣的名稱由此而來⑳。其實，真正得名應該是陳第所記的「大員」，從「大員」、「大員灣」轉化成台灣。明代官方文獻中正式見稱「台灣」是崇禎年間何楷、王家顏、傅元初的奏疏中，所指地區仍然是台南一帶㉑。清康熙二十二年（公元一六八三年）平鄭克塽，二十三年建議設台灣府於今日台南市，管轄全島及澎湖地區。台灣所包含的地理觀念，才由台南一帶擴大為整個海島。

三、第三種對「台灣」名稱由來的看法

第三種看法認為，遠在明朝中葉前，原安平地方（指今台南一帶），有一個土著民族稱之台灣族，因此對安平地區就以部落之名稱呼，這種用其族名稱其地者的現象，在世界上不少地方是常有的事情，此看法採自日本與台灣學者，日本人伊能嘉矩和幣原坦寫過一篇「台灣名稱論」，專門談及這一問題。調查確認原有一「台窩灣」的部落住在安平或鳳山，後因部族爭鬥，無法安身，遂遷至台東。大陸學者更舉出，近年來，台灣學者高賢治所著《台灣三百年史》中論述其親自調查踏勘台窩灣族遷徙的足跡，是一份相當可靠的史料。

一八九七年日本人伊能嘉矩在台灣實地考察，曾找到在秀姑巒溪流台窩灣族六十八歲的老人刀連，這位老人述說其族原住鳳山縣，因土地受客家人的侵佔，他在母胎中那年隨族遷徙，據說當時遷出者有三十多家，先往南至枋寮，因異族排斥，便越山到巴朗衛，然後向北至卑南，在卑南抵不過淵攸馬族，居住七年之後，又往北遷徙，至秀姑巒溪流域，遂與阿眉族爭鬥數次，終於在此地落腳為生。後來因耕作人手不足，乃遣人去鳳山引率十二家同族來。[22]

一九三〇年二月十六日，日本人幣原坦亦在東台海岸附近花蓮縣秀姑巒溪平埔族中調查，其中有自稱台窩灣的一族，據說先人原住西海岸台南平原，因與客籍人爭鬥，遂移居下

淡水溪上游、楠梓山溪及老濃溪附近的六龜里、老濃莊，以後在嘉慶末道光初遷至此處。㉓

上述情況，奈因台窩灣族無文字，只憑聲聞口傳。近年台灣學者高賢治為追溯台灣名稱之源流，親自調查和踏勘台窩灣族遷徙足跡。他進一步指出台南城東郊長興上里與鳳山舊城東郊半屏里各有一個大灣莊，並認為是台窩灣族原住地。「大灣」即「台窩灣」的同音異字而已，並考證荷蘭傳教士羅伯特·朱奈斯(R.Junius)一六三六年十月日致阿姆斯特丹東印度總公司的報書中，載有一六三六年二月二十日召集新港附近部落民的事，其部落名稱中有Taiouwang，這應視為直接證據。㉔

高賢治在其所著《台灣三百年史》中對台灣名稱之起源有詳盡的論述，他首先談到台灣與台窩灣族（Tayovan族）之關係，說台灣之有此名稱，是起於荷蘭人造築樓台於海水灣入處的原故，如此牽強附會之說，早就存在，台灣縣志也採用此說㉕。事實上，「台灣」的名稱，早在十五世紀就被人所知，絕不會在荷蘭人築城的十七世紀才開始的。但我們必須注意的是荷蘭人築城的時候，他們怎樣用比漢字更容易綴音的荷蘭字來表示「台灣」的發音。荷蘭人有時寫做Taiwan但大部分是寫為TayovanTayan或Tyovan的。那麼在西元一六二四年荷蘭人築城的時候，很可能有一種聲音，介於「台」與「灣」之間的，荷人即依這發音記下來。

這裡有一個值得驚異的事實，在東台灣秀姑巒溪流域的平埔族中，以大莊為中心，散在其附近的，有稱為台窩灣（Tayovan）的一族。民國十九年（西元一九三〇年）二月十六日，幣原坦去視察大莊公學校（今國民學校）的時候，曾約來一個老番，請他細呼他們的族名的發音，不料竟完全符合荷蘭人所記的，在「台」轉至「灣」的中間，加入一點餘音，精確的寫來，應為Tayovan或Tayovan太巧合了！我（指高賢治）直感到：假如調查這台窩灣族移動的徑路，也許可能知道為什荷蘭時代叫安平為Tayovan（台窩灣）的理由吧！這就是決定台灣名稱起源的一個關鍵。㉖

其次高賢治先生對「台窩灣族移動」略述如下：㉗

> 大莊曾有個樸實的老番叫刀連，可惜我（指高氏）去大莊的時候，他已逝世，未能見面。但在《台灣蕃政志》（二九八頁、二九九頁）中，載有這老番的懷古談，或許是當時總督產事務囑託故伊能嘉矩先生調查來的。……更使我們自信的，是在鳳山台南等地都能發現台窩灣莊即大灣莊的部落名。……伊能先生認爲大灣莊是漢民開墾的地方，我（指高賢治）卻不然，當視爲漢人開墾以前，早就爲台窩灣族佔據，以成爲部落名，這看法才比較妥當。……「台灣窩」可以就是「台窩灣」，蓋爲原始族的土稱。我們的考證，既然溯自鳳山，又尋跡到台南，則需要再考究其以前的開祥地究竟在何處。關於這點，台窩灣族本身也早已忘掉了。對於並無文字記錄的他們，我們雖然不能因此加以苛責，但如能從地下挖起他們更古的祖先，來講昔時所發生過的事情，萬事當會更加明瞭。其本源的發祥地應該推斷就在人築城的故地。例如荷蘭人抄寫的Tyouan Tayoan或

Tayoyan等發音，與現在的莊台窩灣族自然的發音完全符合，亦是很好的証明。因此，我們必須就最初荷蘭人築城的地名，先加以究明。

荷蘭人的熱蘭遮城(Zeelandia)是建築於現在的安平。當時不過是一無名的沙島，所以才從鄰近部落台窩灣取名。此沙島的北邊（隔熱蘭遮水道）另有一沙島，是漢人所稱的北線尾（蘭人稱為巴克仙波伊），再北又是著名的鹿耳門水道。這鹿耳門原來是海灣的咽喉部，又是船舶的出入處，貨物吞吐的主要地點。日本人也在這北線尾築室居住，這事實也載於林謙光（台灣府學最初的教授）的《台灣紀略》（這書成於荷蘭人著手築城後六十五年）中，謂「日本番來此搭寮經商」云。究竟為什麼要定這地方來居住呢？那是為了要向原始收買鹿皮和蔗，同時又要買進中國來的絹絲。我們可以推定：那個原始族部落名，同時就是這島名，即為台窩灣。

稱此線尾為台窩灣的證據，就在荷蘭航海士海的律克．阿里艷仙一六二四年及至一六二五年測量的海圖內，該圖記北線尾為Taiyowon（台灣文化史說第六一頁）再者，熱蘭遮長官諾伊志一八二八年二月二十八日投送巴達維(Bataviya)總督府的書翰中，也有「因敵人來襲的謠言時起，並有集中兵力於一所的必要，我將棄卻污穢的台窩之地，將一切於城側」（台灣文化史說第六六頁）等語，依此一點看來，就毫無疑問的餘地了。荷蘭人之感覺有築城以作永久之計的必要，完全意在獨佔台窩灣的貿易，因此又定築城的地點在正南邊的沙島，因此，稱這無名的沙島為台窩灣。（但譯者參考荷蘭司令官哥爾尼利斯・賴也爾先的日誌）中有這樣一段記載：「一六二三年七月二十七日，星期三，早上起北風，我們向駛進。」；據此可知當荷蘭人不但如幣原氏所說，單稱北線尾這沙島為台窩灣，其範圍或許較大，很可能是指整個的安平港。再細考荷蘭東印度公司的巴達維亞日誌，與台灣有關係的概用台窩灣這稱呼，很少看見用福爾摩沙或熱蘭遮城的名字，就其使用的區別，可看出整個安平港稱為台窩灣，整個台灣島則叫做福爾摩沙，而要單指城內的事情時，才用熱蘭遮這名稱。再進一步推察台窩灣族以前的情形，也許可能這樣想：在周嬰遊台，以至灘人，倭寇，荷蘭人相繼大量侵入以前，台窩灣族原是一個盤據安平、台南一帶的很強盛的蕃族，後來因遭侵略者的壓迫，屠殺，並與附近強族訌鬥，漸漸衰滅，至荷蘭人佔時只留下一二部落。很可能本來不是只住在北線尾的弱小部族，所以「台灣」這名稱，乃早就為周嬰記載於東蕃記，並且被荷蘭人那樣廣泛地採用著。因台窩灣這名稱，荷蘭人那樣受稱，後來更為漢人襲用，初稱熱蘭遮城為台灣城，後滿清又置台灣府，遂正式變成整個台灣島的名稱直至現在。

荷蘭人既然建造熱蘭遮城，築好砲台，對船舶貨物又課起稅來，土地逐漸發展。而住在台窩灣島的台窩灣族，卻懵然任荷蘭人介紹自族之名於世界，但又遭受自然淘汰的激流所迫，終於不得不遷移到台南的東郊。荷蘭人上陸後第十三年，即西元一六三六年十月五日，曾向阿姆斯特丹的東印度公司總公司寄送，羅伯特・朱奈斯R.Ju-nius（傳教士）的報告書，其中記有是年二月二十日，召集新港(Sinckan)附近部落，實在顯而易見。

迨至西元一六五三年，荷蘭人又在現在的台南建造赤嵌樓(Providentia)，這一帶於是又急速的發展起來，漢人更買佔東郊之地，對大灣莊施行經濟上的壓迫，因此，可憐的台窩灣族，一部份更向東方老農溪附近移民，有的則向南移動，遷居鳳山的東郊。至鄭成功時代，在鳳山設立萬年縣，這地上又逐漸發展，從此台窩灣族又不能再安居了，遂淪入三三五五向東海岸逃亡的苦命。

大陸學者認為，由台窩灣民族的發音轉他而來的説法既有史料根據，又有實地調查之依託，而且較能自圓其説。此種説法是目前唯一能夠解釋中國文獻及荷蘭文獻的根據。

四、結　語

儘管大陸學者對「台灣」名稱的由來和變遷有上述三種不同的看法，然而每一種看法都有其偏頗之處，未能完整而有系統的體現台灣名稱由來的全貌。近年來大陸積極研究台灣史之餘，在其所出版的「台灣地方史」㉘一書中，對「台灣」名稱的由來和變遷有較為具體而完善的論述。

該書談到，在中國史籍中，沉瑩「臨海水土志」和「三國志、吳志」把台灣叫做「夷洲」，「隋書、流求傳」開始叫做「流求」。唐張族「朝野僉載」作「留仇」或「流虬」，但其後的韓愈「送鄭尚書序」、柳宗元「嶺南節度使食軍堂記」、趙汝「諸蕃志」和「宋史」仍繼續稱為「流求」，「元史」則作「留求」。流求、留仇、虯和求，其實都是同字異寫，自隋迄元，前後使用了七八百年。

直到明洪武五年（一三七二年），現在沖繩島上的三個國王之一——中山國王察度遣使入貢，明王朝以為他們是從福建東南方海上來的，應該就是歷史上三流求，所以就稱他們為「琉球」。過了不久，發現在此以外還有一個面積更大、更靠近大陸的流求，不能不加以區別，他們又把保持有通商關係的琉球稱作「大琉球」，而把一千多年來已有接觸往來的台灣稱作「小琉球」，並列於朱元璋手定的「皇明祖訓」之中。由於明代統治者的無知，就這樣出現了把大的叫做小的，把小的叫做大的造成名不符實的現象。「小琉球」一名在明代官書中使用很久，嘉靖後期（十六世紀中葉）印行的許多有關海防著作，如「籌海圖編」、「皇明海防纂要」、「讀史方輿紀要」、「武備志」等書，都一律稱台灣盡小琉球。連當時歐洲出版的重要地圖，如韋留的〈世界地圖〉，拉查羅路易斯的〈世界地圖〉，都位投的〈遠東圖志〉等，也都在台灣島的位置標上(Le-queno Pequoio)，(Lequeio Minor)字樣，意思也都是小琉球。

明代嘉靖（一五二二——一五六六年）以後，由於台灣海峽兩岸貿易日趨發達，到過台灣的人越來越多，各就見聞所及，觸景生情，用各種樸素、生動而富有生命力的名稱來稱呼台灣。從福州航往琉球、日本的商船水手，在橫渡海峽時，必須以台灣北部的一座高山為瞭望定向的標誌，這座山的形狀有點像一個罩雞的籠子，因此就稱之為雞籠山[30]，大陸和澎湖各島漁船在台灣西部海面捕魚時，往往要在一個可以避風的港口修理船具，曬捕魚網，他們就叫這個港口做「魍港」[31]由魍港音轉者「笨港」、「北港」，有一個時期是中部沿海的通稱[32]。

大陸沿海商船每年有好幾次開到南部一個闊平浪靜的海灣中，然後登岸與稱作「大員」(諸如台窩灣)的平埔人交易，他們就稱這一帶地區為「大員」[33]，由大員音轉為「台員」[34]，「大灣」[35]，「台灣」[36]，也逐漸成為南部沿海的通稱。就在這個時候，明朝卻以當地有一個「番」族，四川省西北境也有一個番族為理由，稱台灣的「番族」為「東番」[37]，以與四川省的「西番」相區別；接著又不區分族名與地名，連台灣也叫成「東番」[38]。他們還認為東番不只是一個島，而是有兩三個島，因又統稱為「番諸山」[39]，或「東番諸島」[40]。

在以後海峽兩岸貿易繼續發展中，南部沿海由於地勢平坦，物產豐富，居民稠密，又擁有天然良好的港灣，而成為全島的政治經濟中心。一六六一—一六六二年，鄭成功逐走荷蘭人，以赤坎為中心，設置府縣，建立統治；一六八三年，清政府又就其地設台灣府，規定與廈門單口對渡；自是台灣逐漸成為全島的名稱。雞籠後亦改為「基隆」，用以專指北部的一個海港。如上所述，「台灣」從一個平埔部落的名稱成為全島的名稱，大約經過了兩三百年的時間，並且是與島內社會經濟發展的過程密切結合在一起的。

台灣在國際上還有一些不同的稱呼。十六世紀中葉，葡萄牙殖民者從澳門航往日本經過台灣海峽時，看見澎湖群島中有很多漁船出入捕魚，因稱之為(Ilha Pescas-dores)，意思是漁夫之島；看見台灣島上林木青翠，景色秀麗，因稱之為(Ilha Fo-mosa)，意思是美麗之島。這兩個名稱從此就在國際間通行了三四百年，以迄於今。

在同一時期，有幾批日本倭寇竄入南部台灣某地，看見當地白沙青松，景色與日本播州灣海濱有點相似，就把它叫做「高砂」，由高砂音轉「高山」，這就是古代日本稱台灣為「高砂國」、「高山國」的由來。以上這些名稱，盡管在字面上並無貶義，但因為都是外國侵略者命名的，又標誌著外國侵略時代的開始，所以一向不為中國人民所使用。

綜上所述，雖然大陸學者對「台灣」名稱由來與變遷有各種不同的看法，可是其最終目的不外下列數點：

㈠自民國六十九年元旦鄧小平在其「關於目前的形勢和任務」報告中，把「台灣歸回祖國，實現祖國統一」列為中共八十年代的三大任務之一。從此，中共積極加強對台統戰工作，除建立了各級「台灣同胞聯誼會」外，並展開對「台灣史」研究，企圖藉此曲解台灣歷史，以為其政權作政治服務，達成思想統一的目標。目前江澤民時代其對台策略仍延續鄧小平之政策。

㈡從台灣名稱的探討，希望透過歷史的事實，以軟化台灣同胞的反共意志，為所謂第三次「國共合作」鋪路及為日後以武力犯台尋找藉口。

㈢將中華民國政府治理下的台灣，稱為「地方當局」，大陸學者宣稱「台灣自古以來就是中國領土，因此只能根據中國的命名來稱謂，台灣是『中華人民共和國』的一個省，所以只能根據『中華人民共和國』頒佈的地名稱之為『台灣』[41]。」

㈣中共一向反對「台灣獨立」，叫囂若「台灣獨立」一旦實現，則不惜以武力犯台，可是在公開反對之餘，卻也祕密運用「台獨」，作為統戰工具，因此在「台獨人士」積極向台灣歷史尋根之際，中共亦展開台灣史的研究，企圖以馬列毛的唯物史觀和階級鬥爭的理論觀點，來編寫台灣歷史，以混淆歷史真相。

註釋

❶ 中共海外版《人民日報》（北平：一九六年十二月十八月十八日，第四版）。
❷ 吳錦宣，《「世界台灣獨立聯盟」組織發展與實力分析》（台灣省桃園：中央警官學校警政研究所碩士論文，民國七十五年六月），頁二四—二八。
❸ 同前❷。
❹ 同前❷。
❺ 同前❷。
❻ 同前❷。
❼ 據大陸學者邵秦考辨，荷蘭人佔領台灣後，於一六三〇年在一鯤力建成城堡（荷人稱熱蘭遮堡Fort Zeelandia），一六五〇年又在隔江北岸建成赤嵌樓（荷人稱普羅文薩保堡Fort Provintia）。赤嵌樓，據記載先蓋起紅磚台地，再於台地上建成城樓。「台灣縣志」曰：「先是潮水直達樓下，閩人謂水涯高處為『勘』，訛作『嵌』；而台地所有磚瓦皆赤色，朝曦夕照，若虹吐，若霞蒸，故與安平城（此指熱蘭遮堡）俱稱赤嵌。又以築自荷蘭，亦名紅毛樓」。由此，某些人究「台灣」字面之義，即謂建在海灣處所致，是附會的。
❽ 邵秦，〈「台灣」名稱由來考略〉（中共《歷史研究》，一九八二年二期（雙月刊）一九八二年四月十五日出版），頁一〇五—一一二。
❾ 同前❽，頁一〇七。

❿ 同前❽，頁一〇七。

⓫ 轉引自曹永和《明代台灣漁業史略》一書所引譯荷蘭東印度公司《巴達維亞城日誌》。

⓬ 同前❽，頁一〇七。

⓭ 見威廉·坎貝爾：《荷蘭人統治下的台灣》(Willisn Campbell, Formosaunder the Dutch)。

⓮ 吳壯達，《台灣農業地理》，中共「科學出版社」一九七九年版：「台灣的命名和大灣的陸化」，載中共〈地名知識〉一九八〇年第二期。

⓯ 同前❽，頁一〇八。

⓰ 周維衍，〈台灣歷地理中的幾個問題〉(中共《歷史研究》，一九七八年十期，一九七八年十月十五日出版)頁七〇。

⓱ 同前⓰，頁七六。

⓲ 清壯臻《澎湖台灣紀略》：「自赤坎城此行，歷大橋、小橋、烏鬼橋一百二十里，至新港社。新港西行出海口有目茄洛灣，即陳所謂加老灣也……自新港社西南五十里至麻豆社，水中出，日莽港，即陳第所謂魍港也。其旁有茄哩嶼、雙溪口、皆陳第記所有。自此以來、第不及知也。」餘文僅「台灣府志」輿圖有打鼓山、撓港、茅港。

⓳ 曹永和：〈明代台灣漁業志略〉，載於一九五四年《台灣經濟史初集》。一些荷蘭人的著作稱鹿耳門的一鯤身沙漬為大員，這是不確切的。

⓴ 同前⓰，頁七八。

㉑ 同前⓰，頁七八。

㉒ 幣原坦，〈台灣名稱論〉，譯文見《台灣省通志館館刊》(李蒼降譯)一九四八年版。

㉓ 高賢治，《台灣三百年史》（台灣，眾文圖書公司，一九七八年版）。

㉔ 同前㉓。

㉕ 同前㉓。

㉖ 同前㉓，頁六。

㉗ 同前㉓，頁七。

㉘ 陳碧笙，《台灣地方史》（中共「中國社會科學出版社」出版，一九八二年八月第一版）。該書共分十二章：

（一）台灣地理概況。
（二）台灣原始社會的物質文化和經濟生活。
（三）澎湖的開發和宋元時代的琉求。
（四）漢族人民的移入和明代的台灣。
（五）日本的早期入侵。
（六）荷蘭三十八年的殖民統治。
（七）鄭成功收復台灣。
（八）清鄭和談與鄭氏政權的敗滅。
（九）清代前期的移民高潮與封建經濟的發展。
（十）鴉片戰爭與英國的侵略。
（十一）美國和日本的侵略。
（十二）中法戰爭在台灣。

（十三）台灣經濟半殖民地化與劉銘傳的改革。
（十四）反割台鬥爭與台灣民主國。
（十五）日本的殖民統治。
（十六）各族人民反抗日本殖民統治的鬥爭。
（十七）日本殖民壟斷資本的發展和台灣社會各階級的狀況。
（十八）五四運動後的文化啟蒙運動和工農運動。
（十九）一九三〇年霧社起義。
（二十）第二次世界大戰中的台灣。
（二一）抗戰勝利與台灣復歸祖國。

㉙ 同前㉘，頁八。
㉚ 同前㉘，頁八。
㉛ 同前㉘，頁八。
㉜ 同前㉘，頁八。
㉝ 同前㉘，頁八。
㉞ 同前㉘，頁八。
㉟ 同前㉘，頁八。
㊱ 同前㉘，頁八。
㊲ 陳第《東番記》：「東番，夷人，不知所日始。」
㊳ 同前㉘，頁八。

㊴ 黃承玄，「題琉球咨報倭情疏」：「東番諸山在雞籠之南。」

㊵ 《熹宗天啟實錄》卷五三：「而東番諸島及其從來採捕之所。」

㊶ 同前❽，頁一一一。

第二節 一九四九—一九七七年大陸學界對「台灣」的研究概況

一、前 言

大陸學界對台灣及台灣史的研究，大致可從其出版概況窺知一二，一般而言，此一時期大陸史學的演變與發展，可分為下列幾個階段：第一個階段是一九四九—一九六六年。此一階段，中共大多數的史學工作者逐步學習和接受了馬克思主義，以馬克思主義的理論和方法指導研究工作，由於逐步發展起來的「左」的路線之干擾，在「以階級鬥爭為綱」的束縛下，在運用馬克思主義指導歷史研究中難免出現教條主義和簡單化的傾向。第二個階段是一九六六到一九七六年。在這十年「文化大革命」中，大陸史學研究受到空前的歷史考驗，以「四人幫」為首的集團，強調「影射史學」，一些正直的史學工作者受到無情的壓制，談不上有好的學術研究成果。❶本文僅就此一背景下探討一九四九—一九七七年大陸學界對「台灣研究」的出版概況，作一掃描。

二、一九四九年以前中國大陸有關「台灣研究」的出版概況

在一九四九年之前有關台灣的出版品並不很多。民國以後第一本有關台灣的著作，大概

是民國五年汪洋到台灣來視察，回去後寫的一本《台灣視察報告書》，民國六年六月由中華書局初版。後來在民國十七年（一九二八）九月再版時，改名《台灣》。

在抗戰之前，大陸上有關台灣的著作並不太多，約十多本，抗戰中比較受重視，因為當時和日本打仗，也希望在戰後能將台灣收回中國的版圖之下，在民國三十三（一九四四）、民國三十四年（一九四五），收復台灣的願望已經可期之後，有關台灣的著作就多起來。連橫的《台灣通史》也在民國三十四年（一九四五）一月由重慶商務印書館重排出版，另外也有很多新的著作出現，尤其在一九四六－一九四八年間，約有十幾本，包括政治、經濟、地理、歷史各方面。❷

民國三十八年（一九四九）大陸淪陷之後，以迄文革發生之前，中共有關台灣的著作約有二十多本，在文革十年期間，則沒有任何一本有關台灣的著作，除了歌功頌德的著作之外，幾乎沒有一本嚴謹的學術著作。

三、文革之前大陸有關「台灣研究」的概況（一九六六年以前）

文革之前有關台灣的書，根据秦賢次先生提列的書目共有二十二本，其中民國三十九年（一九五〇）出版的《台灣與西藏》是中共建國後出版的第一本書，由台灣西藏問題研究社編印。王思翔的《台灣二月革命記》原來是在香港初版，在上海出的是第三版。王思翔本名張禹，二二八事件發生時人在台中，二月革命記可以說是他的親身經歷。吳壯達所著的發明青年叢書本《台灣》是比較出名的一本書；另外一本較有名的著作是王芸生的《台灣史話》，吳、王二位是文革前有關台灣著作方面較有名的學者，王芸生原是大公報總編輯，早年比較有名的著作是《六十年來的日本與中國》，他是這方面的專家，目前已經去世。此外，比較常見到的是李稚甫著的《台灣人民革命鬥爭史》與陳文彬著的《台灣人民的革命故事》。陳文彬是道地台灣人，本名叫陳清金，二二八事件前當過建中校長，他也是《毛澤東選集》的日文版翻譯者，在大陸也編了很多日文教科書。《台灣歷史概述》也是一本較有名的著作，是三個人合著的，其中丁名楠是陳儀的外甥。

總之，文革之前有關台灣的著作，大部份集中在民國四十三、四十四、四十五年（一九五四－一九五六）這幾年，從書名來看，政治意味相當濃厚，如《台灣人民鬥爭簡史》、《台灣人民民族解放鬥爭小史》等等。❸

四、文革之後大陸有關「台灣研究」的概況（一九七六年以後）

一般而言，文革十年大陸沒有任何有關台灣的著作。文革後，根據秦賢次先生查到的第一本有關研究台灣的書是《祖國的台灣》，從名稱看，跟以前的味道全然不同，統戰的意味非常濃厚；這是一九八〇年的北京時事出版社出版。在南方，則首推福建的人民出版社，後來改名海峽文藝出版社，曾在一九八〇年底出版《台灣史略》一書。本書在一九八四年由中國史學會，中國出版工作者協會聯合主辦的全國首屆愛國主義優秀通俗歷史讀物評選中，榮獲優秀讀物獎，作者施聯朱為北京中央民族學院教授。

陳碧笙（一九〇八）是廈門大學台灣研究所第一任所長，福州人，是相當有名的台灣研究專家，他這本《台灣地方史》，曾獲相當好評。大陸有關台灣史學的研究，鄭成功是重點之一，福建師大歷史系鄭成功史料編輯組編輯的《鄭成功史料選編》、廈門大學鄭成功歷史調查研究組編輯的《鄭成功收復台灣史料編選》均是資料的整理，此外。研究論文也相當多。大陸除鄭成功史料之外，對一些清末出版的台灣史料也加以重新標點，或重新出版，像《台灣外記》、《台灣府誌三種》等。流沙河著的《台灣詩人十二家》大概是第一本有關台灣詩人評介的作品，《台灣小說主要流派初探》是第一本有關台灣小說的論著。

一九八二、一九八四、一九八六、一九八八年，中共在福州舉辦了四屆中國、港、台、海外華人文學研討會，每一屆都出版論文集，一九八二年的論文集是在隔年由福建人民出版社出版。一九八三年連橫的《台灣通史》能由北京商務印書館再版，表示大陸研究台灣的著作有其市場，因此，才有此機會。一九八四年出版好幾本書，《閩台關係族譜資料選編》是史料，《鄭成功研究論叢》的出版，再次表明鄭成功仍是研究重點之一，《台灣林爽文起義資料選編》亦是史料，大陸對農民起義，尤其是林爽文相當有興趣。《台灣府誌三種》是根據北京圖書館藏本影印，共有三冊。

《壓不扁的玫瑰花—台灣鄉土文學初探》是武治純著，他是有關台灣現代文學的主要研究者，剛開始是從印象派現代文學開始，最後還是比較鍾情於鄉土派文學，有許多有關這方面的著作。對文學的研究，過去主要以評論作家為主，如《台灣新文學概觀》、《台灣當代文學》，《現代台灣文學史》是大陸出版的第一本現代台灣文學史，較葉石濤的《台灣文學史綱》晚一個月印行，主要作者有四位，其中白少帆為台灣師大畢業後到國外留學再回歸大陸的生於蒙古的台灣人。《台灣知識辭典》是為了快速了解台灣而整理出來的工具書，對我們研究台灣史也很有用。大陸上能在很短的幾年之間，收集整理很多台灣資料，一個原因可能是他們常用集體合作方式，因此整理速度很快。

《台灣美術作品選》是第一本有關台灣美術著作，有水彩、彫刻、油畫、版畫，收集九十五位作家，由北京人民美術出版社於一九八八年出版。《台灣文學的走向》是福建省台灣研究會叢書，從這裏可以知道福建省已成立有「台灣研究會」，這是與廈大不同的研究機構。一九九〇年出版的《台灣長篇小說論》是第一本注意及台灣長篇小說的著作，過去都偏向短、中篇小說。陳遼主編的《台灣港澳與海外華文文學辭典》收集許多台灣文學研究現況之著作、作家作品選集，以及各類作品選等，可供大家做進一步的參考。《當代台灣政治研究》作者朱天順也是廈門大學台研所第二任所長、有名的台灣研究專家；編《台灣研究十年》的陳孔立則是第四任所長。《台灣香港文學論文選》到第四屆名稱變為《台灣香港暨海外華文文學論文選》，由名稱的演變可以了解中共關懷的對象從台灣、香港、澳門一直到海外華人，範圍一直在擴大，現在的定位大部分都定在這四個範圍，很多機構也用這個名稱。

王文祥主編的《台灣手冊》有一千多頁，收錄有關台灣的各種資料相當詳盡。《台灣歷史辭典》也編的不錯，是一九九〇年十二月出版的，其中也介紹了一些台灣研究機構。《八十年代的台灣》是延續茅家琦的《台灣三十年》，後來還有一本《台灣四十年》，表示大陸如果有那一類有關台灣的書銷路不錯，大家就競相出版。《台灣現代詩論十二家》是開放大陸探親，台灣許多小說家、詩人赴大陸後的親身交流結果，因此近年來有關小說、新詩出版的特別多。洪華生等編著的《閩南—台灣淺灘漁場上升流區生態系研究》，是比較少見的有關科學的著作；陳立驊等編《往來台灣實用法律指南》是法律方面的著作，也是比較少見

的。❹

㈠在叢書方面

第一套是《台灣叢書》，這是北京時事出版社編印的，從一九八一年出版至今尚未中斷，從書名如《月是故鄉明》《台灣愛國懷鄉詩詞選》等等，可以看出統戰味非常濃厚，一直含有想用文學從事政治的企圖。

第二套是《台灣研究叢書‧文學》，從名稱可以看出來這套叢書應該包含歷史、政治、經濟等各方面。第三套是《現代台灣文學史參考資料第一輯》，是瀋陽遼寧大學出版社出版，遼大是東北方面對台灣文學最有興趣的出版社，從它所選的資料也可以看出選擇的水平相當不錯。由張我軍到廖輝英，包括從二十年代到八十年代的作家都選入其中。

福州海峽文藝出版社也有一套《台灣文學論叢》，以文學評論為主，另有一套《台灣文學叢書》以作家的選集或文集為多，以作品為主。❺

㈡在期刊方面

1.〈台灣研究〉——一九八八年三月創刊，十六開本，季刊。北京中國社會科學院台灣研究所主辦。為研究台灣最重要的學術性刊物，刊載專題學術論文及有關參考資料，內容涉及台灣政治、經濟、文化、法律、歷史、哲學、宗教、社會、文學藝術等領域，還有對台灣版著作及海內外關於台灣的著作的評介等。

2.〈海峽〉——一九八一年六月創刊，十六開本，季刊。福州海峽編輯部編輯，福建人民出版社出版，宗旨在促進兩岸文學交流的大型文學刊物，以選登大陸、台灣、港澳及海外華人中篇小說優秀作品為主。

3.〈台灣海峽〉—一九八二年七月創刊，季利，十六開本，北京海洋出版社出版。研究台灣海峽及其鄰海區海洋科學學術刊物，內容包括地質、地貌、地震、水文、氣象、物理、化學、生物、水產、港工建設、資源開發和環境保護等方面的研究論文、調查報告和科技動態等，有英文摘要。

4.〈台灣〉—一九八三年二月創刊，十六開本，雙月刊。北京中華全國台灣同胞聯誼會編輯出版，以在大陸的台灣人為主幹，有關二二八事件的文章發表相當多。

5.〈台灣科技書刊通報〉—雙月刊，十六開本，北京中國科學技術情報研究所編輯，科學技術文獻出版社出版，是綜合性的科技情報檢索刊物。

6.〈台港文學選刊〉—一九八四年創刊，十六開本，雙月刊。福州《福建文學》編輯部主辦，主要選登台灣和香港作家的小說、散文、詩歌、劇本和文學評論，闢有長篇小說連載、長篇武俠小說連載、短篇小說、極短篇小說、文苑縱橫、信自窗等等專欄，是專門介紹台灣和港澳地區作家作品的文學刊物。❻

(三) 在研究機構方面

從研究機構的成立先後，可以看出中共研究單位與地區對台灣研究的興趣所在。

最早成立是廈門大學台灣研究所，是南方最大的研究重鎮，一九八〇年成立，主要人員有陳碧笙、朱天順、陳在正、陳孔立，設有台灣經濟研究室、台灣歷史研究室、台灣文學研究室、台灣法律研究室、台灣政治社會研究室及資料室、編譯室，現有工作人員三十三人，其中正副教授四人。從一九八〇年出版《台灣研究集刊》，是季刊，大陸學術刊物非常喜歡用季刊方式，一年出版四期；另出版《台灣地方志》、《台灣地名辭典》、《清代前期台灣社會矛盾研究》、《鄭成功研究論文選》等書，校注《先王實錄》、《台灣外記》等書，目前在收集中的資料包括《康熙統一台灣資料選輯》、《鄭成功史料選》等，研究方向以清代、鄭成功、經濟方面為主要重點。

第二個成立的是福建省社會科學院東亞研究所，一九八二年成立，其下設有台灣經濟研究室，迄一九八七年止有研究人員七名。出版刊物《台灣與東亞》雙月刊，一九八五年更改為《亞太經濟》。

第三個是汕頭大學台灣香港及海外華文文學研究中心。中共南方是以福建與廣東為研究台港文學的重心，福建偏重於台灣，廣東偏重香港澳門。汕頭大學是新成立的學校，聽說是華僑資本，邵逸夫捐贈相當多。

第四個是中國社會科學院台灣研究所，一九八四年成立，現有工作人員六十名，六名研究員、四名副研究員、二十七名助理研究員，是國家一級單位，研究人員最多，是大陸研究台灣的專門機構，現任所長陳亦春。該所設有政治、經濟、綜合三個研究室，以及資料室，另設有台灣文史、港澳兩個研究組，藏書數千冊，訂有台灣報章雜誌六百餘種。出版《台灣研究》季刊，一九八八年三月二〇號創刊，該所編纂的有關台灣的書籍有《台灣研究第一輯》、《台灣研究論文集》、《台灣之將來論文集》以及《台灣概覽》等，此外參與中國大百科全書等書的纂寫、參與數次國際會議、全國性有關台灣問題討論會等等。

第五個是復旦大學台灣香港文化研究所，一九八八年成立。第六個是福建省台灣研究會，一九八八年成立於福州。第七個是台灣研究會，一九八八年八月十六日成立於北京，是一個學術性質的團體，宗旨在推動多種型式的學術活動，促進海峽兩岸之間和國內外的學術交流與合作，加深對台灣的研究與了解。首任會長范襄是四十年代比較出名的政治學者，已經去世。秘書是陳亦春，副秘書長黃文煥、陳孔立。第八個是中國社會科學院文學研究所台港澳暨海外華文文學研究室，一九八八年冬，在北京成立。第九個是北大中國語言文學研究研究所台灣文學研究中心，一九八九年春天成立。第十個是華東師範大學台港文學研究中心，約一九九〇年成立。第十一個是江蘇省社會科學院台港與海外華文文學研究中心，近年在南京成立。另立江蘇省哲學社會科學聯合會也成立台港資料室、江蘇海外華文文學研究會，這些都是這一兩年在南京成立的機構。[7]

五　結論

綜上所述自一九四九年以來，大陸對台灣的研究，也是隨著其內部政治風尚的改變而改變，文革之前，只有少量的台灣研究論著，文革期間幾乎沒有任何有關台灣的論著，「四人幫」垮台以後，開始重視對台的研究，尤其自中共十一屆三中全會之後，大陸的台灣研究開始開展，一九八〇年廈大台灣研究所成立之後，陸續展開。

他們的研究重點可以分三方面來談，第一個重點是台灣經濟的研究。台灣的經濟起飛及高額的外匯存底，是大陸所羨慕的，一九七九年十月，國家經濟研究所與廈大幾個研究單位共同召開亞洲部分國家地區經濟討論會，會中開表十篇有關台灣經濟的文章，集中在經濟開展的性質和道路、經濟史、戰後經濟開展和資料的翻譯、整理這幾個方面。[8]

第二個重點是台灣歷史。文革後台灣研究的重心放在鄭成功、康熙統一台灣及人民起義的研究上，尤其對林爽文起義的研究特別多，主要學者是陳碧笙、陳孔立。朱一貴也是他們感興趣的對象。另外對於租稅方面，大租小租問題，租稅制度與福建的相似性及劉銘傳都是研究重心，他們對劉銘傳的評價很高，有許多相關書籍出版。[9]

第三個重點是台灣文學。由白先勇的介紹開始展開一系列的台灣文學研究。大致上可分三階段，第一階段是作家作品的推介，《當代》刊物首先刊出五名作家的介紹，然而其中只有楊青矗是台灣作家，因為台灣人還不能去大陸，他們對台灣作家很陌生，而聶華苓、於梨華早就去過大陸，當地人對他們比較熟。繼《當代》之後，《上海文學》、《長江》、《清明》、《清月》等也繼續介紹台灣文學作品，其中蕭乾自稱是文革後第一個大陸學人提出台灣文學的前驅，蕭乾是大公報名記者，戰後不久曾奉派到台灣採訪，相當有台灣經驗。第二個階段係從廣泛的評論開始。從現代派小說評析開始著手，最後回歸到鄉土派，還有全國性的研討會的召開等等，代表這個時期對台灣文學評論的重視。第三個階段是第一本台灣文學史出版之後，很短時間內出現約十本的文學史，表示他們急於了解台灣，而且這個時候，他們也編了許多參考書與著作，在早期比較有意識形態的問題，越後來越能站在學術立場，成為很好的參考資料。[10]

目前大陸的台灣研究大致上集中在上述三個領域，文學好像最多，如志文出版社印行的「新潮文庫」，在大陸上一年之內就被翻印了三十幾種，可以說，大陸的台灣熱並不亞於台灣的大陸熱。

註釋

❶ 蕭黎主編：《中國歷史學四十年》（一九四九—一九八九），頁一—二，（北京：書目文獻出版社，一九八九年九月第一版）

❷ 秦賢次：〈中國大陸有關台灣之研究及其出版概況〉，頁二六四，轉引自張炎憲、陳美蓉編：《台灣史與台灣史料》，（台北市：自立晚報出版，民國八十二年十二月出版）

❸ 同前❷，秦賢次：〈中國大陸有關台灣之研究及其出版概況〉，頁二六六。

❹ 同前❷，秦賢次：〈中國大陸有關台灣之研究及其出版概況〉，頁二六七—二六八。

❺ 同前❷，秦賢次：〈中國大陸有關台灣之研究及其出版概況〉，頁二六八。

❻、❼、❽、❾、❿ 同前❷，秦賢次：〈中國大陸有關台灣之研究及其出版概況〉，頁二六九—二七三。

附表三　出版概況（按出版先後次序排列）（引自秦賢次：〈中國大陸有關台灣之研究及其出版概況〉頁二六三—三〇七）

一　著作

文革以前

次序	書名	作者	出版社	出版年月	頁數
1	台灣與西藏		台灣西藏問題研究社	1950年	
2	台灣二月革命記	王　思　翔（張禹）	上海泥土社	1951年12月3版	100
3	台灣（開明青年叢書）	吳壯達	北京開明書店	1952年11月	80
4	台灣問題	郭東海	廣州匯文書店	1954年9月	46
5	台灣	吳壯達	北京中國青年出版社	1954年11月	68
6	美國對台灣的侵略	鄭留芳	北京世界知名出版社	1954年11月	50
7	台灣的過去和現在	武原編著	通俗讀物出版社	1954年	
8	美國侵略台灣史	卿汝楫	北京中國青年出版社	1955年1月	106
9	台灣史話	王芸生	北京中國青年出版社	1955年5月1版 1978年12月3版	140
10	台灣人民革命鬥爭簡史	李稚甫	廣州華南人民出版社	1955年6月	196

11	鄭成功	方白	北京中國青年出版社	1955年8月	100
12	中國人民開發台灣反抗侵略鬥爭史略	朱	武漢湖北人民出版社	1955年	
13	台灣人民的革命故事	陳文彬	通俗讀物出版社	1955年	
14	台灣歷史概述	劉大年、丁名楠、余繩武	北京三聯書店	1956年5月	79
15	鄭成功—明末解放台灣的民族英雄	朱	武漢湖北人民出版社	1956年5月	68
16	美國侵略台灣史(1847—1895)	張雁深	北京人民出版社	1956年7月	
17	台灣人民鬥爭簡史	錢君曄、楊思慎	天津人民出版社	1956年	76
18	台灣人民鬥爭故事	譚一寰等著	上海少年兒童出版社	1956年	
19	台灣人民民族解放鬥爭小史	楊克煌	武漢湖北人民出版社	1056年	228
20	台灣地理	吳壯達	北京三聯書店 北京商務印書館	1957年4月 1959年9月新一版	241
21	台灣的開發	吳壯達	北京科學出版社	1958年4月	82
22	台灣人民鬥爭史略	萬克家	南昌江西人民出版社	1958年	
23	台灣近況		北京人民出版社	1958年	72

24	鄭成功	北京市第九女子中學語文史地教研組	北京中華書局	1959年12月	36
25	鄭成功收復台灣	張宗洽、方文圖	福州福建人民出版社	1962年1月	38
26	鄭成功收復台灣	廈門市紀念鄭成功收復台灣三百週年籌備委員會	廈門該會	1962年2月	71
27	鄭成功史蹟調查	廈門大學鄭成功歷史調查研究組	福州福建人民出版社	1962年2月	67
28	鄭成功收復台灣史料選編	廈門大學鄭成功歷史調查研究組	福州福建人民出版社	1962年8月	
29	鄭成功收復台灣	方白	北京中國少年出版社	1962年9月	59
30	台灣省（地圖）		北京地圖出版社	1966年4月	

2.文革以後（1978年以後至1992年）

一九七八年

次序	書名	作者	出版社	出版年月	頁數
1	台灣兒女（六幕話劇）（本書係依1978年3月演出本印出）	瞿俊杰執筆 趙志華編劇	北京解放軍文藝社	1978年6月	87
2	台灣同胞我的骨肉兄弟周（鋼琴獨奏曲）（五線譜）	周廣仁改編	北京人民音樂出版社	1978年9月	6
3	台北的黃昏（本書係少年兒童讀物）	梁學政著 范一辛插圖	上海少年兒童出版社	1978年9月	91

一九七九年

次序	書名	作者	出版社	出版年月	頁數
1	台灣必須歸回祖國	人民出版社編輯	北京人民出版社	1979年5月	103
2	台北的黃昏（本書係根據上海少年兒童出版社1978年9漢文版譯印）	梁學政	上海市盲人中學文出版社	1979年5月	
3	台灣島啊！我的故鄉（鋼琴獨奏曲）（五線譜）	鄭大昕、高為杰改編	北京人民音樂出版社	1979年6月	9

次序	書名	作者	出版社	出版年月	頁數
4	台灣省地圖（全張）（中學地理教學參考掛圖）		北京地圖出版社	1979年12月	
5	為台灣歸回歸祖國實現國家統一而努力	北京出版社編	北京出版社	1979年12月	130
6	台灣小說選（本書共收入16位台灣及海外作家的22篇中、短篇小說，係大陸出版的第一本台灣小說選集）	《台灣小說選》編輯委員會編	北京人民文學出版社	1979年12月	602
7	台灣散文選（本書共收入23位台灣作家的32篇散文，係大陸出版的第一本台灣散文選集）	人民文學出版社編輯部編輯	北京人民文學出版社	1979年12月	220

一九八〇年

次序	書名	作者	出版社	出版年月	頁數
1	台灣民間傳說（民間文學叢書）	蕭甘牛、潘平元整理 王培等插圖	福州福建人民出版社	1980年2月	76
2	台灣經濟	周、齊欣、魏大業等著	北京中國財政經濟出版社	1980年2月	476
3	台灣軼事（短篇小集）（本書係大陸出版的第一本海外華人作家選集）	聶華苓	北京北京出版社	1980年3月	145

4	台灣詩選（全張）		北京地圖出版社	1980年3月	
5	台灣詩選（本書共收入現代台灣詩人91首詩作，係大陸出版的第一本台灣詩選集）	人民文學出版社編輯部編	北京人民出版社	1980年4月	175
6	台灣啊台灣（歌曲集）	中央人民廣播電台對台灣廣播部及人民音樂出版社編輯部合編	北京人民音樂出版社	1980年6月	44
7	台灣民歌選	福建省文化局編	上海上海文藝出版社	1980年6月	184
8	桑青與桃江（長篇小說）	聶華苓	北京中國青年出版社	1980年8月	190
9	台灣企業家談企業經營管理	辛燦之	北京新華出版社	1980年8月	240
10	台灣林爽文起義	劉如仲	福州福建人民出版社	1980年9月	77
11	台灣少年之歌	梁學政著 阿拉木斯譯	呼和浩特內蒙古人民出版社	1980年9月	454
12	鄭成功與台灣	陶誠	西安陝西人民出版社	1980年9月	80
13	鄭成功在台灣	劉筱改編 于駿治繪圖	銀川寧夏人民出版社	1980年9月	77
14	又見棕櫚 又見棕櫚（長篇小說）	聶華苓	福州福建人民出版社	1980年9月	269
15	白先勇小說選（本書係大陸出版的第一本白先勇選集）	王普民編	南寧廣西人民出版社	1980年9月	291

16	祖國的台灣	周、魏大業	北京時事出版社	1980年9月	116
17	失去的金鈴子（長篇小說）	聶華苓	北京人民文學出版社	1980年10月	209
18	台灣歷史故事（反侵略篇）	孔立	福州福建人民出版社	1980年11月	95
19	台灣來的漁船（本書係少年兒童讀物）	薛家柱	長春吉林人民出版社	1980年12月	
20	台灣史略（本書在1984年由中國學會、中國出版工作者協會聯合主辦的全國首屆愛國主義優秀通俗歷史讀物評選中，榮獲優秀物獎。作者施聯朱係北京中央民族學院教授。）	施聯朱	福州福建人民出版社	1980年12月 1987年8月修訂版	221 226

一九八一年

次序	書名	作者	出版社	出版年月	頁數
1	慈禧前傳（長篇小說）（本書係大陸出版的第一部台灣作家集）	高陽	長春吉林人民出版社	1981年1月	558
2	吳濁流小說選（本書係大陸出版的第一本台灣籍作家選集）	中央人民廣播電台對台灣廣播部編	北京廣播出版部	1981年2月	369
3	台灣校園歌曲		長沙湖南人民出版社	1981年3月	16

4	台灣校園歌曲		杭州浙江人民出版社	1981年5月	32
5	台灣校園民歌選	高鳴編	福州福建人民出版社	1981年6月	42
6	台灣乙未戰記	陳偉芳	南寧廣西人民出版社	1981年6月	115
7	台灣歌曲選	中央人民廣播電台對廣播部編	北京人民音樂出版社	1981年7月	55
8	台灣工商雜症一百例	陳記元	北京企業管理出版社	1981年7月	149
9	台灣兒童短篇小說選	黃裔編	濟南山東人民出版社	1981年8月	219
10	台灣中青年作家小說集	中央人民廣播電台對台廣播部編	北京廣播出版社	1981年9月	535
11	台商香港蒙騙記（本書係長篇小說）	阮朗	瀋陽春風文藝出版社	1981年10月	236
12	鄭成功（上）（本書係長篇小說）	（日）陳舜臣著 卡立強譯	貴陽貴州人民出版社	1981年10月	280
13	台灣省地圖冊	地圖出版社及中央人民廣播電台對台廣播部編	北京地圖出版社	1981年10月	104
14	台灣標準目錄	中國科學技術情報研究所編	北京科學技術文獻出版社	1981年10月	90
15	台灣紅學論文選	胡文彬、周雷	天津百花文藝出版社	1981年10月	809

16	鄭成功收復台灣（連環畫冊）（張國信改編、陳雲華、王重圭繪畫）	方白原著	西安陝西人民美術出版社	1981年11月	174
17	台灣的經濟發展（1960—1970）	何保山	上海譯文出版社	1981年	
18	台灣作家小說選集㈠（本書選收1926年至1981年間台灣25位作家的代表性中、短篇小說42篇，共分四輯）	張葆華編	北京中國社會科學出版社	1981年11月	801
19	玉座珠簾（上）（本書係長篇小說《慈禧全傳》的第二部）	高陽	長春吉林人民出版社	1981年12月	614

一九八二年

次序	書名	作者	出版社	出版年月	頁數
1	玉座珠簾(下)(本書係長篇小說《慈禧全傳》的第二部	高陽	長春吉林人民出版社	1982年2月	570
2	台灣大事紀要(台灣叢書)	周、魏大業	北京時事出版社	1982年3月	124
3	台灣和海外華人女作家作品選(上、下冊)	閻純德主編 白舒榮等選編	福州福建人民出版社	1982年3月	716
4	鄭成功收復台灣史料編選(增訂本)(本書原於1962年8月初版,此係增訂再版本)(閩台史料叢刊	廈門大學鄭成功歷史調查研究組編	福州福建人民出版社	1982年3月	347
5	台灣懷鄉思情詩詞選	海東生編	上海上海人民出版社	1982年4月	120
6	台海逐寇記(本書係一部描寫鄭成功的通俗歷史小說)	曾德厚著 中流插圖	武漢湖北人民出版社	1982年4月	218
7	台灣科普文選(上集)(本書分上下兩集,上集以基礎科學為主;下集以應用科學為主。)	《台灣科普文選》編輯組編	北京科學普及出版社	1982年5月	253
8	鄭成功的傳說(福建民間文學叢書)(本書收錄有關鄭成功的傳說故事42篇)	南安縣文化局徵集李冬青整理	福州建人民出版社	1982年5月	144

9	鄭成功研究論文選（本書係以上海人民出版社1965年版本為基礎，重新編選）	廈門大學歷史系編	福州福建人民出版社	1982年6月	404
10	台灣鄭成功研究論文選（本書係選編台灣學者研究鄭成功的論文22篇）	鄭成功研究學術討論會學術組編	福州福建人民出版社	1982年6月	373
11	高山族簡史（中國少數民族簡史叢書）	《高山族簡史》編輯組編	福州福建人民出版社	1982年6月	138
12	鄭成功史料選編	福建師大歷史系鄭成功史料編輯組編	福州福建教育出版社	1982年7月	345
13	台灣詩選㈡	人民出版社編輯組編	北京人民文學出版社	1982年7月	237
14	台灣舞曲（管弦樂總譜）（五線譜本）	江文也曲	北京人民音樂出版社	1982年7月	35
15	台灣地方史	陳碧笙	北京中國社會科學出版社	1982年8月	317
16	台灣民間傳說		烏魯木齊新疆人民出版社	1982年8月	118
17	鄭成功與高山族	陳國強	南昌江人民出版社	1982年8月	199

18	鄭成功（上卷）（本書係一部三卷本的長篇歷史小說）	馮善驥等著	太原山西人民出版社	1982年10月	630
19	鄭成功的故事	譚一寰著 諶孝安插圖	上海少年兒童出版社	1982年10月	69
20	台灣著名作家鍾理和小說選（本書收長篇小說《笠山農場》、中篇小說《雨》及9編篇短篇小說；係大陸出版的第一本鍾理和選集	中央人民廣播電台對台灣部	北京廣播出版社	1982年10月	394
21	台灣人民反割鬥爭（中國歷史小叢書）	劉培華	北京中華書局	1982年12月	35

一九八三年

次序	書名	作者	出版社	出版年月	頁數
1	台灣省農業經濟	應廉耕	北京農業出版社	1983年	
2	鄭成功收復台灣圖（1661年4月—1662年2月）	福建省地圖出版社及廈門市鄭成功紀念館編	福州福建地圖出版社	1983年2月	
3	張系國短篇小說選（本書係大陸出版的第一本張系國選集）	王晉民及鄺白曼合編	南昌江西人民出版社	1983年2月	310

4	台灣高山族傳說與風情（上冊）（民間文學叢書）	陳煒萍等編	福州福建人民出版社	1983年3月	216
5	鄭成功（下）（本書係長篇小說）	（日）陳舜臣著 卡立強譯	貴陽貴州人民出版社	1983年3月	257
6	台灣名勝與風土	張志才、林玉樹編	上海文化出版社	1983年4月	116
7	台灣省農業經濟	應廉耕	北京農業出版社	1983年5月	132
8	三毛作品選（台灣文學叢書）	福建人民出版社編	福州福建人民出版社	1983年5月	312
9	台灣中篇小說選（本書收7篇中篇小說，係大陸出版的第一部台灣中篇小說選集）	人民文學出版社編輯部編	北京人民文學出版社	1983年6月	527
10	台灣閩南方言記略	張振興	福州福建人民出版社	1983年7月	184
11	台灣外記（閩台史料叢刊）	（清）江日昇	福州福建人民出版社	1983年8月	367
12	台灣詩人十二家	流沙河編著	重慶重慶出版社	1983年8月初版	316
				1985年1月修訂版	324
13	台灣與海外華人作家小傳	王晉民、鄺白曼	福州福建人民出版社	1983年9月	282

14	鄭成功故事傳説	林金標等編寫 吳永良插圖	鄭州河南少年兒童出版社	1983年9月	274
15	台灣人三部曲（第一部：沉淪）	鍾肇政	北京廣播出版社	1983年9月	385
16	台灣人三部曲（第二部：滄溟行）	鍾肇政	北京廣播出版社	1983年9月	304
17	台灣人三部曲（第三部：插天山之歌）（本書係大陸出版的第一部肇政長河小説）	鍾肇政	北京廣播出版社	1983年9月	314
18	台灣香港文學論文選㈠（本書係大陸全國首屆台灣香港文學學術討論文選輯）	福建人民出版社編	福州福建人民出版社	1983年10月	276
19	台灣通史	連橫	北京商務印書館	1983年10月二版（第一版係1946年1月重慶商務印書館印行，704頁）	738
20	台灣科普文選（下集）	《台灣科普文選》編輯組編	北京科學普及出版社	1983年10月	209
21	葵心集（詩選及抒情散文選）（本書係大陸出版的第一本高準自選集）	高準	北京友誼出版公司	1983年10月	166

22	海葬（台灣作家王拓小說選）（本書係大陸出版的第一本王拓選集）	王拓著 王晉民、酈白曼編	南寧廣西人民出版社	1983年10月	376
23	台灣小說主要流派初探（本書係大陸學者研究台灣小說的第一部專著）	封祖盛	福州福建人民出版社	1983年10月	323
24	陳映真小說選（台灣文學叢書）（本書係大陸出版的第一本陳映真選集）	陳映真	福州福建人民出版社	1983年11月	317
25	陳若曦小說選（本書係大陸出版的第一本陳若曦選集）	陳若曦	北京廣播出版社	1983年12月	112
26	康熙統一台灣檔案史料選輯（清代台灣檔案史料叢刊）	廈門大學台灣研究所、中國第一歷史檔案館編輯部編	福州福建人民出版社	1983年	338
27	清代台灣農民起義史料選編（閩台史料叢刊）	中國社會科學院歷史研究所明史研究室編	福州福建人民出版社	1983年11月	310

一九八四年

次序	書名	作者	出版社	出版年月	頁數
1	台灣民間故事選（民間故事叢書）	巴楚編 李萬春插圖	成者四川人民出版社	1984年3月	146
2	台灣高山族傳說與風情（下冊）（民間文學叢書）	陳煒萍等編	福州福建人民出版社	1984年3月	287
3	台灣小說作家論	汪景壽	北京大學出版社	1984年3月	236
4	台灣林爽文起義資料選編（閩台史料叢刊）	劉如仲、苗學孟	福州福建人民出版社	1984年3月	325
5	台灣雜談	林其泉	成者四川教育出版社	1984年6月	231
6	台灣省地勢圖	地圖出版社編製	北京地圖出版社	1984年6月	全張
7	台灣省政區圖	地圖出版社編製	北京地圖出版社	1984年6月	全張
8	鄭成功研究論叢	福建省鄭成功研究學術討論會學術組編	福州福教育出版社	1984年7月	292
9	閩台關係族譜資料選編（閩台族譜資料叢刊）	莊為璣、王連茂	福州福建人民出版社	1984年8月	478

10	波茨坦料長（台灣中篇小說選）（本書係選編台籍作家楊逵、吳濁流、鍾理和、王鎮和、黃春明、曾心儀、陳映真等七人之中篇小說各一篇）	封祖盛編	南寧廣西人民出版社	1984年8月	371
11	華西街上（本書係大陸出版的第一本鍾延豪選集）	鍾延豪	北京友誼出版公司	1984年8月	144
12	台灣、香港勞動法規選編	勞動人事部勞動科學研究所勞動法研究室編	北京工人出版社	1984年9月	250
13	台灣科技書刊通報（1－3卷）（1981－1983年分類累積索引）	中國科學技術情報研究室編	北京科學技術文獻出版社	1984年10月	83
14	鄭成功研究論文選（續集）	鄭成功研究學術討論會學術編	福州福建人民出版社	1984年10月	339
15	台灣中、短篇小說選（上、下）（本書係由「國際寫作計劃」主持人聶華苓主編，選錄台灣近三十年來較具代表性的中短篇小說77篇）	聶華苓主編	廣州花城出版社	1984年10月	696 679

次序	書名	作者	出版社	出版年月	頁數
16	台灣風土雜味（台灣叢書）（本書係選輯清官員所寫舊詩）	孫殿起、雷夢水合輯	北京時事出版社	1984年12月	127
17	賴和短篇小說選（台灣叢書）（本書係大陸出版的第一本台籍作家賴和選集）	時事出版社編輯部編	北京時事出版社	1984年12月	118

一九八五年

次序	書名	作者	出版社	出版年月	頁數
1	台灣校園歌曲（1981年3月第一版）	湖南人民出版社編	長沙湖南人民出版社	1985年1月	41
2	海外扶餘：鄭成功傳奇（本書係章回小說）	陳墨峰著 孫菊園、孫遜校注	長沙湖南人民出版社	1985年1月	201
3	鄭成功紀念館（本書係以實物、文獻、檔案、照片、圖表、雕塑、繪畫等來介紹鄭成功的生平）	張宗洽編	北京文物出版社	1985年2月	44
4	港台星歌	湖北人民廣播電台文藝部《長江歌聲》編輯部編	武漢群益堂出版社	1985年3月	62

5	港台科技拾萃		廣州科學普及出版社廣州分社	1985年3月	109
6	台灣作家創作談（本書選輯台灣部分著名作家介紹自已創作經驗的文章，包括書編序、自傳、回憶錄、訪問記等共24篇。）	莊明萱、闕豐齡、黃重添合編	福州海峽文藝出版社	1985年5月	238
7	台灣府誌三種（三冊）	（清）蔣毓英等著	北京中華書局	1985年5月	
8	鄭成功檔案史料選輯（清代台灣檔案史料叢刊）	中國第一歷史檔案館編輯部及廈門大學台灣研究所合編	福州福建人民出版社	1985年6月	456
9	台港流行抒情歌曲集	晨星編	哈爾濱北方文藝出版社	1985年7月	175
10	壓不扁的玫瑰花—台灣鄉土文學初探（本書係大陸出版的第一部探討現代台灣鄉土文學的論著	武治純	北京中國廣播電視出版社	1985年7月	254
11	台灣歌曲	莊春江編	北京中國文聯出版社	1985年7月	198
12	台灣特產風味指南（中國特產風味指南叢書）	張貽達等編	福州福建科學技術出版社	1985年7月	154

13	台灣飛來的金鳳蝶（本書收科學童話及幻想小說11篇）	王金海	重慶重慶出版社	1985年8月	90
14	台灣新詩（花城袖珍詩叢，本書選析現代台灣50位新詩人的50首詩）	翁光宇選析	廣州花城出版社	1985年8月	2,828
15	港台流行歌曲	炎夏等編	鄭州黃河文藝出版社	1985年8月	112
16	台灣香港文學論文選（本書係大陸全國第二屆台灣香港文學學術討論會論文選輯）	莊明萱、闕豐齡、黃重添合編	福州海峽文藝出版社	1985年9月	345
17	台港流行歌曲選	中華全國青年聯合會文體部	北京中國青年出版社	1985年9月	88
18	台灣畫家六人作品選	陳庭詩、劉國松等作	北京人民美術出版社	1985年9月	77
19	台灣風物誌（中國風物誌書）	蔡敦祺	福州福建人民出版社	1985年10月	356
20	台灣流行歌曲選	雲山編	南寧廣西人民出版社	1985年10月	125
21	台灣省經濟關係研究	林長華	南昌江西人民出版社	1985年10月	174
22	台灣府誌校注	（清）蔣毓英著 陳碧笙校注	廈門廈門大學出版社	1985年11月	124
23	台灣民間故事選（台灣叢書）	石四維著	北京時事出版社	1985年11月	154

次序	書名	作者	出版社	出版年月	頁數
24	台灣文心雕龍研究鳥瞰	牟世金	濟南山東大學出版社	1985年12月	137
25	台港社交與美容	傅慈編	福州福建人民出版社	1985年12月	131
26	港台笑話選	劉爍、張炳合編	重慶重慶出版社	1985年12月	222

一九八六年

次序	書名	作者	出版社	出版年月	頁數
1	台港《金瓶梅》研究論文選	石昌渝、尹恭弘	南京江蘇古籍出版社	1986年1月	329
2	台灣來信（本書係據四川各地去台親友來信中精選55封而成）	川江編	成都四川省社會科學院出版社	1986年1月	147
3	港台流行歌曲精選續集		成都四川文藝出版社	1986年2月	120
4	港台歌星演唱歌曲集	湖南文藝出版社編	長沙湖南文藝出版社	1986年2月	80
5	清代台灣史研究	陳右正等著	廈門廈門大學出版社	1986年4月	508
6	海峽文壇拾穗（本書有8篇論文係研究台灣作家生平及作品）	福建社會科學院文學研究所編	福州海峽文藝出版社	1986年4月	356
7	台灣外誌（本書係據上海古籍書店影印的鈔本標點）	（清）江日昇撰吳德鐸標校	上海古籍出版社	1986年4月	458

8	台灣現代派小說評析	封祖盛	福州海峽文藝出版社	1986年5月	275
9	一夜鄉心五處同（本書係台港文學評論集）	梁若梅	貴陽州人民出版社	1986年5月	
10	台灣建築師論叢	高楊選	北京中國建築工業出版社	1986年6月	182
11	台灣新文學概觀（上）（台灣研究叢書．文學）	黃重添、莊明萱、闕豐齡	廈門鷺江人民出版社	1986年7月	274
12	台灣短篇小說選集（上、下冊）	汪景壽	太原北岳文藝出版社	1986年7月	674
13	海神：台灣民間故事	汪兆騫、傀林編	長沙湖南文藝出版社	1986年7月	210
14	港台、國外談中國現代文學作家	程新編	成者四川文藝出版社	1986年7月	239
15	鄉戀．哲理．親情（本書係台港文學評論集）	張默芸	廈門鷺江出版社	1986年7月	
16	近代台灣地方對外貿易	李祖基	南昌江西人民出版社	1986年8月	116
17	台灣當代文學	王晉民	南寧廣西人民出版社	1986年9月	498
18	台灣歸來	谷禮文、司建森編	南京江蘇人民出版社	1986年9月	145

19	台灣學者中國文學批評論文選（本書選收1959年至1983年間台灣學人有關古代文學之部分論文）	毛慶其選	北京人民文學出版社	1986年9月	374
20	台灣地名印譜	徐夢嘉治印	北京北京師範大學出版社	1986年11月	204
21	台灣現代畫家作品選	陳庭詩等繪	成都四川美術出版社	1986年11月	20張
22	台灣經濟概論	金泓汛、鄭澤清、吳能遠	北京時事出版社	1986年	

一九八七年

次序	書名	作者	出版社	出版年月	頁數
1	台灣民族歷史與文化	施聯朱、許良國	北京中央民族學院	1987年	498
2	柔美的愛情—台灣女詩人十四家	古繼堂	瀋陽春風文藝出版社	1987年6月	324
3	台灣知識詞典	包恆新	福州福建人民出版社	1987年8月	438
4	台灣札記	林其泉	北京國青年出版社	1987年10月	380
5	台灣當代小說藝術采光	黃重添	廈門鷺江出版社	1987年11月	199
6	現代台灣文學史（本書係大陸出版的第一本現代台灣文學史，較葉石濤先生的《台灣文學史綱》後十個月印行。）	白少帆、王玉斌、張恆春、武治純	瀋陽遼寧出版社	1987年12月	931

一九八八年

次序	書名	作者	出版社	出版年月	頁數
1	台灣30年（1949－1979）	茅家琦	鄭州河南人民出版社	1988年1月	452
2	台灣現代學簡述	包恆新	上海上海社會科學院出版社	1988年3月	178
3	今日台灣文壇	安興平、王露雲	北京社會科學文獻出版社	1988年6月	257
4	台灣研究文集	中國社會科學院台灣研究所	北京時事出版社	1988年6月	321
5	台灣香港與海外華文文學論文選（本書係大陸第三屆全國台灣香港與海外華文文學學術討論會論文選集）	第三屆全國台灣香港與海外華文文學學術討論會大會學術組選編	福州海峽文藝出版社	1988年9月	421
6	台灣工商名人錄	中國社會科學院台灣研究所資料室編	北京時事出版社	1988年10月	363
7	台灣電影史話	陳飛寶	北京中國電影出版社	1988年12月	
8	台灣美術作品選	吳步乃編	北京人民美術出版社	1988年	

一九八九年

次序	書名	作者	出版社	出版年月	頁數
1	靜聽那心底的旋律—台灣文學論	古繼堂	北京國際文化出版公司	1989年1月	389
2	台灣名人剪影	丁聞、省之、劉明等編	北京團結出版社	1989年1月	223
3	台灣美術簡史（台灣叢書）	吳步乃、沉暉	北京時事出版社	1989年2月	302
4	追求終極的靈魂：許地山傳	宋益喬	福州海峽文藝出版社	1989年3月	202
5	新加坡、南朝鮮、香港、台灣經濟研究	蔡北華主編	上海社會科學出版社	1989年3月	262
6	亞洲「四小龍」經濟的騰飛	李樹桂主編	成者四川省社會科學院出版社	1989年4月	472
7	台灣新詩發展史	古繼堂	北京人民出版社	1989年5月	427
8	台灣「經濟法規」彙集（共37冊）		上海翻譯出版社	1989年5月	
9	台灣學者論中國文化（開放叢書·思想文化系列）	張文達、高質慧	哈爾濱黑龍江教育出版社	1989年6月	334
10	台灣新文學史初稿	公仲、汪義生	南昌江西人民出版社	1989年8月	390
11	台灣與祖國大陸法人制度比較	王克衷	上海社會科學院出版社	1989年9月	

12	台灣新文學辭典	徐乃翔	成都四川人民出版社	1989年10月	900
13	台灣小說發展史	古繼堂	瀋陽春風文藝出版社及遼寧教育出版社合出	1989年11月	435
14	台灣光復和光復後五年省情（上、下冊）	陳鳴鐘、陳興唐	南京出版社	1989年12月	1123
15	台灣：走向工業化社會	吳元黎	南京江蘇人民出版社	1989年	151
16	戰後台灣經濟	段承璞主編	北京中國社會科學出版社	1989年	

一九九〇年

次序	書名	作者	出版社	出版年月	頁數
1	台灣愛情文學論（台灣文學論叢）	古繼堂	福州海峽文藝出版社	1990年3月	271
2	台灣文學的走向（福建省台灣研究會叢書）	福建省台灣研究會、福建省台灣香港暨海外華文文學研究會合編	福州海峽文藝出版社	1990年4月	243
3	台灣長篇小說選（台灣文學叢書）	黃重添	福州海峽文藝出版社	1990年5月	242
4	中華人民共和國地名詞典·台灣省	朱天順主編	北京商務印書館	1990年5月	551

5	台灣港澳與海外華文文學辭典	陳遼主編	太原山西教育出版社	1990年6月	560
6	台灣事典（南開叢書）	唐曼珍、王宇主編	天津南開大學出版社	1990年6月	629
7	當代台灣政治研究	朱天順	廈門廈門大學出版社	1990年7月	469
8	台灣近代文學叢書	汪毅夫	福州海峽文藝出版社	1990年7月	184
9	海峽兩岸首次台灣史研究學術交流論文集	廈門大學台研所台灣歷史研究室編	廈門廈門大學出版社	1990年7月	295
10	台灣研究十年	陳孔立編	廈門廈門大學出版社	1990年7月	553
11	當代台灣	沉駿	合肥安徽人民出版社	1990年7月	423
12	台港澳手冊（上、下冊）	陳國少、蕭星．常工合編	北京華藝出版社	1990年9月	1199
13	台灣香港暨海外華文文學論文選（本書係大陸第四屆全國台灣香港暨海外華文文學學術研討會論文選集）	復旦大學台灣香港文化研究所編	福州海峽文藝出版社	1990年9月	402
14	台港文學導論（高等學校文科教材）	潘亞暾編	北京高等教育出版社	1990年9月	478

次序	書名	作者	出版社	出版年月	頁數
15	台灣手冊	王文祥主編	北京中國展望出版社	1990年12月	1084
16	台灣歷史辭典	佟建寅主編	北京群眾出版社	1990年12月（本書封裏印1991年出版）	580

一九九一年

次序	書名	作者	出版社	出版年月	頁數
1	80年代的台灣（1980—1989）	茅家琦	鄭州河南人民出版社	1991年1月	536
2	大陸與台灣的歷史淵源	林仁川	上海文匯出版社	1991年3月	296
3	台灣現代詩論十二家	鄒建軍	武漢長江文藝出版社	1991年4月	177
4	台灣文化（中國地域文化叢書）	胡友鳴、馬欣來	瀋陽遼寧教育出版社	1991年5月	228
5	閩南-台灣淺灘漁場上升流區生態系研究	洪華生等編	北京科學出版社	1991年5月	703
6	台灣抗日作家作品論	栗多桂	重慶西南師範大學出版社	1991年6月	234
7	台灣新文學概觀（上、下冊）（台灣研究叢書・文書）	黃重添、莊明萱、闕豐齡	廈門鷺江出版社	1991年6月	668

8	台灣文學史（上卷）	劉登瀚、莊明萱、黃重添、林承璜	福州海峽文藝出版社	1991年6月	644
9	台灣文學家辭典	王晉民主編	南寧廣西教育出版社	1991年7月	661
10	台灣地區文學透視	古繼堂、梁湘萍	西安陝西人民教育出版社	1991年7月	188
11	閩台婚俗	福建省民俗學會	廈門廈門大學出版社	1991年8月	
12	台灣統治機構概覽	陳章乾、何天華	武漢武漢出版社	1991年9月	407
13	寶島百年，日本殖民統治以來的台灣（中國近現代國情叢書）	田	北京高等教育出版社	1991年10月	273
14	台灣總覽	中國社會科學院台灣研究所李家泉主編	北京中國友誼出版社	1991年10月	761（16開）
15	台灣香港文學研究述論	王劍叢、汪啟壽、楊正黎、蔣朗壽	天津教育出版社	1991年10月	498
16	轉型期的台灣經濟與社會	中國社會科學院台灣研究所編	北京時事出版社	1991年11月	308

一九九二年

次序	書名	作者	出版社	出版年月	頁數
1	海峽兩岸詩論新潮	古遠清	廣州花城出版社	1992年2月	257
2	台港澳暨海外華文文學辭典	王景山主編	北京人民文學出版社	1992年5月	500
3	往來台灣實用法律指南	陳立驊等編	北京群眾出版社	1992年5月	347
4	台灣史論集	王曉波	北京中國友誼出版公司	1992年6月	259
5	台灣知識手冊	蕭冰、藏何編	重慶重慶出版社	1992年7月	388
6	台灣四十年	李仁等編	太原山西人民出版社	1992年8月	420

(二)叢書

台灣叢書（北京時事出版社）

次序	書名	編著者	出版年月	頁數
1	台灣企業管理文選	魏大業編	1981年3月	474
2	台灣如何借鑑美日歐企業管理	魏大業編	1981年3月	249
3	月是故鄉明—台灣散文選	斯欽編	1981年4月	316
4	台灣愛國懷鄉詩詞選	巴楚編	1981年5月	188
5	望君早歸—台灣短篇小說選	斯欽編	1981年6月	430
6	台灣大事紀要	周、魏大業合編	1982年3月	124
7	台灣的童話	達巍選編	1984年2月	145

8	于右任詩詞曲選	朱凱、李秀潭編註	1984年8月	214
9	台灣風土雜味	係殿起、雷夢水合編	1984年12月	127
10	賴和短篇小說選	編輯部選編	1984年12月	118
11	劉銘傳傳：首任台灣巡撫	姚永森	1985年9月	294
12	台灣民間故事選	石四維編	1985年11月	154
13	張我軍選集	張我軍著/張光正編	1985年11月	226
14	跳鳥：台灣最新小說選	斯欽選編	1986年4月	293
15	流霞集（新詩集）	姚昆田著	1986年7月	133
16	水靈：給竹風的故事集	瓊瑤著	1986年11月	184
17	碧雲天（長篇小說）	瓊瑤著	1986年12月	248
18	台灣美術叢書	吳步乃、沉暉合編	1989年2月	302

《台灣研究叢書·文學》（廈門鷺江出版社）

次序	書名	編著者	出版年月	頁數
1	鄉戀·哲理·親情：台港文學散論	張默芸著	1986年7月	204
2	台灣新文學概觀（上冊）	黃重添等著	1986年7月	274
3	台灣當代小說藝術采光	黃重添等著	1987年11月	
4	台灣新文學概觀（上、下冊）	黃重添等著	1991年6月	

《現代台灣文學史參考資料》第一輯（瀋陽遼寧大學出版社）

次序	書名	編著者	出版年月	頁數
1	亂都之戀（新詩集）	張我軍	1987年6月	80
2	黑潮—楊華詩選			
3	滾地郎	張文環		
4	白玉苦瓜—余光中詩選			
5	羅湖車站—非馬詩選			
6	夢回青河	於梨華		
7	家變	王文興		
8	孽子	白先勇		
9	盲點	廖輝英		
10	野火—龍應台雜文選			

A.《台灣文學叢書》已出版二十種（福建人民出版社/海峽文藝出版社）

次序	書名	編著者	出版年月	頁數
1	白先勇短篇小說選	白先勇著	1982年12月	341
2	三毛作品選	三毛著/張默芸選編	1983年5月 1986年4月（新一版）	312 359

次序	書名	編著者	出版年月	頁數
3	陳映真作品選	陳映真著	1983年11月	317
4	黃春明小說選	黃春明著	1985年3月	303
5	王禎和小說選	王禎和著	1985年4月	332
6	陳若曦中、短篇小說選	陳若曦著	1985年4月	251

B.《台灣文學叢書》（福建海峽文藝出版社）

次序	書名	編著者	出版年月	頁數
1	台灣愛情文學選	古繼堂	1990年3月	
2	台灣長篇小說論	黃重添	1990年5月	

《台灣民間傳說書叢》（陝西少年兒童出版社）

次序	書名	編著者	出版年月	頁數
1	綠島怎樣變成火燒島	楊茘編文／勵國儀繪圖	1984年1月	38
2	玉山蟒頭岩	楊茘編文／勵國儀繪圖	1984年2月	54
3	能高山上的塔林石	楊茘編文／勵國儀繪圖	1984年2月	62
4	秀姑山和彭佳嶼	楊茘編文／勵國儀繪圖	1984年4月	62
5	濁水溪	楊茘編文／勵國儀繪圖	1984年4月	62
6	澎湖列島的傳說	楊茘編文／勵國儀繪圖	1984年4月	62
7	日月潭的傳說	楊茘編文／勵國儀繪圖	1984年7月	53

香港台灣與海外華文文學叢書（北京中國文聯出版公司）

次序	書名	編著者	出版年月	頁數
1	濁流《濁流三部曲》之一	鍾肇政著	1986年2月	288
2	江山萬里：《濁流三部曲》之二	鍾肇政著	1986年3月	374
3	流雲：《濁流三部曲》之三	鍾肇政著	1986年3月	358
4	窗外	鍾肇政著	1086年3月	308
5	無情世代	蔣曉雲著	1986年10月	222

第三節　一九七八—一九八五年大陸學界對「台灣史」的研究概況

一、前　言

自一九七八年以來，中共為加強對台統戰，並積極設立台灣問題研究機構，從台灣史的研究及出版有關論著。綜觀其對台灣史的研究自一九七八—一九八五年約有一百三十八篇論文❶，簡析如下：

二、一九七八年以來大陸學界對台灣史研究主題

大致上在一百多篇有關台灣史論文中，大陸史學界所注意的主題如下：

㈠有關台灣的早期歷史部份

台灣古代的信史由何時開始，目前較保守的看法是隋代❷，但不論是台灣、大陸或日本學者都曾將台灣的歷史上溯到禹貢中的「島夷」，山海經中的「雕題」，後漢書中的「東堤」及三國志中的「夷州」。

周維衍在〈台灣歷史地理中的幾個問題〉乙文❸中認為島夷不是今日本、浙江舟山、琉球、菲律賓，而是台灣❹，雕題，據郭璞的注乃「人點揑具面，畫體為鱗采，即鮫人」有紋身之俗，和隋書流求國傳所記的人種相同。至於東堤乃西漢對台灣的稱呼，東漢則稱台灣為夷洲。周維衍的看法，贊成、反對者均有：

㈥對島夷的看法以陳家麟〈也說台灣歷史地理中的幾個問題〉❺一文駁斥最烈，他認為：a．島夷實島嶼之誤；b．禹貢九州的範圍應指中國大陸，不包括泛海島嶼；c．引魏嵩「島夷釋」，認為島夷是居住在我國東南沿海，過著狩獵生活的原始部族。島夷真正的地點當在今揚州東南邊地。

㈦對雕題，陳家麟認為其地點在「郁水之南」，是海島不是台灣。

㈧對東堤即台灣的看法，贊成的有葉國慶、辛城；❻反對者有陳國強等。❼

㈡有關台灣山胞與漢族接觸的情況方面

也許大陸比較注意少數民族的問題，因此山胞與漢族交往的情形成為研究中的重要主題。❽據陳碧笙的研究，平埔族與漢人間融合的特點有二：㈠自十七世紀以來，平埔族各部落居民，並沒有自相合併，擴大成為一個新的、較大、較統一的部落或民族，而是分別與來自大陸的漢族移民相融合。㈡兩族透過長期的交易、雜居、通婚、互相融合，根本不存在有所謂山胞被趕上山去，或被消滅掉那樣的事實。❾

山胞和漢族在互相融合之下 到了康熙時期，彼此間的關係極為密切。❿乾隆五十一年林爽文事件發生，據劉如仲研究，順天政權十分重視團結山胞，曾派通事杜美到彰化縣北部高山地區爭取山胞響應。五十二年（一七八七）初，田洋戰役中有八十二名山胞助戰；攻打府城時，有淡水女山胞金娘為軍師。[11]但據陳孔立的看法，山胞不但未能積極幫助順天政權，[12]反而在清軍的呼籲下參加堵禦、搜捕起事者以幫助清廷。陳孔立總結清代的理藩政策在於以番攻「賊」，以番招番。[13]

㈢有關海禁與倭寇部份

海禁與倭寇的猖獗，直接間接地對台灣歷史的發展造成影響。倭寇何以形成，是海禁的衍生物，還是另有原因？倭寇的主導者是誰？這場戰爭的性質如何？目前大陸學者針對這個問題，提出三種不同的看法：

1.禦倭之戰乃海禁與反海禁的鬥爭—此觀點由林仁川、[14]陳抗生[15]主之。他們認為乾嘉以前的倭患由日人組成，以後則為我方私人貿易商及破產的農民組成，因此倭寇大部是中國東南沿海居民，首領是中國人，駛的是中國船。倭寇發生的原因，在日本方面乃因進入戰國時代，兼併戰爭不斷地發生，各地封建藩侯為了加強自己的經濟力量，解決國內戰爭帶來的財政困難，並滿足自己的慾望乃支持海上的掠奪行為。而在中國方面，乃因明朝土地集中於豪門，不僅兼併平民的土地，也採取軍衛屯田，破壞軍衛，海防廢弛；而邊民，以海為田，卻遭到明政府海禁更嚴厲的待遇，謀生困難，因此倭患的起因在於人民生活的困苦。故林、陳二人主張嘉靖的禦倭戰是一場海禁與反海禁、壓迫與反壓迫、剝削與反剝削的戰爭。

2.禦倭之戰乃抵抗外侮的戰爭—陳學文主之。他指出倭寇的主要成份誠然是中國人，但支配集團是日本人，而倭患猖獗的原因乃是日本政治、經濟各方面所造成。明朝之惡政及腐敗只提供倭寇進犯的客觀條件，主動權仍掌在日本真倭手中，且倭寇的行為殘暴，不像對待自己同胞應有的作為。[16]綜上論證陳學文認定禦倭乃愛國行動，並不是國內戰爭，但又不是國與國之間的全面戰爭，是由中國人民反對日本封建領主與海寇掠奪的戰爭。[17]

3.嘉靖三十一年以前的禦倭戰是國內戰，三十一年以後則是國外局部性戰爭—倭患可以嘉靖三十一年（一五五二）做為前後兩個性質不同的階段；以前如王直，值得同情，以後則當受到譴責，這種看法以王守稼、田培棟為代表。[18]

㈣有關明鄭政權部份

大陸曾經於一九六二年在廈門召開紀念鄭成功收復台灣三百週年學術討論會，[19]在該次大會中主要探討的三個主題是：㈠、鄭成功驅逐荷蘭殖民者，收復台灣的重大意義；㈡、鄭成功所處時代的社會主要矛盾；㈢、關於鄭成功抗清性質和評價問題。一九八二年七月二十六日至八月一日，鄭成功復台三百二十週年時又舉行「福建省鄭成功研究學術討論會」，邀請中外學者一百多位參加，此次研究的主題有四：

1.關於鄭成功收復台灣

其動機有三：⑴繼續抗清可尋求一更鞏固的根據地；⑵出於擁護海商集團的利益，收復台灣意味著把抗清放到了第二位；⑶主要動機出於民族大義，反對荷蘭殖民者侵略中國領土。

至於鄭成功收復台灣的意義也有二，(1)在一定程度上阻止了西方殖民者的東進，有利於日本、朝鮮等國的發展，對華僑經濟的發展也有積極的影響，因而對亞洲和世界歷史的發展做出一定的貢獻。(2)鄭成功不僅是中國歷史上有影響的人物，他在發展世界海上貿易、海上武裝方面有不可忽視的地位。

2.關於鄭成功的抗清活動

(1)抗清的意義：(1)清初由於滿州貴族實行了殘酷的民族壓迫政策，鄭成功的抗清代表了漢族以及其他少數人民的利益，有全民性應予以肯定；(2)有的認為鄭氏代表海商集團的利益，始終是以保全、壯大自己的力量為決策的中心，他的抗清不堅決，不徹底；(3)鄭成功的抗清主要是代表漢族地主階級的利益，客觀上也反映了人民群眾的要求。(4)在清朝統一全國之後，繼續抗清是違背歷史潮流的。

(2)關於鄭清和談的問題：(1)鄭成功考慮的不是應不應降，而是可不可降的問題，和談表現了其動搖；(2)在和談中鄭成功的立場是堅定的。與清和談完全是策略，是為了爭取時間補充糧餉，擴充軍力，同時也是為了挽救鄭芝龍及其他親屬的生命；(3)鄭清和談並不是鄭成功中計，也不是清方受鄭成功擺布，在和談過程中，雙方有得有失。

3.關於鄭氏集團的經濟活動

(1)經濟問題的本質：(1)海上貿易是鄭成功用以解決軍需糧餉來源的一種手段，但不能高估海上貿易在鄭軍抗清鬥爭中的作用。(2)海上貿易是鄭氏集團的重要經濟支柱，光憑忠君大義，鄭成功是難以與清朝進行長期抗爭的。廈門之所以成為鄭氏集團抗清的根據地，正因為當時的廈門是對外貿易的重要港口。⑳

(2)屯墾與稅收的問題：就屯田方面，有人認為鄭氏的屯田是一種土地國有制的形式，但福建師範大學的林慶元在「鄭成功復台後台灣土地的開發及其歷史意義」一文，卻不同意這種看法，他認為具有私人性質的屯車。㉑對鄭氏的田賦歷來有兩種不同的看法，一認為鄭氏賦稅過重，一認為征賦甚輕，廈大的陳動將明鄭時期的賦稅和荷據、清據及同時期的大陸相比，得到了兩個結論，一是自耕農所納的田賦僅佔其收穫量的二十分之一，另一是佃農所歸納的地租只占收穫量的十六—十八．八%，不到兩成。有了這個結論，就能從經濟方面說明為什麼鄭氏時期沿海人民紛紛赴台，台灣農業生產出現飛躍的局面。㉒

(3)關於鄭成功的經濟思想問題：可總歸為農本論、通洋裕國論、工商皆本論，一方面繼承中國傳統主張，一方面打破中國傳統重農輕商的思想。

4.關於施琅的評價

(1)施琅和鄭氏雖有個人恩怨，但他平定台灣完全是出於國家、民族的需要，並非公報私仇，施琅從鄭氏手中收回台灣，實現國家的統一，也可以說是鄭成功事業不自覺的合作者和繼承者。

(2)施琅盡管在平定台灣問題上作出了一定的貢獻，但他的功績不應過分誇大，更不能和鄭成功的功績相提並論。施琅自薦進剿台灣，只是出於報私仇、效君恩、顯才能的個人動機，不因施琅平定台灣就認為他一切皆好。

(五) 有關天地會創始的問題

清代秘密社會一直是學者極有興趣研究的一個主題。目前有關天地會創始的年代有明季論；清初論、康熙甲寅（十三）年、雍正甲寅（十二）年、乾隆辛巳（二十六）、乾隆丁亥（三十二）年論，創始者有言鄭成功，有言洪二和尚。大陸學者主要分成兩派，一派主張天地會和哥老會同出一源，是由鄭成功命陳近南創於四川；一派主張乾隆二十六年由洪二和尚萬提喜創於福建。

1.第一派—主張鄭成功創立天地會者不少，[23]胡珠生指出天地會創於四川，與哥老會同源，由客家人溝通閩粵天地會和四川哥老會。[24]早期天地會是反清派地主進行反清和復明的工具，擁戴明帝後裔。鄭成功原籍客家，早期該會的骨幹是和尚，本來只是一種像民間拜把式的簡單組織，到雍正十二年（一七三四）發生征西魯的事件後，才採取徹底秘密組織的形式，整頓天地會，發展會員，進行分省分房的活動和起義，以適應清廷統治後日益堅困的局面。[25]反駁者以秦寶琦為代表，他認為不管是明末遺臣，[26]或是鄭成功，[27]都不可能是創始者。同時他還反駁所謂國嚕罪乃是哥老會的說法。主張國嚕罪應是清初各省進入川陝老林地區流民中的秘密組織，國嚕是土語，不是客家方言。[28]

2.第二派—萬提喜洪二和尚創於乾隆二十六年說，主要的根據在嘉慶年間閩浙總督汪志伊在「敬陳治化漳泉風俗疏」中寫首：「查閩省天地會起於乾隆二十六年」、「臣查天地會匪，始於乾隆二十六年間」，明確指出創於乾隆二十六年。而由宮中檔的「陳丕供詞」談到：「乾隆三十二年，聽得本縣高溪鄉觀音亭有提喜和尚傳授天地會，……小的就與同鄉張破臉狗去拜提喜入會，……提喜現年六十八、九歲」，由此得知創始者為萬提喜。㉙反對此論者則認為由嚴煙供詞中得知天地會年代久遠，若天地會創於二十六年算久遠嗎？且此論者認為「天地會時都要供奉洪二和尚萬提喜之牌位，事實上天地會不只拜洪二和尚。㉚

㈥有關科技史方面

雖然此類文章只有二、三篇，倒值得介紹，第一篇是對台灣歷來的地震加以研究，提出台灣是我國地震強度和頻度最高的地區。㉛台灣的地震帶與本島主結構線北北東相平行，與中央山脈的走向一致，分為西部、㉜東部㉝地震帶。這兩個地震帶各有其規律，高潮時間各不相同。至於台灣大地震的起因，則以板塊論來解釋，認為台灣位在歐亞大陸及菲律賓板塊交接處，故容易發生地震。㉞第二篇闡述我國自古對台灣的海洋環境，陸地水文氣候，地形與地質因素的認識，因此駁斥了兩種說法：

1.Joeeph Needham在《中國之科學與文明》一書中寫道：「由於中國境內根本沒有火山，因此關於火山的一切史料，只能來自中國境外」，事實上日本一鑑、東西洋考、裨海紀遊、台海使槎錄，均有硫磺山的記載。

2.James Fairguirene,"Geography and World 'Power"一書中稱：「台灣和中國相距僅七里，但在十三世紀以前，中國人竟絕未聞有台灣之存在。」為不確。㉟

第三篇談到台灣地區以油煉硫的技術，這在我國歷史上其他地區清代以前從未有過，至今仍少人知道，也沒人研究過。台灣的煉硫技術，貴地保存在裨海紀遊中。郁永河不僅紀錄硫的產地，採硫的工具外，還親探磺穴。可惜的是，沒有指出一共採了多少硫。台灣的煉硫是以菜油來煉，入油中的硫土越細，損耗愈少[36]。大約十克的硫經菜油煉後可以得到八克的硫。作者還附了「台灣土法煉硫的模範測驗」[37]做更進一步的說明。

(七) 有關福建與台灣的關係部份

台灣和福建自古以來的關係極為密切，福建人口向台灣的移動便是兩者間最主要的關係，林仁川、王蒲華兩位學者先分析閩省人口東流台灣的背景，[38]再將閩省移民台灣的時間予以分段，並指出其特色。此外對閩人入台的途徑，到定居的地理分布及閩省人口東流的影響，都曾做廣泛的研究。[39]近幾年來福建方面也致力於族譜的調查，搜羅了一百五十餘部族譜，其中有七十餘部載有閩台關係史料。資料中以移民史料最多，共七十萬字，已經刊行，這對研究閩台間人口的流動情形提供了豐富而寶貴的資料。此外大陸學者對華僑方面的研究，亦有足供借鏡之處。

(八) 有關台灣的大小租方面

土地和農民之間的關係，一直是大陸學者研究的主題之一。由研究清代農民的永佃權，[40]進而搜集福建地區的土地文書，[41]研究福建的永佃權。[42]累積了這些研究成果後，再探討台灣大小租的產生和社會條件，[43]並比較大陸和台灣的大小租契約關係。[44]

台灣永佃權的記載最早見諸諸羅縣志，小租則出現在乾隆十八年（一七五三）的一份契約中。台灣大小租乃是將明代後期已在大陸東南各省發生的大小租契約關係移到台灣，至於大小租發生的經過有四個階段：

1.清初大規模移民墾荒的過程中，以一種較低的租率並給佃者以某種物權。

2.大陸移民，尤其是漳州移民，為一田二主的租借關係提供了大租的形式。

3.雍正十年（一七三二）以後，清政府調整了台灣新墾地的賦率，為大陸的普遍發展提供了現實的可能。

4.乾嘉以後台灣人口日益增加，土地供求關係有了新的變化，一部份新來的移民，已逐漸感到無適宜的荒地可墾，他們只好以較高的租率從別人手中租種已經墾熟的土地；加上原佃戶中一部分人實力增長，除自耕外，已有剩餘「田面」可以出租，於是小租隨著出現。

至於台灣和大陸大小契約的形成及其實際內容有無不同？據楊國楨研究，大陸東南各省（江西、江蘇）和台灣土地關係都先後同樣經歷了永佃權、一田兩主、一田三主的過程，不論在大小租關係的形式，或大小租戶與現耕佃的關係均相彷彿，台灣比較特殊的一點乃在典賣小租權的發展比內地各省更為普遍，所訂的契約稱杜賣賢根田契、賣田契、斷賣契；而福建稱「賠契」、江西稱「小賣」，故只是稱呼不同，普遍與不普遍的問題。

(九) 有關人物的研究

有關人物的研究，占所有論文的四成，除鄭成功、劉銘傳、丘逢甲外，對朱景英、姚瑩、曹土桂也多所所探究。

1.劉銘傳—有關劉銘傳的研究，除了發現劉氏宗譜一事值得大筆特書之外，其餘均屬泛泛之作，[46]這些作者寫劉，乃是一向對劉銘傳抗法保台的看法分歧。中共建立政權後，認為「劉銘傳是李鴻章的老部下，准軍的悍將，而李鴻章為首的淮系軍閥，不論在中俄戰爭，還是甲午戰爭中都是妥協投降的，劉氏追隨李鴻章多年，又有什麼值得肯定呢？因此對劉銘傳後期在台灣的抗法鬥爭採取了非歷史主義的作法，不僅沒有認真研究劉銘傳在台灣的活動，而且有的著作甚至在敍述抗法保台鬥爭時，連劉銘傳三個字都不敢提及。」[47]在大陸情況有了改變後，史學家才對劉銘傳再研究，因此水平並不算高。

2.丘逢甲—有關丘逢甲的研究，占了將近十分之一，較多人研究丘氏的原因在於：(1)丘逢甲是廣東人，因此中山大學學報、學術研究，這兩種廣東刊行的雜誌發表有關丘氏的研究較多。一九八四年恰值丘逢甲誕生一百二十週年，曾在廣東召開「丘逢甲誕辰一百二十週年學術討論會」。(2)大陸方面一向對一八九五年成立的台灣民主國予以嚴厲的批評，目前卻已經由戚其章等人給予台灣民主國新的詮釋，新的地位。[48]因此對主導台灣民主國的丘逢甲，也就格外重視。其研究重點有四：

1.詩詞—丘逢甲的著作不少，較有名的如台灣竹枝詞百首、嶺雲海日樓詩鈔等。研究者或針對嶺雲海日樓詩鈔，[49]或研究台灣竹枝詞（只存四十首），[50]也有就丘詩中所表現的主題加以研究的。[51]歸結起來，丘逢甲的詩常表現出憂國懷鄉，揭露帝國主義者之罪行，針砭時弊，同情人民的痛苦等主題，[52]因此梁啟超稱他為「詩學界的革命巨子」。

2.抗日評價—丘逢甲在民主國總統唐景崧離開台灣後，也因無力抗戰，經一個月的逃亡，回到大陸。關於此事有正反兩面的看法，有認為他該留在台灣繼續抗日，如張正吾、吳宏聰等；[53]也有人認為丘之回大陸情非得已，故提出對丘逢甲的評價，一定要和對唐景崧的評價分開來，並且要重視台灣民主國的價值。[54]誠如李明對台灣民主國的評價：「台灣民主國使台灣人民的抗日保台意願得以迅速付諸實際行動；它所指揮的武裝力量的抵抗，阻止和延緩了日寇立即占領台灣的企圖。」[55]而領導台灣民主國的是丘逢甲，故應肯定丘逢甲在抗日保台中的地位，至於丘回大陸是否挾款潛逃，徐博東分別提出了五個理由來加以否定。[56]

3.丘逢甲晚年是立憲派還是革命派—(1)、革命派—徐博東主之，他提出，丘氏興辦新式教育，造就愛國的革命青年，學校中有不少革命黨參與起事的活動；丘主持諮議局時曾禁賭，興利除弊，並利用自己的關係掩護有師生關係的革命黨人；武昌起義各省響應，丘參加策劃廣東獨立的計劃，擔任軍政府教育部長，並作為廣東代表赴南京參加籌建中央政府的會議。[57]

(2)立憲派—郭漢民主之，他認為丘未曾加入同盟會，未見過孫中山先生，且擔任諮議局長時，置身於立憲的活動。[58]不論丘是立憲派還是革命派，兩人對丘逢甲前半生的功業都予以肯定。

4.教育—丘逢甲創設新式學堂，不但革新教學內容，也注意到社會教育，並希望畢業生能學以致用或出國深造。他堅持教育乃是國家造就人才最根本的作法，他並為實現這一目的而不辭勞怨，奮鬥終生。由於他的努力，在教育方面達成了三個成果：

(1)促進廣東韓江下游教育事業的發展。

(2)其教育思想的實踐提高了人民的政治覺醒，加速了一部分青年走上革命的道路。

(3)對民主革命思想的高漲，產生了積極的影響。[59]

3.**朱景英**—朱景英後半生的仕宦生涯，有一半是在台灣渡過的，他曾於乾隆三十四年（一七六九）四月任台灣府鹿耳門同知，三十八（一七七三）年元月秩滿離台；乾隆四十一年（一七七六）又任台灣北路理蕃同知，一直到四十三年（一七七八）告病回鄉，前後在台六年。他在台時曾寫過海東札記一書，[60]記台灣的方隅、巖壑、洋澳、政紀、氣習土物、叢巢、社屬。台灣史界較少注意朱景英不但書工漢隸，也是一個戲劇家，曾譜過二齣有名的劇，一為桃花扇，一為群芳；而群芳則在台同知任內譜的。[61]

4.**姚　瑩**—台灣兵備道姚瑩在任內最重要的貢獻乃在鴉片戰爭時和台灣鎮總兵達洪阿充分合作，保衛台灣。根據韓子佩的研究，抗英戰爭在台灣之所以能成功，乃因姚瑩戰略成功，（在清廷採堅壁清野的辦法時，他卻反對，並以據險固守之策，英勇抗敵）調和文武所致。[62]除了武功外，姚瑩為文宗桐城派，曾國藩在「歐陽生文集序」中曾將姚瑩列入桐城派大宗師姚鼐門中的四傑之一，[63]可見姚瑩乃文武兼資的人。[64]

(十)有關日據時期的研究

有關日據時期的研究，大抵是針對大陸與台灣之間的關係，而不是研究日本殖民地台灣和日本之間的關係。[65]如陳碧笙指出台灣二十年代的文化啟蒙運動乃是在五四運動的直接影響之下，如反抗的對象，運動的過程，領導分子以及結果都十分相像。[66]湯志鈞則探討戊戌政變發生後，清廷下「鉤黨令」，主張立憲同情康梁的章太炎乃於一八九八年十二月到台北避居，受聘於台灣日日新報，後為文批評慈禧，經清向日方抗議，章才於一八九九年六月離開台灣。[67]另外陳氏也論述台灣同胞在八年抗戰中與祖國同胞併肩抗日的經過。[68]

(十一) 有關光復後的研究

有關光復後的研究除了多篇研究台灣政治方面的文章外，[69]其餘則針對台灣作家展開研究。探討台灣方面文學著作的篇章，其原因在於，自一九八一年，大陸的復旦、中山、暨南、蘭州、四川、北京、遼寧等二十多所高等院校陸續開有關「台灣文學」的選修課程，且觀一九八二、八四兩年先後在暨南、廈門大學召開過兩次全面性的台、港文學學術會議有以致之。[70]

三、結語

綜述中共對台灣史的研究，十一項主題中，仍可看出其研究的缺失：

㈠離不開唯物史觀的框框與階級鬥爭的觀點—在其已發表的論文中，隨處可見以歷史唯物主義解釋台灣史，將台灣的歷史套入社會發展五階段中（原始—奴隸—封建—半封建半殖民地社會），強調每一階段有階級矛盾與階級鬥爭，剝削與被剝削，反帝反封建等情緒性字眼甚多。

㈡政治性強烈—由一百多篇論文中不難發現有關政治方面的文章大概占了一半。[71]常因充滿政治意識而喪失了史實的真相。如「台灣自古為我國神聖領土，最晚從宋元起，歷屆中央政府便在此設官建制，並進行有效的管轄。」[72]又如邵秦在「台灣名稱由來考」稱：「某些人以台灣名稱之由來，採用荷蘭人來後才如此稱謂的說法，妄圖割斷台灣與大陸近兩千年來的歷史聯繫，從而為帝國主義分離台灣製造藉口。」[73]宋元起即設治的是澎湖不是台灣名稱來自荷蘭據台後，也只是眾多說法的一種，實不必小題大做。

㈢對基本事實的錯誤認識—只舉數例如下：

⑴對「兵無廣額餉無加增」的解釋有誤—「因此施琅建議，根據現今『兵無廣額餉無加增』的情況來議定台灣的錢糧數目，蠲減于寇虐之後。」[74]王鐸全用這句話來解釋施琅入台後，對台灣稅捐蠲減的情況。事實上，此句是指施琅建議由閩省各營抽兵來台合成一萬，輪流防戍，如此兵額不加兵餉也不增，不會影響到清廷的財政，這是清廷由棄台到領台最重要的關鍵。[75]

⑵丁日昌要在台灣修鐵路，曾由板橋林家勸捐，林氏昆仲認捐五十萬元。陳梅龍認為

「林氏中弟家于田產，並非雄於資財，只認捐了五十萬元（約合銀三十六萬兩）實際上連這一點也未交足。」[76]事實上林家首次捐米十萬石給台灣道，第二次續交二十六萬元，第三次捐米一萬五千石，另交九萬元給台北備用，所有捐款於光緒五年四月二十三日全部交清。[77]閩浙總督何璟曾上奏為林家請獎。

(3)台灣海關交由福建台灣巡撫接管的時間—據湯象龍在其文中稱「到光緒十二年台灣設行省，台灣海關改由台灣巡撫監督。」[78]事實上淡水、滬尾兩海關的管理權，自光緒十三年八月十五日起，才改由福建台灣巡撫直轄。[79]

(4)沒有充分利用台灣已有的研究成果—也許大陸學者也只能有限地參閱來自台灣的出版，因此許多台灣的學者早已解決的問題，卻還一無所知，現只舉出一兩個例子來說明：如陳柯云在談到清初海禁時，引用了黃叔敬的台海使槎錄，卻說「作者黃叔敬，生卒年不詳。」[80]周維樑在論到早期台灣的歷史地理時，引用陳第的東番記，不引自閩海贈言，卻引自杜臻的澎湖台灣紀略中所錄的。[81]

註　釋：

❶ 根據許雪姬，〈近年來大陸對台灣史的研究—介紹與評估（上）、（下）〉（《台灣風物》、第三十六卷第一期、第二期，民國七十五年三月三十一日）頁一，在該文中據她統計一九七八—一九八五年大陸對台灣史的研究論文有一百二十八篇，以發表在大陸各大學學報最多，筆者文中大部份史料與觀點，皆引用許雪姬教授的材料作為參考。

❷ 隋書流求國傳載陳稜泛海琉球，一般的看法認為此琉球即今台灣，但也有學者梁家彬反對此說。

❸ 見《歷史研究》，一九七八年、十期，頁七〇—七八。

❹ 仝前❶，頁二。

❺ 見《復旦學報》，一九八五年，二期，頁四四—四七。

❻ 〈住居我國大陸和台灣的古閩越族〉，《廈門大學學報》，一九八〇年，四期，頁一四八—一五七。

❼ 〈清代以前高山族與漢族的友好關係〉，《廈門大學學報》，一九八二年，三期，夏七四。他提出東堤不是台灣是日本的理由：

一、從地理方位看，東堤在會稽海外，夷州如所措，在會稽南部臨海東南，位置不一。

二、夷州台灣沒有徐福的傳說。

三、分二十餘國以歲時未獻應指日本，當時海灣尚無如此水平。

四、由名稱來看，三國時稱夷州，漢代既有夷州的名稱，東堤又和夷州有別，兩者當然不同，應指日本。

❽ 陳碧笙，〈十七世紀中葉台灣平埔族社會經濟及其與漢族的關係初探〉，《社會科學戰線》，一九八一年，三期，夏一六六—一七一。

❾ 據陳碧笙的看法是，在漢族農墾區迅速拓展的時期，一部分居於山區與平地接壤地帶的高山族並沒有變動其耕獵生產方式。在環境變遷的壓力下，有部分山胞遷入平地的漢族農業區，與漢族比鄰而居；也有部分山胞為找尋獵場而進入山區並非被漢人趕上山。

❿ 陳國強，〈康熙時期台灣高山族社會的發展狀況〉，《民族研究》，一九八四年，一期，頁四二—四七。

⓫ 劉如仲，〈試論林爽文順天政權的性質及意義〉，《中國歷史博物館館刊》，一九八一年，三期，頁五一。

⓬ 同前❶，頁三。

⓭ 孔立，〈台灣番族與林爽文起義—兼論清政府對番族的政策〉，《福建論壇》，一九八五、二，頁六〇—六五。

⓮ 林仁川，〈明代私人海上貿易商人與倭寇〉，《中國史研究》，一九八〇年、四，頁九四—一〇八。

⓯ 陳抗生，〈嘉靖倭患探實〉，《江漢論壇》，一九八〇、三。

⓰ 關於這一點林仁川舉出四點來說明倭寇入侵，暫時減輕強加在農民上的賦稅；為一條鞭法掃除障礙；使明朝政府在一定程度上開放海禁；促進私人海上貿易和東南沿海商品經濟的進一步發展。

⓱ 陳學文，〈明代的海禁與倭寇〉。《中國社會經濟史研究》，一九八三、一，頁三〇—三八；〈論

嘉靖時的倭寇問題〉，《文史哲》（山東大學），一九八三、五，頁七八—八三。

⑱ 王守檬，〈試論明代嘉靖時期的倭患〉《北京師範學院學報》，一九八一、一；田培棟，〈明代後期海外貿易研究—兼論倭寇的性質〉，《北京師範學院學報》，一九八五、三，頁四七—五六。

⑲ 鄭學檬、陳孔立，〈鄭成功研究學術討論上幾個討論問題的綜述〉，頁三六九—三七七，收入鄭成功研究論文選，廈大歷史系編，福建人民出版社，一九八二、一九八四年十月，又出版《鄭成功研究論文選續集》。

⑳ 西河，〈關於鄭成功時代若干經濟問題的討論〉，《中國社會經濟史研》，一九八二、三，頁一一三—一一四。

㉑ 陳動，〈鄭氏時期台灣農民田賦負擔〉，《廈門大學學報》，一九八二、三，頁四七—五九。

㉒ 陶成章教會源流考，劉師亮漢留史，温雄飛一九二九南洋華僑史，蕭一山天地會起源考；胡珠生，〈近代秘密社會史料〉。

㉓ 其原因有三：

1.天地會秘密文件的文詞構造極富客家色彩。

2.天地會緣起和客地有相當密切的關係。

3.左宗棠奏疏三有：「哥老會者，本川黔舊有國嚕匪之別名也。」

㉔ 胡珠生，〈天地會起源初探—兼評蔡少卿同志『關於天地會的起源問題』〉，《歷史教學》，一九七九、四，頁六二—七六。

㉕ 同前❶，頁七。

㉖ 同前❶，頁七。

㉗ 秦寶琦，〈從檔案史料看天地會的起源〉，《歷史檔案》，一九八二、二，頁九三—九八。

㉘ 同前㉗。

㉙ 赫治清，〈天地會起源「乾隆」質疑〉，《中國史研究》，一九八三、三，頁一四九—一五八。

㉚ 同前❶，頁七。

㉛ 北起台北附近，經新竹、台中沿阿里山脈至嘉義、台南一帶。

㉜ 自基隆、宜蘭起，沿花蓮、台東近海一直向南延伸，與菲律賓的地震帶相連接。

㉝ 金計初，〈台灣歷史地震簡述〉，《復旦學報》，一九八一、四，頁五〇—五八、三一。

㉞ 陳端平，〈我國古代對台灣自然環境的認識〉，一九八二、一，《中國科技史料》，頁七〇—七八。

㉟ 趙匡華、郭正誼，〈台灣土法煉硫考釋〉，一九八四、三，《中國科技史料》，頁五八—七八。

㊱ 同前❶，頁八。

㊲ 同前❶，頁八。

㊳ 林仁川、王蒲華，〈福建人口向台灣的流動〉，《歷史研究》，一九八三、二，二頁一三〇—一四一。

㊴ 莊為璣、王連茂，《閩台關係族譜資料選編》，福建人民出版社，一九八四、八。

㊵ 溫廣益，〈福建華僑出國的歷史原因分析〉，《中國社會經濟史研究》，一九八四、二，頁七五—八九；林金枝，〈從福建華僑鄉族譜看南洋華僑史的若干問題〉，一九八四、四，《歷史研究》，頁五五—七九。

㊶ 同前❶，頁八。

㊷楊國楨，〈清代閩北土地文書選編〉，《中國社會經濟史研究》，一九八二、一、二，頁一一一—一二一、一〇二、一〇四。

㊸林祥瑞，〈福建永佃權成因初步考察〉，《中國史研究》，一九八二、四，頁六二—七四。

㊹鄧孔昌，〈清代台灣大小租的產生及其社會條件〉，《廈門大學學報》，一九八五、一，頁九六—一〇二。

㊺楊國楨，〈台灣與大陸大小租契約關係的比較研究〉，《歷史研究》，一九八三、四，頁一二一—一三五。

㊻同前❶，頁九。

㊼李俊山，〈劉銘傳在台灣的抗法戰爭〉，《遼寧大學學報》，一九八二、二，頁三三—三八；陳氏，〈劉銘傳與台灣〉《歷史教學》，一九八二、八，頁二三—二五；姚永森、耳保華，〈劉銘傳與近代台灣人才的開發〉，《江淮論壇》，一九八三、五，頁一一八—一一九陳萬鈞，〈論近代台灣資本主義開發的先驅者劉銘傳〉，一九八四、五，《福建論壇》，頁六五—七〇。

㊽同前❶，頁九。

㊾戚其章，〈關於台灣民主國的評價問題〉，《北方論叢》，一九八四、四，頁七九—八五。

㊿吳穎、許崇裙，〈愛國主義的強音—讀丘逢甲嶺雲海日樓詩鈔〉，《學術研究》，一九八四、三，頁九四—九九。

51 李廷錦：〈海島風光民俗畫東寧史跡吟詠詩—評丘逢甲的台灣竹枝詞〉，《中山大學學報》，一九八四、四，頁七五—八五。

52 吳世常，〈台灣詩人丘逢甲的愛國詩〉，《社會科學》，一九八二、一，頁一一二—一一八；丘鑄昌，〈血淚的詩篇抗敵的鼓角—讀愛國詩人丘逢甲的詩〉《中山大學學報》，一九七九、一，頁二一—二五。

53 同前❶，頁一〇。

54 張正吾、吳宏聰，〈試論丘逢甲的愛國思想—紀念丘逢甲誕生一百二十週年〉，《中山大學學報》，一九八四、四，頁六六。

55 徐博東，〈丘逢甲抗日保台〉，《學術月刊》，一九八四、六，頁一二一—一二三。

56 李明，〈略論丘逢甲抗日保台〉，《暨南學報》，一九八五、二，頁三八—五二。

57 同前❶，頁一〇。

58 徐博東，〈晚年的丘逢甲是資產階級革命派〉，《學術研究》，一九八五、二，頁八七—八九。

59 郭漢民，〈晚年的丘逢甲是維新派和立憲派〉，《學術研究》，一九八五、二，頁九〇—九二。

60 古嶺新，〈試論丘逢甲的教育思想〉，《中山大學學報》，一九八四、四，頁八六—九五。

61 收入《台灣銀行經濟研究室編的台灣文獻叢刊》，第十九種。

62 劉世德，〈朱景英和桃花緣傳奇—清代戲曲家考略之一〉，《文獻》，一九八〇、四，頁九六—一一〇。

63 韓子佩，〈姚瑩在鴉片戰爭中對保衛台灣的貢獻〉，《江淮論壇》，一九八三、五頁一〇二—一〇六。

64 其他三傑是管同、梅曾亮、方東樹。

65 黃霖，〈姚瑩與桐城派〉，《江淮論壇》，一九八二、五，頁八五—九一。

66 陳民，〈一九三〇台灣高山族霧社起義〉，《歷史教學》，一九八二、十一，頁三二、三五。

67 陳碧笙，〈五四與二十年代台灣文化啟蒙運動〉，《歷史教學》，一九八〇、五，頁三二、三五。

68 湯志鈞，〈章太炎在台灣〉，《社會科學戰線》，一九八二、四頁一四二—一五一。

69 林其泉，〈台灣同胞與祖國的八年抗戰〉，《學術研究》，一九八五、四，頁一三—一七。

70 蔣順興，〈台灣二二八起義〉，《江海學刊》，一九八四、二，頁八一—八六。

71 曾思奇，〈阿眉斯名稱沿革及譯法淺說〉，《中央民族學院學報》，一九八四，一頁六四—六七。

72 同前❶，頁二五。

73 同前❶，頁二五。

74 同前❶，頁二。

75 同前❶，頁二。

76 許雪姬，《清代台灣武備制度的研究—台灣的綠營》，台大博士論文，民國七十年，頁二三。

77 陳梅龍，〈我國最早鐵路之一—台灣鐵路〉，《河南師大學報》，一九八四、一頁六七—七〇。

78 光緒朝東華錄，光緒四年六月壬午，卷二二。

79 湯象龍，〈台灣海關稅收和稅收分配統計（一八六二—一八六四）〉，《中國社會經濟史研究》，一九八二、三，頁二六—三三。

80 劉銘傳撫台前後檔，文叢本，第二七六種，頁一一五—一一六，另見陳柯云，〈論清初海禁與資本主義萌芽〉，《北京師範學院報》，一九八三、二，頁五八—六五。

81 又如夏寧在寫〈陳第與東番記〉時，也自言他未能見到方豪出的慎思堂本；又如趙國華等在談及台灣土地煉硫的問是時，稱「而郁永和的資歷和生平事跡至今不詳，只能根據他的自述。」事實上郁、黃等人的生平，早有人研究過，見之方豪，「裨海匯遊撰人郁永和」，收入方豪六十自定稿上册，頁九七三—九七七。總之；大陸與台灣學者處理台灣史的態度，大陸學者通常將台灣視為和內地並無二致的地方，一再強調台灣不管在那一方面都和大陸相同，並拿台灣的情況和東南各省做比較來證明。而台灣的學者則強調指出台灣的各種情況有源於大陸者，但和大陸有相異之處，將台灣視為中國疆域中一塊比較特殊的地域來處理。

第四節　一九八六—一九九六年大陸學界對台灣的研究概況

壹、前言

大陸涉台研究機構的對台研究，受到自兩岸開放交流後所形成宏觀的結構形勢影響，可謂進入一個嶄新的時代，從先前對台灣歷史、文化的研究，到現在對台灣政治、經貿、社會情勢之探討；從「一切都為政治服務」的研究前提出發，到體認以「實事求是」的研究態度去探討台灣實際情況，無論是研究範疇、基點、取向與途徑，在在都顯示出後鄧時期大陸涉台研究機構的對台研究工作之質與量，都已較前進步。

政策的制定，需要理論與研究的配合，這是民主國家的常規，而大陸在改革開放之後，經過幾年的「體制」變革，雖仍談不上走向「專家政治」（Specialist Politics）的境地，也無法比擬台灣學術機構對政府決策單位之影響程度，但是我們或許可以從兩岸開放學術交流之後，雙方學界絡繹不絕的往來，尤其當一批批大陸重要的涉台研究機構（如中國社會科學院台灣研究所、廈門大學台灣研究所、上海台灣研究會等）所屬的學者相繼來台訪問，甚至作短期「蹲點」研究，不難看出，在共產黨意識形態主導政策制定逐漸鬆動的今天，大陸涉台研究機構所作之研究對中共當局在制定對台政策時，其影響力也應有相對之提昇。

本文之目的，亦是著眼於上述觀點，從後鄧時期大陸重要的涉台研究機構關於對台灣的「政情」研究出發，選取其中較廣為人知、具有深厚學術基礎與研究力量的兩所機構：廈門大學台灣研究所與「中國社會科學院台灣研究所」，作為比較的樣本。所採取之分析架構，除整理比較近四年多來（一九九一年至一九九五年）兩涉台研究機構之訪台學者，來台頻率及期間所發表最具代表性的意見、看法外，另對兩機構所出版的書面資料（以主要刊物中關於對台政情的文章為主）就內容部分作「次級資料分析」（Secondary Analysis）及研究途徑（Approach）比較，並再作交叉分析試作比較成果的詮釋，以求發現影響中共制定對台政策之涉台研究機構有關分析台灣政情差異與原因情形。（本文所有論點與資料轉引自評光武：〈大陸涉台研究機構對台政情研究比較：以廈大台研究所與社科院台研所爲例〉、《共黨問題研究》二十二卷三期，頁七四—八五、民國八十五年三月出版）

貳、大陸涉台研究機構探討

大陸重要的涉台研究機構，依政治大學中山所邵宗海教授在〈大陸「台灣研究」現況〉一文中所表列者，有：

在社會科學院部分：有中國社會科學院、福建社會科學院、天津社會科學院等所設立的

「台灣研究所」；上海社會科學院、廣東社會科學院等所設立的「台灣研究中心」；廣東省亞太地區社會發展研究所等。

在各大學部分：有廈門大學、南開大學、南京大學、浙江大學等所設立的「台灣研究所」；北京大學、廈門大學研究所等所設立的「台灣研究會」；北京大學、中國管理科學研究院等所設立的「台灣法律研究所」；人民大學台灣法律問題研究所；廈門大學經濟系台資研究小組；廈門港台經濟研究會；南台灣研究所；復旦大學台港文化研究所；汕頭大學台港及海外華文文學研究中心；華僑大學海外華人文學暨台港文學研究所等。

在民間團體部分：有北京、上海、大連、瀋陽、浙江、廣東、海南、福建等省市設立的「台灣研究會」；福建廈門台灣學會，江蘇省海峽兩岸關係研究會；廣西港澳台研究會；中華文化交流與合作促進會；上海市法學會港澳法律研究會；上海海峽兩岸法律研究會；中國法學會兩岸法律問題研究會；福建省台灣法學研究所；福建法學會台灣法學會研究會；福建台灣法研究中心；福建廈門市台灣藝術研究室；福建省台港暨海外華人文學研究會；福建省閩台農業經濟技術交流中心；北京台灣經濟研究中心；江西港澳台灣經濟研究會；湘台港澳科技經濟研究會；上海台灣科技研究中心；閩台中醫藥學術交流中心；和平與發展研究中心等。[1]

由此可知，在後鄧時期中共的「台灣研究」機構，已由具有官方性質的社科院、大學的研究單位，至民間團體，有逐漸形成官-學-民三位一體的綿密網絡之趨勢，就中共制定對台政策工作方面，足以提供所需要之資訊。

一、兩涉台政情研究機構簡介

所謂涉台政情研究機構，係依機構的主要任務為對台「政情」的研究所作之區分，在此僅就「廈門大學台灣研究所」（以下簡稱廈大台研所）及「中國社會科學院台灣研究所」（以下簡稱社科院台研所）的成立緣起與功能，分別簡介如下：

㈠廈大台研所：

廈大因與台灣具地緣關係，而自三〇年代即開始研究台灣，當時係以研究台灣人類、少數民族學及考古學為主，惟一直至四〇年代中共建政後，卻因政治因素只研究台灣的歷史與文化。❷

在中共實行改革與開放政策之後，對台政策也因而調整，故一九八〇年七月在廈大成立了台研所，這是大陸所成立的第一個台灣研究所，在該所延續以往對於台灣歷史與文化的研究基礎上，將重點研究範疇擴大至台灣的政治、經濟及社會情勢各方面。

㈡社科院台研所：

社科院台研所成立於一九八四年九月，其主要之研究取向以當代台灣的政治、經濟為主，並負有向中共當局提供對台政策諮詢和決策參考，其建議深具決策影響。❸

社科院台研所的成立，另一方面也表明了大陸正式將「台灣研究」納入最高社會科學研究機構的研究範疇之中。❹

二、兩涉台研究機構者訪台活動與研究重點

自政府於一九九○年六月起開放大陸學者或團體來台參觀訪問，進而在一九九一年七月起開放大幅放寬入境限制後，雖陸續有大陸學者來台參訪，然而比較起來，專事兩岸事務研究之大陸學者，訪台次數與頻率都相對偏低，惟近四年多來，此一現象在兩岸政府與學術界共同努力，排除了兩岸「特殊的結構性關係」❺或說是政治人為因素之困難下❻，已有逐漸趨向熱絡之趨勢，重要的涉台研究之學者皆相繼來台訪問，掀起大陸「台灣研究」之高潮，僅就以下兩涉台研究機構有關人員的訪台活動情形作一表列說明（如表四）：

表四、兩涉台研究機構學者訪台活動表

（一九九二．一一－一九九五．○四）

訪台時間	研究機構名稱	學者姓名（職稱）	訪台目的	備考
一九九二．一一．二八－一二．（八）	廈大台研所	陳孔立（所長）；范希周、韓清海（副所長）；翁成受（經濟研究室主任）	參加「兩岸交流學術研究會」，並藉此行關注二屆立委選情	係兩岸學者首次就政治議題進行研討
一九九二．一二．二二－一二．三一	社科院台研所	姜殿銘（所長）；郭相枝（副所長）	以拜會、參訪及座談爲主	係涉台研究機構首次赴陸委會拜會

一九九三·〇五·二八—〇六·〇六	社科院台研所	余克禮（副所長）	參加政治大學東亞所舉辦之「中共對台政策與兩岸關係研討會」，惟鑒於大陸民運人士在場而拒絕出席	係陸委會首次就中共對台政策舉辦之研討會
一九九四·〇六·〇七—〇六·二〇	1.廈大台研所 2.社科院台研所	李強（政治研究室主任） 姜殿銘（所長）	參加政治大學中山所舉辦之「邁向二十一世紀的中國人」學術研討會。會後其中李強與辛旗留台研究三個月（—〇九·〇六）	係「千島湖事件」後，最高層級的大陸訪問團
一九九四·一二·二〇—一二·三〇	廈大台研所	陳孔立（所長）；林勁（政治研究室副主任）；劉國深（副研究員）	參加研討會，並藉此研究台灣省市長選情一個月	
一九九五·〇四·〇九—〇四·一九	社科院台研所	戴文彬（政治室主任）；李家泉（研究員）	以拜會、參訪及座談爲主	係於「李六點」提出後訪台。

資料來源：係參見民國八十一年十一月至八十四年四月各報相關新聞。

由上（表四）可知，廈大台研所及社科院台研所投注在對台事務的分析與研究方面，不但訪台的時間較早，且人數、層級也較高，不愧是大陸涉台研究的南北兩大智庫，因而對兩研究機構再作一詳細的比較是有其必要的。

三、兩研究機構訪台政情研究之重點與比較

一九九二年底台灣地區的二屆立委選舉前後，兩所的主要代表學者首次先後訪台，開啟了後鄧時期大陸學術機構涉台研究新的扉頁，而南北兩研究機構來台訪問所表現出之論點也有差界。吾人就較有交集之部分作一比較如表五：

表五　兩研究機構對台政情研究學者首次訪台之論點差異情形（一九九二年十一—十二月）

議題論點／所別	廈大台研所	社科院台研所
1.對台獨之看法	「台獨」會導致兩岸直接衝突，影響中國整合（陳）	1.破壞中華民族長遠的整體利益考量（姜） 2.台獨以中共打壓國際空間爲藉口與手段，目的是搞「台灣共和國」（郭）
2.中共不放棄武力犯台原因	1.對付外國勢力干涉台灣主權 2.對付台獨，此爲中共台政策原則（陳）	1.主權國家應有的權力 2.對付外國勢力及台獨（姜、郭）
3.對中共「一國兩制」政策之看法	係爲整個中國的利益，並非以中央吃掉地方（范）	1.堅持一個中國及統一原則絕不動搖（郭） 2.對台灣所謂「對等」說辭，絕不接受（姜）

4.解決兩岸交流障礙問題	1.從全局出發，追求長遠利益 2.務實爲上 3.相互尊重彼此不同的意識形態及制度 4.加強溝通，促進了解（陳）	1.在一個中國架構下找一定位思考兩岸問題 2.兩岸良性互動，不容後退 3.以學促官，創造兩岸統一之有利條件（姜）
5.對台灣選舉關注重點	以民進黨選情爲主（陳）	民進黨「台獨黨綱」問題與主張（姜）
6.對「台灣研究」之方式	1.不以「統一」爲預設立場（陳） 2.應深入了解台灣內部深層的政經生態與社會結構，不應率然予以全盤否定（范）	1.以「統一」爲架構 2.應親身來台了解社會及政治現況，以幫助在對台研究工作上更加深度化與實際化（姜）

附記：1.資料來源係參見民國八十一年十一至十二月各報相關新聞。
2.（）內係代表大陸學者姓氏，陳：陳孔立；范：范希周；姜：姜殿銘；郭：郭相枝。

從上（表五）中，除關於在對兩岸政策、現象的部分認知上的差異外，值得注意的是對於「台灣研究」方式有無預設立場的問題，因其可視為產生差異之原因，另外，縱觀兩機構代表性之學者首次訪台的言論差異，廈大台研所方面，對於一些敏感性的問題，都採低調處理，刻意對人展現學者不欲涉入政治議題之印象，陳孔立僅軟性地提供台灣各界一個正確研判或解讀中共的立場，謂須注意以「政策的連續性」為前提[7]；而范希周也相對呼應指出：

「注意中共對台政策是一個發展的過程，是動態的、變化的。」❽比較起來，社科院台研所方面，無論是姜殿銘或是郭相枝，若涉及「原則」問題，發言時皆不改中共一貫強勢立場，認為這不但「不合中國的國情，也很難走的通」❾，為中共政策作辯護的態勢表露無遺。

除了兩所代表人物首次訪台的差異情形外，從接連幾次的訪台過程中，吾人似乎可以發現，從兩所藉由研究台灣之途徑，至對心目中所認知的台灣「政情」重點，亦有所差異如下：

㈠廈大台研所方面

首先，在研究台灣之途徑上，其方式為透過：1.廣播：要求研究員每早必聽台灣之廣播，並佐以報刊輔助，到了晚上皆能對當日台灣狀況有一概括性之瞭解；2.電視：收視台灣三家電視台之節目；3.報刊：每日訂閱台灣大小報紙約七十餘份、雜誌二百餘種；4.書籍：透過大陸「中國圖書公司」，蒐購包括台、港、澳出版之書籍，尤其以台灣為主；5.民眾來往：與台灣各階層人士都有接觸，對島內各黨派也建立起聯繫管道；6.旅居海外之學者及台胞：每年超過二百人次。廈大台研究認為：「如此才可以如實的、辯證的、發展的研究台灣問題。」

其次，在來台的目的上，係在多接觸台灣的文化、歷史、宗教、政治理論架構的學者，對台灣政情的掌握，已逐漸由原先關注上面中央的政治人物（包括各政黨精英），移轉至地方民眾或派系生態資料。由於深入民間探訪「民隱」及「民怨」，加上瞭解兩岸政治層面目前仍無法作有效突破，故所作出的判斷或研究，有較務實的趨勢，另外，為達到「雙贏」，也應暫時迴避政治敏感問題，擱置主權，從治權先著手等。[10]

(二) 社科院台研所方面

首先，在研究台灣之途徑上，其方式為透過：1.廣播：以「中廣」節目為主；2.報紙：包括台灣及海外華人報紙；3.舉辦兩岸交流活動：如每年與全國台研會、全國台灣同胞聯誼會所舉辦之兩岸三地的「海峽兩岸關係研討會」等。

其次，在來台目的上，較偏重中央政情部分，幾無涉足地方民眾或派系生態研究，故對台研究整體來說是較為「浮面式」的，基本上不脫中共官方一貫的論調（即一個中國、兩岸三通、國共談判、不承認對等政治實體與反對台灣獨立等），僵化的性質與語調隨處可見，且時有語帶「威嚇」口吻，例如姜殿銘在談及外來勢力入侵台灣或台灣欲自大陸分離出去的問題，認為「只有橫下一條心，先捍衛祖國的領土完整與國家主權，然後再考慮國家的建設」[11]，另外，對台灣領導人的批判亦時有所聞。

參、對台政情研究刊物分析

大陸現階段涉台政情研究機構所出版之刊物，實際上是寥寥無幾，而最具學術上探討價值的似乎只有廈大台研所出版的《台灣研究集刊》，及社科院台研所出版的《台灣研究》兩種季刊，本文在文章的選樣方面係以《台灣研究集刊》及《台灣研究》為對象，並作為比較兩研究機構關於對台政情分析差異之探討。

一、兩研究機構出版之刊物簡介

㈠《台灣研究集刊》

屬季刊性質，由廈大台研所於一九八三年創刊，但遲至一九八七年始開始發行。係專門研究台灣的綜合性學術刊物，主要刊登有關台灣政治、經濟、法律、歷史、社會、教育、文學、藝術等方面問題之研究論文，兼載台灣的資料信息、學術動態及國外重要譯著論文等⑫。刊物主編為陳孔立，副主編為林勁。

㈡《台灣研究》

亦屬季刊性質，由社科院台研所於一九八八年三月二十日創刊，自一九九〇年六月起改成與全國台研會合編。

主要刊登有關台灣政治、經濟、法律、歷史、宗教、社會、教育、文學、藝術及有關兩岸關係、統一等方面問題之學術論文，兼載台灣研究學術動態、人物介紹、書評及其他重要研究資料。刊物主編為姜殿銘，副主編為余克禮，執行編輯為楊立德。

二、刊物中有關政情部分之研究與分析

吾人嘗試以大陸學者陸續訪台的一九九一年為劃分點，劃分為一九九一年前後兩個不同時期，而以兩研究機構在此不同時期所出版之刊物內容作為分析指標，研究如下：

㈠量化的分析

1.若以刊物中所佔關於台灣「政情」的篇數，在刪除台灣及外國學者（以日本學者較多）的少部論文或專著後，作為第一次量化的分析，可得出之統計數據（如表六）：

2.若再以（表六）中所統計出的關於台灣「政情」部分的篇數中，就內容類情形，作較更深入第二次量化的分析，可得出之統計數據（如表七）：

3.若以分析刊物論文中，主要的研究途徑作為比較的指標，可得之統計數據（如表八）

㈡相關數據所具有之意義詮釋

表六　刊物中所佔「政績」篇數統計表（第一次量化的分析）

刊物 類別統計	台灣研究集刊 篇數	台灣研究集刊 百分比	台灣研究 篇數	台灣研究 百分比	總計 篇數	總計 百分比
政治	七二* 九一卄	一二·○八 四一·九三	七三 九二	三六·八六 四一·二五	一四五 一八三	一八·二六 四一·五九
經貿	一八○ 三七	三○·二○ 一七·○五	四五 五五	二二·七二 二四·六六	二二五 九二	二八·三三 二○·九○
社會	一七 九	二·八五 四·一四	八 二	四·○四 ○·八九	二五 一一	三·一四 二·五○
歷史	一五二 二九	二五·五○ 一三·三六	一○ 一九	五·○五 八·五二	一六二 四八	二○·四○ 一○·九○
文學	八二 三四	一三·七五 一五·六六	八 五	四·○四 二·二四	九○ 三九	一一·三三 八·八六

文學	八二	三四	一三．七五	一五．六六	八	五	四．〇四	二．二四	九〇	三九	一一．三三	八．八六
法律	一〇	〇	一．六七	〇．〇〇	一六	二一	八．〇八	九．四一	二六	二一	三．二七	四．七七
語言	三九	〇	〇．五〇	〇．〇〇	一	〇	〇．五〇	〇．〇〇	四	〇	〇．五〇	〇．〇〇
文化	二四	八	四．〇二	三．六八	四	五	二．〇二	二．二四	二八	一三	三．五二	二．九五
教育	八	五	一．三四	二．三〇	一	四	〇．五〇	一．七九	九	九	一．一三	二．〇四
人物	一二	二	二．〇一	〇．九二	二一	一三	一〇．六〇	五．八二	三三	一五	四．一五	三．四〇
原住民	二六	〇	四．三六	〇．〇〇	二	〇	一．〇一	〇．〇〇	二八	〇	三．五二	〇．〇〇
其他	一〇	二	一．六七	〇．九二	九	七	四．五四	三．一三	一九	九	二．三九	二．〇四
合計	五九六	二一七			一九八	二二三			七九四	四四〇		

資料來源：1.＊指：台灣研究集刊（一九八五—一九九〇年）；台灣研究（一九八八．〇一—一九九〇．〇四），參見楊開煌，「中共『台灣學』研究之興起與現狀」，兩岸文教論文選集(一)，陸委會編，民國八十一年九月，頁二二八。

2.＃指：台灣研究集刊（一九九一．〇一—一九九四．一二）共十六期；台灣研究（一九九一．〇一—一九九四．一二）共十六期。

表七 對台灣「政情」內容分類情形表（第二次量化的分析）

類別 統計 刊物	台灣研究集刊 篇數	台灣研究集刊 百分比	台灣研究 篇數	台灣研究 百分比
台灣政局	四* 一六#	五.五五 一七.五八	五 一六	六.八四 一七.三九
內政及革新	一四 一七	一九.四四 一八.六八	七 三	九.五八 三.二六
國民黨	七 五	九.七二 五.四九	一〇 五	一三.六九 五.四三
兩岸關係	七 二二	九.七二 二四.一七	一六 二二	二一.九一 二三.九一
大陸政策	三 九	四.一六 九.八九	六 一〇	八.二一 一〇.八六
統一問題	九 一	一二.五〇 一.〇九	一一 一〇	一五.〇六 一〇.八六
台獨	一三 三	一八.〇五 三.二九	三 五	四.一〇 五.四三
民進黨	七 五	九.七二 五.四九	七 五	九.五八 五.四三

外交	八	一一·一一	八	一〇·九五
	一二	一三·一八	一五	一六·三〇
新黨	〇	〇·〇〇	〇	〇·〇〇
	一	一·〇九	一	一·〇八
合計	七二		七三	
	九一		九二	

資料來源：同表三。

表八 刊物論文中主要研究途徑統計表

研究途徑 統計 刊物	台灣研究集刊 篇數	台灣研究集刊 百分比	台灣研究 篇數	台灣研究 百分比
文件分析法	六〇	六五·九三	六四	六九·五六
內容分析法	一四	一五·三八	四	四·三四
歷史法	四	四·三九	一三	一四·一三
比較法	九	九·八九	五	五·四三
個案研究法	四	四·三九	六	六·五二
合計	九一		九二	

資料來源：1. 台灣研究集刊（一九九一·〇一－一九九四·一二）共十六期。
2. 台灣研究（一九九一·〇一－一九九四·一二）共十六期。

1.從第一次量化的分析中得出的統計數據，若僅從刊物內政治類來看，所顯示之最重要意義即是，無論是廈大台研所或社科院台研所方面，其對台灣之「政情」研究，比重皆較一九九一年之前上升許多，尤其是廈大台研所由百分之十二·○八上升至百分之四十一·九三，更符合先前筆者的說明。而其他方面，就以一九九一年前後兩種不同數據來觀察兩研究機構的研究重點，吾人可以尋找出幾項具有意義的徵候：

(1)研究重點方面

廈大台研所較關切台灣的議題，僅與一九九一年之前的數據排列順序有差異，研究重點基本上並無改變，依序為政治類（百分之四十一·九三）、經貿類（百分之十七·○五）、文學類（百分之十五·六六）與歷史類（百分之十三·三六）等。

社科院台研所則稍有變動，研究重點依序為政治類（百分之四十一·二五）、（經貿類（百分之二十四·六六）、法律類（百分之九·四一）與歷史類（百分之八·五二）等，其中歷史類取代了先前的人物（基本資料與評述）類。

(2)對台灣教育類、文化類的研究比重，除廈大台研所對台的教育研究稍微下降百分之○·三四不受影響外，一般而言，是呈現小幅上升的趨勢，可知兩研究機構已開始重視台灣經濟發展及現代化成功之主因（教育、知識與人才等），使得原先被台灣學者普遍認為大陸學者的「台灣研究」很難進入深層理解和解釋的情形⓭，獲得部分改善，此一趨勢是值得肯定且持續觀察的現象。

(3)另外，從第一次量化分析，一九九一至一九九四年大陸地區以外的學者所投稿之篇數，經過統計，社科院台研所的部分有十二篇（包括美、加、台等地區學者），而廈大台研所的部分則有二十二篇（其中包括日本學者有十五篇），顯示表該所極為重視日本對於「台灣研究」之方式。[14]

2.進一步對第二次量化作判讀，在一九九一年前後的數據顯示，比重上升的部分為關於台灣的政局、兩岸關係、大陸政策、外交及新黨的成立等研究方面，而下降的部分為關於對台灣的內政革新、國民黨、民進黨等研究方面，吾人更可發現：

(1)在對台「政情」內容的研究方面，兩研究機構的研究範圍與重點之變化大致相同，這與兩岸關係的發展及中共的政策走向有極大的關聯，尤其以後者為重要，例如自一九九三年起對台灣不斷地展開參與聯合國的運動，使得大陸學者必須對台灣尋求成為「主權獨立國家」的做法加以分析研究及批判，故基本上仍不脫「政策引導理論」的研究模式。

(2)對台灣政黨的看法及統戰的對象，已有重大的轉變，從對國民黨的研究比重下降的程度來看，大陸方面將逐步落實「不以國民黨為唯一的談判對手」之策略，使得「統一」問題已不再單純是國共之間的問題，而中共新時期的統戰對象及方式也必將擴及包括民進黨、新黨在內的台灣各黨派，甚至變成對島內民眾「全民統戰」的新形式。

(3)對於統一問題的研究皆有下降之趨勢，廈大台研所的比重更由百分之十二·五〇下降至百分之一·〇九，幅度有十一個百分點之多，遠超過社科院台研所下降的四·二個百分點，除可以印證兩研究機構所長首次訪台時所透露對「台灣研究」方式的差異（見前述），另外，吾人以為此一現象，也直接的表述了現階段中共對兩岸「統一」任務之完成，急迫性較不如前。⑮

⑷對台獨的研究方面，廈大台研所的比重為大幅下降（超過十五個百分點），而社科院台研所則呈現上升的走勢，顯示反「獨」依然是中共一貫的政策，經由社科院台研所的喉舌，表現出中共立場的堅定不移，是值得注意的地方。

就檢視的兩種刊物中，對於台灣「政情」比重上升的部分（即關於研究方面），吾人選取由該兩研究所學者所撰寫之相關論文（動態性文章不列入），作為輔佐上述詮釋的差異，比較如下（如表九）：

表九　兩研究機構對特定研究議題差異情形表

議題 ＼ 論點 ＼ 刊物	台灣研究集刊	台灣研究
對台灣政局之評估	1.國民黨的整合與改造將伴隨黨內矛盾加劇，已無法主導台灣政局發展。 2.反對黨角色對台灣政局起日益重要的影響與作用（李強）	1.國民黨內權力鬥爭。 2.政治多元化 3.憲政體制改革 4.動員戡亂時期結束對台灣政局和兩岸關係產生重大影響，政局仍將動盪不安（余克禮）

對兩岸關係問題	1.注重兩岸交流中的政治文化問題 2.進入更加複雜階段（陳孔立、林勁）	1.政治層面的僵局仍未打破 2.台灣當局以民衆「求穩怕變」之心態阻擾統一 3.兩岸共同的經濟、政治利益及最大民意所向，是決定兩岸關係進步的動力（余克禮、李家泉）
對外交政策問題	1.利於國民黨各級選舉 2.受台獨活動刺激 3.將「台灣問題」國際化（魏顏華）	1.執行李登輝的政策，以拓展國際生存空間爲工作重心，目標爲「參與聯合國」及建立「亞太集體安全體系」 2.受民進黨、台獨勢力施壓 3.受國際間親台勢力的支持 4.受爭取加入國際組織成功經驗的刺激（謝郁、張鳳山）
對新黨成立之評估	1.國民黨近百年來首次正式分裂出去並另組政黨的派系，是派系矛盾激化的必然結果 2.台灣政局將趨多元化 3.對兩岸關係積極因素大於消極因素（王在希）	1.國民黨首次正式分裂出去並另組政黨的派系，其發展引人矚目 2.顯示台灣兩黨政治格局宣告結束，政黨政治已趨多元化 3.新黨的大陸政策必將對兩黨產生刺激及促進作用（趙印香）
對大陸政策之評估	1.目標在重新定位兩岸政治關係，故實施雙軌路線，以三個分別爲原則（中共非中國、大陸同胞非中共政權、官方三不政策與民間事務分別處理）	1.受李登輝的心態主導，影響統一 2.核心爲「兩個中國」或「一中一台」 3.實質仍是繼續堅持反共，反「一國兩制」，製造敵對意識，抗拒阻擾和平統一

	2.政策擬訂、執行具務實性；做法上具主動性；策略上具靈活性 3.政策變化及調整以維護在台統治地位爲出發點，從「光復大陸、統一中國」移向「偏安台灣、分而兩立」（范希周、林勁）	4.台獨已被吸納其中，變爲與大陸討價還價之籌碼和製造分裂分治的藉口（朱衛東、毛仲偉、張鳳山、余克禮、曹治州）

資料來源：同表八。

從研究途徑所顯示的統計數據來判讀：

1.社科院台研所方面，以文件分析法作為研究的途徑幾乎接近七成，而且也缺乏量化統計的方式（僅百分之四・三四），資料的構成主要的也係引用台灣的報章、雜誌為主⑯，另外，對個案研究的主題上，較多的篇數著重在探討及「推銷」中共「一國兩制」的政策及對台灣「參與聯合國」活動之反制。

2.廈大台研所方面，可以看見使用文件分析法也有超過六成的比重，惟以量化統計的內容分析方式卻佔有百分之十五・三八，遠超過社科院台研所十一個百分點之多，而在個案研究上，筆者發現「政策性」的研究較少，而是著重在探討台灣的政治文化、菁英結構及流動趨勢與兩岸的「船、旗」問題，相形之下，較為務實深入。

肆、比較與詮釋

在本文的分析過程中，因限於資料取得不易，故無法對兩所研究機構人員的背景或「派系」屬性作深入探討，以增加分析的可信度，因為不論民間社會或國家機構，在結構上皆需要靠「人」來執行結構所交付的功能，人如何，則決定了結構所形成的決策壓力，及能不能反映在實際的資源配置上[17]，但儘管如此，除了前述所比較的差異外，吾人仍可以獲致幾項結論如下：

一、大陸兩涉台研究機構關於對台政情研究之比較，雖呈現出部分的一致性與互補性，但也仍有一定程度的差異性，主要的原因表現在幾個方面：

1.地理位置方面

基本上，社科院台研所由於地處政治地理中心，深受中共中央政策影響，所作的對台政情分析的報告也較易達於層峰[18]，中共學者就曾指出：「中共對台研究由一九八一年至一九九四年可分為兩個時期，前七年由中國社科院主導，因接近政治地理中心，故常附和中央決策，其地位不夠超然，且研究方向經常有誤。」

顯而易見的，因為研究跟隨著政策走，故社科院台研所常是「聞」到中共領導人的風向後，再設法做理論的補充[19]，因而所發表的文章或談話，可視為中共中央的基調。因此，發生錯誤也就難免，而最嚴重的錯誤，係發生在一九八八年蔣經國總統逝世之際，因為四十年來，大陸各界依照中共黨機器及傳媒一貫宣傳的結論，即是「小蔣（蔣經國先生）一死，台灣必亂」，而事實的結果，台灣和平的移轉政權卻令大陸吃了一驚，完全出乎「預測」之外，故學者對研究台灣之方式也開始反思，以求破除研究上的盲點。

也因此才有後七年則逐漸將重心轉移到與台灣有地緣關係的南方，並以廈大台研所為主導，其關鍵乃因廈大台研所於一九九一年以電腦模擬投票的方式預測台灣的國民大會代表選舉，結果在朝野兩黨席次方面僅誤差一席，整體得票百分比亦僅誤差百分之一以下，精確度奇準，經廈大陳孔立轉呈王兆國提報中共中央，深受楊尚昆、江澤民所倚重，遂奠定廈大研究台灣學的權威地位。

故在後鄧時期的轉變方面，兩研究機構政治上的份量雖仍不免會有落差，但是由於回到對「實事求是」及「沒有調查，沒有發言權」等傳統論斷的信守[20]，多少也會增加廈大台研所在天秤此端的砝碼。

2.研究前提方面

「一國兩制，和平統一」是現階段中共對台政策的方針，亦應是所有台灣研究的總前提[21]，從前述的分析與說明中，已可充分瞭解，而社科院台研所是相當遵循此一指導方針[22]，甚至高舉「堅持政治性與學術性的統一」[23]；而廈大台研所所長陳孔立在所著〈談研究者的角色〉的文章中，則認為：「作為台灣問題的研究者，與決策者、執行者、宣傳者的行為模式就不同。研究者的角色規定了他應當向社會提供自己的學術研究成果……，不能要求研究者的看法與決策者一樣，研究者也不能要求自己代表替決策者思考，因其結果提出的意見往往是過於武斷。」㉔清楚的說明了廈大的研究立場。

3.研究途徑方面

柯文（Paul A. Cohen）在其所著《在中國發現歷史—中國中心觀在美國的興起》一書中，特別提出「中國中心觀」（China-centered approach）的概念，謂：「西方若要跳脫出研究中國的盲點，便必須轉向以中國為中心的取向，從中國的內在歷史發展去認識中國，以獲致研究的正當性與合理性。」㉕有異曲同工之處為，大陸的幾個對台研究機構已有明顯的轉變趨勢，即研究人員普遍覺醒，認為研究台灣問題，無法繞過台灣，如同大陸學者李強與辛旗所言：「研究台灣或兩岸問題的解決，不可繞過台灣民眾，特別是佔百分之八十五左右的台灣省籍民眾，如果台灣省籍民眾不能接受兩岸統一或兩岸之間有任何關係上的突破，兩岸關係也不會有任何實質的進展。」此種在後鄧時期轉向以「台灣中心觀」為概念的新式研究途徑，比起社科院台研所仍然將兩岸的分裂及統一問題，視為是第二次大戰後在中國特定歷史條件之下所產生和遺留的一個「歷史問題」㉖，並以主觀主義，及含有意識形態教條式的途徑來研究台灣，更凸顯兩研究機構差異所在。

另外，兩研究機構現階段仍以台灣的報章，雜誌作為對台研究的主要依據，以此觀之，在今後研究的成果與品質皆會受到相當程度的制約，值得注意的是廈大台研所做研究時，運用現代量化統計的途徑及西方社會科學理論的機會似有增多的趨勢[27]，其對台灣近二、三年來的各種選舉也嘗試以電腦模擬投票或製作分析模式加以預測處理[28]，以如此之論據，相信必定較具有說服力。

二、兩研究機構受限於內在及外在因素，就整體而言，對台「政情」研究成果之影響頗鉅：

1.這些內在因素包括研究機構人員不足且隨著第一批知名的專家學者因為年齡的原因退休，而呈現年輕化之趨勢，如社科院台研所長副所長余克禮對上述問題即曾表示：「兩個研究所的專職研究人員加起來也僅為百餘人，且現在在第一線上從事台灣研究工作的人員百分之八十以上是近幾年剛剛從學校畢業的本科生或研究生。」[29]故在知識面的廣度及對台灣情況的熟悉程度上，都還有相當差距，此外，加上研究經費的不足與對台灣相關的資料不全，無疑地，對從事研究工作皆增加了限制。

2.外在因素則為大部分研究人員無法來台灣實地調查，使得研究結論極易偏差，如李家泉便曾坦承自己過去「研究台灣問題二十年，研究對象卻一直摸不清、見不著。」[30]

三、雖然無從確切得知中共官方機構依賴學界所提供的資訊與研究成果來制定政策的程度，不過大部分大陸學者私下承認，他對當局政策的建議，不像台灣學界那樣獲得重視。

雖如此[31]，吾人仍認為在台灣「政情」的資訊與研究成果的獲得上，中共中央還是依賴這兩所研究機構的，這其中不但是因為兩機構的研究已有基礎，最為重要的是，兩所各與中共政治派系深深地結合在一起，互為奧援，相互牽制，受重用的程度，完全視派系領導人得勢與否，這點頗值吾人加以研究分析。

伍、結論

由南北兩研究機構的研究分析可知，加強與重視對台「政情」研究的份量已成為今後研究之認知圖像（Conegitive Map），以總體性而言，似乎圖像的輪廓較未開放交流以前清晰的多，但由於前述原因，在具體研究成果方面，實際上仍呈現出相當的差距。吾人更進一步相信，此一差距若排除某些中共政策環境結構的制約因素，在受到兩岸開放學術、文教交流衝擊的影響下，應能獲得部分正面而積極的改善。

從另一個角度看，大陸學術專業上逐漸出現多元化的趨勢，在部分研究成果上出現不再「定於一尊」的現象，應是值得加以肯定。當然在學術多元化、成果多樣化的同時，也並不代表中共中央在制定政策時所能接受的程度。

最明顯的例子莫過於一九九五年的兩岸關係，近年的兩岸領導人看似通過諮詢雙方的幕僚人員，制定了在「江八點」與「李六點」對應上所建立起來的和緩機制作為兩岸關係的主軸，但非常弔詭的是，在李總統與連院長分別成功的訪問美國與歐洲之後，兩岸政治情勢立刻逆轉起來，復又加上兩岸年度的在聯合國及亞太經合會之角力，基本上呈現出張力趨緊之現象。由中共近期採取強硬的態度，持續發動對台文攻武嚇，吾人看到中共的台辦系統或台研人員因從事多年對台交流、研究，而逐漸產生對台灣採取較「務實」的態度與建言，似已遭受到「消音」的待遇。

儘管如此，我們亦可視此為兩岸經過交流之成果，亦即目前雖然尚無法將中共涉台人員對台「務實」的力量「納入」我們所期望的軌道上，但不可否認在交流後，彼岸同胞，此種在兩岸關係上的「認知」差距似乎逐漸在縮小之中。

值得慶幸的是，政府官員似乎也能體會到存在於相互交流其中的深層意涵，因而在兩岸情勢緊張、低迷之際，仍不放棄擴大交流範圍（如陸委會開始逐步邀請制定對台政策的台辦系統人員訪台，及開放大陸學者、碩博士生來台進行中短期的蹲點研究等）[32]，以促進加深彼此瞭解、增強互信合作的功能，相信這是時勢潮流所趨，也是今後大陸政策所必須努力的目標。

註釋：

❶ 邵宗海，〈大陸「台灣研究」現況〉，《國立政治大學研究通訊》，一九九四年第四期，頁一五—三二。

❷ 係李強於民國八十三年六月十八日，在政大三研所所舉辦的座談會上之談話。

❸ 蕭敬，〈大陸的台灣研究，促進和平統一〉《台灣研究》，一九九四年第三期，頁九。

❹ 余克禮，〈加強台灣研究，促進和平統一—台研所成立十週年之際的一點感言〉，《台灣研究》，一九九四年第三期，頁一五。

❺ 所謂「兩岸特殊的結構性關係」係指兩岸非戰非和、又似戰和的狀態，在此一狀態下，雙方文教交流不易達成正常化，見龔鵬程，「兩岸文教交流的困境與展望」，黃天中、張五岳編，《兩岸關係與大陸政策》，台北：五南圖書出版　公司，民國八十二年四月，頁四〇〇。

❻ 對兩岸文化交流中的「政治因素」問題，東吳大學政治系教授楊開煌有很詳細之探討。同❺，見楊開煌，〈兩岸文化交流中的「政治因素」之考察〉，頁四四三—四六三。

❼ 江中明，〈陳孔立：解讀中共立場，注意政策連續性〉，聯合報，民國八十一年十一月三十日，版一。

❽ 中央日報，民國八十一年十一月二十九日，版三。

❾ 此段係姜殿銘於民國八十一年十二月二十四日，在政大國關中心與研究員座談時之談話。

❿ 中國時報、聯合報，民國八十三年六月十三日。

⓫ 聯合報，民國八十三年六月十二日，版十。

⓬ 同❶，頁十七。

⓭ 楊開煌，前引書，頁二〇六。

⓮ 廈大為了研究李總統的行為模式，「認為須從日人的角度思考，故特選四個研究」之方式與此不無關連。

⓯ 無論是廈大台研所或是社科院台研所的學者，來台期間皆作過如此的表示，例如李家泉，於民國八十四年四月十二日在海基會座談時，即表示兩岸統一是「等不得，也急不得的」云云。

⓰ 同⓭，楊開煌教授曾以《台灣研究》（一九九四年）共四期為例，十五篇文章的二四一條註解中，引用台灣報章、雜誌則佔一四五條，約為百分六十．一六；《台灣研究集刊》（一九九〇年）共三期為例，八篇文章的一七二條註解中，引用台灣報章、雜誌則佔一一二條，約為百分之六十五．一一，顯見比率之高。

⓱ 石之瑜，《中國大陸的國家與社會》，台北：五南圖書公司，一九九四年一月，頁二〇〇。

⓲ 此處所謂之「報告」，當指各地對台學術研究機構，所作的不對外發表，而定期以「紀要」或內參文件之方式，送呈中共中央或「國務院台辦」參考之文件。參見❶，頁三十二至三十三。

⓳ 陳　津，《回向馬克思》，台北：蒲公英出版社，一九九二年六月，頁一五三。

⓴ 《鄧小平文選》（一九七五至一九八二），北京：人民出版社，一九八三年八月，頁一〇九至一一〇。

㉑ 同❸，頁十。

㉒ 姜殿銘，〈百尺竿頭，再進一步－寫在台灣研究所十週年〉，《台灣研究》，一九九四第三期，頁

七。

㉓ 曹治州，〈堅持政治性與學術性的統一，把台灣問題的研究提高到七個新的文平〉，《台灣研究》，一九九四年第三期，頁十八。

㉔ 陳孔立，〈談研究者的角色〉，《台灣研究》，一一九九四年第三期，頁十二。

㉕ 柯文（（Paul A. Cohen）著，林同奇譯，《在中國發現歷史—中國中心觀在美國的興起》，台北：稻鄉出版社，民國八十年八月，序言頁七。

㉖ 姜殿銘、郭相枝，〈理性務實是海峽兩岸關係健康發展的關鍵〉，《台灣研究》，一九九一年第四期，頁七。

㉗ 同㉔。

㉘ 如廈大台研究政治室副主任劉國深曾於一九九三年針對台灣的縣市長選舉，首次建立一分析模式，運用量化分析方法測選舉結果，在仝台二十一縣市加上金門、連江兩縣，其誤差率有百分之十五．八，見劉國深，〈對一九九三年台灣縣市長選舉（預測與結果）〉，《台灣研究集刊》，一九九四年第一期，頁一至十。

㉙ 同❹，頁十七。

㉚ 同⓯。

㉛ 同❶，頁三十三。

㉜ 中央日報，民國八十三年十一月八日版二。

第五章　台灣學界研究「台灣史」之梗概

第一節　一九四九—一九九六年台灣學界對『台灣史』的研究概況

台灣學者對台灣史的研究狀況，根據楊雲萍教授的評語是『時有興衰、冷熱』❶。台灣學者研究台灣史有許多有利條件，其中最重要的是擁有長期積累下來豐富的台灣史資料。民國四十六年（一九五七）台灣銀行經濟研究室編印《台灣文獻叢刊》，共三〇九種，為研究台灣提供一套很實用的資料叢書。尤其是台灣省文獻委員會收藏的檔案，誠為不可多得的珍貴資料。其中有日據時期台灣總督府公文檔案，日據時期台灣總督府專賣局檔，台灣拓植株式會社檔及光復後台灣省級機關逾時檔案。為了滿足各界研究台灣史的需要，台灣銀行經濟研究室除編印上述台灣文獻叢刊外，還編印了台灣特產叢刊十五種，台灣研究叢刊一一三種。

台灣的歷史是中國歷史的一部分，但台灣史又有其特殊性。黃富三、曹永和教授指出了五點：第一、它是近代漢民族移民成功的例子。鄭成功打敗荷蘭人，這在近代史上，中國人打敗歐洲強國的唯一例子。第二、在近三百多年的歷史中，統治者變動頻繁，計有荷蘭、鄭氏、清朝、日本、國民政府。其中外國殖民統治共佔八十八年。因此與大陸時分時合，其中一六八三—一八九五年和一九四五—一九四九年台灣與大陸是統一時期。第三、台灣開發較晚，邊疆社會的色彩濃厚。第四、為中國海洋性文明的前驅，航海、外貿、漁業，一直是台灣重要的經濟活動。第五、由於沈葆楨、劉銘傳等人的努力，洋務運動成績顯著，台灣的新式工業常領內地。❷

台灣歷史的某些特點蘊藏著一系列紛繁複雜的研究課題，引起一批學者的濃厚興趣。又由於「台獨」人士對台灣歷史的獨特解釋，激發一些學者的責任感與觀點，有針對性的選擇一些專題進行研究，予以澄清。

國民政府撤退來台之初，尚未具備編寫台灣史的條件，在民國三十九年（一九五〇）三月出版了已故台灣學者連橫的《台灣通史》。大規模編寫台灣史，開始於六十年代末。台灣省文獻委員會循方志舊制，由張柄楠監修，林衡道主修、盛清沂纂，完成《台灣省通志》，民國六十二年（一九七三）出版，一〇卷一四六冊，兩千多萬字。由於此書卷帙浩繁，不適合一般讀者需要。台灣省文獻委員會又邀集幾位專家，採用新的歷史編纂體裁，編成《台灣史》一書，由林衡道任主編，盛清沂、王詩琅、高樹藩分工編著，編成《台灣史》一書。全書分一〇章，約八十五萬字，於民國六十六年（一九七七）七月由眾文圖書股份有限公司出版。此書與連雅堂的《台灣通史》相比，除體裁不同外，內容有大幅度擴充，年限上伸至舊石器時代，下延至本世紀七十年代，並吸取了近幾十年廣泛收集的資料和專題研究成果。尤其是『日據時期之台灣』一章，對日本的殖民統治及台灣人民的反抗鬥爭，可以無所忌諱地秉筆直書，這些是我們不能苛求於連雅堂的。

另外，台灣各大學歷史研究所有關台灣史的碩士論文，集中在七十年代以後，而以七十年代末期達到量的最高峰。❸

又專治台灣史的人並不多，研究明清史的學者不少人兼治台灣史。台灣史研究的成果，不僅是集合眾人編纂的大部頭專著，更多是分散完成的門類齊全的各種專題。專題所涉及的範圍十分廣泛。起初側重於鄭成功研究，其中包括鄭成功的抗清、鄭清和議以及驅逐荷蘭殖民者，收復台灣，鄭氏對台灣的開發，旁及朱一貴、林爽文事件，人物則集中於鄭成功、施琅、藍鼎元、福康安等。從六十年代後期開始，選題範圍擴大，研究也逐步深入。涉及史前時期台灣地區的文化層，戰國至元明時代的台灣、荷蘭、西班牙佔據時期的殖民統治，台灣的開發與經營，清政府治台政策的演變，台灣人口的增長及社會轉型，土地所有制與租佃關係，糖業、漁業、外貿與台灣的經濟社會變遷，漢族移民與土著居民的關係，清政府在台灣推行的近代化運動，台灣的民變，日本殖民統治下的治台政策。有的學者已開始使用荷蘭文獻研究台灣早期的歷史，使用台灣總督府日文檔案研究日據時代的台灣史，這在資料的使用上是十分重要的突破。

台灣史學界對鄭氏三世和康雍乾三朝對台灣的開發，給予充分肯定。反復論証中華民族的擴展與台灣開發的關係，普遍認為台灣史的基本性格是在於數千年來，發源於黃河流域的中華民族，將其活動範圍推進到台灣寶島，前撲後繼，披荊斬棘，從事墾殖，終於建設了漢人社會。所以台灣的經營是中華民族深厚潛力的發揮。開發雖然很晚洋務運動的開始也晚於內地十五年，但由於沈葆楨、丁日昌、劉銘傳等人的努力，在甲午戰前其近代化程度為全國之冠。代表性的作品有《大陸雜誌》上刊載的郭廷以所撰《甲午戰前的台灣經營》。此後呂實強、黃富三、曹永和等均發表專文論述清季台灣的自強運動，有效地澄清了下述錯誤觀點：台灣的近代化奠基於甲午戰後五十年日本殖民統治的開發經營。旅日台灣學者戴國輝也發表《晚清期台灣的社會經濟—並試論日人治台史》（載《台灣史研究》台北遠流出版社，一九八五年版），針鋒相對地批評了『台灣是藉了日本的力量才開發出來的』，『台灣是由日本才被近代化的』等等錯誤觀點。

由於台灣處於中國大陸東南海上，具有特殊的地理環境，又由於朝代的變遷，外國的殖民統治，形成了特殊的歷史背景。這些當然會影響台灣社會、文化的發展。但台灣學者明確指出：『台灣仍然是十分典型的中國社會、典型的中國文化。』和中國其他省份比較，差異是有的，但正如四川之與江蘇，河北之與福建，或任何一個省份與其他省份之間的比較一樣。（張偉仁：《台灣研究資料專刊序》）台灣學者根據地下資料研究証明，台灣的史前文化源於大陸，早在一萬年前，即次第傳入。此後中原文化之流入，從未中斷。圓山文化層中發現的殷代銅鏃，是一重要証明。此後三國時孫吳有征夷州之舉，隋代有伐流求之役，認為是官方經營台灣之始（張炳楠：《台灣史》序）。有的學者指出，『台灣之地，初與大陸相連，澎湖於五千年前猶接福建海岸。台灣之人分別來自大陸，有陶石紋型為証』（毛一波《台灣史》跋）。

另外根據台灣學者張勝彥在〈第二次大戰後國內台灣史之研究概況〉一文中談到：

在第二次世界大戰後，國內台灣史研究的情形，概括的說，以往研究社會經濟史的比較多，其次是政治史，這種現象可從下面的數據看出來。先以一九八二年以前台灣各大學歷史研究所的碩士論文爲例：研究社會經濟史（含開拓史）的論文大約佔所有研究台灣史論文的百分之四十點四五；研究政治史（指廣義的政治史，含軍事、外交史）的佔百分之三十點三三；研究制度史卻很少，只有佔百分之七點四一。其次以台灣省文獻委員會出版的季刊《台灣文獻》所刊的文章爲例：自西元一九四六年到一九八八年之間所刊登的一一七九篇文章中，有關台灣制度史的只有十六篇，一九八九到一九九五年頂多再增加三篇。從以上數據看來，在制度史方面的研究成果，在量上來說，成果並不多。另外一九八二年到一九八八年台灣各大學歷史研究所的博士論文中共有九篇是研究台灣史的，而屬制度史的只有一篇，佔百分之十一點十一。若將制度史的一篇併入政治史來算，則政治史有三篇，佔百分之三十三點三三，而社會經濟史有五篇，佔五十五點五六。再以斷代別來看二次大戰後台灣史的研究情形，則發現一九八二年以前台灣各大學歷史研究所碩士論文研究清朝以前的只有一篇，佔百分之三點七，研究清朝時代的有十八篇，佔百分之六十六點六七，研究日治時代的有五篇，佔百分之十八點五二，研究第二次大戰以後的有一篇，佔百分之三點七，其他跨時代的有二篇，佔百分之七點四一。

接著來看一九八三年到一九九二年的研究情形。在這十年間，國內各大學歷史研究所碩士論文，若以主題別來說，政治史(廣義的)佔百分之十三點七，制度史佔百分之二點六，社會經濟史佔百分之三十八點四，其餘與史學、史料、科學、教育和文化相關的論文，所佔百分比都比制度史高。若以斷代別來看，鄭氏王國時代的佔百分之四點一，清朝時代的佔百分之三十四點二五，日治時代的佔百分之三十六點九九，第二次大戰後的佔百分之二十四點六六。另外就研究人力而言，從一九七〇年代以後就漸漸多起來，雖則一九八三年時，有關台灣史的碩士論仍然僅佔所有碩士論文的百分之六點八一，到了一九九二年時，台灣史的碩士論文佔所有碩士論文的百分之二十二點〇五❹

綜合上述所列各項數據看來，最近十年來之台灣史研究，相較於過去而言，研究社會經濟史者仍是最多，研究政治史者之比重無多大變動，依然次之，研究制度史者仍然過少，研究主題漸漸多元化，研究人力大為增加，研究日治時代和當代的學術論文急速增加。

第二節　台獨學界編寫《台灣人四百年史》之概況

壹、前　言

若吾人欲瞭解台獨學界如何編寫台灣歷史之真相，應可舉史明著的《台灣人四百年史》一書為代表，而史明的《台灣人四百年史》（日文版，一九六二年七月出版）和王育德的《台灣—苦悶的歷史》（日文版，一九六四年一月出版）相繼問世，影響深遠。史、王兩人開始從台灣人民的立場，尤其是史明從勞苦大眾的立場，一反統治者的觀點，突出台灣人民被欺壓的悲壯史。本文僅以史明部份作一剖析。

貳、『台灣人四百年史』被奉為台獨運動之革命經典

根據柯歷奧在〈評介史明著的『台灣人四百年史』〉一文中，談論如下：

史明這部鉅著，不是爲了傳世而著。讀後印象最深刻的是作者強烈地透過『台灣人四百年史』表達出台灣人民反殖民統治的光輝傳統。史明並刻劃出台灣人民如何進行民族解放的主流，進而鼓勵所有被壓迫的台灣人民投入這一震天動地的民族解放革命運動。《台灣人四百年史》可以說是幾十年來史明從事民族解放革命運動總經驗的結晶。

這部革命經典著作所揭示的民族解放的結論是史明從台灣人民貫徹反荷、鄭、清、日、蔣等殖民體制中匯源出台灣政治經濟社會發展的主流之剖析精研而得的。這一結論絕不是史明個人主觀意願作祟，憑空杜撰而得到的，而是作者循唯物史觀和階級鬥爭的科學分析才釐出的。從《台灣人四百年史》日文版（一九六二年）出版以來，史明一直堅持台灣民族解放的革命立場，從未動搖過這一信念。❶

從上述柯歷奧對史明《台灣人四百年史》的評論中，可以看出史明（原名施朝暉）編寫《台灣人四百年史》是循著唯物史觀和階級鬥爭史觀來撰述的，顯然渠是一個不折不扣的共產黨員，史明原是台中縣某鄉林清川的兒子，出生不久他父親即將他送給住台北的一個施家作養子，所以史明又有一個叫施朝暉的名字。他生父林清川原是板橋望族林本源先生家的帳戶，在抗日戰爭發生後，林清川乃投靠日軍。他（林）偷偷的溜到日軍佔領的福建省廈門市擔任起偽組織的戒煙局局長。他（林）雖名為戒煙局局長，其實他（林）的任務是搜括民間的鴉片及在廈門一帶廣種鴉片，為日本海軍特務單位籌措經費。史明就是利用他父親所享有的特權；使其在抗日戰爭能出入中共盤據的地區，接受中共的訓練，並成為共產黨員。❷

民國二十六年（一九三七）史明由日本轉赴延安中共的抗大受訓，並參加仙丞鄧小平之太行軍區部隊工作，民國三十八（一九四九）年在北平接受中共特殊訓練後潛返台灣，以經商為掩護，從事活動，策應共軍犯台，後來被政府發現，於民國四十一年（一九五二）逃離台灣赴日，以鼓吹台灣獨立為口號，近年再返台定居。

參、《台灣人四百年史》內容所凸顯的政治意義

史明：《台灣人四百年史》一書原達一五四〇頁，且定價高達九十美金，全文共一百萬字，為充分瞭解其內容所強調宣傳的革命理念，筆者試著列述該書目錄如下：❸

台灣人四百年史　目錄

(b) 征服者的槍砲、原住民的弓箭

(c) 原住民的統治方法

(d) 搭乘荷蘭船橫渡台灣海峽的漢人移民

(e) 漢人血汗所凝成的土地開拓

(f) 台灣特產的鹿皮·砂糖·米

(g) 海盜兼貿易商的荷蘭人

(h) 日本的銀、中國的絹、南洋的胡椒、台灣的糖

(i) 荷蘭對於原住民的傳教政策

(j) 西班牙人天主教傳教

(k) 殘酷的殖民地剝削

2 「台灣開拓者社會」的誕生

(a) 統治者·荷蘭人

(b) 台灣最初的主人·原住民

(c) 新社會的主成份·漢人開拓者

(d) 台灣社會的搖籃時代

(e) 原住民與漢人的「反紅毛蕃仔」

第七章　鄭氏王朝封建統治下的台灣

1 鄭成功攻佔台灣

(a) 明末天下大亂，滿清征服中國

(b) 鄭成功攻佔台灣

(c) 鄭氏三代，據台二三年

2 繼承荷蘭人殖民統治的鄭氏王朝

(a) 鄭氏據台的基本態度

(b) 殖民地的土地開拓與土地所有

(c) 封建的·殖民的土地剝削

(d) 穿過海上封鎖線的漢人移民

第八章 清朝封建殖民統治下的台灣

1 清朝的殖民地統治

(a) 施琅佔領台灣

(b) 清廷輕視台灣爲「孤懸海外」·欲棄之

(c) 殖民地的統治機構

(d) 第一次行政機構擴充（朱一貴起義後）

(e) 第二次行政機構改革（設立「台灣道」）

(f) 設立「台灣省」（法軍登陸基隆後）

2 移民的黃金時代

(a) 清朝的禁止移民政策

(b) 衝破法網橫渡重洋的移民群

(c) 漢人移民的原住地

(d) 漢人移民的職業

3 開拓事業的進展

(a) 清朝的禁墾政策

(b) 漢人開拓者以自力打開寶藏

(c) 漢人移殖於東部海岸

(d) 過遲的移民·開拓獎勵政策

4 土地所有關係

(a) 清朝文武官員刦去鄭氏官田爲私有

(b) 封建的·殖民地的土地制度

(c) 大租戶·小租戶·現耕佃人

(d) 開拓的傳說故事

5 商業經濟（商品經濟）的發展

(a) 台灣產米源源運回福建

(e) 無名戰士的塋地「大墓公」

9 劉銘傳的近代改革

(a) 「台灣省」的新政
(b) 近代改革四大政策
(c) 土地清丈與清賦

10 漢人對原住民的壓迫與融合

(a) 漢人侵佔原住民的土地
(b) 漢人台灣人與原住民台灣人的融合

11 帝國主義列強再次窺伺台灣

(a) 歐美資本主義與台灣
(b) 動盪於鴉片戰爭砲火中的台灣
(c) 天津條約與台灣開港
(d) 獨霸台灣商權的英帝國主義
(e) 捲土重來的基督教傳教
(f) 美艦羅美號事件
(g) 日本藉口「牡丹社事件」派兵侵台
(h) 法軍侵犯台灣

(1) 台灣農民

(2) 工人

(3) 當差·小職員

(f) 被籠絡同時也分到一杯羹的地主階級與商人階級

(1) 地主階級

(2) 商人階級

(3) 買辦特權階級的四大家族

(4) 民族資本家的林獻堂一族

2 台灣在日本統治圈內進行跛行的「近代化」(資本主義化)

3 日本資本主義征服台灣

(a) 第一期總督府爲日本資本侵入台灣做「舖路工作」及壟斷製糖業

(1) 為日本資本主義侵入做「舖路工作」

①鎮壓抗日份子、清查户口、確立治安 ②確立台灣人的日本國籍、掃蕩舊有的中國勢力、限制來往海外、驅逐外國資本 ③清查土地、確立近代地權 ④統一貨幣、統一度量衡 ⑤掠奪土地及山林、進行「資本原始積蓄」 ⑥林野調查及森林計劃事業加徵重稅、創辦專賣事業、造成雄厚的「官僚資本」 ⑧整頓水利、發展農業、造成殖民地的「單一農業化」 ⑨發行事業公債、進行財政投資、發展官營事業、建設新都市 ⑩強權撐腰、財政支助、培植日本資本在台灣生根茁壯

(2)「台灣銀行」壟斷台灣的經濟命脈

(3)日本資本獨佔製糖業

①總督府施行的「糖業獎勵政策」②日本資本製糖企業進行資本集中、吞併台灣人製糖努力 ③糖業資本的異常肥壯 ④日本製糖資本再次進行資本集中及加強獨佔

(b)第二期日本資本全面獨佔台灣經濟、台灣人提高政治覺悟

(1)日本資本陸續擁到

(2)總督府送過支配「水利」來控制台灣產米

①官設埤圳 ②公共埤圳 ③水利組合

(3)蓬萊米培植成功及其生產普及化

(4)台灣人提高政治覺悟、殖民地解放運動抬頭

(c)第三期 經濟恐慌侵襲台灣、帝國主義加緊對外擴張、日本資本獨佔下的台灣工業化

(1)日月潭發電所完成、總督府控制工業生產的命脈

(2)日本財閥勾結日本軍閥、傾注於台灣的軍需工業化

(3)國策會社「台灣拓殖會社」的出現

(d)第四期「中日戰爭」爆發、戰時體制確立、台灣軍需工業發展

(1)動員農業生產

(2)動員人力

(3) 動員財力

(4) 「軍需工業化」的進展

①金屬工廠 ②化學工廠

(5) 兇惡無比的「皇民化運動」

(e) 第五期　台灣軍事基地化、日本據台的尾聲

4 台灣人的「抗日」與台灣人意識（前期）

(a) 初期武裝抗日

(1) 第一次圍攻台北城

①一八九五年十二月二十八日 ②一八九五年十二月二十九日 ③一八九五年十二月三十一日 ④一八九六年一月一日

(2) 第二次圍攻台北城

①一八九六年春季 ②一八九六年六月 ③一八九六年十二月 ④一八九七年五月八日 ⑤一八九七年下半年 ⑥一八九八年三月 ⑦一八九八年四月

(3) 總督府在台灣北部的招降政策

①陳秋菊等投降 ②林火旺等投降 ③盧錦春等投降 ④簡大獅等投降 ⑤簡大獅·林火旺等再起抗日

(4) 日軍出兵廈門與孫文對台態度

(5)雲林「鐵國山」的武裝抗日

①簡義·柯鐵建立「鐵國山」抗日基地 ②抗日義民軍攻克斗六街 ③柯鐵統領「鐵國山」堅持抗戰 ④柯鐵等抗日軍首領上當投敵 ⑤總督府以欺瞞手法來誘殺歸順者

(6)嘉義黃國鎮·阮振等的武裝抗日

①黃國鎮結集各地首領起來抗日 ②總督府的大掃蕩與欺詐誘降 ③黃國鎮阮振等再次起來抗戰 ④總督府再施展騙術誘殺黃國鎮等抗日道領

(7)嘉義蕃仔山陳發·蔡愛等的武裝抗日

(8)鳳山阿公店魏開·陳魚等的武裝抗日

(9)鳳山阿猴林小貓等的武裝抗日

①一八九七年襲擊阿猴·潮州等處 ②一八九八年十二月二十八日攻佔潮州城 ③一八九八年十二月二十九日圍攻春城 ④總督府誘騙林小貓等 ⑤林小貓再次起來抗日

(b)農民大衆反抗警察政治與強奪土地

(1)北埔起義事件

(2)林杞埔起義事件

(3)土庫起義事件

(4)苗栗起義事件

①羅福生起義事件 ②李阿齊起義事件 ③賴米起義事件 ④張火爐起義事件 ⑤陳阿榮

起義事件 ⑥警察大舉鎮壓搜捕

(5) 六甲起義事件

(6) 西來庵革命事件

①西來庵革命合起義的三首領 ②余清芳在西來庵籌謀抗日革命 ③革命行動事先洩漏 ④革命四出襲擊警察派出所 ⑤噍吧哖南庄及虎頭山的大血戰 ⑥報復性的大屠殺無辜百姓 ⑦余清芳等抗日義士被捕並被屠殺 ⑧日警誘捕並屠殺江定等抗日義士

5 台灣人的「抗日」與台灣人意識（後識）

(a) 近代民族動與階級鬥爭的抬頭

(b) 板垣退助創立「台灣同化會」

(c) 東京的台灣人留學生舉起解放運動的第一把火炬

(1) 啟發會

(2) 台灣新民會

(3) 東京「台灣青年會」

(4) 台灣青年會「社會科學研究部」

(5) 東京「台灣學術研究會」

(6) 台灣左翼文化聯盟結成運動

(d) 中國的台灣人留學生積極進行解放運動

(1) 蔡惠如等的台灣民族自決運動
(2) 上海的台灣青年會等
(3) 北京的台灣青年會
(4) 廈門的台灣尚志社、閩南台灣學生聯合會、廈門中國台灣人同志會
(5) 南京的中台同志會
(6) 廣東的台灣革命青年團

(e) 創刊「台灣青年」
(1) 月刊「台灣青年」
(2) 月刊「台灣」
(3) 半月刊「台灣民報」
(4) 旬刊及週刊「台灣民報」
(5) 日刊「台灣新民報」

(f) 台灣議會設置請願運動
(1) 六三法撤廢運動
(2) 第一次台灣議會設置請願運動
(3) 八駿馬、犬羊禍、林獻堂變節
(4) 新台灣聯盟

(5) 台灣議會期成同盟

(6) 辜顯榮的「公益會」與林獻堂的「全島無名者大會」

(7) 台灣議會期成同盟會幹部被檢舉

(8) 台灣議會設置請願運動的終止

(g) 前期文化協會（民族主義派領導時期）

(1) 蔣渭水與「文化公司」

(2) 「台灣文化協會」的創立

(3) 各種啟蒙工作活動

①會報 ②讀報社 ③通俗講習會 ④夏季講習會 ⑤演講會 ⑥青年運動

(4) 台北師範學生的二次反抗鬥爭

(h) 島內社會革命運動的抬頭與發展

(1) 范本梁與「新台灣安社」

(2) 社會問題研究會

(3) 台北青年會·台北青年體育會·台北青年讀書會

(4) 台北無產青年

(5) 台灣黑色青年聯盟

(6) 孤魂聯盟

(7) 無政府主義戲劇運動

(8) 台灣勞動互助社

(i) 文化協會轉變方向、社會主義勢力取得領導權

(j) 後期文化協會（社會主義領導時期）

(1) 所謂「左傾」後的初期臨時中央委員會

(2) 第一屆全島代表大會

(3) 舉行演講會

(4) 「大眾時報」發刊

(5) 協助工農運動與發展新劇運動

(6) 反對台南廢墓及台中一中學生罷課等

(7) 第二屆代表大會

(8) 第三屆代表大會與台灣共產黨取得領導權

(9) 會內幹部間的思想鬥爭與其歸結

(10) 組織大眾黨與新文協的解散問題

(11) 第四屆全島代表大會及新文協的消息

(k) 台灣共產黨（日本共產黨台灣民族支部）

(1) 共產國際（第三國際）

(2) 中國共產黨（共產國際中國支部）

(3) 日本共產黨（共產國際日本支部）

①日本社會主義運動的開端 ②第一次日本共產黨建黨 ③一九二二年綱領 ④第一次檢舉與獄中解黨 ⑤第二次日共建黨與上海會議一月綱領 ⑥山川主義與福本主義五色温泉黨重建大會 ⑧一九二七年綱領與克服福本主義與山川主義 ⑨日共參加普通選舉 ⑩三·一五大檢舉 ⑪四·一六大檢舉 ⑫武裝共產黨時代 ⑬非常時期共產黨時代與一九三二綱領

(4) 台灣共產黨（日本共產黨台灣民族支部）

①台灣共產黨成立的社會環境與時代背景 ②台灣共產黨建黨的出發點與端緒 ③林木順謝雪紅赴東京接受日共指令 ④台灣共產黨成立於上海 ⑤組織大綱與政治大綱等 ⑥台灣民族論與台灣共產黨 ⑦台灣革命與台灣共產黨 ⑧上海讀書會事件 ⑨台灣共產黨東京特別支部的成立與潰滅 ⑩台灣共產黨島內機關的設立與謝雪紅等的島內工作 ⑪翁澤生、潘欽信報告於中共中央及共產國際東方分局 ⑫翁澤生的東方局指令與黨內鬥爭 ⑬謝雪紅在獄中對於法院預審廷的供述書 ⑭「黨改革同盟」的成立 ⑮潘欽信返台與黨第二屆臨時大會 ⑯台灣共產黨慘遭大檢舉

(5) 台灣赤色救援會

①台灣赤色救援會籌備委員會 ②台灣赤色救援會籌備委員會的組織活動 ③陳結等發

刊救援運動機關誌「真理」④赤色救援會籌備運動中的農民組合青年部組織運動

台灣赤色救援會慘遭大檢舉

(6)上海、廈門台灣學生的反帝大同盟

(1)台灣農民運動

(1)文化協會的啟蒙運動

(2)蔗農爭議與蔗農組合組織運動

①二林蔗農組合與二林事件②鳳山農民組合與爭議事件

(3)日本人退職官吏強佔土地山林

(4)蔗野反抗明治製糖會社與「曾文農民組合」

(5)三菱竹林事件與台灣農民組合嘉義支部

(6)香蕉輸出的壟斷與農民的不滿

(7)「台灣農民組合」

①台灣各地農民組合幹部會同協議會②「台灣農民組合」③台灣農民組合初期的綱領與口號④第一屆全島大會與農民組合馬克思主義化⑤台灣農民組合領導農民鬥爭

(8)台灣共產黨指導下的台灣農民組合

①台共的農民綱領②謝雪紅提出設立青年部、婦女部、救濟部等三大綱領③台共提倡組成統一戰線及其始末④台灣農民組合台共派與非台共派的內部鬥爭

(9) 第二次全島代表大會

(10) 「二·一二事件」（台灣農民組合被大檢舉）

(11) 台灣農民組合的重建運動

(12) 台共外圍團體的台灣農民組合

①台灣農民組合當前任務 ②陳崑崙宅所召開的中央常務委員會 ③竹崎會議（中央委員會擴大會議）

(13) 台共指領下、農民組合準備武裝鬥爭

①大湖支部準備武裝鬥爭 ②永和山支部準備武裝鬥爭 ③大湖、永和山的秘密組織盡被檢舉 ④台灣農民組合的衰亡

(m) 台灣民衆黨

(1) 結成新政治團體前奏

(2) 「台灣民眾黨」結黨

(3) 台灣民眾黨的陣容

(4) 民眾黨的政治立場與對階級問題態度

(5) 民眾黨與後期文協的矛盾對立

(6) 農工運動

(7) 地方自治制度改革實行委員會

(8) 第二屆黨員大會與請願運動

(9) 民眾黨的內訌與第三屆黨員大會

(10) 第四屆黨員大會的綱領修改與總督府的禁止結黨

(n) 台灣勞動運動

(1) 後期文化協會指導下的勞動運動

①台灣機械工會聯合會 ②高雄台灣鐵工廠的罷工 ③日華紡織株式會社台灣辦事處的罷工 ④總督府營林所嘉義連絡處與阿里山連絡處的罷工

(2) 台灣民眾黨指導下的勞動運動

①台灣工友總聯盟 ②高雄淺野水泥會社工人罷工

(3) 台灣共產黨指導下的勞動運動

①黨東京特別支部派遣幹部返台從事工會組織運動 ②高雄交通運輸工人的組織運動

(o) 台灣地方自治聯盟

(1) 台灣地方自治聯盟成立大會

(2) 第一屆聯盟大會與請願運動

(3) 第二屆聯盟大會與改組運動

(4) 地方自治改革運動與總督府改正台灣地方制度

(5) 第三屆聯盟大會與地方選舉

(p) 原住民系台灣人的抗日與霧社起義事件

(q) 第二次大戰中的抗日行動

①眾友會抗日事件 ②東港事件 ③瑞芳抗日軍事件 ④蘇澳間諜事件

(r) 台灣民族解放運動的經濟教訓

6 「台灣」與「中國」的距離

第十一章 中國蔣家軍閥政權殖民統治下的台灣

1 第二次大戰與台灣變革

2 蔣家國民政府佔領台灣

(a) 台灣的接收

(b) 假借「祖國」「同胞」的外來統治者

(c) 蔣家國府統治台灣的殖民體制

(d) 殖民統治的大本營「台灣行政長官公署」

(1) 繼承台灣總督府的衣缽

(2) 自本國搬來軍閥式特務組織

(3) 陳儀的劫收

(e) 中國四大家族的劫收與殖民地官僚資本的形成

(f) 財政紊亂與濫發鈔票

(g) 獨佔貿易—搶運台糖

(h) 強奪物資—強徵與搶運台米

(i) 「祖國」帶來的禮物—經濟恐慌・物價暴漲・飢餓・失業・社會不安

①中國本土的惡性經濟恐慌波及台灣 ②大陸資本逃亡台灣 ③四大家族劫收金銀・外匯 ④官營企業抬高成品價格

(j) 二十世紀的怪現象

(k) 戰後的台灣民眾運動

(l) 阿山・半山・靠山

3 二・二八大革命

(a) 台灣人起來抗暴的導火線

(b) 警察毆打老婦、激成民衆起義

(c) 台灣民衆蜂起、陳儀邊談邊打

①板橋 ②基隆 ③中南部方面

(d) 起義的火星燎原全島

①基隆 ②板橋 ③桃園 ④新竹 ⑤虎尾 ⑥員林 ⑦斗六 ⑧嘉義 ⑨台南 ⑩屏東 ⑪宜蘭

(e) 起義中心轉移中南部

①基隆 ②台中 ③嘉義 ④斗六 ⑤台南 ⑥高雄

(f) 台北特務橫行，台中學生隊連打勝仗

①基隆 ②新竹 ③台中 ④嘉義 ⑤斗六 ⑥高雄 ⑦屏東 ⑧宜蘭 ⑨花蓮港 ⑩台東

(g) 陳儀豹變、處理委員會瓦解

①基隆 ②台中 ③高雄

(h) 蔣家中國軍一到，就開始大屠殺台灣人

①台中 ②嘉義 ③斗六 ④台南 ⑤高雄 ⑥屏東 ⑦東部海岸

(i) 「二七部隊」壯烈犧牲

(j) 國防部長抵台、從屠殺轉爲依「法」制裁

(k) 二·二八大革命以後的台灣人

(1) 二·二八大革命以前「台灣人意識」所具有的缺陷

(2) 二·二八大革命的經驗教訓

(3) 二·二八大革命後的台灣人

(l) 二·二八大革命與中國共產黨

4 蔣父子獨裁專制的殖民地體制

(a) 三重統治與三重剝削的殖民地體制

(b) 殖民統治的外表機關—中華民國政府

(c) 殖民統治的中樞機關—中國國民黨

(d) 隱密的殖民地真正的統治者—蔣父子爲首的特務組織

(1)「復興社」(藍衣社)

①賀衷寒的「政訓」系統 ②康澤的「別動隊」系統 ③戴笠的「特務處」系統

(2)「CC團」

①「青白團」②「國民黨忠實同志會」

(3)「三民主義青年團」

(4)「國民政府軍事委員會調查統計局」

(5)戴笠的「軍統」

①「軍統」局本部 ②「特務監獄」(集中營) ③各省的下部機關 ④「特務訓練班」⑤軍統控制的各種機關

(6)「中美合作所」

(7)徐恩曾·葉秀峰的「中統」

①中統局本部內勤組織 ②「中統」分佈全國 ③「中統」所控制的機關、社團、企業 ④「中統」骨幹份子的主要來源 ⑤「中統」的訓練工作

(8)鄭介民的「國防部保密局」

(9)毛人鳳的「國防部保密局」

①「假保密局」②「全能情報員」與「潛伏小組」③在各城市進行大破壞 ④慘無人道的大屠殺 ⑤在昆明的大特務多數被撤

⑽蔣經國「太子派」特務系統的掘起

①蔣經國給他母親的公開信 ②蔣介石的派系策略 ③贛南時期 ④重慶時期 ⑤南京時期

(e)蔣經國的「國家安全局」

(1)特務頭子陸續逃來台灣

①「軍統」系 ②「中統」系 ③「復興社」系 ④「太子派」系統

(2)「政治行動委員會」(「國家安全局」的前身)

(f)蔣經國控制黨、政，軍

(1)蔣經國重新構築「太子派」

①贛南系 ②中央幹校系 ③中央青幹班系 ④留蘇系 ⑤葦攏派 ⑥新葦攏派 ⑦新經濟官僚系 ⑧買辦台灣人葦攏派

(2)蔣經國以「國家安全局」控制黨、政、軍

(3)控制黨務

(4)控制政府機關

(5)控制軍隊

(6) 蔣經國特務勢力統治下，台灣人災殃深重

5 特務操縱一切的傀儡戲—似是而非的民主政治

6 「中國青年反共救國團」與統制教育思想言論

7 虛構的「反攻大陸」

8 以擴大並深化殖民地經濟體制為壓迫剝削手段

(a) 擴大與深化殖民地經濟結構

(1) 國有官營企業（公營企業）

(2) 買辦性民營企業的形成與發展

①美國經濟侵入台灣的民營企業 ②官商勾結

(3) 中國四大家族系民營企業

(b) 買辦台灣人系民營企業

(1) 「台灣五大家族」分享金融獨佔特權

(2) 「土地改革」與買辦台灣人系民營企業

(3) 「中華開發信託公司」與買辦台灣人系民營企業

(4) 買辦台灣人系民間企業的肥壯發展

(5) 土著中小企業

(c) 譎詐的「土地改革」

(1) 三七五減租

(2) 放領公有耕地

(3) 耕者有其田

(4) 土地改革的唯一獲利者—蔣家政權

(d) 稻農與蔗農爲壓迫剝削的主要對象—掠奪米糖

(1) 台灣農民零細化

(2) 強徵米穀

①田賦徵實 ②官有地地代（租金）征實 ③強制徵購 ④生產資金貸款折收稻穀 ⑤肥料換米穀

(3) 強徵甘蔗

①分糖制 ②統一集資 ③公定價格與保証價格

(4) 台灣農村的疲弊

9 「美援」的新殖民主義

(a) 「美援」的規模與辦法

(b) 「美援」的制度與內容

(1) 一九五一—五三年（一般經濟援助為主）

(2) 一九五四—五六年（剩餘農產物援助為主）

(3) 一九五七—六〇年（開發借款基金援助為主）

(4) 一九六一—六五年（開發援助為主）

(c) 「美援」的種類與比率

(d) 蔣家政權統台後盾的美國新殖民主義

(1) 關於美援資金填補蔣家政權的財政赤字

(2) 美援資金集中在公營企業

(3) 美帝國主義以國家獨佔資本即「美援」改造台灣為投資市場

(4) 填補貿易上的入超

10 蔣家政權殖民統治的新支援—「日本貸款」「外人投資」「華僑投資」「對外借款」

(a) 日本恢復對台殖民地經濟支配

(b) 日本貸款

(c) 外人投資・華僑投資

(1) 美國資本

(2) 日本資本

(3) 華僑資本

(d) 輸出加工區

(e) 對外借款

11 殖民地剝削的大本營—軍閥性「政府財政」與壟斷性「政府金融」

(a) 軍閥性「政府財政」

(1) 疊床架屋的「雙重財政」

①中央政府歲收 ②省政府歲收·縣市政府歲收 ③中央政府財政歲出 ④省政府歲出·縣市政府歲出

(2) 半封建性「軍事財政」

(b) 壟斷性「政府金融」

12 台灣人勤勞大眾的貧窮化

(a) 台灣農民大衆

(b) 台灣工人階級

13 台灣社會的民族矛盾與階級矛盾

外來派中國人—統治階級—剝削階級

台灣人買辦資產階級—統治階級—剝削階級

民族資本家階級—剝削階級

勞動階級—被統治階級—被剝削階級

小資產階級—被統治階級—被剝削階級

14 蔣經國獨裁的殖民統治與今日台灣

(a) 蔣經國獨裁專制下的台灣政治

(b) 蔣經國獨裁專制下的台灣經濟

(1) 三〇年來的台灣經濟

(2) 一九七四—七五年的經濟危機

①外貿入超 ②工業而臨危機 ③農業衰退 ④外資減少 ⑤物價上漲

(3) 蔣經國的「十大建設計劃」

(4) 一九七七年的經濟狀況

①外資增長率下降 ②外債遽增 ③輸出萎縮、外銷工業衰退

(5) 一九七八年以後的經濟趨勢

(6) 台灣社會的當前急務

15 台灣民族獨立的反殖民地鬥爭

(a) 台灣民族獨立的思想背景·出發點與終極目標

(b) 前仆後繼的反殖民地鬥爭

(1) 台灣民主化運動綱領的藍本

(2) 蘇東啟事件

(3) 彭明敏事件

(4) 林水泉、顏尹謨事件
(5) 台灣大眾幸福黨事件
(6) 鄭評等搶擊蔣經國未遂事件
(7) 白雅燦事件
(8) 中壢萬人起義事件
(9) 一個出獄政治犯的心聲
(10) 高雄萬人起義事件

第十二章　戰後國際政治變革中的台灣

1　動盪不安的國際形勢
(a) 世界人口遽增
(b) 社會主義勢力壯大
(c) 資本主義體制的盛衰
(d) 舊殖民體制的崩潰與民族獨立
(e) 美蘇兩超級大國的雙極冷戰時代
(f) 國際政治多極化時代

2　美・日・中(共)三極大國下的台灣
(a) 美國對台灣的初期政策

(1) 美國為蔣介石政權撐腰與其敗退大陸

(2) 美國重視台灣的戰略地位

(3) 美國停止對蔣援助，但在東西冷戰下仍然重視台灣的戰略地位

(4) 杜魯門、艾奇遜的台灣不干涉聲明

(b) 韓戰爆發與美國轉變爲防衛台灣

(1) 韓戰爆發與杜魯門的「台灣中立化宣言」

(2) 麥克阿瑟來台佈置與杜魯門的台灣防衛政策

(c) 美國對日和平條約與台灣的地位未定

(d) 日華（蔣）和平條約與台灣地位未定

(e) 美華（蔣）共同防禦條約與金門砲戰

(1) 美國廢止「台灣中立化政策」

(2) 美國創立「東南亞條約機構（SEATO）」與中共砲擊金門

(3) 「美華（蔣）共同防禦條約」成立

(4) 中共佔領一江山島，美國國會決議「台灣決議案」

(5) 聯合國討論有關台灣海峽的和平解決與美國勸解蔣軍撤退金門・馬祖、及英國對台灣的看法

(6) 「AA萬隆會議」與中（共）美接近

(7) 一九五八年中共再次砲擊金門·馬祖

(8) 杜勒斯·蔣介石宣言放棄「反攻大陸」

(f) 「兩個中國」「一中一台」「中台國」等議論沸騰

(1) 甘迺迪主張「一中一台」

(2) 中國代表團問題與「繼承國家論」「重要事項指定方式」

(3) 詹森政權與美國輿論界的台灣民族自決論

(4) 法國承認中共與蘇聯企圖接近蔣家政權

(g) 尼克森上台與中共加入聯合國·中美公報·中日建交

(1) 尼克森就任美國總統與「尼克森」主義

(2) 在聯合國的代表問題

(3) 尼克森訪問中國與「上海公報」

(4) 日本首相田中角榮訪問中國與中日國交正常化共同聲明

(h) 美蘇核子武器力量的優劣開始逆轉

(i) 中國（中共）的毛澤東個人獨裁與建國三〇年

(1) 中國資產階級民族、民主革命與中國共產黨

①中國共產黨的崛起　②「西安事件」與斯大林的電報　③抗日戰爭·國共內戰獲勝

(2) 中共的整風運動

①劉少奇的「論共產黨員的修養」與「論黨內鬥爭」②毛澤東的整頓三風 ③劉少奇七全大會上的總結「整風運動」④光講不做的「整風運動」

(3)「中共七全大會」與毛澤東確立其「個人獨裁」及「中共大國沙文主義」

①「第三國際」對於中國革命的指導性 ②斯大林「個人獨裁」與「毛澤東」的「帝國思想」相結合 ③「遵義會議」的政變與毛澤東確立黨、軍的領導權 ④「第三國際」宣佈解散與毛澤東鞏固黨內領導權 ⑤「中共七全大會」與「毛澤東思想」⑥中共中央改篡·捏造「中國革命史」⑦刪改毛澤東「中國社會階級的分析」⑧最早實踐農民解放運動的彭湃著「海豐農民運動（報告）」⑨刪改毛澤東著「湖南農民運動報告」⑩「毛澤東思想」與「中國大國沙文主義」

(4)階級社會主義革命與建國三〇年的權力鬥爭

①建國前後的社會主義改造 ②土地改革 ③「公私合營」工商政策 ④三反、五反運動

(5)毛澤東加強「個人獨裁」與權力鬥爭

①傀儡的「民主黨派」與開明人士 ②與馬克思主義「無產階級專政」背道而馳的「毛澤東個人獨裁」

(6)蘇共批判斯大林與中共八全大會

①赫魯曉夫在蘇共第二十屆代表大會上兩次批判「斯大林主義」②米可央徹底揭穿

「斯大林」主義的罪惡行為 ③斯大林批判大會閉幕後的東歐關係與中蘇關係 ④中共八全大會與反對個人崇拜

(7) 百花齊放運動與反右派鬥爭

①百花齊放運動 ②反右派鬥爭

(8) 毛澤東以「階級鬥爭繼續論」開始政治反攻

①一九五〇年代後半的國際政治形勢 ②毛澤東的「階級鬥爭繼續論」 ③毛澤東訪蘇與中蘇思想開始對立 ④毛澤東肅清非毛派地方幹部

(9) 狂熱三年的經濟大躍進與人民公社化運動

①經濟大躍進運動 ②人民公社化運動

(10) 彭德懷的諫言與遭清算

①三面紅旗政策的後果 ②毛澤東誇示六億的「唯人口論」與反對「唯武器論」 ③彭德懷的「公開意見書」與遭清算

(11) 中共中央七千人工作擴大會議與毛澤東·劉少奇的對立深化

(12) 毛澤東轉外而向赫魯曉夫挑戰與中蘇對立

①中共中央由國際協調轉為「抨擊南斯拉夫為現代修正主義」 ②毛澤東向赫魯曉夫挑戰 ③在北京召開的「世界勞聯總評議會」上的中蘇對立 ④羅馬尼亞工人黨布加勒斯特第三屆代表大會上的中蘇對立反其後的矛盾發展 ⑤中蘇對立與兩國對南斯拉

夫．阿爾巴尼亞的關係 ⑥中蘇對立與兩國對古巴．中南半島的關係 ⑦中蘇休戰崩潰 ⑧中蘇會談破裂 ⑨中共原爆實驗成功與赫魯曉夫被整肅

⒀無產階級文化大革命

①毛澤東擁有的「革命概念」與「黨概念」 ②黨的官僚制度 ③九全大會與劉少奇上台 ④諷刺文學出現（「海瑞罷官」「燕山夜話」「三家村札記」） ⑤毛澤東雌伏六年 ⑥文化大革命的前期階段 ⑦江青躍上政治舞台 ⑧文化大革命第一階段（彭真的北京市黨委垮台） ⑨文化大革命第二階段（毛澤東庫得達與「紅衛兵」出現 ⑩文化大革命第三階段 ⑪鄧小平再度恢復權力與「四個近代化」．中日和約．中美和約．中越戰爭

(j)中國共產黨對台灣．台灣人及其革命運動的態度的變化

從上述目錄，可以很清楚的看出史明編寫《台灣人四百年史》一書，主要凸顯的革命政治理念，應有下列三項重點：

一、以「台灣民族主義」凸顯台灣革命現階段的歷史使命

史明在民國七十年（一九八一）八月一日第四十八期的《美麗島》週刊上發表一篇名為

〈台灣社會主義革命黨綱領草案09—台灣革命現階段的歷史使命〉談到：

「台灣民族主義」，就是在台灣人民進行反殖民地鬥爭過程中發生並發展起來的一個歷史產物。

自從荷蘭統治下的郭懷一起義開始，荷蘭統治時代的「反紅毛仔」，清朝統治時代的「反唐山」，台灣民主國時代的台灣人大衆游擊抗日戰，日本統治時代的武裝抗日、現代民族解放運動與階級解放運動，蔣家政權統治下的二、二八大革命以及大小反抗鬥爭，直至現階段的台灣獨立革命運動等，都是台灣人民不甘屈服外來統治者及其走狗的最高度、最集中的具體表現。

這些具體的反抗行動奠定了不可毀滅的民族基礎，「台灣民族的存在與意識，及台灣民族主義」，才一步一步的發生並發展起來。

這些具有激烈的革命性的「反殖民地鬥爭」，在過去歷史上造成了三種革命高潮。

第一次革命高潮是在清朝統治時代，此時期的台灣人大衆（漢人開拓農民與原住民）前仆後繼的進行反殖民地鬥爭，與移民、開拓的發展相配合，初步的鞏固了「本地人社會」，並在個個的台灣人腦筋裏產生了「本地人的共感與意識」。

第二次革命高潮在日本統治時代。此時期，隨著台灣的現代、資本主義化發展，以青年知識份子爲中心的台灣人大衆，乃接收了「民族自決」「殖民地解放」「階級解放」「民主解放」等世界潮流，而進行有組織有計劃的現代民族解放運動與階級解放運動，導致「台灣社會存在」與「台灣人意識」更進一步的鞏固化，同時「台灣民族主義」也隨之發生。

第三次的革命高潮，掀起於第二次大戰終結之後。戰爭結束，日本帝國主義敗退台灣，換來了一個封建殘餘的蔣家中國政權。台灣人為了反抗封建的殖民統治而進行二·二八大革命，把反動的外來統治者打得體無完膚，台灣人的民族解放鬥爭可以說是迎接了史無前例的革命高潮。台灣人民一瞬之間把敵人勢力壓倒，蔣派中國人的台灣統治幾乎被打跨，台灣人民所渴望的殖民地解放與民族獨立好像就在眼前。然而，被統治的台灣人民雖然一時聲勢浩大，但終不能持久而不幸失敗，造成不可計數的台灣子弟盡遭敵人的大肆屠殺，整個台灣民族的解放希望一時同歸於盡。這次革命的敗因，追根結底，不外是台灣人民對革命信念不夠，對革命策略認識不深，加上走狗敗類(半山、靠山)的背叛行為作崇，並受到「空想大漢族主義」毒害的一部份台灣知識份子中途罷戰，結果，中了敵人的詭計，轉瞬間全力盡棄，仍舊陷入殖民統治的慘境。

二·二八大革命雖然被打敗，但是為了台灣革命的前途建立了不可毀滅的巨大道標。這種英勇的流血犧牲，換來一把毅然決然的民族覺醒，並把空想的大漢族主義肅清乾淨，台灣人對中國人所懷有的觀念幻想上的尾巴也被割掉，這樣，終於在思想上、觀念上、意識上、與中國、中國人做了截然且徹底的訣別。

是故，「熱望台灣民族的獨立，主張台灣民族利益，關心台灣民族的命運」的這個台灣民族主義，乃名符其實的成爲台灣民族革命的最高原理，也成爲台灣社會主義革命的推動力。❹

二、以「社會主義台獨」理論凸顯《台灣人四百年史》

史明在民國七十年（一九八一）九月十二日第五十四期的〈美麗島〉週刊上發表一篇名為〈熱情、理想、行動—為總結綱領説幾句話〉談到：

> 我這次到歐美旅行，向各地的台灣同鄉學習，獲得不少可貴的經驗。回去日本以後，我會把這些經驗慢慢整理出來，然後再與同鄉切磋討論。在我離開美國之前，許多同鄉要求我把「台灣社會主義革命黨綱領草案」中的總結綱領再刊登一次，因爲還有很多人沒有看到。所以，我委託《美麗島》重新發表總結綱領的部份。在重印之前，我願意藉這個機會，做一簡單的解説。
>
> 社會主義的問題，是我一生不斷在思考的一個主題。從我大學時代開始，我便朝這個方向去追求，這份綱領草案可以説是我的思考、經驗，以及研讀台灣歷史的一個結果。

我們要分析台灣的問題，首先必須瞭解台灣社會的性質。現在的台灣社會是什麼？是半封建、半資本主義的「殖民地」社會。由於有這樣的社會性質，才導出了台灣人走向反封建、反帝國主義、反殖民的民族民主革命的階段。這就是我在綱領中第一、二條所指出的，以達成解放台灣民族的目標。

這是現階段台灣革命所具有的歷史特點，在革命的過程中必須以無產階級的勞苦大衆做爲主力軍，並結合都市與農村大量的貧民、小資產階級、民族資本家、開明人士，以及認同台灣的大陸人份子，這樣才有辦法達成。換言之，現在我們首先要打倒國民黨及其幫兇的台灣人買辦階級，以建立台灣國，這是當前最緊要的急務。

同時也要努力進行民主主義的革命。也就是說，現在我們有兩方面的建設，一方面是打倒封建體制，來實行民主，確定人權。因爲國民黨不但以殖民地來壓制、剝削台灣人，而且還帶來中國封建官僚、軍閥式的法西斯統治，這些都必須肅清，以確立人權。同時，實行徹底的民主，才能使大多數人都有發表權，這是發展到社會主義階段的前提條件。另一方面，由於台灣是殖民地社會，資本主義的發展是跛行的。具體地說，台灣資本主義並非爲了全體台灣人民的，而只是爲外來的殖民政權及其幫兇的買辦階級服務。在這種情形下，台灣的資本主義生產力不能夠再進一步去伸張。在建立台灣國以後，經濟生產力還必須向前發展，以做爲轉移爲社會主義階段的一個前提。這也就是我在綱領的經濟方面所提出的。

在綱領中提到巨大企業的收歸國有，不是像蘇聯和中共那種從上而下的方法；各企業必須採取獨立預算制度，保持自由競爭的能力，同時由勞工、政府、企業、消費者的代表來決定，企業才能發揮它的積極的生產力，這是從下而上的國有公營制。在民族民主革命的階段，必須團結中小企業家與小資產階級，因此必須保障其私有財產與自由競爭，才有可能使生產力充分發展，以加速轉移到社會主義的階段。

一般人曾提出一個問題，如果保護了小資產階級的利益，就不能保護勞苦大衆的利益。事實上，在這個階段是不可能發生衝突的。我們要廢除「人剝削人」的制度，這是個終極的目標；在過程中，當然是要一步一步解決問題，沒有辦法一下子就跳到終極目標。否則，就很有可能變成蘇聯與毛澤東的個人獨裁；甚至這樣做的話，也必能失敗，蘇聯與中共就是最好的例子，那已不是社會主義了。

也有人問，台灣的民族解放與階級解放是衝突的。對於這個問題，必須分兩層來看。第一、台灣是一殖民社會；階級矛盾有其國際性，民族矛盾與階級矛盾可以說是重疊的。不錯，在殖民地裏，階級矛盾是台灣社會的基本矛盾，而民族矛盾才是主要矛盾。基本矛盾必須通過主要矛盾才能表現出來，在此情形下，殖民地民族鬥爭等於是階級鬥爭的表現。第二、台灣內部的資本家有二：一是站在外來統治者的立場、壓迫剝削台灣人的買辦資本家，他們與台灣人民的利益發生正面的衝突；一是不與外來統治者政治勾結的民族資本家，他們隨著台灣經濟發展起來，他們永遠不可能龐大起來，只能保持中小企業的型態，他們在某種程度上也被壓迫、剝削，所以他們也具有革命性。在民族革命中，也一定贊成打倒外來統治者。因此，也要團結他們來一起——反對外來統治者才是。

這次到全美各地旅行，發現同鄉對台灣的前途都具有高度的理想與熱情，大家要打倒國民黨的目標都是一致的。無可否認的，當前旅居海外的同鄉，大多是屬於中產階級。但是，我和他們討論台灣問題之後，他們也覺悟到要打倒國民黨，不能只是依靠知識份子，而必須透過勞苦大眾的行動才有辦法。在未來建立台灣國時，由大眾自己來保障他們自己在政治發言權如經濟利益，否則是無法打倒國民黨。這一點，就是社會主義的出發點。

只要在思想上、意識上、行動上、理念上站在勞苦大眾的立場，那麼大家都是台灣勞苦大眾的一份子。今天，不少的海外同鄉已有這樣認識，這是非常健康的現象，也是台灣民族民主革命運動的一個重要發展。❺

三、以「階級鬥爭歷史」凸顯台灣社會主義黨在民族、民主主義革命階段的綱領

史明在民國七十年（一九八一）九月十二日第五十四期的〈美麗島〉週刊上發表一篇名為〈台灣社會主義在民族、民主主義革命階段的綱領〉談到：

　　台灣社會主義革命黨，是台灣無產階級的政黨，即爲了實現一切生產手段統歸社會共有並禁止不勞而獲，努力奮鬥，以實現無「人剝削人」的理想社會的政治組織。

　　台灣人民爲了翻身，爲了自己做主人，在當前必須完成的，就是打倒中國蔣家國民黨及其幫兇台灣人買辦階級的殖民地體制，進行台灣的「資產階級民族，民主主義革命」，而建立「台灣人民民主共和國」。

　　台灣社會主義黨，在無產階級還沒獲得政權以前，必須基於台灣政治經濟的現狀，並在歷史發展的現時條件下，先完成反帝、反殖民地、反封建的民族．民主主義革命，打倒殖民體制，建設台灣人民民主共和國。這個民族．民主主義革命，雖然從歷史發展階段上說來，是屬於資產階級形態的，但是它必須由無產階級擔負領導任務並爲主力軍才能成功的。

　　台灣無產階級及其台灣社會主義黨，參加這種資產階級型的民族．民主主義革命，與小資產階級份子或資產階級民主派取得連繫等，並不意味著對台灣資產階級的屈服。不但不意味著屈服，而且是爲了解除台灣社會生產力發展的桎梏，爲了完成台灣民族四百年來的歷史願望，即實現民族解放（殖民地解放），爲了恢復自由與民主，也爲了培養無產階級革命勢力的發展與壯大，所必經的一個歷史階段，即若能完成這個資產階級民族·民主主義革命階段，台灣社會才能順利的進入更高級的無產階級社會主義革命階段。

換言之，台灣革命在現階段，必須經過：㈠「民族獨立」—㈡「確立基本人權」—㈢「人民民主主義」—㈣「社會主義」的革命過程，最後才能達到理想社會。

台灣社會主義黨，爲了完成這種通到社會主義革命的前期階段，即民族·民主主義革命，必須採取的綱領如左：

【政治】

㈠打倒中國蔣家國民黨外來政權及其幫兇台灣人買辦階級的舊殖民地體制。

㈡打破中國蔣家國民黨外來政權及其幫兇台灣買辦階級的封建壓迫剝削。

㈢反對列強帝國主義的新殖民主義支配。

㈣反對中國(共)企圖侵佔台灣、中華大國沙文主義與社會殖民主義。

㈤建立台灣民族完全獨立的、自由、民主、繁榮的「台灣人民民主共和國」。

㈥發展台灣社會生產力(從現實出發來準備通到社會主義社會之道)。

㈦堅持無產階級國際主義與世界革命。

㈧保障馬來、印尼系台灣同胞的高度自治(包括必要時採取聯邦制度)。

㈨保障認同台灣的大陸系同胞享有與台灣公民的同等權利。

(十)保障革命烈士遺族的權利與生活。

(十一)實施十八歲以上公民的無限制普通選舉，完全實施地方自治。

(十二)消滅特務組織，處罰罪大惡極的特務人員。

(十三)實施法治，在法律上之前人人平等。

(十四)改革官吏制度，貫徹公僕原則，反對官僚主義。保障公民享有建議權、罷免權、法律廢止權、重要官員選舉權。

(十五)保障司法獨立，禁止立法、司法、行政相勾結。改革司法制度，實施訴訟免費與簡便手續。

(十六)保障人身不可侵犯，不循法定手續與非法定機關不得逮捕、拘禁、審訊、處刑、禁止刑求逼供，違者依法科以罪責。

(十七)保障基本人權（居住、移動、言論、集會、結社、示威、遊行、信仰等自由權利）。

(十八)保障女權（婦女在政治、公私法、經濟、社會、教育均享有男女平等權利）。獎勵節育。

(十九)處罰革命對象、反對派、叛變革命者；沒收財產、褫奪公權。

(二十)整理雜捐、重稅、徵收高額累進稅，限制財產繼承權。

【經濟】

㈠基幹產業、公共性企業、獨佔企業、金融機關、巨大企業均得收歸國有(國有企業採取獨立經營制與自由競爭制,以勞工、政府、企業、消費者等代表組織各單位企業的最高決策委員會)。

㈡保障財產私有權,保持自由市場。

㈢保護馬來、印尼系台灣同胞的就業與生活。

㈣保障勤勞者的生活權與就職權。

㈤禁止十四歲以下童工勞動,限制五歲至十八歲少年勞動爲一天五小時。

㈥保障勞工權利(制定勞動法,八小時勞動制,組織工會、罷工、團體契約諸權利,男女同工同酬,保護女工,女工生產時的帶薪休假,保護職工工人,發展社會保險、失業保險、公費醫療,實施衛生政策,實施預防公害政策,保障老年生活與殘廢者生活)。

㈦保護農民權利(制定土地法,建立農民協會,徹底實施土地改革,保障農產物最低價格,廢止米價統制,保障貧雇農生活,徵收都市周邊土地漲價稅,做爲貧困農村的補助金)。

㈧建設都市貧民住宅,保障生活。

㈨建立工農學校,提高文化水準與技術水準。

㈩保護小商工業者。

【教育文化】

㈠改革教育理念與教育制度，專校及高中以下各級學校施行免費教育，進行人性解放，進行尊重勞動教育，提高民族意識與階級意識，進行青少年教育，提高教職人員待遇，保障養老金。

㈡保障科學研究、文學創作、藝術創造的自由權利，發展科學、教育、文學、藝術、報導、出版、衛生、體育等文化事業。

㈢以台灣福老話、台灣客語、馬來印尼系語、北京語爲台灣人民民主共和國的公用語言。

【國際外交】

㈠尊重聯合國憲章、尊重世界人權宣言、維護國際的正義與和平

㈡與願以平等互惠邦交的世界各國建立和平友善關係。❻

肆、結論

綜上所述，《台灣人四百年史》一書，除突出反殖民的民族解放革命主流外，整部鉅著貫穿著階級利益衝突的史實，從社會主義者的立場，剖析台灣社會從開拓成長茁壯至今的演變。然而無論是『社會主義台獨論』、『階級鬥爭史』、『社會主義革命綱領』都離不開

「唯物史觀」的框框，近年來不少大陸學者對以「唯物史觀」的理論來解釋中國歷史或台灣歷史、世界歷史等都展開質疑，甚至喊出「馬列主義過時論」，這或許成為史明先生這部鉅書中，最大的盲點，則有待時間去驗証。

其次根據柯歷奧先生〈評介史明著的「台灣人四百年史」〉乙文中也舉出該書一些美中不足的地方，大致如下：

美中不足的是史明《台灣人四百年史》這部嘔心血的鉅著也有一些小缺陷：(1)錯字不少；(2)援用許多並非絕對必要的洋文；(3)也有些細節恐會引起無謂的誤解。舉例如下：

(1)錯字：僅列幾個例子

「目錄」第卅六頁，堀起（應改為崛起）

目錄第卅七頁，「無產階級專政」（專政）

(2)無必要的洋文，如

頁六：時間（Time）和空間（Space）

頁八：地震（Earthouake）

頁五十：印度洋（Indian Ocean）

這類詞句已約定成俗，並無必要加添洋文。

洋文拼字常有舛誤，如：

Ludwic Riess 著的『台灣島史』就有如次的拼錯字：

頁五七・八五：Ludwing（多出 n 字）

頁六〇：Luding（應爲 Ludwig）

頁七二：Ludiwg（應同右）

譯名不一致：如

頁二三一：海軍中將戈爾頓（Lieut Couden）

頁二三五：海軍中校戈爾登（Lieut Curden）

頁二三八：海軍少校戈爾登

顯然右列三者應該是同一人，其軍階卻混亂不清。

另外也有誤用名詞，如：

頁六九七：一九四三年八月十四日至二十四日『羅斯福、邱吉爾再會談於魁北克，決定聯合國登陸法國』。此處聯合國係盟軍之誤，聯合國組織在一九四三年還未誕生。

(3)值得商榷的小細節，如：

頁六九六：『十八世紀後期是資本主義時代，西歐諸國均籠罩於資本家獨佔生產手段之下。』

十八世紀後『產業革命』發生於英國，資本主義剛發展不久，德法則遲了半個多世紀

[1]才進行『產業革命』，資本家獨佔（指壟斷的話）生產手段應該是在十九世紀後半。

或許正如柯歷奧先生所說，在日本出版和印漢文書有其實際上的困難，小瑕不足掩美玉，史明：《台灣人四百年史》一書，儘管編寫立場史觀不同，然而渠在整理出版台灣歷史著作方面的貢獻是值得肯定的。

註釋

❶ 柯歷奧：《評介史明著的「台灣人四百年史」》，《美麗島》，第四十八期，（民國七十年八月一日星期六）

❷ 黃穗生：《史明這個傢伙》，《青年口報》

❸ 史明：《台灣人四百年史》，頁一－三八，（美國：蓬島文化公司，PARADISE CULTURE ASSOCIATES P. O BOX 23591, SAN JOSE, CA.95153, 一九八〇年九月初版）

❹ 史明：〈台灣社會主義革命綱領草案(ix)—台灣革命現階段的歷史使命〉，《美麗島》第四十八期，（民國七十年八月一日、星期六）

❺ 史明：〈熱情、理想、行動—為總結綱領説幾句話〉，《美麗島》，第五十四期，（民國七十年九月十二日）

❻ 史明：〈台灣社會主義在民族．民主主義革命階段的綱領〉，《美麗島》第五十四期，（民國七十年九月十二日）

❼ 同前❶。

第六章 海峽兩岸編寫「台灣史教材綱要」之梗概

第一節 大陸學界編寫「台灣史教材綱要」之概況

壹、前言

自民國三十八年（一九四九）以來，大陸地區出版不少有關台灣歷史之著作，為了便於解讀其教材內容，筆者試以文革前（一九六五年），文革後（一九七六年）及後鄧時期，就這三個時期，從大陸出版品中各抽樣選擇一本有關台灣歷史之書籍，予以剖析比較，暫選定第一本為王芸生著《台灣史話》（一九五五年五月北京第一版）❶，第二本為陳碧笙著《台灣地方史》（一九八二年八月第一版）❷，第三本為陳孔立主編：《台灣歷史綱要》（一九九六年四月第一版）❸，茲分別研析如下。

貳、『文化大革命』以前以《台灣史話》一書為例

一九六六年以前，王芸生所撰《台灣史話》一書，係在一九五五年五月於北京出版，觀該書前言提到：

台灣是中國領土不可分割的一部分，這是由地理和歷史的條件決定的。台灣的位置在中國的東南海濱，和大陸距離很近。台灣是當地的少數民族高山族人民和由大陸上遷往的漢族人民共同開發的。台灣有文字的歷史，是從大陸人民到達台灣開始的，台灣的文化，完全是由大陸上傳佈過去的，『書同文，語同倫』，完全與中國不可分。台灣的歷史是光榮的。中國人民（包括漢族人民和高山族人民）用血汗的勞動，把台灣開發成爲美麗富庶的島嶼，用血的鬥爭，抵抗侵略，保衛國土。台灣是美麗的，台灣是富庶的，台灣在海上的地位很重要；因而，國際侵略者屢次想強攫我們的台灣，向我們的台灣進行侵略；但是，中國人民（包括漢族人民和高山族人民）屢次保衛著祖國的神聖領土，不許外國侵略者進行奴役和掠奪。中國人民曾經用血的鬥爭掃除了荷蘭殖民主義者在台灣三十八年的殖民統治，先後打退了英國、法國、美國等帝國主義者的軍事入侵，更以五十年前仆後繼、英勇壯烈的鬥爭，堅持到日本帝國主義者無條件投降。日本投降以後，美國曾妄想永久霸佔我國領土台灣，奴役我台灣同胞，這個企圖沒有能夠實現。現在，中美建立了外交關係，但有些人仍然妄圖阻礙台灣歸回祖國，這些人應該睜眼看看台灣的歷史，他們的荒謬主張，過去沒有實現，今後也永遠不能實現，台灣歸回祖

國，這絕不是任何力量所能阻止的。……台灣歸回祖國，完成偉大祖國的統一，這是擺在全中國人民面前的神聖歷史任務。❹

除上述前言外，茲再將該書目次列述如下：❺

第一章　總論

一　台灣的地理位置

二　台灣的歷史時期

三　台灣的居民

四　台灣對我國國防的關係

第二章　台灣自古以來是中國的領土

一　關於台灣的名稱

二　戰國時代

三　前後期和三國時代

四　隋代的經營

五　唐代人民的辛勤開發

六　宋元兩代的建官設治

七　明代的國防線

八　台灣棄留問題的辯論

第五章　清朝統治時代

一　台灣人民的雙重反抗
二　朱一貴起義
三　林爽文起義
四　鴉片戰爭時期的台灣
五　響應太平天國革命
六　台灣開口通商
七　英發表安平事件
八　日本的侵犯
九　中法戰爭和台灣

第六章　割台之役

一　日本早期對台灣的侵略
二　《馬關條約》
三　台灣的兩種抵抗
四　曇花一現的〞民主國〞
五　台南的英勇抗戰

第七章　日本統治時代

十三　台灣共產黨的成立

十四　霧社起義

十五　「九一八」到「七七」的抗日運動

十六　對日抗戰中的台灣抗日運動

十七　反抗到日本無條件投降

第八章　國際協議與收復台灣

一　《開羅會議》與《波茨坦公告》

二　日本投降與台灣收復

第九章　「二·二八」起義

一　國民黨反動統治—台灣人民的發難

二　「二·二八」大風暴

三　流血鬥爭蔓延各地

四　台中起義的戰鬥

五　劊子手的緩兵計

六　國民黨大屠殺

七　中國共產黨堅決支持台灣人民的鬥爭

八　「二·二八」起義是反蔣反美侵略的鬥爭

第十章　美國對台灣的百年侵略

一　皮雷的「訪問」
二　巴駕的陰謀
三　羅佛號事件
四　美國給日本的侵略幫兇
五　美國幫助日本割取台灣
六　美日矛盾與《開羅宣言》
七　日本投降以後
八　國民黨殘餘逃到台灣以後
九　武裝霸占台灣
十　非法的無效的美蔣條約
十一　美國霸占台灣後的侵略行爲
十二　台灣人民湧起反美愛國鬥爭

結語　台灣一定要重回祖國

總之；從上述『前言』、『目次』，可以看出王芸生：《台灣史話》一書有下列幾個特點：

一、全書共一四〇頁，屬於小冊子性質的書籍，前言中表明是想給青年讀者，敍述一些有關台灣的歷史常識。

二、強調台灣一定要歸回祖國大陸的最後結論。

三、凸顯二二八事件，稱此一事件為『二二八起義』強調反蔣反美的鬥爭。

四、以階級鬥爭史觀編寫台灣史話，以作為統一台灣之歷史根據與藉口。

事實上此書的出版時間背景，正是中共推展『和平解放台灣』的時期，一九五五年四月，中共『總理』周恩來在印尼萬隆出席第一屆『亞非會議』時聲明，願意與美國談判『和緩台灣緊張局勢』問題❻。同年七月三十日，周恩來在中共第一屆『人代會』第二次會議上更進一步宣稱：『願意在可能的條件下，爭取用和平的方式解放台灣。只要美國不干涉中國的內政，和平解放台灣的可能性將會繼續增長，如果可能的話，中國政府願意同台灣地方的負責當局協商和平解放台灣的具體步驟。』❼這是中共對台政策改變的開始，即從『武裝解放台灣』轉變為所謂為『和平解放台灣』。

民國四十五年（一九五六年）一月，周恩來在中共『政協』第二屆第二次會議上作『政治報告』，談及『解放台灣問題』時說：『我國政府一年來曾經再三指出：除了用戰爭方式解放台灣以外，還存在著用和平方式解放台灣的可能性。這樣，我們大陸人民和台灣人民就有一種共同的愛國責任，這就是除了積極準備在必要的時候用戰爭方式解放台灣外，努力爭取用和平方式解放台灣。』❽雖然中共提出願意以『和平方式』解決統一問題，但同樣沒有放棄以武力來『解放台灣』，甚至主要方式還是武力，所謂『和平方式』僅是掩飾之詞。周恩來同時宣佈『凡是願意回到大陸省親會友的，都可以回到大陸來…。凡是在和平解放台灣這個行動中立了功的，都將按照立功大小給以應得的獎勵，凡是通過和平途徑投向祖國的，都將在工作上給予適當的安置。』」[9]同年六月，周恩來在中共「人代會」第三次會議上以「目前國際形勢、我國外交政策和解放台灣問題」為題的報告，其中談及『解放台灣』問題時，他說：『中國人民解放台灣有兩種可能的方式，即戰爭的方式和和平方式；中國人民願意在可能的條件下，爭取用和平方式解放台灣。』」[10]同時他還向中華民國政府提出和談的建議：「現在，我代表政府正式表示……我們願意同台灣當局協商和平解放台灣的具體步驟和條件，並且希望台灣當局在他們認為適當的時機，派遣代表到北京或其他適當的地點，同我們開始這種商談。」[11]這是中共正式提出與中華民國政府「和談」的要求。

在中共散佈「和談」假象的同時，中華民國已和美國在一九五四年十二月簽定一項共同防禦條約，這不僅提供了台灣海峽的安全，也是對中共「解放台灣」幻想的一項打擊。所以，中共就用盡種種方法，強調「台灣同胞今天所受的災難是極其深重的。他們剛剛從舊的殖民統治之下解脫下來，不久就被投入美國武力統治的深淵。美國已經控制了台灣的軍事、政治和經濟，掠奪著台灣的豐富資源，榨取著台灣同胞的膏血，並且驅使著台灣同胞充當美國的炮灰」[12]，藉以製造中美糾紛、挑撥和鼓勵國人反美和仇美的情緒。中共的主要目的，乃是為阻止美國對台灣的援助、離間中美之間的友誼。

參、「文化大革命」以後以《台灣地方史》一書為例

民國六十五年（一九七六年）「文革」結束以後，茲以陳碧笙所著：《台灣地方史》一書為例，該書係一九八二年八月第一次出版，陳碧笙先生在出版前言，提到：

> 台灣是我國的神聖領土，台灣各族人民是我們的骨肉同胞。可是，建國三十多年以來出版的有關台灣歷史的著作寥寥不過三數種，而且篇幅無多，許多重要史實往往沒有提及，即提及亦語焉不詳。這種情況對於曾遭祖國大陸人民與台灣同胞之間的相互了解和緊密團結，無疑是不利的。作者不揣淺陋，於一九七四年起著手編寫這部《台灣地方史》，由於理論水平和學識的限制，謬誤不當之處在所難免，希望廣大讀者批評指正，以便進一步修改。
>
> 作者見到的有關台灣歷史的中外文著作不下二三十種，除了五十年代國內出版的少數幾種以外，不少都是用歷史唯心主義觀點寫成的，有的還滲染有相當濃厚的殖民主義和民族分裂主義的毒素，有的與歷史事實不相符合，都不得不加以必要的糾正。其中所接觸到的關於台灣歷史發展的動力問題、歷代民族關係問題、海上商業資本的形成、發展問題、鄭氏後期政權和清代台灣人民起義的性質問題、日本統治時期地主資產階級的地位、作用問題等等，都是有較大爭論的問題，作者依依把自己的一些初步看法說了出

來，由於篇幅有限，未能把所有史實一一交代清楚，這是深引以爲歉的，希望在不久的將來能夠以其他方式與讀者進行商討。

《台灣地方史》一詞，最初是由朱天順同志用起來的，由於可以較好地表明台灣歷史在中國歷史中的地位，所以就採用爲本書的名字，特此聲明致謝。陳碧笙一九八一年五月於廈門大學台灣研究所[13]

再觀該書目錄如下：[14]

第三章　澎湖的開發和宋元時代的琉求

一　澎湖的開發

二　宋代的流求和毗舍耶

三　元政府兩次經營琉求

四　十四世紀中時的琉球

第四章　漢族人民的移入和明代的台灣

一　漢族人民開始移入台灣

二　海上武裝集團的活動

三　公元十六、十七世紀的平埔人

第五章　日本的早期入侵

一　明代的海禁政策

二　日本倭寇竄入澎湖台灣

三　豐臣秀吉的窺伺

四　有馬晴信的騷擾

五　村山等安的武裝進犯

第六章　荷蘭三十八年的殖民統治

一　荷蘭殖民者兩次侵入澎湖

二　荷蘭殖民者侵占台灣

三　佔台初期的荷日糾紛

四　鄭芝龍與荷蘭殖民者之間

五　荷蘭的殖民統治

六　西班牙殖民者侵占台灣北部及其失敗

第七章　鄭成功收復台灣

一　「反抗死，不反抗亦死，不如反抗！」

二　何斌獻圖與決策復台

三　裡應外合趕走荷蘭殖民者

四　爲堅持鞏固和開發台灣獻出生命

第八章　清鄭和談與鄭氏政權的敗因

一　一六七三年三藩叛亂前清鄭和戰經過

二　一六七三—一六八〇年三藩叛亂中，清鄭雙方對於福建沿海的爭奪

三　清政府決策進攻台灣

四　雙方軍事形勢和施琅的作戰方略

五　一六八三年澎湖海戰與鄭氏的敗亡

六　鄭氏時代的生產和貿易

第九章　清代前期的移民高潮與封建經濟的發展

一　關於台灣棄留問題的爭論
二　所謂「爲防台而治台」的方針
三　清初漢族移民高潮
四　土地的大量開發
五　封建經濟的飛達發展
六　漢族與平埔人的融合
七　風起雲湧的反封建起義

第十章　鴉片戰爭與英國的侵略

一　鴉片戰爭在台灣
二　台灣開港與樟腦戰爭
三　德英商人占墾大南澳
四　太平天國運動影響下的反封建起義
五　封建械鬥的盛衰

第十一章　美國和日本的侵略

一　十九世紀五十年代美國的侵台活動
二　一八六七年美船羅妹號事件

四　曇花一現的台灣民主國

五　可歌可泣的中南部人民抗日游擊戰爭

第十五章　日本的殖民統治

一　殘暴苛虐的殖民統治

二　敲骨吸髓的經濟掠奪

三　赤裸裸的差別教育制度與強迫同化政策

第十六章　各族人民反抗日本殖民統治的鬥爭

一　前仆後繼的七年抗日游擊戰爭

二　辛亥革命影響下的反日起義

三　土著人民的英勇反抗

第十七章　日本殖民壟斷資本的發展和台灣社會各階級的狀況

一　日本殖民壟斷資本在台灣發展

二　作爲「理想殖民地」的台灣

三　台灣社會各階級的情況

第十八章　五四運動後的文化啓蒙運動和工會運動

一　地主資產階級的改良主義運動

二　二十年代的文化啟蒙運動

從上述《台灣地方史》的前言、目次章節大綱及內容，可以看出本書寫作的兩大特色為：⑮

1. 唯物史觀的著作

作者試圖從民族關係、海上商業資本、民變械鬥、日本統治時期地主資產階級、中產階級、農工階級，來論述台灣歷史發展的動力和脈絡。這些思維方式，貫串全書，是本書極具鮮明說理之處，但也是本書過於主觀，應用史料與論述有所偏頗的主要原因。

2. 台灣是中國的神聖領土

強調台灣是中國的神聖領土，台灣各族民是中國的骨肉同胞，是本書寫作的一個主要宗旨，也是貫串全書，屢次提起，借文發揮，借事暗示的主要精神。在前言、在結束語，都暗示著台灣歸返中國，是一定會實現的。

基於此，本書做了以下的推證：

⑴台灣是中國唯一由島嶼組成的省份，以台灣海峽和祖國大陸相連繫。台灣與中國大陸原始文化的源流可以追溯到舊石器時代，在一萬年前，台灣與中國是聯在一起的，怎麼能說台灣海峽是隔斷台灣與中國的不可逾越的分水嶺呢？而以此評擊分裂主義者。（頁一—九）。

⑵台灣的各民族都來自於大陸。不僅漢人移民來自於中國大陸，連台灣的原住民也是來自於中國大陸。高山族及平埔族的祖先，無論是從南洋而來，或是從中國東南渡海而來，都

是從大陸出發的兩支南亞蒙古人種，在經過不同路線和長期迂迴遷移之後，最後仍在台灣匯合，證明了台灣住民都源自於中國大陸的說法。

至於對該書內容的評論，張炎憲先生於《台灣風物》第三十六卷第二期〈評陳碧笙著「台灣地方史」〉一文中，提出十三點評論的觀點，大致如下：⑯

1. **就引用書目、參考文獻而言：**

不僅對戰後美、日學者的論文，注意得很少。連台灣的學者的作品，也參考得極有限。

2. **對個別問題的實證研究：**

本書大多沿用數位學者的論點，如沿用東嘉生氏、涂照彥氏對台灣社會經濟發展的解釋。而缺乏對各個問題的實證研究，以致於本書雖然有其前後一貫性的假說，卻無法提昇整個研究的水準。

3. **對古籍中所記載有關台灣的看法：**

中國古籍上的記載，只要可能牽涉到台灣的，就認為是現今的台灣。其實，在目前的學界，隋代以前，就不敢擅下定論說是台灣。而隋書流求是否台灣，也分成兩派的說法；宋代的流求是台灣、或是琉球，毗舍耶是台灣、或是菲律賓，都有不同的異見。但本書一概視之為台灣，而不顧學界研究的成果與意見。

4. **對少數民族問題的看法：**

作者站在各民族平等的立場，來論述台灣史。所以也介紹平埔族、高山族等情況。（頁四五、一一三、一七八）

不過，卻失之於簡略，對台灣這一方面的研究成果未予利用。

而且，如果是站在各民族平等的立場，對漢人侵佔原住民的土地以及種種不公的處置，該有所批評才對。可是，本書基本上仍然認爲漢人的開山撫番，促進了漢人和原住民之間的融合，也提昇了原住民社會的進步。而忽視了由於人口、政治力量、生產形態的懸殊，原住民面對漢人的壓力下，必然會產生許多無可避免的悲劇。而這些問題，如果不能妥爲處理，則不能達到站在民族平等的立場上。

5. 反對的態度：

作者認爲荷蘭利用新教，在精神上徹底奴役台灣人民（頁六七）。作者又認爲新教傳入台灣，引起反洋教鬥爭運動，以反洋教視爲反帝國主義的運動。

作者站在社會主義反帝反殖民主義的立場上，來談論這個問題。但洋教東傳，雖然是跟隨著炮艦而來，具有做爲帝國主義先兵的角色。不過，隨著洋教的東傳，也帶來正負兩面的影響，如果不正視這個正負兩面影響的存在，一切都批判，則無法洞徹歷史發展中的互動因素。

6. 反抗哲學的矛盾：

頁七一，第七章第一節的標題爲「反抗死，不反抗亦死，不如反抗」，內文第一句爲

「那裏有壓迫，那裏就有反抗」。比喻荷蘭殖民統治，引起台灣人民的群起反抗，終使得荷蘭被鄭成功與台灣人民趕出台灣。又於頁二一二，第十六章第一節「前仆後繼的七年抗日游擊戰爭」內文第一句也寫著「那裏有壓迫，那裏就有反抗。」比喻台灣人民前仆後繼的抗日精神。

文章寫得相當富有感情和煽動力。不過，歷史上的壓迫者，非僅異族而已，有時同族之間亦有壓迫，且更甚於異族者亦有之。何況，站在社會主義的立場上，社會矛盾該來自於階級的壓迫，且由此產生了反抗。作者雖然亦有反封建、反資產階級的說法，但對異族的壓迫卻特別加以譴責，而有陷入民族主義感情之嫌。這是本書處理問題無法一貫的矛盾性。

7. 對殖民者和帝國主義的看法：

①對荷蘭占領台灣，稱為「侵佔」台灣（頁六〇）。是否能稱為侵佔，仍有待商榷。因當時明朝對台灣並沒擁有主權，故稱荷蘭占據台灣，較為正確。

②一六二八年九、十月間，荷蘭新任駐台長官訥茨親到廈門以致謝為名，把鄭芝龍「騙到」艦上，脅迫他簽訂一項為期三年的關於沿海貿易的協定（頁六三）。鄭芝龍該不是被騙到艦上，而是因相互商業上的利益簽訂協定的。明清之際，中國與日本都發生內戰，海上武裝集團興起，鄭氏即其中一個有力集團。明清、鄭氏、日本和荷蘭之間的相互利害衝突，是十七世紀初期東亞海上很重要的變動因素，可惜本書對此缺乏明確的論述。

③一八六〇年，台灣開港之後，外力侵入台灣，使得台灣社會經濟迅速半殖民地化（頁一二六）。一八六〇年的開港，使得台灣步入世界貿易體系，台灣的樟腦、糖、茶葉輸往世界各地。作者對開港之後，台灣社會經變化的處理，沒提出具體的例證，而就以「半殖民地化」言之，實難於令人折服。

④外國洋行有力地控制了茶葉的生產和貿易，從而在台灣的通商都市和窮鄉僻壤，造成了一個買辦的和商業高利貸的剝削網，造成了爲帝國主義服務的買辦階級和商業高利貸階級（頁一六六）。

台灣茶葉產地有一定的地方，從茶葉產地至通商口岸的茶商手中，有一定的路程，不明瞭這些，無法真正瞭解被剝削的情況。買辦雖然有，但是否已構成一種階級，仍有待商榷。作者在此問題上的處理，有過份武斷之處。

8. 對移民來台的觀點：

作者認爲「始終是在直接反抗清政府的禁令下進行的，無論從那一方面看，都應該承認它是一次次波瀾壯闊、影響深遠的群衆運動」（頁一〇五）。

這是一項有疑義的說法。所謂群衆運動，是有某種政治的訴求，對現狀不滿而要求改變的運動。但台灣的漢人移民是爲了求生存，爲了追求另一個生活園地，不惜違反清政府的禁令，渡海來台，沒有繼續不斷的政治目標追求，怎能說成是群衆運動呢。

9. 對於民變的看法：

作者指出『台灣人民起義是以群衆爲主體的反封建壓迫的起義。起義的目標是反對清政府的暴政，爲了擴大宣傳影響，有時也借用『反清復明』的口號。它不是反滿的民族起義。因爲清政府自始就是一個滿漢地主的聯合政權。而在台灣實行統治，壓迫人民的絶大多數都是漢人官吏。它也不是反對地主階級的農民起義。因爲所有起義都沒有提出任何足以反映農民利益的綱領或要求，而且有不少地主也捲入到鬥爭中去，甚至擔任起義的領導』（頁一一九）。

作者認爲『既不是反滿的民族起義，也不是反對地主階級的農民起義』，是有其道理之存在。但又說成是『反封建壓迫的起義』，則有其無法自圓其說之處。因爲『反封建壓迫』，必然是對當時的政治結構、社會組織和經濟統制，因不滿而產生反抗。但作者對當時台灣的宗教信仰、家族組織、血緣地緣關係、官民關係，都未深究，就以『反封建壓迫』而視之，實無法解釋民變的真相。

10. 對日本殖民統治的看法：

在帝國主義的批判中，對日本的批判是最嚴厲了。如頁五六稱『村山等仍然賊心不死』，頁二二八，稱『日寇』。

日本統治台灣五十年，作者認爲『是經濟掠奪，台灣的經濟發展專供日本國內享用』。這是殖民統治者對殖民地剝削的歷史事實。不過作者認爲『在日本壟斷資本的殘酷掠奪下，龐大台胞日益貧困化』（頁二〇八），他以一九三六年前後的生產統計數字來證明日益貧困化的情況。

不過，所謂『貧困化』，是包含著心理上和實質上的因素存在。是由於經濟萎縮而造成的實質貧困化，還是與日本國內人民的水準相比，台灣沒有得到經濟成長應有的回報，而產生的心理上不滿的貧困化。這需要參考幾個因素：如日本國內的經濟情況、日本治台前、中、後期的台灣實況，世界經濟景氣與蕭條和戰爭等，才可能清楚地瞭解當時貧困化的情況。

作者又指出『許多台灣留學生想到日本求學，也受到種種無理的干涉和限制』（頁二一〇）。

台灣人在台灣求學，是受到台灣總督府種種限制。但一到日本本土，就不受到限制。這是當時日本本土比台灣更自由、更法治的緣故。而台灣人想去日本讀書，也沒受到無理限制，反而常發生台灣島內考不上的人或是被開除的人，才紛紛赴日本本土讀書。

11. 對抗日運動的觀點：

①將一九〇七年蔡清琳的北埔事件、一九一二年劉乾的林圯埔事件、一九一五年余清芳噍吧哖事件，都歸入辛亥革命影響下的抗日運動（頁二一八）。

這種說法，實在有牽強附會之處。除了一九一三年羅福星的苗栗事件，與辛亥革命有關之外，其他事件很難稱得上與辛亥革命有關。

②第十八章標題爲『五四運動後的文化啟蒙運動和工農運動』。作者認爲一九二〇年代

以後在台灣興起的抗日運動，是受到五四運動的影響，全章就在這單一的構思下來描述（頁二四九）。

其實，當時影響台灣知識份子的，不僅五四而已，其他如日本大正民主運動、美國威爾遜總統所提出之十四點原則、俄國社會主義革命、和韓國三一獨立運動都是很重要的因素。當時台灣的殖民地反抗運動，是世界思潮反殖民地運動的一環，絕不是孤立事件，也不是單由唯一的因素影響所造成，所以如果單純地從某一構思上來著手，必然會產生誤差的現象。

12. 對台共的看法：

作者指出台灣共產黨的成立，是在中共的全力協助下產生的（頁二六四）。

其實，台共內部有所謂親日共派，及親中共派。以及基於當時共產國際的世界政策，台共與中共、日共都參加了共產國際，台灣也屬於所謂少數民族之內。但作者談到此，卻將之忽略，不得不令人感覺，作者在處理這些問題上，有所顧慮，以及不敢面對當時的國際情況和台共抗日的路線、內鬥和綱領等問題的存在。

13. 對台灣復歸祖國的看法：

作者指出『由於中國共產黨領導下的祖國人民八年抗戰的勝利，才使得台灣擺脫日本統治下的第二次殖民地的命運』（頁二八四、三〇四）。

這是個充滿政治性的論點。二次大戰，領導抗日的中國政府是以中國國民黨爲主的國民政府。二次大戰後，日本投降的對象也是國民政府。作者有此論點之出現，無庸置疑是爲了替回歸中共主導下的祖國做舖路的說法。

本書既然稱爲『台灣地方史』，就含有將台灣史視爲中國一個地方的歷史的意識存在。這點在作者的序言中，說得很清楚，是爲了要糾正民族分裂主義的毒素。所以在文中，只要牽涉到台灣與中國大陸之間的關係，則儘量加以感情性的形容描述（頁七四、七六、一八四）。而對於漢人來台灣移墾之後，由於自然環境、人文環境的不同，所造成的移墾社會的發展型態，則予以忽略。這種現象的發生，可以說是作者對台灣史學界的研究成果，和台灣歷經三、四百年所形成的社會經濟變遷，未深入去瞭解以及在中國統一的政治導向下，不得不有意迴避的問題。

而且，本書所寫的年限，止於一九四五年，以台灣復歸祖國做爲結束。一九四五年以後台灣的變局，一字不提。雖然可以瞭解作者在意識的指引之下，無法承認或正視這個歷史的發展。但如要做爲通史著作，則不能忽略各方面既成的歷史事實。

台灣三、四百年的歷史發展，有同於中國者，亦有異於中國者。同時也是漢人海外移民的成功的例子。如果不能站在這塊土地上，正視這些發展所造成的種種問題，則談何容易去著史，這也正是歷史研究困難之處。

事實上本書出版時，中共對台灣正是採行『三通四流、對等談判』的時期，其歷史背景大致從一九七九年元旦，中共以「全國人大常委會」的名義發表『告台灣同胞書』，揭開了中共對台政策另一個新階段的序幕。中共強調『實現中國的統一，是人心所向，大勢所趨』。聲稱『我們國家的領導人已經表示決心，一定要考慮現實情況，完成祖國統一的大業，在解決統一問題時尊重台灣現狀和各界人士的意見，採取合情合理的政策和辦法，不使台灣人民蒙受損失。』並表示『我們寄望於一千七百萬台灣人民，也寄望於台灣當局。台灣當局一貫堅持一個中國的立場，反對台灣獨立。這就是我們共同的立場、合作的基礎。我們一貫主張愛國一家，統一祖國人人有責。希望台灣當局以民族利益為重，對實現祖國的事業作出寶貴的貢獻。』[17]

文告同時倡議通航、通郵，以利雙方同胞直接接觸、互通訊息、探訪親友、旅遊參觀，進行學術文化體育工藝觀摩。希望相互發展貿易，互通有無，進行經濟交流[18]。這就是中共「一國兩制」政策的開始。

為了配合上述行動，中共『國防部長』徐向前特發佈停止對我大、小金門等島嶼炮擊的命令。

該項命令指出，由於中共和美國建立『外交關係』已『為台灣歸回祖國，完成祖國統一創造了有利條件。為了方便台、澎、金、馬的軍民同胞來往大陸省親會友，參觀訪問和在台灣海峽航行、生產等活動，我已命令福建前線部隊，從今日起停止對大金門、小金門、大擔、二擔等島嶼的炮擊。』[19]

同日，鄧小平曾就『告台灣同胞書』的內容，在『政協』全國委員會座談會上講話，並稱把台灣歸回祖國、完成祖國統一的大業提到具體的日程上來。[20]。『告台灣同胞書』與『停止炮擊大、小金門等島嶼』的聲明，顯係針對美國與中共『建交』後我國遭受打擊，一時人心惶亂的新情勢，妄圖以『招降』的姿態，向我提出『和談』要求，藉以瓦解我民心士氣，以達到『和平統一台灣』的目的。除了針對台灣人民之外，這種宣傳效果，更可擴及海外僑胞和世界各國人士，使人對中共產生其已放棄武力，而以和平方式之的假象。

同月三十日，鄧小平赴美訪問，在華盛頓應邀對美國參、眾兩院發表演講，在談及『統一』問題時說：『我們不再用『解放台灣』這個提法了。只要台灣回歸祖國，我們將尊重那裏的現實和現行制度。我們一方面尊重台灣的現實，另一方面一定要使台灣回到祖國的懷抱。在尊重台灣現實的情況下，我們要加快台灣回歸祖國的速度。』[21]

同時，鄧小平在出席由『美中人民友好協會』和『全美華人協會』為他舉行的招待會上，再度談及解決台灣問題。他說：『中美關係正常化之後，台灣回歸祖國、和平統一祖國的問題，有了更好的條件。中國政府在解決台灣問題的時候，一定考慮到台灣的現實，重視台灣人民的意見。實行合情合理的政策。統一祖國是全體中國人，包括台灣同胞在內的共同願望。我們關懷台灣同胞，寄望於台灣廣大同胞。我們也寄望於台灣當局，希望台灣當局以民族大利為重，正視現實，這樣，台灣回歸就比較能夠順利進行。』[22]

民國六十八年（一九七九年）十月，鄧小平在就有關『台灣問題』答覆日本朝日新聞社長渡邊誠毅時，曾表示：『我們對台灣別無他求，只是要求他們變更中華民國的稱呼』；『至於台灣的社會制度可以保留下來，具體來說是資本主義也好，生活方式也好，均無須改變，甚至包括可以保持軍隊和擁有廣泛的自治，我們繼續承認其地方政府』，他又表示：『追溯至第二次國共合作時期，國民黨容許共產黨在陝西北部設立「特區」，進行統治，我們的方案亦與他們當時的一樣，就是想在台灣設立一個同樣的「特區」』[23]。在這裏，鄧小平後來所提出的『一國兩制』及設立『特別行政區』的構想已隱然出現。其後在葉劍英的『九點方針』建議中，落實到設立『特別行政區』的提出。

民國六十九年（一九八〇年）一月十六日，鄧小平在中共中央幹部會議上作『目前的形勢和任務』的講話中，提出『台灣歸回祖國，實現祖國統一』，作為中共在八十年代所要做的三大任務之一[24]。從此中共對台灣的『和平統一』工作，更是竭盡所能的運用各種管道和方法在進行。

一九八〇年五月，鄧小平、華國鋒在與日本國策研究會代表常任理事矢次一夫舉行的會談中，提到國共和談的『新六條件』，在過去提出的五項條件：不改變社會制度；不降低生活水平和不改變生活方式；可以繼續保持與各國的民間關係；可以擁有廣泛的自治權；可以擁有軍隊。再另外重新加入一項：在人事權方面也可以有自由酌定處理權[25]。這六項後來葉劍英也都再提出。

民國七十年（一九八一年）九月三十日，中共『人代會常委會委員長』葉劍英，對

『新華社』記者發表談話，提出『建議舉行兩黨對等談判實行第三次合作』的九點方案。這是中共作進一步闡明台灣回歸祖國實現『和平統一』的方針政策。這也就是我們一般所稱的『葉九條』。其主要內容為：

一、爲了盡早結束中華民族分裂的局面，國共兩黨應對等談判，實行第三次合作，完成祖國統一大業。

二、雙方共爲通郵、通商、通航、探親、旅遊，以及學術、文化、體育交流，達成有關協議。

三、台灣可作爲特別行政區，享有高度自治權，並可保留軍隊，中共不干預台灣行政事務。

四、台灣現行社會經濟制度和生活方式不變，私人財產權不受侵犯。

五、台灣當局和各界人士，可擔任統一政府之領導職務，參與國家管理。

六、台灣地方財政有困難時，可由中央政府酌情補助。

七、台灣各族各界人民願回大陸定居者，不受歧視、來去自由。

八、台灣工商人士願向大陸投資，保證其合法權益和利潤。

九、統一中國，人人有責。歡迎台灣所有人民，通過各種渠道，提供建議，共商國是㉖

葉劍英的談話，除了上述九項建議外，尚有三個『希望』，即是：

一、希望台灣同胞，發揚愛國主義精神，積極促進全民族大團結早日實現，共享民族榮譽。

二、希望港澳同胞和海外華僑繼續努力，發揮橋樑作用，為統一祖國貢獻力量。

三、希望國民黨當局堅持一個中國與反對兩個中國的立場，以民族大義為重，捐棄前嫌，共同完成統一大業[27]。

由上述可知，中共不惜假藉愛國主義和偽裝民族主義為名，以掩飾其國際主義的本質，冀期激引台灣同胞和海外華人的認同與回歸。若以一九七九年元旦由中共『人代會常委會』名義所發佈的『告台灣同胞書』為現階段中共對台政策的起點，則葉劍英的九項聲明顯然是中共對台政策的重要發展，兩文相比較可以獲得以下的印象：

一、從原則的空談到具體的作法：一九七九年所謂的『告台灣同胞書』雖然也提出了『三通』、『四流』等初步的構想，但這些『建議』都是輕輕帶過，主要的重點還在強調民族的情感；而葉劍英的所謂『和平統一的方針政策』則每一項均是具體的『方案』。

二、從『政府』對政府到黨對黨：『告台灣同胞書』中曾提及：『通過中華人民共和國政府和台灣當局之間的商談，結束這種軍事對峙的狀態。』[28]這口表示了在『緩和軍事對峙』乙點上，應該是由『政府』對政府的『商談』；而葉劍英的九條中第一條就說『舉行中國共產黨和中國國民黨的對等談判』[29]。

三、從民族情感的引誘到民族、政治、經濟等全面的統戰：『告台灣同胞書』主要在民族情感上大作文章，希望以親情鄉土為餌；到了葉劍英的『聲明』在民族情感方面並未放鬆，而同時在政治上和經濟上也開出大量的支票，希望達到分化我們的團結，瓦解我們的心防的目的㉚。

顯然中共在尋求和平統一的攻勢上，其姿態是越來越低，其條件也越來越『寬』，其要求我們上桌談判的野心越來越明顯了。

在對美關係上，中共以葉劍英的九點統一建議，使美國人誤認其有對台和平意圖，而在民國七十一年（一九八二年）八月十七日中共與美國簽署的公報中，美方承諾逐漸削減對台軍售，並且不能提高武器之質。中共想在此情況下必能逐漸削弱中華民國的防禦力，以方便其將來武力侵台㉛。

而在葉劍英的『九點方案』公佈之後，同月十日，中共擴大慶祝辛亥革命七十週年紀念活動。胡耀邦在『首都各界慶祝辛亥革命七十週年大會』上發表講話：『台灣問題，純屬我國內政，這個問題要由海峽兩岸的領導人和人民來解決。在歷史上，國共兩黨曾經有過兩次合作，這兩次合作實現了北伐和抗日的大業，有力地促成了我們民族的進步，現在為什麼不可以為建設統一的國家而實行第三次國共合作呢？』又說：『現在我們提出的建議，對於台灣方面沒有任何的不公平、不安全的地方。如果台灣方面還有不放心的問題，也不妨在雙方談判中提出來研究解決。由於隔閡而存在著某種不信任感，這是可以理解的。不接觸、不交談，怎麼消除隔閡，建立互信呢？如果我們不解決這個難題，還要讓彼此的力在對峙中，互相抵消，我們可以上對中山先生和辛亥革命的先烈，下對海峽兩岸的各界同胞和子孫後代呢！」[32]。

中共藉擴大慶祝辛亥革命七十週年紀念活動，佯示尊崇中山先生及革命諸先烈，歪曲中國革命歷史，曲解三民主義，以中山先生革命事業的繼承者自居。但究其目的乃是利用愛國主義，希望台灣民眾能『迅速接受葉委員長的建議，實現兩黨的第三次合作，共同為振興中華而奮鬥。』[33]

民國七十一年（一九八二年）七月二十四日，廖承志致函蔣總統經國先生，聲稱：『三年以來，我黨一再倡議貴我兩黨舉行談判，同捐前嫌，共竟祖國統一大業。…試為貴黨計，如能依時順勢，負起歷史責任，毅然和談，達成國家統一，則兩黨長期共存，互相監督，共同振興中華之大業。』強調『祖國和平統一，乃千秋大業。台灣終必回歸祖國，早日解決對各方有利。』[34]企圖假藉歷史淵源，家世情誼，行統戰勸和之實，並製造渴求和平之假象。

一九八二年十二月，中共『人代會』第五屆第五次會議通過的『中華人民共和國憲法』，對『特別行政區』作出專門規定。『憲法』第三十一條規定『國家在必要時得設立特別行政區。在等別行政區內實行的制度按照具體情況由全國人民代表大會以法律規定』[35]。把台灣可以設立『特別行政區』的承諾，載入『憲法』之中，以表示中共的誠意。中共認為它表明了『在維護國家的主權、統一和領土完整的原則方面，我們是決不含糊的。同時，在具體政策、措施方面，我們又有很大的靈活性，充分照顧台灣地方的現實情況和台灣人民以及各方面人士的意願。這是我們處理這類問題的基本立場』[36]。

肆、『後鄧小平時期』以《台灣歷史綱要》一書為例

《台灣歷史綱要》（以下簡稱綱要）集合大陸研究台灣史的專家，以嚴整的體例，集體撰寫台灣從遠古至一九八七年的簡明歷史，這樣的手筆在吾人印象中尚屬首次[37]。因為各時代由專家執筆，在簡明中能顧及深度，甚至把兩岸學者爭議未定的辯論也能消融其中：因為體例嚴整，各家撰文的風格，也能同整在單一的史觀之下，不至於割裂本文呈多頭馬車之局。這些優點之外，本書在一九九六年四月出版的時機，正是兩岸關係歷經李總統訪美、台灣人民首度選總統而遭到中共以導彈演習威脅之際，也因此使本書的重要性驟增：它是衡量能夠向當局建言的大陸學界了解台灣到什麼程度的重要指標。

本書於民國八十五年（一九九六年）四月由北京九洲圖書出版社出版，該書與《台灣史話》及《台灣地方史》，有一特異之處，就是缺乏前言及結論等首尾兩章。

據本書的『後記』言，綱要的編寫緣自民國八十二年（一九九三年）十一月在北京舉行的『台灣史學術研討會』。會中大陸學者『認為在台灣史研究日益受到廣泛關心的情況下，有必要編寫一部簡明扼要的台灣史。』[38]於是，參與這本厚達五〇〇頁集體著作的成員，主要涵蓋了『中國社會科學院』台灣研究所、『中國人民大學』歷史系、所、廈門大學台灣研

究所等單位，甚至也有中共中央文獻研究室的人員介入，而由『廈大』台灣所前所長陳孔立總攬全書的修改工作。

後記中也提到，本書的『編寫大綱』曾經編輯委員會『多次討論』定案。顯然這份大綱，可以從本文附表一所載綱要的目錄中窺見一二，至於大綱中的細目，則可由本書的內容推斷得知：本書凡分七章，除清領台灣（一六八三—一八九五年）分前、後期討論而占兩章篇幅外，其餘歷史段落都以一章為度而涵蓋早期台灣、荷蘭、明鄭、日領、當代台灣等時代。從每一章的內容中，我們可以分析出本書結構上的三大類目分屬經濟、社會、政治等範圍。在經濟的類目中又包含土地、工業（日領時代以後出現）、貿易等子目；有關社會的主題則有人口、族群、階級與職業結構、民間抗爭等；最後，政治的類目則涵蓋統治機關、賦稅、文教、軍事、及外交等等。對於每個時期的討論，都不脫由這些類目與子目串聯起來的主題群。

有關綱要的史觀方面，北京的史學界，在綱要出版後不久，就舉行過座談會討論本書。與會學者點出本書部分的史觀如下：『綱要把台灣地方史放在中國歷史的大範圍之中，科學地處理個性與共性的關係，為地方史、民族史的研究和寫作提供範例。』這種視台灣為中國發展過程一部分的大中國史觀，固然是綱要的意識形態之一，但是就全書整體的意識形態而言政大國關中心副研究員方孝謙在其撰著之《大陸學者編撰的「台灣歷史綱要」的解讀》一文中，將之稱為『反抗強權的矛盾史觀』。[39]事實上，筆著認為這仍跳不出所謂『唯物史觀中的階級鬥爭論』。儘管該書沒有前言或導論，但由陳孔立先生所撰《台灣歷史與兩岸關係》乙文中，已充分說明出版《台灣歷史綱要》的主要目的何在？茲摘要略述如下：

台灣歷史作爲中國歷史的一個組成部分，它與全國的歷史有著共同性；但台灣作爲中國的一個比較特殊的地區，它的歷史也必然有其特殊性。如果只強調共同性，而忽略其特殊性，就不能正確地認識台灣的歷史，也不能正確地認識台灣的現實；如果只強調其特殊性，而忽略了共同性，就不能正確地認識歷史上的兩岸關係和當前的兩岸關係，也無法正確地認識和對待台灣的前途問題。最近我們出版了一本《台灣歷史綱要》，概括地闡明了我們對台灣歷史的基本看法。在台灣，有的學者認爲這是一場『兩岸的歷史戰爭』，因爲『一方強化台灣爲中國一部分的記憶，一方以失憶來脫離中國認同，它可能正在爲兄弟鬩牆鋪路。』（聯合報）（一九九六年六月二十一日十一版）其實，我們只是正面地闡明自己的觀點，沒有針對任何觀點進行批駁，沒有和任何人『作戰』。如果正確地闡明歷史事實被認爲是『強化』的話，那麼這種『強化』並不能算是什麼問題；而有意的『失憶』則是企圖抹殺歷史事實，『再造歷史』，那才是有問題的。因此，把『強化』和『失憶』同等看待，各打五十大板，甚至都扣上『爲政者的意識形態工具』的帽子，這並不是公正的態度。因爲這裡應當有一個是非標準；凡是客觀地實事求是地闡述台灣的歷史，還歷史以本來的面目，就應當看作是嚴肅的學術性的著作；而有意迴避某些歷史事實，甚至歪曲、揑造台灣的歷史，爲某種政治目的服務，那才屬於「工具」之列。二者的區分是很明顯的，不能混爲一談。

還有的學者認爲《台灣歷史綱要》的出版是爲了『糾正』流行於台灣的歷史『謬說』，這也是一個誤會。實際上，在台灣歷史方面，許多台灣學者做過相當深入的研究，在很多問題上，我們的看法是相同或相似的。（綱要）引用了不少台灣學者的觀點，這是有目共睹的。我們絶對沒有否定台灣歷史學者的研究，更不會把他們的研究一概說成是『謬說』。當然，我們對某些學者或某些政界人士有關台灣歷史的論說有不同的看法，在（綱要）中只是正面地闡述我們的看法，並沒有針對不同的觀點進行批評。我們認爲有不同的看法是正常的，在學術問題上展開爭論，對錯誤的觀點加以批評和糾正也都是正常的。隨著研究的深入，今後在這方面的討論必然會增多，打打『筆墨官司』也不足爲奇。但這裡沒有『戰爭』，也沒有居高臨下的『糾正』，我們追求的是真正的學術研究。

只要回顧一下台灣的歷史，誰都不能不承認台灣是中國的一部分，這個記憶是不需要特別加以強化的。台灣是中國人民開發的，主要來自福建、廣東的移民是開發台灣的主力。台灣的歷史首先是中國人民在這塊土地上生息、開發、交往、抗爭的歷史，過去如此，現在也是如此。台灣之所以有今天，是長期以來台灣人民共同奮鬥的結果，這本來是衆所皆知的事實，（綱要）也給予充分的肯定。可是由於有人企圖抹殺這個事實，製造「歷史失憶」，把日本侵占以前的台灣說成是「無主之地」，所以才需要講講台灣歷史的ABC，幫助他們「恢復記憶」。我們提醒大家，荷據時期荷蘭人曾經對日本人說過：「台灣土地不屬於日本人，而是屬於中國皇帝。」至於明鄭時期和清代，台灣的歸屬更加明確，人們大概不會忘記台灣曾經是福建省的一個府，長達二百年之久。

（綱要）用了一定的篇幅描述各個時期台灣經濟、社會的發展進程，勞動、生產、交換、分配、土地的開拓、商業的發展、人們之間的相互關係、社會結構的演變、矛盾與衝突、交往與融合，這些日復一日、年復一年經常存在的最普遍、最平凡的社會歷史現象，說明了台灣人民始終是這塊土地上的主人。台灣人民在長期的生活中，與福建、廣東有著十分密切的往來，這本來是台灣歷史的重要組成部分，可以更清楚地看出中國人民開發台灣、建設台灣、保衛台灣的歷史功績，這樣的記憶是不應當淡忘的[40]

再觀《台灣歷史綱要》目錄如下：[41]

第一章　早期台灣

第一節　地理環境和早期住民

一、地理環境

二、早期住民

第二節　早期住民的社會生活

一、舊石器文化與社會生活

二、新石器文化與社會生活

三、兩岸古代文化的比較

第三節　早期台灣與大陸的關係

一、早期的史籍記載

二、澎湖駐軍與巡檢司的設立

三、明代設人遷居台灣

四、日本的侵台活動

第二章　荷蘭入侵的三十八年

第一節　荷蘭和西班牙的入侵

一、荷蘭入侵澎湖

二、荷蘭占領台灣

第二節　殖民統治下的社會經濟

一、社會結構與職業概況

二、米糖生產與轉口貿易

第三節　殖民統治與反抗鬥爭

一、荷蘭的殖民統治

二、人民的反抗

三、荷蘭殖民者與鄭氏集團的矛盾

第三章　明鄭時期

第一節　鄭成功收復台灣

一、十七世紀中期的中國大陸與台灣

二、鄭成功進軍台灣和荷蘭殖民者的投降

三、大陸政治文教制度的移植

第二節　大陸移民與台灣開發

一、移民與社會結構

二、移民與土著居民的關係

三、土地開發與生產發展

四、封建土地所有制的形成

五、清廷的經濟封鎖與台灣的內外貿易

第三節 鄭氏政權的對外關係和鄭清關係

一、鄭氏政權與荷、日、英等國的關係

二、鄭氏政權與清廷之間的和與戰

第四章 清代前期

第一節 康熙統一台灣與經濟發展

一、統一台灣與移民高潮

二、土地的拓墾

三、衣業經濟的成長

四、經濟區域的形成和商業的發展

五、分配關係與財政收入

第二節 移民社會的結構與內外關係

一、階級結構與職業結構

二、祖籍地緣關係和社會組織

三、移民與土著居民的關係

四、移民與祖籍地及其他地區的關係

第三節 清政府的統治與社會矛盾

一、行政機構的設置與統治的加强

二、社會矛盾與居民起義

三、游民騷亂和分類械鬥

第五章 清代後期

第一節 外國入侵與對外貿易的發展

一、鴉片戰爭與通商口岸的開放

二、對外貿易的發展與外國資本的控制

第二節 由移民社會向定居社會的轉變

一、開港後經濟的變化

二、社會結構的變化

三、勞民起義與社會矛盾的變化

第三節 台灣建省與近代化的開始

一、日本入侵

二、治台政策的轉變

三、法國的入侵

四、台灣建省

五、近代化的開始

第六章 日本統治的五十年

第一節 殖民統治的建立

一、殖民統治機構與法律體系

二、殖民地經濟「基:基工程」的建立

三、武裝抗日運動

第二節 社會經濟的殖民地化

一、原料產地的建立與「米糖相克」

二、殖民地的社會結構與分配關係

三、殖民地教育的發展

第三節 民族抵抗的社會運動

一、政治抗爭與文化啓蒙

二、勞工運動與台灣共產黨

三、理蕃政策與霧社起義

第四節 殖民統治的強化與戰時反日活動

一、戰時經濟統制

二、統治的強化與皇民化運動

三、人民的抵抗和抗爭

第七章 當代台灣

第一節 台灣光復

一、光復與接收

二、「二·二八事件」

三、戰後台灣經濟、文化的重建

第二節 國民黨的專制統治

一、東撤台灣與國民黨的改造

二、「縣市自治」與「法統危機」

三、白色恐佈下的政治事件

四、美日的支持和兩岸的對峙

第三節　經濟的恢復與發展

一、土地改革與經濟恢復

二、以衣業培植工業與進口替代工業

三、出口擴張與第二次進口替代

四、經濟轉型與產業升級

第四節　社會與文化的變遷

一、社會結構的變化

二、社會運動的發展

三、教育的發展

四、文化領域的論爭

第五節　本土化和自由化的推行

一、蔣經國當權與〝革新保台〞

二、「黨外」勢力的崛起和「政治革新」的開展

三、兩岸關係的變化

從上述目錄與「台灣地區國民中學台灣史教學大綱」作一對照，台灣學者方孝謙先生有深入的評論，茲引述如下：[42]

兩岸台灣史綱要對照

國民中學台灣史教學大綱（台灣版）

壹、導論

貳、史前時代

一、文化演進

二、原住民社會

參、國際競爭時期

一、漢人與日本人的活動

二、荷蘭人與西班牙人的活動

肆、鄭氏治台時期

一、政治與文教

二、墾殖與貿易

伍、清領時代前期

一、政治演進

二、經濟活動

三、社會與文教發展

陸、清領時代後期

一、開港與國際貿易

台灣歷史綱要目次：（大陸版）

第一章　早期台灣

第一節　地理環境與早期住民

第二節　早期住民的社會生活

第三節　早期台灣與大陸的關係

第二章　荷蘭人入侵的38年

第一節　荷蘭和西班牙的入侵

第二節　殖民統治下的社會經濟

第三節　殖民統治與反抗鬥爭

第三章　明鄭時期

第一節　鄭成功收復台灣

第二節　大陸移民與台灣開發

第三節　鄭氏政權的對外關係和鄭清關係

第四章　清代前期

第一節　康熙統一台灣與經濟發展

第二節　移民社會的結構與內外關係

第三節　清政府的統治與社會矛盾

二、日軍侵台與治台政策的改變
三、建省後的積極建設
柒、日本殖民統治
一、台灣民主國與武裝抗日
二、政治與社會控制
三、殖民經濟的發展
捌、日據時期的文教與社會
一、教育與學術發展
二、文化活動
三、社會活動
玖、第二次世界大戰後的政治變遷
一、戰後初期的政治
二、中央政府遷台後的政治發展
三、對外關係
拾、第二次世界大戰後的經濟、文教與社會
一、計畫經濟的推動與發展
二、教育與文化
三、多元化的社會
拾壹、未來展望

第五章 清代後期
第一節 外國入侵與對外貿易的發展
第二節 由移民社會向定居社會的轉變
第三節 台灣建省與近代化的開始
第六章 日本統治的50年
第一節 殖民統治的建立
第二節 社會經濟的殖民地化
第三節 民族抵抗的社會運動
第四節 殖民統治的強化與戰時反日活動
第七章 當代台灣
第一節 台灣光復
第二節 國民黨的專制統治
第三節 經濟的恢復與發展
第四節 社會與文化的變遷
第五節 本土化與自由化的推行

取材：黃秀政，國民中學『認識台灣（歷史篇）』科的課程研訂與取材編寫，國立編譯館通訊，九卷二期，（一九九六年四月），頁一八—一九；陳孔立主編，台灣歷史綱要（北京：九洲圖書出版社，一九九六年四月），頁一一六。

一、就《台灣歷史綱要》的敘述手法方面

所謂綱要的敘述手法，我們指的是本書以族群（ethnicgroup）、階級、民族三種集體身份差異所形成的紛爭為三條伏線，提挈全書綱領的寫作方式。在本節中我們要證明，綱要的敘述手法源自本書反抗的矛盾史觀，即以特定身份及身份矛盾為篩選史實的標準，而建構特定身份及其矛盾所形成紛爭的插曲，並串聯插曲成為因果情節的一套意識形態。由於敘述手法的這種意識形態本質，我們要進一步批判矛盾史觀造成再現（represent）台灣史的三種蒙蔽：本節後半先批判綱要對集體身份這種概念的迷思；往後兩節則分述綱要斷定清領台灣呈現雙向型發展的不當，及其認定十九世紀下半葉，台灣開放世界貿易的經驗，等同於帝國主義的經濟侵略之疏失。

首先，讓我們對照表一綱要的目次和台灣地區〈國中台灣史教材大綱〉從對照中，我們可以依台灣史的六大時代，以綱要為中心分敘是書特異於教學大綱之處，再歸納出本書縱貫各時代特有的敘述伏線。

綱要對台灣史各個時代認知迥異於教學大綱者如下：㊸

1強調台灣的原住民文化與大陸關係密切，甚或源出大陸。當台灣學者逐漸認同北美原住民所喊出的『西部家園是如何喪失　（意指被白人開拓）的？』口號時，綱要則強調台灣早期住民『一部分』或『大部分』乃由大陸移居的『南亞蒙古人』，至於其他『南方要素』也有『許多是大陸沿海傳入台灣的』。

2 以荷蘭、西班牙為最早侵入中國領土的帝國主義者。這種看法恐怕是在一九八七年解嚴前台灣學者也能接受的，但是在教學大綱中，台灣學者的觀點已變成視十七世紀台灣為漢、和、荷、西四民族的角力場。

3 對明鄭的兩岸關係及對外關係的特別重視。這當然是以古鑑今用心的反映，因為中共史界傾向於把中華民國在台灣視為鄭氏治台的歷史翻版。書中尤其對鄭經與清廷在一六六二至一六八二年間，和、戰交替的談判方式多所著墨。

4 對十九世紀下半葉台灣社會的詮釋，著重於其被迫開港乃帝國主義侵略的一部分。實際上，台灣、北美的學者，有人傾向把天津條約簽訂後兩岸開放對外通商口岸，視作兩岸得利於近代國際貿易的起點。開港的後果，究竟是帝國主義式的侵略，還是改善物質水平的開始，值得進一步探討。

5 對日領台灣，特別刻劃後期皇民化時代對台灣人民的影響。本書一方面認為皇民化造成台人『心靈的創痛』：既有親日派更有多數的『亞細亞的孤兒』；另一方面卻又認為皇民化不成功。這種狀似矛盾的判斷正足以指出，日領後期的研究其實是台灣史最脆弱的環節，其中的補強工作還有待來日。

6 對台灣當前走向，定位為本土化與自由化。這是對蔣經國主政時代的論定，反觀教學大綱則欲以多元化涵蓋現今的發展。而不論是本土化或多元化，這與中共主張的『一個中國』是否發生扞格，本書則保持緘默，只強調『祖國統一是大勢所趨、人心所向，是任何力量也無法阻擋的。」

在述說過綱要各章的特點之後，我們可以歸納出三條縱貫全書的伏線：1.重視各時代環繞在土地關係上發生的階級與鬥爭。這是正統馬克思唯物史觀的思維，認為由物質生產分化的階級，乃是最終的社會矛盾，在這種思維之下，大陸學者一方面必須自圓其說為什麼最終矛盾在前清時，會遭到族群矛盾和官民矛盾的掩蓋；另一方面，他們也要責怪台灣學者不遵守這個思維，捨『資產階級』而用『中產階級』，反而模糊了這個概念，使得他們在估計戰後台灣這個階級的人數時，卻算出人數『從數十萬人到二〇〇多萬人不等』的結果。而大陸學者堅守這種思維，邏輯上的下一步就是要找尋各種鬥爭運動，視之為階級衝突的結果。可是遠的不說，單單以台灣現今的消費者、環保、學生、婦女、原住民等等運動來看，能否套用階級分析的模式，不無疑問。而在本書的處理上，卻把這些運動硬生生地加在對戰後台灣階級的描寫之後，乃造成階級衝突結果的印象。2.重視兩岸及島內的族群關係，並先驗地肯定族群雖始於紛爭而終必趨向融合。從本書的首章開始，就強調台灣古代文化多源出大陸；而後漢人與原住民的關係也是由衝突趨向融合，就像清代漳、泉、客因祖籍地緣而分立的族群，也在十九世紀下半葉趨於合住（詳下）。尤有甚者，台灣戰後所謂『省籍』的衝突，根本不見於綱要的敍述，以至於本書判斷像二・二八的流血事件，就說成是『人民民主自治運動，其主要要求是進行政治改革……』這裡用抽象的『人民』一詞，掩蓋了當時兩岸經過五十年分裂的事實，就像現在他們慣稱『台灣同胞』，則又忽略從一九四九到一九八七年的隔閡一樣。3.重視帝國主義背景下的民族關係，而視民族抗爭就如階級鬥爭一般無可避免。從一六五二年郭懷一率眾反抗荷蘭人的統治開始，本書就強調與帝國主義者發生民族衝突的慘烈。接著敍述鄭成功驅逐荷蘭人，駐台清兵在一八八四年擊退法國艦隊、美國一貫覬覦台灣的野心（從一八五三至今），也一再重申民族的矛盾必然導致武力抗爭。尤有甚者，綱要刻意描繪中國人在民族抗爭中的勝利場合，以鄭成功登陸安平為例，本書花了五頁篇幅描寫鄭氏致勝的故事，而實際上，同書又告訴我們鄭氏有三萬軍隊，荷蘭守兵為一二〇〇人。以這樣的優勢兵力，獲勝幾乎是必然的卻花大篇幅細述，背後的動機似乎還在民族自尊長期受挫的問題上。如果這樣的判斷無誤，加上書中屢述美國帝國主義占有台灣野心，筆者不禁對兩岸三邊（中、美、台）的未來關係感到憂心，因為這些關係包藏著中共民族情緒的不理性地雷在內。

在歸納整串階級、族群、民族及其相應的抗爭這三條伏線之後，我們如何在理論上理解這三種連貫又彼此交接的歷史敍述手法？換句話說，我們如何透視綱要的文本，直搗支撐全書的結構，也就是我們上節稱為『反抗的矛盾史觀』這樣的意識形態？

最近社會學者對『敍事身份』（narrative identity）「對說故事中建構的集體身份認同」的討論，或許有助於我們理解上述種種敍述伏線。據Sommers及cibson的說法，像綱要這種全國發行的史書，屬於他們所稱『公共的敍事體』而理解上述種種敍述伏線，而且有四大特徵：故事在特定時空中開展；書中潤飾社會事件成為一齣齣的插曲（episode）；說書人盱衡插曲的重要性，串聯它們成為一序列因果情節（causal enmplotment）；而說書人盱衡的標準，都是具選擇性的，並深藏於再現出來的因果情節當中。

對照綱要的三條伏線與社會學者的說法，我們可以認定，本書所用選擇標準之一乃在集體的身份認同，也就是對工農出身的漢族中國人的肯定。而由身份認同的起點則又引出其次的選擇標準：高度重視因為集體身份差異（或稱矛盾）而引起的抗爭。簡言之，認同與抗爭就是綱要成書的活水源頭。以這兩者作選擇標準，本書縱覽台灣過去的六大時代，遂能一方面注重族群、階級、民族的描寫，另一方面則集中書寫分類械鬥、「起義」、及民族抗爭；並進一步串聯兩類的插曲，組成讀者目不轉睛的焦距（即因果情節）所在。於是，凡族群皆械鬥，無農民不起義，而有民族矛盾必釀武力抗爭。我們所稱綱要的意識形態乃「反抗的矛盾史觀」，正是指的上述以集體認同與抗爭做標準，擷取合適插曲，串聯成因身份矛盾產生不同型態抗爭的因果情節。

我們既稱上述史觀為意識形態，就是認為這種史觀有所蒙蔽。縱觀全書解釋台灣史有重大偏差之處，包括：對集體身份的迷思；對清領台灣的歷史經驗，雖證不足而驟下「雙向型」的發展結論；以及誤導了對十九世紀下半葉台灣開港貿易後的歷史認知，除了集體身份的迷思一項，其他兩點偏差都牽涉到兩岸學者的辯論：有關「內地化」對「本土化」及開放貿易對帝國主義理論的辯論，所以我們在下文中以兩節篇幅分別處理。現在，讓我們分析綱要對集體身份的迷思。

在後結構主義思潮的衝擊之下，現代學者對集體身份的看法，強調它們的可塑性。以階級來説，出身小農背景的人不必然因為「像袋中一個個的馬鈴薯，因之構成成袋的馬鈴薯」而具備小農意識。她是否認同小農的身份，端視她成長的過程中受到什麼文教環境，甚至聽到什麼故事而定。既然個體如何認同自己的集體身份是可塑抑且可變的，則每一種集體身份當下的存在狀態也是不穩定的：時機湊巧，它一則可能被比它涵蓋面更廣的上層集體身份吸納，就如在帝國主義情況下階級可被民族兼容並蓄；再則也可能被比它範圍更狹隘的下層身份所解組，如有時階級鬥爭的重要性被族群械鬥所取代。要之，沒有一種集體身份可以成為最終的社會實存，遑論可透過這個實存通觀歷史的全貌：馬克思的階級鬥爭説，早該掃入歷史的灰燼中。

反觀綱要所表現的史觀，一則肯定階級乃根本的「社會基礎」，而「階級矛盾是社會的基本矛盾」；再則又肯定反帝國主義的民族抗爭不可避免。易言之，本書就是實體化（essentialize）了階級與民族這兩個集體認同，卻又單單視「族群」為可消解的身份。在沒有體會到所有的集體身份皆可更大或更小的身份解離的前提下，難怪綱要的作者群會陷入左支右絀的敍述窘境：他們不解為什麼在清朝前期的台灣「開發」史上，漢人的漳、泉族群意識會蓋過他們同被地主剝削的小農意識；而在描繪兩岸的同一「民族」都具反帝國主義抗爭經驗的同時，又必須忽視兩岸至今仍是分裂百年，文教薰陶迥異的兩個「族群」（他們甚至避諱到連戰後台灣，每逢選舉，省籍差異就可被動員的事實，也到忽略不提的地步）。這種敍述的困境，我們認為是源出綱要對集體身份的迷思，「也就是對階級與民族予以實體化卻又對族群予以虛化處理的態度所致。當然在現今中共強調以「一個中國」政策看待兩岸關係的政治前提下，也許大陸學者最不想正視的，也正是因為分隔百年的機緣，兩岸「族群」可能差距到無法融為一個「民族」的傾向。

二、就所謂「雙向型」的發展之評論方面

在批評過綱要的敍述手法中，對階級民族、族群採二實一虛（而不是「三虛」）的認知態度之後，本節要賡續對我們所稱綱要的矛盾史觀的批判：即，本書主編陳孔立所提清領台灣的發展模型，屬於超越「內地化」與「土著化」的雙向型經驗。我們將指出，雙向型的說法一則是偏袒於內地化，再則也跟其他發展模型一樣，患上證據不足、提早概括的毛病。

何謂雙向型發展？這指的是台灣在甲午戰爭的前夕，社會的整體表現出：[44]

「社會結構從以地緣關係爲主的組合轉變爲以宗族關係爲主；械鬥形式從以分類械鬥爲主轉變爲以宗族械鬥爲主；階級結構、職業從簡單變爲複雜……所有這些現象都表明了台灣社會和大陸社會更加接近，更加趨同了。另一方面，定居以後，移民的後裔逐漸轉化爲土著居民，對現居地的感情日益加深；分類意識有所下降，不同祖籍的移民走向融合，認同台灣和認同祖籍同時存在；這表明台灣已經從移民社會轉變爲定居社會了。」

引文中「趨同」的傾向還有八項被筆者省略了。純以數量觀之，台灣在清治發展的結果，是趨同於大陸的力量勝過離異力量的所謂雙向型局面，我們所懷疑的，是這樣的論斷是否建立在令人信服的證據之上？而事實上，陳孔立在一九八八年發表的〈清代台灣社會發展的模式問題〉論文中，正是從三項證據著手，對先前以內地化與土著化論斷台灣發展的學者加以斟酌，容我們先介紹以上學者對械鬥、信仰、宗教三種證據的看法，再如法炮製，針對械鬥與信仰二項，提出我們的懷疑。

㈠**械鬥**。李國祁先生提出台灣在一八五〇年與六〇年代完成內地化，形成與當時中國各省「完全相同的社會形態與文化」，他的論據之一，就是一八六五年之後，「台灣的械鬥業已轉型，由以移墾原籍地緣為中心的械鬥，而轉變為以宗教為主的血緣械鬥。」陳孔立則簡稱之為「從地緣械鬥（即分類械鬥）向血緣械鬥（即宗教械鬥）演變。」這種轉變的機制則是自鄭成功移來的大陸宗族制度：因為台灣逐漸變成以宗法血緣為糾合人群的原則，以致械鬥形成也以宗族為核心。提出土著化「清末台灣人群聚合以現居地為原則」的陳其南，則認為一八六九年以後台灣的械鬥，當然是已放棄了漳、泉、客的「祖籍意識」，但取而代之的則是以「現居的聚落組織」為意識中心的抗爭，如一八六五年的西皮、福祿械鬥，或一八七六年苗栗的「同籍分莊械鬥」。陳孔立在批評李、陳兩位學者的看法時，一則指出至清朝後期「『以現居地為團結原則』的新地緣關係還沒有形成」；再則又引自己舊作說，清領結果

「產生分類械鬥的社會條件也就逐漸消失，並且逐漸為大陸上常見的一般械鬥所取代。台灣社會更加大陸化了。」評論人的立場，很顯然是贊同內地化的。

㈡**民間信仰**。主內地化的李國祁先生認為，漳、泉、客移民各有崇拜的主神（如開漳聖王、保生大帝、三山國王等），至甲午前夕則尊奉的神祇日漸趨同於大陸，除土地公、關帝、天公之外，尤以媽祖在一八五〇—七〇年代間成為台人之共同神明為最。而主土著化的陳其南先生則認為早期台灣、祖籍分布與寺廟祭祀圈的分布一致，至十八、十九世紀之交，才有樹林的濟安宮、供奉泉州人的保生大帝，卻由漳、泉二籍同拜；或彰化的永安宮（客廟）與天門宮（漳廟）由漳、客二籍人氏混合祭祀的情形：顯示清朝中葉以後，廟宇整合了「鄉莊社會」而建立了以現居地為原則之新地緣團體。針對陳其南的說法，陳孔立羅列其他學者看法，說明樹林及彰化二例乃是「特例」。他並同意李國祁的主張，認為「土地公、媽祖、關帝這一類大陸上共同尊奉的神祇被台灣社會所接受，這不能不說是更加接近大陸社會的一種表現。」

㈢**宗教**、李國祁先生認為由鄭成功引入而在台灣逐漸形成的宗族制度，就是大陸制度的復生。陳其南先生則區別早期以祭祀唐山祖為對象，由志願入股方式組成的宗族，與後期崇拜開台祖並以同世代的大小「房份」確認權利義務組成的宗族；並認為後者代表「台灣的漢人社會已從移民社會轉變為典型的土著社會。」

陳孔立在處理有關台灣宗族的論證時，表現得謹慎而前後一致。在先前一九八八年的論文中，他一則引兩岸學者的各種看法，欲證明台灣至清朝末年「還沒有完全從祭祀唐山祖轉變為祭祀開台祖」；再則他似也同意李國祁的看法，而認為後期台灣已從「以地緣關係為主的組合」，轉變為「以血緣關係為主的組合」。其後。在綱要中，他乾脆既襲用陳其南（及法學者戴炎輝）的說法，認為台灣漢人宗族有二類型；拜唐山祖的「合約字宗族」及拜開台祖的「鬮分字宗族」；而又把陳氏的現居地原則拋開，強調宗族發展的過程，就是由「志願性的唐山祖宗族，向以開台祖為祭祀對象的血緣性宗族演變…」。

宗族演變的意涵究竟如何？筆者限於所學無從置喙。但我們注意到，在宗教的觀點上，陳孔立一如他在論械鬥與信仰一樣，是傾向於內地化的看法。這不禁令人起疑，他所謂雙向型模式的說法，是否終究只是內地化主張的外衣？但是，不管是內地化，土著化或雙向型發展，經由以下我們討論以械鬥與民間信仰作為證據的不足點，我們相信要蓋棺論定台灣在清領二十年下的社會變遷過程，可能尚言之過早。

以械鬥來說，台灣學者林偉盛在他的專題研究中，就指出：「台灣各地區的分類械鬥性質依各區域不同，其性質互有差異，以土著化或內地化等轉型理論，都是將台灣社會的發展單一化、直線化……」他舉例如下：依李國祁說法，則台灣南部地區內地化最久，祖籍分類械鬥應最早消失，但相反此地「閩粵分類械鬥卻持續最久」；而另一方面，時至清末，台南縣又是以「姓氏為主的分類械鬥」特別明顯的區域。換言之，李國祁所提兩類互斥的械鬥形式，至清末卻還並列出現在台灣南部，而像「光緒九築台北城時，泉籍陳姓士紳和漳籍林姓士紳挾有世仇……日據時期，大稻埕與艋舺地區居民仍然互相敵視」的例子。則是顯示直到清末，祖籍、宗族、現居地等都夠被動員成為分類械鬥的準據；這也呼應了我們上節所說，時機湊巧，任何一種集體身份都具可塑性的看法。

最後，再以民間信仰來說，不管是內地化或雙向型所云（大陸共同神取代祖籍地主神），或土著化所云（廟宇整合地方，而增強了現居地團結原則），都因為失諸概括而過度簡化。以筆者最近調查因一九八八年大甲媽祖繞境從北港轉向新港，而引起後來兩地的風波為例，就再度牽涉到共同神（媽祖）、祖籍（漳、泉）、現居地（北港、新港源出古笨港）等集體身份依時機而被分別動員的複雜情況。簡言之，移民之初同居諸羅縣笨港地區的漳、泉人氏，因械鬥及洪水因素而分居：泉人聚北港、漳人聚新港，但二地之媽祖廟都宣稱乃繼承笨港天后宮的嫡傳，而實以北港的朝天宮的香火最盛。另一方面在泉人聚居的大甲，其媽祖廟（鎮瀾宮）則自一九八七年從福建湄洲祖廟迎回「正統」媽祖香火，從此不肯援例向北港進香，甚而轉向新港「繞境」。這個事例顯示，自清末至今又經過了一百年，而任何從歷史衍生的集體認同情結，依舊歷歷在目。如果要使我們的故事更加複雜一點，則可以指出即使是現時交惡的北港、新港兩地，也不乏有人主張，既然兩地同出笨港，又同受媽祖的庇佑，實應以和為貴。總之，這個民間信仰的反證告訴我們，任何集體身份（包括階級在內）都可以被動員成為權勢角力的工具，關鍵只在有心人能否適時掌握住的一種或多種手段；而綱要實化階級與民族卻又虛化族群的做法，並不是解釋台灣史最佳的工具組合。

綜上所述，我們認為《綱要》論定台灣在清朝年間的發展經驗，乃是雙向型的說法，其實是不成熟的概括。因為它所持用的宗族、械鬥、信仰三方面的證據，經我們一一細究，發覺都不足以支撐雙向型的論斷。證據不足，固然導致雙向型的過早結論；而對馬列帝國主義論的過度依賴，則使得《綱要》誤斷了十九世紀中葉，在天津條約的陰影下，台灣開放淡水、安平、高雄、基隆四港的國際貿易經驗。以下我們就轉向對這一缺失的批判。

三、就所謂帝國主義的經濟侵略之評論

前文曾提到《綱要》的主要敍事伏線之一，是對帝國主義下民族抗爭的重視。因此，在經貿戰線上，帝國主義者在十九世紀下半葉對台灣人民的「剝削」，是《綱要》必須大書特書的。但是，以下我們將說明，帝國主義者經貿入侵的先入印象，卻與我們現有經驗證據一開放貿易後，沿岸人民的物質水準普遍提高一相牴觸，因此就不免造成綱要以及其他使用帝國主義侵略觀點的中國研究，在敍述上的前後矛盾。

清廷在一八五八年與俄、英、美簽下天津條約，同意開放今日台南的安平為通商口岸，隨後五年間，又相繼開放淡水、基隆、與高雄三港。此後台灣主要以糖、茶、樟腦在世界市場交易，帶動了島內的經濟社會變遷。《綱要》對這一段開港以後社經變化的描寫中，有兩個論斷值得注意：

本書認為開港首先造成「生產結構和市場結構的改變。」開港前，台灣呈現以米、糖交

換大陸布帛、日用品的互補貿易形態；開港後，台灣北部因為產米減少不再外銷而又進口洋布、洋貨代替了土布、土貨。所以，「台灣與大陸一樣淪為資本主義列強傾銷剩餘商品的市場和掠奪農產品原料的基地。」

在這種令人憤慨的語調之下，《綱要》故意視而不見台灣學者林滿紅先前的研究。林滿紅曾說：「在洋貨進口的同時，由大陸進口的華貨並沒有減少。台灣進口的大陸華貨總值在一八六八至一八九五年間增為七倍……」而台灣有餘力增加進口華貨，則是因為出口的茶、樟腦、糖在世界市場上占有有利的行銷位置，始能擴大出超所致。台灣的烏龍茶此時大量輸美、包種茶則輸出南洋，從一八六六至一八九四年間輸出成長一〇〇倍；樟腦則與日本產地共同壟斷世界市場，所以從一八六二年至九四年間輸出成長七倍；糖的出口則面臨強烈競爭，但在一八六六－一八八〇年間也成長了四至五倍。在這樣的數據之下，似乎令人很難認同一幅帝國主義者「傾銷」、「掠奪」的嘴臉，除非是帝國主義者囊括了大部分貿易的利潤。

因此，《綱要》其次的論斷便是，開港後造成「殖民掠奪和高利貸剝削的加強。」即，出口增加的同時，鴉片的進口跟著增加，甚至以鴉片直接交換茶、糖、樟腦等，構成「不等價貿易」。另一方面高利貸資本崛起，向蔗農收取月息一・五－二・五％的不法利潤，因此「上貨出口所換來的大部分財富，都以商業利潤和高利貸利息的形成，落入外商和高利貸者的腰包，廣大的生產者身受西方商業資本和本國高利貸的雙重剝削，生活相對貧困……」。

《綱要》所提這一相關「財富分配」現象的理論性論斷，我們要從證據與理論兩方面加以批判。

首先，在證據方面，說鴉片和土貨的交換，構成「不等價貿易」(unequal exchange)，是完全站不住腳的。林滿紅用淡水海關資料算出：如果把一八六四年鴉片進口單價對茶葉出口單價的比值當作一〇〇，則到了一八九二年，該比值下降為五二·三，即進口鴉片愈來愈便宜而出口的茶葉利潤愈來愈高。在這種情況下台灣的出超只會累積得愈快。而談到高利貸剝削嚴重，綱要只提到抽取蔗農一·五—二·五%的月息，既沒有算出全體蔗農的平均貸款利率水準，也沒有其他茶農、腦丁所付的利息資料，到底嚴重與否，事屬存疑。即便是在剝削嚴重的情況之下，《綱要》的敍述卻又前後矛盾。因為它又承認，開港之後糖、茶、樟腦的製造業興起，「吸收了大量的……無業游民」；當時的大稻埕新茶上市時雇工可達一二、〇〇〇人；而日據前受雇腦丁也曾達一三、〇〇〇人。當然《綱要》這裡的目的，是要敍述準無產階級如何透過雇傭關係而興起，但字裡行間不是也透露了帝國主義入侵，創造了大量的就業機會，使先前社會的游民能夠轉化為勞動力的事實？

其實，《綱要》對財富分配的敍述（也就是對帝國主義下人民生活水準的判斷），是吻合在中國社會史研究中，饒富盛名的黃宗智對帝國主義的論斷。在他的成名作《華北小農經濟與社會變遷》中，黃氏提出以下的模型：自十八世紀以來，華北小農在人口壓力及鄉村手工業發展的催促下，逐漸走上農地過度耕耘和農業商品化（如生產經濟作物—棉花）的道路，繼而分化了農村的僱傭關係，產生富農與貧農的兩極化局面。在這個模型中，令通商口岸開放的帝國主義扮演了如下的角色：「帝國主義並沒有引起小農經濟基本性質的變化，只是使它沿著已經存在的、自生的道路而加速內捲化和商品化」。即，除了耕地過細、致使勞動投入與農地產出不成比例的「內捲化」之外，帝國主義也加速了華北的貿易過程。

對於黃氏的模型，經濟史學者 Brandt 有兩點批評很中肯。第一、證據顯示，至一七五○年代，河北、山東棉作的面積不超過當地全部農地的一%。真正刺激華北貿易的勃興要等到十九、二十世紀之交，由於鐵路開發，中國加入世界經濟、及都市化、工業化之後才出現。易言之，帝國主義扮演的是「催生」而不是「加速」商品化的角色。第二，Brandt 提出自己的時間系列數據說明，經過三個世紀的變化，華北農村貧、富兩極化的現象，並沒有如黃宗智所言，有愈演愈烈的趨勢、Brandt 繼而指出黃氏模型真正的缺點，在於認定「商品化只會令鄉村人口中的小部分受益。」而在《綱要》書中，作者們同樣認定，開港後的台灣貿易，只是讓外商和高利貸獲利。

既然在台灣，開港後貿易財富的分配狀況缺乏足夠的數據，我們權且引用黃宗智的模型之前，學者對華北開港後，山東、河北農民在二十世紀上半葉生活水準的調查報告可作為代替。首先，馬若孟利用日本南滿鐵道公司的「滿鐵」資料，把數據列表後顯示，至一九四二年，即天津對外開港後八十二年，「華北的糧食供應絕不是問題……在正常情況下小農的生產不但足供自給，也可以供應城市消費。」他並且進一步引用 John Buck 在一九三○年代的調查資料來增加自己的說法。Buck一九三七年出版的統計顯示，河北、山東的十五村莊，在一九一〇─三〇年間的三次調查中，除了兩個村莊曾出現在某次調查中，生活水準下降情況外，絕大多數村莊不管在食或衣的項目上，都表現出水準提高的趨向。

帝國主義的經濟侵略（即開放港口），是否造成被侵略地區淪為傾銷商品的市場與掠奪原料的基地？是否增強殖民掠奪和高利貸剝削？我們提出了許多天津條約開港後兩岸的數據來質疑《綱要》上述的兩種論斷。我們的證據似乎指出，對外開放貿易，即使是在帝國主義的情況下，也會帶來改善加入貿易地區人民的生活水準的效果。時至今日，大陸每年要為了爭取最惠國待遇，不厭其煩與「美帝」代表進行貿易談判，不正是拐個彎肯定貿易增加全民財富（雖是有人增得多，有人增得少）的效果？帝國主義也不全然吹得儘是邪風。

總之，在兩岸關係低迷之際，《綱要》的出現使各界得以衡量中共了解台灣歷史的程度，其重要性不言可喻。但是我們衡量中共了解程度的結果，使我們不得不指出《綱要》全書透露著一貫的反抗的矛盾史觀，而造成本書整體上對集體身份概念的迷思，以及個別上對族群、階級、民族等身份的蒙蔽。

《綱要》的史觀，反映著本書作者群，對馬列主義的階級鬥爭和帝國主義理論的執著。影響所及，他們不免以集體身份中的階級、民族、乃至族群，以及身份矛盾所產生的各種鬥爭形式，作為篩選史實的標準，集中描寫身份及其紛爭的插曲，再串聯插曲成為一幕幕反資、反帝的歷史情節。《綱要》的內容就是依這樣的史觀而組成。

這種矛盾史觀的意識形態所產生的流弊，首先，對照現代學界認為所有集體身份都具可塑性的看法，也就昭然若揭。因為配合中共施政需要，《綱要》必須實體化階級、民族這兩種身份而虛化族群，由此可以杜塞認為兩岸分離百年，兩邊族群差異太大，無法統一的說法，但虛化族群在戰後台灣的重要性，導致《綱要》對諸如二二八的偏頗敍述。

流弊之二，是導致《綱要》對清史中的台灣，以雙向型發展過早概括。而雙向型說法的真正內容，共無異於視晚清台灣發展為與大陸各省完全相同社會的「內地化」說法，也就是透過械鬥、信仰、宗族三種證據的選擇性舖排，徹底虛化族群的差異，得出族群融合的預定結論。

流弊之三，是由於認定帝國主義情況下民族鬥爭無可避免，所以誤導了《綱要》作者對十九世紀下半葉台灣開放對外貿易的認知，以為不過是重複帝國主義經濟侵略的老調。實則對外貿易的開放，不論在台灣或在華北，都產生了致富全民「雖有人富得多，有人富得少」的效果。這種帝國主義運動出人意表的效果，不應再被大陸學者選擇性地忽視。

伍、結論

總之，從王芸生的《台灣史話》到陳碧笙的《台灣地方史》，最後到陳孔立主編的《台灣歷史綱要》，雖然只是選取抽樣式的三本書，但它確貫穿自一九四九年以來，經歷文革的前後迄至目前的兩岸關係，由這三本書的解讀中，可以發現有下列幾個特點：

一、就共同的特點方面

1.數十年來，中共的對台策略，從毛澤東時代的「血洗台灣」、「武裝解放台灣」，以至「和平解放台灣」等口號，始終堅持以武力統一台灣。一九七八年中共「十一屆三中全會」，正式釐定以「和平」方式達成統一，拋棄了所謂「解放」路線。但這只是鄧小平迫於形勢所採取的一種策略轉變；吃掉台灣的目的未變，只變策略。因此配合文宣，在編寫台灣史時，必須以此為基調出發，強調「歷史為政治服務」「台灣必須回歸，統一在大陸之下」，要台灣面對現實。

2.上述三本書編寫的理論架構都離不開「唯物史觀」與「階級鬥爭史觀」的框框。

二、就不同的特點方面

1.王芸生：《台灣史話》將台灣二二八事件稱「二二八起義」且列為專章凸顯介紹，其他《台灣地方史》，《台灣歷史綱要》，並無列專章節介紹。

2.陳碧笙：《台灣地方史》似乎有意將中國社會發展史五階段架構套入台灣史，例如在章節的安排上，可以看出有原始社會、封建社會、半封建半殖民地社會等字眼。

3.陳孔立主編之《台灣歷史綱要》則在章節佈局安排上，似乎比較朝學術性的方向，不用社會發展五階段的架構，而以「早期台灣」代替「原始社會」，用「荷人、明鄭、清代、日治、當代」取代所謂台灣的「奴隸社會、封建社會、半封建半殖民地社會」等名詞。其次對「二二八」則以事件稱之，僅在第七章「當代台灣」中的第一節「台灣光復」單元，作一局部的介紹，同時加入「兩岸關係的變化」單元，加以介紹，很顯然地，這是隨著兩岸互動關係所作的調整。雖然如此，從其書中內容觀之，其隱隱約約，仍在字裏行間，一再強調「階級」、「矛盾」、「鬥爭」等史觀，深值注意。

註釋

❶ 王芸生：《台灣史話》，共一四〇頁（北京：中國青年出版社，一九五五年五月北京第一版）

❷ 陳碧笙：《台灣地方史》，共三一七頁（北京：中國社會科學出版社，一九八二年八月第一版）

❸ 陳孔立主編：《台灣歷史綱要》，共五〇五頁（北京：九洲圖書出版社，一九九六年四月第一版）

❹ 同前❶，《台灣史話》頁一一二。

❺ 同前❶，《台灣史話》頁一一五。

❻ 《人民日報》，一九五五年四月二十四日，北京三版。

❼ 周恩來，〈目前國際形勢和我國外交政策〉，《人民日報》，一九五五年七月三十一日，北京，二版。

❽ 周恩來，〈爭取和平解放台灣─在「政協」二屆二次會上的講話〉，《中共關於「解放台灣」的文件集》（一九四九─一九七一）（香港：當代中國研究所編輯，一九七二年出版），頁一二

❾ 同前❽，頁一四

❿ 周恩來，〈台灣的解放一定能夠實現〉，《周恩來選集》下卷（北京：人民出版社，一九八四年十一月），頁二〇〇

⓫ 同前❿，頁二〇二

⓬ 同前❽。

⓭ 同前❷。

⑭ 同前❷，《台灣地方史》頁一一四

⑮ 張炎憲：〈評陳碧笙著「台灣地方史」〉，《台灣風物》，第三十六卷第二期，頁七八—七九（民國七十五年六月三十日出版）

⑯ 同前⑮，頁七九—八五

⑰ 「告台灣同胞書」，北京《新華月報》一九七九年一月號，第四一一期，一九七九年二月二十八日，頁十—十一。

⑱ 同前⑰

⑲ 〈關於停止對大金門、小金門、大擔、二擔等島炮擊的聲明〉，北京，《新華月報》，一九七九年一月號，第四一一期，一九七九年二月二十八日，頁一四

⑳ 〈鄧小平同志指出台灣歸回祖國提上具體日程〉，北京，《新華月報》，同前註，頁一一。

㉑ 〈鄧小平在美再申明盼和平解決台灣問題〉，《大公報》，一九七九年二月一日，香港，一版。

㉒ 同前㉑

㉓ 〈鄧小平會見日本「朝日新聞」社長渡邊誠毅〉，《文匯報》，一九七九年十月二十日，香港，一版。

㉔ 鄧小平，〈目前的形勢與任務〉，《鄧小平文選》（北京：人民出版社，一九八三年七月），頁二〇四。

㉕ 〈北京透露對台政策同意台灣當局有人事權〉，《大公報》，一九八〇年五月二十一日香港，二版。

㉖ 〈葉劍英向台灣當局提九點方案對等談判實行第三次國共合作〉，《大公報》，一九八一年十月一

日，香港，一版

㉗ 同前㉖

㉘ 同前⑰

㉙ 同前㉖

㉚ 楊開煌，〈現階段中共對台統戰及我對策之分析〉，台北，文化大學大陸問題研究所《大陸問題學報》第二期，民國七十二年五月，頁四一

㉛ 參閱徐光明，《中（共）美「八一七公報」制定與影響之研究》（台北：政治作戰學校政治研究所碩士論文，民國七十四年六月），頁一三二—一四二。

㉜ 胡耀邦，〈在首都各界紀念辛亥革命七十周年大會上講話〉，《三中全會以來，重要文獻選編》下冊（吉林：人民出版社，一九八二年八月），頁九七六。

㉝ 『屈武在學術討論會上發表講話』，《人民日報》，一九八一年十月十三日，北京，四版

㉞ 〈廖承志致蔣經國先生信〉，〈統一祖國人人有責〉（北京：北京出版社，一九八五年一月），頁二六一—二六八

㉟ 〈中華人民共和國憲法〉，《中共重要法規彙編》（一九七七—一九八二年）（台北：法務部調查局編印，民國七十二年六月），頁一二。

㊱ 彭真，〈關於中華人民共和國憲法修改草案的報告〉，北京，《新華月報》，一九八二年十二月號，第四五八期，一九八三年一月三十日，頁二七。

㊲ 同前❸，陳孔立主編《台灣歷史綱要》共五〇五頁。

㊳ 方孝謙：〈大陸學者編撰的「台灣歷史綱要」的解讀〉，《中國大陸研究》第三十九卷第九期，頁

四七—四九（民國八十五年九月出版）

㊴ 同前㉘，頁四七

㊵ 陳孔立：〈台灣歷史與兩岸關係〉，《歷史月刊》十月號，頁六〇—六四（民國八十五年十月出版）

㊶ 同前❸，頁一一六

㊷ 同前❸，頁四九

㊸ 同前❸，頁五一—五五

㊹ 同前❸，頁五五—五八

㊺ 同前❸，頁五八—六二

第二節 台灣學界編寫「台灣史教材綱要」之概況

壹、前言

台灣歷史研究，曾經是一門危險的學問。它所以被視為危險，乃在於它潛藏了高度的政治禁忌。自中華民國政府一九四九年撤退到台灣以後，便一直陷於爭取歷史正統地位的困境之中，台灣研究的出現，極有可能對於這樣的努力構成嚴重的挑戰。從另一方面來看，台灣研究的發展，也極有可能助長台灣意識的提昇，這是當權者非常不樂於看到的。正因為有這樣的禁忌存在，台灣研究遂不斷受到壓制，而長期被迫處於邊緣的狀態。

至少在一九八七年解嚴之前，史學界幾乎都集中精力投注於中國歷史的研究。在這些研究基礎上建立起來的中國史學，基本上是配合著國民政府的政策。由於國民政府不能忘情在現代史上的正統地位，受其掌控的歷史教育與歷史研究，全然不能擺脫欽定的標準歷史解釋。所謂欽定的歷史解釋，便是確認凡是國民黨的所作所為都屬正當合理。這種正統觀念的解釋方式，決定了將近四十年中國史學的研究規矩。特別是在中國近代史的研究方面，所有的歷史解釋都必須符合國民黨的立場。如果說解嚴前的歷史解釋都是國民黨的政治解釋，也並不是誇大其辭的說法。

在國民黨支配下的歷史解釋，大約可以從三方面觀察其亟欲爭取正統地位的用心良苦。第一、有關晚清革命黨與保皇黨之間抗衡的問題，國民黨自然是貶抑提倡改良主義的康有為與梁啟超，同時一面倒肯定採取革命路線的孫中山。後來的國民黨主席蔣中正先生既然以孫中山先生的繼承人自居，則建立革命黨為歷史正統，無疑是順理成章的事。相形之下，主張君主立憲的康、梁，就很難獲得太高的評價。第二、革命黨固然是正統，但革命陣營內部的團體相當龐雜，因此在檢討辛亥革命的功勞時，仍必須以孫中山為主軸。以興中會為正統，是國民黨極力維護的，因此黃興所領導的路線便刻意受到貶低。第三、國民黨的正統地位既以辛亥革命成功為主要依據，則任何向國民黨挑戰的力量都一律視為叛亂。中國共產黨建國成功後，使國民黨的正統地位發生嚴重危機。台灣的歷史教材，無不以負面文字來記錄中共的崛起。在反共政策的護航之下，國民黨更加辛勤為其正統觀辯護。

這種不斷向中原爭取正統地位的努力，終於使台灣歷史研究很難有發展的空間。中國史是正統，台灣史是邊緣。同樣的，中國歷史研究是正統，台灣歷史研究則是邊緣，處於邊緣位置的台灣歷史解釋，必須從屬於中國歷史解釋，台灣史既然是屬於中國史的旁枝末葉，則任何涉及台灣史觀的問題，自然都必須納入中國史觀的脈絡裡。因此，在解嚴之前，根本未聞有所謂台灣史觀的名詞，遑論有關這種史觀的討論。

存在於台灣的中國歷史解釋，在戒嚴時期都可以視為國民黨的政治解釋。這種為政治服務的歷史解釋，不僅在研究方法上造成重大影響，並且也使得許多學術領域遭到無可言喻的干擾。更為嚴重的是，國民黨正統的歷史解釋，在台灣建立了一個牢不可破的霸權論述。霸權的絕對優勢，迫使台灣研究呈現荒蕪狀態，甚至還淪於遭到遺忘的境地。台灣研究最後變成一個禁區，幾乎沒有多少人敢於觸探。少數勇於突破的工作者，則盡量遠離政治方面的議題，把注意力集中於早期歷史與史料的整理。在霸權論述支配的高漲時期，台灣研究畢竟是一門危險的學問。

台灣歷史研究之逐漸脫離險境，應該是在一九八七年解嚴之後。隨著政治禁忌的淡化，以及霸權論述的削弱，台灣研究突然從公認的險學一躍成為眾所期待的顯學。霸權論述的優勢地位之遭到挑戰，主要在於國民黨已經放棄動員戡亂的體制，從而失去了向中原爭取正統的依據。這對中國史學的研究造成極大衝擊，同時也使台灣史學從禁錮的囚房釋放出來。

不過，台灣史研究在掙脫禁區的封鎖之後，並不意味歷史解釋從此就毫無爭論。這個一度被視為禁地的領域，很快就淪為諸神的戰場，持各種不同政治信仰的研究者，都迫切要參與台灣史解釋權的爭奪。堅持國民黨史觀的學者，原來是致力於中原正統的維護，如今則轉而要爭取台灣歷史的正統地位。值得注意的是，台灣研究的領域開禁之後，中共學者也積極介入歷史解釋權的爭奪。所謂台灣史觀一詞，便是在各方勢力的激盪之下而產生的。

在現階段，任何有關建構台灣史觀的討論，仍然很難擺脫政治立場的影響。無論是國民黨史觀或中共史觀，基本上都不是以台灣人民與台灣社會為主體來考量，而是以政權的主觀意志為主軸。因此，即使在朝向顯學的道路上，台灣史學並未真正脫離險境。它所遭到的政治力量之挑戰，未嘗稍緩。❶本文擬就一九八七年以來台灣地區編寫的台灣史教材或書籍，選擇一、二本作一解讀研析。

貳、以《國民中學台灣史教學大綱》為例研析

一九九六年四月黃秀政教授在〈國民中學「認識台灣（歷史篇）」科的課程研討與取材編寫〉乙文中，列出《國民中學台灣史教學大綱》，茲引用如下：❷

兩岸台灣史綱要對照

國民中學台灣史教學大綱（台灣出版）	台灣歷史綱要目次：（大陸出版）
壹、導論 貳、史前時代 一、文化演進 二、原住民社會 參、國際競爭時期 一、漢人與日本人的活動 二、荷蘭人與西班牙人的活動	第一章　早期台灣 第一節　地理環境與早期住民 第二節　早期住民的社會生活 第三節　早期台灣與大陸的關係 第二章　荷蘭人入侵的38年 第一節　荷蘭和西班牙的入侵 第二節　殖民統治下的社會經濟

肆、鄭氏治台時期
一、政治與文教
二、墾殖與貿易
伍、清領時代前期
一、政治演進
二、經濟活動
三、社會與文教發展
陸、清領時代後期
一、開港與國際貿易
二、日軍侵台與治台政策的改變
三、建省後的積極建設
柒、日本殖民統治
一、台灣民主國與武裝抗日
二、政治與社會控制
三、殖民經濟的發展
捌、日據時期的文教與社會
一、教育與學術發展
二、文化活動
三、社會活動
玖、第二次世界大戰後的政治變遷
一、戰後初期的政治
二、中央政府遷台後的政治發展
三、對外關係

第三節 殖民統治與反抗鬥爭
第三章 明鄭時期
第一節 鄭成功收復台灣
第二節 大陸移民與台灣開發
第三節 鄭氏政權的對外關係和鄭清關係
第四章 清代前期
第一節 康熙統一台灣與經濟發展
第二節 移民社會的結構與內外關係
第三節 清政府的統治與社會矛盾
第五章 清代後期
第一節 外國入侵與對外貿易的發展
第二節 由移民社會向定居社會的轉變
第三節 台灣建省與近代化的開始
第六章日本統治的50年
第一節 殖民統治的建立
第二節 社會經濟的殖民地化
第三節 民族抵抗的社會運動
第四節 殖民統治的強化與戰時反日活動
第七章當代台灣
第一節 台灣光復
第二節 國民黨的專制統治
第三節 經濟的恢復與發展
第四節 社會與文化的變遷

第五節本土化與自由化的推行	拾、第二次世界大戰後的經濟、文教與社會 一、計畫經濟的推動與發展 二、教育與文化 三、多元化的社會 拾壹、未來展望

取材：黃秀政．國民中學『認識台灣（歷史篇）』科的課程研訂與取材編寫．國立編譯館通訊．九卷二期．（一九九六年四月），頁一八—一九；陳孔立主編．台灣歷史綱要（北京：九洲圖書出版社．一九九六年四月），頁一—六。

從上述《國民中學台灣史教學大綱》其與近年來政府與民間試圖以鄉土教材來拼貼台灣全貌的用意是息息相關的。九〇年代的台灣，隨著政治生態的改變，各項價值受到空前的衝擊和考驗，單一價值或單一思想受到強烈的質疑，『本土化』、『多元化』的社會價值理念和意識日漸抬頭。母語及鄉土教材教學的本土文化教育的主張，也甚囂塵上，造成一股風潮。一九九〇年，宜蘭縣政府首先突破禁忌，將母語教學納入中小學的聯課活動中，以該縣自行編輯的本土語言教材實施鄉土教學。其後，屏東縣、台北縣首長也陸續在小學推展母語教育。

在台灣本土化呼聲日益高漲之際，以不同語言文化的族群或各縣市為單位所編輯的鄉土教材，如雨後春筍般地湧現，以鄉土教材進行鄉土教育也隨之如火如荼地展開。受到社會與論廣泛肯定與熱烈迴響之母語及鄉土教材教學，也如浪潮一般，洶湧地席捲台灣教育的走向。

教育部在中、小學課程改革方面，確立課程架構的『本土化、國際化、統整化』三項原則。在『本土化』原則下，鄉土教學在國民教育體制中正式獲得定位。從八十五學年度起，自小學三年級增設『鄉土教學活動』，以母語、本土各族群文化、認識生存環境為主要施教範圍；至國中一年級則增開每周三節的『認識台灣』課程，分成歷史、地理、社會三篇教授；此外並在藝能科方面，增加『鄉土藝術活動』課程，從藝術活動、造形藝術及表演藝術等三方面規劃。

八十五學年度起，國小三年級以上必須在正式課程中排入鄉土教學；自八十七學年度起開始使用縣市政府所編寫的教材，國中部分則從八十六學年度起開始實施。

一、鄉土教材的意義和特性

所謂『鄉土』，可以指出生地、現住地、就學地或工作地，原則上是由近及遠，由小而大，逐步擴充。比如先以家庭或學校為中心，再推及村里、鄉鎮、縣市，而後省，以至於國家。

『鄉土教學』主要利用鄉土教材，給予學生對其生長環境認知的教育，並使學生對本地區產生一種新的態度與新的作為。

『鄉土教材』是指在鄉土資料擷取最能符合鄉土教學需要的資源，加以調查、蒐集、並有系統地整理、規劃、錄製、保存和編輯，以作為從事校內、外鄉土教學之憑藉；其範疇涵蓋語文、歷史、地理、政治、社會、生態及藝術等自然與人文要素。

理想的鄉土教材具有生活化、時空化、多樣化和趣味化等特性。鄉土教材是生活的取樣，教材與經驗結合，易引發學童的學習興趣。

教材的選擇，在時間上含融過去、現在及未來，在空間上涉及整個鄉土社會的自然和人文事物，提供多樣化的選擇空間，使教學領域，由近及遠，由淺入深，使學童樂於參與學習。

鄉土教學是社會化教學的具體表現，其能使學童意識到地表有一塊和自已有密切關係的土地，並肯定這一塊土地對自已的意義，尊重和欣賞鄉土的獨特風格，建立對鄉土的認同感和歸屬感，激發愛鄉情操。

本土語言教學是讓學生有學習自已母語的機會，以保存各族群的語言文化，增進各族群的溝通和互相尊重，以促進族群融合相處。

二、鄉土教材拼貼台灣地圖

台灣目前已編輯並出版鄉土教材的縣市包括台北市、高雄市、台東縣、花蓮縣、宜蘭縣、台北縣、桃園縣、新竹縣市、苗栗縣、台中縣市、彰化縣、雲林縣、嘉義縣市、南投縣、台南縣市、高雄縣及屏東縣。教材內容涵蓋本土語言、歷史、地理、環境、文教、社會、民俗等範疇。

台灣過去在「中原正統」及「一元化」的政策主導之下，所呈現出來的是一個單語的「中國大陸核心，台灣小島邊陲」的圖像，台灣一單獨存在，即出現零碎的面貌。

然而，各縣市陸續出爐的鄉土教材，就如同拼貼地圖一樣，一小塊、一小塊地拼貼出台灣的全貌：我們所看見的不再是模糊的線條而是清楚的輪廓；不再是黯淡無光的顏色，而是鮮明亮麗的色彩；不再是單調死沈的光景，而是繽紛盎然的氣象。這可從各縣市的本土語言教材與鄉土教材略加分析：

㈠、本土語教材台灣各縣市已出版的本土語言教材有河洛話、客家語、泰雅語、排灣語、雅美語、布農語、魯凱語、卑南語、賽夏語、鄒語、邵語及太魯閣語等十二種，幾乎包括台灣所有族群的語言，充分展現台灣是個多語族共存的社會。

語言是一群人在本土生活千百年的總體文化表示，其不但是一個族群成員互動的憑藉，代代間傳遞生活經驗和知識的工具；同時也是凝聚一個族群共同情感和價值的重要表徵，滿足族群成員對該族群情感戀慕的需求。

如今台灣各族群母語教材的呈現，不但能喚醒各族群的集體記憶、激發對相同價值取向和信仰的共同認定，同時也讓學童了解其背後的文化，認同自己的鄉土，連帶愛護該地區，也建立各族群對其文化的自尊心與自信心。多族群語言的共同展現與學習，亦能促使族群間互相尊重彼此的語言，真正地了解、容忍與和諧相處。

㈡、鄉土教材台灣近乎所有的縣市都已推出鄉土教材，縱觀這些教材的命名，可歸納幾個特色：1.「鄉」味十足：諸如「鄉土」、「家鄉」、「故鄉」、「吾鄉」及「鄉情」。例如，南投縣：《南投縣鄉土大系》；苗栗縣：《我們的家鄉—苗栗》；高雄縣：《高雄縣我的故鄉》；彰化縣：《吾鄉彰化》；台北市：《台北鄉情叢書》。2.處處有「愛」：分別以動詞、名詞及形容詞呈現。例如，嘉義市：《愛我家鄉嘉義市》；台南市：《台南是我的愛》；雲林縣：《可愛的家鄉雲林》。3.「吾」鄉「吾」土：諸如「我或吾」、「我的」及「我們的」。例如，嘉義市：《愛我家鄉嘉義市》；高雄縣：《吾愛吾鄉》；台北縣：《我的家鄉台北縣》；台中市：《我們的台中市》。4.「情」重「心」深：例如，台北市：《台北鄉情叢書》；高雄市：《高雄心港都情》。5.美妙故事：諸如「淨土」、「漫遊」及「故事」等美化作用字眼。例如，花蓮縣：《花蓮的淨土：我們的家鄉》花蓮；台南縣：《漫遊家鄉》；台中縣：《大里的故事》。這些「吾鄉」、「淨土」、「可愛」、「故事」等的字眼，不但喚醒過去歷史的記憶，也為下一代編織共同的情感，形塑眾多美好的形象。「蘭陽」（例如，宜蘭縣：蘭陽地理）、「桃園」（桃園縣：桃園縣海濱植物簡介）、「台東」（例如：台東縣鄉土語言教材）、「屏東」（例如：屏東縣母語教材）等其他縣市的名稱的展現，逐漸描繪出以台灣為主體的豐貌。

㈢、今後的努力方向，自八十五學年度起的新課程即將實施，計多鄉土教材也已陸續出爐，環視這些已出版及進行編輯中的教材，其編撰者不外乎教育學者、地方相關專業人士、學校老師及教會牧師（其以編寫原住民的語言教材居多）。

然而，一般教育學者大都由「倡導」、「原則」及「理念」的提示上著眼；一些鄉土研究工作者則從「考據」、「整理」上費心力；擔任教學的老師，在求學「養成教育」階段即欠缺「本土語言」、「鄉土地理」、「鄉土歷史」和「鄉土藝術」等的素養與背景，如何編選、設計一套完備的鄉土教材，需要一段時間調整及修正。

師資素質的良窳是教育成敗的關鍵，由於鄉土教材內容涵蓋語文、自然、歷史、地理及人文社會科學，非過去單一課程教師所能講授。當教師面對不同族群、不同語言文化的教材，本若身對其內容及語言一知半解，擔任鄉土教學必然困難重重。

因此，在教材推出之前，即須及早規劃師資的培訓，雖然各縣市已召訓了一些教師，但短期受訓，能學到的東西有限，執教能力或有不足；若能持續進修、隨時充實相關學養，或可見專業的教師。

可預料的是在實施之初專長教師不足的情形必然浮現採取外聘他校老師或具有專業素養的人士來協助是可行途徑之一。

想讓鄉土教材與教學日趨成熟，在師資養成和進修、研習方面要做好紮根的工作。師範院校之系所，應未雨綢繆廣開鄉土教材的相關課程，提供學習和研發的空間；各師院學生不論修習任何科系，只要想擔任教育工作者，都應接受相關學科背景的『鄉土教材』之研習。

文化教育不是一蹴可幾，而是數十年、百年的長遠大計，需從國小、國中以至高中，循序漸進建立系統。我們期待教材不是教育主管當局用來向民意機關或民眾展示的具體成果，鄉土教學也不是為應付教育部的通令實施，各執行單位要做好通盤規劃，才能充分發揮鄉土教學之了瞭解鄉土、愛護鄉土及尊重多元文化等的功能。❸

參、以張勝彥、吳文星、溫振華、戴寶村編著之《台灣開發史》一書為例

張勝彥等編著《台灣開發史》一書係國立空中大學用書於民國八十五年元月初版，全書共三七九頁，由於該書係新近出版，透過隔空媒體教學，學生來自社會各階層，其教材影響層面，應該非常廣泛，因此筆者乃將之作為抽樣解讀的台灣史教科書之一。為讓讀者瞭解該書撰寫與出版緣由，茲引述其序言如下：

人類是最是歷史的動物，常常會將人類發生的事情詳加記錄下來；也往往會回顧過去發生過的事情；渴望了解過去的歷史是人類的一大特性，歷史遂成爲支配人類未來行爲不可或缺的要素。因此任何社會、民族或國家的成員們，都會想了解其自身之社會、民族或國家的歷史，也會將其歷史留傳下來，記錄和研究歷史乃成爲人類必要的工作。

台灣地處中國大陸之東南、東北亚之西南、東南亞之東北，恰居此三大地區的交通要

衡，在史前時代曾經是中國大陸、日本和東南亞諸文化的傳播地，也是某些南島語族文化的發源地。台灣可能由於其地理位置的緣故，到了十七世紀以降乃至於今，成爲世界強權的角逐地，而世界各地也漸成爲台灣貿易的對象。由是可見台灣自遠古以來迄於今，一直是一個相當國際化的地方。台灣自古以來即深具國際性的此一傳統和整部台灣歷史，由於受限於近四十多年來，台灣內部的特殊政治環境，探討台灣史成爲一種禁忌，以致少爲人所清楚的認識。

隨著國際情勢的改變和台灣內部政治、經濟和社會等各方面的變遷，政治力已無法主控整個社會，研究台灣史不僅不再是禁忌，而且已蔚爲風氣，整個社會呈現急切渴望了解台灣史課程。[4]

其次再觀之該書『目次』，僅徵引如下：[5]

第一篇　原住民主體時代

第一章　考古遺址

第一節　舊石器時代

第二節　新石器時代

第三節　金屬器時代

第二章　社會與經濟

第一節　社會組織

第二節　經濟生活

第三節　宗教信仰

第二篇　國際海權角逐時代

第三章　漢人與日本人的活動

第一節　漢人的活動

第二節　日本人的活動

第四章　荷蘭人與西班牙人的殖民經營

第一節　荷蘭人的殖民經營

第二節　西班牙人的殖民經營

第三篇　鄭氏王國時代

第五章　政制與文教

第一節　政制之建立

第二節　文教發展

第六章　拓墾與貿易

第一節　拓墾

第二節　貿易

第四篇 清領時代

第七章 文職機關的設置與調整

第一節 文職機關的初設與調整

第二節 噶瑪蘭廳的設置

第三節 同治光緒年間文職機關的大幅調整

第八章 土地開發

第一節 土地取得與開墾組織

第二節 水利的興築

第三節 聚落形成與市街興起

第九章 社會發展

第一節 信仰與社會組織

第二節 宗族組織

第三節 士人與社會

第四節 民變與械鬥

第五節 平埔族社會之大變遷

第十章 對外貿易

第一節 開港通商與世界市場

第二節 進出口貿易的分析

第三節 西洋宗教文化的傳播

第十一章 外力衝擊與對應

第一節 西洋的砲艦外交

第二節 日本南進的先聲—牡丹社事件

第三節 治台政策的變革

第五篇 日治時代

第十二章 統治政策與體制

第一節 殖民統治政策之演變

第二節 殖民行政組織

第三節 警政、保甲與社會控制

第十三章 經濟發展

第一節 殖民資本主義經濟基礎之建立

第二節 農業爲主之產業發展

第三節 日治後期之『工業化』

第十四章 社會變遷

第一節 人口與社會結構

第二節　殖民教育與文化
第三節　風俗習慣

第十五章　政治社會運動

第一節　武裝抗日運動
第二節　政治運動
第三節　社會運動

第六篇　當代的台灣

第十六章　政治與社會

第一節　歷史傷痕二·二八
第二節　威權主義政治的轉化

第十七章　經濟與貿易

第一節　經濟發展
第二節　對外貿易

第十八章　台灣的國際關係

第一節　國際地位與外交關係
第二節　台灣與中國大陸關係

從上述『序言』與『目次』，可以發現《台灣開發史》一書具有下列幾個特色：

一、強調台灣自古以來迄於今，一直是一個相當國際化的地方，必然要凸顯台灣史的國際觀或世界觀。

二、以『原住民主體時代』、『國際海權角逐時代』、『鄭氏王國時代』、『清領時代』、『日治時代』、『當代的台灣』等六篇的佈局來介紹整部台灣歷史，與大陸學界標榜中國史，台灣史必須經過社會發展五階段的說法（原始社會、奴隸社會、封建社會、半封建社會半殖民社會、社會主義社會），是迥異不同的。

三、沒有強調『階級鬥爭』、『階級矛盾』的唯物史觀。

四、沒有刻意凸顯『二二八事件』的歷史，但也不會抹煞此一歷史事實，因此於第十六章第一節中予以介紹。

五、本書的這些特點與黃秀政教授撰《國民中學台灣史教學大綱》相較，同質性非常高，應該也是強調台灣的國際觀或世界觀並無不同。

事實上，這種強調『台灣國際史觀』或『台灣世界史觀』也隱隱約約透露一個信息，那就是『在不同的中國人社會中，不論他們是屬於一個或多個國家，均應體現出理性的政治生活之本質：即國家的性質與國籍的歸屬應以人民的意願和福祉為前提，而不能單由歷史傳統或既存政體的主體勢力來規定；政治問題的解決應著眼於民主政治的建立，而不是一味地以民族感情和文化主義來強求。』❻換言之，今天海峽兩岸編寫台灣史，也應著眼於『世界觀」、「國際觀」的建立，而不是一味地以民族感情和文化主義來強求，強加在教材上。

因為目前台灣歷史的研究所遇到的問題，是在於無法擺脫不同時期的政治立場之糾葛，甚至在於學術研究是否可能或應該擺脫意識型態的問題；研究者彼此之間也會因為烙在身上的歷史社會經驗而有不同的立場。解嚴後紛紛冒出頭的形形色色的台灣研究，為了彌補或對抗解嚴前被忽略、壓抑、扭曲的一段歷史，有大部分著作自然採取了對趾的論點，不斷強調台灣歷史經驗的本土性與特殊性。有些論著更是清楚地在為台灣的政治獨立尋求歷史研究和學術理論的根據。如果將之視為政治意識型態化的歷史或區域研究樣本，當然也不能說有何不妥。

另一方面，由於台灣和中國大陸之間的歷史關係也是事實，大陸的學界受到意識型態和民族主義的影響，當然要比台灣的學者更深刻。即使他們在討論問題時，一再強調是從學術和歷史事實出發，沒有政治立場，也是很難不讓讀者窺出其選擇性的問題意識。

就像統獨問題的爭論一樣，雙方都努力地在建構自己的理論，結論雖然相反，但其論證邏輯的層次卻是一樣的，或說是停留在同一個水平；那就是在概念上或在信仰上，把國家的成立建立在民族主義、歷史主義和文化情感的認同基礎上，兩方面都只是站在同一個平面上的兩端而已。這種爭論是不會有積極意義的，因為前提本身就是立場或信仰的問題，最後仍然只能訴諸於非學理性的政治力來裁決。

試圖從台灣歷史的研究中去證明台灣是不是中國的一部分，台灣人在族群定義上是否為中華民族的一員，這對於影響當代的政治和國家認同問題，不能說完全沒有作用。但是這種研究和論點在學理上和政治課題上由於忽略了另一層次的國家構成原理的前提，似乎並不值得如此介意。

住在台灣和大陸的人民，他們在思考國家體制的問題時，其認知和選擇究竟是還要站在傳統民族主義的立場，或是現代國家公民意識的立場？這個前提比起對過去歷史和民族問題的研究和討論更為重要。我們應該讓歷史的歸歷史，政治的歸政治。如有可能，我們也應該讓民族的歸民族，求一個更為理性、更為現代性的認知，讓血緣的歸血緣，市民共同體的歸市民共同體。這中間並沒有矛盾，也沒有衝突。也只有如此，我們才有可能讓歷史研究和討論回歸理性。

民族主義的立國觀念是人類歷史發展中，有關國家意識的眾多課題其中之一而已。除了民族國家主義之外，人類還有許多不同的國家認同意識指標。從希臘的城邦時代開始，市民共同體、宗教信仰、族群意識、地域觀念、機關主權、歷史因素、地理區隔，都在不同的時代不同的地區扮演著國家構成的主要動力來源。這些都構成政治史研究的題材或課題。抱持著這些觀念和立場的當代人和當代的歷史研究者，當然也跟這些觀念和立場一樣，成為站在另一個高度的學術研究所要探討分析的對象。任何一位意識清楚的歷史學者，他應該深切地瞭解到自己並不是一個超脫的研究者，他做為一個歷史經驗和意識型態的負載者，同時也不能逃脫一個被研究者和被分析者的角色。也許對他而言，歷史研究只不過是他用來為其歷史經驗和意識型態做辯護的工具而已。最近以來，台灣和大陸的台灣史研究有些似乎很難脫離此種困境，以至造成台灣史研究的政治化，直接間接地影響了有關台灣史研究的討論氣氛，甚至阻礙了台灣史做為一門理性科學的發展前景。

台灣歷史的研究，在戒嚴時代是一門被壓抑的領域，解嚴後很快竄升為台灣學術界的顯學，就像眾多為了台灣民主運動坐過牢獄的『政治犯』突然成為眾所注目的國會議員一樣，它也需要一段時間的適應和調整。但學術界的從業者畢竟沒有真正進過牢，卻要代表這個曾經進過牢的學術領域，更加上了一層調適的落差。

而來自中國大陸的台灣史作品，幾乎毫無例外地籠罩在統一論的民族主義旗幟底下。符合這樣一個目的的任何史實和論證不但不會被遺漏，而且被一再強調。至於那些可能喚起台灣歷史經驗中的獨特性和不同政治立場的解釋，如果不是加以忽略就是否認其意義。

台灣和大陸的歷史社會研究工作者，都很難擺脫當代歷史大環境的束縛，每個時代有每個時代的思想模式和意識型態，他們也是被研究的對象。事實上，他們所做的研究和思考的方式也是被歷史所探討和定性的一部分，他們當然不可能跨越貫穿不同時代不同地域的歷史檢驗。他們的立場也是要接受理性認知的考查。[7]

吾人應該很容易聯想到一九四九年以後，隨著國民政府撤退來台的「新移民」所表現的移民心態，及其經過三、四十年後慢慢開始浮現出來的「土著意識」。甚至連省籍的衝突和矛盾也令人想起清初不同籍民的分類械鬥。我們是否也將預見另一個不同類型的「土著化」

轉型之來臨呢?肯定的，我們今天所用的「台灣人」或「台北人」的理念已經大不同於清代末期所形成的本土居民概念。然而，我們不是也看到大多數的「外省人」實際上已經失去其祖籍的認同情懷，而與清末的台灣漢人如出一轍嗎?只是因為三、四十年的時間對於人群的意識轉變仍然不夠長久，因此我們在這個時刻仍然免除不掉「省籍意識」或「祖籍意識」的困擾罷了。

在今天的中國社會或國際社會中，「台灣人」這個用語和概念已經不像「湖南人」或「廣東人」那樣純粹是一種地方性居民的稱謂。在許多的場合，每當提起「台灣人」這個稱呼時，往往包含了歷史、政治和族群觀念所衍生的情緒。因為有這些因素的干擾，我們有時候感到很難從社會科學的角度來客觀地討論諸如「台灣人」這類概念的性質及其形成的歷史過程。不同政治立場的人有不同的成見。更多時候是帶著中國人所特有的激情，來看這個問題。很多時候，所謂「台灣人」意識總是被認為與政治上的台灣獨立運動有關。因此，有些人的看法是絕對不承認有「台灣人」這個範疇的存在。相對的另一個極端的看法，即認為「台灣人」經過長久的歷史和地理分隔，已經與大陸上的「中國人」不同，進而將「台灣人」的意識昇高為民族的範疇。這些看法，眾所周知，往往與其政治訴求有關。

不可否認的，有相當多的「台灣民族」論者試圖從方言差異、邊緣意識和歷史上的分離事實，加上現實政治資源分配的不平均，來建立本土意識的民族性格。學術的討論應該將這些政治性的涵義盡量加以排除。希望可以從歷史的發展和族群的意義上來探討「台灣人」這個客觀存在的歷史社會事實。我們的結論可以得出一個簡單而明顯的事實，即台灣人在人類學或社會學的族群定義上，只不過是華人或漢人社會的一個地方成分而已，頂多只能算是與湖南人、廣東人或客家人一樣，是屬於不同方言群或地方居民的範疇。或者從歷史和文化型態來看，台灣社會基本上仍然是中國或漢人社會，台灣人不論如何強調其本土意識，在歷史文化上仍無法否定此一事實。

這類的理論進一步指出「台灣人」地方意識存在的客觀事實，甚至歷史的因素已導致社會經濟和文化的差別性。但即使是在人種、語言或文化上不相同的族群，在政治上也可以結合成一個健全而有效率的國家。

民族主義代表了一種對於國家和政體如何構成之原則所抱持的強烈態度和情感。在世界歷史的進展過程中，近代民族主義主要是對抗帝國主義的政權擴張和殖民政策所產生的。其目的乃在於要求民族獨立，即以民族為認同基礎建立起新的獨立國家，擁有國際關係中的一切自主權力。這種看法或運動，即是第二次世界大戰前後在第三世界各地風起雲湧的所謂「民族主義」，英文稱為 nationalism，但精確地說應該是 ethnic nationalism 或 dthno-nationalism，較適當的中譯可能是「民族國家論」。

由於中國的特殊歷史經驗，孫中山先生提倡的「民族主義」跟這種意義的「民族國家論」有很大的差別。辛亥革命以後的中國雖然為列強勢力所分割，但形式上仍然是一個獨立國家，與西方帝國主義下的其他亞、非、拉丁美洲之殖民地不同。孫中山提倡民族主義的用意是要「推翻滿清帝國，重建新中華」，而不是以帝國主義列強為直接的革命對象，也不是要在滿清帝國之外，另外建立一個獨立的「民族國家」。即使後來革命成功，「中華民國」成立了，帝國主義侵略割據的問題並未解決。我們一般也不認為辛亥革命是一種民族革命，而多以民主革命或國民革命稱之。在本質上，這是同一個國家之內的政治革命，即推翻原來的政體，建立新的政體。一直到後來國共對抗的時期，此種性質始終沒有改變。即使在面對帝國主義和日本侵華的威脅之下，雙方仍以各自的政體主張而彼此對抗。

或許我們可以這麼說，中國作為一個「國家」（country或nation）一直都是存在的，並沒有、也不需要一個「民族國家主義」（ethnicnationalism）來重建其獨立的地位。中國的問題在於內部的「政體」或「國體」（statehood），即中國應是怎麼樣一個政體的國家？其國家構成的性質如何？是帝制、共和、民主憲政或社會主義？這些不同政體在同一國家之內通常是個別存在於不同的歷史階段中，彼此排斥和交替的。但在目前或卻同時並存著兩個敵對的政體，各據一方。傳統中國人的觀念認為這不是正常的，而有強烈要求「一個民族一個國家，一個國家一個政體」的傾向。[8]

如果在觀念上可以把民族、國家和政體分開，那麼我們也許可以說今天海峽兩岸的中國人在意識上仍屬於同一個民族，

甚至是較鬆散意義的國家（country），只是生活在不同的政體（states）或較狹隘意義的國家（nation）中而已。進一步，若是我們可以接受這樣不同的「國家」（country和

nation）意義，並容許同一個國家內不同政體的存在，和平地共存並互相往來，那麼許多問題的糾結也許就有解決的可能。但，事實上海峽兩岸顯然均不認為他們可以互相平等的對待，因為如此一來在觀念上又被認為是好像分裂成了兩個國家一樣。雙方均明顯地把「國家」和「政體」看做是必須一致，甚至是完全相同的東西。任何一方均企圖占有整個「國家」的控制權，不容許另一個政體的存在。這也是何以「民族感情」會成為國家統一運動的口號之原因。

由於「民族國家論」的理念是情感性的，人們很難從理性的基礎上進一步去質疑它的妥當性。更不用說在概念上把民族文化一致性和國家體制分別出來，以建立一個屬於「政治國家論」的理想。此處強調「政治國家論」不過是認為在決定國家體制和歸屬的問題上，政治生活方式的理想或意識型態應該比民族、文化和歷史因素更為基要和優先。這樣的一個理念即使從「資產階段」社會學的現代性理論中也可以尋得依據。眾所周知的帕森思（T. Parsons）「模式變項」理論即系統地將傳統社會到現代社會的變遷趨向定為：從繼承的、初生的身分社會，走向成就的、衍生的契約社會。明顯地，民族國家論是傳統觀念的延續和執著，而政治國家論的現代性則相當清楚。❾

我們已認識到，當代吾人對於政治歸屬或國家公民觀念的認同，基本上已經逐漸驗證民族或歷史的傳統規範。也就是說，相同的民族或文化社會並不一定非得統一在一個國家的體制之下不可，更不用說要從歷史淵源來命定出這種結論。我們今天可以看到英國人或盎格魯撒克遜人在世界上可以形成那麼多的獨立國家。我們也可以容忍一批一批的中國人從台灣、香港和大陸自由移民到別人國家，改變其公民權歸屬。事實上，我們早已承認人民有選擇國家和公民權的自由，而一個國家的構成並不一定要建立在單一民族的基礎上。因此，我們從不會基於民族的感情去責備移民者是所謂「分離主義」，或對他們繼續主張「民族國家論」。

即使對中國這個國家政治體而言，「民族國家論」的訴求在理論上不僅缺乏現代性的合理化力量，而且最後可能證明是自我矛盾的。「民族國家」的理念對於多族群的中國而言，是一把雙面鋒利的刀。它固然在一方面可以用來為從事一國兩制論或中國統一論的訴求的目標，但在另一方面它也間接地促成了「台灣民族國家論」的反論之出現。

這裡希望說明的一個理性的觀念是，不論我們如何證明出兩個地方或族群在血緣上或在歷史上，彼此相關或無關至任何程度，在二十世紀快結束的今天，不應該再是政治或國家歸屬的唯一標準。企圖從歷史或族群的觀念中去尋找政治歸屬的理論基礎，在今天的國際社會中似乎已逐漸失去說服力。在邁向理性化的現代中國社會之過程中，讓我們把歷史文化的傳承當做是客觀的事實，容許人們從事客觀的探索，而把現實政治認同的問題放回現實的政治情境中尋求解決。歷史文化傳承不應變成遂行政治目的的唯一工具，我們更不應該為了政治上的目的而扭曲歷史和社會的客觀事實，而耽溺於民族感情的歸趨。在不同的中國社會中，不論他們是屬於一個或多個國家，均應體現出理性的政治生活之本質：即國家的性質與國籍的歸屬應以人民的意願和福祉為前提，而不能單由歷史傳統或既存政體的主體勢力來規定；政治問題的解決應著眼於民主政治的建立，而不是一味地以民族感情和文化主義來強求。換言之：兩岸編寫台灣史，亦應以宏觀的國際觀、世界觀為前提，跳脫狹隘的民族感情與文化主義來強加於歷史，才是解決政治問題的開始。

肆、以陳芳明主張〈台灣後殖民史觀〉為例

陳芳明先生在〈台灣研究與後殖民史觀〉一文中，談到：在後殖民史觀裡有一重要的精神，便是特別強調歷史發展過程中被殖民者所表現的抵抗文化。一部台灣殖民歷史，乃是一部充滿掙扎、頓挫、飛揚的抵抗運動史。在荷蘭、滿清的封建殖民時期，台灣農民的武裝起義就已經為本土的抵抗文化奠下基礎。在日據的現代殖民時期，台灣知識分子從事思想啟蒙運動與近代式的民主民族運動，更為抵抗文化塑造豐碩的傳統。戰後的再殖民時期，連綿不斷的草根民主運動，終於改寫了數百年來的殖民史。[10]

此種觀點主張台灣社會是「典型的殖民地社會」而衍生台灣「後殖民史觀」的說法，他是有別於前述台灣「國際史觀」或「世界史觀」的說法，因此筆者乃將其論點引述介紹如下：[11]

一、殖民地社會的性格

在殖民地社會產生的歷史，乃是不折不扣的殖民地歷史，所謂殖民地社會，一言以蔽之，便是本地人在受到外來政權的掠奪與迫害。在經濟上，殖民地人民只有生產與納稅的義務；在政治上，他們全然沒有發言權。然而，更為重要的是，被殖民者的語言、歷史、文化都一律受到壓制或消滅。

台灣社會的發展過程，可以分成內部殖民與外部殖民兩條路線來觀察。就內部殖民而言，島上最初只存在原住民社會。原住民固然沒有文字記載，歷史記憶較為薄弱；但是，他們具有豐饒的文化傳統。由於沒有文字符號的束縛，原住民依賴口頭傳說保留想像力極為豐富的神話故事。他們擁有特殊的藝術美學與生活方式，雖同住在島上，但各個種族的文化是相當獨立的。到了十六、十七世紀之交，漢人移民大規模從中國大陸遷徙到台灣，原住民文化才開始受到侵害。

漢人在島上的出現，是台灣殖民地社會之濫觴。漢人移民憑恃其文字記錄的能力與較優的農耕技術，對原住民社會開始進行侵蝕與占有。漢人使誆騙、歧視、蒙蔽的方式，終於成功地完成了對原住民族群的支配。早期漢人移民對原住民的掠奪，背後並沒有政府組織型態在支持。他們完成土地占有後，也決定在台灣生根定居下來。這種移民社會對原住民社會的支配，並不具備政治權力式的殖民形式，但殖民的本質誠然是存在著。生根的移民對土著的原住民所構成的殖民方式，可劃歸為內部殖民。這種內部殖民一旦建立起來之後，幾乎就已經凝固化了，到今天為止，即使政權已更迭數次，漢人對原住民的欺負仍然還不斷在進行。

這種形式的掠奪，構成了台灣殖民地社會的重要特徵之一。

以武裝為後盾，以政府型態為支配手段，以消滅本土文化為最高目標的殖民體制，乃是隨著荷蘭、西班牙、鄭氏政權的先後建立而逐步累積起來。荷蘭、西班牙政權是最早在台灣實行內地化政策的。所謂內地化政策，便是把殖民地母國的語言、政治、經濟等制度介紹在台灣來。荷蘭人在原住民社會與移民社會裡，有計畫推行其語言，並建立剝削式的東印度公司，企圖把台灣改造成為它在遠東推展貿易的前哨站。這種外來政權在島上實行的內地化政策，可以視為典型的外部殖民。

鄭氏王朝取代荷蘭政權之後，繼承了既存的殖民體制。鄭氏把荷蘭人從原住民與漢人移民手中奪取的王田改稱為官田，使得這種外部殖民得以延續下去。如果荷蘭、鄭氏政權存在稍久的話。則其內地化政策也許能夠得逞。由於政權壽命過短，內地化政策未能成功，但殖民體制的痕跡則歷歷可見。

真正在台灣完成內地化政策的是滿清王朝。從中國史學的觀點，滿清已被納入正統王朝的脈絡。無論持國民黨史觀或中共史觀的研究者，並非從民族主義的觀點來看待清朝，而是從清朝完成『統一版圖』的史實來評價。換言之，凡是能夠使中國領土統一的王朝，都可視為正統的政權。這說明了為什麼中共為何會開始對吳三桂、施琅重新翻案。這兩位曾經被定位『漢奸』的歷史人物，只因有功於當時中國的統一，正好符合了現階段中共的立場。國民黨學者則是從接受漢化的觀點來看待滿清，並且也把清初皇帝的文治武功，都納入中國傳統史學的脈絡。這兩種史觀，都是從帝王的立場來解釋歷史，因此也可稱之為帝王史觀。

但是，對台灣社會而言，帝王史觀則是另一種變相的殖民史觀，滿清政權統治台灣兩百餘年，採取的都是『防台以治台』的政策。為達此目的，清朝長期實施海禁政策。因此，台灣島上形成的漢人移民社會，全然沒有得到政府力量的協助，而是一種自發性發展的民間社會，對於日益形成的移民社會，滿清政府則更加嚴密予以控制支配。李國祁教授在一九八〇年代初期提出的『內地化』理論，用以解釋清代台灣社會納入中國版圖的過程，正好可以說明殖民體制逐步完成的過程。『內地化』理論，乃是傳統帝王史觀的延伸，是偏向統治者利益的一種歷史解釋，與台灣原住民社會及漢人移民社會的發展過程頗為疏離。

在滿清時期，台人不得入伍，不得攜眷入台，不得築城，不得鑄鐵器等等的禁令，都明顯把島上住民視為次等人民，形同罪犯一般。這種區別待遇，在中國各地是未曾出現過的。台灣開始接受建省制度與現代化，必須等到十九世紀末葉才進行的。這種政治、經濟各方面的變革，並沒有改善台灣住民的地位；這些政策的推行，全然是基於國防上的考量。台灣建省未及十年，清廷在甲午戰敗便立即將孤島割讓日本。綜觀整個滿清時期，統治者並未負起開發台灣的責任，在權力結構上，滿清在台灣的統治本質，與前近代的封建殖民體制可謂毫無二致。

現代殖民體制之降臨台灣，當以日本總督機構的建立為起點。就像西方的帝國主義政權一般，日本對台灣經濟資源的掠奪極為細緻而徹底。它對台灣社會生產力的調查，比歷史上任何一個政權還來得周密，在其統治五十年的期間，除了最後四年（一九四一—一九四五）的皇民化運動之外，台灣住民未嘗被正式以國民來看待。在行政上，台灣人被稱為『台灣籍民』。做為殖民地的被統治者，比任何一個社會都還能夠咀嚼什麼是被歧視、被壓迫的滋味。『工業日本，農業台灣』的政策，最能顯示被殖民者的政治、經濟地位。

台灣人在文化上的地位，正好與政治經濟上的待遇等高同寬。日本殖民者極其露骨地實行『內地延長論』較諸清朝的內地化政策還更深刻。日本殖民者的內地延長策略，目的在於消滅台灣人的本土意識，並且進一步使台灣社會全然同化於日本文化。台灣語言、歷史、文學之受到檢查與禁止，自日據時期以降，未嘗稍止。島上的語言、文化傳統所以發生斷裂的現象，可以說完全肇因於此，特別是皇民化運動臻於高潮時期，台灣知識幾乎都普遍犯有嚴重的歷史失憶症與失語症。這種心靈上、文化上的戕害，遠遠超過經濟掠奪所造成的創傷。

一九四五年日本投降，使得殖民體制暫時中止。然而，戰後初期國民政府在台灣設立的行政長官制度，以及一九四九年後配合反共政策而實行的戒嚴體制，在本質上與殖民統治可以說無分軒輊。在經濟上繼承的專賣制度，在政治上延續的獨裁體制，在文化上變本加厲的國語政策，對台灣社會構成的損害，毫不遜於殖民時期的台灣總督府。國民政府的外來政權性格，斑斑可考。如果把實行長達三十八年的戒嚴體制視為再殖民時期，應該是恰如其分的說法。

台灣社會正式脫離再殖民時期，當以一九八七年的解嚴為最大分野。跨越這個分水嶺之後，被壓抑許久的台灣語言、文學等等的生產力獲得了空前未有的釋放。縱然這樣的釋放並非是全面性的，但從歷史的觀點來看，這可能是台灣社會走向後殖民時期的重要契機。

二、後殖民史觀的建立

所謂後殖民史學（postcolonial histoiography），係指殖民地社會在殖民體制終結後對其歷史經驗進行反省與檢討。一九四五年第二次世界大戰結束之後，所有第三世界的國家無不重新撰寫有關殖民經驗的歷史。特別是在非洲與中南美洲的歷史學者，非常警覺到要迫切建立屬於人民主體的史觀。在殖民統治時期，他們的歷史都是由外來殖民者掌控撰寫權與解釋權。所有的被殖民者要瞭解自己的歷史，全然是透過統治者的立場與觀點來認識的。被殖民者看到的歷史不是自我（self），而是做為外來殖民體制的他者（other）而存在的。後殖民史學的建立，便是希望矯正這種被扭曲的歷史形象，而較為正確地重新塑造自我。對於殖民經驗的全面檢討，從而釐清何者屬於外來者的觀點，何者屬於本土的觀點，正是後殖民史學的重要課題之一。

從這樣的觀點來看台灣歷史的發展，後殖民史觀的建立是值得追求的。自有歷史活動以來，台灣島上先有原住民社會的存在，然後才出現移民社會，最後又產生了殖民社會。較晚產生的社會，往往後來居上，對於島上先民進行權力的支配。殖民體制一旦建立之後，凡是在台灣出現的統治者都先後繼承了這個體制的權力結構。荷蘭、鄭氏、滿清、日本、國民政府各自代表了不同時期的文化與政治霸權，但他們對島上住民的掠奪與剝削卻是同條共貫的。

在後殖民史觀裡有一重要的精神，便是特別強調歷史發展過程中被殖民者所表現的抵抗文化。一部台灣殖民歷史，乃是一部充滿掙扎、頓挫、飛揚的抵抗運動史。在荷鄭、滿清的封建殖民時期，台灣農民的武裝起義就已經為本土的抵抗文化奠下基礎。在日據的現代殖民時期，台灣知識份子從事思想啟蒙運動與近代式的民主民族運動，更為抵抗文化塑造豐碩的傳統。戰後的再殖民時期，連綿不斷的草根民主運動，終於改寫了數百年來的殖民史。抵抗文化的開花結果，具體反映在國民黨的被迫解除戒嚴體制。這些抵抗的事蹟，在統治者的歷史記錄裡如果不是被擦拭，便是以反面的形式存在著。倘然位於權力邊緣的台灣住民都能以自己的力量改造殖民體制，則對於被扭曲、擦拭的歷史記錄，也應該有能力重新撰寫。

台灣研究在解嚴後立即從禁錮狀態中獲得釋放，正好可以反映台灣社會亟欲改寫歷史記錄的願望。在現階段，國民黨史觀與中共史觀都極力避開觸及台灣的殖民經驗。理由是很清楚的，任何有關殖民體制的討論，都相當敏感的會牽涉到這兩個政權的統治本質。然而，堅持這兩種史觀的學者無論如何逃避，都不能不面對一個事實，那就是維護霸權論述的絕對優勢時代，已經一去不復返。

追求後殖民史觀的建立，並非只是在檢討台灣的外部殖民經驗而已。台灣研究的空間既然已經啟開，研究者必須把注意力也轉移到內部殖民的議題。原住民歷史記憶之遭到擦拭遺忘，並不是只來自外來殖民者的刻意壓制，漢人移民的長期忽視與歧視也是一個重要的因素。歷經數百年殖民統治的台灣社會，在朝向後殖民時期邁進時，應該有足夠的反省能力對任何沙文主義或權力中心予以批判。倘然外部殖民已宣告終結，卻讓內部殖民繼續存在，再度犯漢人沙文主義的錯誤，則殖民史的偏頗是不可能得到糾正的。

重構台灣史觀，並非是文字記錄的靜態改寫，而是整個社會心靈的動態改造。讓受害的經驗化為受惠的資產，正是後殖民史觀的一個重要目標。歷史不會倒流，但會重演。檢討殖民經驗，為的是要讓壓迫、歧視、傷害的歷史不再發生。[12]

伍、結論

總之；在現階段，海峽兩岸任何有關建構台灣史觀的討論或所出版的台灣史論著，仍然很難擺脫政治立場的影響。無論是國民黨史觀或中共史觀，基本上都不是以台灣人民與台灣社會為主體來考量，而是以政權的主觀意志為主軸。因此，即使在朝向顯學的道路上，台灣史學並未真正脫離險境，它所遭到的政治力量之挑戰，未嘗稍緩。筆者認為無論是面對大陸學界的『唯物史觀』、『階級鬥爭史觀』、或台灣獨立人士的『台獨史觀』及台灣學界的『台灣國際史觀』、『後殖民史觀』……不一而止，兩岸學術界應跳出民族感情與文化主義意識型態之爭，彼此聯手從探討中國歷史上所謂『原始社會史真相』、『奴隸社會史真相』、『封建社會史真相』、『半封建半殖民社會史真相』、『共產主義社會史真相』，進而探討『台灣原始社會真相』、『台灣有無奴隸社會階級』、『台灣有無封建社會階級』、

『台灣有無半封建半殖民地社會階級』、『台灣有無社會主義階級』，當這些問題被充分探討與釐清之後，兩岸各自要走的道路，自然呈現，而屆時台灣史觀的塑造，將會有一個較為穩定、持久的解釋方式，而不會再依照政權立場的要求做任意的改變。

註釋

❶ 陳芳明：〈台灣研究與後殖民史觀〉，《歷史月刊》十月號，頁四一．（一九九六年十月出版）

❷ 黃秀政：〈國民中學『認識台灣（歷史篇）』科的課程研訂與取材編寫〉，《國立編譯館通訊》，九卷二期，頁一八—一九．（一九九六年四月出版）

❸ 劉振倫：〈鄉土教材拼貼台灣全貌〉，《中央日報》第一八七期，第二十一版（民國八十五年四月十七日．星期三出版）

❹ 張勝彥、吳文星、温振華、戴寶村編著《台灣開發史》，頁一（台北：國立空中大學出版，民國八十五年元月初版）

❺ 同前❹：頁一一四

❻ 陳其南：〈台灣史研究的政治意涵〉，《歷史月刊》十月號，頁五五．（一九九六年十月出版）

❼ 同前❻：頁五五—五六

❽❾ 同前❺：頁五七—五九

❿ 同前❶：頁四一

⓫ 同前❶：頁四三—四五

⓬ 同前❶：頁四六

第七章　海峽兩岸編寫「台灣二二八事件」之梗概

第一節　台灣史上「二二八事件」真相探討

壹、「二二八事件」原因之分析

平心而論，「二二八事件」，不管是自發的、偶發的、赤色的、非赤色的，它都是一個時代的悲劇，而這個悲劇背後卻是隱含了各種色彩複雜的因素。例如監察院公佈楊亮功先生對「二二八事件」的調查報告中，對事變原因即列舉了十點❶，顯現其複雜色彩，而坊間雜誌各家說法，莫衷一是。篇幅所限，筆者僅就民國三十六年五月，台灣省警備總司令部編印之《台灣省『二·二八』事變記事》報告，談到九項事變的遠因與近因加以引述，以印證楊亮功先生的報告之可靠性與正確性，茲析論如次：❷

一、遠因

日本統治台灣，達半世紀之久，一旦光復，日人戰敗而去，遺留種種毒素，自非旦夕所可剪除，此實為此次事變之根本因素，茲就其縈縈大者，分述如下：❸

(一) 潛伏奸黨之死灰復燃

台灣淪陷期間，由於日本國內思想界之複雜紛亂，影響所及，台灣遂產生各種黨派，從事鬥爭，雖屢經鎮壓，迄未肅清。光復以後，各黨派又死灰復燃，乘機活躍，其最著者，為共產黨。該黨遠於民國十七年間即開始成立，初稱「台灣民族支部」受東京日共中央指揮監督。十九年，復與上海共產黨國際東方局及中國共產黨首領瞿秋白發生關係，繼續在島內組織各種工會聯盟，擴大活動。二十一年，該黨為日本警署檢舉，首要份子謝雪紅，林日高、潘欽信、蘇新、王萬得、張道福等五十人因證據確實，被判刑，台共組織至此陷於停頓狀態。

光復後，奸黨首要謝雪紅等，躍然興起，重振旗鼓，即在台中市組織人民協會。王萬得、潘欽信等則與原台灣民眾黨首要蔣渭川及張邦傑等合組台灣民眾協會，後改稱為台灣政治建設協會。兩會屹立南北，遙為呼應。一面收羅舊幹部，強化組織；一面爭取新群眾，擴充力量。時國內來台奸偽，亦日見增加，如偽台灣省工作指導委員會、偽台灣省立工作團、偽中共東南區第七聯絡站、偽閩台政訓組、偽台灣共產主義青年團等組織，均潛伏活動。奸黨勢力，因漸滋大，遇事生端，伺機竊發，已非一日。其他同情奸黨之團體，亦相繼抬頭，如民主同盟會，設立報社，詆毀政府，盡情宣傳，為奸黨張目。

㈡「御用紳士」及歸台浪人之煽動

本省在日本統治時代之「御用紳士」及倚靠日人而生存之爪牙，深受日人「皇民化運動」之薰陶，既改其名，復改其姓，一切惟日本是尊，絕無「中華民族」之觀念。光復時；雖曾一時銷聲斂跡，嗣以政府寬大為懷，彼等乃死灰復燃，四出活動，希冀再攫取以往之特殊地位與寵幸，政府對於彼輩，自不能事事滿足其慾望，因此施展慣技，到處散佈讕言，以圖恐嚇。政府咸以片雲不足以障日月，仍寬大待之。彼輩以政府為可欺，遂益壯其荒謬之膽。此外過去流落省外之台籍浪人，素受日人之支持及惡意宣傳，彼等在汕頭、廈門、福州等處，無惡不作，盡人皆知。光復後，初返家鄉，劣性未改，避難就易，既不願從事正當職業復以主人自居，高唱「民主」冀獲一官半職；稍不如意，輒埋怨政府。政府則因在接收期中，事實上需要一部份外省人來台協助工作，「御用紳士」及浪人等，利慾熏心，氣度狹窄，遂盛倡「打倒外省人」、「台人治台」及「高度自治」等口號，企圖使台灣脫離祖國而獨立。

㈢日本奴化教育之遺毒

日本在台因施行奴化教育，對於中國極盡蔑視破壞之宣傳，台胞之年事較輕者（中等學校學生及小學教員為多）對於祖國歷史地理及一般情形，既茫然不知，而對於日人「先入為主」之惡意宣傳，則中毒甚深。彼等大都懷有成見，認為中國一切文物制度，人文學術，均無足取，平時所言皆日本語言（一般青年說日語比台語為熟練）日常生活亦模擬日本方式，幾已死心塌地希望永遠為日本臣民。影響所及，遂使一般青年殆不復知有祖國文化與中華民族傳統精神之偉大，更不知此一時代之潮流--光復後，政府施政方針與日本時代自迴然不同，彼等對於祖國之法令制度，既毫無認識，且事事存有「日本第一」之錯誤觀念，遂不免發生不正確之批評。對於生活工作，彼輩亦難免不甚習慣，而發生種種厭惡。於奸黨份子，即利用其頭腦簡單，推波助瀾，鼓動風潮，企圖使台灣自外於中國，而便於趁火打劫。

(四) 戰後經濟問題刺激

日本統治台灣末期，因戰事節節敗北，經濟方面，百孔千瘡，如工業原料之匱乏，生產事業之衰退，交通器材之缺少等等，雖於日人屈膝時，尚未至全部表面化，但經濟崩潰之因素，已日積月累，積重難返，台人不知底蘊且懷有過高希望，以為一旦歸還祖國，一切問題即可迎刃而解。不知政府接收之後，承殘破凋敝之餘，重以財力與交通之困難，技術人員補充之不易戰時被燬之極少數工廠，限於人力財力，短期中事實上無法恢復。又因戰後各地物價繼續上漲，台灣一般物價雖較平穩，但亦不能倖免。因此，人民生活不無稍感痛苦。於是，奸黨與暴徒，故作挑撥離間之宣傳，事事與日葦時代比較，曲解事實，批評政府，使極少數之無知與短施無礙，光復後，政府繼續辦理，並改善其制度，而一部份自私台商，誤以政府奪取彼等之利益，遂利用輿論力量，鼓吹撤銷，且復從中多方阻礙破壞，以為專賣及貿易政策撤銷後，即可福國利民。殊不知絕大多數之人民，對於專賣及貿易政策，向表竭誠擁護。

(五) 宣傳與教育工作之失敗

滌除日人教育之遺毒，改變錯綜歪曲之思想，端賴宣傳與教育工作。然台灣因語言風尚之隔膜，此等工作收效匪易，且一般人士，因閩台間交通困難，來台後待遇又菲薄，大都裹足不前。又因黨團宣導主管人員未能確盡職責，統籌計劃實施宣導以致光復經年，台胞對祖國之一切尚模糊如故，此亦釀成事變之一因。

二、近因

(一) 經濟風潮之刺激波動

民國三十六年，二月間，上海美鈔及黃金風潮發生後，各地物價飛漲，台灣自不能例外，政府為平抑物價，安定民生，除禁止黃金買賣外，對於平抑糧價，亦採取緊急措施；一方面撥發公糧實行平糶，一面清查大戶囤糧，嚴加取締。一般大地主及糧商，遂怨謗叢生，惟恐天下不亂，以圖倖免處分。專業局查緝員警誤傷人命時，彼等竟中奸黨及陰謀份子之詭計，隨聲附和，認為良機難得，即暗中嗾使流氓擴大事態，以亂政府取締囤糧之步驟。即就奸黨自身言，自拒絕中央和談以後，先後於魯中及東北發動總攻勢，彼等擬以台灣為策應起見，曾預定於北平美軍強姦女生及黃金風潮波及本省之兩時期中，始發暴動，嗣以力量不足，除僅僅發動小規模之反美示威遊行外，只在嘉義等處發動學生罷課風潮。另一方面，發動鐵路汽車員工，以要求改善待遇為藉口，進行同時間罷工，漸漸而演變為此次之事變。

(二) 特殊階級之陰懷怨恨

本省日產房屋，在接收初期，多為台人佔用。此次政府為統籌處理，擬予標賣，以杜流弊。詎佔住之台人，不明政府旨意，以為有礙彼等之權利。奸黨份子又從而煽動，秘密組織所謂房屋委員會，企圖妨礙政府標售房屋之進行，當時雖經政府解釋而平息，但人民無知，稍有機會，即啟發其驕縱心理。此外尚有舊時農工商業中間剝削份子，所謂「仲賣人」者，光復後，情勢變遷，失所憑藉，不免失意。益以政府接收日人公私土地，過去均由日人利用彼等為爪牙，轉租與佃農，任其居間剝削。此次政府決定將此大量之日人公私土地，收回直接放租與自耕農，組織合作農場，取銷中間者之剝削，以改善絕大多數之農民生活。彼等自知已獲取之利益，勢將喪失，怨望又益加深，亦為此次事變原因之一。

(三) 不法份子之勾結蠢動

民國三十六年四月，政府大赦，台灣赦釋人犯數達千人，其中各地流氓，地痞為數不少，彼等惡性未除，尋釁滋事，習以為常，亦最易為奸黨所利用，尚有過報被日人征召出省服役之青年，自政府接運歸台，多不安於農耕生活。且久受日人訓練，殘忍成性，當日本投降，南洋及海南島之國人，以彼輩過去為虎作倀，甘為日人爪牙，輒加鄙視，彼等懷恨在心，遇有機會，即發洩其仇恨報復之積憤。加以奸黨之鼓勵利用，其勢益張，實為此次暴動之主要引力。

(四) 駐軍之內調

本省於接收之初，擔任防務者為兩軍，後整編為師，旋因使用於國內方面，先後內調，雖奉令以整編第二十一師來台接防，但迄事變之初，到台者惟一團又一營而已，除擔任監護勤務外，控制部隊曾再節約，亦僅一營，形成警備空虛，予奸徒可乘之機。

總上所述五大遠因、四大近因，係構成台灣史上「二二八」事件的起因，而近來無論是官方或非官方的資料及學者士紳的意見，儘管各異其見，經筆者檢閱後，發現各家說法，或多或少，都有觸及這五大遠因和四大近因，正好凸顯出此一事件起因的複雜性。為能一目了然，比對其異同，分辨其是非，僅將各家對二二八事件起因不同的說法列表如下：

對二二八事件「起因」問題各種不同的看法彙整表

楊亮功的調查報告④	警備總司令部的調查報告⑤	台灣菸酒公賣局的調查報告⑥
一、台灣人民對祖國觀念之錯誤。 二、日人之遺毒。 三、物價高漲與失業增加之影響。 四、政府統治政策之失當。 五、一部分公務員貪污失職及能力薄弱之反響 六、輿論不當之影響。	一、遠因： 1.潛伏奸黨之死灰復燃 2.「御用紳士」及歸台浪人之煽動。 3.日本奴化教育之遺毒。 4.戰後經濟問題刺激。 5.宣傳與教育工作之失敗。 二、近因： 1.經濟風潮之刺激波動。	一、共匪滲透各階層，以台灣省政治建設協會（蔣渭川主持）爲其滲透利用主要對象，台灣民主同盟幕後指揮……事變中，任何不法組織中均由政建會策動參與。 二、政客紳士企圖爭取實權，以達升官發財之私慾。 三、日本雖敗對台灣仍存野心，

七、政治野心家之鼓吹。
八、共黨之乘機煽動。
九、治安衛武力之薄弱。
十、廣播無線電台爲暴民控制之影響。

2.特殊階級之陰懷怨恨。
3.不法份子之勾結蠢動。
4.駐軍之内調。

日本俘待遣時，密聯台籍日軍將部份武器埋藏，遣俘後，該等台籍日軍先後於三十五年下半年在潭子、豐原、烏來等地起出槍、械彈藥數百件，伺機暴動。
四、地痞流氓趁機搶劫惟恐天下不亂。

國防部白崇禧部長的報告⑦

遠因：受日人褊狹惡性教育與歪曲宣傳的遺毒。
近因：共產黨及野心家利用緝私案件掀起暴動。

沈雲龍先生的回憶⑧

一、陳儀未能深入瞭解台灣民性民情，而若干高級幹部粉飾太平，未能掌握政局現況，以致造成二二八事件。
二、陳儀對中央黨政及人際關係，極不圓通，受到敵對勢力的打擊，尤其共黨份子的滲透，乘機煽動，擴大事態。
三、陳儀以台省安寧毋須駐軍等同意調回大陸，以致全省兵力單薄，無法鎮壓二二八事變之暴亂。

林衡道先生的回憶⑨

一、日人對台的奴化教育。
二、「半山派」的發展，促成二二八起因之一。
三、台灣光復產生的一些問題。
1.御用紳士無法從政，對陳儀失望與不滿。
2.台省大地主不滿陳儀施政。
3.民間工商業的不景氣。
4.來台國軍，軍紀差，外觀差，台胞產生反感。

大陸學者的看法 張憲文：中華民國史綱⑩	台灣光復後，蔣介石治台基本政策： 一、實行政治建制的特殊化和政治、軍事的絕對獨裁統治。 二、實行台灣經濟建制的特殊化，實行統制經濟和內地隔離的政策。 三、政治上設「台灣行政長官公署」對台民進行獨裁統治。 四、經濟上，設立「日產處理委員會」，將全部日產充公。 五、將日用品實行專賣制度，設立貿易局，控制台省進出口。 六、物價飛漲，人民生活受到威脅。 七、南京國民政府在台灣把中華民族利益，出責給美帝國主義，更令台胞氣憤。
台灣學者的看法 賴澤涵：「二二八事件」英文研究報告⑪	一、因隔閡而誤會不幸發生衝突。 二、天馬茶房查緝私煙引發爭端。 三、陳儀請調軍隊鎮壓失信於民。 四、這是文化調適和適應問題的衝突，台灣過去五十一年受日本殖民統治，隔絕了中國文化，一旦光復不能馬上適應中國文化方式的政治，歷史證明民族的融合往往是需要一段時間的，因此像類似事件在歷史上也有很多例子，例如魏晉南北朝、南北宋、清初漢人到台移民閩客衝突，抗戰時到重慶也有一些省籍衝突。
台獨人士的看法 史明：台灣人四百年史⑫	民國三十四國民政府接收台灣之後： 一、一面高談「殖民地解放」、「歸復祖國」，一面繼承日本殖民統治，軍國特務統治，引起台人不滿。 二、將日產統歸「公家」所有，引起台人不滿。 三、國府一到台灣就濫發紙幣，大肆掠奪米、糖、煤炭等民生物資，運回本國，使台灣經濟陷入痛苦深淵。 四、蔣家國府及其同一派的中國人，心懷征服者的優越感君臨於他們視爲殖民地奴隸的台人頭上，燃起台人民族上的仇恨心。 五、蔣家國府帶來了與二十世紀潮流背道而馳的封建性、落伍性、反動性，導使台人對他們產生在文化思想上的蔑視心理。

三、事件發生前台灣軍防概況

㈠、兵力部署概況

事變前，駐台部隊惟整編第二十一師獨立團及該師之工兵營與三個要塞守備大隊，總兵力不過五二五一員名，就中除三個要塞守備大隊一五三三員名擔任該區警備；工兵營五一七員名，於二月一日到台，後稍經整頓，即行接替台中以北監護勤務，獨立團主力二五〇〇員名，擔任嘉義以南監護勤務外；本部（指警備總司令部）控制力，惟獨立團之一個營約七百員名，故感兵力薄弱，應變困難。茲將事變前警備總司令部指揮系統暨部隊駐地列表繪圖於次：⑬

1. 事變前指揮系統表

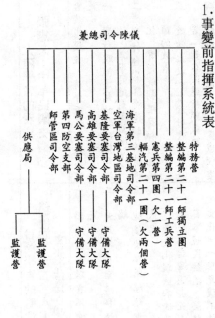

兼總司令陳儀
- 特務營
- 整編第二十一師獨立團
- 整編第二十一師工兵營
- 憲兵第四團（欠一營）
- 輜汽第二十一團（欠兩個營）
- 海軍第三基地司令部
- 空軍台灣地區司令部
- 基隆要塞司令部 — 守備大隊
- 高雄要塞司令部 — 守備大隊
- 馬公要塞司令部 — 守備大隊
- 第四防空支部
- 師管區司令部
- 供應局
  - 監護營
  - 監護營

2.事變前部隊兵力駐地圖

說明：

一、曲線表示兵力駐地要圖

二、繪自「警總報告」頁四

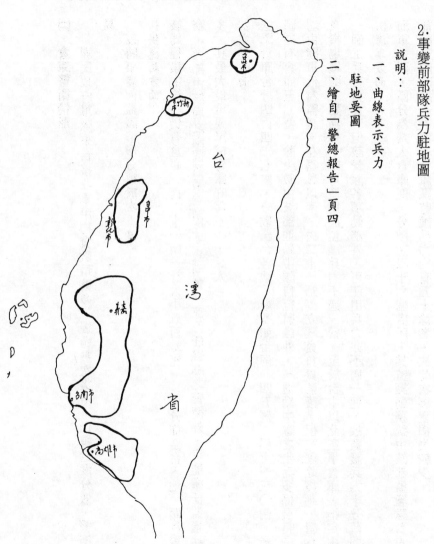

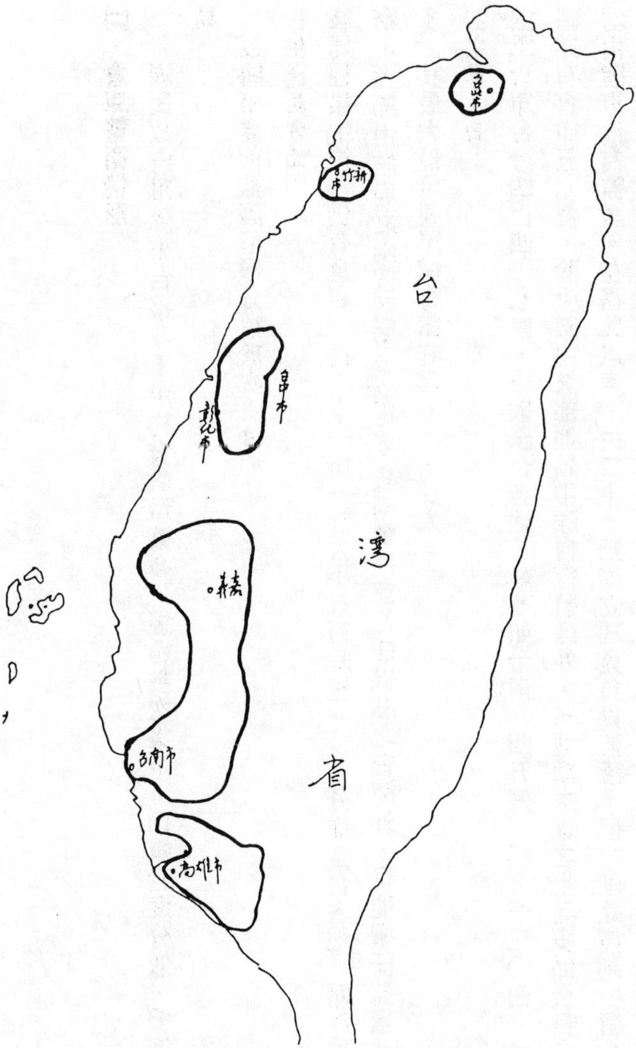

㈡、倉庫警衛情形

國民政府軍隊來台接收軍用物資數量繁多，經過數次集中，仍嫌過度分散，警衛 不易。

茲將事變前監護情形分述於次：⓮

1.供應局方面：

該局經集中後，仍有倉庫一百二十一所（計大小五百餘座），分佈全台各地，關於警衛勤務，大部由該局之兩個監護營擔任。該兩營一部份任機關之警衛外，可能擔任監護兵力無多，其最大最重要軍械倉庫守兵不過十餘人。

2.空軍方面：

空軍倉庫合計四百四十七座，分散全台各地，最多如台南一四五個，屏東一三〇個。最少地區亦有倉庫五六個，除少數由該部地勤中隊自行監護外，（地勤中隊之士兵多係台籍），餘均由陸軍代為監護。在嘉義以南，由二十一師獨立團員負責監護，但該團除控制一營兵力並負機場機關之勤務外，所可使用於監護兵力不過一營。至於台中以北空軍倉庫，指定由二十一師工兵營負責，但該營除各項勤務外，可使用兵力亦不過一連，故監護兵力十分薄弱。

3.海軍方面：

海軍方面，區分為八大倉庫區，分散在二十六個處所，其監護勤務統由該部監護隊負責（為前陸戰隊改編）。每一倉庫區監護兵力約有五十餘名，故此次事變損失較少。

註釋

❶ 見監察院公布前閩台監察使楊亮功、監委何漢文：《二二八事件》調查報告，民國七十七年三月十日，聯合報第三版，共列舉了十大事變原因，顯見其複雜多變的因素。（以下簡稱《楊亮功之調查報告》）。

❷ 見台灣省警備總司令部印，《台灣省「二二八」事變記事》，（法務部調查局薈廬資料室藏）民國三十六年五月印，在第一章事變原因中列舉了五項遠因、四項近因，頁一－三（以下簡稱警總之報告）。

❸ 同前❷，為使歷史真相客觀的呈現，筆者對「警備總部」的調查報告，盡量引用原文，不加修飾更改。

❹ 同前❶楊亮功先生之調查報告。

❺ 同前❷警總之報告，頁一－三。

❻ 台灣省煙酒公賣局：《二二八事件專案資料報告》（法務部調查局薈廬資料室藏），頁一。

❼ 國防部新聞局掃蕩週報社編，《二二八事變始末記》，（民國三十六年三月出版，台灣台中），封面即刊登白部長說造成此次事變的原因，包括遠因、近因。

❽ 沈雲龍撰〈二二八事變的追憶〉（法務部調查局薈廬資料室藏，民國七十三年五月二十九日）頁二－四。

❾ 見〈台灣省獻委員會前主任委員林衡道先生（二二八事變時正任職糧食局）二二八事變回憶〉（法

務部調查局薈廬資料室藏，民國七十三年一月）。

❿ 見張憲文主編，《中華民國史綱》（中共河南人民出版社出版，一九八五年出版），頁六九一〈台灣二二八起義〉，大陸學者首次將二二八事變編入〈中華民國史〉上，以突出此一事件為目的。

⓫ 見賴澤涵，〈二二八省思〉（引自馬起華編，二二八研究，中華民國公共秩序研究會出版，一九八七年十月出版）頁二五九～二六四。另見賴澤涵、馬若虛、魏萼三人著之《一個悲劇的誕生：一九四七年台灣二二八事件》(A Tragic Beginning The Febuary 28，１９４７ uprising in Taiwan) 全文共三五五頁（英文版）。

⓬ 史明著《台灣人四百年史》（海外版）（美國，逢萊島文化公司出版，一九八〇年九月初版）頁七四九－七五〇，第十一章「中國蔣家軍閥政權殖民統治下的台灣」，３、「二、二八大革命」。

⓭ 同前❷警總之調查報告，頁四。

⓮ 同前❷警總之調查報告，頁五。

貳、「二二八事件」經過之分析

一、事變經過情形

根據楊功亮先生的調查報告所述事變之經過，則詳述民國三十六年二月二十八日因查緝私菸事件，傷斃人命，使台北市發生暴動，直至三月九日行政長官公署重行宣佈戒嚴，暴動始漸平息。以下分述基隆市、新竹市、台中市、彰化市、嘉義市、台南市、高雄市、屏東市、台北縣、新竹縣、台中縣、台南縣、高雄縣、花蓮縣、澎湖縣等十六個縣之暴動經過。❶

其中述及事變暴動與擴大之因，有：❷

㈠事變之期，以由專賣的緝私傷斃人命引起，被擊斃之陳文溪，係一流氓頭之弟，故流氓首先參加，利用一般民眾之排外（外省人）心理，及不滿政府現況心理，鼓吹擴大，為事變初期之主動者。

㈡事變發動以後，各地政治野心家乃乘機而起，脅持各地處理委員會，提出種種政治改革之要求，此為第二階段之主動者。

㈢事變蔓及全省後，共黨乃乘機滲入，實行暴動，以圖顛覆政府，然其時參加份子複雜，各地情形甚為混亂，步驟不濟，意志不一，共黨人數甚少，亦無控制全局之力量，故事變之第三階段，已無指揮全局之主動者。

㈣省縣市參議會議長、議員，幾普遍參加「二二八」事件處理委員會，其中固有不少能顧全大體使事變消弭；然亦不免有若干議員推波助瀾，以求事態擴大者。

㈤各地暴民發動，多以警察局為進攻之目標，而本地員警在事發後，或自動封存武器，或棄械潛逃，甚或公然參加暴動，致地方當當局束手無策，坐視暴動擴大之一重要原因。

另觀之警備總部之調查報告，其主要論點亦離不開上述五點，在其報告第三章事變經過分為㈠，事變之開端及蔓廷：㈡非法組織之產生及其發展。㈢叛亂之陰謀。❸茲引述如下：

㈠、事變之發端及蔓延

此次事變之肇始，至為細微：先是，專賣局據報：有載運大批私菸之船隻一艘，自省外駛台，擬在淡水起貨。即派員往查，即僅見空船停泊貨已卸運。至二月二十七日下午七時半左右，在延平北路一帶攤販發現私菸堆累累，當由該局緝私人員葉得根等六人，會同警察大隊警員四人，乘卡車一輛，前往查詢在天馬茶房附近與女菸販林江邁發生爭執，當地流氓遂乘機煽動，以亂石圍擊。混亂之際，傷及女販頭部，由隨行警員護挾附近醫院治療，另二警員正在維護秩序，亦被亂石擊傷，時群眾愈聚愈多，奸黨分子與流氓煽惑亦愈激烈，欲將專賣局查緝人員加以圍毆，查緝人員，且行且奔，冀免毒手。詎暴徒起而追趕，至永樂町永樂戲院時，查緝人員以情勢危急，其中一人迫於自衛，對空鳴槍示威，意在嚇止其追趕。不料誤傷及街樓上之居民陳文溪，當即斃命，暴徒等因此遂趁機焚燬緝私人員所乘之卡車，其時憲警已出動維持治安，並將躲逸之查緝人員押送憲兵隊，暴徒等又擁至市警局及憲兵隊，要求交出兇手當街槍斃。雖經憲警負責人員，百般勸慰，並允將肇事人員交法院依法訊辦，無奈奸黨等視為暴動時機已至，遂藉口要求目的未達，沿街打鑼召號，盡情鼓噪，徹夜紛擾，迄未稍息。[4]

翌日（即二月二十八日）上午九時，奸黨暴徒借題發揮。竟又沿街打鑼，煽動市民罷工罷市，延平北路警察派出所員警上前勸阻，竟被抗拒，並遭毆打，該所窗戶器具雜物均被搗毀。十時許，奸黨暴徒率領流氓千餘人，擁至專賣局台北分局，當場毆斃外省職員兩人，傷四人，搶掠所有菸酒等專賣物品及汽車，腳踏車等物，縱火焚燒，火光燭天，隔夜尚未熄滅，憲警無法制止。十一時左右，復至南門包圍專賣局，幸憲警聞訊，事先戒備，未被搗毀。惟該局俱部及一部分宿舍之器具，被燬一空。同時在榮町一帶之新台公司，正華旅社機關商店亦被搗亂焚燬。至此，暴徒如患瘋狂，恣情肆虐，竟高呼「打死中國人」（即指外省人）之口號，於是無論通衢僻巷，公私場所、瞥見外省人，即加以擊掌為暗號，預伏室內之暴徒，即聞聲下來。新竹縣長朱文伯是日正由縣來省，途中被架毆打，且失蹤數日。其最殘忍者，為將婦女裸體毆打，甚至以刀刺其腹，以石塞其陰戶，令其行走拒者即刺殺之。摔死小孩與活劈致死之事，亦有數起。台北市外省人之慘遭傷亡者不可計數。迄至下午二時許奸黨暴徒自台北專賣分局起廣播電台，以暴力佔領，向全省廣播，煽動人心。另一分隊，以鑼鼓為前導，衝襲長官公署，以聲勢洶湧，當陳長官正覓通譯人員，準備出見前之一二分鐘，暴徒竟迫近公署大門，衛士加以阻擋，彼等即圍搶其槍，並開槍擊傷衛士一名，衛士不得已而亦開槍示威鎮壓，始將暴徒與亂民驅散，暴徒等分散後，仍到處毆殺搗亂，造成恐怖紊亂局面。❺

三月一日，暴徒為搗燬機關及外省人經營之商店，衝入外省公務員之住宅，毆殺劫掠及集眾暴亂之事，乃不斷發生。此時奸黨及陰謀份子，見惡計而逞，遂提出所謂「政治改革」之要求，以煽惑民眾。一般野心份子，從而附和，事態始益擴大。是日到處發現「民主聯盟」「台灣青年團」之宣言或傳單，攻擊政府，挑撥官民感情，無所不用其極。政府雖容忍寬大，宣佈解除臨時戒嚴，禁止軍警發槍，撫卹死傷家屬，而奸黨與陰謀野心份子之企圖固不在此，故暴動事件，仍未稍歇，彼等乘政府解除戒嚴之際，分別乘車南下，潛赴各縣市煽惑民眾，並領導當地流氓發動暴動。新竹縣密邇省會，首遭波及，即於三月一日晚，發始暴動。二日，台中縣及台南、台中、嘉義等市，亦相繼叛亂。四五六各日，南部奸黨數十人又赴台東，花蓮煽動。其間以台中、嘉義兩地情形最為嚴重，台北市（省會所在地）尤為危急。❻

三月七日，暴徒提出叛亂主張後，復繼之暴力行動，八日上午十時二十五分，暴徒百餘，乘卡車數輛，分向警備總部、長官公署、警務處、台北市警察局、警察大隊、南區憲兵隊等處進襲，經軍憲擊退，徹夜槍聲，全市形同戰時前線，下午六時，輜汽二十一團於圓山附近擒獲暴徒二十餘名。同時據報：暴徒企圖搗壞台北市自來水總設備，以絕水源，並唆使高山人民由新店方面進襲市區，企圖攻陷公署，俘獲全部公教人員。此時暴徒步步進迫，情勢重已達極點，警備總部為維治安，不得不實施緊急措施，乃於九日六時起，再度宣佈台北市戒嚴，繼通令全省各地，實施嚴密軍事部署，強力繼續搜索，鎮壓暴亂，人心始告安定。❼

(二)、非法組織之產生及其發展

此次事變實際上純屬少數奸黨暴徒之唆使暴徒搶劫鎗械，襲擊軍警行政機關及國防要塞，並公然接收機關，以暴力脅迫交通員工罷工，冀達其叛逆之目的。其資為號召之機關，即為「二．二八事件處理委員會」，彼等利用此組織，發號施令，儼然為另一政府，其時又聯絡其他複雜份子及思想向不健全之團體，以助長其聲勢，而又示互相勾結，且逐爭雄，於是事態益形擴大，陰謀亦隨之暴露。

茲就處理委員會醞釀時期各種非法團體及參加份子之活動情形分述如左：❽

就非法團體言，大別之約分為四：一為「台灣共產黨」首領謝雪紅、林日高、楊克基、楊克宣、張道福、潘欽信、蘇新、王萬得、林兌等，分A、B、C三集團，A集團在台中，B集團在台南、嘉義、C集團在台北。其外圍組織，為「人民協會」及「民主同盟」等。二為「民眾黨」，該黨早於日本治台時代即已成立，以前首領為蔣渭水死後，其弟渭川繼之，重要首領為呂伯雄、駱水源、張晴川等。此輩思想怪誕，行為卑污，其所吸收份子，多係地痞流氓，日以圖謀不軌為宗旨。三為「民主同盟」，此係共產黨之外圍組織，情形亦與共產黨同，四為「台灣政治建設協會」，成立於本省光復之後，初為「台灣民眾協會」，後改今名，以張邦傑、蔣渭川等為首領，其中重要份子多為民眾黨首要。活動區域以台北為中心，各地均有分會組織。就各派活動情形言，以共產黨及其外圍組織民主同盟份子為此次事件策動之要角，而附從奸黨份子如台灣政治建設協會首要蔣渭川、呂伯雄。日本時代「御用紳士」當時依省參議員顏欽賢、王添燈等亦為此次暴動之要角。其他附從者則有失意之政客及少數地方奸商、地主、過去曾中間剝削之「仲賣人」，現強佔日產之惡霸。至於盲目附從，直接參加暴動者則是一部份自海南島及東北、南洋一帶歸來之退伍軍人，以白成枝為首領，自閩粵一帶歸來之浪民，及潛伏境內各地痞流氓及大赦釋放之罪犯。

以上各種非法組織及活動份子，或原屬隱伏潛藏中秘密活動；或以各種假面具，藉資掩飾，事變發生後，為號召及活動便利，遂均以處理委員會為護符，該會因此而有非法亂紀之行動。

暴動初起時，台北市參議員曾邀請國大代表、國民參政員及省議員等，組織緝菸血案調查委員會，於三月一日向長官建議：「組織「二、二八事件官民處理委員會」，商討善後事宜之處置。長官為謀秩序早定，當經允許，並派民政處周一鶚、警務處長胡福相，農林處長趙連芳、工礦處長包可永，交通處長任顯群等五人，代表公署參加，三月三日，該會首次發會，公署代表前往參加，商定軍隊於是日下午六時撤回軍營，地方治安由憲警學生等組織治安服務維持，交通於六時起全部恢復，撥出軍糧，供應民食等項。不料該會提出無理要求，主張解散警察大隊，成立忠義服務隊，維持市內治安，於是打人劫物，仍未停止。

處理委員會之性質，原為容納民意，商討事變發生後有關卹死救傷等善後處理事宜，但該會對此毫不商議，反進行種種越軌行動。其後該會即摒棄政府派五代表，而自行演變成一非法團體，從事叛亂行動，繼續開會（政府代表已無參加），決議加強機構，通告全省各縣市成立分會，並推派代表參加該會，藉資擴大範圍。決議凡政府發佈新聞、採購糧食，均須經該會證明，並提取商工銀行二千萬元，以為購米資金。對台中等地暴徒之佔領各機關，公然稱「接收完竣」。是日該會又省垣煽惑青年，舉行大會，徵求參加維持治安工作。而台灣省政府建設協會總務組長蔣渭川更在廣播電台煽動全台青年，成立所謂「台灣省自治青年同盟」。

三月五日，處理委員會之活動，益加發展，各縣市分會相繼成立，該會更訂立組織大綱，標榜團結全省人民，改革政治為宗旨，下設處理政務兩局，及治安、交通、調查、糧食、財務、計劃、交涉等組，並請公署撥款五千萬元為該會經費，擬派委員四名，向中央請願，準備於三月五日以前，由該會政務局負責改組長官公署。

在該會卵翼下另一組織所謂「台灣省自治青年同盟」，於三月五日公然非法成立，以「高度自治」為號召，即於是日發始登記台籍陸海軍人員編組區隊中隊，以維持治安為藉口，到處搜槍枝，騷擾閭里，其準備以武力叛國之陰謀，昭然若揭，各縣市暴徒流氓，紛起響應，劫奪倉庫，收繳槍械，接收機關之事，日有所聞。

三月六日，處理委員會正式選出常務委員，發表「告全國同胞書」準備派員監理台灣銀行業務，強迫商民捐款，藉充經費，如大有物產公司被勒捐五十萬元，自治青年同盟亦召開幹部會議，審議章程，推選部長，市內商店雖多復市，學校亦有開課者，一般情形，表面似較安定，而實際則日漸緊張，謠言詠傳，人心惶惑。

此外各黨在各地活動組織之團體，尚有「學生自治同盟」、「海南島歸台同盟」、「學生聯盟」、「自治青年復興同志會」，類皆為奸黨之外圍組織，同助聲勢，而便於誘惑青年，供其利用，彼輩之武裝部隊有所謂「台中作戰本部」、「台灣自治聯軍」等。

㈢、叛亂之陰謀

事變暴徒以要求改革政治為煙幕，進而逐步發表其叛亂之言論，由所謂「高度自由」而變為叛國，脫離祖國之獨立主張，其發展之步驟如下：

1. 初期之要求

自二十八日暴動發生後，台北市參議員曾於三月一日邀同國大代表等向公署要求：解除戒嚴，釋放被捕暴徒，禁止軍警開槍，官民共同組織處理委員會，及請長官對民眾廣播等五點。政府認為上項要求，旨在迅謀恢復秩序，安定人心，尚屬合理，當即全部接受，並對查緝私菸誤傷之人民，予以醫治撫卹；開槍之查緝人員，移送法院審辦；參加暴動市民，准由里鄰及家長保釋；並由長官剴切廣播諄諄曉喻。

2.篡奪治安權之詭計

警備總司令部於三月一日宣佈解除戒嚴，原期恢復秩序，靜候善後處理，而暴徒莠民在此期間，仍到處滋擾，政府為維持治安，不能不分派憲警巡邏。但若輩以此為藉口，一面在處理委員會下成立治安組，組織所謂「忠義服務隊」，擅入軍官官舍；沿途設卡，搜索槍械；並征召海南島及南洋東北一帶返台之退伍軍人及青年，參加該隊，以維持治安為號召。實則進行奪取警衛職權，加強武裝之詭謀，以增加其對政府威脅之力量。一面公然提出撤銷警察大隊之要求，希冀解除政府警衛之武裝，故解嚴後，處理委員會又要求憲警停止武裝巡邏，軍隊撤回軍營；警備總部為避免事態擴大，並希望可能以政治解決，亦均照辦。

3.假託要求改革政治

處理委員會擴大改組後，份子複雜，主張紛歧，越軌非法，益見明顯。三月一日以後，各地暴動，陸續發生。非法團體，相繼成立，到處散發傳單，張貼標語，紛紛提出非法悖理之口號及主張，如「打倒國民黨十八年一黨專政」、「建立台灣民主自治政府」、「建立台灣民主自衛軍」等，公然以準備獨立為宣傳目標。處理委員會在此期間，又推派代表向長官提出所謂政府改革之要求，而所謂自治青年同盟亦揭櫫綱領，要求「建設高度自治」、「提早實施省長及縣市民選」，民主聯盟等不法團體亦宣傳「取消長官公署制度」、「反對專賣貿易政策」……怪誕悖謬，不一而足；長官認為改善政治，原為人民之合理要求，在合法範圍內，自可商榷，因於六日下午又對民眾作第三次廣播，宣示下列三點：

(1)行政機關已考慮將行政長官公署改為省政府，向中央請示，一經中央核准即可實行改組。改組時，省政府之委員及各廳處長，將儘量登用本省人。

(2)縣市行政機關，預定在預備手續完成的條件之下，縣市長定期民選；未選前，不稱職之縣市長，政府當予免職，由當地民意機關候選人三人，報請長官圈定一人，充任市長。

(3)行政改革，在省一方面，俟省政府改組後，由其決定，縣市方面，俟縣市長調整後，由其負責，同時已致電各縣市參議會，對於現任縣市長，不稱職者，迅於文到三日內推薦人選三人，報請圈定，政府對於人民，凡屬合理合法之要求，可謂已盡最大限量之容納，而人民對於改善政治之期望，亦可謂已全部達到。

4.叛亂陰謀之暴露

奸黨及暴亂份子既以政府一再容忍，表示接受民意，深恐事態從此平靜，不能達其最後目的，乃於三月七日提出所謂「處理綱要」、分「目前處理」及「根本處理」兩部分，共四十二條對於目前處理七條，根本處理軍事方面三條，政治方面三十二條，公然主張「撤銷台灣省警備總司令部，反對國軍駐台，陸海空軍應由台人充任，釋放戰犯漢奸」等，其背叛國家，反抗中央之陰謀，至此大白於天下。茲附處理綱要如下：❾

「二二八事件處理委員會」之處理綱要

(一) 對於目前的處理：

一、政府在各地之武裝部隊：應自動下令暫時解除武裝武器，交由各地處理委員會及憲兵隊共同保管，以免繼續發生流血衝突事件。

二、政府武裝部隊，武裝解除後，地方之治安由憲兵與非武裝之警察及民眾組織共同負擔。

三、各地若無政府武裝部隊威脅之時，絕對不應有武裝械鬥行動，對貪官污吏不論其為本省人或外省人亦只應檢舉轉請處理委員會協同憲警拘拿依法嚴辦，不應加害而惹出是非。

四、對於政治改革之意見，可列舉要求條件向省處理委員會提出以候全盤解決。

五、政府切勿再動兵力或向中央請遣兵力企圖以武力解決事件，致發生更慘重之流血而受國際干涉。

六、在政治問題未根本解決之前政府一切施策（不論軍事、政治）須先與處理委員會接洽，以免人民懷疑政府誠意，發生種種誤會。

七、對於此次事件不應向民間追究責任者，將來亦不得假藉任何口實拘捕此次事件之關係者，對於此次事件而死傷之人民應從優撫恤。

㈡根本處理

甲、軍事方面

一、缺乏教育和訓練之軍隊絕對不可使駐台灣。

二、中央可派員在台徵兵守台。

三、在內陸之內戰未終息以前，除以守衛台灣為目地之外絕對反對在台灣徵兵以免台灣陷入內戰漩渦。

乙、政治方面

一、制定省自治法為本省政治最高規範，以便實現國父建國大綱之理想。

二、縣、市長於本年六月前實施民選，縣市參議員同時改選。

三、省各處長人選應經省議會（改選後為省議會）之同意，省議會關於本年六月以前改選，目前其人選由長官提出交由省處理委員會審議。

四、省各廳處長三分之二以上須由在本省居住十年以上者擔任之（最好秘書長、民政、財政、工礦、農林、教育、警務等處長應該如是）

五、警務處長及各縣市警察局應由本省人擔任，省警察大隊及鐵道工礦等警察即刻廢止。

六、法制委員委員數半數以上由本省人充任委員由委員互選。

七、除警察機關之外不得逮捕人犯。

八、憲兵除軍隊之犯人外不得逮捕人犯。

九、禁止帶有政治性之逮捕拘禁。

十、非武裝集會結社絕對自由。

十一、言論出版罷工絕對自由廢止新聞報紙發行申請登記制度。

十二、即刻廢止人民團體組織條例。

十三、廢止民意機關選舉辦法。

十四、改進各級民意機關選舉辦法。

十五、實行所得統一累進稅除奢侈品續稅外不得徵收任何雜稅。

十六、一切公營事業之主管人由本省人擔任。

十七、設置民選之公營事業監察委員會，日產處理應委任省政府全權處理各接收工廠、工礦應署經營委員會須過半數由本省人充任之。

十八、撤銷專賣局，生活必須實施配給制度。

十九、撤銷貿易局。

二十、撤銷宣傳委員會。

二十一、地方法院院長各地方法院首席檢察官全部以本省人充任。

二十二、各法院推事檢察以下司法人員各半數以上省民充任。

二十三、本省陸海空軍應儘量採用本省人。

二十四、台灣省行政長官公署應改為政府制度，但未得中央核准前暫由二二八處理委員之政務局負責改組，並普選公正賢達人士充任。

二十五、處理委員會政務局應於三月十五日以前成立，其產生方法由各鄉鎮區代表該區候選人一名，然後再由該縣市轄參議員選舉之，其名額如下：台北市一名，台北縣三名，基隆市一名，新竹縣三名，台中市一名，台中縣四名，彰化市一名，嘉義市一名，台南市一名，台南縣四名，高雄縣三名，屏東市一名，澎湖縣一名，花蓮縣一名，台東縣一名計三十名。

二十六、勞動營及其他不必要之機構廢止或合併，應由處理委員會政務局檢討決定之。

二十七、日產處理事宜應請中央劃歸政府自行清理。

二十八、警備司令部應撤銷，以免軍權濫用。

二十九、高山同胞政治經濟地位及應享之利益應切實保障。

三十、本年六月一日起實施勞動保護法。

三十一、本省人之戰犯及漢奸嫌疑被拘禁者，要求無條件即時釋放。

三十二、送與中央食糖一十五萬噸要求中央依時估價撥歸台灣省。

*國軍綏靖情形

根據楊亮功先生的調查報告，對國軍綏靖經過情形，並未詳細敘述，而警備總司令部之

調查報告則對國軍綏靖情形有較完整之記載，茲分述如下：[10]

㈠事變初期（二月二十八日至三月八日）本省之軍事措施

暴亂初期，警備總部為配合行政方面，冀以合理之政治方法解決，不使事態擴大，除一方面宣佈台北市臨時戒嚴以警告奸暴份子不可妄動，旋應處理委員會之請，即予解除；並下令駐台官兵，避免與民眾衝突，且令駐軍之官兵應死力據守，不得有失外；一面令駐鳳山之廿一師獨立抽調一營及基隆要塞守備隊抽出兩中隊開往台北拱衛省會；並請中央，增調部隊，以防萬一。又先後劃定全台為：台北戒嚴區、基隆戒嚴區、新竹防衛區、台中防衛區、以應付事變，其部署情形如附圖。

附：

台灣省警備總司令部戒嚴令(36)總戰一字第二五八六號本部爲維持治安，保護良善起見，自二月二十八日起，於台北市區宣佈臨時戒嚴。如有不法之徒，聚衆暴動，擾亂治安者，定予嚴辦。除佈告並分令外，合行令仰該遵照，並傳飭所屬遵照。此令！

兼總司令　陳儀

㈡事變中期（三月九日至三月二十日）警備總司令部之處置

自三月七日暴徒宣佈處理大綱四十二條，解散總部，解除國軍武裝；翌日夜半公然武裝圍攻總部及長官公署，憲兵隊後，警備總部不得不採取斷然處置。此時由閩赴台之憲兵第二十一團兩個營及整編第二十一師等均將來台，警備總部乃於九日六時宣佈台北市繼續戒嚴，後復通令全省搜捕奸暴。九日二時至十二日憲二十一團兩營及整二十一師四三八團到達，警總即頒佈綏靖計劃，其要旨為待二十一師（欠一旅）到達後，先期鞏固基隆、台北、新竹之防務，逐次向中南部各縣市展開綏靖工作，恢復秩序，並令高雄等地守軍，竭力保持據有之要點。如情況許可，應即抽調兵力北上，以收夾擊之效。三月十一日又以新登陸之四三六團一個營空運至嘉義，以解嘉義機場孤軍之圍，並為應付軍事行動之必要，由警總管制全省水陸交通之通信，實施檢查，直至三月二十日，全省始秩序完全恢復，綏靖工作初步告一段落。

茲附台灣省警備總司令部綏靖計劃如下：[11]

*台灣省警備總司令部綏靖計劃

第一　方針

一、本部為警備全島及恢復全省秩序，安定民生計，待廿一師（欠一個旅）到達後，先期鞏固基隆，台北，新竹之防務，逐次向中南部各縣市展開綏靖工作，恢復秩序，預定四月中旬以前完成任務。

二、北部開始綏靖工作時間，南部各地守軍應竭力保持據有之要點；如情況許可，應即抽調兵力，展開嘉義以南之綏靖工作。

第二　指導要領

三、為掩護上陸部隊行動之安全及秘密起見，預定九日拂曉，以南部奸匪有侵犯台北行動，宜佈全省臨時戒嚴，並管制交通。

四、綏靖開始後，除鞏固防務外，為使爾後不再發生變亂，對於肅清奸暴，應力求其澈底。

五、整廿一師（欠一旅）到達後，先期控制台北及其周圍地區各要點，鞏固防務，並防止奸暴之流竄。爾後以主力南下，展開綏靖工作，以一部輸送花蓮港登陸後，展開東部綏靖工作。

憲兵隊以一部控制各交通通信電力機關，廣播電台，掌握員工及扼守市區西北要點外，全力肅清奸暴，勿任漏脫依肅奸工作之進展，除留台北所需兵力外，各以一部宜蘭、蘇澳、新店、淡水，以主力沿鐵路，向中南部繼續綏靖。

六、基隆要塞史司令除指揮基隆現有軍憲警兵力外，視情況需要，得增派所要兵力，兼依基隆及其八堵、瑞芳、宜蘭、蘇澳一帶附近地區，肅清奸暴。

七、新竹防衛司令指揮現有兵力，擔任鞏固新竹（含桃園）之防務。

八、高雄要塞彭司令對於南部防衛區所據有之各要點，應竭力固守；如情況許可，應即展開嘉義以南之綏靖工作。

第三　部　署

九、軍隊區分：

台北綏靖區：

司令官：廿一師師長劉永卿。

八一師上陸部隊

基隆綏靖區：

司令官：基隆要塞司令史宏熹。

基隆要塞部隊

馬公守備二個中隊（後因廿一師部隊陸續到台，電止由馬開基）

駐在基隆軍警憲部隊

新竹綏靖：

司令官：新竹防衛司令蘇紹文。

獨立團第二營之六七連（欠兩排）

廿一師工兵營之一個連

駐在新竹軍憲警部隊

南部綏靖區：

司令官：高雄要塞司令彭孟緝。

高雄要塞部隊。

獨立團（欠勤務部隊）

駐在南部各地軍憲部隊

憲兵隊：

長憲兵四團團長張慕陶

憲兵第四團（欠分防各縣市部隊）

憲兵第廿一團之營

預備隊：（擔任本部及長官公署核心警衛）

長本部上校附員鄧傑

特務營（欠勤務部隊）

獨立團第二營（欠六七連）、

十、各綏靖區部隊之行動及任務。

(一)台北綏靖區

1.廿一師部隊到達基隆港時，應即輕裝上陸，可能時，擬用火車輸送到汐止，即以一個連下車，擔任警戒，保持台基交通連絡之安全。但下車時，應特別注意警戒，以防暴徒襲擊。倘火車不能利用時，部隊則輕裝步行，行李另派卡車輸運。

2.該師部隊到達台北，由本部派員引導，即向台北周圍地區各要點分進據守之，以鞏固台北防務，並防範奸匪襲擊。

3.爾後隨肅奸工作之進展，除台北防務必需外，準備以廿一師部隊向台北外圍區及新竹台中及其以南等地區繼續綏靖工作。

(二)基隆綏靖區

該區於廿一師部隊上陸後，依嚴密之部署，先鞏固該區（含八堵瑞芳各地區）防務；爾後以一部進出宜蘭，蘇澳等地區，肅清奸暴，恢復秩序。

㈢新竹綏靖區

該區就現有兵力，確保要點，控制火車站，鞏固防務，並防範奸暴向南流竄。一俟台北之部隊到達，即開始除奸行動，惟應預為所要之部署。

㈣南部綏靖區

該區就現有兵力，確保南部所有之各要點及縣市，鞏固其防務，並防止奸暴之流竄；如情況許可，或俟後續兵力到繼，即開始除奸工作。

㈤憲兵隊

1.該隊除服其他任務及扼守市區西北部份要點外，先以一部控制各交通通信電力，廣播電台，掌握員工，隨即依嚴密之部署，以全力肅清奸暴，勿任漏脱。

2.爾後隨肅奸工作之進展，準備向台北外圍地區及新竹方面繼續肅奸；依情況許可，先抽調一部南下中南部，會同各綏靖區展開綏靖工作。

㈥預備隊

控置於總部大營房，擔任總部及長官公署區域之警衛，並隨時作加強綏靖工作之準備。

第四 準備

十一、前進指揮所李主任率所要幕僚於九日晨赴基隆，商同要塞司令部署部隊上陸之掩護及警戒事宜。

十二、交通通信補給（從略）臨時命令之。

十三、本計劃呈奉核准後，分別以個別命令下達之。

㈠綏靖工作之展開（三月二十四日至三十日止）

三月二十日以後，整二十一師全部到達，警備總部為徹底肅清奸偽，防範其潛伏流竄，免滋後患，乃調整部署，分區清鄉，並追勦散匪。區分全省為台北、基隆、新竹、中部、南部、東部、馬公七個綏靖區，各以該區之最高軍事單位主官為司令，以專責成。配合綏靖計劃，頒佈清鄉計劃及自新辦法與情報部署。警總更先後派遣綏靖，武器及宣慰各督導組，以資考核督導，五月十五日，順利完成綏靖工作。茲附綏靖調整計劃、清鄉計劃與自新辦法。⑫

*台灣省警備總司令部綏靖部署（調整）計劃

第一　方　針

一、本部為維持全省治安，徹底肅清奸偽，防範其潛伏竄流免滋後患起見，應即調整部署，分號肅清，積極綏靖工作，限四月底完成。

二、綏靖工作完畢，各部隊除警備勤務所需小隊兵力外，就原地區開始整肅軍隊風紀，樹立國軍尊嚴，收拾民心，根絕變亂以利新台灣之建設。

第二　要　領

三、即將本省陸軍暨憲兵部隊防地，預為區分指定，先期進駐以利爾後之綏靖行動。

四、全省應劃分為七個綏靖區，分別展開綏靖工作，以專責成。

五、在綏靖期間，各綏靖區各應控制有力之部隊，以為機動使用。

六、各綏靖區之綏靖行動及部署，除應互取緊密聯繫外，受本部直接指揮與指示，並按期直接向本部報告綏靖經過。

七、各綏靖區有關清鄉工作，遵照部另頒清鄉計劃，以各該區各縣市政府機構為基幹，直接受綏靖區司令官之指揮實施之。

八、陸軍部隊應專任奸偽股匪之清勦，至於全省交通檢查以及向民間搜捕奸偽與武器，則以派遣憲兵擔任為原則。

九、各地監護勤務，所需監護兵力，依供應局，空軍地區司令部實際情形，就陸軍各駐防地，分別酌派擔任之。

第三　部　署

十一、綏靖區分

台北綏靖區（含淡水、新莊、板橋、新店、汐止等地。）

司令官憲兵第四團少將團長兼台北戒嚴司令張慕陶憲兵第四團（欠分駐台北地區以外之隊）

步兵第四三八團

台北市警察。

基隆綏靖區（含蘇澳，宜蘭等地及東北部高山區。）

司令官基隆要塞少將司令兼基隆戒嚴司令史宏熹。

基隆要塞部隊

步兵第四三六團第〇營

駐在基隆宜蘭憲兵部隊

基隆宜蘭市縣警察。

新竹綏靖區（含桃園、中壢、大溪、竹東、竹南、苗栗及北部高山區）

司令官第一四六旅少將旅長岳星明

第一四六旅（欠四三八團及四三六團之一）

駐在該綏區之憲兵部隊

新竹縣市警察

中部綏靖區（彰化、嘉義、埔里等地及中部高山區）

司令官整編第二十一師中將師長劉雨卿

整編第廿一師師直屬部隊

第一四五旅之一個團

駐在綏靖區之憲兵隊

台中、彰化、嘉義各縣市警察。

東部綏靖（含花蓮港，大武等地及東部高山）

司令官整編第廿一師獨立團上校團長何軍章

整編第廿一師獨立團

駐在該綏靖區憲兵部隊

台東花蓮縣警察。

南部綏靖區（高雄台南、旗山、屏東、恆春等地及南部高山區）

司令官高雄要塞中將司令彭孟緝

副司令官整編第二十一師一四五旅少將長凌諫銜

高雄要塞部隊

步兵第一四五旅（欠一個團）

駐在該綏靖區之憲兵隊

馬公要塞部隊

駐在該綏靖區之憲兵部隊

澎湖縣警察。

十二、各綏靖區之綏靖地境—如附圖

十三、各綏靖區之依務：

㈠在綏靖期間內，各綏區依迅速積極之行動，應將各該區內之奸偽暴徒，徹底肅清，並清繳民間私藏武器，以根絕禍患。

㈡在綏靖期間內，各綏區對區轄境內之陸海空軍供應局各庫倉廠站，因事變散失之軍品物資，由該軍事機關派員會同應全數搜查清繳，還運公物。

㈢綏靖期間，各綏靖區應確保通信交通之靈活安全，各交通要點火車站應酌派兵力保護之，必要時得予以管制。

㈣依據本部所頒清鄉政策，指揮各該區縣市政府實行清鄉，務期良莠分野，以安民心。

㈤各綏靖區綏靖行動及經過，直接向本部每日日報一次，每周彙報一次。

第四　通信

十四、機密以無線電為主，例行通報報告，以有線電話為主。

十五、交通、補給、衛生（從略）

第五　其他

十六、本計劃於本（三）月廿一日起開始實行。

*台灣省警備總司令部修正台灣省縣市區清鄉計劃

第一　方　針

一、為徹底肅清奸偽暴徒，防制散置鄉間僻處，秘密活動即實行全省縣市分區清鄉以掃除奸暴，根絕亂源，保衛良善，安定地方社會。

二、清鄉，須嚴密徹底，即速辦理連保切結。清查戶口，檢舉歹徒，收繳民槍，獎懲等方法，全面同時進行，密切連繫協同，以利實效，預定四月底完成。

第二　編　組

三、縣市分區清鄉，由縣市政府負責主持，受綏靖區司令之指揮，並會同當地軍憲警，及召集區鄉鎮鄰里長辦理之。

第三　要　領

四、縣市政府及軍憲警，利用各階層份子，深入鄉間或群眾聚集之所，俾探獲奸偽暴徒之活動以利綏靖。

五、軍憲警部隊注意嚴密警戒，控制要點，巡邏複雜地區以防制歹徒暴行及秘密活動。

六、清查戶口，如有不符及形跡可疑奸偽暴徒等，即予捕送綏靖區司令部偵辦，經普遍清查後，如有需要，得再行分區抽查，使歹徒無藏匿之地，並視情形，參照國府令頒戶口普查法辦理之。

七、人民發現奸偽暴徒及形跡可疑者，急速向當地軍警或縣市政府鄉鎮鄰里長密告檢舉，或捕送縣市政府或當地駐軍。

八、戶口清查後應即辦理連保切結，人民互相保結由同鄰里中戶長三人為保結人，如被保人有不法行為，保結人應受連坐處分，保結書由縣市政府製。

九、此次事變被劫奪倉庫之械彈軍品物資，應悉數收繳，由各綏靖區彙報警備總司令部統一處理之，如步騎槍，手槍，輕機動槍大小火砲，軍刀，槍械手榴彈等，均須自動報繳當地駐警或縣市政府區鄉鎮鄰里長，轉警備總司令部核發獎金，如隱匿不報，即予以查繳懲處之。

第四 獎懲

十、縣市政府區鄉鎮鄰里長，對清綏工作努力，而效果良好者，應予以嘉獎。如工作不力，則予以議處。

十一、人民檢舉歹徒及密報私藏武器者，經查緝確實，即予發給獎金台幣一千至一萬元，由各綏靖區各縣市政府，彙報警備總司令部核發之，如查出謊報，應受連坐，如有隱匿不報及窩藏歹徒，即以通謀奸偽暴徒治罪。

十二、人民報繳私有武器者，按諄獲槍械核發獎金，如查出有隱匿不報者，即以私藏軍火依法懲辦之。

十三、縣市分區清鄉之實施，由縣市政府會同當地軍憲警，遵照本計劃，參照地方實際情形，擬定清鄉實務辦法公佈實施之。並將實施成果呈報警察機關。

＊准許參加暴動份子非主謀者自新公告

(36)總戰一字第三九九一號

中華民國三十六年三月二十九日

查本省此次暴動叛亂，係奸匪及少數陰謀叛徒，利用流氓，鼓動青年學生，脅迫鄉愚所釀成，與多數良善台胞無關，政府一秉寬大初衷，凡屬不明奸謀，自從附和，或脅迫參加者，亦予寬恕自新，茲經訂定自新辦法令各有關機關辦理。凡非元凶巨惡，其有畏罪潛匿鄉間及山地，或攜帶武器以備抗拒逃避者，希速按照自新辦法，向就近軍事機關部隊，或縣市政府區鎮公署辦理自新，否則以主犯論究，一經捕獲定予從嚴法辦，現全省於綏靖期間實行清鄉，嚴密搜查自難逃避，希各附和盲從被迫之人，勿失時機，及早自新，以免後悔，茲將自新辦法列舉如左：

盲從附和或被迫參加暴動份子自新辦法

一、自新條件：凡受奸匪叛徒脅迫，或隨聲附和盲從，而非蓄意圖謀反叛國家之主犯，現已畏罪而有悔過之心者。

二、自新手續：凡屬前項份子，其家屬親族，應迅即勸導使其歸正，將武器交當地區鄉公所呈繳縣（市）政府，或軍憲警機關，其本人須填具自新書，（式樣附後）由身家清白之親族五戶連保，以後不再有類似此項行動。

三、自新獎勵：凡自新份子，政府當本大信，並切實予保護，如更能感於大義勸導同往攜帶武器來歸者，每槍即發給獎金台幣五百至五千元，若揭發奸情，誘捕首要，或協助政府引導破案者，經組獲破案後，即予發給獎金台幣一千至一萬元。

右三項由各綏靖區，各縣市政府督導施行，希各週知，並希父戒其子，兄勸其弟，及早自新來歸，勿再遲疑自誤特此公告。

臺灣省行政長官兼警備總司令　陳儀

附：自新式樣一份

連保書式樣一份

三聯對保書式樣一份

式樣(一)

自新書

具自新書　　現年　　歲　　省　　縣市人，此次因受奸匪叛徒欺騙，脅迫盲從，參加暴亂行為，初非存心反叛國家現已悔悟，請予改過自新，矢志永作良民，決不再有違法行為，如有過犯，願受最嚴厲之制裁，所具自新書是實

註釋

❶ 楊亮功之調查報告。

❷ 同❶

❸ 警總之調查報告，頁七。

❹ 同❸

❺ 同❸

❻ 同❸，頁八。

❼ 同❸，頁八。

❽ 同❸，頁八。

❾ 同❸，頁六七—六九。

❿ 同❸，頁一九。

⓫ 同❸，頁二一。

⓬ 同❸，頁二一—三二。

⓭ 同❸，頁三二之附圖。

參、「二二八」事件參加份子之分析

一、參加份子種類

根據楊亮功先生的調查報告中，顯示其對參加份子的描述，較警備總部的調查報告更為詳細。楊先生指出參加「二二八」事件的份子，甚為複雜；其參加動機，亦各有不同。據分析，參與的份子，約有九種[1]：㈠流氓；㈡海外歸僑；㈢政治野心家；㈣共黨；㈤青年學生；㈥三民主義青年團；㈦高山族；㈧皇民奉公會會員；㈨留台日人。以九種份子為構成全台暴動之主力。

此外工廠及交通電信機關之工人、各機關本地籍的公務員，亦有少數參加者。惟全省農民，均持安靜之旁觀態度。事變高潮時，各地盲從附和者，當不下五六萬人，然直接與國軍博鬥而公然暴動者，僅數千人。講到參加暴動的流氓及其動機，調查報告指出台省流氓之含義與形式，較之國內其他各地有所不同。上自豪紳鉅賈，下至販夫走卒，均有其份子存在。當日人統治時期，對於台省流氓，故意任其存在，或用之為地方之爪牙，或入中國沿海各地以為浪人間諜。戰時更將其編練入伍。全台無正當職業為流氓生活者，據估計不下十萬人。故其勢力，平時已及於全省。二月二十八日晚，被警員擊斃之陳文溪，為一大流氓之弟，故首先於台北市發動大規模騷動，搗毀台北專賣分局，衝擊專賣總局與長官公署，毆打外省人員之主動者，均為流氓。按台省當局曾以各地流氓，有礙地方安寧秩序，於三十五年夏命令各縣市政府加以逮捕，解送台北，予以集中訓練，名曰勞動訓練營，於六個月中，給以各職業與知識之訓練，期滿後發給證書，放回原籍，希望化為良民，先後共二千餘人。不料回籍後，其組織更為嚴密，各地更有聯繫。事變中，各縣市均普遍參加。其動機，純粹為報復行動與狹隘之排外行為。❷

講到參加事變的政治野心家，調查報告中指出：自台北發生糾紛，搗毀專賣局以後，一般有政治野心者，以為攫取政治地位之良好機會，故一方面起而投入漩渦；一方面擬以相當條件要求政府承認。然以共黨及流氓繼起，事態擴大，原擬利用群眾，反為群眾狂潮所脅持，而無法控制。故其結局，頗為失望，為政府與暴民雙方所不滿。❸

講到青年學生參加的動機，證明青年學生是非判斷的能力。如同調查報告所云：當事變發動之初，各地學生均紛紛參加，學校無形停課。其參加之動機，多為受日人之宣傳教育，輕視祖國，不滿意政府，狹隘之排外，及暴民之虛詐宣傳而起。迄後體察實際情形，乃憬然覺悟，逐退出漩魔。各學校自三月二十日以後，均已逐漸復課矣。❹

山胞的表現，可圈可點。據調查報告所示：事變發生之初，因受廣播之宣傳及共黨、暴民之引誘，頗有參加之趨勢。後經政府開導，及其族內酋長之阻止，乃告平息；且阻止共黨脅持之殘餘暴民退入境內。❺

觀之警備總司令的調查報告，對各種非法團體及參與份子之活動情形概述如左：❻就非法團體言，大別之約分為四：

一為「台灣共產黨」首領謝雪紅、林日高、楊克基、楊克宣、張道福、潘欽信、蘇新、王萬得、林兑等人，分為ABC三種集團，A集團在台中，B集團在台南、嘉義，C集團在台北。其外圍組織，為「人民協會」及「民主同盟」等。❼

二為「民眾黨」，該黨早於日本治台時代即已成立，以前首領為蔣渭水；渭水死後，其弟渭川繼之，主要首領為呂伯雄，駱水源、張晴川等。此輩思想怪誕，行為卑污，其所吸收份子，多係地痞流氓，日以圖謀不軌為宗旨。❽

三為「民主同盟」，此係共產黨之外圍組織，情形與共產黨同。❾

四為「台灣政治建設協會」，成立於本省光復之後，初為「台灣民眾協會」，後改今名，以張邦傑，蔣渭川等為首領，其中重要份子多為民眾黨首要。活動情形言，以共產黨及其外圍組織民主同盟份子為此次事件策勵之要角，而陰謀份子及附從奸黨份子如台灣政治建設協會首要蔣渭川，呂伯雄等。日本時代「御用紳士」現任省參議員顏欽賢、王添燈等亦為此次暴動之要角。❿

其他附從者則有失意之政客，文氓、少數之奸商、地主，過去曾為中間剝削之「仲賣人」、當時強佔日產之惡霸。於盲目附從，直接參加暴動者則有一部份自海南島及東北、南洋一帶歸來之退伍軍人，以白成枝為首領，自閩粵一帶歸來之浪民，及潛伏境內各地地痞流氓及大赦釋放之罪犯。

警備總部的調查報告指出：以上各種非法組織及活動份子，或原屬隱伏潛藏，秘密活動；或以各種假面具，藉資掩飾，事變發生後，為號召及活動便利，遂均以處理委員會為護符，該會因此而有非法亂紀之行動。

對二二八事件「參加份子種類」各種不同看法之彙整

楊亮功的調查報告⑪	警備總司令部的調查報告⑫	臺省菸酒公賣局的調查報告⑬
參加份子有九種： 一、流氓 二、海外歸僑 三、政治野心家 四、共黨 五、青年學生 六、三民主義青年團 七、高山族 八、皇民奉公會會員 九、留台日人	非法團體有四： 一、台灣共產黨 二、民衆黨 三、民主同盟 四、台灣政治建設協會其他附從者有失意之政客、文氓、少數之奸商、地主、「仲責人」、強佔日產之惡霸、退伍軍人、民、地痞流氓及大赦釋放之罪犯。	一、共黨及親共派，以台灣政建協會中份子爲主，策動組織緝菸血案調查委員會，後變爲「二二八」事件處理委員會，並改組擴大，以地痞流氓之暴力，展開搶奪接收，旋鑑於親日派武裝組織較其強大，至三月五日，一面號召征調軍人圖分解親日派，一面成立台灣省自治青年同盟不法組織，並以學生爲核心組織武力，競相劫收。 二、親日政客及退役（前日軍）軍人派，上層組織亦爲台灣政建協會中份子，以台籍日軍人爲武力，到處劫收。
國防部白部長的報告⑭	**沈雲龍先生的回憶⑮**	**林衡道先生的回憶⑯**
共產黨及野心家利用緝私案件掀起暴動。	尤其共黨份子的滲透，乘機煽惑，擴大事態，如三民主義青年團台灣區團部書記長李友邦，台	當時在中山堂的派系鬥爭，有四個系統： 一、是三青團系：主要人物有陳逸松、劉明、王添燈。

北分團主任王添燈、嘉義分團主任陳復志，以及潛蹤返台之女匪幹謝雪紅，均其最著者。
日人囚禁火燒島（蘭嶼）之地痞流氓，悉數釋回本島，惹事生非，成為暴徒來源。

二、是半山集團：主要人物有黃朝琴、李萬居、林忠。
三、是C、C集團，代表者蔣渭川。
四、是士紳士集團。
二二八處理委員會內真正幕後的主要人物是謝雪紅、蘇新、王萬得、陳逸松、劉明等是由他們所指揮。陳逸松雖然是三青團份子，但是卻是一個馬克思主義者，而三青團則被他們所用。

丘念台先生的說法⑰

他說：「台北地區的共黨可疑份子，在事變初凡有『露面的』，統遭警總逮捕，沒有多大作為。台中方面，則有老牌女匪幹謝雪紅想乘機利用群眾倡亂，他糾集了一批無知青年，到處煽動……其倡亂計劃有如曇花倏現。」他認為：「是陳儀問題為了脫罪，乃諉過於共產黨。」

張旭成先生的說法⑱

他認為：「儘管個別共產黨員的確參與其事：也儘管事變後不少台籍青年潛逃台灣，亡命大陸而加入共黨，並有人著書立說，誇大他們在『二二八』事件中的作用與貢獻，『二二八』事件既不是共產黨發動的，也不是共產黨領導的，更談不上什麼階級鬥爭。」

王曉波先生的說法⑲

他認為：「當時中共忙於內戰，對台根本無力顧及，台灣雖有共產黨但不屬中共指揮。在整個事件中，台共也只在中部一處取得領導權。把來因歸咎於中共，誠然容易替陳儀等人脫罪，但是亦不免於『神化』中共之嫌。」

劉勝驥先生的說法⑳	他認爲「中共、台共策動了二二八事件，而共產黨也不去否認這一點」。
蘇僧、郭建成的說法㉑	認爲「中共、台共、台省工委份子在二二八事件中扮演了重要的角色。」
中共統戰首領廖承志的說法㉒	他說：「台灣的人民舉行了愛國的反帝、反對蔣介石集團黑暗統治的「二二八」武裝起義。它是中國共產黨領導下的反帝、反封建、反官僚資本主義的人民民主革命的一部分。」

二二八事件期中特殊組織及重要參與份子一覽表㉓

名稱	主要負責人
二二八事件處理委員會	常務委員：林獻堂、陳逸松、李萬居、連震東、林建宗、黃國書、王添燈、黃朝琴、黃純青、蘇維樑、林爲恭、周延壽、郭國基、潘渠源、簡櫻堉、徐春卿、吳春霖。
台中分會	林迺宗
高雄分會	待查
宜蘭分會	郭章垣、黃再壽、游如川。
台東分會	待查
新竹分會	待查

台北分會	待查
基隆分會	待查
屏東分會	待查
板橋分會	王以文、游石虎。
嘉義分會	待查
台南分會	黃百祿、侯全成。
桃園分會	待查
花蓮港分會	馬有岳
澎湖分會	待查
彰化分會	待查
台灣省政治建設協會	蔣渭川
台灣省改革委員會	待查
台灣省自治青年同盟總部	陳金永、張武曲、林士山。
新竹市分會	待查
台北縣分會	同
台灣省忠義服務隊	許德輝
台灣省鐵路制度調整委員會	簡文發
台北臨時治安委員會	黃朝生、陳春金、黃火定、陳海沙、陳屋、林永田、周百煉、游彌堅、陳松堅
台灣省警察改革同盟	待查

台灣二二八事件的善後電文㉔

民意機關或個人名稱	表達方式	申達對象	內容摘要	日期
台北縣參議會	代電	陳長官	本省事變，幸賴睿裁，當機立斷。德澤所披，群黎復蘇，庶使善良，得以保障，本會同仁僅代表七十萬人民肅電致敬，藉申擁戴。	
台南市參議會	電	柯參謀長	…查此次事變，乃極少數奸劣分子，乘機滋擾，現在協助政府，徹底清剿，本會領導全市民衆，絕對擁護中央，協助政府。	
彰化市參議會	電	陳長官	此次不幸，奸黨暴徒，無理騷擾，波及全省，殊堪痛恨。	
台中縣參議會	電	蔣主席	此次因奸黨及少數流氓煽動，釀成本省二二八事變，同仁等德力薄，無力壓止，遂至毀傷內地及本省同胞生命財產，玷污本省三百年來血淚抵抗強暴之光榮歷史！	
嘉義縣參議會	電	楊監察使（亮功）	此次二二八事件，波及本市，三月二日由中部不良份子，到本市煽動，少數無知流氓幫兇暴動，一時地方治安混亂。	
台南縣參議會	電	陳長官	台北二二八事件發生波及各地，……同仁等身爲人民代表，未盡妥善領導，抱愧尤深！	

新竹縣參議會	代電	白部長（白崇禧）	次本省因少數奸暴謀亂，演成不幸事件。	
台東縣參議會	代電	陳長官	查此次本省發生不幸事件，顯係少數奸匪歹徒，密謀叛亂，令人髮指！……	
新竹縣參議會	代電	柯參謀長	此次本省因少數奸暴謀亂，演成不幸事件，賴鈞座戡亂有方，使事變平息民安生業。……	
新竹縣參議會	電	陳長官	此次本省因少數奸暴謀亂，演成不幸事件。	
台南市參議會	電	陳長官	……查此次事變，乃極少數奸劣分子乘機滋擾，現在正協助政府徹底清剿，本會領導全市民衆，絕對擁護中央，協助政府，努力建設……	
澎湖縣參議會	電	陳長官	此次本省發生不幸事件，仰賴鈞座除暴安良，全省民衆，同深感戴！	
嘉義市參議會	電	陳長官	此次二二八事件，本市受中部不良分子到本市煽動，少數無知流氓幫凶暴動，一時地方混亂。	
嘉義市參議會	電	柯參謀長	此次二二八事件，本市受中部不良分子到本市煽動，少數無知流氓幫凶暴動，一時地方秩序混亂。	
基隆市參議會	電	蔣主席	此次台北事變，係少數奸黨乘機倡亂，禍國殃民，至深慘痛！	

屏東市參議會電	柯參謀長	此次本省事變，賴公等處理適宜，迅平亂局，除暴安良，萬民感戴。	
屏東市參議會電	陳長官	此次本省因少數奸暴謀亂，演成不幸事變，……故祈繼續領導六百萬同胞，向建設三民主義新台灣大道邁進。……	
台南市參議會電	蔣主席	…誌謝平定叛亂，除暴安良。	
省參議會 電	陳長官	少數奸徒，乘機煽惑，以致事件擴大，全台善良同胞，莫不深表遺憾！……	新生報三月二日
屏東市參議會代電	陳長官	此次台北二二八事件發生以來，各縣市多受不良分子潛入，掀起波濤！……	新生報三月二七日
高雄縣參議會代電	陳長官	此次奸黨暴徒騷亂，幸賴鈞座爲國愛民之苦心，將爲全台民衆長深感仰！……	新生報三月二九日
台東國大代表高山領袖鄭品聰、南志信，縣長議長陳振宗等	致敬陳長官	（鄭氏等提二二八亂中，深明大義，不受奸黨歹徒威脅，全力協助台東縣政府維持地方秩序，該縣高山同胞及地方民衆均能始終鎮靜，並無非法行爲。）	新生報三月二六日

二、參加份子暴行

根據警備總司令部的報告，二二八事件之暴民，其暴亂罪行有八大項：[25]

一、佔據機關僭奪政權。

二、搶奪軍械及軍警倉庫。

三、毆殺及姦淫外省同胞。

四、號召退伍軍人學生、抽調壯丁、成立部隊。

五、煽動台籍警察及高山同胞響應叛亂。

六、圍攻國防要地。

七、強行派款抽捐。

八、妄倡國際託管。

茲分述如下：

㈠、佔據機關僭奪政權

奸黨領導下此次暴亂，其目的既在奪取政權，故對於各地方機關學校及公共官舍襲佔，實為其主要目標，以省垣論，雖主要機關如長官公署，警備總部尚未被佔領，但如廣播電台，鐵路管理委員會，警察派出所，電力公司，專賣局台北分局、新台公司、各報社、各學校以及郵電機關，均於二十八日起，先後被強佔接管，其中以台北專賣分局及新台公司全部被毀，損失尤巨。其他如新竹，台中兩縣政府，嘉義、彰化、新竹、台中等市政府，均於二日被襲佔。高雄、台南縣市政府於三月四日陸續被佔。東部之花蓮，台東兩縣政府於三月四日先後被佔。此外，台北各縣屬之宜蘭、淡水、蘇澳、板橋，台南縣屬之斗南、虎尾、東石、嘉義、曾文、北港、新化，台中縣之南投等區署及警察所，均被佔領或焚燬。各地廣播電台，郵電機關暨學校，被強佔者，更不勝枚舉。「二二八處理委員會」代表王添燈公然廣播；稱「台中一切機構業已接管完竣」云云，足證彼輩之目的在一舉而佔領全省各機關、奪地方政府，無可疑義。㉖

(二)、搶奪軍械及軍警倉庫

奸黨各地開始動亂，其第一步動作，係注意軍械之搶奪奸徒除分頭收繳警察人員武器並圍攻倉庫，故不數日間，倉庫中之武器被服糧秣等損失嚴重。倉庫損失情形如附圖附表：㉗

表一四：

＊台灣二二八事變被服損失統計表

中華民國三十六年四月三十日

品名	單位	臺灣供應局	基隆要塞司令部	備考
		損失	損失	
大小蚊帳	床	4,273	118	
皮鞋皮靴營內靴及各種靴等	雙	31,799	471	
軍毯	床		361	

冬衣褲	套	1,769	469	
雨衣	件	937	28	
防暑褲下夏褲下	件	28,065		
天幕	個	4,297		
襦袢夏袢	件	13,137		
外套	件	529	2	
棉背心	件	72	269	
蚊帳布	疋	135		
	公尺	56,669		
藍綠細布	公尺	46,040		
豚革	枚	46,368		
襦袢冬袢	件	2,316		
踵積上革	公斤	628		
	組	54,886		
棉花	公斤	5,411		
附記	本表係根據各單位報告調製之（引自警總調查報告）			

表一五：

＊臺灣省二二八事變械彈損失統計表

中華民國三十六年五月二十日

名稱	單位	損失數	備考
軍刀	把	3,977	(1)空軍自動破壞計： A.高射砲二七・門 B.陸用機槍三二・挺 C.步槍二七四六枝 D.步機彈二八九七・二三二粒 E.手榴彈九三九顆 以上各項未列表內 (2)本報係根據各單位報告調製之（引自警總調查報告）
手槍	枝	1,607	
步騎槍	枝	2,532	
輕機槍	枝	68	
重機槍	枝	32	
擲彈筒	具	58	
迫擊砲	門	6	
空用機關槍砲	門	40	
高射機關砲	門	12	
四七機動砲	門	1	
手槍彈	粒	34,834	
步機槍彈	粒	534,812	
追擊砲彈	顆	226	
擲榴彈	顆	16,049	
高射機砲彈	顆	43	
手榴彈	顆	36,846	

表一六：

＊臺灣省二二八事變糧秣損失統計表

三十六年四月三十日

番號	品名	單位	原損失數	追回數	實際損失數	備考
總司令部特務營	大米	公斤	7,500	—	7,500	
臺海供應局	大米	公斤	304,207	136,582	167,625	
基隆要塞司令部	大米	公斤	42,000	—	42,000	
空軍第三飛機製造廠	大米	公斤	4,082	—	4,082	
海軍第三基地司令部	大米	公斤	485	—	485	
合計	大米	公	455,774	136,582	221,692	
附記	本表係根據各單位所報調製（引自警總調查報告）					

㈢、毆殺及姦淫外省同胞

奸黨在暴亂期中，不斷挑撥離間，分化本省人與外省人之感情，且復進行仇視毆殺。僅就台北市，外省公教人員被毆打死傷失蹤者即有一千餘人。他如在輪船汽車途中被毆死傷人數，更不計其數。閩台監察使楊亮功由基隆到台北途中，車經汐止時，亦被暴徒攔擊，傷隨從衛士各一人，幸憲兵護衛得力，方得脫險。在各縣市服務之外省公務人員，除被毆死傷外，尚有遭受強迫集中者。據各方報告：如台中外省公教人員及家屬均一律被拘，分關於民眾旅社，第八部隊倉庫、師範學校市參議會及法院監獄等處，視同俘虜。嘉義市外省公教人員被繫者一千四百餘人，高雄市亦有七百餘人。屏東製糖廠全體外省員工，及屏東之中山旅社外省人數十人均遭拘押，衣服財物悉被洗劫一空。新竹縣警局官舍有一公務員眷屬，受暴徒脅迫，自縊身死，忠烈祠後山，縊死外省公務員女眷四人。大溪鎮國民學校女教員被暴徒輪姦，經高山族女參議員李月嬌救護始脫險，後亦羞憤自殺。台北市南門市場，亦有一外省女性，被強姦慘案，類似慘痛情形，不一而足。（死傷統計如附表）[28]

表一七：

*二二八事變各縣市外省同胞死傷之統計表

三十六年四月廿五日

縣市別	公教人員			人民			總計			備考
	死亡	受傷	失蹤	死亡	受傷	失蹤	死亡	受傷	失蹤	
臺北縣	—	30	—	—	1	—	—	31	—	
新竹縣	—	46	—	—	5	—	—	51	—	
臺中縣	—	60	1	—	—	—	—	60	1	

全省	屏東市	高雄市	臺南市	嘉義市	彰化市	臺中市	新竹市	基隆市	臺北市	澎湖縣	花蓮縣	臺東縣	高雄縣	臺南縣
45	1	3	|	1	|	4	|	1	33	|	|	1	1	|
1,307	13	28	35	54	8	43	11	34	876	1	2	17	7	42
8	|	|	|	|	|	|	|	|	7	|	|	|	|	|
12	|	2	|	2	|	|	|	|	8	|	|	|	|	|
57	|	2	7	2	|	|	|	|	34	|	|	1		5
2	|	|	|	1	|	|	|	|	1	|	|	|	|	|
57	1	5	|	3	|	4	|	1	41	|	|	1	1	|
1,364	15	30	42	56	8	43	11	34	910	1	2	18	7	47
10	|	|	|	1	|	|	|	|	8	1	|	|	|	|

四、號召退伍軍人學生、抽調壯丁、成立部隊

此次暴動中，以日本時代退伍之軍人，受奸黨利用為甚。彼等於暴動開始，由奸黨煽動，陸續組織武裝部隊，名稱繁多，有所謂：「台灣省青年復興同志會」、「警政改革新同盟」、「台灣自治青年同盟」、「海南島歸台者同盟」、「若櫻敢死隊」（係曾受日本自殺潛艇訓練決死隊員）、「暗殺團」、「忠義隊」、「台中自治軍司令部」、「嘉義作戰指揮部」、「屏東突擊部隊」、「高雄指揮部」、「台灣自治聯軍」「台東義勇隊」……等等。彼等即藉此種名義，以為號召，進行其台灣全面之總叛亂。台北方面於暴動初期，所謂處委會之負責人，迭次於廣播中發號施令，徵召日本時代退役軍人，軍屬、技術人員，分別集合，圖謀大舉。並於三月五日起在老松國民學校及太平國民學校等處，登記原在日本服役之海陸人員計一千九百餘人，以白成枝為首領，每日集中訓練，磨拳擦掌，準備與國軍作殊死戰。台中方面共黨首領謝雪紅，煽動流氓、地痞及少數青年學生，計有千餘人，自稱「自治軍」，並組織有「台灣青年復興同志會台中分會」，互相策應，聲勢頗為浩大，彼等並私鑄關防印信，發表命令，無惡不作。[29]

高雄方面：設為總指揮部於第一中學，總指揮涂光明及主犯苑滄榕，曾豐明等，曾率暴徒萬餘人，圍攻高雄要塞及一〇五後勤醫院。花蓮港方面：由海外退役軍人及流氓地痞及組織「暗殺團」，台南方面：組織「台灣自治聯軍」計共三支隊，第一、兩支隊，在北港新營一帶；第二支隊在朴子青年旅社及青年食堂。兩股共約三百餘人，機槍六挺，步槍三百餘

枝，手槍四十餘枝，卡車六輛。屏東市之「突擊部隊」設於屏東市中央旅社，曾向農業職業學校劫去學生練習用之輕機槍六挺，持有「海外」、「海軍」、「陸軍」等旗幟，使用旗語，指揮偽軍，連續向屏東之空軍及憲兵進擊並加威脅，如不繳械，即寸草不留。台北及台中方面之奸黨學生強迫每戶派出一丁，參加訓練；並以「處理大綱」中所列之「解除軍權」要脅政府。[30]

(五)、煽動台籍警察及高山同胞響應叛亂

奸黨又利用一部份意志不堅之本省籍警察，以響應其叛亂，除對各地警察所圍攻，予以繳械外，又多方壓迫本省籍警察之家屬，要脅警察離開崗位，參加暴動。至於高山同胞方面：奸黨原亦多方煽誘其下山參加。如桃園方面，當事態嚴重時，即有少數高山同胞出現。台中、台南、屏東亦均有同樣情形。但彼輩甫行參加，已發覺被奸黨利用，於是憬然覺悟，退返高山，其中有正義感者，且熱烈以群力保護地方政府然後率眾回山。例如台東方面：縣區政府人員即受高山同胞之保護，進而壓服奸黨之蠢動。台南方面：原有高山同胞八十餘人下山，因受該縣縣長之開導，即表示誠懇接受政府意旨，拒絕參加暴亂，其深明大義，實堪嘉許。[31]

(六)、圍攻國防要地

奸黨暴徒之另一顯著暴動，即圍攻要塞，滋擾國防要地，如基隆要塞司令部於二月二十八及二十九日兩次被襲，官方傷者二十員，失蹤者二者，被劫去槍枝。三月五日，高雄要塞司令部被偽軍涂光明等率眾萬餘，激烈圍攻，幸防衛嚴密，率予擊退。他如二月二十八日，汐止公路運兵車之被攔擊，死上尉連副魏兆祺一員，傷士兵二名。三月一日，桃園八塊子機場倉庫被劫。三月三日，嘉義飛機場被「自治軍」圍攻，激戰極烈。三月四日，南方澳一〇五後方醫院及海軍船艇器材庫被劫。三月六日，台北北投汽車團被搶去汽車及輪胎等件。三月七、八、九數日間，台北陸軍醫院、供應局、警備總部、長官公署、圓山據點、總部電台……等機要地帶，均有暴徒大隊來襲，但迭被擊潰。凡此種種，皆為暴徒以武力遂行其奪取國防要地之事實。㉜

(七)、強行派款抽捐

「二·二八處理委員會」既為一般奸黨及少數野心家所操縱，其所議，乃不在撫生恤死，處理地方善後，反假借名義，濫向商戶強行派款，勒抽稅捐，藉充叛亂費用。一般商民有被謬詞所惑，有則迫於威嚇，莫敢為何。善良人民，對於強派捐稅，稍不如意，即慘遭殺戮。故台北一隅，僅一日間，人民被勒索者竟達數千萬元。同時，並向政府要求撥給該會經費五千萬元。又以處理委員會名義，監理台灣銀行業務，其後並企圖以強力接收該銀行，以達其控制財政，擾亂金融之目的。㉝

(八)、妄倡國際托管

奸黨既泯滅國家與民族觀念，其對於國族利害，自置之不顧，不僅高唱「高度自治」。且謬作主張，希望台灣付之國際托管，如在傳單上竟詆毀稱「中國人在人類上之毫無價值，是世界周知的事實，說謊、貪污、利己等成為中國五千年來歷史的污點……」而稱為馬歇爾調解失敗，斷定中國為無可救藥，竟主張「台灣應毅然置於聯合國管理之下」。是其希望脫離中國而由國際托管之陰謀，昭然若揭。不寧唯是，彼等罔顧荒謬主張之後，更繼之行動，迭向駐台美領事館請求將以上荒謬主張，電告世界，此種自甘出賣國家民族利益之行為，與漢奸賣國，毫無二致。[34]

茲將二二八事件中暴民之暴行，有關各種照片、證物輯列如後：[35]

暴徒們的「戰報」

沈情且勇敢なる學生諸君に告ぐ!!

情報

一、嘉義市に於て同胞學生が包囲攻撃を受けつゝある事はデマなり

二、高雄市に於て學生軍は既に高雄驛を占領し戰果擴大中なり

三、臺南、嘉義、臺中、苗栗、桃園に於て軍隊は學生により武裝解除され安靜を保ちつゝあるは既報の通り

以上、他の誤報を妄信する勿れ!!

民國三十六年三月五日午前十一時發表

台北縣 [illegible] 部

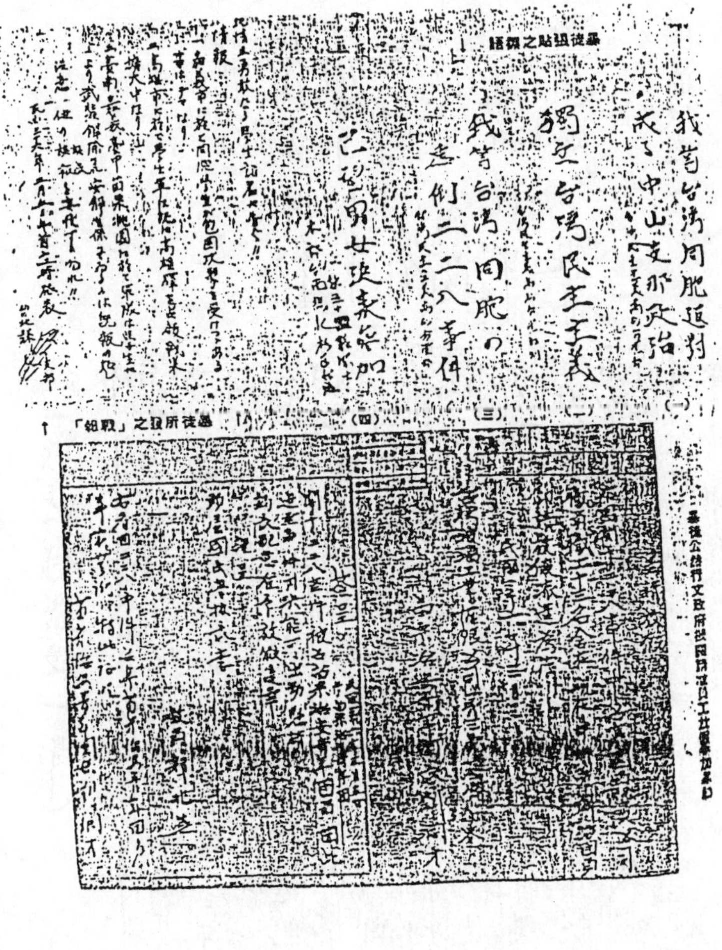

暴徒張貼之標語

暴徒所發之「戰報」

暴徒公然[illegible]政府機關[illegible]

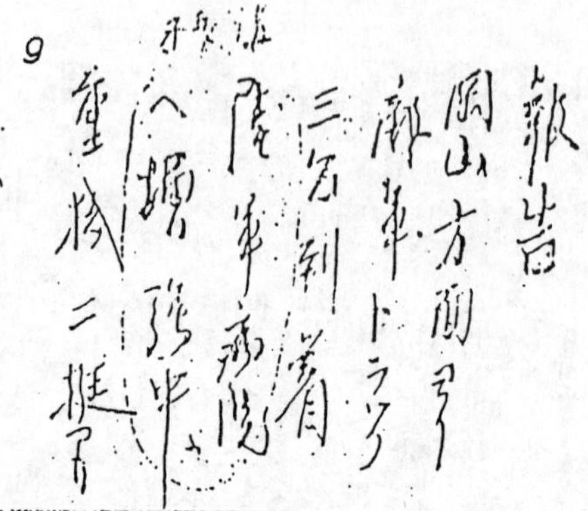

（偽情報之二）

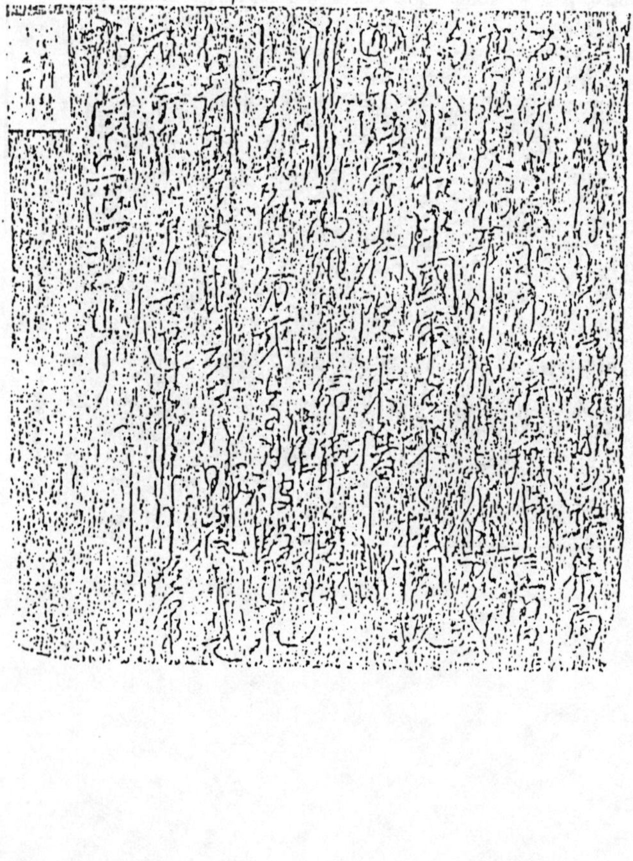

（戰鬥經過之一部）

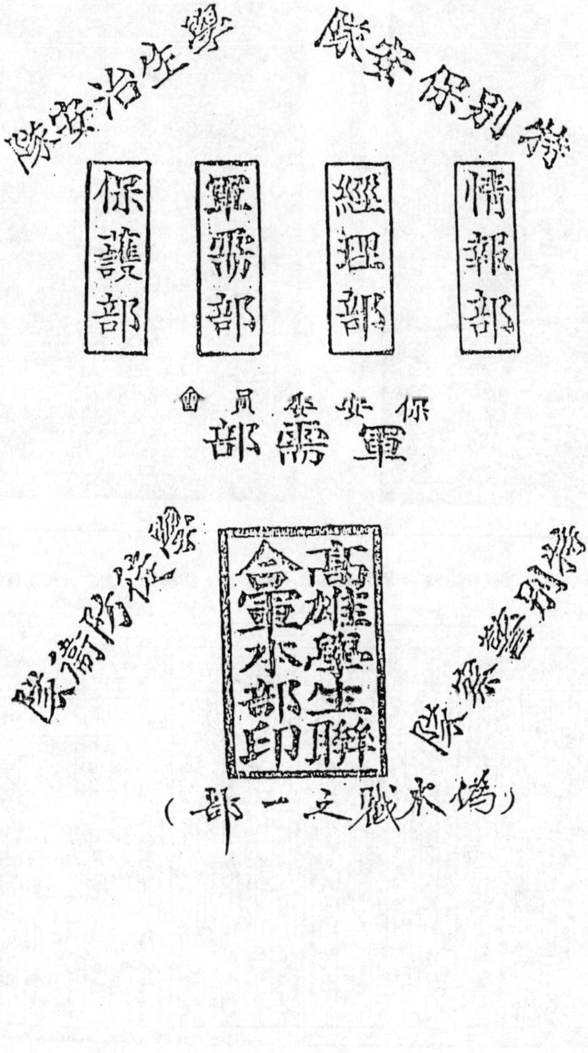
保護部
經理部
情報部

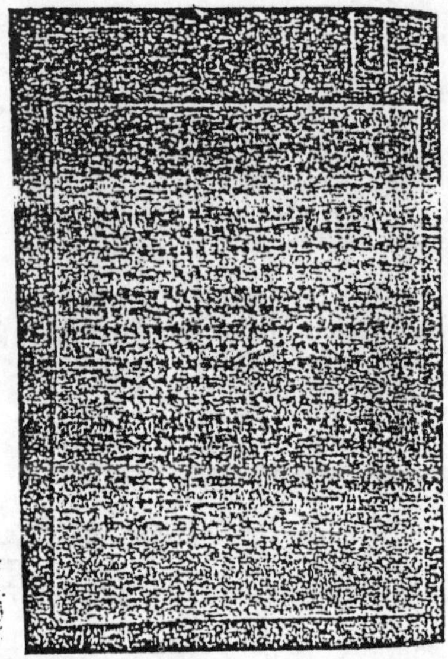

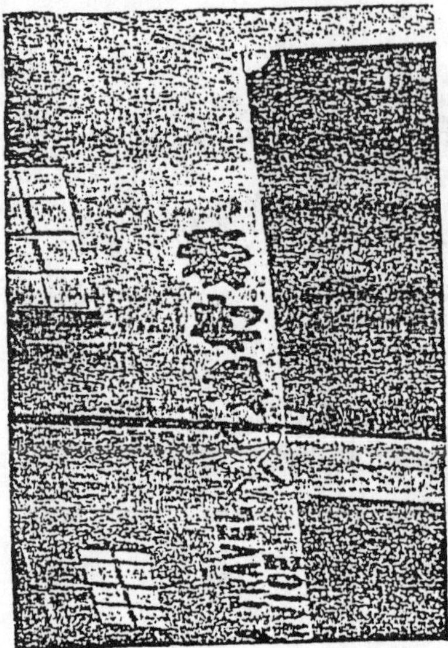

中國旅行社招牌上之「中國」字，標赤被暴徒剷去 →

則大隊警員劉天祈之友人劉季圖，於事變中致函劉天祈，敘述自臺北至臺中參加叛亂情形並說暴徒之實力。↓

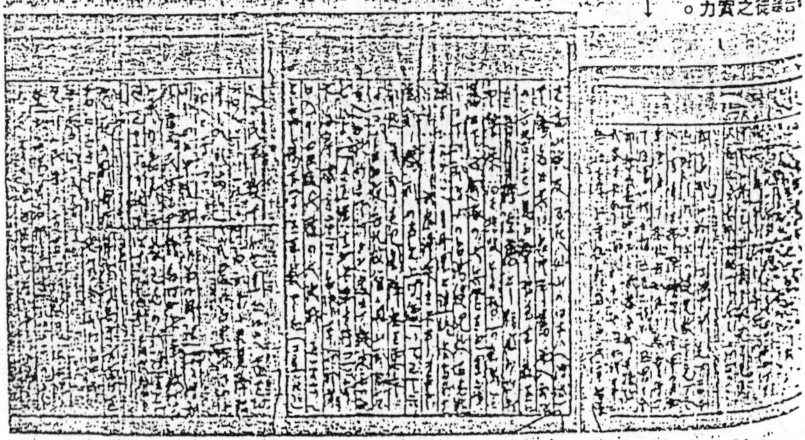

(一) (二) (三)

註釋

❶ 同前註楊功亮之調查報告（民國七十七年三月十日，聯合報第三版）。
❷ 同前❶楊功亮報告。
❸ 同前❶楊功亮報告。
❹ 同前❶楊功亮報告。
❺ 同前❶楊功亮報告。
❻ 警總之調查報告，頁八—一〇。
❼ 警總之調查報告，頁八—一〇。
❽ 警總之調查報告，頁八—一〇。
❾ 警總之調查報告，頁一〇。
❿ 警總之調查報告，頁一〇。
⓫ 楊功亮之調查報告。
⓬ 警總之調查報告。
⓭ 台灣省菸酒公賣局編，《二二八事件專案資料報告》（薈盧資料室藏）。
⓮ 同前揭書《二二八事變始末記》一書。
⓯ 同前引〈沉雪龍先生的回憶〉。
⓰ 同前引〈林衡道先生的回憶〉。

⑰ 劉勝驥，〈共黨分子在二二八事件前後的活動〉（引自馬起華編《二二八研究》一書）頁九〇。
⑱ 同前⑰。
⑲ 同前⑰。
⑳ 同前⑰。
㉑ 蘇僧。郭建成合著《拂去歷史明鏡中的塵埃》（美國南華文化事業公司出版，一九八六年二月出版）。
㉒ 一九七八年三月一日「人民日報」第三版、第五版及一九七九年三月一日「人民日報」二、四版。
㉓ 黃存厚輯《二二八事變始末記》（國防部新聞局掃蕩週報社編，民國三十六年三月出版）頁三六。
㉔ 同前⑰，頁八五—八八。
㉕ 警總之調查報告，頁一一。
㉖ 同前㉕，頁一二。
㉗ 同前㉕，頁一二—一三。
㉘ 同前㉕，頁一五—一六。
㉙ 同前㉕，頁一七。
㉚ 同前㉕，頁一七。
㉛ 同前㉕，頁一七。
㉛ 同前㉕，頁一七。
㉜ 同前㉕，頁一八。
㉝ 同前㉕，頁一八。

㉞ 同前㉕，頁一八。

㉟ 所附照片，來源大致有三：⑴警總報告之附錄照片⑵民國三十六年台灣正義出版社編，《台灣二二八事件親歷記》⑶民國三十六年四月台灣省行政長官公署新聞室編印之《台灣暴動事件紀實》之照片資料及有關證物。

肆、「二二八事件」傷亡損失之分析

關於在「二二八事件」中的傷亡損失報告，乃目前最為爭議的問題，由於各家對傷亡損失數目的報導，無論是官方或民間，中共或台獨人士等皆有不同的數據，筆者僅將楊亮功先生的調查報告，警備總部的調查報告、台獨與中共的說法等，分為傷亡和損失兩部份列述之。

一、傷亡方面的分析

根據楊亮功先生的調查報告，指出各縣市傷亡人數大致如下：❶

(1)台北市：各機關公務員死亡者三十三人，受傷者八百六十六人。人民死傷五十二人。實際上或因參加暴動，或為誤毆殺而死傷者，當遠在統計數字之上。

(2)基隆市：共計死傷軍警及公務員一百五十三人，民眾及暴徒死傷一百零三人。

(3)新竹市：公務員死傷者十四人，人民及暴徒死傷者約三十人。

(4)台中市：死傷公務員五十六人，民眾十六人，暴民三十四人。

(5)彰化市：傷公務員七人。

(6)嘉義市：計死傷人民一百八十八人，公務員六十九名，正式槍決之暴動人犯計有陳復志等二十名。

(7)台南市：計死傷公務員四十八人。

(8)高雄市：計死傷公務員三十九人，民眾死傷一百七十一人。

(9)屏東市：計事變中死傷公務員及人民共三十三人，至暴民死傷則尚未查悉。

(10)台北縣：計公務員受傷者五人，其他損失尚未查悉。

(11)新竹縣：事變中，公務員被毆傷者甚多，財物損失甚重，惟尚無詳確報告。

(12)台中縣：計外省籍公務員被毆傷者二十六人。

(13)台南縣：公務員被傷八人。

(14)高雄縣：計死傷公務員十一人。

(15)花東縣：公務員被毆傷四人。

(16)台東縣：公務員傷者十九人。

(17)澎湖縣：無任何亂事發生。

其次根據警備總部之調查報告，對傷亡人數之報導除了在本書前述參加份子暴行中已有部份統計數字外，另外對此事件中軍警人員戡亂死傷及擊斃俘獲以及自新之暴徒統計如下：❷

加入統計表

從上述楊亮功先生的報告與警總的報告，在傷亡的數字之統計仍有出入。更可見二二八事件中的死亡人數，一直是個爭論甚多的困惑題目。當年「中美週報」估計中外，省人死一千人，本省人死五千人❸。台灣長官公署的初步調查，「公教軍民各界合計，死三九二人，傷一八八二人，失蹤二六人，共傷亡及失蹤二三〇〇人。」❹

楊亮功先生和台灣長官公署公佈的死亡、受傷、失蹤的數字，它必需根據確實的名單，當然比較保守。民間人士乃根據自已的印象，更從官方數字加以擴大修正了，有些人則更誇大死亡人數，以加重陳儀殘暴之印象。時賢丘念台以監察委員身份說：「地方當局透露：外省籍同胞被暴民殺死幾千人；而民間說事變期中，台民死傷近萬。根據我的調查訪問，雙方實際傷亡數字，不及上列傳說的十分一，乃至不及百分之幾。他們為什麼要誇說死亡數字呢？難道死多了人就成為有理的一方？這種故作誇大的說法，大概是亂世變態心理的表現吧！」❺

左傾的「台灣旅京滬中團體赴台調查團」，他們僅來台停留二天，返南京招待中外記者說：「我所報告的國民黨人以上，連輕重傷計入，至少有三萬餘人。如手段之殘酷，在基隆他們用鐵絲穿過人民足踝，每三五人一組拋入海中，在高雄則對千餘集會群眾用機槍掃射，全部死亡；在台北，將所捕平民四五十名從三樓窗口推下，跌成肉餅，高雄許多人被釘在樹上，聽其活活餓死……。」本資料估計死者一萬、傷者三萬，由於其所形容國軍殺人殘忍荒誕，故此資料絕不可信。而報告人陳碧笙所屬的「閩台建設協進會」，據判斷已被中共份子滲入掌握，陳碧笙本人曾為中共「台聯會」對台統戰成員」（陳碧笙、福州人、日本早稻田大學畢業、撰寫《台灣地方史》」曾任中共「廈門大學」教授、「廈門」陳嘉庚研究室主任、「廈門鄭成功研究會會長」、「民盟五屆中委」、「民盟五屆中央參議委員會委員」），當時已是中共份子及同路人了。❻

然而陳碧笙這個僅費時兩天的「調查」數字，相當重要一具影響力。一方面，當時中外記者數十人在場，隔天「全世界各報普遍登載台灣大屠殺的消息。」另一方面，中共有二本著作早期估計二二八死者人數，即是根據台灣旅京滬七團體、旅滬六團體分別在南京、在上海招待新聞記者的報告，林木順的書估計「被殺死的不下一萬人，被捕的不下數千人。」❼李稚甫的書估計「台灣被殺者萬人以上，如將輕重傷在內，至少亦在三萬人以上。」❽

到了一九五二年，中共紀念二二八活動，把前國民黨的台灣省黨部書記長張兆煥在福建公審後執行槍決，消息中説要他為國民黨在二二八「一次屠殺三萬餘無辜人民的流血慘案。」而負責❾如此把過去包括死者和輕重傷的三萬人，變成了死亡三萬餘人，強化了血債形象。

此後，中共、台獨就習慣以兩三萬以上做為最起碼的死亡數字，江濃説：「國民黨實行殘酷的軍事鎮壓，平民百姓兩三萬人慘遭屠殺，受株連者不下數十萬。」❿葉紀東説：「台灣同胞被殺害人數，二萬到五萬，眾説不一。」⓫史明説：「僅台北一處即達萬人以上，當時，台北的人口只有三十餘萬，換句話説，三〇人中就有一人，或六戶之中就有一人被殺害。⑫因此，隨著時間的久遠，中共及其同路人有誇張二二八事件死傷人數的趨勢。

二、損失方面的分析

根據楊亮功先生的調查報告，指出各縣市損失情形如下：⑬

(1)台北市：公物損失價值計台幣一二〇、二六一、二九七元，私人損失，值台幣二一、三七八、九四九元，合計損失價值約國幣九十六億元以上。至於人民之財產損失值台幣五六、〇二三、八〇六元。

(2)基隆市：公私損失值台幣六、六八四、七三〇元。

(3)新竹市：計損失公私財產約值台幣一千萬元以上。

(4)台中市：其損失以槍槍械彈藥為最鉅，損失公私財產值台幣九、八六一、九六三元。

(5)彰化市：損失頗為輕微。

(6)嘉義市：軍械損失極鉅，公教人員之財物被掠一空。

(7)台南市：公私財物損失值台幣九、二八三、〇六四元。

(8)高雄市：公私財產損失值台幣七千元左右。

(9)屏東市：無統計數字。

(10)台北縣：無統計數字。

(11)新竹縣：財物損失甚重，惟尚無詳確報告。

(12)台中縣：公私財產損失約值台幣三千五百萬元。

(13)台南縣：公家被劫現款十九萬元，其他私財物均頗有損失，槍枝散失五十餘支。

(14)高雄縣：損失槍枝二百六十餘支，公私財產亦損失頗鉅。

(15)花蓮縣：公私財產損失值台幣七百四十萬元，槍枝十六枝，子彈一三三一發。

(16)台東縣：財物損失值台幣一百五十萬餘元，槍械彈藥亦損失頗多。

(17)澎湖縣：無損失。

其次根據警備總部的調查報告中，關於損失方面，大致有械彈損失、糧秣損失、公私財產損失等茲列表如下：⑭

二二八事變各縣市公私財產損失價值總計表

（價值單位：臺幣元）

縣市別	公物損失	私人損失	總計
臺北縣	8,000,000	12,348,900	20,348,900
新竹縣	4,754,049	32,829,258	37,583,307
臺中縣	890,000	35,000,000	35,890,000

臺南縣	3,513,900	7,927,280	11,441,180
高雄縣		1,501,500	1,501,500
臺東縣	138,766	1,520,960	1,659,726
花蓮縣	1,754,500	7,133,930	8,708,430
澎湖縣		—	
臺北市	125,619,373	228,712,882	354,332,255
基隆市	4,880,630	2,622,504	7,503,134
新竹市	8,022,366	19,841,658	27,864,024
臺中市	1,321,358	8,540,605	9,861,963
彰化市	在調查中	120,500	120,500
嘉義市	6,566,846	28,481,338	35,048,184
臺南市	802,667	8,479,496	9,282,165
高雄市	7,810,651	36,279,240	44,089,891
屏東市	1,202,225	9,726,227	10,928,452
全省	175,097,331	441,056,280	616,163,611

再觀之黃旭東先生在〈『二·二八』事變思痛錄〉一文中，對二二八事變中的損失，則分為物質和心理損失詳述如下：⑮

(一)物質損失之估計

(六)全省各級機關公私財產直接損失：此次暴亂波及全省，各縣市暴亂情形有輕有重，台北市是暴亂發源地，而且省會所在，機關林立，損失情形當然較其他縣市嚴重，假定台北市損失佔全省四分之一，則全省各機關公私財產直接損失當達十億左右。

(七)全省公營生產事業間接損失：事變中，各工廠、礦廠、水陸交通除少數未停止工作者外，十分之九陷於停頓，多則一月，少則十天，若干工廠設備亦遭破壞，復工發生困難。加以遭避、保衛、救卹、及其他額外開支，此種種間接損失，頗為慘重，吾人在未得確實數字前，誠難憑空臆斷，惟其損失決不在公私財產直接損失之下，即最少有十億元。

(八)全省人民財產直接損失：包括外省籍商民，本省籍工商各界民眾在事變中財產遭受之直接損失，此項損失極難調查，惟其數量亦在小，根據各方情形予以估價，至少當在五億元左右元。

(九)民營工商業間接損失：民營工業雖在萌芽時期，但商民則遍佈全省，他們在事變中貿易停頓，若干小販因不能買賣，生活感到威脅，進出口商人不能及時搬遷坐耗費用，同時交通斷絕，供求失調，引起經濟上急劇動盪和脫節，一方面是工商界本身遭受嚴重損失，一方面市民買不到生活必需品，竟有許多人數日未得一飽，極其困苦不安，由此間接影響之損失，至少要超過直接損失十倍以上，其總值達五十億元。

㈡心理損失之評估

㈥外省來台公教人員的不安心理：事變時暴民毆擊搶燒之對象漫無標準，只要你是外省人，就在暴亂者「打死中國人」的口號下挨打被搶。我們敢斷言，外省來台的公務員，絕不是為了「掘金」而來的，大都抱著服務精神，要想在台灣的重建復興工作上拿出最大的努力，對於台灣同胞被日本帝國主義者五十餘年的奴役壓迫，有十二萬分的同情，願意幫助台胞解除桎梏，認識祖國，認識世界，恢復他們自由國民地位。然而這一次遭受空前無情刺擊，滿腔熱情換來的是失去理性的的殘害，誰能不灰心？外省人到台灣來，沒有得到舒適生活，待遇是比國內任何地方都不如，工作則比國內任何地方都緊張，他們是無條件在為台灣賣力，替台胞服務，可是在千百個傷亡者中，有幾個是貪官污吏？有幾個是社會害蟲？在台灣工作中的人想走，預備來的人聞變而退，誰也不願再來找罪受。台灣朋友自已都明瞭在台胞自己未充實前，不藉重外省人才，台灣是治不好的，如果斷絕了國內人力物力的補充，那前途就不堪設想了。

㈦外省籍商民的怯懼心理：內地來台的工商人士，此次被打被搶的非常多，他們散居各地，變亂中無法得到保障，血本即遭損失，生命又有危險，挨過了這一段苦日子，誰不想回去？已經有些商人捲舖蓋走了，曾經準備開設商店的，寧可犧牲一切溜之大吉！商民的怯懼退縮，將使台灣變為閉關自守，與世隔絕的孤島，這對於台灣前途，是極大的損失。

(八)本省人的恐慌心理：暴亂是在國軍到達後才平靜下來，政府對於暴動的首要份子當然要拘辦，對於善良同胞甚至附從作亂者，都絕對不去深究，可是台胞仍舊存有畏懼心理，因為是善惡不分，變亂平定後，恐怕外省人要不分青紅皂白，大肆報復。後來事實上表現，這種報復行動是極少的，一般台胞基於日據統治教訓仍心懷恐慌。

註釋

❶ 楊亮功先生之調查報告。

❷ 警備總部之調查報告，頁三三—三四。

❸ 吳敬敷時任「中美週刊」社長兼主筆，在其〈誅陳儀！救台灣〉一文中說：「為什麼誅陳儀呢？乃是五千名陳儀直接雇殺的台灣同胞，及一名間接被陳儀雇殺的在台灣公務員及其眷屬的冤魂怒吼」，載伕名二二八真相一書，頁一五九（引自馬起華，二二八研究，頁一八二）。

❹ 黃旭東〈二二八事變思痛錄〉，二二八真相，頁一九〇。

❺ 王曉波，《走出台灣歷史的陰影》（台北、帕米爾書店，民國七十五年），頁六五。

❻ 若林正丈著、吳密察譯〈一位戰前來台灣的中國學者—訪陳碧笙氏〉（台北，自立晚報副刊版，一九八八年六月二十七、二十八日載）從文中顯示陳碧笙早已是共黨的身份，因此渠對二二八之調查報告，必然是傾共無庸置疑，由於自立晚的刊載，因此陳之身份更加證實。

❼ 林木順著：《台灣人民二月革命》（香港：新民主出版社，一九四八年）頁四。

❽ 李稚甫著《台灣人民革命鬥爭簡史》（廣州：華南人民出版社，一九五五年）頁一八六。

❾ 一九五二年二月二十九日「人民日報」第一版。

❿ 江濃〈汲汲教訓，繼續前進〉，《台聲》第二期，頁三二。

⓫ 葉紀東〈對歷史作出解釋，促進民族團結〉，《台聲》第二期，頁三二。

⓬ 史明，《台灣人四百年史》，頁七八三。

⑬ 楊亮功先生之調查報告。

⑭ 警備總部之調查報告，頁三三—四〇。

⑮ 同前❹，頁一六—一八。

伍、「二二八」事件中發揮同胞愛的感人史實

「二二八事件」中，有人說「外省人殺本省人」、有人說「本省人殺外省人」……等不一而足，事實上這只是少數暴徒的所作所為，大多數的同胞仍然嚮往和平，厭惡暴力血腥，茲將台胞如何發揮血濃於水的同胞愛，救護大陸來台同胞的真人真事，依各縣市之人、事、時、地、物分別列舉如下：

一、台北縣市部份

㈠、志樹，「台北行」（回憶文）

1.資料來源：《台灣二二八事件親歷記》（以下簡稱親歷記）（台灣正義出版社編印，民國三十六年五月出版）頁一一八。

2.本文主旨：主要敘述外省同胞（志樹），在二二八事件中面臨生死關頭獲病友D君（台灣、台北人）等人的救護脫險經過。

3.史實摘錄：「……，因病住於北市松山療養院，民國三十六年二月二十八日早上邀著二十四號的病友D君（台北市人）一同上街……吃了中飯，打D君家中出來，剛走到延平路口，

從街對面人群中朝我跑來兩個人，瞪目翻臉大聲叱詫地用台語問我：『你是中國人？台灣人？……』……話還沒說完，（他已經明白我不是台灣人）飛的一拳，已打在我的左頰上。旁邊站著的一個，雙手一圍，抱住我的手和腰，使我不能動彈，不能爭脫。這時附近的人，蜂擁而至，不分皂白，拳腳交加。以我一個住了十個月醫院尚未痊癒的病人，怎受得了這巨大打擊！……和我同行的D君，見我在萬分危急的剎那間，他用兩手拚命招架著向我刺來的拳頭，用他的身體，拚命掩護著我的身體，一面搖手高喊：（用台語）『打不得；打不得：他是松山療養院的病人』一面打了一所張耳鼻咽喉外科醫院門前。冒味的衝了進去。裏面一位四十來歲的婦人，（後來才知是院長太太）看我逃了進去，不但不加以拒絕，而且迅速地將我引進去藏在屋後的浴室內，每隔幾分鐘，不聲額響地秘密走來看我一次。……院長太太忽然送來了臉水和開水，替我洗淨傷痕，敷上西藥，我被他的賢德熱誠所感動。……三月四日脫險回到了院中（指松山療養院），院長、醫院、護士，以及四鄰的病友們，（全係台人）都圍攏來以關懷懸念的態度；詢問我，安慰我。使我深深的感到！台灣同胞，多數還是善良的。他（她）們的正義感和熱忱，深值得我們敬佩和感謝，我希望今後的台胞們，趕快捐棄成見，和外省同胞，精誠合作，共向民主新生的前途邁進！」[1]

(二)、荷馬，「我在扮演阿Q」

1.資料來源：《親歷記》（出版時、地同前）。

2.本文主旨：主要敍述外省人荷馬和友人老凌等人在事變中，遭暴徒毒打騷擾後，獲得陳姓台胞的救護之經過。

3史實摘錄：「二月二十八日下午近五時……二分鐘後，我（荷馬）的面前出現了一個粗漢，矮個子，厚嘴唇，手持木棍，我來不及和他答話，腦袋左側就受了一記沉重的襲擊。我的眼前一片暈黑，耳朵一聲『嗡』，不知怎的，我卻想起「阿Q正傳」裏的『大團圓』那一節，彷彿我就在扮演阿Q似的，兩腳軟攤，頭暈不能支持，身體也隨著那顆心往下沉落去了……。我倒在田野裏，腿部、背部、足部，連續地受著一種棍擊，然而，我卻清楚地感到，我正走向死亡的邊緣。

當我重複清醒過來的時候，發覺我睡在一間頗為精緻安靜的小房間，老王鐵躺在我旁邊喘氣，我一定是被救到這裏的，……夜間一時餘，這屋子的主人推門進來探望，發現我和老王恢復了知覺，於是就招呼他的兩個兒子，給我們倒茶送煙，又給我們吃了一頓豐盛的晚餐，有魚、有火腿、雞蛋，那簡直是我到台灣來所未曾吃過的。我現在要向讀者來介紹這位善良的屋主人，他姓陳、姓名未得允許，不敢宣佈。他的大兒子是老凌廠裏的工人，與我並不大熟，據他說因為常看見我，覺得我並非壞人，所以救我到他家裏。主人是農夫，一個五口的小家庭，簡單然而愉快。」❷

(三)、田家，「敵意和友情」

1.資料來源：《親歷記》（出版時、地同前）

2.本文主旨：主要敘述外省同胞（田家），在事變中獲兩位台胞和醫師、護士的救護經過。

3.史實摘錄：「二月二十八日下午五時三十分，我（田家）從新竹乘火車到台北……遭暴徒毒打，混身血泥，昏臥地上……出乎意料之外，我的兩隻膀子忽然被人捉住，把我拉了起來。我睜眼看到兩個青年把我夾持著，……看他們的髮式和衣著，便知道是本省人……我看到他們底臉上似乎沒有怒容，都在用憐憫和同情的眼光看著我。我揣測他們是一個公務員和一個學生。我又不禁懷疑他們要把我捕捉到什麼地方去呢？但是，我的猜想立刻被證明是錯誤了，那位年事稍長穿西裝的人開口說：『走吧！我們送你到醫院裏去』。……這時候，我已經弄清楚了他們兩人是出於同情心來援救我的，感激得淚都流了下來。同時我在匆忙中向他們問一個究竟，我說：『請問：我們犯了什麼罪？他們就這樣毫無理由地亂打人』！青年學生一面走一面對我做了默默的苦笑。那位公務員嘆了口氣說：『你還問什麼呢？他們都是些浪人。他們是不講什麼道理的，你是個外省人；他們就要打你，我們是沒有法子阻攔他們的。』……折進中山南路的一條小巷。這兩位青年朋友把我扶進了室內。那兩位青年說了兩聲『拜託、拜託』之後，就走了出去，連我想追上去說聲『謝謝』，問問他們的姓名住址都來不及了。」❸

(四)、燕濱，「無名恩人」

1.資料來源：親歷記（出版時、地同前）

2.全文主旨：外省人（燕賓）在二二八年件中受無名恩人（台胞）救助之經過。

3.史實摘錄：「事後想想，二十八這一天真如作夢，在公司辦公，直到下午近五時，走到樓梯口，X先生叫住了我（指燕賓），他搖著頭用他的台灣國語說：『外邊不好，不好，不可走』我回他一個笑話：『不要緊，我慢慢走，看人多的地方就轉彎』。他仍是搖著頭，說我『不會說話』（指台語日語）一定勸阻，他的鄭重其事的態度，倒叫我真的怕起來了。……當暴徒大肆搜查外省人之時，X先生匆匆的跑到我家，他說住在這裏還是不保險，叫搬到他家去住。……平日對他們一無好處，也無交情，僅僅因為同事，因為我曾買過糖給他的孩子，他們就如此的搭救我。偉大的同情！偉大的義氣！英雄人物原來是如此坐立不安，也只有接受。……這次我要表揚他，他堅決不要，因此，我不寫出他的姓名。」❹

(五)、周光輝，「第五號病室」

1.資料來源：〈親歷記〉（出版時、地同前）

2.全文主旨：敘述外省同胞受到台籍醫師、護士的照料之經過。

3.史實摘錄：「……這裏面有八張床，滿滿躺著呻吟可憐的人……都是『二·二八』死裏逃生過來的。醫師先生、護士小姐，他們好心的，他們不分晝夜，給我們這些不幸者打針、敷藥，包紮，怪熱心腸的。人真是怪東西，有人平白無故的搶劫殺人，也有人平白無故的扶傷救死。」❺

(六)、濟生，「友情的溫暖」--敬獻給救我生命的陳先生伉儷--

1.資料來源：〈親歷記〉（出版時、地同前）

2.全文主旨：敘述外省同胞（濟生），在二二八事件中受台胞陳先生伉儷之救護。

3.史實摘錄：「二二八事件，如今思之，宛如做了一場惡夢，在這幕恐劇裏，險些喪失了我（濟生）的生命……同時更使我永遠不能忘記的，就是在萬分危險中拯救我生命的陳先生夫婦，他們的仁慈，他們的勇敢，他們的偉大，使我深感正義的存在，尤其是在台灣的人海裏，也有善良而仁慈的同胞……他們看我這隻將被宰割的羊真表示十二萬分的同情，他們說：『要出去，馬上就會有危險的，在這附近已經有很多傷亡的外省人，這樓上有地方，你可以藏起來，等到天黑了他們（指暴徒）辨不出來你是外省人的時候再回去好。你真幸運，他們沒有發現你是你省人，你不要害怕，我這裏是十分安全，雖然在原則上我也不敢留你這外省人，因為他們是會向我找麻煩的，但是我是不能見死不救呀，你要相信我，快到樓上去！這裏危險。在樓上的破爛家具裏隱藏起來，從樓窗可以看到街上仍有一批一批民眾蜂湧走過，並且毆打外省人，兇猛異常，我只好極力保持鎮靜……一切只有聽天由命……這位先生夫婦時時到樓上來看來，安慰我，我好像漂流到荒島上，密林裏，時時會有死神的降臨，他們好像我的救星，我深深的感到友情的溫暖，感到他們的仁慈偉大，使我感激得五體投地了！」❻

(七)、瑜影，「『野蠻』與『正義』」

1.資料來源：〈親歷記〉（出版時、地同前）

2.全文主旨：台灣學生如何在事變中發揮同學愛，救護大陸留台學生之感人史實。

3.「史實摘錄」：「民國三十六年六月二日，全體台灣同學，決定了一個使我們外省同學感到驚奇又不安的辦法，決議理由如下：

『……外省同學，他們在台灣求學，可說是沒有家的；即使有一部份同學是隨著家庭來台，但在這個恐怖的局勢裏，我們也絕不可讓他們回家去。因為他們或許因為失去我們的保護而感到危險！所以為顧到外省同學們的安全，並應付這個糧荒的局面起見，我們本省同學，近道的如新竹、基隆，必須儘速在明天回家去，遠道的，若是近處有親戚的話，可搬到親戚家去暫住，沒有親戚的，就留在學校宿舍內，擔任保護外省同學們的安全！如此，宿舍裏的存糧將因食口的減少而多維持幾天……』這種毅力、精神，深深的感動了我們。」❼

除上所述，在台北發生的感人史實，尚有萬千，無法一一縷述，例如在《台灣二二八事件》親歷記一書所記載當時人的回憶文，尚有下列：（限於篇幅僅列出作者、篇名）

(1)內微，「深山人影」。
(2)汪不平，「風雨之夜」。
(3)吳影，「血與淚」。
(4)大弓，「三重保護」。
(5)吟雲，「相煎何太急」。
(6)問雲，「揮淚訴傷痕—記一個挨打的朋友」。
(7)吳瑾懷，「風雨隨感」。
(8)張偉文，「慘！慘！慘！」。

(9)陸彤九，「驚心動魄」。

(10)于祭，「賣冰的商人」。

(11)白雷，「打」。

上述人的回憶文，可說字字血淚，對於事變中暴徒的惡言惡行及台胞的捨己救人，皆有深刻而細膩的描繪，值得全國同胞之再思。

二、基隆、宜蘭縣部份

(一)、展洲，「基隆聞見」

1.資料來源：〈親歷記〉（出版時、地同前）

2.全文主旨：敘述當事人（展洲）及其外省同事，於二二八事件時在基隆，受台胞救助經過。

3.史實摘錄：「……二月二十八日，基隆街上走的人還相當多，看不出發生什麼事情的顯著跡象，有一些人走路很匆促，但也有很多人慢吞吞，……走不多遠，忽然覺得後面像是在個人拉住我衣服，……他打著本地話問我是不是上海過來的，我說不是，他也不再說話揮著手表示著叫我趕快回去的意思，這一提醒，真使我著慌得手足無措，那個人不等我答話就走開了，四週的人在這時突然覺得不如剛才多，我拉快著腳步一直往回家的路上走，沿途看到很多外省人慌張的樣子與我差不多，……到兩裏發出來的雜亂聲音，含著很大的恐怖意味……剛剛就睡時，突然聽到前面關好的門呀的一聲開了，接著聽到的是一陣踉蹌的步伐聲，不禁毛骨悚然……但是回來的那位同事滿臉是血，正在那裏用水洗滌傷口處理，他看到我僅微弱地叫了一聲老賴，很顯然的不用再問，他已被暴徒們打傷了。……用凡士林止了血，得承一個鄰居曾經做過護士的過來敷藥，看他安靜地躺在床上方才放心，慢慢地他開始述說受傷的經過……。」❽

㈡、人波，「宜蘭的虛驚」

1. 資料來源：〈親歷記〉（出版時、地同前）

2. 全文主旨：敍述外省同胞（人波），在事變期間於宜蘭的遭遇，獲台胞協助之經過。

3. 史實摘錄：「……下午，情形就緊張起來，鐘打一點，一位本市的朋友匆匆地跑到我的住所，門剛開，他劈頭就說：『事情不好，你得趕快躲避一下』，我問：『為什麼？』他說：『傳說今天下午三時正，火車從台北來，會有大批流氓一起來本市，專打外省人』。……隔夜，我去學校，把昨天聽說車站有人被打的事問教頭。他本地籍，消息靈通，他直捷了當地告訴我：『有的』。他說：『原因是那位外省人平日不好，所以該打』，『至於俺門學校』，他繼續著說：『在日本統治時代，發生事變時，也沒有打日籍教員的事，所以你（指我）也儘可以放心』，可是，我聽了反而不安心。因為他說的是日本時代，那麼現在難道也是日本時代？至於我，我是那一點像日籍教員？我說的難道是日本話語？我教的難道也是日本軍國主義，侵略主義色彩的課本？當時我表面上是沒有說，心裏卻難受，無形中我增添了傷心……我想流淚……我恨我自己，去年為什麼要那樣熱情地離開了溫暖的家庭跑到台灣來？……難道我不應該有我年輕人的熱情？」❾

三、新竹縣市部份

(一)、朱文伯。「二二八事件中我和新竹縣政府被襲經過」

1.資料來源：〈親歷記〉（出版時、地同前）

2.全文主旨：敍述事變發生之日，朱縣長被襲和獲台胞吳深潭等人救護之經過。

3.史實摘錄：「二二八事件發生之日，我在桃園（新竹縣政府所在地）尚無所聞，是日下午來台北準備向土地銀行與善後救濟分署，接洽桃園縣下農田水利貸款和補助費，車經太平町中段，即被暴徒攔阻，勒令下車而後，繼之拳棍交加，並將汽車焚毀，我以見情勢萬分緊張，無法理喻，乃急走圖避入附近商店內，詎商店竟閉門不納，適有一義士向我招手，乃得在掩護下，避入附近僻巷乃友家中，得免大難。義士名吳深潭，乃友名林剛郎，林父即本省方圓林木公司的主人林木，與我素不相識，他們以為我已負重傷，如送入醫院或延醫治療，恐為暴徒發覺，反為不利，所以多方購買特效藥劑，施行緊急治療，次晚，因林宅地處暴亂中心，乃設法走避於吳君本宅，蜷伏四西，在此期內，暴徒到處搜查外省人們，宣稱如有隱藏者，即誅全家並燒房屋，但吳林兩大小，均置此不顧，仍對我異常關切，隨時外出探詢消息，吳君即因此為憲兵流彈所中，右手折斷二指，左掌洞穿，然迄無怨言，至五日情勢好轉，吳林二君乃用汽車送我出險，在我受難期中，外傳我已殞命，實則當時如非吳君見救，林家見助，則結果殊難設想，事後據悉，在事變期內，得吳君營救出險的外省籍人，凡十餘名，其見義勇為的精神，至足感人！我想在此次事變中，和我有同樣遭遇的外省人，亦頗不乏人，新竹縣屬的公教人員，在次此事變中並無死亡，也就是因為當地同胞救護得力，足見暴徒份子，只是少數中之少數，大多數的台灣同胞，仍是善良可愛。」[10]

四、台中縣市部份

(一)、中南，「去治安本部」

1. 資料來源：〈親歷記〉（出版時、地同前）

2. 全文主旨：敘述台某學校外省教職員，遭暴徒綁架，後經台胞解救之經過。

3. 史實摘錄：「……三月六日上午，突然又開來一輛貨車，仍由被開除的X教職員十餘人，押上貨車，要我們到台中去給他們集中保護（？）我們處此無政府的狀態之下，覺得啼笑皆非！只好咬緊牙根跟著他們走，每人都帶一床棉被，和幾件換洗衣衫，準備給他們長期的囚禁。車停在校門口，附近圍了許多看熱鬧的人；我們中間有幾位先生特別害怕，事變以來幾天，日夜都伏在污穢潮濕的地板下面，不敢稍露面目，餓得臉色又瘦又黃，……於是我們帶著悲慘的情緒，像綁赴法場似的被他們開去，中過台中市，沿途見各家店門都緊閉著，行人落車馬稀，情況異常慘淡……車到南區區公所即停下查問，又開往『治安本部』，最後才送我們到民眾旅社裏去，……據說這裏是一個上等的集中營，台中黃市長以及前台中縣劉縣長的眷屬等，都拘留在裏面，比較下等一點的集中營，在教化會館，聽說那裏人數又多，地少又小，每餐每人只分到一塊『飯丸』充饑，……半小時後，本校本省籍的體育教員謝某，知道我們被無辜地抓去，他氣得怒髮衝冠，便自告奮勇，跑到『治安本部』去申述理由，要把我們保出來，於是由於謝先生一番的『仗義執言』，我們又得以重返學校……。」⑪

五、花蓮台東部份

㈠、勉之，「花蓮紛擾紀實」

1.資料來源：〈親歷記〉（出版時、地同前）

2.全文主旨：台北緝私案，引起紛擾，波及花東縣市，本文主要敍述花蓮張縣長，消弭暴亂之經過。

3.史實摘錄：「……三月六日，早晨密派幹員往高山族各鄉宣慰勿受暴徒利用，並宣佈中央德意，結果收效頗宏。高山族秀林鄉長林明勇及卓溪鄉長均極力制止，而未有行動，惟萬里鄉長受人煽動，率領該族二十餘人，來市參加，被林套勇申斥，幾於動武，晚間即行退去。市內年老具有見識的人，亦多出來制止，使局勢緩和不少。……本日青年學生，及海外歸來的浪人，頭戴日本軍帽，身穿日本軍服，並掛日本肩章領章，持日本軍刀，唱日本國歌，散發日文傳單，組織金獅隊、白虎隊。青年隊、孔楠隊等，總計十九隊之多，荷於背力，橫行市上。……高山族、阿美族，有識之士，亦不附和，暴徒與奸黨，已感力量薄弱，但海外歸來的浪人，日本時代的士兵，與血氣方剛的青年，仍不甘心，……」[12]

六、雲林、嘉義部份

(一)、洪曉，「變亂中的我」

1. 資料來源：〈親歷記〉（出版時、地同前）

2. 全文主旨：住嘉義之外省同胞（洪曉），因公北上出差，於途中被暴徒洗劫，獲台胞救助之經過。

3. 史實摘錄：「……被暴徒洗劫後，身無分文，胡思亂想地過了一夜，五點鐘響了，天快亮；南下的火車，不久也快來了，但是我的車票呢？……這時候，只急得眼淚也掉了下來，正在憂腸百結的時候，我的福星忽然高照，我初交的友人何水源先生－（嘉義市人－來了；他一看到我，馬上問道：『老陳！您為什麼跑到這兒來。』這時我心頭的一塊大石，落掉了。一切的憂煩也都消滅，連忙請他坐下來，把經過的慘狀，詳詳細細地告訴他，他很激昂慷慨地說：『這很湊巧了，昨天我若不被朋友強邀到這裏來，你將怎麼回去呢？』他這一腔仁義的心腸，使我無限的感激。……停一會，火車來了；何先生買了車票，一同上車，在車上，又得到他許多安慰的話，把東西給我飽腹；一直到了嘉義，我請他返家，他為了我，不肯下車，陪我番仔田站下車；因恐我在途中，又遭毆打，他這偉大的胸襟，使我永遠不會忘記，我和他相識，是無意中由一老友介紹的，並且敍談的時間不多，匆匆分開，已經兩個多月，這是第二次相會，我在難中，他能一見如故，無微不至的幫助我，實在值得欽佩。」⑬

七、台南縣市部份

㈠、汪淩，「害群之馬」

1.資料來源：〈親歷記〉（出版時、地同前）

2.全文主旨：外省同胞（汪淩）於台南新營獲台胞救護之經過。

3.史實摘要：「在那個笑容可鞠慈仁的老農夫家裏，在潮濕的屋頂下，在黯淡飄搖的燭光中，我饑婪氣急地吞咽完二日來第一次的進餐，我舒適地躺床上，靜聆聽著這一家人的『聊天』，老農夫要我好好地休息一會，但自己卻又滔滔不絕的講述著關於事變的話，他是一個宿命論者，他相信善惡的報應，他認為這次鬧的有點不成話，他指著那兩個從海外歸回而一直失業到現在兒子，說他現在是把這對年輕兄弟牢牢地挽在身旁，不願讓他們隨便出去招殃，他說這是天意，難以逃避的浩劫。光復之後，他是以遺老的身份，流著歡騰的熱淚，重新投入祖國的懷抱，而今這鬩牆的慘劇，將是如何無情的絞割著他衰老的心，他也以深摯的衷懷，指責祖國政府過大的寬容和那些，『害群之馬』的作惡為非。……他相信 蔣主席會體念初經解放的同胞，會即刻下『詔書』來解決這回變亂……翌晨，他們為了兩者間的安全，把我移置在田野一座偏僻的茅寮裏，三餐均由他的女兒送飯。……他女兒知道我會抽煙，飯籃裏時常偷藏了一包香煙或一匣洋火。……三月十二日，中午我終於涔著留念和感激的淚容，離開相處一週的『鴿籠』和那個厚樸的父女，歸來了……『十室之內，必有忠信』，多數台胞有的是善良的心，我願向他們伸出友愛的手；來大家團結一致……」[14]

八、高雄縣部份

㈠、英，「高雄七日」

1. 資料來源：〈親歷記〉（出版時、地同前）

2. 全文主旨：敍述三月一日至五日至外省同胞在高雄地區，於事變時之慘狀及受台胞救護之經過。

3. 史實摘錄：「三月四日天一亮就有附近平日要好的本地人來探問『昨晚有什麼事情沒

有？』從他們口中，知道昨晚高雄已有不少外省人的住宅遭光顧了，房子被石塊打擊，人遭毆辱，財物被劫燒。……深夜了，外面漸漸地聽見有槍聲，我們一批整天沒有吃飯的難民，由委員會向要塞領了些米煮成稀飯……三月五日天還沒亮，外面機關槍大作，……巡視一下難民群，男女老幼都有，大家都面帶愁容，相談之下，無不憤恨，尤其是聽見挨過毆打的人講述，知道流氓之兇殘，比日本人有過之而無不及，打人首先用拳擊眼，昏倒地上再用腳踢，搶劫財物，更不用談了。

……一件英勇的史實，是一位受傷的憲兵講述的，四位憲兵，在火車站樓上值勤，事件發生後，民眾數百人在樓下把他們包圍了，要他們繳械，他們以威武不屈的精神，嚴正的答覆：『我們是中華民國的軍人，我們的武器，是國家給我們的，是我們的第二生命，沒有直屬長官的命令，死也不能繳械』後來市長跑上樓勸他們繳槍，說可以保障他們生命的安全，就在這時，一位憲兵馬上拿出手榴彈，加住引線，請市長護送他們回憲兵隊，市長就用小包車護送他們突圍。（按：市長係本省人）……遭受毆打的老蔡（外省人），幸虧一位台灣朋友救到他家，藏了一星期，才恢復健康，『台灣老百姓，善良的也很多』老蔡說：⑮

九、屏東縣市部份

(一)、飄，「拉雜話屏東」

1. 資料來源：〈親歷記〉（出版時、地同前）

2. 全文主旨：敍述屏東某師校附小之外省職員在事變時之遭遇及獲本省同胞救助保護之經過。

3. 史實摘錄：「……我們附小方面，承校長之命，由本省籍全部員工，組織警備隊，分班輪流值勤，以防宵小之乘機蠢動。三月四日傍晚六時，各人帶著被窩，離開宿舍，陸續集中到師校第三寢室，集各省同事於一室，各說各的鄉土話……因為各人都抱了「死生由命」的宗旨，有的坐，有的立，有的橫躺在舖蓋上，加上幾位活活潑潑地同事的小孩，大家有說有笑，反把恐懼的、驚慌的、煩惱的、憂愁的，一切心思，不知抛到什麼地方去啦！

誰說本省人和外省人發生磨擦？誰說外省人和本省人，感情不洽？我們看到那天晚上的情形，就可以得到答案了！在以前，本校與附小雙方面同事中，各守本位工作，情感上從無本省和外省之分，同樣過著窮教員的生活，和衷共濟，融融洩洩，從沒有感情不洽，那天晚上，看到……一隊一隊的同學們，他們都很誠懇的、忠勇的，擔任著警備工作，一直到天明才各自回隊。」⑯

十、澎湖縣部份

㈠、鄭哲文，「安靜的澎湖」

1. 資料來源：《親歷記》（出版時、地同前）

2. 全文主旨：敍述由於澎湖縣政府處理得當及縣民深明大義，致未發生暴亂事件。

3. 史實摘錄：「……三月七日下午來了一位商店老闆，這個人是我平時不認識，他很客氣的進來向我致意，他坐下不久就談起了「二二八」事件，表示痛心，同時他說這幾天米價高漲不已，許多貧窮的民眾，似乎無法生活，他見到貧民的痛苦，就把所剩的米照市價低十元全部脱售，我聽他這麼一說，知道這位老板倒是一個慷慨而了解的人，由是我就向他發問：『這幾天我們澎湖民眾的情形怎麼樣呢？』他回答說：『澎湖縣普通民眾，良心很好，與台灣本土的一部份人，大不相同，尤其這次澎湖到今天，沒有暴動，實則一般民眾，都深切認識澎湖縣長謙和愛民……所以有少數人，很想起事，終因力量單薄，無法舉事。」[17]

註釋

❶ 志樹，〈台北行〉（引自台灣正義出版社編，《台灣二二八事件親歷記》、民國三十六事件親歷記、民國三十六年五月出版）頁一—八。

❷ 荷馬，〈我在演阿Q〉《台灣二二八事件親歷》頁九—一七。

❸ 同前❶親歷記一書，頁一八—二四。

❹ 同前❶親歷記一書，頁二五—二九。

❺ 同前❶親歷記一書，頁三〇—三四。

❻ 同前❶親歷記一書，頁三五—三九。

❼ 同前❶親歷記一書，頁四〇—四六。

❽ 同前❶親歷記一書，頁九一—九六。

❾ 同前❶親歷記一書，頁一〇一—一〇九。

❿ 同前❶親歷記一書，頁一一〇—一一四。

⓫ 同前❶親歷記一書，頁一二九—一三〇。

⓬ 同前❶親歷記一書，頁一九九—二〇五。

⓭ 同前❶親歷記一書，頁一五六—一五九。

⓮ 同前❶親歷記一書，頁一七八。

⓯ 同前❶親歷記一書，頁一九二—一九五。

⑯ 同前❶親歷記一書，頁一九六—一九七。

⑰ 同前❶親歷記一書，頁二〇六—二〇七。

陸、結論

一、對中國現代史與台灣史的影響

楊亮功先生的調查報告中，對事變的檢討與善後建議可說對爾後國民政府治理台灣深具影響茲摘述如：❶

㈠……中央既已允許撤銷長官公署，成立省政府，今後中央對於台灣之治理方針，在使其一方面趨於民主坦途，一方面使完全祖國一元化，而不至增加台灣對中央之離心力。今後中央與台灣省政府自宜此為施政之最高原則。

㈡我國內地各省，自北伐統一與實施訓政，將開始憲政。台省淪為日人殖民地五十年。光復後，即準備實施憲政，由公民宣誓登記，以至各級議會之成立，僅歷時八十天。如此倉卒，實不免草率從事。以致民意代表及鄉鎮長，多為舊日皇民公會負責人員，或流氓頭目。真正民意無由表現。此次事變，各級民意機關之負責人，幾大都轉入漩渦，且彼此排擠，攘取權利，意志不一，派別紛爭。全部民意機關，經此事變，已呈破產。今後如何以適當方法，使各級民意機關，能代表真正民意，使台省實施憲政前途不致遭遇意外困難，實以此活教訓而應慎重考慮。

長官公署以下行政措施，過去諸多缺失應予改正。如公署各處局及縣市政府之組織，過於龐大；縣市行政區劃未盡適當；縣市政府之組織，不依中央頒佈之法令；縣市以下自治機構仍沿用日治時代之組織；廢除日治時期之警察制度，而未能確實完善保甲組織；內地來台工作人員，水準不齊，工作能力與操守，又無嚴格之考核；本省籍公務人員之高級官員比例過低，此固較日治時代大有進步，就台省人民既為我同胞，自應一視同仁，而不能不設法培植本省籍高級幹部人才，以糾正目前之畸形現象也。

㈢日人統治時期，台灣之經濟設施，以日本為母體，以台灣為子體；自其決定南進政策後，日人更湧進台灣，驅使台灣人移入南洋各地。不僅台灣一切工商企業、交通電信，均操日人之手；且百分之七十以上土地，均為公有。對於農村經濟毫無改善，農民處於極度被榨取之窮困狀態。今後台灣經濟建設之方策，應使與國內整個經濟建設之配合；改變日人原有之榨取方法；以全力改善農民生活，發展農村經濟。

㈣台灣行政長官公署之經濟措施，應予改革者，如專賣政策，其制度與人事，有欠健全。在緝私方面，未能從大處著眼，而與小販為難，以致私貨依然橫流，小民怨恨，且其專賣貨物，品質既劣，價格奇昂。此種本身缺點，自難求其繼續存在。又貿易局僅以消極之壟斷，使多變商人受其束縛。又大小工礦企業，接收以後，亦如日治時代全部控制，資本、原料、技術配合，均感不齊，且以戰時之大部份破壞停頓，一時無法恢復，不惟予民營以不良印象，且增政府之困難。此後除有關國防及重要之大規模企業，應國營或省營外，其他應盡量撥歸民營。至台灣農村問題，大地主土地，過於集中，及仲介人之居間剝削，為台農歷來之兩大痛苦，光復以後，未能解決。今後公地之發放，以達到耕者有其田之目的，應作精密之籌劃。此外對交通問題，米荒問題，均有檢討。總之，今後之台灣問題，係以經濟問題為中心；問題之困難，亦以經濟為最。應有遠大之眼光，不能斤斤於目前利益。如能善為運用，不惟台灣本省可復合理之工業化，且將為全國之楷模。

㈤文化教育，為關係台灣前途之根本問題。調查報告檢討及建議較多。最後在軍事方面，楊先生的看法，尤值得注意，他說：『吾人應認定台灣為全國之國防重鎮。台灣固絕無離中國獨立之可能；中國捨台灣則永無富強康樂之希望。』

此外，楊先生對事件善後辦法建議案，大致是根據其檢討，提出具體的意見。內含政治、軍事、文化教育、經濟、土地與糧食、人事、民意機關及其他，計八大要項，四十三條。

均是針對台灣當時的實際情況與未來的需要而提出的。此項辦法，大致為國民政府所採納，在中國現代史與台灣史上，深具影響。

二、對台灣同胞與大陸同胞的影響

二二八事件對台胞與大陸同胞而言可說造成兩敗俱傷，除了彼此的人命傷亡與財物損失外，更造成心理的損失，洪桂已先生在『二二八事件後的政治發展』一文提到：

二二八事件發生後，曾經產生了下列幾種現象：

一、有一部份大陸來台的外省同胞回大陸故鄉。

二、有不少本省人不肯把女兒嫁給外省人，民國三十八年發生的陳素卿一例。

三、社會呈現不安，物價波動。

四、有少數暴徒逃到國外去發展台獨或投靠中共。❷

平心而論，『二二八事件』雖然有人以『政治改革』為藉口，而從行為與意向來看，並不是為要求『政治改革』而暴亂；政府把它當作『不幸事件』來處理，其中第一個原因，是台灣剛剛光復不久，在民族情感上著眼，需要有適當寬宥的措施；第二個原因，是在鬧事群眾當中，大多數的人都是被操縱，被利用而自己卻茫然無知。無論是赤色、非赤色或偶然、自發或有計劃、無計劃的各種說法，都離不開一個複雜的變數，而且是具有各種色彩的導火線，在這歷史的悲劇中，政府與民眾都是受害者，民眾中本省籍與外省籍都是受害者，很難界定孰是孰非。

在事件平息以後，政府不再去重提它，民間也不再去談論它，因為這一事件在每一個人的心裏都是沈痛的，而且也著實令人難堪，既是一個災禍，又形容著我們的無知和愚昧。人們只希望讓時間把這場災禍、苦痛、難堪的種種記憶，慢慢沖淡，不願在對它是非、曲直、對錯去評論，影響團結、和諧和安寧的生活。

事實上，也實在沒有時間去談論它。戰後的殘破，百廢待興；繼而大陸棄守，中共不斷叫囂「血洗台灣」，又是大敵當前的時刻；其他如地方自治的建設、民生的建設、教育的提升，以及整軍經武，以保衛這一片淨土等要求，都不允許再揭開這已經癒合的傷痕，自尋流血的苦痛。

可是，如今這一已被記憶塵封多年的事件，卻不能不提出來評析。因為國內外某些書籍和報刊等，不停的宣傳「二二八事件」，年年以集會等行動來紀念「二二八事件」，除了利用它對政府進行污衊以外，更重要的圖謀，是在於把「二二八」說成是他們所領導的「革命事件」，以凸顯其對「二二八事件」的態度和立場，因而扭曲了「二二八事件」的真相，人為地污染了歷史的明鏡。而別有用心人士對「二二八事件」的說法，均依其不同階段的需要而改變說詞：前些年，把「二二八」說成是「民怨」的顯現，自己仍躲在幕後進行對政府的破壞；這些年，則走到幕前來了，把「二二八事件」說成是他們領導下的「革命」，以鼓勵「島內抗爭」。[3]當我們把官方與民間之史料，如楊亮功報告、警備總司令部、當時人的親歷回憶……做一研究，予以公開，就真正看清楚了「二二八事件」的真相和事實，其是非曲直，善惡功過，朗照無遺，而一般市井形形色色虛構揑造的偽史，也就無所遁形了。於此吾人願提出下列數點，盼與本省同胞及外省同胞建立共識以平常心來看待「二二八事件」：[4]

㈠這一歷史事實事件，是非公斷，誠如李總統登輝七十七年的記者會中所言「將它留給歷史學者來研究』吧！

㈡在國際局勢變幻莫測之餘，中共謀台亟之際，正需要大家團結和諧之時，若有人欲藉此事件達到某種政治目的的話，則將為全民所共棄。

㈢在事變中台胞發揮高度同胞愛，捨己為人極力救護大陸來台人士，充滿了血濃於水的真情，經過數十年本省與外省人在台灣的共同努力，才有台灣今日的繁榮進步，彼此的通婚已無省籍之分，大家都是一家人，人人應『少回顧不愉快的過去，多展望美好的未來』才是。

三、對台灣獨立運動的影響

馬起華教授在『二二八事件結論』一文談到：『台獨與二二八事件扯上關係，是件非常不幸的事。不幸的原因是，由於台獨而使二二八台北市事件的傷口不易癒合；由於台獨而使中華民國民主憲政的道路更加崎嶇。在二二八事件中本省同胞有死亡的，其親屬或子女有的在海外成為台獨份子；在事件中因案判刑或被通緝而逃亡的人，有的去搞台獨；後來有些人和二二八事件並無關聯，卻假借二二八事件而搞台獨或煽動台獨。』❺

事實上，由於台灣光復到民國三十六年，當時的台灣是一個集結了種種矛盾與衝突的社會，而陳儀又未能針對時弊有效的逐一解決，反因措施不當及所謂『本省人』與『外省人』

的磨擦擴大，更加滋長了問題的嚴重性，終於發生了『二二八』事件，其影響，卻促使『台灣人意識』抬頭，加上該事件遇難親友敵意心理作祟和中共的轉化運用，而演變成『台獨運動的開端』，茲分述如下：❻

㈠『台灣人意識』抬頭

對所謂『台灣人意識』，張良澤先生（日本筑波大學教授）曾根據台灣近代文學家吳濁流之自傳—無花果，做如下之分析：

『台灣人意識』的形成，不是天生長成的，而是因『台灣人』的感性、知性而異，因環境的順境、逆境而變。是以其形成可分為三個時期：

1.萌芽期（滿清時代）—『傳統的台灣人意識』：

在這段時期內，『台灣人用自己的力量開拓了台灣，台灣人並沒有把清朝當作祖國看待』，然而『台灣人的腦子裏，有自己的國家，那就是明、漢之國，這就是台灣人的祖國』。

2.成長期（日據時代）—『覺醒的台灣人意識』：

這段時期，於受到『民族自決』、『民權思想』、『民主主義』和『自由主義』等世界思潮的影響，而形成了以『台灣民族自決』為核心的『台灣人意識』，但仍思慕著『父母之國』—中國。

3.批判期（台灣光復至『二二八事件』）—『自省的台灣人意識』：

台灣光復後，『看到的祖國面貌是投機商人、亡命客、無精打采的軍隊和自私自利的官員，於是從祖國的期望轉為失望而產生不滿，終於爆發「二‧二八事件」，使得『祖國夢壽終正寢』，而企求台灣成一個『烏托邦的理想國』。

另據史明『陳儀至台主政後，『台灣人』即自稱『本省人』或『蕃薯仔』，對自大陸來台者則稱『半山』』❼。此種情形，至「二、二八事件」期間達到高潮，因此，由具有強烈政治慾望者「台灣人」所組成的「二、二八事件處理委員會」向陳儀提出「三十二條要求」明顯的皆在強調「台灣的政治由台灣人自理」❽。可見該事件明顯地促使「台灣人意識」抬頭，而給予日後「台獨運動」者有了激勵「台灣人」從事「台獨運動」的藉口。

「二、二八事件」發生當時，縱然促使「台灣人意識」抬頭，然就目前社會心理學觀點而言，所謂「台灣人意識」，應是指「台灣人」的「團體意識」，亦即指「台灣人」共同的信仰、價值和規範，它可以減少成員行為的差異，可以創造「台灣人」共同慾望的核心，且可以產生表示同欲望的方法。準此，從台灣歷屆公職人員選舉觀之，多數「台灣人」是支持中華民國政府的，且融合在中華民國實施憲政的立國精神中；另就目前各派的「台獨組織」及所謂「民主鬥士」所表現的相互排斥行為觀之，實無所謂「台灣人意識」的認同力量以凝聚之。

㈡敵意心理作祟

就心理學角度，「二、二八事件」之發生和影響，可說是「台灣人」對當時台灣政治、經濟、社會和文化等方面的不滿及要求參與建設的動機遭受挫折，終引起憤怒的情緒而表現出攻擊性的行為，在事件的過程中又因親友的犧牲而燃起敵意的動機。基於此種敵意的心理而變成「台獨運動」者，其中最可舉三例：

1.彭明敏（曾任（台獨聯盟）主席，「台灣人公共事務會」會長：其父彭清靠曾被選為「二、二八事件處理委員會高雄市分會」之主席，因被捕而揚言「為身上的華人血統感到可恥，希望子孫與外國人通婚，直到後代再也不能宣稱自己是華人」❾。在這種家庭背景下彭明敏後從事（台獨運動）實是其來有自。

2.林宗義（「北美洲台灣基督徒自決會」創始人之一）、林宗光（「北美洲台灣協會」會長）兄弟：其父林茂生，係「二、二八事件處理委員會」委員之一，在該事件期間被捕後即未返家，林氏昆仲因喪父之痛，對中華民國政府自然懷恨在心。

3.王育德（曾任「台獨聯盟日本本部」中央委員）：與其胞兄王育霖一起參加「二、二八事件」，後其兄被捕處死，王氏則於一九四九年經香港逃亡日本，一九六〇年組織「台灣青年社」，成為日本「台獨運動」領導人之一，一九六三年自認以「生命為賭注」撰著《台灣苦悶的歷史》一書鼓吹「台獨運動」❿。

上述諸人（王育德雖已病故，但其著作仍在流傳）均為目前「台獨」活動中的知名人士，且皆為學者出身，以彼等「切身之痛」對「台獨運動」實有其煽動力。

(三)中共的轉化運用

「二、二八事件」發生後，當年三月八日中共「解放日報」發表題為「台灣自治運動」的社論，並透過「新華廣播電台」廣稱「我們要告訴台灣同胞……你們的鬥爭就是我們的鬥爭……解放區軍民必定以自己的奮鬥來聲援你們，幫助你們」，造成許多台灣青年對台灣共產黨員的勸誘說服產生共鳴，而參加謝雪紅（台共創始人之一），台灣光復後即在台中組織「台灣解放同盟」在中部地區所領導的「台中地區治安委員會作戰本部」及「二七部隊」。謝女失敗逃至香港，同年十一月，在香港成立「台灣民主自治同盟」，續與中共保持聯絡，同時指揮潛台的共黨地下活動⓫。一九四九年以後，中共更多次透過「台盟」召開二二八紀念會，進行對台宣傳與號召，因此「二二八」事件，對台獨影響可說至深且鉅。

註釋

❶ 蔣永敬，「楊亮功先生與『二二八』事件」（台北、聯合報，民國七十七年三月五日）。

❷ 洪桂己，「二二八事件後的政治發展」（台北，馬起華編二二八研究、中華民國公共秩序研究會、民國七十六年十月出版）頁一八七。

❸ 蘇僧、郭建成合著、《拂去歷史明鏡中的塵埃》（美國南華文化事業公司，民國七十五年二月），頁一二九—一三〇。

❹ 程晨鐘，「拿掉心中的黑影—不要再唱『二二八事件』的悲劇」，中華日報，第二版，民國七十七年二月二十八日。

❺ 馬起華編，《二二八研究》（台北，中華民國公共秩序研究會出版，民國七十六年十月出版），頁二四二。

❻ 張良澤，〈無花果〉解析（吳濁流著，無花果，美國洛杉磯，台灣出版社，一九八四年，三月初版）頁一四—一五。

❼ 史明，《台灣人四百年史》（美國加州，蓬萊島文化公司，一九九〇年九月，中文初版），七四七。另見王育德，《台灣苦悶的歷史》（日本東京，台灣青年社一九七九年八月，中文初版），頁一五四亦稱「斯時『台灣人』主張『台灣人的台灣』和『台灣門羅主義』」。

❽ 王建生、紀顯芸、陳湧泉合著，《一九四七年：台灣二二八革命》（美國洛杉磯，台灣文化事業公司，一九八四年七月初版）頁三七—四五。

❾ 彭明敏原著，林美惠譯，《自由的滋味—彭明敏回憶錄》（美國洛杉磯，台灣出版社，一九八四年三月，初版），頁六四。

❿ 王育德，《台灣苦悶的歷史》，頁四。

⓫ 同前註❿，頁一六二—一六三。

附錄一：「二二八」事件當時人的一些回憶原始史料選錄

沈雲龍：二·二八事變的追憶

「二·二八」事變的追憶

沈雲龍

民國三十六年，台灣省發生一場震撼中外的「二·二八」事變，筆者時供職行政官公署宣傳委員會委員兼主任秘書，適逢其會，身親目擊，曾困處辦公室（即今行政院新聞局西側樓上）十晝夜之久，妻兒寓居東門町（今連雲街），亦無法照顧，幸與四鄰和睦相處，未受騷擾，亦無損失。待事變平定，用「雅三」筆名，寫成「二·二八事變的透視」一文，刊載於筆者主編之「台灣月刊」第六期，雖根據官方資料，自信尚翔實可靠，如今事隔三十餘年，往事不復記憶，所好國立中央圖書館台北分館尚藏有該月刊專輯一冊，足供研討參考。因此，有關事變經過，不再贅述，僅就追憶所及，探索其癥結所在，加以分析：

先從當時握有全省軍政大權的行政官陳儀說起。陳字公洽，浙江省紹興人，日本陸軍士官學校及陸軍大學畢業，於軍學軍制富有研究。民十三、四年間，任浙軍第一師師長，隸屬於蘇浙皖閩贛五省聯軍總司令孫傳芳。北伐時，陳駐軍徐州，由其參謀長葛敬恩的暗中聯繫，率部歸順國民革命軍。迨國民政府成立於南京，即任陳為軍政部兵工署署長，曾奉命赴德考察政經制度及物色人才，遂得識留德學生俞大維、徐學禹、江杓、張果爲、包可永等。歸國後，升軍政部常次，乃推荐俞大維繼任兵工署長。陳在職期間，潔己奉公，處脂不潤，爲最高當局所倚信。民二十二冬，福建人民政府叛亂，次年事平，陳受命爲福建省政府主席，論者詫爲異數，以其非嫡系而竟膺疆奇，實則其時中日關係惡化，福建與台灣隔海爲鄰，能得一深通日本政情者爲之緩衝，免滋事端，自可減最高當局後顧之憂也。以是陳雖主持閩政，然亦常僕僕於京滬平津道途，協助黃郛、張群、楊永泰等辦理華北中日交涉，世人往往目陳爲政學系，殆由於此。

陳任閩省主席近十年，光復延攬陳體誠、徐學禹、張果爲、包可永、嚴家淦爲建設、財政廳長，而實際爲之壁劃一切者，則爲省府顧問沈仲九。沈似亦紹興人，與陳有戚誼，其思想接近無政府主義，曾任長沙第一師範、江灣立達學園、蘇浙中國公學教員。在閩創設縣政及公務人員訓練所，輪流調訓地方基層幹部，使吏治爲之一新，益以張果爲之改革稅收，實行公庫制度，成立省銀行，發行輔幣券及省公債，使財政大有起色。筆者於抗戰期間，曾任閩財政廳秘書及公務人員訓練所教官，故對此兩者知之較詳。嗣陳接納徐學禹建議，實行管制經濟，成立生產局、運輸局（管制貨運）、公估局（收購糧食），致物價飛漲，民怨沸騰，張果爲因反對而被免除財政廳長職務，由時任福建省貿易公司總經理嚴家淦繼任。惟此項管制經濟政策，終遭閩籍僑領陳嘉庚激烈抨擊，及新加坡一帶華僑的怨聲載道，終使陳儀不安於位去職。張果爲對陳的評述，謂「他是充滿了愛國精神的人，應是毫無問題的，但是求治求功之心未免過切，致易爲貪墨者流所利用。又過信鄉愿者流的阿諛，以致用錯幾人，而不免僨事。也可以說：他的成功，在愛國心切，勇於任事，敢作敢爲（他在軍政部次長任內也有不少成就）。他的失敗，在不能擇善固執（因他喜歡高遠見解），而又用人不專（因他發展慾強）。」以張隨從陳服務閩省近十載，由任了解其深，其評騭應該是非常客觀的。

陳奉調離閩，前往陪都重慶，出任行政院秘書長，未久，即與副院長孔祥熙齟齬，拂袖逕去，乃改調黨政設計考核委員會秘書長，直至抗戰勝利，始奉命爲台灣省行政長官兼台灣省警備總司令。行政長官公署採取首長制，與一般省政府採取合議制不同。前者下設秘書、民政、財政、教育、交通、工礦、農林、警務、會計九處，法制、宣傳、設計考核三委員會；後者僅設民、財、敎、建四廳，間有設警保、社會、新聞等處者，是台省行政長官制度與其他各省較爲特殊，無非因地制宜而已。民三十四年十月，陳自渝飛滬轉台受降，并負責派員接收台灣總督府所屬各機構。行前，曾晉謁最高當局請訓，同時面呈公署各處會首長名單，即奉核可。然事先未與委員長侍從室第三處（主管全國黨政高級人事任用）主任陳果夫洽商，實犯慣例之大忌，此因陳儀平素敢作敢爲之作風，亦爲未來台省黨政不協調之種因，更爲「二二八」事變其所以星火燎原之關鍵，此中機括甚微妙，外人不盡知也。

陳來台就職之初，所延攬處會主管，如財政嚴家淦、交通任顯群、農林趙連芳、工鑛包可永、敎育范壽康、法制方學李、宣傳夏濤聲；均屬行政專才，一時之選，台籍人士隨同返台任職者，如黃朝琴、連震東、李萬居、謝東閔、游彌堅、劉啟光、蘇紹文、林忠等，均屬抗日愛國志士，重返家園，爲桑梓効力，陳均就其所長，分別予以任用。惟公署秘書長葛敬恩、警總參謀長柯遠芬，似未能發揮幕僚長作用，蓋陳習慣於獨斷獨行，非他人所能左右，祇有公署顧問沈仲九，仍隱隱爲之操持一切，其信任之專，亦非他人所能及。最近台北出版的「風雲論壇」第五期，有署名黃嘉瑜寫的「風雲榜」一

文，其中提到「台灣光復時的軍事長官陳儀」，有謂

「陳儀抵達台北松山機場時，歡迎場面熱烈浩大，比何應欽在南京受降，毫不遜色，足證台灣同胞對重歸祖國的熾烈嚮往。他當時并沒有住進離總督府（現今總統府）不遠的總督官邸（現今台北賓館），而住進南昌街台電日本社長住宅。將總督官邸公開讓老百姓遊覽（雲按：其時總督府爲美空軍炸毀，僅餘四壁，總督官邸尚完整）。

「陳儀來台時，有心求好，他要求部隊嚴守紀律，爲此曾將一違紀的馬姓少將當衆槍殺示衆。對於台灣民政、財政、金融、治安、警務、糧食、工礦等問題，他也試着深入瞭解。他身體好，生活軍事化，帶便當上班，以辦公室爲家，曾經使他的幕僚長受不了。

「惟一失敗的是，他以台灣最高行政首長，未能深入瞭解台灣民性民情，而若干高級幹部粉飾太平，未能掌握政局現況，以是星星之火，釀成三十六年的『二·二八事件』，陳儀也因此去職。……但他某些方面有擔當，肯負責，敢判斷，是他可取之處，可憾者是他沒有一兩個穩實持重，深謀遠慮而又能盡忠言的幕僚。」

這對於陳，確是相當中肯的批評。從陳到台就職到三十六年五月去職離台止，共計在職期間一年七個月，未能深入瞭解台灣民性民情，是無可否認的。但爲了應付中央各方面來台接收問題，對他也是一大困擾。例如孔宋系統的中、中、文、農四行及中信、郵儲兩局派員來台設行及接收金融機構，陳認爲台省原有台灣、第一、華南、彰化四銀行，毋庸增設，即命來台人員原機返回，并呈准由台銀發行台幣，不讓大幅貶值的法幣在台省行使，以穩定物價。又如翁文灝主持的資源委員會，派員來台接受日人所遺留的工礦事業，亦爲陳所拒絕，幾經往返折衝，決定國省合營而告解決。再如中央財務委員會以行憲在即，黨費須自籌，電令陳將全省電影院交由黨營，陳爲中執委，無理由可以反對，經過不少函電洽商，最後保留台北西寧南路國際戲院一所，作爲教育處實驗劇院（今已改建），其餘悉屬諸黨營事業。另如中央宣傳部，以接收「台灣民報」後，長官公署改爲「台灣新生報」，并聘派青年黨人李萬居爲社長，至感不滿，乃以台灣須辦黨報爲由，强令分與「台灣民報」印刷機器設備之一半，命特派員盧冠群籌備「中華日報」，陳則以該報須設在台南爲條件，免在台北與台灣新生報發行衝突，最後雙方勉强接受，打開僵局。凡此具見陳對中央黨政及人際關係，極不圓通，嫉之者至謂爲不受中央節制的「台灣王國」，上海僑聲報訾議尤烈，陳既具有上述不利因素，遂影響到「二‧二八」事變發生後，幸災樂禍惟恐不亂者有之，暗中推波助瀾利其速去者亦有之，其故即在此。尤其共黨份子的滲透，乘機煽惑，擴大事態，如三民主義青年團台灣區團部書記長李友邦，台北分團主任王添灯、嘉義分團主任陳復志，以及潛蹤返台之女匪幹謝雪紅，均其最著者。他若教育處副處長宋斐如，宜委會委員胡邦憲，則由沈仲九所引介。是肅奸防諜，雖曰職有專司，但陳之疏於監督，要亦不能辭其責也。

至於台省民性民情未能深入了解，原因非一。緣台省割讓日本五十一年，台胞中年以上尚知熱愛祖國，富有民族感情，中年以下多受日本教育，生活方式已改，乃至有所謂「皇民化」傾向，而大陸來台部份接收人員。不知「血濃於水」同屬炎黃子孫的重要，往往流露勝利者君臨殖民地的傲態，易使台胞發生反感，益以語言隔閡，竟見無法溝通，遂致狹隘的省籍地方觀念，相互排斥，誤會滋生，「二二八」事變發生，台胞以仇視外省人爲對象，其種因在此。

當接收台省之初，國軍第六十二軍（軍長黃濤）自高雄登陸，俱係美式裝備，軍容甚盛；第七十軍（軍長陳孔達）自基隆登陸，士兵來自閩省保安隊改編，人着棉軍裝，赤足着草鞋，伙伕肩挑鍋桶碗盞尾隨步行，台省十一月間仍甚燠熱，於是官佐士兵咸將棉衣褲軍服脫去，赤膊短褲捆裹而行，行列散亂不整，道旁觀衆，竊竊私語，以為這樣部隊怎麼會打勝了日軍？日軍雖敗，但士兵還有皮鞋可穿，何以國軍裝備風紀比日軍還不如？由是對國軍戰力表示懷疑，進而產生輕侮之心，加以官佐士兵仍保持大陸作風，向有強住民房，而又不熟悉日式房屋構造和習慣，同時，至市場採購日用品伙食，以語言不通，討價還價，常常發生爭執，糾紛迭起，使台胞向心力減少，疏離感增加。此「二二八」事變由台北一隅動亂，立即波及全省的原因所在。

接收後不久，中央以戡亂剿匪甚急，曾電詢陳儀能否將六十二、七十軍調回大陸，陳以台省安謐，毋須駐軍等電復同意北調。此即陳之自信力強，勇於專斷，而又估計錯誤的弱點。因此「二．二八」事變發生時，僅有憲兵一營及公署衞隊一連可供指揮，無法鎮壓，直至國軍第二十一軍（軍長劉雨卿）及憲兵兩營自閩移台，亂事始告敉平。再陳為表示施政寬仁，曾將日人囚禁火燒島（閬嶼）之地痞流氓，悉數釋回本島，并未為之妥籌生計，於是各地陡增一批游手好閒惹事生非之徒，對日人遺留武器槍械彈藥，未能嚴格取締或清繳，遂致「二・二八」事變時，成為暴徒與武器之來源，可見當政者顧慮未周，稍一不慎，即釀巨禍，及今思之，猶感痛心。」⑨

公路局前枋寮運務段黃鐘藩二二八回憶

記得是民國卅五年十一月廿三日，我從大陸來台服務于公路局打狗（基隆）長官公署交通處公路局枋寮段。當天下午一時半左右抵一號船于四日早天亮進港，住在福州新路國仰大旅館西服店，廿五日南下高雄，住在長壽旅社，廿六日到林邊而枋寮接工作，在段內擔負保証征繳收之職。

依稀想不是三月二日，跟台北公路局副段長林慶宗先生從段方面公室說：林邊來電話：事變發生，到林邊（二二八事變），有幾個流氓（很多）要來枋寮了。我們趕快走避，當時顧段長好像不在，只有我林陳張三人等人，林已死，陳自走避，我當時年輕，紛亂茫茫然不知

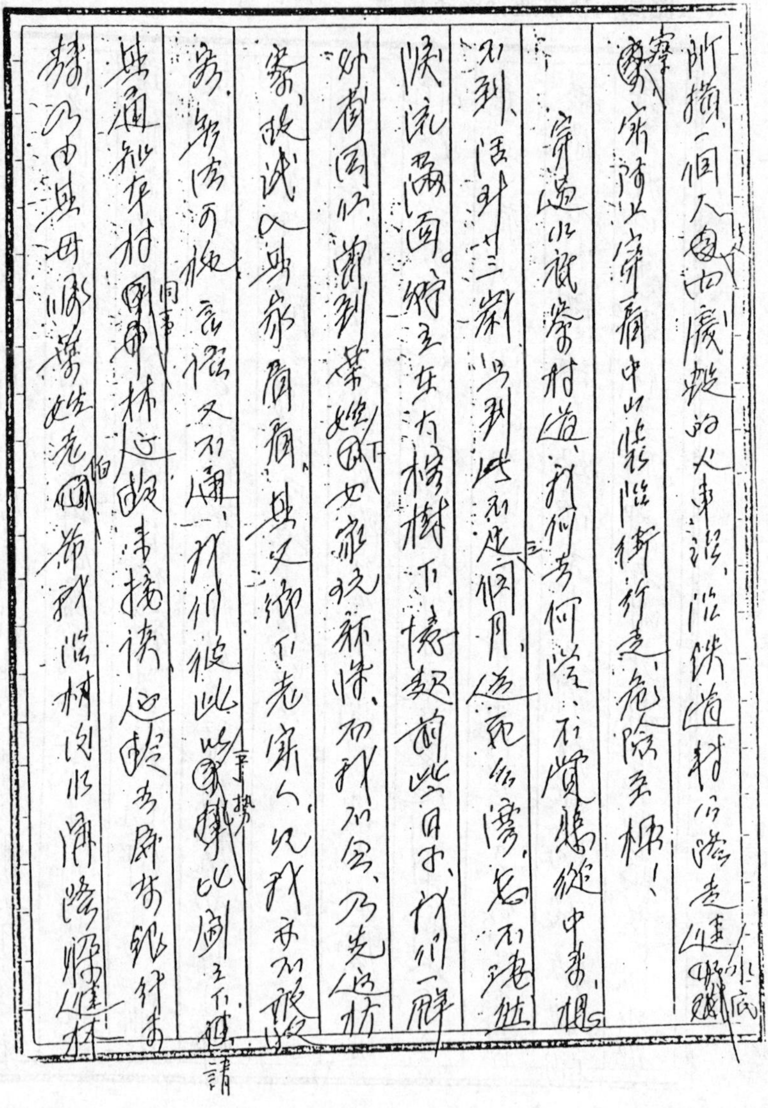

所搭個人由此處越的火車路，沿鐵道村行路走進水底
寮，穿過沿崁肩中山紀念街行走，危險至極！
穿過水底寮村道，我們為何沿，不覺想從中李想
不到，活到卅三歲，只到此不足兩個月，竟死在台灣，若不迷她
淚流滿面。行至在大榕樹下，憶起前些日子，我們一群
外省同伴，辦到葉姓女家說親事，不料不合，乃先過林
家，提議以其家為肩，其父鄉下老實人，見我們不被
家，語言既不通，言語又不通，我們彼此比手勢比劃至不通，請
其通知本村同事林君之伯，幫忙接待，起去廚房幫
林，乃由其母將葉姓老頭帶我們沿村外小路將往林

宅。林宗為（小）縣議員，家村大宗由由內保，由（庫）被令贖命，
長、三敵由保安司令部抓去，就地處決，僅比林
家約三天三晚，而後和顧家長陳煌等，即由林家被殺
史等四人，罪被用腳踏車送回林家，家長痛舍無門
冤情，無門達難。
那時逃離方面僅存林家族長痛舍的人無有攜親眷
（已故）張鳴生、張老先市議長（已故）、謝清、張林福（已故）
鄭先澍（已退休）、葉夢桃、楊國佳（已回大陸）、王信鏞
（已故）等。住在另一間宿舍的有文德鎮、俞振遠、楊
積秋、林炳成、蔡等廿人，如果有人來，定要已殺害或

翻译出很多外国的好书，今后

本领不高。

三、前二日那天，确有很多人来打擂，我们名角闻走避，

同也怯形若此也无他的人来挨打，只有那华发桃髯

理分公处的姚继武挨打，只好跪在侍奉协助的协理

这次终受一记脚踢。忘了是我国来的张晓出来

夜里果了一个英雄，屏来了西面的中学生来协助

把我们此醒，这才问西的，而说：此中我们对他要

的民想，而是由于姚协的代表发言的而说也们说

们未商，我们合处理的，即振长快起而去

我們住在宿舍裡，每晚也有住林家樓發派出所的一
位警察陪着我們過夜，他才有些安全感，由於林家
鄉長黃錦樹、柳余來拜訪一次，現在想起來，派警
同住名為保護，也可以說軟禁。總個林家宅，黑長
下來了由郭端恭代理（當時林連宗議長）為天余來
住方，他比較聰敏，瞭解我們信任侍者，不像個把
人，我們由下面去取大批被服，被服由郭出計人來
才走，因為郭來了即以對。
總個林家宅另，監理另一處內，記得有黃陳和在
（鉄工）陳福井（技工）聞事入校來探候下去不要為我

們被黃與岳角打林吉成身（他們與半山名此帝
人在福建院東方服务过，说他为我们（汉奸）。林忠
現在總統府資政，說他是大漢奸）。另外一個楊天銘
我們對他們懷念，不要理會兩國他們的愛恨
痛秋的打罵。
事變後，廿一師前來（張部隊）掃蕩一次，分
政府來港後，台北參議會長受命（全權）處理，為他週圍的
影響份子。當時我本要被取意見，並要我們參從
惡人惡事嚴重一點，那些檢決，但我們只要求
將開事最嚴的首謀和鄉在林家鄉公所關門

山，印刷廠街上，鄉在虎坪上被打了一頓。
於關口市，我們有財物損失的，政府得有補償有功
的台籍人員，安渝資。記得所遭的損失最害的
是特務機關法團在要而犯亡的有高雄縣
壽場郵局場長，另外如鄧二人，姓名不詳。我們的
福州義村序中國鄉跑向各地市收門，也被打死
一人，而我們出身紳華於行動走向兩岸的收錢
客村道遇害，宋蕭中山縣東園遭遇街老鼠燃
大人全被打。其我主任流年安局長，其是餘
博物館。我們對此被害的要求補回損失不修，實他信

[illegible]

老何田地在村住地家出，偷居一案，送人送飯送菜偏

家朋厚其恩澤使人畢生難忘。

黃緒藩回憶 七十三年二月九日

公路局前蘇花段辦事員戴名君二二八回憶

關於本省於民國卅六年轟動一時之「二二八」事件，當時花蓮地區動亂情況已事隔數十年，本人所能記憶將所見所聞部份地區簡報如下：

一、花蓮地區個人於三月二日才開始有些動亂，至國軍部隊開抵花蓮為止。

二、當時台灣省公路局花蘇段剛成立不久（35年6月1日）所經營客運業務只有花港（港口）、花銅（銅門）、花鳳等三條路線，其中以花蓮－蘇澳客運係於35.12.11.才開始通車營運，在動亂期間三條路線班車仍照常行駛，因當時花蓮縣長羅[illegible]明，係本省籍客家

人

三、設本部辦公室（在花蓮市明禮街）設有人收聽廣播及

以所有外籍文化人員，設於勝利路，特務部

璃葬之務員陳維言、夏本榮、李諸明文書等

健緯、賴雲林等人均歸隊花市憲兵隊部內（花崗山）

人即歸花市自由街宿舍內。

六、當時花蓮廣播電台被行政接管其所

播放音樂均為日本軍歌及歌曲音樂，再用日語廣

播（當時宿舍有一台收音機可以收聽，但本人日

語不懂，因致不能了解播內容）

5、據稱在花蓮市花崗山中山堂有不法份子在召開二二八事件處理委員會。

6、晚上在花蓮市區街上見有佈告甚多穿日本軍裝手拿日本武士刀的人。

7、在吉安鄉也見有山胞手拿番刀在路上。

8、據說警察派出所槍彈有被不法份子接管。防部隊有被騷附近山下斷絕水電供應。

9、本隊於二日未聞有參加不法行動。

10、國軍部隊於三月六日開始開往花蓮（由當時高雄彭孟緝之二十一師帶領部隊來花）

以在上述期間雖有些聞在列狀況，但未發生打殺性

事，平平安安渡過，真是有驚無險。

戴國煇　73.2.10

台灣電力公司陳得華二二八回憶　←

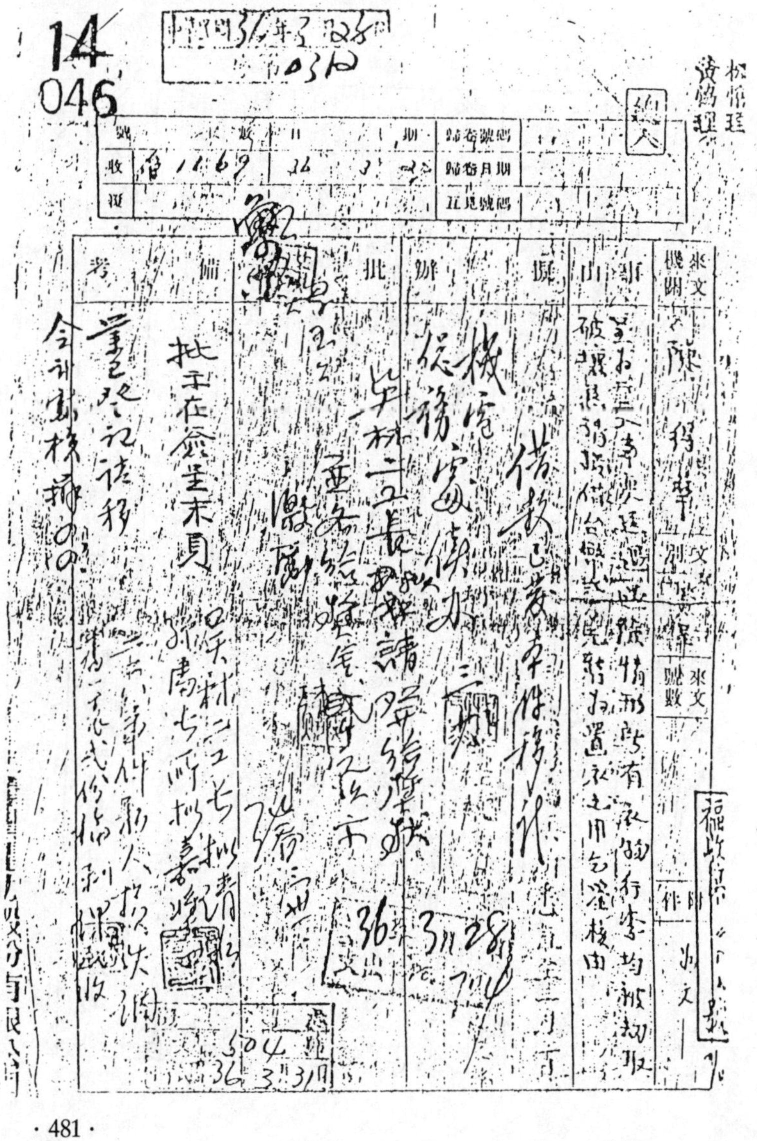
14
046

來文機關	事由	擬辦	批	備考
陳得華	[illegible]	[illegible]	[illegible]	[illegible]

簽呈　卅六年三月廿六日

竊查此次事變事出意外　職在社寮角發電所工作單身一人因地處偏僻消息至為不靈故於台北變亂發生後二三日情形尚無所悉直至三月二日始自本所吳工長等處探得事變情形潛身躲避曾經數度遇險生命之危幾瀕於死所有衣物行囊盡為暴徒劫掠茲將經過詳情報告如左

三月二日午本所吳工長自台中回云台中台北各地發生暴動外省同胞多遭毆殺尤以公務人員幾難幸免囑　職須自謹防切勿外出等語是時　職以平時待人以誠且在發電所工作惟以技術為上一向罕与外界接觸且除　職之外並無其他外省同胞私忖此輩暴徒諒不注意及此故尚嚴守崗位鎮靜自持但至傍晚此間黃村長及村內長者突來所中告　職云本日往豊原車站見有三數外

省人為一群流氓圍毆幾斃並於午後見有卡車兩輛滿載青年手執刀槍沿途高喊「打倒阿山」「殺一個賞廿萬元」等口號現已開往東勢今特來此通知應即逃避等語當時環境惡劣危機四佈只得請吳工長帶往村內老百姓家暫避果於夜間九時許即有暴徒十餘猛明火執杖來所搜索申言非得內地人之職不可因職已經離所之故乃向所內台籍同事百般恫嚇迫其告知職之去處蓋其欲置職於死地而後快結果因無所獲乃竄抵宿舍後大事搜索並翻箱倒篋所有衣物行李均為其劫取破壞無遺至是職躲身之處因恐窩藏外省人被累不敢收留不已復於江日深夜隨吳工長返所數日之間日夜藏身所內天花板之上只有坐而待斃日夜僅食一飡夜難安睡生活之苦直非人類之生活同時發電所左右日夜均有暴徒巡邏精神上所有威

D3 (272×385)

旁打擊於此已極直至七日上午三時始冒險倩人帶路同吳工長逃至后里途中風狂雨厲備嘗艱苦由后里發電所工長林阿盛設法存躲蟄居十二日之間如過囚徒生活風聲鶴唳性命僅如懸絲而已蓋暴徒亦已探知職已逃避此間也直至廿三日外間隨國軍進駐台中秩序漸趨平靖是日職返社寮角發電所但於返所之後聞所內同事云目今情形雖已稍靖但暴徒僅暫時潛伏尚有隨時被暗殺可能故勸職暫時應往台北查社寮角環境特殊且該處僅職個人在彼目標至為明顯經此事変驚悸殊深且地處幽僻非國軍兵力之可及今後安全至堪憂慮実难安心工作又因衣物均被搜劫逃難時間用度至大經濟殊感拮据負債日甚同時因亂夜逃往后里風雨交侵抵后里後感風寒相継發熱至今神經衰弱病未

全愈不已懇請
鈞長體察下情准予安插繼公司工作並祈撥借台幣弍萬元暫為
還債及置急用衣物与維持日常生活費用並准予休息兩星期藉
資調養至感德便茲附損失調查表兩份隨呈送上祈鑒核為禱

謹呈

發電課課長錢　轉呈
機電處處長孫　轉呈
協理黃　柳
總經理劉

職陳得華謹發

公路局原第三區運輸處課長劉必俊二二八回憶

公路局前第三區運輸處課長劉必俊（已退休）面述摘錄如下：

一、劉君於卅六年服役於憲兵四團，二二八之後三月八日自福州隨四團留守福州之第三營，僅卅一團一營乘海平輪，於三月八日夜半時到基隆外港，聞岸上之炮槍聲，經以手語電報岸方台聯絡後，於九日上午十時在岸右邊之三號碼頭登陸，當時鐵公路交通均中斷，兄弟們乘軍車（稽徵一團的車）抵台北，沿途皆有流氓遭遇，開火。當時台北市各警察分局均已被流氓接收，大部份警察逃往山上。十日憲兵奉命執行戒嚴任務，出兵下來後，警察始紛紛回來報到，事變表面以告謂此出台，其實幕後係匪雪紅共黨匪所主使。

二、卅七年已從逃入台灣為陰謀，接觸當時台灣為台籍議員，後施經獲

及被長主使出全之掩護，如係本省籍之兩位司法機關

兩位「高錦卿」之出力保護長官及台東縣長，而未被逮

當時路局認為該二員是路局以彰化為台北南北路線長，（即

記其人東西路），如果已退休。

三、事變之際，以廣播電台被流氓掌握，曾廣播，請之三月八日

自當以外省人肅清，並將各路為台灣人，而國軍憲兵

及國軍部隊陸續增援而未得逞。（當時被稱口呼兵為台獨）

了事變過程，憲兵第四團嘉義台中憲兵隊長接任，其餘兵力撤去。

……社週年紀念

中華民國卅六年元月十七日，自上海搭中興輪來台灣，十九日抵達基隆，當夜搭車抵達台北市，同船有于克濟，陸偕永、郭可沏、俞國楨、陳永禎等人，廿一日搭火車抵達高雄，此日為卅五年舊曆除夕，高雄港務局同仁一前軍事委員會之社委員會第卅八之社處同仁一邀宴於高陞酒家，因無供飯而代一大西瓜，記憶猶新，永難忘記。

到高雄時，高雄港務局長林則彬先生親來車站迎接，並坐車到五福四路中韓飯店暫住，中韓飯店當時由港務局租用為招待所，即現在華僑大飯店舊址，一座木造二樓建築，此亦不易忘記之事。

承林局長邀來台灣，主要之工作係參加台灣環島鐵路之勘工作，並於民國卅一年，曾參加過中印公路騰衝至緬

Stamps & Coins　搜藏家郵鈔雜誌社週年紀念

南迴支那段公路線之踏勘之作，踏勘隊於一月廿六日自高雄出發，坐車至林邊開始工作，林邊至枋寮，日人原有鐵路，祗將鐵軌拆除，仍留有路基，自枋寮經恆春，牡丹社至東部，經太麻里到台東，台東至花蓮，花蓮再至宜蘭經太平山，當年林場之長沈家銘先生，曾作親切接待，二月廿二日到台北，[illegible]圓三天，廿五日返抵高雄。

台灣二二八事變，即於二月廿八日傍晚發生於台北市，肇因於警察取締一老太太之煙攤，沒收外來私煙所引起，暴民搶劫警察槍枝，三月二日夜晚傳到台南市，該日為星期日，三月二日即傳至高雄市。

暴民先占領高雄市政府，當時市長為黃仲圖先生，手無寸鐵，各派出所槍枝亦被暴民搶奪一空，

搜藏家郵鈔雜誌社週年紀念

三月三日上午八時許，在五福四路住所聽見有人喊叫不要出門，另傳林局長派人前來通知，林局長住港口招待所（浦船頭）今天交通車未來，暫不上班，交通車係向車船管理處租用之市區公共汽車，上午尚平靜，下午二時左右，即有三人或五人一組暴民前來，人手均帶有武士刀或手槍等武器，以檢查外省人行李中有否武器為辭，後來看見有現款，貴重物品即予搶奪，最後有人前來，口口聲聲說未俟搜，將行李全部搬走，說明代為保管，但不留姓名及住址。

。該晚傳來消息，行李在馬路燃燒，市府被暴徒占領。

同時暴民對付外省人之辦法，先用日語試談，如會日語，再以唱日本軍歌作為測試，不會軍歌者，認定為外省人，即被毆傷，或集中管理。

當地傳來消息，有船機課課長被毆，審問之事，課長姓黃名顯元，福建人。

次日三月四日，幸有一位姓顏之辦員，到住所叫我到西子灣去，我說不知去那裏，應該先找林局長，他說林局長住在哨船頭，即由顏某領到山洞口，該處山上站有衛兵，真不准人民出入，經說明到港務局找林局長時，即同意放我一人步行，自五福四路到山洞口，全是小巷，避免暴民之騷擾，影象所憶，自中華飯店向南行，向西，穿過港區貨運站，到渡船場附近，再向北到山洞口，有時北向，有時南向，係在清晨，路上未遇到行人。

到達港務局長宿舍，祇有一老婦，叫進入西子灣，要到

Stamps & Coins 搜藏家郵鈔雜誌社週年紀念

到各軍住各城市外省人百人以上，始知事態已十分嚴重，住在南台灣空軍官舍內，米、菜均由要塞司令部供應，每日兩餐，除鍋外，無餐具供應，利用罐頭鐵罐盛飯，以樹枝作筷，受過軍訓者每人發槍一枝，必須站衛兵及值夜，我與李豐嘉先生為一組，李曾為上校退伍軍官，係李克濟從之親同之親戚。

同住中韓飯店之郭可訓及陳緒永夫婦等，因躲避暴民於隔鄰破屋內，不及到南台灣，後被人引至瀨南街一日本式平房內居住，負責人似為當時鹽埕區之長，是否郭萬枝已不清楚，每日供應飯團一個，維持生命。

三月五日或六日，傳聞民眾因要求南要塞司令部彭孟緝將軍洗劫，希望彭司令投降，將外省人送回大陸，彭司令

搜藏家郵鈔雜誌社週年紀念

同意談判，暴民頭目派上要塞，但不得攜帶武器，並示像侍衛不予搜身檢查，談判時，暴民頭目不時將右手移動向下，該司令示意衛士抱住暴民頭目，再予搜身，搜出武器，該司令立即命令予以捆綁，並下山予以槍決，同時命令要塞官兵及能駕駛者，軍民同心，開車向市政府進發，上車上鐵架上機槍，市府占領暴民，認為暴民頭目凱旋回來，出門歡迎，指揮人員立開命令開槍，全部予以射殺，該時一般善良人民，均在屋內，祇有暴民在外面巡邏收查向人民，市鎮與縣市車過處，見人即殺，直到火車站為止。由於該要塞司令之鎮定冷靜，以及勇敢下令，二二八事變立即予以平定，此時除大陸之高雄部隊，亦開始到達，祇住一週，即恢復一切。

搜藏家郵鈔雜誌社週年紀念

高雄黃氏說明，後黃為一電氣承包商，曾承包港務局
辦公室之照明設備。

高雄港務局當時局長為林則彬先生，福建林森縣人。
繼之接司令史濟先生，東北籍，為東北常英之快婿，港務
長港務組長許鴻據，高雄市人，航政組長林良濤先生，
福建人，港灣工程事務所主任南俊衛先生，福建人，海事
工程事務所主任胡弦鍪先生，修理工廠廠長張部先生。

三月三日台灣事變到高雄後，高雄港務局林局長為維
護同人安全及財產之安全，即請港務長兼港務組長許鴻據
先生在不能視事時出面維持，以防黃氏侵擾。

二二八台灣事變，係台灣黃氏反對外省人前來，認為
外省人為日本人相同，當時以毆擊外省人及檢舉外省人財

搜藏家郵鈔雜誌社週年紀念

Stamps & Coins

搶物的唯一目的。

個人行李成了全部損失，以搜藏十餘年之郵票，自寄清第一枚海關大龍郵票起迄抗戰時各省暫行之加蓋郵票，以及東北偽滿州國之郵票加蓋中華郵票等，全部被毀，衣履包括新製西服達七套之多，事平之後僅覓回一小部份，以及被搶一條而已！當時損失估計的值舊台幣近三十億元，政府以後僅得六億元，祗夠製西服三套之值而已。

暴民以日據時代浪人為主，今日看來即為中級流氓，幸知識不高，受日人教育。

二二八台灣事變，已歷三十七年，祗憑個人記憶，可能有若干日期記錯。

高雄港務局退休正工程司沈泰濟　七三年二月八日

第二節　大陸歷年來召開台灣「二、二八」紀念會之真相（一九四九—一九九七）

壹、前言

台灣史上「二、二」八事件距今已有四十餘年，近年來輿論界所熱切探究的是，此一事件是偶發的或自發的，是赤色的（指由台共、中共所主導）或非赤色的。眾說紛云，莫衷一是，然而所共同指涉的，都是事件「起因」問題，儘管國內反對派人士認為國民黨政府將此一事件諉過說為共黨所主導，是一種逃避責任的作法，而對於中共亦不否認是渠（赤色）所主導的說法，反對派人士，認為這是共黨往自己臉上貼金的宣傳技倆。

邇來我政府解除戒嚴、開放黨禁、報禁、允許民眾赴大陸探親之餘，有些人已模糊了敵我意識，事實上，這是非常危險的，因為近乎四十年來，中共併吞台灣的野心，始終未減，而且有變本加厲的跡象，從其歷年來召開「二、二八」紀念會可見一斑。值此國內「台獨」氣焰高漲，國人沉迷於「大陸熱」之際，更是中共利用台胞擴大舉辦「二、二八」紀念會的大好時機，遂其統台的陰謀。盼望政府在釐訂「大陸政策」與民眾在一片「歷史翻案」聲中，能認清歷史真相，穩紮穩打，以免迷失方向陷入泥沼。

平心而論，從監察院所公佈的楊亮功先生之調查報告。可以知道此一事件，是一個時代的悲劇，而這個悲劇背後卻是穩含了各種色彩複雜的因素，其中也有「共黨份子」參與，也是因素之一，更是眾所周知。限於篇幅，僅就中共歷年來（一九四九－一九九七年）所召開的「二、二八」紀念會，從其主辦的統戰組織、人事的參與活動、會中發表的言論加以研析，以瞭解中共對此一事件的看法，進而洞悉數十年來其對台態度政策之演變發展。

貳、主辦「二、二八」紀念會的重要組織簡析

（一九五〇－一九六五）

一、「台灣民主自治同盟」主辦時期

民國三十九（一九五〇）年至民國五十四（一九六五）年中共所召開的「二、二八」紀念會是由「台灣民主自治同盟」主辦，而在「台灣民主自治同盟」（簡稱「台盟」），原係

「舊台共」之領導人謝雪紅等，在「二、二八」事件失敗後，逃往香港於民國三十六年（一九四七）十一月成立。民國三十八年（一九四九）五月，公開響應中共的「五、一」號召，接受中國共產黨領導成為中共之附庸黨派，其發展和統戰對象，為海內外台灣同胞。❶

它現在的章程規定的任務是：「在共產黨的領導下，調動盟員和聯繫台灣同胞，配合有關部門接待來大陸參觀、訪問的台灣同胞介紹大陸的情況，瞭解他們的意見和要求，促進大陸與台灣實現通商、通郵、通航以及學術、文化、體育等方面的交流，加強對台灣的情況研究，為促進國共和談實現祖國統一做出貢獻。」❷

「文革」後恢復活動，於民國六十八年（一九七九）十月舉行第二次全國代表大會後，積極發展，由原來的四個地方支部、一個地方支部籌備委員會、一個地方小組，發展為北京、天津、大連、上海、福建、廣州、湖北、吉林八個支部及昆明、南京、瀋陽三個支部籌備組，至七十年（一九八〇）底發展新盟員四百四十四人。

民國七十一年（一九八二）十二月十三日至十七日，在北平舉行台盟總部第三屆理事會第三次全體會議，蔡嘯以大會主席總結一年來的工作時說：「一年來台盟發展了一批新盟員，廣東（新成立）、福建支部成立了海南、廣州、泉州、廈門等分支部，盟員總數已達五百五十七人，新發展的盟員中，主要是中上層的台籍人士，他們當中有文教、衛生、科研等方面的專家、學者。」

民國七十二年（一九八三）十一月二十四日至十二月五日在北平舉行第三次全國盟員代

表大會，會中選出第三屆理事四十一名、候補理事十一名，同月六日舉行第一次全體會議選出主席一名、副主席四名、祕書長一名、常務理事十五名。並決定設顧問六名，會中透露其盟員人數至七十五年四月止已達九百多人。會中決議其地方組織改為分部、支部制，前述各支部改為分部，而廣州、海南、泉州等支部改為分部。❸

民國七十六年（一九八七）十一月二十三日至十一月三十日在北平召開第四次全國盟員大會此次大會除了完成換屆改選之外，並通過新修訂的章程和一項所謂「政治決議」。該決議叫嚷：❹

一、「支持台灣人民的愛國民主運動，反對台灣當局對台灣人民的迫害鎮壓。」

二、「擁護以『一國兩制』原則爭取和平解決台灣同胞問題，台灣作為特別行政區享有高度自治權。」

三、「本盟一貫反對『台灣獨立』、『兩個中國』、『一中一台』，反對台灣與大陸長期分離的任何陰謀、任何形式。」

四、吸收盟員對象，由在大陸的台灣同胞，擴大為「凡台灣省人士」，吸收方式也予以發展組織鋪路。

而新舊章程經過比較之後，有下列的差異：❺

㈠名稱方面：舊─名為「台盟總部理事會」，新─名為「台盟中央委員會」。

㈡總綱內容方面：在新「總綱」中增加鄧小平「一國兩制」構想，強調「本盟以致力一國兩制的原則，爭取用和平方式實現台灣和大陸的統一。……廣泛聯繫台灣與內外各界人士，各方面政治力量，溝通往來，反映意見，共商國是。」

㈢盟員對象方面：舊—「在中國大陸居住的台灣省籍人士」，新—「凡台灣省人士」。

㈣核心組織方面：舊—「總部理事會選舉產生主席、副主席、祕書長和常務理事，組成常務理事會。在總部理事會全體會議閉會期間，由總部常務理事會主持盟務。主席、副主席、秘書長組成主席會議，處理常務理事會的重要日常工作。」新—「中央委員會選舉產生中央常務委員、主席團委員和主席團主席，組成中央常務委員會。中央常務委員會閉會期間，由中央常務委員會主持盟務，主席團處理中央常務委員會的重要日常工作。」

㈤新章程增設「基層組織」一章。

「台盟」目前的主要領導成員為：❻

㈠主席團成員

林盛中　台灣省台北縣人，民國三十一年生，台灣大學地質系畢業，民國五十五（主席）（一九六六）年赴美國布朗大學深造，民國六十一（一九七二）年十月由美赴大陸。民國六十五年與李紅結婚，其母為林呂阿英。

歷任中共「中國地質學院」地質礦床研究所副研究員、「全國台胞聯誼會」籌委會員、一、二屆理事會理事。「台灣同學會」會長、「台盟」總部三屆理事會副主席、中共「政協」六、七屆全委會常委、「歐美同學會」副會長等職。現今當選台盟中央主席團主席。

蔡子民　台灣省彰化縣人，曾就讀台中一中，早年參加中國共產黨，抗日戰爭勝利後，出版「自由報」並以此掩護，從事地下黨活動嗣逃亡日本，轉往大陸。曾任中共「六屆全國人大常務委會委員，「台盟」總部三屆理事會理事、常務理事、「全國人大」中（共）日友好成員，「台盟」總部宣傳部部長等職。

吳克泰　台灣省宜蘭縣人，參與「二二八」事件後潛往大陸，曾任中共「中國國際信託投資公司」業務部副經理、中共「寶島服務公司」重要關係人員、「政協」六、七屆全委會委員、常委、「台盟」總部三屆理事會理事、常務理事。

陳仲頤　民國十二年生，台灣台北人，台灣光復初期，在公共工程局任助理工程師，民國三十七（一九四八）年赴美國深造，民國四十年從美國赴大陸。曾任「清華大學」水利系副教授、教授、「政協」六屆全委會委員，「台盟」北京分部四屆委員會主任委員。

吳國禎　民國三十七年生，台灣花蓮縣人，新竹清華大學畢業後，於民國六十（一九七一）年赴美國奧克拉荷馬州大學深造，獲博士學位。在美期間曾參與「保釣運動」。民國六十六（一九七七）年六月從美國赴大陸，曾任中共「中國科學院化學研究所副研究員」、「六屆全國人大代表」、「台灣同學會會長」、「台聯會理事」、「台盟」總部三屆理事會常務理事。

(二)秘書長成員

潘淵靜　民國十三年十月四日生，台灣省宜蘭縣人，台灣大學土木工程系肄業，曾參與「二二八」事件，民國三十六（一九四七）年投共，曾任中共「中華全國體育總會台灣省體育工作聯絡處負責人」、中共「駐日本大使館」一等祕書、「台盟總部執行局委員、聯絡部部長」、「台盟」第四屆中央委員會委員、秘書長、「台盟第四屆中央常委會委員」、「政協七屆全委會委員」等職。

(三)中央委員和候選補中央委員[7]

1.中央委員

王瓊英（女新）、**葉慶耀**（連）、**葉紀東**（新）、**呂水深**（連）、**江濃**（新）、**李錫光**（新）、**楊宗泰**（連）、**楊恩澤**（新）、**吳克泰**（連）、**吳國禎**（連）、**何文河**（連）、**陳水**（連）、**陳木森**（連）、**陳仲頤**（連）、**陳榮駕**（連）、**陳炳基**（連）、**陳錦堂**（新）、**汪慕恒**（新）、**范新發**（連）、**林雲**（連）、**林江**（新）、**林亮**（連）、**林文啓**（新）、**林東海**（連）、**林春水**

（新）、林盛中（連）、歐國蕃（新）、周玉華（女新）、周光遠（連）、鄭勵志（新）、鄭晶濱（女連）、袁柏雄（連）、徐振文（連）、翁肇祺（新）、黃明（連）、黃啓章（連）、黃清琴（連）、彭克巽（新）、曾人宗（連）、溫少武（連）、謝玉林（連）、蔡大堂（連）、蔡子民（連）、蔡啓運（連）、蔡銘熹（連）、廖燦輝（連）、廖秋忠（連）、潘淵靜（新）、戴見能（連）

2.候補中央委員

呂月員、王觀美、蔡裕三、吳明科、孫南雄、張良九、張文光、陳正統、廖炯模、藍運才、施初美、簡國樹、廖錫模

3.中央評議委員

王茂勝、石光亮、邱晨波、傅力力（女）、許文思、李辰、李純青、李淑珍（女）、楊威理、吳永泰、邱寶雲、沈扶、陳宏、陳丁茂、林田烈、林青山、周青、周明、周有智、柯秀英（女）、柳光春、徐萌山、郭水煙、曾明如、曾重郎

附錄二：「台灣民主自治同盟」簡介

一、「台盟」的組織經過

「台灣民主自治同盟」簡稱「台盟」，係「台共」的領導人謝雪紅等人，在民國三十六（一九四七）年「二・二八事件」發生後，逃亡香港所組建的一個台灣省和旅外台籍人士的組織。

謝雪紅出身於台灣彰化的一個貧苦工人家庭，民國十二（一九二三）年參加台灣進步團體「文化協會」，民國十四（一九二五）年加入中國共產黨，民國十七（一九二八）年，謝雪紅在上海參加組建日本共產黨台灣民族支部，即「舊台共」。民國二十（一九三一）年在台灣被捕入獄，後因病獲得保釋。民國三十四（一九四五）年日本投降後，組織「人民協會」、「農民協會」，圖作非法活動，旋被解散。民國三十六（一九四七）年「二・二八事件」發生後，她在台中策動暴民，進行武裝鬥爭，為台中地區的領導人。事件失敗後，轉赴上海，並重新加入中共。

民國三十六（一九四七）年八月，謝雪紅與楊克煌、蘇新等人在香港與各界台灣籍「進步人士」進行串連，研究籌建台灣革命組織。九月，他們成立了「新台灣出版社」，發行

「新台灣叢書」。十月，他們又成立「台灣民主自治同盟籌備委員會」，草擬文件，為「台盟」的成立作了準備。十一月十二日，謝雪紅、楊克煌、蘇新等在香港召開了「台盟」第一次會員代表會議，通過了「綱領草案」、「籌備會第一次會員代表會文告」和「籌備會時局口號」。會議推選謝雪紅、楊克煌、蘇新為「台盟」負責人。「台盟」乃正式宣告成立。

二、「台盟」的性質、宗旨和任務

「台盟」在民國七十六（一九八七）年十一月廿三日至卅日，召開第四次全盟代表大會，根據當前大陸和台灣的新形勢進行重大改革，通過較大幅度經修改後的新章程。新章程明載「台盟」的性質是「由台灣人士組成的社會主義勞動者和擁護社會主義的愛國者的政治聯盟，是為社會主義服務的政黨。」其宗旨是「為把我國建設成為富強、民主、文明的社會主義現代化國家，廣泛團結擁護祖國統一的愛國者，為實現祖國統一，為台灣人民的利益而奮鬥。」該宗旨顯示出，雖然不一定擁護社會主義，但擁護「祖國」統一的愛國者，亦是「台盟」廣泛團結的對象。

由「台盟」的章程內容，我們可以歸納其主要的任務有下列幾項：

㈠遵循與中國共產黨「長期共存、互相監督」、「肝膽相照、榮辱與共」的方針，參與政治協商、民主監督、調動盟員和所聯繫的台灣省人士的積極因素，和全國人民一起，為建議有中國特色的社會主義的宏偉目標而奮鬥。

㈡要在「祖國」統一和振興中華的愛國主義偉大旗幟下，廣泛聯繫台灣島內外各界人士、各方面政治力量，溝通往來，反映意見，共商國是。

㈢促進通郵、通商、通航，探親旅遊和科技、學術、文化、體育交流。

㈣促進和平談判的實現。

㈤支持台灣人民爭取民主，維護切身利益，為共同完成「祖國」統一大業而努力。

三、「台盟」的領導成員

民國七十二（一九八三）年十一月廿四日至十二月五日，「台盟」在北平召開第三次全盟代表大會，選出「台盟總部」第三屆理事會理事四十一名，候補理事十五名。十二月十六日，理事會舉行第一次全體會議，選出常務理事十五名，並推選蘇子衡為主席、副主席為李純青、錢福清、林盛中等四人，秘書長徐萌山，組成其領導班子。

民國七十六（一九八七）年十一月廿三日至卅日，「台盟」在北平召開第四次全盟代表大會，選出「台盟」第四屆中央委員會委員四九名，候補委員十五名。十二月一日，「台盟」第四屆中央委員會舉行第一次全體會議，選出中央常務委員十九名，及主席團成員五名，分別是林盛中、蔡子民、吳克泰、陳仲頤、吳國禎。首任主席團主席林盛中，祕書長是參加過「二二八事件」的潘淵靜。「台盟」這次會將其領導機構由原來的「台盟總部」理事會改為「台盟中央委員會」，原總部主席、副主席、祕書長制改為主席團制，加強集體領導。主席團五個成員平均年齡為五五·六歲，都是大學以上文化程度，其中兩名博士，一名碩士，符合盟中央領導的年輕化、知識化的要求。

民國七十七（一九八八）年十二月六日，「台盟」召開四屆二中全會，根據其新章程「主席團主席任期為一年，連選得連任」的規定，改選蔡子民為「台盟」中央主席團主席。

四、呼籲「台盟」勿再充當中央統戰工具

「台盟」自民國三十六年（一九四七）年十一月成立迄今，始終是中共用以聯繫台胞、加強對台統戰的重要工具。雖然在「反右派鬥爭」及「文革」期間，遭到殘酷的迫害，組織被砸爛、瓦解，但自從中共於民國六十八（一九七九）年元旦發表「告台灣同胞書」，展開對台「和平」統戰攻勢後，「台盟」即在中共驅使下，再度恢復活動，充當中共對台統戰的「馬前卒」。近幾年來其組織活動亦較前增強，如在民國七十（一九八一）年成立其外圍組織「台灣同學會」，每年在北平召開學術討論會，以拉攏海外台灣省籍學人，藉學術研究之名進行統戰。另外「台盟」自民國七十四（一九八五）年底到民國七十六（一九八七）年七月，共舉辦了十五次「台灣問題研討會」，針對台灣的情況提供資料，做為「台盟」對台工

作的指南，並提供中共參考。自我政府於民國七十六（一九八七）年十一月，開放民眾赴大陸探親以來，「台盟」更積極鼓勵與幫助盟員和在台親友聯繫，接待前往大陸探親、訪友、觀光、貿易、學術交流之台胞，宣傳中共政策，介紹大陸現況，在在都顯示出「台盟」對台統戰的積極性。

大陸學生藉著追悼胡耀邦為名，而引發爭民主、爭自由之學生民主運動，由最初的和平示威、靜坐、罷課，演變到後來數千人在天安門廣場上進行悲壯的絕食請願行動，真可謂驚天地、泣鬼神。「台盟」中央此時一改過去為中共幫兇的角色，於五月十八日向中共中央及「國務院」發出呼籲信，信中主要呼籲兩點，一、要求中共中央及「國務院」的最高負責人應該迅速同學生進行誠懇的對話，盡速解決問題；二、應該肯定這次學生運動是一次愛國民主運動，不是動亂。無奈中共根本無視各方的呼籲，斷然採行血腥鎮壓的手段而造成「六・四大屠殺事件的慘劇，中共政權的毫無人性，在這次的事件中，顯露無遺。「台盟」的呼籲與中共中央政策相背，是否會遭整肅，不得而知。

附錄三：「台盟」中央主席團名譽主席—蘇子蘅簡介

一、生平與經歷

蘇子蘅台灣彰化市人，生於一九〇五年十月。民國九（一九二〇）年代曾在日本學習應用化學，民國十六（一九二七）年在日本參加中共活動。民國三十（一九四一）年攜家離開台灣到大陸工作，擔任「北京大學」理學院教授。民國三十四（一九四五）年進入華北中共佔領區，曾任「大連大學」工學院教授、「台盟」旅大支部副主任委員。

蘇子蘅之妻甘瑩，係「北京市台灣同胞聯誼會」成立後，當選該會的第一屆副會長之一。當時她也在「北京外語學院」擔任副教授及日語系主任的職務。由於甘瑩在該校任教已達廿五年之久，可說桃李滿天下，中共駐日本大使館、領事館中不少外交人員都是她的學生。

民國四十一（一九五二）年，蘇子蘅擔任「中國科學院」規劃局數理化組組長。民國四十七（一九五八）年十二月，當選「政協」三屆全國委員會委員（台盟）。民國四十九（一九六〇）年六月，任「台盟」總部理事。民國五十三（一九六四）年十二月，當選「政協」四屆全國委員會委員（台盟）。民國五十四（一九六五）年一月，當選「政協」四屆全國委員會常務委員。民國五十七（一九六八）年八月廿七日，曹軼歐指使郭玉峰編造「關於四屆全國政協常務委員會委員政治情況的報告」，並經康生修改審定，在這個報告中有一百五十九名「全國政協」常務委員，其中七十四名被分別指為「叛徒」、「叛徒嫌疑」、「特務」、「特嫌」、「國特」、「反革命修正主義分子」、「裏通外國分子」，蘇子蘅即名列其中，並因此而被關入「牛棚」達十一個月。民國六十二（一九七三）年九月，任「中國科學院化學研究所」研究員。民國六十七（一九七八）年二月，當選「政協」五屆全國委員會委員（台盟）。三月，當選「政協」五屆全國委員會常務委員。民國六十八（一九七九）年十月，當選「台盟」總部二屆理事會副主席。民國七十（一九八一）年，為「寶島服務公司」重要關係人。同年一月，以「中國科學院」感光化學研究所研究員身分活動。民國七十一（一九八二）年四月，任「憲法修改委員會」委員。民國七十二（一九八三）年五月，當選「政協」六屆全國委員會委員（台盟）。六月，當選「政協」六屆全國委員會常務委員。八月，任「政協」六屆全國委員會祖國統一工作組副組長。十二月，當選為「台盟」總部三屆理事會主席。民國七十四（一九八五）年二月，任「中國老年歷史研究會」名譽會長。民國七十六（一九八七）年十二月，任「台盟」四屆中央委員會中央主席團名譽主席。民國七十七（一九八八）年三月，當選「政協」七屆全國委員會委員（台盟）。四月，當選「政協」七屆全國委員會常務委員。九月，任「中國和平統一促進會」顧問。

二、大肆宣導「一國兩制」的統戰論調

民國七十四（一九八五）年四月六日，蘇子蘅在「全國政協」六屆三次會議的第四次大會上發言說：「『一國兩制』的構思是創造性的，既尊重現實，又考慮到各方面利益。『一國兩制』有助消除一些台灣同胞長期存在心中的疑慮，從而有助於台灣的穩定和繁榮。它對台灣回歸祖國的統一大業將產生重大的推動作用」。他又說：「三十多年來，我們一貫反對帝國主義妄圖把台灣從祖國分裂出去的陰謀，我們堅決反對『台灣獨立』、『兩個中國』和『一中一台』，希望台灣國民黨當局審時度勢，早日進行國共兩黨的和談，為祖國的統一大業作出貢獻；希望台灣同胞為了台灣的穩定和繁榮，為了推動台灣回歸祖國，實現祖國統一而奮鬥。」四月九日，蘇子蘅以「全國政協」常委、「台盟」主席身分，接受人民日報記者的採訪，題為「祖國統一，人心所向」。在文章中，蘇子蘅表示：「台灣是祖國的一部分，台灣的命運與祖國的命運是聯繫在一起的。……『一國兩制』的構想，既尊重事實，又考慮到各方面的利益，所以能夠圓滿解決香港問題，保持香港的繁榮與穩定。同樣，『一國兩制』的構想也受到越來越多的台灣同胞的歡迎，因為它既考慮到國民黨當局的利益，也考慮到台灣人民的現實和長遠的利益。所以『一國兩制』也為台灣回歸祖國、實現和平統一大業提供了最佳方案和途徑。」

民國七十五（一九八六）年九月廿九日出版的瞭望周刊第廿九期，刊載其專訪文章，題

為「願為祖國統一作貢獻」。在該文中，蘇子蘅談到：「『一國兩制』的構想，充分考慮台灣各族人民的願望和台灣當局的處境，保證台灣在祖國統一後，現行的社會、經濟制度不變，生活方式不變，同國外的經濟、文化關係不變。統一後，海峽兩岸可以在現有的兩種制度下，達到共同繁榮。以『一國兩制』和平統一祖國，可以穩定台灣局勢，為台灣民主化創造良好的環境。同時，在經濟上，大陸可以在資源、市場等方面支援台灣，台灣也可以在資金、技術等方面支援大陸，這樣相互支援，可以加速海峽兩岸的經濟發展。因此，『一國兩制』是從中國的實際情況出發，實現祖國和平統一的切實可行方針。」

綜觀蘇子蘅上述言論，主要是圍繞在「一國兩制」的統戰謬論上打轉，此乃因蘇子蘅在擔任「台盟」主席期間，中共與英國正好公布關於香港問題的「聯合聲明」，規定香港主權在一九九七年必須歸還中共，而其現行的社會、經濟制度和生活方式五十年不變。當時「一國兩制」的統戰論調喊得震天價響，到處充斥瀰漫，儼然成為對台統戰的重要法寶，蘇子蘅身為「台盟」主席，自然人云亦云的替中共「一國兩制」的統戰謬論大肆鼓吹、宣傳。惟自從蘇子蘅卸下「台盟」主席職務後，即從幕前走向幕後，活動日見減少，其有關對台統戰之言論已不多見。

三、「政協全國委員會」主辦時期（一九七三—一九七九）

一般而言，中共透過「台盟」召開「二、二八」紀念會，直到民國五十五（一九六六）年「文化大革命」發生後，此一活動則暫停，迨民國六十二（一九七三）年起，中共才再透過「政協全國委員會」舉辦「二、二八」紀念會，一直到民國六十八（一九七九）年「政協全國委員會」扮演著重要主辦者的角色。首先讓我們來剖析「政協全委會」的性質，大致如下：❽

民國三十七（一九四八）年五月一日，中共黨中央在「華商報」刊載所謂「五、一」號召，全文二十三條。其中第五條為：「各民主黨派、各人民團體、各社會賢達、迅速召集『政治協商會議』，討論並實現召集人民代表大會，成立『民主聯合政府』。」同月五日，「民革」、「民盟」、「民促」、「致公黨」、「農工黨」、「救國會」等以及一些無黨派人士，在「華商報」發表聯合聲明，響應中國共產黨的「五、一」號召。十九日，「台盟」首先發表宣言，表示擁護共黨領導召開「新政治協商會議」，此後各民主黨派，亦先後發表「擁護」宣言。八月，毛澤東電覆各民主黨派頭頭，要求共研新「政協」各項問題。十一月，中共派代表在哈爾濱與所謂「民主人士」商談，對於建立「政協」籌備會及「政協」的性質、任務等，獲致協議。民國三十八年（一九四九）六月十五日至十九日，在北平召開「新政治協商會議籌備會」。隨即通過了「新政治協商會議籌備會組織條例及有關單位和代表的規定。同年九月二十一日至三十日，在北平召開第一屆「全國人民政治協商會議」全體會議。通過了「中國人民政治協商會議共同綱領」、「中國人民政協組織法」及「中國中央人民政府組織法」。正式宣佈「中華人民共和國」成立。

雖然「政協」形式上是由各個「階級」形成的「人民民主統一戰線」，但是依照中共「以黨領政」的原則，「協」是接受中共中央統戰部領導監督的。因此中共中央統戰部長李維漢便成為一屆「政協」全會期的祕書長，總理「政協」日常業務與籌備各種會議之舉行。

第一屆「政協」的組成分子是包括共產黨和民主黨派、人民團體、民主人士和社會上具有代表性的人物，共計六六二人，其中五八五人是正式代表，七七人是候補代表。民主黨派的代表名單是在共產黨的指導之下，經過協商決定的。其他以各種名義，人民團體、學術界、華僑等推出的代表，也都是以協商形式，實際上是由共產黨指定的。會議通過的所謂「共同綱領」也是由共產黨提出的，雖然也有人對內容提出異議，但在共黨的操縱脅迫下還是照章通過。中共利用各民主黨派完成政權偽裝民主之形式後，即不再重視「政協」的存在。「政協」成立之初，為中共政權之「權力機關」，為中共政權之母體，但自民國四十三（一九五四）年第二屆之後，即成為略具諮詢作用之統戰組織，不復有「政權」之性質。民國四十六（一九五七）年各民主黨派藉「鳴放運動」大肆攻擊共產黨，中共發動「反右派鬥爭」後，壓倒了這一風暴。「文化大革命」中，唆使「紅衛兵」發出最後通牒，限期停止活動。從此「政協」組織名存實亡。

「四人幫」垮台後，中共新黨權派基於實際需要，強調要「發展革命統一戰線」，作為統一戰線組織之一的「政協」，因而得以復活。民國六十六（一九七七）年十月，中共四屆「人大」常委會宣佈召開五屆「人大」第一次會議，同時「政協」亦召開五屆全國委員會第一次會議。民國七十二（一九八三）年六月，第六屆「政協」全國委員會第一次會議在北平召開。鄧穎超在致開幕詞中表示：「今後愛國統一戰線的方針任務，就是要高舉愛國旗幟，發展和加強中華民族的大團結大統一，為實現社會主義現代化建設，完成祖國統一大業，維護世界和平作出貢獻。」很顯然的，「政協」全國委員會的主要任務之一，乃為「促進祖國統一」。為了加強「祖國統一」的宣傳和統戰活動，乃先後成立「祖國統一工作組」和「三胞聯絡委員會」等機構，專事對台統戰工作。前，「政協」全國委員會委員共有二〇八一名。各地方「政協」組織有二千餘個，共有成員達三十萬人，其中以中共黨員為骨幹。目前第八屆「全國政協」現況簡介如下：

㈠組成「界別」

八屆「全國政協」總共由三十四「界」人員組成，分別是：

中國共產黨、中國國民黨革命委員會、中國民主同盟、中國民主建國會、無黨派民主人士、中國民主促進會、中國農工民主黨、中國致公黨、九三學社、台灣民主自治同盟、中國共產主義青年團、中華全國總工會、中華全國婦女聯合會、中華全國青年聯合會、中華全國工商業聯合會、中國科學技術協會、中華全國台灣同胞聯誼會、文化藝術界、科學技術界、社會科學界、經濟界、農森界、教育界、體育界、新聞出版界、醫藥衛生界、對外友好團體、社會救濟福利團體、少數民族、中華全國歸國華僑聯合會、香港同胞、澳門同胞、宗教界、特別邀請人士。

㈡人員部署

主席：李瑞環

副主席：葉選平、吳學謙、楊汝岱、王兆國、阿沛·阿旺晉美、賽福鼎·艾則孜、洪學智、楊靜仁、鄧兆祥、趙樸初、巴金、劉靖基、錢學森、錢偉長、胡繩、錢正英（女）、蘇步青、丁光訓、董寅初、孫孚凌、安子介、霍英東、馬萬祺、朱光亞、萬國權、何魯麗

秘書長：朱訓

常務副秘書長：朱作霖

副秘書長：趙偉之、張洽、吳修平、陳進玉、李贛騮、朱元成、宋金升、羅豪才、陳益群、潘淵靜、鄭萬通、趙喜明、胡德平、梁金泉、王巨祿、鄭質英、張道誠

提案委員會：

主任：周紹錚

副主任：張文壽、周同善、陳秉權、孫軼青、趙煒（女）、吳修平、李毅

經濟委員會：

主任：房維中

常務副主任：王郁昭、馬儀

副主任：趙維臣（滿）、謝華、經叔平、李剛、閻穎（女）、范康、程連昌、劉鴻儒、范靜宜、潘蓓蕾（女、高山族）、路明

科教文衛體委員會：

主任：錢偉長

常務副主任：丁石孫

副主任：王濟夫、張君秋、黃辛白、王楓、陳明紹、陳益群、吳武封、鮑奕珊、胡啟恒（女）、季國標、唐有祺、馬大猷、孫家棟、郭子恒、何振梁、宋鴻釗、林佳楣（女）、王綿之、宋金升、苗綿域、李振聲、傅庚辰

社會與法制委員會：

主任：錢正英

常務副主任：關濤（女）

副主任：華聯奎、俞雷、馮梯雲、郭德治、王文元、王厚德、巫昌禎（女）、袁純清、王慶淑（女）、蕭東升、方掬芬（女）、吳慶彤、巴音朝魯、康冷、王仲方

民族和宗教委員會：

主任：趙樸初

常務副主任：金鑒（滿）、安士偉（回）

副主任：卓加（藏）、陳欣（女）、馮元蔚（彝）、巴圖巴根（蒙）、司馬義·買合蘇提（維吾爾）、丁光訓、張聲作、宗懷德、傅元天、明暘、韓文藻、嚴克強（壯）、劉樹生、嘉木樣·洛桑久美·圖丹卻吉尼瑪（藏）

文史和學習委員會：

主任：楊拯民

常務副主任：黃森

副主任：蘇星、龔育之、沈求我、朱元成、金開誠、徐崇華、金沖及、葉至善、張楚琨、李默庵、李侃、李東海、高興民、盧之超

台港澳僑聯絡委員會：

主任：董寅初

常務副主任：蕭崗、馬慶雄

副主任：羅豪才、李克、陳白皋、李夢華、楊斯德、唐樹備、賈亦斌、張洽、郭平坦、潘淵靜、朱作霖、鄭鴻業

外事委員會：

主任：錢李仁

副主任：李鹿野、凌青、蔣光化、溫業湛、趙偉之、錢嘉東、李贛騮、于洪亮、宋文中、邢永寧、唐龍彬

常委：二百八十餘人

委員：二千一百零五人

㈢領導人員簡歷

李瑞環

一九三四年九月　生於天津寶坻，父為貧農，兄弟姐妹共八人

一九五一年七月至六五年　北京第三建築公司工人（木匠）

一九五八年至六三年　在北京建工業餘學院工業與民用建築專業學習

一九五九年九月　加入中國共產黨

一九六五年至六六年　北京建築材料供應公司黨委副書記兼北京建築木材廠黨總支部書記

一九六六年至七一年　在「文革」中受迫害

一九七一年至七二年　北京建築木材廠黨委書記

一九七二年至七三年　北京市建築材料工業局黨委副書記

一九七三年至七九年　北京市建委副主任兼市基建指揮部指揮、市總工會副主任，全國總工會常委

一九七七年　第五屆全國人大代表

一九七八年十月　第五屆全國人大常委會委員

一九七九年至八一年　共青團中央書記處書記、全國青聯副主席

一九八一年至八二年　天津市委常委、副市長，共青團中央書記處書記

一九八二年九月　第十三屆中央委員

一九八二年至八四年　天津市委書記、代理市長、市長

一九八三年　第六屆全國人大代表

一九八四年至八七年　天津市委副書記、市長

一九八七年至八九年　第十三屆中央政治局委員，天津市委書記、市長

一九八八年　第七屆全國人大代表

一九八九年至九二年　第十三屆中央政治局委員、常委（增補），中央書記處書記，中央宣傳、思想工作領導小組組長

一九九二年十月　第十四屆中央政治局委員、常委

一九九三年三月　第八屆全國政協主席

葉選平

一九二四年十一月生，廣東梅縣人，一九四五年九月參加中國共產黨，延安自然科學院機械系畢業。

一九八〇年至八五年任廣東省副省長、省科學技術委員會主任，廣州市委副書記、市長。一九八五年至九一年任廣東省委副書記、省長。一九九一年起任第七屆全國政協副主

席、第十四屆中央委員。

吳學謙　一九二一年十二月生，上海市人，一九三九年五月參加中國共產黨，大學文化。一九八二年至八七年任外交部第一副部長，黨組書記、外交部長，中央政治局委員，國務委員。一九八七年至九二年任中央政治局委員，國務院副總理，中央外事工作領導小組副組長，中央對台工作領導小組副組長。一九九二年十月至九三年任國務院副總理。

楊汝岱　一九二六年十二月生，四川仁壽人，一九五二年八月參加中國共產黨，高中程度。一九七八至八三年任四川省革委會副主任、副省長、省委常委、省委常務副書記。一九八三年至九三年任四川省委書記，曾任第十三屆中央政治局委員。

王兆國　一九四一年九月生，河北豐潤人，一九六五年十二月生，哈爾濱工業大學動力機械系渦輪機專業畢業。一九八七年至九〇年任福建省委副書記、代省長、省長，現任中央對台工作領導小組秘書長、中央台灣工作辦公室主任、國務院台灣事務辦公室主任、中央統戰部部長。

阿沛·阿旺晉美　藏族，一九一〇年二月生，一九三六年起任西藏地方政府昌都糧官、審判官。

一九五一年任西藏赴北京談判首席代表，簽訂關於「和平解放西藏辦法」的協議。一九五二年後任西藏軍區副司令員，西藏自治區籌委會秘書長、副主任。一九六五年後任西藏人民委員會主席、革委會副主任，一九七九年後任西藏人大常委會主任，區政府主席。曾任第三屆全國政協副主席，第三至七屆全國人大常委會副員長，第五至七屆全國人大民族委員會主任委員。

賽福鼎·艾則孜

維吾爾族，一九一五年三月生，新疆阿圖什人，一九四九年十月加入中國共產黨，大學文化。

一九四九年起任新疆省府副主席，新疆軍區副司令員，新疆黨委書記。一九七三年任新疆區黨委第一書記，新疆軍區第一政委。曾任第一至七屆全國人大常委會副委員長。

洪學智

一九一三年二月生，安徽金寨人，一九二九年五月加入中國共產黨，高中文化，上將軍銜。

一九二九年參加游擊隊，一九四五年至四九年任黑龍江軍區司令員，四野六縱隊司令員。一九四九年後任廣東軍區副司令員，志願軍副司令員，總後勤部部長，中央軍事委員會副秘書長、委員。一九九〇年任第七屆全國政協副主席。

楊靜仁

回族，一九一八年九月生，甘肅蘭州人，一九三七年參加中國共產黨，高中程度。一九六〇年起歷任寧夏回族自治區黨委第一書記，區人民委員會主席，軍區政委，區政協主席，國家民委主任，中央統戰部副部長、部長，國務院副總理。曾任第五、六、七屆全國政協副主席。

鄧兆祥

一九〇三年四月生，廣東高要人，中共黨員，英國格林威治海軍學校、魚雷航海信號槍炮學校一九三四年畢業。一九四九年後任艦長，海軍各校校長，北海艦隊副司令員，海軍副司令員。曾任第六、七屆全國政協副主席。

趙樸初

一九〇七年生，安徽太湖人，「民進」成員。早年從事佛教和社會救濟工作，一九四五年參與發起組織中國民族促進會，一九四九年後任中國佛教協會會長，「民進」中央副主席，第六、七屆全國政協副主席。現任「民進」中央名譽主席、參議委員會主任，中國佛教協會會長。

巴金

一九〇四年十一月生，四川成都人，無黨派，一九二一年肄業於成都外語專門學校。一九四九年後任中國作家協會副主席、主席，中國文學藝術界聯合會副主席，上海市文學藝術界聯合會主席，第六、七屆全國政協副主席。現任中國作家協會主席。

劉靖基

一九〇二年九月生，江蘇常州人，「民建」成員，一九一九年肄業於江蘇第二工業專科學校。

一九五六年後任上海市「工商聯」主委、「民建」上海市主委、名譽主委，上海市政協副主席、人大常委會副主任，「全國工商聯」副主席，第六、七屆全國政協副主席。現任「全國工商聯」名譽副主席、上海市主委，「民建」中央顧問、上海市名譽主委。

錢學森

一九一一年十二月生，浙江杭州人，一九五九年八月參加中國共產黨，美國加州理工學院航空博士。

一九五五年回大陸後任中科院力學研究所所長，國防部第五研究院院長，七機部副部長，國防科委副主任，中國「科協」副主席、主席，第六、七屆全國政協副主席。現任中國「科協名譽主席，中國科學院院士。

錢偉長

一九一二年十月生，江蘇無錫人，「民盟」成員，加拿大多倫多大學應用數學博士。

一九四九年後任清華大學教授、副校長，中科院力學研究所副所長，中科院學部委員，上海工業大學校長，第六、七屆全國政協副主席、「民盟」中央副主席，現任中國和平統一促進會會長，中國科學院院士。

胡繩　一九一八年一月生，江蘇蘇州人，一八三八年一月加入中國共產黨，一九三四至三五年曾就讀北京大學哲學系。一九三五年開始從事「革命文化」活動，曾任第七屆全國政協副主席。現任中國社會科學院院長，中央黨史研究室主任。

錢正英　女，一九二三年七月生，浙江嘉興人，一九四一年九月參加中國共產黨，一九三九年至四二年在上海大同大學土木工程系肄業。一九五二年至七四年任水利部、水利電力部副部長，一九七四年至八八年任水利電力部部長。曾任第七屆全國政協副主席，現任十四屆中央委員。

蘇步青　一九〇二年九月生，浙江平陽人，「民盟」成員，中共黨員，一九三一年獲日本東北帝國大學理學博士。一九四九年後任浙江大學教務長，復旦大學校長，「民盟」中央副主席，第七屆全國政協副主席。現任「民盟」中央參議委員會主任，中國科學院院士，復旦大學名譽校長。

丁光訓

一九一五年九月生，上海市人，美國紐約協和神學院博士。

一九五一年後任南京大學副校長兼宗教研究所所長，江蘇省政協副主席，第七屆全國政協副主席。現任中國基督教三自愛國運動委員會主席，中國基督教協會會長，南京大學副校長，金陵協和神學院院長。

董寅初

一九一五年九月生，安徽合肥人，「致公黨」成員，上海交通大學一九三八年畢業。

一九三九年在印尼創辦「朝報」，一九四二年底被日軍逮捕入獄，四五年獲釋。一九四七年回大陸後曾任上海市「僑聯」主席，「致公黨」上海市主委，中央副主席，上海市政協副主席。現任「致公黨」中央主席。

孫孚凌

一九二一年九月生，浙江紹興人，「民建」成員，成都華西大學經濟系畢業。

一九五八年後任北京市「工商聯」主委，「民建」北京市副主委，北京市副市長。現任「全國工商聯」常務副主席、北京市主委，北京市政協副主席。

安子介

一九一二年生，浙江定海人，無黨派，名譽法學博士。

一九三八年赴港，一九七〇年至七四年任港英立法局議員，一九七四年後任香港貿易發展局主席，香港工業總會主席，棉紡業同業會主席，一九八六年受聘擔任香港特別行政區基本法起草委員會副主委、諮詢委員會主委。現任香港南聯實業有限公司主席。

霍英東　一九二三年五月生，廣東番禺人，無黨派。

長期在港經商，現任香港中華總商會會長，香港霍興堂置業有限公司董事長，香港有榮有限公司董事長。

馬萬祺　一九一九年十月生，廣東南海人，無黨派，大學文化。

一九四一年赴澳門定居，長期經商，現任澳門特別行政區基本法起草委員會副主委，澳門中華總商會會長，澳門大華行總經理。

朱光亞　一九二四年十二月生，湖北武漢人，一九五六年四月參加中國共產黨，美國密執安大學原子核物理學博士。

一九七〇年至八二年任國防科委副主任，一九八〇年當選中科院學部委員。現任第十四屆中央委員，中國科學技術協會主席，國防科學技術工業委員會科學技術委員會主任，中國科學院院士。

萬國權　一九一九年三月生，吉林農安人，「民建」成員，中華大學工商管理系畢業。

一九七八年後任天津市「工商聯」副主委，「民建」天津市副主委，「民建」中央副主席，現任「民建」中央常務副主席。

何魯麗　女，一九三四年六月生，山東荷澤人，「民革」成員，北京醫學院醫療系畢業。一九八八至一九九六年底任北京市副市長，現任「民革」中央主席、北京市主委，「全國婦聯」副主席。

朱訓　一九三〇年五月生，江蘇阜寧人，一九四六年一月參加中國共產黨，蘇聯諾沃切爾卡斯克工業大學畢業。一九八二年任地質礦產部副部長，一九八五年至九四年擔任部長，是第十四屆中央委員。

(四)、具體作為

「全國政協」每年的全會均有「成果」報告，內容不外是「參政議政成果豐碩」、「建議案受高度重視及採納」、「對外交往更加活躍」等，但最值得重視的作為應是下述兩項：

1.李瑞環的出國活動：李瑞環於一九九三年十一月二十五日率團訪問南亞尼泊爾、印度和巴基斯坦三國，這是「全國政協」成立以來六位主席中第一次以「全國政協」主席名義出訪。一九九四年五月二日赴芬蘭、挪威、瑞典、丹麥、比利時五國；一九九五年六月九日赴拉丁美洲古巴、牙買加、巴西、智利四國，同年十二月五日赴東南亞柬埔寨、緬甸、馬來西亞、新加坡、泰國等五國；一九九六年九月五日赴波蘭、荷蘭、奧地利、瑞士、俄羅斯五國。

李瑞環如此頻繁的出國，雖然符合「政協」「廣交朋友」的原則，但應視為李某提高自己「國」內、外聲望，累積政治資源，以求更上一層樓的表現。

2.台港澳僑聯絡委員會：一九九五年三月十五日，「全國政協」精簡機構，將十四個專門委員會調整為八個，其中「祖國統一聯誼委員會」與「華僑委員會」合併為「台港澳僑聯絡委員會」。該委員會一面經常性的舉辦座談會「揭批」李登輝總統，一面則不停的安撫台商、接待台胞。

台港澳僑聯絡委員會實際產生的作用固然有限，但從名稱上即可看出中共欲將台灣視為港、澳同等地位，港、澳問題已大致底定，該委員會勢必力求在「統一大業」上作出「貢獻」。

「全國政協」的「界別」似已涵蓋周延，但從領導班子的結構即可很明顯的看出，主導人員為李瑞環、王兆國和朱訓，其餘酬庸性質濃厚的「大老」和唯命是從的「樣板」，作用甚小。

而從李瑞環一九九六年六月十四日在「全國政協」八屆十七次常委會講話時強調的：

一、必須堅持中國共產黨的領導

二、必須服從和服務於國家的大局

三、必須注意從實際出發

四、必須加強同有關部門的配合

亦可了解要期待「政協」能發揮真正的民主功能是不切實際的。

所以，我們可以斷言，「全國政協」仍是中共統戰工作的最大花瓶，實際功能有限，也難怪李瑞環一再要求在中共十五大後與李鵬對調職務，從「二線」重返「一線」崗位。

四、「台灣民主自治同盟」、「中華全國台灣同胞聯誼會」、「台灣同學會」共同舉辦時期（一九八七—一九九七年）

根據資料顯示，民國六十八（一九七九）年中共再度下令停止召開「二、二八」紀念會的活動，到民國七十六（一九八七）及八十六（一九九七）年正逢「二、二八」四十及五十週年，中共乃藉機透過「台盟」、「台聯會」、「台灣同學會」共同舉辦擴大召開「二、二八」紀念會，以加強對台的統戰。「台盟」組織已見前述，今將「中華全國台灣同胞聯誼會」、「台灣同胞會」組織簡析如下：

㈠台灣同胞聯誼會

民國六十九（一九八〇）年，中共在加強對台統戰叫囂聲中，首先於十一月十九日至二十二日，在杭州舉行浙江省台灣同胞聯誼會第一次代表會議，正式成立「浙江台灣同胞聯誼會」，成為台灣同胞聯誼會的第一個正式機構。民國七十（一九八一）年七月十四日，在北平成立「中華全國台灣同胞聯誼會臨時籌備小組」。九月二十六日至二十九日，在北平舉行「中華全國台灣同胞聯誼會」籌備委員會第一次全體會議，討論制訂章程草案，確定其任務和性質。同年十二月二十二日至二十九日，在北平舉行中華全國台灣同胞聯誼會第一次代表會議。會中通過「中華全國台灣同胞聯誼會」章程草案，確定其性質為以「愛國」為號召的台灣各族同胞的群眾組織，全國性的人民團體；其宗旨為「發揚愛國主義，廣泛聯絡國內外的台灣同胞」，「促進民族大團結，為台灣回歸祖國，實現和平統一，為建設一個繁榮富強統一的偉大祖國，而共同貢獻力量。」；會員資格「既不採個人會員制，也不採用團體會員制」，「凡是贊同和擁護本會宗旨的台灣同胞和他們的組織」，都是「聯絡和團結的對象」，「都歡迎參加本會的活動」。所謂「台胞」，實際包括曾來台定居後又返回大陸的一些外省籍人員在內；主要任務是在接待、訪問、聯繫中執行中共的對台統戰工作。

台灣同胞聯誼會除有「全國性」的「中華全國台灣同胞聯誼會」外，大陸的二十九省、市、自治區除西藏，因只有一戶台胞，未成立「台灣同胞聯誼會」外，其他地區的省級機構均已成立，並在福建省的晉江、龍江、龍溪、蒲田、寧德、建陽、三明、龍岩地區「地區級」及福州、廈門等市均建立各該地區的「台灣同胞聯誼會」；在一些台灣同胞師生較多的學校亦設「台灣同胞聯誼會」，如設在福建省泉州的「華僑大學台灣同胞聯誼會」即為其代表性組織。

「中華全國台灣同胞第二次代表會議」於民國七十四（一九八五）年三月六日至十一日在北平舉行。出席代表二百三十二名，會中選出中華全國台灣同胞聯誼會二屆理事七十名，會長一名，副會長九名，祕書長一名。民國七十五（一九八六）年一月十三日至十九日，舉行「二屆二次會議增選理事四名。」

「中華全國台胞聯誼會」第三次代表會議於民國七十七（一九八八）年三月二、三日選出第三屆理事會長一名、副會長十名（較上屆多一名）、常務理事二十一名、理事七十九名。計：

會長：林麗韞

副會長：朱天順、李河民、吳願金、陳亨、郭平坦、郭炤烈、徐兆麟、徐進星、梁泰平、廖秋忠

常務理事：朱天順、呂明燦、孫桂芬（女）、李河民、吳慶洲、吳願金、林雲、林文啟、林麗韞、陳亨、陳杰（女）、陳貴州、郭平坦、郭炤烈、徐兆麟、徐進星、梁泰平、曾重郎、廖秋忠、蔡銘熹、蔡海金

理事會理事：馬青山、王安生、方舵、石四皓、石光海、葉紀東、葉武杰、盧阿石、劉大雄、劉明、劉彩品（女）、朱天順、江水生、呂英、呂明燦、許泰基、孫桂芬（女）、楊丁銘、楊國慶、李大維、李河民、李德會、張萬樹、張洽、張振慶、張勤雄、蘇少東、吳慶洲、吳慶敦、吳凱琦、吳振國、吳願金、邱金順、何標、林雲、林木、林文啟、林仁和、林麗韞（女）、陳文生、陳弘、陳華炎、陳剛憲、陳亨、陳杰（女）、陳明、貴州、陳貴彩、陳神民、陳昭典、陳惠華（女）、邱寶雲（士）、周清輝、鄭堅、鄭嫣願、洪瑤楹、容漢詮、郭平坦、郭炤烈、徐兆麟、徐進星、徐能光、袁柏雄、梁泰平、涂添鳳、章中、曹炎明、黃啟巽、黃垂柳、謝土壤、謝秋涵（女）、曾重郎、賴中和、賴有才、賴俊銘、廖秋忠、蔡明熹、蔡海金、魏玲（女）

附錄四：「中華全國台灣同胞聯誼會」簡介

㈠「台聯」產生的時代背景

民國六十七（一九七八）年十二月十六日，中共與美國同時宣佈將於民國六十八（一九七九）年元旦「建交」後，中共認為這一國際形勢的轉變，更有利於其意圖「統一」台灣之陰謀，首先於民國六十八（一九七九）年一月一日，以「全國人大常委會」的名義公佈「告台灣同胞書、鼓吹觀光、旅遊、訪問、探親」，「以利雙方同胞直接接觸」，「相互貿易，互通有無」；民國六十九（一九八〇）年元旦，鄧小平在北平出席「政協」五屆全委會新年茶會上說：「我們滿懷信心的進入八十年代，要把台灣回歸祖國，完成祖國統一大業的工作，始終放到重要的議事日程上來」。同年一月十六日，鄧小平在北平舉行的「幹部會議」、作「關於目前的形勢和任務」的報告中，把「台灣回歸祖國，實現祖國統一」列為中共八十年代的三大任務。從此，中共把「對台工作」逐漸推向全面性的群眾運動，除積極加強其黨、政、「政協」體系的組織及領導工作外，並成立若干專業性的「對台工作」團體，透過各種渠道及方式，展開對台心戰、統戰和情報活動。「中華全國台灣同胞聯誼會」就在這種時代背景下迅速成立，成為中共對台統戰工作的主要群眾性團體組織之一。

㈡「台聯」的組建經過

中共在展開對台統戰宣傳工作中，把生活在大陸的台灣同胞，作為特別運用對象，強調生活在大陸上的台灣同胞，造成「骨肉分離」、「音訊隔絕」，是我拒絕中共統戰陰謀「三通」、「四流」之結果。復在中共黨「對台工作領導小組」、「統戰部」及各級「政協」等機構的策劃、領導下，挑起大陸同胞懷念親人，思念故鄉的情緒和仇恨政府的心理，以便利用他們進行心戰宣傳、幫腔叫囂，並鼓勵他們為「四化建設」、「促進台灣回歸祖國」貢獻力量。

民國六十九（一九八〇）年十一月十九日至廿二日，「浙江省台灣同胞聯誼會」在杭州召開第一次代表會議，選出「浙江省台灣同胞聯誼會」第一屆委員會，這是中共利用住在大陸的台灣同胞，進行統戰陰謀活動，成立的第一個省級台灣同胞聯誼會。

民國七十六（一九八七）年四月廿七日至五月一日，「福建省台灣同胞第一次代表會議」在福州召開，並選出「福建省台灣同胞聯誼會」第一屆委員會，成為第二個省級的台灣同胞聯誼會。

中共為了擴大對台灣之統戰層面，於七十（一九八一）年四月，經中共黨中央批准，成立「全國台灣同胞聯誼會臨時籌備小組」，並於同年七月開始工作；經過月餘籌備，成立「中華全國台灣同胞聯誼會籌備委員會」，並從大陸十七個省市推選出三十五名籌備委員。九月廿六日至廿九日，在北平召開「第一次籌備委員會會議」，討論並原則通過由臨時籌備小組起草之「中華全國台灣同胞聯誼會章程（草案）」，決定出席「全國台灣同胞第一次代表會議」代表名額分配方案，並決定在民國七十（一九八一）年底，正式成立「中華全國台灣同胞聯誼會」（簡稱「台聯」）。至十一月十七日止，各省在中央黨委監督下，選舉產生出席「全國台灣同胞第一次代表會議」代表一百零四名。十二月廿一日，籌備委員會召開第二次會議，進一步協商成立「台聯」之有關事宜。廿二日至廿九日，在北平正式召開「全國台灣同胞第一次代表會議」，宣布成立「中華全國台灣同胞聯誼會」。會議除通過「中華全國台灣同胞聯誼會章程」暨「給台灣父老兄弟姐妹的致敬信」外，同時還選舉產生第一屆理事會，由林麗韞擔任首任會長。至此，「全國台聯」始積極借「愛國群眾團體」之名，通過各種渠道，展開對台統戰工作。

㈢「台聯」的宗旨與任務

「中華全國台灣同胞聯誼會」章程第一條強調該會是「台灣各族同胞的愛國民眾團體」。第二條明定其宗旨為「發揚愛國主義精神，廣泛聯絡國內外台灣同胞，增進鄉親情誼，同心同德，積極促進全族大團結，為按照『一國兩制』的原則實現台灣與大陸的和平統一，為振興中華，建設富庶、民主、文明的社會主義現代化國家，為增進台灣人民的福祉而貢獻力量。」其章程第二章詳列該會的主要工作有下列幾項：

㈠發揚台灣同胞光榮的愛國傳統，團結和聯絡海內外台灣同胞及其民眾團體，幫助鄉親們瞭解中共對台方針政策和大陸情況。反映海內外台胞的願望和建議，維護台胞的正當權益。積極促進在台灣和海外的台胞與大陸同胞開展各項交流活動，達到「愛國大團結」。

㈡密切聯繫大陸台胞，宣傳中共的方針政策、鼓勵鄉親們勤奮工作，充分發揮自己的聰明才智,為「祖國多作貢獻」。瞭解和反映台胞意見和要求,配合有關部門按政策予以妥善處理。

㈢對於前來大陸尋祖、探親、訪友、尋人、旅遊、升學的台胞,配合有關部門做好接待、服務工作。積極協助為「四化運動」貢獻力量的台胞,在大陸經商、投資、建廠、辦校和進行學術、文化、體育交流。

㈣積極協助大陸台胞返鄉探親、掃墓、訪友、旅遊和進行經濟、學術、文化、體育交流。

㈣「台聯」的領導成員

民國七十(一九八一)年十二月廿九日,「中華全國台灣同胞聯誼會」在北平正式成立,選舉產生由五十五名理事組成的第一屆理事會。該理事會隨即召開了第一次全體會議,選出理事會的領導成員,會長林麗韞,副會長董克、李辰、林朝權、朱天順、甘瑩、彭騰雲、鄭堅(兼任祕書長)。

民國七十四(一九八五)年三月六日至十三日,中共根據「中華全國台灣同胞聯誼會」章程中每三年召開一次代表會議的規定,在北平召開「第二次全國台灣同胞代表會議」,選舉產生由七十五名理事組成的「全國台聯」第二屆理事會,較第一屆增加二十名,其中連任者四十二名,新任者三十三名。該理事會召開第一次全體會議,選舉理事會的領導成員—會長林麗韞,副會長董克、李辰、朱天順、彭騰雲、鄭堅、李河民、郭炤烈、郭平坦、張洽。

秘書長張澄生。

民國七十七（一九八八）年二月廿五日至三月三日，「第三次全國台灣同胞代表會議」在北平召開，選舉由七十九名理事組成的「全國台聯」第三屆理事會，較第二屆增加四名，其中連任者四九名，新任者三十名。該理事會召開第一次全體會議，選出廿一名常務理事及會長林麗韞，副會長朱天順、李河民、吳願金、陳亨、郭平坦、郭炤烈、徐兆麟、徐進星、梁泰平、廖秋忠，組成其領導核心。

(五)「台聯」為中共重要統戰工具

中共經常把黨組織和群眾的關係比作魚和水的關係，在各項工作中，非常重視群眾團體，視群眾團體為中共推行各種政策的「得力助手」。「台灣同胞聯誼會」成立之初，只是浙江省的一個地區性的群眾團體。其後，在中共的積極推動下，其地位、編制等方面，已一躍而為中共的七大「全國性」群性社團。隨著台海兩岸互動關係日益頻繁，中共為了因應我政府開放大陸探親政策後，對大陸內部所帶來的衝擊，勢必藉著在大陸各省市的「台灣同胞聯誼會」組織，全面展開對台胞的統戰工作。無庸置疑地，「台灣同胞聯誼會」對中共的重要性將隨海峽兩岸關係的發展與日俱增，殊值吾人注意。

附錄五：「台灣同胞聯誼會」會長—林麗韞簡介

㈠生平與經歷

林麗韞祖籍福建泉州，曾祖父時移居台灣，於民國二十三（一九三三）年出生在台中縣清水鎮，後因地震全家遷住台北。八歲時隨父母僑居日本，高中是在日本神戶中華同文學校就讀，畢業後曾擔任過短時期的小學教員。

民國四十一（一九五二）年，林麗韞當時年僅十九歲，即隻身前往大陸並進入「北京大學」生物系就讀。畢業後在「對外文化協會」擔任譯員，以後即長期負責對日之「友好親善」工作，曾多次率團赴日訪問。由於她日語流利，在日本首相田中角榮於民國六十一（一九七二）年九月間訪問中共時，曾先後擔任毛澤東、周恩來的翻譯。

林麗韞之夫黃里，為緬甸華僑，民國七十二（一九八三）年時任職中共「對外聯絡部」，夫妻育有一男一女，兒子在中共中央「宣傳部」工作，已結婚生子。女兒「北京大學」化學系畢業。林麗韞現在雖已做了祖母，頭髮稍呈花白，但由於身兼多職，每天仍要工作到深夜。

鄧小平在民國六十九（一九八〇）年元月十六日，提出中共八十年代「三大任務」，把「統一」放在「四化」之前，使得生活在大陸的台胞，頓時「水漲船高」，或為中共對台統戰的籌碼。林麗韞因曾擔任過毛、周的翻譯，且具有台籍身分，亦為中共所重用，而為中共對台統戰之主要人物。茲誌其重要經歷如下：

民國六十二（一九七三）年八月，當選中共十屆中央委員。九月，以「中日友好協會」理事及中共中央「對外聯絡部」第二組（日本組）副組長身分活動。民國六十三（一九七四）年十二月五日，以「北京大學」教授身分，應邀出席日本創價學會第二次訪問中共代表團之答謝宴會。民國六十四（一九七五）年一月，當選第四屆「全國人大」代表、常委。民國六十六（一九七七）年八月，當選中共十一屆中央委員。十二月，以中共中央「對外聯絡部」局長身分活動。民國六十七（一九七八）年二月，當選第五屆「全國人大」代表（台灣）。三月，當選第五屆「全國人大」常委。九月，當選第四屆「全國婦聯會」執行委員會委員、常委、副主席。十月，當選「共青團」第十屆中央委員、常委。民國六十八（一九七九）年三月，當選「中華全國體育總會」第四屆委員會副主席。民國七十（一九八一）年七月，任「全國台灣同胞聯誼會臨時籌備小組」組長。民國七十（一九八一）年十二月，當選址「中華全國台灣同胞聯誼會」（以下簡稱「台聯會」）第一屆理事會會長。民國七十二（一九八二）年一月，任「北京世界語協會」名譽理事。九月，當選中共十二屆中央委員。民國七十二（一九八三）年四月，當選第六屆「全國人大」代表（台灣）。六月，當選第六屆「全國人大」常委。九月，當選第五屆「全國婦聯會」常委、副主席。十月，以「華僑大學」董事、副董事長身分活動。民國七十三（一九八四）年三月，任第六屆「全國人大」常委會「代表資格審查委員會」委員。五月，任「政協」全委會「祖國統一工作組」組員。七月，任「中國國際文化交流中心」理事會副理事長。民國七十三（一九八四）年三月，當選「台聯會」第二屆理事會會長。民國七十五（一九八六）年四月，增補為第六屆「全國人大」華僑委員會」委員。民國七十六（一九八七）年十一月，當選中共十三屆中央委員。十二月，當選第七屆「全國人大」代表。民國七十七（一九八八）年三月，當選「台聯會」第三屆理事會理事、常務理事、會長。同月，當選第七屆「全國人大」華僑委員會」。四月，當選第七屆「全國人大」常委。九月，當選第六屆「全國婦聯」副主席。同月，任「中國統一和平促進會」顧問。

㈡以「台聲」為其對台統戰宣傳工具

「台聯會」為了加強對海內外「台胞」進行統戰工作，乃於民國七十二（一九八三）年元月，創辦「台聲」雜誌，作為該會對台統戰的主要宣傳工具。林麗韞由於是該會的首任會長，遂得以完全掌控「台聲」雜誌，經常在該雜誌上發表對台統戰文章。

民國七十四（一九八五）年五月，林麗韞為了紀念抗日戰爭勝利和台灣光復四十週年，在該雜誌上發表題為「高舉愛國主義旗幟，實現祖國和平統一」的文章。林麗韞在該文最後談到：「……不久以前祖國政府提出『一國兩制』的設想，妥善地解決香港問題，使祖國統一事業大大向前邁出了步伐。爭取祖國統一提出『一國兩制』的設想是富有遠見，合情合理的，同樣適用於台灣問題的和平解決。中國的統一和富強，是包括台灣各族人民在內的中華民族的根本利益所在。台灣同胞富有悠久的愛國傳統，在過去祖國災難深重的歲月裏，為保衛祖國領土和維護民族團結統一，拋頭顱、灑熱血，進行了可歌可泣的英勇鬥爭。今天，廣大台灣同胞也同樣會發揚愛國主義精神，同全國各族人民一道來共同完成統一祖國的大業，實現振興中華的宏圖，在中華民族的歷史譜寫新的光輝篇章。」

民國七十五（一九八六）年十一月，林麗韞藉紀念孫中山一百二十週年誕辰，在「台聲」雜誌上發表題為〈台灣同胞深情懷念孫中山先生〉一文，仍為中共的「一國兩制」統戰陰謀作宣傳。她說：「中國共產黨和祖國政府提出的『一國兩制』的構想，是根據台灣的歷史和現狀，從中國的實際出發實現祖國和平統一的最好方案。它尊重台灣人民的意願，完全符合台灣人民的根本利益。近年來，實現祖國和平統一已成為海內外的人心所向，海峽兩岸人民的交流接觸逐漸增多，島內人民要求『三通』和爭取民主權利的呼聲日益強烈，『一國兩制』的構想正在被越來越多的人們所理解。可以相信，曾經為爭取台灣復歸祖國而英勇鬥爭了五十年的廣大台灣同胞，必能繼續發揚愛國傳統，使謀求島內民主繁榮與謀求祖國和平統一的努力匯為一流，同全國同胞一起，為實現孫中山先生和無數先烈的遺願、為完成祖國統一大業作出重大的歷史性貢獻。」

民國七十六（一九八七）年三月，「台聲」雜誌刊登林麗韞在北平台灣同胞紀念「二．二八」四十週年座談會上的講話，題為「台灣人民必會走上愛國統一道路」，她說：「……目前，祖國大陸人民正精神振奮、同心同德地堅持改革、開放、搞活的總方針，為建設具有中國特色的社會主義、實現中華騰飛而奮鬥。台灣一千九百萬人民也正在勤奮努力地為台灣經濟、社會的發展而『打拼』。更令我們欣慰鼓舞的是，台灣人民繼承與發揚了愛國主義的歷史傳統，正在積極地為爭取民主權利和促進與祖國大陸實現『三通』而努力。同時我們也希望看到台灣當局能夠正視祖國統一的歷史責任，摒棄不近情理的『三不』禁忌，為中華民族的興盛發展邁出大步。」

民國七十八（一九八九）年一月，「台聲」刊登林麗韞接受該刊記者的採訪文章。其中談到：「國家的統一是全國人民的大事，需要兩岸各黨派、各團體、各界人士共同努力。一方面，我們希望台灣的各黨派、各團體、各界人士能夠敦促國民黨當局盡快取消障礙，使兩岸問題能夠盡早合理地解決；另一方面，我們自己作為大陸上的台灣同鄉組織，願作兩岸『橋樑』和『紐帶』，願為兩岸的相互往來提供服務，多做些實際的、紮紮實實的工作，使『台聯』真正成為台灣同胞溫暖的家。與此同時，我們還經常注意把海內外台胞的各種意見、建議及時反映給有關部門，讓更多的人為兩岸問題的合理解決出計獻策；同時也使有關決策部門在制定政策時，更好地考慮到台灣同胞的切身利益。」

一、台灣同學會

「台灣同學會」於七十（一九八一）年十一月三日，在北平舉行成立大會，正式宣告成立。會中通過的會章規定，它是「曾在台灣就學，並旅居國外的歸國留學生、學者、專家組成的群眾組織」；其後，七十二（一九八三）年七月二十七日在青島舉行第二屆理事會時，修改會章後，指出它是「五十五年以後，從台灣、港澳留學國外後，回到大陸的專家、學者等組成的群眾組織」。它的宗旨是在中共的「領導下為促進台灣早日回歸祖國，實現祖國統一，為加速祖國四個現代化建設貢獻力量」；它的任務與具體活動是：「和該會員間的聯繫，增進友誼，協助歸國同學熟悉環境，克服生活上和工作上的困難。根據會員的專業特長，在各專業、學校領域內提出改進意見和建議，促進大陸與台灣、港澳和國外的學術交流」。歷年來它以座談會、讀書會、進行調查、專訪，反映同學在大陸工作上、生活上遭遇的問題；接待旅遊、探親的台灣同胞；也派人到美國訪問，加強與海外師生的友誼，宣傳大陸情況，並以「夏令營」、「學術討論」等方式吸引海外學人返大陸活動。在七十二（一九八三）年七月，只有會員六十二人，至七十五（一九八六）年十一月，已有會員九十餘人。

該會成立後，於七十二（一九八二）年七月，舉行第二次全體會員會議。七十四（一九八五）年，又舉行第三次會員大會，選出第三屆理事會。其組成人員為：⑨

會長：廖秋忠

副會長：李椿萱

理事：林盛中、楊必中、楊思澤、吳廷華、王僑生、吳華民、趙芬、牟永寧、吳國禎、白少帆、范樂年、蘇逢英、郭瓊

附錄六：「台灣同學會」會長－廖秋忠簡介

廖秋忠　台灣省嘉義人，民國三十五年生，東海大學外交系畢業，六十一（一九七二）年赴美，獲美國加州大學語言博士。六十七（一九七八）年潛赴大陸，七十（一九八一）年五月，為當時之「中國社會科學院」語言研究所副研究員，同年十一月當選「台灣同學會」副會長，七十二（一九八三）年五月，任「政協六屆全國委員會」委員，同年八月，任「全國青聯六屆委員會」常委。十二月，任「台盟三屆總部理事會」理事，七十四（一九八五）年，北京市台聯會二屆理事會副會長，同年八月，當選「台灣同學會」會長。

參、參與「二·二八」紀念會的重要人事活動簡析

一、「北平台胞」主辦時期的重要人事活動（一九四九年）

根據日本學者中川昌郎著（楊明雄譯）〈三十年來中共對台灣的態度〉一文中，指出一九四九年中共召開「二二八」紀念會，主辦的團體是「在北平市的台胞」❿，主持者是詹以昌，主要發言者是趙毅敏、陳其瑗，參加人數有一百二十名以上，姓名可確定的有七位。茲將其重要人事簡歷列表如下：

一九四九年參與「二·二八」紀念會重要人事簡歷

職務	姓名	籍貫	紀念會地點	性別年齡	現職及簡歷	備考
主持人	詹以昌		（一九四九年）北平		（資料不詳待查）（台共出身）	參加者有一百二十人以上
主要發言者	趙毅敏	河北省	（一九四九年）北平	一九六〇年生 男	爲中共黨員，曾任中共「中南局宣傳部部長」、「中南軍政委」兼「文化部長」、「中南區掃除文盲工委會副主委」、「對外文化協會副會長」、「中國亞洲團結委	參加人數有一百二十人以上，有七

	主要發言者
	陳其瑗
	廣州市
	（一九四九年）於北平召開
	男
員會委員」、「中國人民支援埃及反抗侵略委員會常委」、「中國人民對外文化協會常務理事」、「河南省第三屆人大代表」、「三屆人大常委」、「中國人民保衛世界和平委會副主席」、「政協五屆常委」、「中共中央紀律檢查委員會副書記」、「中共中央顧問委員會委員」等。	北京大學畢業，曾任廣州市財政局長、財政廳長、國民黨中委及武漢黨部書記長、廣州國民大學校長，原係孫科系中四大金剛之一，在上海參加鄧演達之第三黨，民國三十五（一九四六）年在香港任達德學院院長，參加李濟琛之民革，民國四十七（一九五八）年任中共「民革」常委，民國五十七（一九六八）年五月三十日病故於北平終年八十一歲，歷任「政協首居華僑代表兼全委會委員」、「政務院僑委會委員」、「政務院內務部第二副部長兼社會司司長」、「中央救濟委員會委員」、「中蘇友好協會理事」、「中國紅十字總會常務理事」、「全國人大代表」、「民革委常」、「政協四屆全委會委員」、「孫中山誕辰百週年紀念籌委會委員」等職
名姓名可確定者。	抗戰前即在美國爲中共宣傳，在反右派鬥爭中，中共稱他「立場堅定」，對右派份子進行堅決的鬥爭，因而被批准加入中國共產黨。

二、「台灣民主自治同盟」主辦時期的重要人事活動（一九五〇—一九六五）

一九五〇—一九六五年參與「二·二八」紀念會重要人事簡歷

職務	姓名	籍貫	紀念會地點	性別年齡	現職及簡歷	備考
主持人	林鑑生		（一九五〇年）台盟主辦	男	（資料不詳待查中）	參加者有六百名以上
主要發言者	朱德（別名「玉階」）	四川儀隴	（一九五〇年）台盟主辦	男民國六十五年亡故於北平時年九十。	中學及體育學校肄業，民國二年畢業於雲南講武堂，民國十二年留學德國格林丁大學，曾任儀隴縣小學教員，民國連營團長及昆明警察廳長等職，民國十一年參加共黨，於德國「中共旅德支部」擔任中央委會委員，曾任蔡鍔部連長，民四年外任團長、旅長，民國十年入劉湘部，民國十一年棄職北遊京、津旅赴德國習軍事參加共黨活動，民國十五年密受共黨命令，從事軍運，任楊森部軍事部主任兼國民黨代表，民國十六年至江南任南昌公安局，兼	參加人數有六百名以上，有三名可確定者

					南昌軍官學校校長，至「八一」暴動時，遂公開投共。歷任「政協委員」、「軍委第一副主席」、「人大代表」、「解放軍總司令」、「中央政治局常委」、「四屆人大常委會委員長」等。	
主要發言者	郭炤烈	台灣台中人	（一九五〇年）台盟主辦	民二十五年生 男	中共北京大學政治系（專修國際政治）畢業。六十七（一九七八）年十二月任台盟上海市支部副主任委員。同年十二月，爲當時之上海國際問題研究所研究人員。七十（一九八一）年八月，任上海市台胞聯誼會籌備小組組長，同年九月，任上海市台胞聯誼會會長、上海市國際問題研究所亞非室主任，十二月任中華全國台胞聯誼會首屆理事。七十一（一九八二）年三月，當選政協上海市五屆委員會委員。七十三（一九八四）年九月，再度當選，上海市台胞聯誼會會長。七十四（一九八五）年三月，當選中華全國台胞聯誼會二屆理事會副會長，同年並任政協上海市委副秘書長。妻周漢武，女兒郭南燕均隨其在上海。	參加人數有六百名以上
			（一九五一年）台盟主辦		（參加人數不詳，主持人與主要發言者亦不詳。）	

主持人	林雲	台灣台南市人	（一九五二年）台盟主辦	男	曾任「湖南省機械化，施工公司醫生」、「湖南省建築研究設計院副院長」、「湖南台胞聯誼會會長」、「中華全國台胞聯誼會二屆理事」、「台盟四屆中央委員會委員及中常委」、「全國台胞聯誼會三屆常務理事」。	參加者有一百人以上可確定姓名者有六人
主要發言者	彭澤民	廣東四會人	（一九五二年）台盟主辦	男	曾任國民黨第三屆中央執委兼海外部長，自寧漢分裂後左傾而爲共黨利用，參加「民盟」，原爲「農工民主黨」任中委兼監委會主任、副主席，民國三十八（一九四九）年起，歷任「政協首屆農工民主黨代表」、「中央委員」、「政務院僑務委員」、「政務院政法委員會副主席」、「中（共）蘇友好協會理事」、「一屆人大代表」、「民盟二屆中常委」、「中華全國歸國華僑聯合會主席」，民國四十五（一九五六）年病故於北平，年八十一。	出身南洋，在僑界有相當地位，參加者有一百名以上。
主要發言人	田富達	台灣新竹縣泰雅族人	（一九五二）台盟主辦	民十八年生男	冀魯豫軍政大學及中央民族學院畢業。原任國軍七十軍士兵，在大陸作戰被俘後投共。三十七（一九四八）年參加共黨，三十八（一九四九）年九月，任「政協」首屆一次會議代表（台盟）。十月參加台盟並任中央民族事務委員會委員，四十三	參加者有一百名以上

（一九四八）年三月，任「政協」第二屆全國委員會委員（台盟），同時九月，當選第一屆全國人代會代表（福建），四十五（一九五六）年二月，任中國亞洲團結委員會委員，四十八（一九五九）年二月，當選第二屆全國人代會代表福建選出），同年四月，任「政協」第三屆全國委員會委員（台盟），五十三（一九六四）年十二月，任「政協」第四屆全國委員會委員（台盟），六十四（一九七五）年一月，當選第四屆全國人代會代表（秘密選出），六十七（一九七八）年二月，當選第五屆全國委員會委員（台盟），同年二月當選「政協」第五屆全國委員會委員（台盟），同年三月當選「政協」第五屆全國委員會常務委員，六十八（一九七九）年二月，任國家民族事務委員會委員，七十（一九八一）年九月，任全國台胞聯誼會籌委會委員，同年十二月，當選中華全國台灣同胞聯誼會理事，七十二（一九八三）年五月，當選第六屆「全國人代會」代表（台灣），七十二（一九八三）年十二月，當選台盟總部第三屆理事會主席，七十五（一九八六）年四月，任第六屆全國人代會民族委員會委員。

主持人	林雲	台灣台南人	(一九五三年)台盟主辦	男	(全前述)	參加者有一百人以上姓名可確定者三人。
主要發言者	陳炳基	台灣台北市人	(一九五三年)台盟主辦	男	曾任「台盟北京市肇支部主委」、「台盟總部辦公室主任」、「北京市政協常委」、「寶島服務公司董事長」、「台盟總部理事」、「台盟總部三屆理事會理事」、「政協北京六屆委員會委員」及「常委」、「政協北京市六屆委員會聯絡委員會副主任」、「台盟第四屆中央委員會委員」等職。(一九五四年未舉辦「二·二八」紀念會故無詳細資料)	參加者有一百人以上。
主持人	謝雪紅(謝阿女)	台灣台中市人	(一九五五年)台盟主辦	女	民前一年生	二十一歲加入臺灣文化協會從事婦女運動。民國十二(一九二三)年前往上海,開始接受社會主義新思潮的影響,民國十四(一九二五)年八月進入當時早爲共黨勢力籠罩的上海大學就讀(在這之前曾參加「五、卅運動」以謝飛英爲名出任各工團聯合會委員),活動積極,獲選爲上海學聯會執行委員。她在加入中共後,於同年年底與林木順一同被送往莫斯科東方共產主義勞動大學受訓。民國十六(一九二	參加者人數不詳,惟姓名可確定者有五人。

七）年畢業後返回上海，奉命發展台灣的共產主義運動，民國十七（一九二八）年四月十五日參加臺共建黨大會，獲選爲候補中委，「上海讀書會事件」中遭日警逮捕，雖於其住處搜出大批建黨資料，最後卻以無罪開釋。出獄後領導臺共的更生運動，後來因內部黨爭遭改革同盟開除黨籍處分，民國二十（一九三一）年臺共大逮捕事件中被日警逮捕，判刑十三年，民國二十八（一九三九）年四月出獄，開酒家營生，與日人來往密切。

臺灣光復後立即恢復活動，先後組織「人民協會」和「農民協會」等團體，「發行人民公報」，領導群衆運動，奠定「二二八事變」臺中附近暴動的群衆基礎。事變時在臺中領導暴動，進行武裝鬥爭，失敗後潛往香港，民國三十六（一九四七）年十一月十二日在中共指使下成立「臺灣民主自治同盟」，與中共「臺灣省工作委員會」互爲表裏從事對臺活動。民國三十八（一九四九）年一月爲響應中共三十七（一九四八）年「五一」號召（籌開新政協會議），在中共的刻意安排下代表「臺盟」由香港抵達北平。謝抵達北平後曾獲毛澤東接見，先後擔任民主婦女聯合會執

	主要發言者
	李純青
	台灣台北市人
	（一九五五年）台盟主辦
	男民元年生
行委員，民主青年聯合會常委兼副主席、華東軍政委員會委員、法規委員會委員、民國三十八（一九四九）年九月代表「臺盟」參加中共政治協商會議首次會議，擔任該會全國委員會委員，以及中國保衛和平委員會委員和中蘇友好協會理事。民國四十二（一九五三）年開始遭受中共歧視，民國四十七（一九五八）年中共展開反右派鬥爭，是年一月十四日「臺盟」召開大會罷免其「臺盟」主席及其他一切職務，被鬥多次，從此消聲匿跡，民國六十九（一九七〇）年病故。八〇年代中共爲加強對臺統戰，於民國六十九（一九八〇）年八月將謝阿女「恢復名譽」。	李純青，台北市人，祖籍福建省安溪縣，中央政治學校畢業，後留學日本。曾任大公報特派員、主筆及上海大公報副總編輯等職。三十七（一九四八）年五月，任台盟總部理事會副主席。四十（一九五一）年五月，任上海市文教委員會委員。四十三（一九五四）年九月，當選第一屆「全國人代會」代表（天津市選出），並任「政協」二屆全國委員會委員（台盟）。四十四（一九四五）年七月，任「中國人
	參加者人數不詳，惟姓名可確定者有五人。

民外交學會」三屆理事會理事、中國參加各國議會聯盟人民代表團執行委員會委員。四十（一九五六）五年三月，任「政協」全委會學習委員會副主席。五十三（一九六四）年十二月，任「政協」四屆全國委員會委員（台盟）。五十五（一九六六）年五月「文革」後，台盟被迫停止活動，但由於台籍之特殊情況，六十二（一九七三）年九月，仍以台盟總部理事身分公開活動。

六十七（一九七八）年二月，任「政協」第五屆全國委員會委員（台盟）。同年三月，任「政協」五屆全國委員會常務委員。六十八（一九七九）年十月，當選「台盟」總部二屆理事會副主席。七十二（一九八三）年五月，任「政協」第六屆全國委員會委員（台盟）。同年六月，任「政協」六屆全國委員會常務委員。九月二十二日，任當時之「政協」全國委員會落實政策華東調查組組長。同年十二月，當選「台盟」總部三屆理事會副主席。七十三（一九八四）年五月，任「全國政協」文史資料研究委員會港、澳、台暨海

					外徵集組副組長。七十三（一九八四）年八月，任「中日關係史研究會」理事會理事。	
主持人	謝雪紅	台灣台中市	（一九五六年）台盟主辦	女民前一年生	（全前述）	參加人數不詳惟四人姓名可確定者
主要發言者	李純青	台灣台北市	（一九五六年）台盟主辦	男民元年生	（全前述）	參加人數同前頁
主持人	謝雪紅	台灣台中市	（一九五七年）台盟主辦	女民前一年生	（全前述）	參加人數七十人以上，惟二人姓名可確定。
主要發言者	李純青	台灣台北市	（一九五七年）台盟主辦	男民元年生	（全前述）	參加人數七十人以上，有二人姓名可確定。
主持人	李純青	台灣台北市	（一九五八年）台盟主辦	男民元年生	（全前述）	參加者有一百人以上，有六人姓名可確定。

主要發言者	田富達	台灣新竹縣泰雅族人	（一九五八年）台盟主辦	男民十八年生	（全前述）	參加者有一百人以上
主要發言者	楊春松	台灣省人	（一九五八年）台盟主辦	男民前十一年生	「台盟」盟員，日本歸國華僑，歷任「台盟」代表（二屆政協委員）、「華僑事務委員會委員」、「中國歸國華僑聯合會常委」、「中國外交學會理事」、「中國對外文化協會理事」，早年即從事國際共黨活動一度被捕，民國二十七（一九三八）年出獄後，赴日本爲中共作國際統戰活動，於民國五十一（一九六二）年五月十六日在北平病故。	
主持人	徐萌山	台灣雲林縣人	（一九五九年）台盟主辦	男	台南中學畢業，三十五年去上海求學。四十二（一九五三）年六月，當選中華全國民主青年聯合會二屆全國委員會委員。四十六（一九五七）年九月，任「台盟」總部秘書長。四十七（一九五八）年七月，任中國人民保衛世界和平委員會委員。四十八（一九五九）年四月，任「政協」三屆全國委員會委員。五十三（一九六四）年十二月，連任中國人民保衛世界和平委員會委員。六十七（一九七八）年二月，任「政協」五屆委員會委員。六十八（一九七九）年十月，當選「台盟」總部第二	參加人數不詳惟可確定姓名者八人。

					屆理事會常務理事兼秘書長。七十二（一九八三）年五月，任「政協」六屆全國委員會委員。七十二（一九八三）年十二月，當選「台盟」總部第三屆理事會理事，常務理事兼秘書長。	
主要發言者	田富達	台灣新竹泰雅族人	（一九五九年）台盟主辦	男民十八年生	（全前述）	參加人數不詳
主要發言者	楊春松	台灣省人	（一九五九年）台盟主辦	男民前十一年生	（全前述）	參加人數不詳
主持人	徐萌山	台灣雲林縣人	（一九六〇年）台盟主辦	男	（全前述）	參加人數不詳有六名姓名可確定
主要發言者	田富達	台灣新竹泰雅族人	（一九六〇年）台盟主辦	男十八年生	（全前述）	參加人數不詳
主要發言者	楊春松	台灣省人	（一九六〇年）台盟主辦	男民前十一年生	（全前述）	參加人數不詳

主持人	徐萌山	台灣雲林縣人	（一九六一年）台盟主辦		（全前述）	參加人數有一百名以上，姓名確定者十三人。
主要發言者	田富達	台灣新竹泰雅族人	（一九六一年）台盟主辦		（全前述）	參加人數有一百人以上
主要發言者	陳文彬（陳清金）	台灣高雄市人	（一九六一年）台盟主辦	男一九〇四年生	台中一中畢業，留學日本，曾任建國中學校長，民國三十八（一九四九）年赴大陸，曾任台灣大學教授、歷任「政協三屆全委會委員、台盟代表」、「全國體育總會第四屆委員」、「政協四屆全委員會委員」、「台盟總部二屆理事會理事」、「台盟總會三屆理事會候補理事」、「台盟第四屆候中央委員」等。	參加人數有一百人以上
主持人	徐萌山	台灣雲林縣人	（一九六二年）台盟主辦		（全前述）	參加人數不詳惟有十四人姓名可確定
主要發言者	田富達	台灣新竹泰雅族人	（一九六二年）台盟主辦		（全前述）	參加人數不詳惟有十一人姓名可確定

主要發言者	謝南光	台灣省人	（一九六二年）台盟主辦	男民前二十年生	台北師範學校肄業，「台盟」盟員，民國五十八（一九六九）年七月二十六日死於北平。曾任「中國人民外交學會理事」、「二屆政協全委會委員」、「人大代表」、「國務院華僑事務委員會委員」、「中國（共）日本友好協會常務理事」，於日據時代，曾著有「台灣人之要求」一書。	參加人數不詳惟有十四人姓名可確定
主持人	徐萌山	台灣雲林縣人	（一九六三年）台盟主辦	男	（全前述）	參加人數不詳惟有十五人姓名可確定
主要發言者	田富達	台灣新竹泰雅族人	（一九六三年）台盟主辦	男民十八年生	（全前述）	參加人數不詳
主要發言者	謝南光	台灣省人	（一九六三年）台盟主辦	男	（全前述）	參加人數不詳
主持人	徐萌山	台灣雲林縣人	（一九六四年）台盟主辦	男	（全前述）	參加人數不詳惟十二人姓名可確定

主要發言者	陳文彬	台灣高雄市人	（一九六四年）台盟主辦	男一九〇四年生	（全前述）	參加人數不詳
主要發言者	謝南光	台灣省人	（一九六四年）台盟主辦	男民前二十年生	（全前述）	參加人數不詳
主持人	田富達	台灣新竹泰雅族人	（一九六五年）台盟舉辦	男十八年生	（全前述）	參加人數不詳惟有十一人姓名可確定
主要發言者	陳炳基	台灣台北市人	（一九六五年）台盟舉辦	男	（全前述）	參加人數不詳
主要發言者	謝南光	台灣省人	（一九六五年）台盟舉辦	男民前二十年生	（全前述）	參加人數不詳

*一九六六年—一九七二年「文革」期間未召開「二・二八」紀念會

三、「政協全國委員會」主辦時期的重要人事活動（一九七三—一九七九年）

職務	姓名	籍貫	紀念會地點	性別年齡	現職及簡歷	備考
主持人	傅作義（字宜生）	山西孝義人	（一九七三年）政協主辦	男	保定軍校第六期畢，曾任第八戰區副司令長官、察哈爾省主席、於華北剿匪總司令任內投共，民國六十三（一九七四）年四月二十九日，病亡於北平，時年七十九歲。 民國三十八（一九四九）年以後歷任中共職務有「政協全委會委員」、「中央委員」、「政務院財經委員會委員」、「軍委會委員兼國防研究小組組員」、「三屆人大代表」、「孫中山誕辰百週年紀念籌備會副主任」等職。	參加人數有一百人以上，有七一人姓名可確定
主要發言者	廖承志	廣東惠陽人	（一九七三年）政協主辦	男一九〇八年九月二十	廣州嶺南大學附中及嶺大畢業，日本早稻田大學畢業，在蘇聯受訓三年，民國十四（一九二五）年加入國民黨、民國十七（一九二八）年於上海加入共黨，中共「中央七屆中央委員」兼「統戰部副部長	參加人數有一百人以上有七十一人姓名可確定

				五日生於日本東京	一、父廖仲愷、母何香凝。廖某於民國七十二（一九八三）年六月十日病死北平。曾任「人大代表」、「孫中山誕辰百週年紀念籌委會副主任、秘書長、委員」、「四屆、五屆人大代表」、「十屆中央委員」、「國務院僑務辦公室主任」、「國務院港澳辦公室主任」、「中華全國青年聯合會第一任主席」、「十二屆中央委員」、「華僑歷史學會名譽會長」、「中（共）日民間人士會議中國委員會主任」等及「六屆人大代表」。	
主要發言者	傅作義	山西孝義人	（一九七三年）政協主辦	男	（全前述）	參加人數有一百人以上。
主持人	許德珩	江西九江人	（一九七四年）政協主辦	男	五四運動時期，是北京學生會和全國學聯會的負責人之一。「五四」以後，赴法勤工儉學，大革命時回國，歷任中山大學、黃埔學校、上海畫南大學、北京師範大學、北京大學、北平大學法商學院等校教授。「九·一八」以後，積極參加抗日救亡運動。抗戰期間，曾任歷屆國民參政會參政員。民國三十三（一九四四）年底，同一部分科學文教界人士在重慶發起組織	參加人數有一百名以上，惟有一百二十人姓名可確定。

					參加人數有一百名以上，惟有一百二十人姓名可確定。「民主科學社」，任該社負責人。經常座談、討論爭取民主堅持抗戰問題。爲紀念抗日戰爭和世界反法西斯戰爭的偉大勝利，於民國三十四（一九四五）年九月三日，決議改名「九三學社」。「解放」戰爭時期，在北京大學任教，積極支持學生運動。中共成立後，當選爲九三學社主席。歷任中央治制委員會代主任委員、水產部部長。歷任一、二屆全國人大代會，四屆全國政協副主席。「五屆全國政協副主席」主席、五屆全國人大常務委員會副委員長等職，「九三學社」中央名譽主席。六十八（一九七九）年十月二十八日香港大公報刊載）	
主要發言者（書面）	廖承志	廣東惠陽人	（一九七四年）政協主辦	男一九〇八年生	（全前述）	參加人數有一百名以上
主要發言者（書面）	傅作義	山西孝義人	（一九七四年）政協主辦	男	（全前述）	參加人數有一百人以上

主持人	許德珩	江西九江人	（一九七五年）政協主辦	男	（全前述）	參加人數一百人以上有一百三十九人姓名可確定
主要發言者	廖承志	廣東惠陽人	（一九七五年）政協主辦	一九〇八年生	（全前述）	參加人數一百人以上
主持人	許德珩	江西九江人	（一九七六年）政協主辦	男	（全前述）	參加人數一百人以上有一百四十八人姓名可確定
主要發言者	廖承志	廣東惠陽人	（一九七六年）政協主辦	男一九〇八年生	（全前述）	參加人數一百人以上
主持人	許德珩	江西九江人	（一九七七年）政協主辦	男	（全前述）	參加人數三百人以上其中一百六十五人姓名可確定

主要發言者	廖承志	廣東惠陽人	（一九七七年）政協主辦	男一九〇八年生	（全前述）	參加人數三百人以上
主持人	許德珩	江西九江人	（一九七八年）政協主辦	男	（全前述）	參加人數二百人以上有一百九十九人姓名可確定
主要發言者	廖承志	廣東惠陽人	（一九七八年）政協主辦	男一九〇八年生	（全前述）	參加人數二百人以上
主持人	許德珩	江西九江人	（一九七九年）政協主辦	男	（全前述）	參加人數二百人以上有一百七十二人姓名可確定
主要發言者	廖承志	廣東惠陽人	（一九七九年）政協主辦	男一九〇八年生	（全前述）	參加人數二百人以上

四、「台灣民主自治同盟」、「中華全國台胞聯誼會」、「台灣同學會」共同主辦時期的重要人事活動（一九八七—一九九七）

職務	姓名	籍貫	紀念會地點	性別年齡	現職及簡歷	備考
主持人	蘇子蘅		（一九八七年）「台盟」、「全台聯」、「台灣同學會」共辦	男民前六年生	台灣省彰化縣人。民國十六（一九二七）年，在日本參加共產黨。後返國任北京大學理學院教授。三十四（一九四五）年赴華北共黨佔領區，曾任大連工學院教授、化學研究所研究員，台盟旅大支部副主任委員等職。四十一（一九五二）年、任中國科學院規畫局數理化組長。四十九（一九六〇）年六月，任「台盟」總部理事。五十三（一九六四）年十二月，任「政協」四屆全國委員會委員（台盟）。五十四（一九六五）年一月，當選「政協」四屆全國委員會常務委員。「文革」期中，以「特殊嫌疑」被關入「牛棚」十一月之久。六十二（一九七三）年九月，爲中國	近二百人參加。

	主要發言者
	林麗韞
	台灣台中縣清水鎮人
	（一九八七年）「台盟」、「全台聯」、「台灣同學會」共同主辦
	女 民二十二年生
科學院化學研究所研究員。六十七（一九七八）年二月，連任「政協」五屆全國委員會委員（台盟）。三月，當選連任「政協」五屆全國委員會常務委員。六十八（一九七九）年十月，當選「台盟」總部二屆理事會副主席。七十（一九八一）年，爲寶島服務公司重要關係人。七十一（一九八二）年五月，任憲法修改委員會委員。七十二（一九八三）年五月，任「政協」六屆全國委員會委員（台盟）。六月，當選連任「政協」六屆全國委員會常委。八月，任「政協」祖國統一工作組副組長。十二月，當選「台盟」總部三屆理事會主席。	日本神戶中華同文學校、神戶市立主湊川高等學校畢業。父林水榮、弟林添池、妹林麗良現在日本神戶經商。四十一（一九五二）年由日本赴大陸就讀北京大學。後曾多年從事中共對日本之「友好活動」，日相中角榮訪中國大陸。曾任毛澤東、周恩來的日語翻譯。六十（一九七一）年即以中共「官方翻譯人員」身分活動。六十二年八月，當選十屆中央委員。六十三（一九七四）年二月，爲中央對外聯絡部
	近二百人參加

第二組（日本組）副組長。六十三（一九七四）年六月，任中國人民對外友好協會理事。十二月，任北京大學教授。六十四（一九七五）年一月，當選爲第四屆全國人大代會代表及常務委員會委員。六十六（一九七七）年八月，當選爲中共十一屆中央委員。十二月，升任中共中央對外聯絡部局長。六十七（一九七八）年二月，當選第五屆全國人代會代表（台灣）。三月，當選爲第五屆全國人代會常委會委員。六十七（一九七八）年九月，當選爲「全國婦聯」四屆執行委員會委員及副主席。十月，當選爲共產主義青年團十屆中央委員會委員及常務委員。 六十八（一九七九）年三月，當選爲全國體育總會四屆委員會副主席。七十（一九八一）年七月，任全國台灣同胞聯誼會臨時籌備小組組長。十二月，當選爲中華全國台灣同胞聯誼會一屆理事會會長。七十一（一九八二）年九月，當選爲十二屆中央委員。七十二（一九八三）年四月，當選爲第六屆全國人代會代表（台灣）。六月，當選爲第六屆全國人代會常委會委員。九月，任中日友好協會理事。同時當選爲「全國婦聯」五屆執行委員會委員及

					副主席。十月，任華僑大學董事。七十三（一九八四）年三月，任第六屆全國人代會常委會代表資格審查委員會委員。五月，任「政協」全國委員會組國統一工作組組員。七月，任中國國際文化交流中心理事會副理事長。七十四（一九八五）年三月，當選全國台灣同胞聯誼會二屆理事會會長。七十五（一九八六）年四月，任第六屆全國人代會華僑委員會委員。研判其爲中共中央對台工作領導小組成員。	
主要發言者	廖秋忠	台灣嘉義人	（一九八七年）「台盟」、「全台聯」、「台灣同學會」共同主辦	男民三十五年生	東海大學外文系畢業，六十一（一九七二）年赴美，獲美國加州大學語言博士。六十七（一九七八）年潛赴匪區，七十（一九八一）年五月，爲當時之中國社會科學院語言研究所副研究員，同年十一月當選台灣同學會副會長，七十二（一九八三）年五月，任政協六屆全國委員會委員，同年八月，任全國青聯六屆委員會常委。十二月，任台盟三屆總部理事會理事，七十四（一九八五）年，任「北京市台聯會二屆理事會」副理事，同年八月，當選「台灣同學會」會長。	近二百人參加。
主要發言者（書面）	李純青	台北市人	（一九八八年）「台盟」、「全台聯」座談會	男民元年生	（全前述）	在北平二百多人參加

主要發言者（書面）	林麗韞	台中縣清水鎮	（一九八八年）「台盟」、「全台聯」座談會		（全前述）	在北平二百多人參加
主要發言者	郭平坦	台灣台南縣人	（一九八八年）「台盟」、「全台聯」座談會	男民二十二年生	日本早稻田大學法學部畢業，後繼續深造獲碩士學位。郭某曾在江西省汽車廠輪胎部工作十三年。六十七（一九七八）年二月，以台籍人員身分參加在北平舉行的「二二八事件」三十一週年活動。七十（一九八一）年，任駐日本大阪「領事」。七十二（一九八三）年調任「中國旅行社」總社副處長。同年四月，當選六屆（全國人大）代表。七十四（一九八五）年三月，當選「全國台同胞聯誼會」第二屆理事會副會長。	在北平二百多人參加
主要發言者	蔡子民	台灣彰化員林人	（一九八九年）「台盟」、「全台聯」座談會	男民九年七月生	台中第一中學畢業後，赴日求學獲早稻田大學學士學位。早年參加中共，民三十四（一九四五）年返台任「自由報」總編輯，曾任中共「中日友好協會理事」、民六十四（一九七五）年被選為四屆人大代表（台灣），民六十八（一九七九）年任「台盟總部」常務理事，曾任六、七屆「人大」常委，現任「台盟」主席。	在北平七十多人參加

主要發言者	林麗韞	台灣台中清水鎮人	（一九八九年）「台盟」、「全台聯」座談會	女民二十二年生	（全前述）	在北平七十多人參加
主要發言者	吳克泰	台灣宜蘭人	（一九八九年）「台盟」、「全台聯」座談會	年六十五歲	日本東京大學理工學院研究所博士，曾參加「二·二八」活動。現任「政協」七屆全委會常委，「台盟」四屆中央常委。	在北平七十多人參加
主要發言者	江濃	台灣省人	（一九八九年）「台盟」、「全台聯」座談會	年六十六歲	民國三十五（一九四六）年時經台省長官公署派赴大陸就學現任台盟中央委員，北京市台聯會副會長	在北平七十多人參加
主要發言者	徐萌山	台灣雲林縣人	（一九八九年）「台盟」、「全台聯」座談會	年六十五歲	（全前述）	在北平七十多人參加

五、綜合研析

從中共歷年來召開「二二八」紀念會，參與的人事活動中，可以發現它具有如下的特色：

㈠、從民國三十八｜五十四年（一九四九｜一九六五）的集會之出席代表及大會實況，可看出「臺盟」內部鬥爭實況：他們又可分為五個集團：

1.即利用「臺灣民主自治同盟」名義而與臺盟無直接關係，居位北京之臺灣人主持，如民國三十八年（一九四九）的主持人詹以昌（日據時代之臺共），民國三十九年（一九五〇）年的主持人林鏗生等是與臺盟無直接關係，而居位北京之臺灣人。

2.與前者第一個集團大致相同都是與以後集會沒有太大關係的人，但似與臺盟有一點關係，如民國四十一年、四十二年（一九五二）、（一九五三）主要主持人林雲，係臺灣臺南市人，主要發言者彭澤民（廣東人），田富達（臺灣新竹人）、陳炳基（臺灣臺北市人）等是。

3.謝雪紅集團：民國四十四年到四十七年（一九五五到一九五八）主要主持人謝雪紅（臺灣臺中人），謝於民國四十六年（一九五七）十一月後被鬥垮，主要發言者李純青（臺灣臺北市人），皆與「臺盟」有重要關係。

4.「臺盟」祕書長徐萌山派：民國四十八年到五十三年（一九五九到一九六四）主要主持人徐萌山（臺灣雲林縣人），重要發言者，田富達（臺灣新竹人）、楊春松（臺灣人）、陳文彬（臺灣高雄市人）、謝南光（臺灣人），皆以徐萌山為首。

5.田富達（高山族）派：民國五十四年（一九五六）主持人田富達（臺灣新竹泰雅族人），主要發言人，陳炳基（臺北市人）、謝南光（臺灣人）。

㈡、從民國六十二－六十八年（一九七三－一九七九）的集會，又可分為1.民國六十二－六十五年（一九七三－七六），2.民國六十六年（一九七七），3.民國六十七－六十八年（一九七八－一九七九）三個階段。其中以民國六十六年（一九七七）為中心。其間組織活動改由「政協全委會」主辦，參與人士有顯著的變化，這可能反映了民國六十五年（一九七六）以「四人幫」事件的中共內部人事鬥爭有關。分析起來，「二二八」紀念會中以民國六十六年（一九七七年）廖承志的演說最為急進，而且中共對美貿易也以民國六十六年（一九七七）降到最低，也就是說，中共對臺政策在民國六十六－六十七年（一九七七－一九七八）始見另一變化。參加集會的非臺灣關係者的明顯增加，反映中共對這個集會的控制及對臺高姿態的轉變。如民國六十二年（一九七三年）重要主持人傅作義，係山西孝義人，前國民政府投共之將領，民國六十三年（一九七四）到民國六十八年（一九七九）主要主持人許德珩，係江西九江人，「九三學社」主席，重要發言人廖承志，係廣東人，廖仲愷之子，以上均非臺籍人士，卻與國民黨政府過去有關係之人士及其後代為主，中共乃利用這些人士主持「二二八」紀念會，加強對台統戰號召。

㈢、民國七十六－八十六年（一九八七－一九九七）的紀念會，又可知中共自民國六十九年（一九八〇年）停止召開「二二八」紀念會直到民國七十六年（一九八七年）為慶祝四十週年，政策再度改變乃擴大透過「臺盟」、「臺聯會」、「臺灣同學會」三團體舉辦此一活動，又回復到利用臺籍同胞與海外臺籍人士，進行對臺的號召，希望加速「一國兩利」與「和平統一」。例如民國七十六年（一九八七）的重要主持人蘇子蘅，係臺灣彰化縣人，重要發言者林麗韞，係臺灣臺中縣清水鎮人、廖秋忠係臺灣嘉義人，民國七十七年（一九八八）的重要主持人李純青係台北市人，重要發言者郭平坦係臺灣臺南縣人，而且參加人數均在二百名以上。民國七十八年（一九八九）到八十六年（一九九七）與會者有吳克泰、江濃、葉紀東、楊威理、徐萌山等臺籍人士數十餘人，重要發言者有蔡子民、林麗韞等人也均以臺籍人士為主。

肆、「二、二八」紀念會的重要言論研析（一九四九—一九九七）

一、「臺盟」主辦時期的重要言論

日期	發表者	場合	內容要點	資料來源
一九四九年	詹以昌 趙毅敏 陳其瑗	北平臺胞舉行「二·二八」紀念會	註：詹以昌原係臺共之一	
一九五〇年	林鑑生 朱德 郭炤烈	「臺盟」主辦		
一九五一年		「臺盟」主辦		
一九五二年二月二十八日	林雲（「臺盟」駐京辦事處代主任）	紀念「二·二八」五週年紀念會上致詞	他說：「在紀念『二·二八』起義五週年的今天，美帝國主義正企圖長期霸佔我國的臺灣，以作為進攻我國大陸的跳板，臺灣人民和全國人民要緊密團結，共同為粉碎美帝國主義的無恥侵略陰謀而鬥爭。……為了以實際行動來紀念『二·二八』，爭取早日解放臺灣，我們必須響應祖國的一切號召，在目前，我們必須積極投入反貪污反行賄鬥和抗美援朝運動中去。」	一九五二年二月二十八日中共「人民日報」北平版（其他發言者有吳克泰、田德民、彭克巽等）

一九五二年二月二十八日	彭澤民 田富達	紀念「二·二八」五週年會上	「他們一致表示要繼承「二·二八」起義的光榮傳統，爲爭取抗美援期的勝利和早日解放臺灣而奮鬥。」	一九五二年二月二十八日中共「人民日報」北平版
一九五三年二月二十八日	林雲（臺盟駐京辦事處主任）	紀念「二·二八」六週年	「無論美帝主義如何幫助國民黨一小撮殘餘××苟延殘喘地竊據臺灣，但由於祖國人民力量的蓬勃發展，美帝國主義和蔣××的企圖終要被粉碎，臺灣一定是屬於我們人民的。」	一九五三年三月一日中共「人民日報」北平版（其他發言者有黃勝卿）
一九五三年二月二十八日	陳炳基	紀念「二·二八」六週年會上	「爲了爭取早日解放臺灣，大家必須發揚臺灣人民『二·二八』起義的愛國主義精神，爲勝利完成一九五二年的三大任務而奮鬥。」	一九五三年三月一日中共「人民日報」北平版
一九五四年			未召開「二·二八」紀念會	
一九五五二月二十七日	謝雪紅	於北平召開「二·二八」八週年紀念會上	「二·二八起義是臺灣人民反對美帝國主義侵略和蔣介石獨裁統治的愛國主義的鬥爭。」	一九五五年二月二十八日中共「人民日報」
一九五五年二月二十七日	李純青	於北平召開「二·二八」八週年紀念會上	「臺灣是我們中國的領土，我們一定要解放臺灣，美帝國主義企圖用原子彈來威脅我們解放臺灣；這是嚇不倒中國人民的。我們也堅決反對所謂『託管』臺灣、臺灣『中立』和搞什麼『兩個中國』的陰謀，這實際上是幫助美帝國主義侵略臺灣，分割我國的領土。我們正在向著解放臺灣的道路上前進，在全國人民的努力下，臺灣一定會解放的。」	一九五五年二月二十八日中共「人民日報」（其他發言者田富達、楊春松、陳炳基等九人）

一九五五年二月二十七日	謝雪紅 李純青 田富達 王天強	於北平召開「二·二八」九週年紀念會上	「座談會由『臺盟』主席謝雪紅主持，副主席李純青在會上作了『爭取和平解放臺灣』的報告，到會盟員田富達、王天強等在發言中都熱烈擁護周恩來總理最近宣佈的除了積極準備在必要時用戰爭方式解放臺灣以外，努力爭取用和平方式解放臺灣的政策。各人表達了處在水深火熱中的臺灣同胞盼望臺灣早日歸還偉大祖國懷抱的心情，並且一致痛斥漢奸廖文毅等一小撮敗類在美帝主義的牽線下，在東京成立所謂『臺灣共和國臨時政府』的陰謀活動。各人在發言中提出，臺灣是中國領土不可分割的一部份，臺灣必須將獲得解放。美國侵略者霸佔我國領土臺灣的任何陰謀活動，都必須遭到包括具有光輝革命傳統的臺灣同胞在內的六億中國人民所徹底擊敗。」	一九五六年二月二十八日中共「人民日報」
一九五七年二月二十七日	謝雪紅	於北平召開「二·二八」十週年紀念會上	「當我們今天紀念『二·二八』起義十週年的時候，我們臺灣人民應該更加緊密地團結起來，爲和平解放臺灣作出更大的貢獻。」	一九五七年二月二十八日中共「人民日報」
一九五七年二月二十七日	李純青	於北平召開「二·二八」十週年紀念會上	「爭取和平解放臺灣不僅對臺灣人民有利，而且對世界和平也是有利的。不管採取什麼方式，臺灣終歸是要解放的。……只有臺灣人民和祖國人民一道，只有全中國人民的力量，臺灣才能得到解放，臺灣人才能回到祖國的懷抱。」	一九五七年二月二十八日中共「人民日報」

一九五八年二月二十七日	李純青	於北平召開「二・二八」十一週年紀念會上	「臺灣人民的祖國只有一個，那就是中華人民共和國。離開了她，臺灣的前途就是殖民地，臺灣人民的命運就是外國的奴隸。美國製造『兩個中國』的陰謀一定要破產。因爲我們的祖國已經強大起來了，祖國社會主義建設的大躍進，也就是解放臺灣的大躍進。東風壓倒西風的國際形勢對我們解放臺灣有利。我們深信臺灣解放的日子已經愈來愈近。」	一九五八年二月二十八日中共「人民日報」
一九五八年二月二十七日	謝南光（政協全國委員）	於北平召開「二・二八」十一週年紀念會上	「具有愛國心的臺灣軍政界人士，要防止被美國出賣，只有掉轉頭來參加和平解放臺灣的愛國運動，除此以外，再也從沒有第二條出路。」	一九五八年二月二十八日中共「人民日報」
一九五八年二月二十七日	田富達（人大代表高山族）	於北平召開「二・二八」十一週年紀念會上	「臺灣二十萬高山族人民與全國人民一道，堅決反對美國霸佔臺灣和製造『兩個中國』的陰謀。」	一九五八年二月二十八日中共「人民日報」其他發言者：楊春松、陳文彬、魏正明等人
一九五九年二月二十七日	徐萌山（臺盟總部秘書長）	於北平召開「二・二八」十一週年紀念會上	「臺灣的父老兄弟姐妹們在美國的奴役下還過著人間地獄的生活，吃盡了美國人的苦頭，我們十分同情和懷念在臺灣的同胞，並且堅決和他們站在一起爲趕走美國侵略者而鬥爭到底。」	一九五九年二月二十八日中共「人民日報」、香港「大公報」

一九五九年二月二十七日	謝雪堂（臺盟上海支部主任）	於上海召開「二·二八」十二週年紀念會上	「臺灣人民二二八起義鬥爭，是和反對美國侵略分不開的如今他們仍處在美國的壓迫下，過著水深火熱的痛苦生活，我們一定要和全國人民一道，堅決趕走美國侵略者，爭取臺灣早日回到祖國懷抱。」	一九五九年二月二十八日香港「大公報」其他發言者有謝南光、楊春松、田富達、陳文彬、蘇子蘅、陳丁茂、陳炳基等人。
一九六〇年二月二十七日	徐萌山	於北平召開「二·二八」十三週年紀念會上	「我們完全擁護文化部對美國政府提出的嚴重警告和聲明，我們一定要把美國侵略者從臺灣趕出去，一定要把美國強盜準備從臺灣劫走的文物追回來；並且警告蔣介石集團，必須立即停止出賣祖國文化遺產的可恥勾當。……美帝國主義目前在全世界範圍內玩弄的和平花招，在它正在台灣加緊擴建軍事基地和加緊對台灣進行政治，經濟和文化侵略的事實中，也充分暴露出來。在美帝國主義鐵蹄踐踏過著暗無天日生活的台灣鄉親們，正在採用各種方式進行著反對美國佔領者的鬥爭。這是六億五千萬中國人民反對美國侵略者鬥爭的一部分，因此，絕不是孤立的。隨著祖國社會主義建設繼續大躍進和社會主義陣營日益強大，台灣同胞要求台灣回到祖國懷抱的強烈願望，一定能夠實現。」	一九六〇年二月二十八日中共「人民日報」一九六〇年二月二十八日香港「大公報」其他發言者有田富達、陳文彬、蘇子蘅、陳炳基、陳木森他們一致高呼「美軍必須滾出台灣」、「不准美國強盜劫奪我國文物」等口號。

一九六一年二月二十六日	徐萌山	於北平召開「二·二八」十四週年紀念會上	「去年一年是美帝國主義進一步蹂躪台灣人民的一年，也是台灣人民進一步向美帝國主義進行英勇鬥爭的一年，我們對台灣同胞的愛國反美鬥爭表示堅決的支持……近來台灣的反美鬥爭在工人、農民、學生、文教界、工商界等各階層中繼續有新的發展，我們希望在台灣一切有愛國心的中國人，團結起來，一致對外，向美國侵略者堅決鬥爭有強大祖國的支持，一定能夠取得最後的勝利。」	一九六一年二月二十八日中共「人民日報」香港「大公報」其他發言者：陳炳基、謝南光、田富達、楊春松、陳文彬、蘇子蘅、田中山、陳丁茂、魏正明、陳木森、丘瓊雲、林明美等。
一九六二年二月二十七日	徐萌山	於北平召開「二·二八」十五週年紀念會上	「美帝國主義製造一套所謂『兩個中國』的陰謀，企圖長期霸佔我國領土台灣。當這個陰謀一再被中國人民揭露時，敵人並不就此歇手。甘迺迪政府上台後它在侵台的作法上更加陰險毒辣，荒謬地提出什麼中國對台灣保持『宗主權』、『一個中國』、『兩個繼承國』等等，並且積極策劃所謂台灣『獨立國』『中立化』、『國際託管』等侵略活動。……中國人民一定要解放台灣，也一定能夠解放台灣。」	一九六二年二月二十八日中共「人民日報」一九六二年二十八日香港「大公報」其他發言者有田富達、謝南光、蘇子蘅、陳文彬、陳炳基、鄭翼宗、葉仁壽、田中山、陳木森等。

一九六二年二月二十七日	謝雪堂（台盟上海支部主委）	「台盟」上海支部召開「二·二八」十五週年紀念會上	「中國人民堅決反對帝國主義製造『兩個中國』，企圖長期霸佔台灣的陰謀，台灣同胞渴望早日回到祖國懷抱的意願一定能夠實現。」	一九六二年三月一日中共「人民日報」
一九六二年二月二十七日	丘　琳（台盟廣州支部主委）	「台盟」廣州市支部召開「二·二八」十五週年紀念會上	「十多年來美國侵略者在台灣加緊進行經濟滲透和掠奪使台灣的工商業和農業受到嚴重的打擊，工礦企業遭受無情的摧殘，已經引起了台灣同胞的極大憤慨，希望在台灣的一切有愛國心的同胞團結起來，和全國人民一道在解放台灣的莊嚴事業中貢獻出自己的力量。」	一九六二年三月一日中共「人民日報」
一九六二年二月二十七日	王天強（台盟福建支部籌委會主委）	「福州」台胞召開「二·二八」十五週年紀念會上	「美國侵略者針對著我們祖國大陸在台灣建立一系列的軍事和導彈基地嚴重地威脅著我們祖國的安全。」	一九六二年三月一日中共「人民日報」
一九六二年二月二十七日	陳　文（台盟旅大支部主委）	台盟旅大支部召開「二·二八」十五週年紀念會上	「無論帝國主義玩弄什麼花招，都是注定要失敗的，台灣自古以來就是我國領土不可分割的一個部分，中國人民一定要解放台灣，台灣一定能夠回到祖國的懷抱。」	一九六二年三月一日中共「人民日報」

一九六三年二月二十七日	徐萌山	台盟北京召開「二·二八」十六週年紀念會上	「近年來美帝國主義爲了達到其侵略亞洲，敵視中國人民的目的，日益加緊了對台灣的軍事佔領和軍事控制，甘迺迪政府還獨力推行『兩個中國』的陰謀，製造所謂『台灣獨立運動』，中國人民包括台灣同胞在內堅決反對美帝國主義這一罪惡陰謀，台灣是中國神聖領土不可分割的一部分，中國人民一定要解放台灣。」	一九六三年二月二十八日中共「人民日報」及香港「大公報」其他發言者有：田富達、謝南光、蘇子蘅、陳文彬、陳炳基、魏正明、鄭翼宗、陳木森、陳丁茂、洪進山、田中山等人。
一九六三年二月二十七日	謝雪堂（台盟上海支部主委）	台盟上海支部召開「二·二八」十六週年紀念會	「美帝國主義妄圖永遠霸佔台灣繼續奴役台灣人民，是絕對不能得逞的，台灣人民必將發揚反帝愛國的光榮傳統，爲推翻美蔣黑暗統治而鬥爭到底。」	一九六三年二月二十八日香港「大公報」其他發言者：劉三、簡錫仁、劉立章等人。
一九六四年二月二十七日	徐萌山	台盟北京支部召開「二·二八」十七週年紀念會上	「台灣自古以來，就是中國領土，美帝國主義妄圖把台灣割裂出去，製造『兩個中國』的陰謀，是絕對不會得逞的，中國人民一定要解放台灣。」	一九六四年二月二十八日中共「人民日報」其他言者有：謝南光、陳文彬、陳炳基、黃永仁、

				陳丁茂、陳木森、董清才等人。
一九六四年二月二十八日	甘文芳	（「東京華僑總會召開「二・二八」十七週年紀念會	「美帝國主義武裝霸佔中國領土台灣，庇護早已被中國人民所唾棄的蔣介石集團，阻撓中國解放台灣並策劃製造「兩個中國」的陰謀。」	一九六四年三月一日香港「大公報」
一九六四年二月二十八日	謝雪堂	台盟上海支部召開「二・二八」十七週年紀念會上	「我們必須嚴重警告美國侵略者，台灣是中國領土不可分割的一部分，美帝國主義想把台灣從祖國大家庭中分裂出去的企圖，已經遭到了全中國人民的堅決反對。」	一九六四年二月二十九日中共「人民日報」
一九六四年二月二十八日	陳文	台盟旅大支部召開「二・二八」十七週年紀念會上	「祖國人民時刻都在關懷著處於水深火熱中的台灣同胞，堅決支持他們的反美愛國正義鬥爭。」	一九六四年二月二十九日中共「人民日報」
一九六四年二月二十八日	丘琳（台盟廣州支部主委）	台盟廣州支部召開「二・二八」十七週年紀念會上	「現在，美帝國主義和蔣××的日子越來越不好過了。在祖國大陸的台灣同胞，要更緊密結合在中國共產黨和毛××的周圍，……爲早日解放台灣而奮鬥到底。」	一九六四年二月二十九日中共「人民日報」

一九六五年二月二十七日	陳炳基	於北平台盟召開「二·二八」十八週年紀念會上	「美帝國主義霸佔中國領土台灣，侵略越南民主共和國，擴大越南南方的侵略戰爭，做盡了壞事，最近又指使日本反動派和南朝鮮傀儡集團進行『日韓會談』，簽訂『日韓基本條約』，美帝國主義進行這一系列的侵略活動，激起了亞洲和全世界人民的強烈反對。美帝國主義推行『兩個中國』企圖永遠霸佔台灣的陰謀，是永遠不會得逞的……對台灣的反美愛國鬥爭表支持。」	一九六五年二月二十八日香港「大公報」、「人民日報」其他發言者有：中山、謝南光、蘇子蘅、陳文彬、黃永仁、王萬得、蔡子民、傅堯箕、楊炘林、林茂美等人。
一九六六年二月二十七日	甘文芳	於東京旅日華僑召開「二·二八」十九週年紀念會及孫中山一百週年紀念會上	「國民黨反動派打著『三民主義』的招牌，幾十年來對內壓榨人民，實行特務統治，四大財閥壟斷經濟，對外勾結帝國主義出賣國家主權和民族利益，十九年前台灣人民掀起了英勇的二二八起義，雖未成功……我們相信，台灣人民一定會繼續英勇鬥爭，直到勝利爲止，台灣的解放是中國內政問題，中國人民用什麼方法來解放台灣是中國人民自己的事情，不許外國干涉……中國人民是決心要解放台灣的。	一九六六年二月二十七日香港「大公報」其他發言者劉明電、江明發、賴正山、李加才、黃靜德、高長增、李天成等人。

二、「政協」主辦時期的重要言論

一九七三年二月二十八日	廖承志	於北平「政協」召開「二·二八」二十六週年紀念會上	「一九四七年台灣省人民舉行二二八起義，正是中國人民解放戰爭時期，是在偉大領由毛主席發出『迎接外國革命的新高潮』的偉大號召影響下，所發生的愛國反帝革命鬥爭，我們對這種愛國主義精神和革命鬥爭意志，表示支持和敬意……長期以來台灣同胞的革命鬥爭並沒有停止，特別是近年來，台灣同胞反對蔣介石集團的黑暗統治，進行了各種形式的鬥爭，近年來我們社會主義祖國的日益繁榮昌盛，我國對外關係的日益發展，國際威望的提高，也大大增進了台灣同胞的自豪感，近年來已有不少台灣同胞回到祖國大陸參觀探親，增進了對社會主義祖國的了解，發展了愛國大團結，在這裏要對蔣介石集團的軍政人員講幾句話，當前的大勢已經非常清楚，國際反動派策劃的『兩個中國』、『一中一台』、『一個中國兩個國家』、『台灣獨立』、『台灣地位未定』等陰謀已遭到沈重打擊，日益破產，指望依靠任何帝國主義勢力，維持苟延殘喘的局面，是決不能持久的，希望蔣幫軍政人員不要錯過實現祖國的統一而立功的機會，只要現在擁護社會主義祖國，爲祖國的統一而盡力，我們都以禮相待，既往不咎。」	一九七三年三月一日中共「人民日報」一九七三年三月二日香港「大公報」其他發言者有傅作義、許德珩、蘇子蘅、王芸生、吳克泰、田富達、劉斐、陳木森、謝冰心、葉紀東等人。

一九七三年二月二十八日	傅作義	於北平「政協」召開「二·二八」二十六週年紀念會上	「當前國內外形勢的發展，十分有利於我們祖國的統一，經過無產階級文化大革命，祖國更加團結，更加強大，外交方面取得了一個又一個輝煌的勝利，我們的國際威望，空前提高，大大增加了在台灣的同胞的自豪感，到今天美國的政策，美國對台灣問題的態度都變了，季辛吉說：「我們主張和平解決大陸和台灣之間的分歧，美國既不會長期維持同台灣的關係來破壞同中國的和平共處，也不會允許台灣與其他的什麼人合作，來搞亂亞太地區的和平」，全體中國人民更不允許有人出來再搞這類賣國勾當，都是中國人嘛！爲什麼不能商談呢？此刻正是統一祖國的好時機，大家一起來商談吧！越快越好，如果不能立刻正式商談派些人來內地看看，探探親、訪訪友，公開也好，你們要相信政府一定會保守秘密和信用，保證來去自由和安全。」	一九七三年三月一日中共「人民日報」一九七三年三月二日香港「大公報」
一九七三年二月二十八日	許德珩	於北平「政協」召開「二·二八」二十六週年紀念會上	「我們希望台灣知識份子發揚愛國主義精神和全國人民一道積極參加解決台灣的事業。」	一九七三年三月二日香港「大公報」

一九七三年二月二十八日	蘇子蘅	於北平「政協」召開「二·二八」二十六週年紀念會上	「台灣同胞始終堅持反抗外來侵略，回歸祖國的愛國鬥爭，那些誤以爲台灣獨立可以外脫強權侵略，內倒獨裁統治的好心腸的人，不了解台灣一旦脫離祖國懷抱仍要回到殖民化地位，或者回到半殖民地半封建的地位，爲解放台灣同胞的共同願望。」	一九七三年三月二日香港「大公報」一九七三年三月一日「人民日報」
一九七三年二月二十八日	吳克泰	於北平「政協」召開「二·二八」二十六週年紀念會上	「……『臺灣獨立』的謬論是完全站不住腳的，……那只能是幻想。」	一九七三年三月二日香港「大公報」
一九七三年二月二十八日	陳木森	於北平「政協」召開「二·二八」二十六週年紀念會上	「台胞具有反侵略反壓迫的光榮鬥爭傳統，我堅信台灣人民的愛國反帝鬥爭在毛主席和中國共產黨的英明領導下，一定會取得最後勝利，台灣一定會回到祖國的懷抱。」	一九七三年三月二日香港「大公報」其他發言者：謝冰心、葉紀東、劉斐、田富達、王芸生等人。
一九七四年二月二十八日	吳克泰	於北平「政協」召開「二·二八」二十七週年紀念會上	「二二八起義是中國共產黨領導下的反帝、反封建，反對官僚資本主義的人民民主革命的一部分國民黨反動派一向就把孔孟之道作爲維持他們反動統治的精神支柱，現在更變本加厲地詆毀批林批孔運動，大搞尊孔活動，其目的無非要繼續鎮壓和欺騙台灣人民，妄圖維持蔣家	一九七四年三月二日香港「大公報」一九七四年三月一日中共「人民日報」其他發言

			世襲王朝的反動統治，……許多台胞和海外愛國僑胞，回到祖國大陸探親，參觀訪問以及組織團體來祖國大陸來參加各種運動，他們回去後解放台灣統一祖國的事業做了大量的工作，我們黨和政府的一貫政策是：愛國一家，愛國不分先後，我們歡迎他們來祖國大陸探親、訪友、參觀，保障他們的安全和來去自由，如果一小撮頑固份子執迷不悟，妄圖依靠帝國主義苟延殘喘或者同某個帝國主義勾勾搭搭，充當破壞祖國統一的罪人，是絕對不會有好下場的，國際反華反共的頑固派所策劃的兩個中國，一個中國兩個政府，台灣獨立等等陰謀日益破產，但是國際上一小撮頑固派，不甘心失敗，還在妄想染指台灣，他們的這種陰謀，是絕對不能得逞的。」	者有：傅作義（書面）、陳逸松、林麗韞、周一良、王芸生、馮友蘭、李純青、蔡子民、謝冰心、吳英輔、葉毅仁、田富達、陳炳基、方宜、許德珩等人。
一九七四年二月二十八日	許德珩	於北平「政協」召開「二·二八」二十七週年紀念會上	「台灣人民反對蔣介石集團的鬥爭，也就是反對孔孟之道的革命行動，讓我們團結起來積極參加批林批孔的政治鬥爭，爲解放台灣，統一祖國的偉大事業而努力奮鬥。」	一九七四年三月二日香港「大公報」 一九七四年三月一日中共「人民日報」

一九七五年二月二十八日	許德珩	於北平「政協」召開「二·二八」二十八週年紀念會上	「周恩來總理宣告：『我們一定要解放台灣』……什麼兩個中國、一個中國兩個政府，台灣獨立等等妄圖染指我國台灣省的陰謀，都是絕對不能得逞的。」	一九七五年三月一日香港「大公報」 一九七五年三月一日中共「人民日報」
一九七五年二月二十八日	廖承志	於北平「政協」召開「二·二八」二十八週年紀念會上	「四屆人大的組成充分體現了以工人階級爲領導的以工農聯盟爲基礎的，包括各愛國民主黨派，愛國人士、愛國同胞和港澳同胞在內的各族人民的大團結，也表明了革命的統一戰線在繼續發展，參加四屆人大的台灣省籍同胞有十二人，其中有工農民、革命幹部、知識份子和高山族的代表，還有愛國人士陳逸松，在四屆人大會上，台灣籍的代表有四位被選入大會主席團，有兩位被選爲常委，這體現了中國共產黨和祖國大陸人民對台省同胞的親切關懷，反映了生活在祖國大陸的台灣同胞也同祖國大陸人民一樣，都是國家的主人……蔣介石集團妄圖借助孔老二的亡靈欺騙和控制台胞，經持其反動統治，蔣介石集團還向日本產經新聞相勾結，刊登所謂秘錄，顛倒歷史，妄圖爲國民黨派和日本過去的軍國主義樹碑立傳，但是那裏有壓迫，那裏就有反抗，……我們希望有更多的台灣同胞回到祖國大陸參觀訪問、探親和參	一九七五年三月一日香港「大公報」一九七五年三月一日中共「人民日報」其他發言者：胡厥文、蔡嘯、林麗韞、董其武、陳逸松、劉斐、馮友蘭、蔡子文、錢昌照、王阿雄、杜聿明等人

			加各種活動，中華人民共和國第三屆運動將於今（一九七五）年九月在北京舉行，我們熱烈歡迎台灣省和海外僑胞中的台灣省籍體育工作者和運動員組成體育代表團來參加這一體育盛會，……國內外的形勢的發展越來越有利於我們解放台灣，從大陸去到台灣省的各方面人員愛國的多責國的少，共產黨和人民政府的一貫政策是：愛國一家，愛國不分先後，我們希望他們認清形勢，站到愛國反帝的立場上，爲完成解放台灣統一祖國的崇高事業而貢獻力量，我們也歡迎他們來祖國參觀、探親、訪友，保障他們的安全和來去自由。……台灣一定要解放，祖國一定要統一……。」	
一九七六年二月二十八日	廖承志	於北平「政協」召開「二·二八」二十九週年紀念會上	「一、『台灣矛盾激化』：現在台灣社會各種矛盾都在發展激化，整個台灣動盪不安，蔣幫內外交困，矛盾重重，危機四伏處境空前虛弱孤立，蔣××死後，蔣幫內部勾心鬥角，互相傾軋日益加劇，資本主義世界危機沖擊下，更加暴露了台灣殖民地經濟嚴重後果，生產萎縮，物價飛騰，許多工商企業倒閉，失業人口劇增，農業破產，進口糧食年年增加……更加強法西斯特務控制，加重對台灣人民的剝削和壓迫，那裏就有反抗，富有愛國和革命傳統的台灣省人民繼承和發揚『二·二八』起義的革命精神，反蔣愛國年年不斷發展，鬥爭的浪潮此起彼伏，鬥爭的聲勢愈來愈大。」	一九七六年二月二十八日二十九日中共「人民日報」其他發言者：蔡嘯、胡厥文、葉紀東、林麗韞、劉斐、董其武、黃啟俊、陳逸松、呂純美、江重光、李毅、陳連生、黃維、楊南邨、陳丁茂等人。

一九七六年二月二十八日	蔡嘯	於北平「政協」召開「二・二八」二十九週年紀念會上	「三、「海外返大陸」：近幾年來，越來越多的台灣省同胞，旅居海外的體育工作者、運動員、國民黨軍政人員及各方面的愛國人士、衝破重重阻力，克服種種困難，回到祖國大陸參觀、學習、探親訪友參加各種活動，以親身的感受揭穿蔣幫的欺騙宣傳。」 「四、「愛國不分先後」：在台澎、金、馬和到海外的各方人員，他們當中愛國的多，賣國的少，我們黨的政府的一貫政策，是愛國一家，愛國不分先後，我們歡迎他們來大陸探親、參觀保證安全和來去自由，希望他們認清形勢，走愛國的道路，爲解放台灣，統一祖國做出貢獻。」 「五、「一定要解放台灣」：周恩來在六十四（一九七五）年一月四日，四屆人大會議上，再一次嚴重宣佈：「我們一定要解放台灣」，台灣同胞和全國同胞團結起來，爲實現解放台灣，統一祖國的崇高目標而共同努力。」 「堅決響應周恩來的號召，爲解放台灣，統一祖國貢獻力量，反擊右傾翻案風的鬥爭，是無產階級文化大革命的繼續和深入，它關係著我們的黨和命運，我們在大陸上的每個台灣省籍同胞，都必須立場堅定，旗幟鮮明，緊跟毛××的戰略部署，把這場偉大的鬥爭進行到底，如果要說解放台灣，統一祖國需要什麼準備的	一九七六年二月二十八日二十九日中共「人民日報」

一九七七年二月二十八日	
廖承志	
於北平「政協」召開「二·二八」三十週年紀念會上	
「……一九四七年的今天，在偉大領袖和導師毛澤東，迎接中國革命的新高潮」的戰鬥號召鼓舞下，台灣省人民不顧國民黨反動派的鎮壓與迫害，奮起舉行了武裝起義配合當時祖國大陸的解放戰爭，三十年來，台灣省人民繼承和發揚了「二二八」起義的革命精神，反帝，反蔣愛國鬥爭不斷發展，有力的衝擊著帝國主義和蔣幫的反動統治，我們台灣省同胞這種革命鬥爭精神致以崇高的敬意，向參加起義死難烈士表示深切的悼念！向烈士家屬和台灣省骨肉同胞表示深切的關懷和慰問。」「「四人幫」既是資產階級在我黨內的典型代表，又是××國民黨在我們黨內的典型代表，我們同「四人幫」的鬥爭，是中國共產黨領導下的廣大人民群衆和國民黨反動派長期鬥爭的繼續，是無產階級與資產階級鬥爭的繼續，是馬克思主義和修正主義鬥爭的繼續，粉碎了「四人幫」，對盤據在台灣的××的反動統治是一個沉重的打擊，更加鼓舞了包括台灣省人民在內的全國各族人民解放台灣，統一祖國的鬥志。」	話，那麼我們首先要準備的是遵照毛××的教導「認真看書學習，弄通馬列主義」，提高識別能力。」
一九七七年二月二十八日三月一日中共「人民日報」一九七七年三月一日香港「大公報」其他發言者：胡厥人、董其武、蔡嘯、王昆崙、蔡子民、史良、王芸生、許德珩、鄭重、劉斐、田富達、林麗韞等人。	

「「一分爲二」強調宣傳台、澎、金、馬和到海外的人員中，愛國的多，賣國的少，他們當中已有不少人對社會主義祖國日益強大表示信服，我歡迎他們到祖國大陸看一看，保護安全來去自由，愛國一家愛國不分先後，既往不咎，立功應受奬，台灣一定要解放，這是人心所向，大勢所趨。

「「剝削壓榨、迫害鎮壓」：×××反動集團極端虛弱，內外交困，矛盾重重，處境空前孤立」……妄圖依靠美帝，極力推行媚外政策，出賣民族權益，使台灣日益殖民地化，對台灣省同胞的剝削和壓榨，日益殘酷蔣幫在政治上強化法西斯統治，對台灣人民加緊實行特務控制，迫害和鎮壓……「那裏有壓迫，那裏就有反抗」，台灣省廣大人民（勞動）日益覺醒，反壓迫，反剝削，反侵略，抗稅、抗捐、罷工、怠工圍攻官府等等各種形式的反×愛國鬥爭浪潮此起彼伏。」

「「對國際姑息及台獨之指責」：國際上一小撮反華反共的頑固派，勾結台灣，極少數民族敗類妄圖分裂我國製造所謂『兩個中國』、「一中一台」、「一個中國、兩個政府」、「台灣獨立」等種種陰謀都是絕對不能得逞的。」是注定要失敗的解放台灣，統一祖國，這是包括台灣省人民在內的全國各族人民的共

			同願望和神聖義務，是中國人民的內政，絕不容許外人干涉。「『強調解放台灣』，解放台灣，統一祖國，這是包括台灣省人民在內的全國各族人民的共同願望和神聖義務，是中國人民的內政，絕不容許外人干涉，全國人民和中國人民解放軍，要繼續提高警惕，保衛祖國，隨時準備殲滅入侵的敵人解放台灣。」	
一九七八年二月二十八日	廖承志	於北平「政協」召開「二·二八」紀念會十一週年	「台灣省同胞的反帝反蔣愛國鬥爭從來沒有停止過，三十一年前，臺灣人民舉行的『二二八』武裝起義，緊密地配合了當時祖國大陸人民的解放戰爭，沉重的打擊了蔣××集團的反動統治中爲中國人民解放戰爭的勝利，作出貢獻，……那裏有壓迫，那裏就有反抗，……去年（指民一百七十八年）十一月，蔣×玩弄所謂「五項地方選舉」……在桃園中壢鎮，激起上萬人的抗暴正義鬥爭，這是台灣人民反蔣愛國鬥爭的新發展，……近幾年來，越來越多的台胞和愛國人士，回祖國探親訪友、參觀、旅行，有的已到祖國大陸來定居……增進了台胞對祖國了解爲解放台灣，統一祖國做了大量的貢獻。」 「華××繼承毛××的遺志，深切關懷台灣人民的疾苦，多次強調指出，我們要做好解放台	一九七八年三月一日香港「大公報」中共「人民日報」其他與會者有中共中央委員和政府有關部門代表二十一人，台籍代表三十三人等。

			灣的準備，要和台灣人民一起努力完成解放台灣，統一祖國的神聖使命「……台胞、旅居國外的僑胞和中國血統的外國人，回到祖國大陸參觀、遊覽和探親訪友……爲了解放台灣，統一祖國的神聖事業而共同奮鬥。」「在台灣的國民黨軍政人員和國外的其他人員，愛國的多，賣國的少，我們黨和政府的一貫政策是愛國一家，愛國不分先後，凡是愛國的我們都歡迎，我們對你們在大的親屬一視同仁，不加歧視，希望台、澎、金馬的國民黨軍政人員，能夠認清形勢，走愛國的道路。」 「……沿著我黨十一大制定的正確路線，團結一切可以團結的力量，調動國內外一切積極因素，擴大革命統一戰線，爲完成解放台灣，統一祖國的神聖事業……爲四個現代化的宏偉目標，……而奮鬥。」 「國際上一小撮反華反共的頑固派勾結台灣極少數民族敗類，妄圖分裂我國，製造所謂「兩個中國」、「一中一台」、「一個中國，兩個政府」、「我們獨立」等種種陰謀，這是絕對不能得逞的。」	
一九七九年二月二十八日	廖承志	於北平「政協」召開三十二週年紀念會上	「一、形勢：今天……在中美關係實現了正常化，台灣回歸祖國，完成祖國統一的大業已經提到具體日程……」 「二、反壓迫：台胞具有熱愛祖國，反侵略、	一九七九年三月一日中共「人民日報」香港「大公報」其他發言

反壓迫的光榮革命傳統。爲了維護祖國的統一和領土完整，台胞曾進行了長期的英勇不屈的鬥爭。三十二年前的『二二八起義』，是一場轟轟烈烈的愛國民主運動，它直接配合了當時大陸上的解放事業。多年來，台灣同胞不斷掀起反對政治壓迫，爭取民主自由的正義鬥爭，並對台灣的經濟發展作出寶貴的貢獻，對於台灣同胞這種愛國主義的光榮傳統和英勇鬥爭的精神，表示贊佩，並給予深切的同情和支持。」

「三、毛、周政策：根據……毛、周……一再申明：在解決台灣問題的時候，尊重台灣的現狀和現行制度，重視台灣各界人士的意見，實行合情合理的辦法，不使台灣人民不受損失，不改變台灣現有的生活方式，不降低台灣人民的生活水平隨著祖國生產建設的發展，台灣同胞的生活水平也將永遠提高。」「基本態度：今年一月一日，人大常委會發表的『告台灣同胞書』體現了我們台灣回祖國的實現祖國統一的大政方針和基本立場基本態度。」

「五、強調愛國：愛國一家、統一祖國人人有責、台灣歸回祖國，實現祖國統一，我寄望於一千七百萬台灣人民。我們歡迎台灣各界人士來參觀、訪問、台灣當局也應該允許在大陸上

者：胡子嬰、蔡嘯、朱學範

的各界人士，到台灣來參觀訪問，雙方就統一祖國的問題，交換意見，中國人民政協全國委員會也應該在這方面起到應有的作用。」

「六、建議「三通」、「四流」；爲了改變目前由於台灣和祖國長期隔絕的不幸局面，增進台灣同胞相互瞭解，開闢同台灣同胞的自由往來，直接接觸的道路。在「告台灣同胞書」發表以後，我提出了相互通商、通航、通郵，進行經濟、科學、文化、體育等方面的交流……我們希望這些積極的建議能夠早日實現。」

「七、寄望當局：我們同時也寄望於台灣當局，如果台灣當局能以民族利益爲重，台灣歸回祖國就能夠必較順利的實現，這對國家，對民族都是有利的，也是完全合台灣人根本的利益的，我們願與台灣同道，敦促台灣當局認清形勢，順應潮流歷史，尊重人民的意願，以民族大意爲重，早下決心，爲完成祖國統一大業作出貢獻。」「八、歸罪四人幫：由祖國政府採取了果斷的措施，肅清林彪四人幫造成的危害，撥亂反正，已經和正在落實知識份子，起義人員；民族資產階級的華僑等各方面的政策，糾正了歷史上的冤假錯案件。」

「九、再談形勢：台灣歸回祖國是人心所向，大勢所趨，是我們中華民族的根本利益所在……爲早日完成統一祖國的大業而奮鬥。」

三、「台盟、台聯會、台灣同學會」共同主辦時期的重要言論

一九八七年二月二十七日	李純青	於北平「台盟」、「台聯會」、「政協」共同舉辦紀念「二·二八」四十週年會上	「二·二八起義震撼了世界，起義是自發的，是官逼民變。起義是反對國民黨貪官污吏，反抗國民黨的猛虎苛政。其政治目標是要求民主要求自治，反對國民黨對台灣人的歧視、剝奪和壓迫。……我們歡迎台灣各界人士爲推進祖國統一做出任何建議和行動。我們絕不會允許外國分裂中國的領土，侵犯中國的主權。……爲了全民族的利益，中國共產黨已經確定了和平統一，一國兩制的方針。……我們認爲『二二八』起義所要求的民主和自由這一政治目標，不可能排除在『一國兩制』構想之外。祖國統一後，台灣仍然保持資本主義制度，保存與社會主義不同的意識形態。「一國兩制」的具體內容有待於充實豐富，就這一問題和其他與統一有關的問題，希望台灣與大陸進行磋商討論。」	一九八七年二月二十八日中共海外版「人民日報」其他發言者：林麗韞、蘇子薇、胡啟立、陳丕顯
一九八八年二月二十七日	林麗韞	於北平「台盟」、「台聯會」、「台灣同學會」召開「二二八」四十週年紀念會上	「『二·二八』起義是爲民主爭溫飽的起義，是人民的正義的反抗，它是中國新民主主義革命時期的一個重要事件，具有深遠的影響，希望台灣當局能夠正視祖國統一的歷史責任，摒棄不近情理的「三不」禁忌。……海峽兩岸人爲的樊籬一旦拆除，『三通』和『和平統一』、『一國兩制』相繼實現。」	一九八七年二月二十八日中共海外版「人民日報」

一九八八年二月二十八日	李純青	於北平台灣鄉親舉行「二·二八」四十一週年座談會上	「一九四七年，國民黨在台灣的統治者殘酷地鎮壓了台灣人民起義。二二八事件傷害了台灣人民的愛國心，玷污了祖國大陸的形象，造成了長期的省籍隔閡，這一切應由國民黨政府負全部責任。雖然以後的台灣當局，尤其是現在台灣的新的領導者，不可能改變當時發生的事實，但是人們有理由要求後任者消除歷史影響的危害。」	一九八八年二月二十九日中共海外版「人民日報」其他發言者，彭克巽、蔡銘熹、徐萌山、吳明科等人。
一九八八年二月二十七日	林麗韞	於北平台灣鄉親舉行「二·二八」四十一週年座談會上（書面）	「在當前形勢下，發揚二·二八的愛國民主精神，努力推動海峽兩岸的密切交往，是克服分離意識，反對台獨主張的有效之途，對促進民族大團結和實現祖國和平統一具有重大意義。……我們希望台灣當局能汲取二·二八的教訓，順應民心和歷史發展的潮流，在開放兩岸交往上邁出大步。」	一九八八年二月二十九日中共海外版「人民日報」
一九八九年二月二十八日	林麗韞 蔡子民	於北平舉行「二·二八」四十二週年座談會上	「台盟謂「今後要繼續挖掘史料，闡明真相，伸張台灣人民的民主與正義，使台灣社會得以健康地發展」台聯會亦要求台灣當局對「二·二八」給予平反，並向事件倖存者及死難家屬道歉，同時希望台灣當局尊重海峽兩岸的民意，進一步開放兩岸交流，以順應國家統一的時代潮流。」	一九八九年三月一日中共海外版「人民日報」

一九九一年二月二十八日	蔡子民、林麗韞、盧嘉錫	在北平、台灣二二八週年紀念座談會上	……現在，台灣島內還有一部份人在鼓吹「台獨」，這主要是國民黨長期反共政策造成的。希望台灣當局以準備「撫平」「二二八」爲契機，在兩岸關係上儘快取消種種不合理的人爲障礙，爲實現統一做出努力。	一九九一、二月二十八日中「共人民日報」（國內版）
一九九三年二月二十八日	蔡子民、徐兆麟	在北平、台灣二二八週年紀念座談會上	……少數搞「台獨」的人利用「二二八」，偷換包裝，把歷史上台灣民衆向國民黨爭民主權力的鬥爭篡改爲要求「台獨」……	一九九三年二月二十八日中共「人民日報」（國內版）
一九九四年二月二十七日	蔡子民、張克輝、吳克泰、郭平坦等	在北平、台灣二二八週年紀念座談會上	……二二八起義直接表達的台灣人民追求「出頭天」，自己當家作主的願望，絶不是少數人鼓吹「台獨」所能實現。……	一九九四年二月二十七日中共「人民日報」（海外版）
一九九五年二月二十八日	張克輝、周青、楊國慶等	在北平、台灣二二八週年紀念座談會上	……只有一個中國，反對「台灣獨立」……某些外國勢力插手台灣問題，干涉中國的內政，台灣當局某些人主張「分裂分治」，「階段性兩個中國」，「主權分割共享」，「擴大國際生存空間」的空間，客觀上起著縱容「台獨」的作用，所有這些言論和行動都是違背一個中國的原則的，要加以堅決反對。	一九九五年二月二十八日中共「人民日報」（海外版）

一九九六年二月二十八日	蔡子民等	在北平、台灣二二八週年紀念座談會上	……在實現祖國統一的進程中，不管是什麼人，什麼黨派，只要是遵循一個中國的原則，贊同統一，反對「台獨」的，我們都支持，反之；我們就要與之堅決鬥爭。具有光榮愛國傳統的廣大台灣同胞一定要發揚「二二八起義」精神，在反分裂，反「台獨」，促統一的鬥爭中，作出新的貢獻。	一九九六年二月二十八日中共「人民日報」（國內版）
一九九七年二月二十八日	蔡子民、唐樹備、許世銓等	在北平、台灣二二八週年紀念座談會上	……五十年後的今天，我們隆重集會紀念「二二八」起義五十周年，更應堅決反對「台獨」分裂活動，努力促進祖國和平統一大業，以徹底撫平「二·二八」事件給臺灣人民帶來的內心創傷，早日實現「二·二八」志士們所追求的民主自治、繁榮富強的美好願望。這才是我們對「二·二八」起義最好的紀念。	一九九七年二月二十八日中共「人民日報」（海外版）

四、綜合研析

民國三十六年至三十八年，中共尚未建立政權，其支持二二八事件之立場，為視臺灣鬧事群眾為其統一戰線盟友，鼓勵臺共叛亂以牽制國民政府在大陸的剿共戡亂軍事部署。中共中央機關報「解放日報」數以社論形式支持二二八鬧事群眾，謂其暴亂乃是「必要的、正義的、正確的」。當時大公報為中立報人所有，尚未陷共，對於二二八事件的暴動，在三十六年（一九四七）當時僅寥寥五、六則，數年後也無週年紀念報導。

筆者閱讀了民四十一（一九五二）年二月起到八十六（一九九七）年三月的中共「人民日報」，觀察其各年對於二二八紀念會的活動和演講內容，可以得出中共對於二二八事件的態度對台政策的演變。

根據中共歷年來在「二二八」紀念會上的言論，可以看出民國四十四（一九五五）年以前中共對臺統戰口號為「武裝解放臺灣」，以後三年則改為「和平解放臺灣」。此時期欲挾席捲大陸之餘威，妄想「武裝解放、血洗臺灣」，雖遭國軍金門古寧頭大捷的當頭棒喝，中共訓令其臺省工委會仍要廣泛吸收黨員、擴大地下黨部、開展群眾鬥爭、加強特工活動、發展游擊武力。⓫故中共把紀念二二八的重點放在臺灣，要求地下黨以二二八流血仇恨發展臺籍黨員。

中共此間對於二二八史料的出版，有林木順著「臺灣二月革命」，張琴等著「臺灣真相」，以偽飾的旁觀者描述事件過程。民國四十四（一九五五）年由「華南人民出版社」出版的「臺灣人民革命鬥爭簡史」，則標誌了中共對於二二八事件的定論，作者李稚甫「在寫作過程中坦承謝雪紅同志提供有關資料，杜國庠同志審閱初稿。」可見本書為奉中共意旨修史，該書認為二二八事件是臺灣人民在中共號召下與大陸人民聯合推翻國民政府的努力。該書呼籲：「現階段祖國人民與臺灣人民所進行的解放臺灣的鬥爭，正是這偉大史篇的一部分，謹以此書獻於一切為解放臺灣而鬥爭的中國人民解放軍海陸空軍的指戰同志們，祝他們在解放臺灣的鬥爭中，取得其光輝的、偉大的、歷史性的勝利。」⑫

然而民國四十五（一九五六）年，中共鑑於臺灣進步的繁榮，其潛臺地下黨組織先後被我捕獲，中美共同防禦條約簽訂後，臺海武力強大，改採「和平解放臺灣」的統戰策略，臺海對峙有長期化的趨勢，乃利用「臺灣民主自治同盟」（簡稱臺盟），年年召開紀念臺灣人民「二二八起義」的週年紀念活動，以喚起臺民對國民政府的仇恨，達到統戰攻心的效果。

民國四十一（一九五二）年二月二十八日，北平臺盟總部舉行「二二八」起義五週年紀念會，由臺盟駐北平辦事處代主任林雲主持，會上發言者還有吳克泰、彭澤民、田德民、彭克巽、田富達等人。「人民日報」發表約五百字的新聞，並報導處決鎮壓「二二八」起義的罪犯張兆煥（前國民黨臺灣省黨部書記長）的消息，約有二百多字的新聞。⑬

民國四十二（一九五三）年二月二十八日，北平臺盟舉行「二二八」起義六週年紀念會，由臺盟駐北平辦事處主任林雲主持，會上發言者有陳炳基、黃勝卿等九人。「人民日報」發表約四百字的新聞。

民國四十四（一九五五）年二月二十七日下午，北平臺盟舉行「二二八起義」八週年座談會，由臺盟主席謝雪紅主持，副主席李純青報告國內外形勢，會上發言還有田富達、楊春松、陳炳基等九人。次日「人民日報」以頭版第五條標題，發表了約四百多字的新聞，第三版以二版的篇幅刊出李純青在座談會上講話。⓮

民國四十五（一九五六）年，中共臺盟辦週年紀念，李純青在「人民日報」撰文「爭取和平解放臺灣」，文長約二千七百字佔報紙四分之一篇幅，主旨是配合中共官方的和平統戰攻勢。⓯

民國四十六（一九五七）年臺盟慶祝「二二八起義十週年」，「人民日報」以三百字報導臺盟的紀念活動，以二千餘字轉載主席謝雪紅的演説詞。演説詞中説臺灣人民如何「水深火熱」，中共中央如何「積極支援」。出席座談會者七十多人，除了北平臺胞外，從日本、東南亞回歸的臺胞也列席，會議盛況強勝往年。⓰

民國四十七（一九五八）年臺盟總部和北平市支部聯合辦週年紀念會，會議主席改由臺盟副主席李純青主持，李純青配合中共的反美外交，在會上「駁斥美帝國主義散佈的所謂『託管臺灣』、『公民投票』、『臺灣自治』等謬論。」值得注意的是當年二二八的策動者，現在都有了不錯的頭銜，如謝南光「政協全國委員」，高山族田富達任「全國人民代表」，楊春松任「政協全國委員」，魏正明任「北京中醫醫院院長」。座談會的活動和李純青的演講，「人民日報」刊出的字體和字數，略多於去年。⑰

民國四十八（一九五九）年，「人民日報」以三百字刊登十二週年活動，但未刊講詞或文章。座談會改由臺盟祕書長徐萌山主持，發言人有謝南光、楊春松、田富達、陳文彬、蘇子蘅、陳丁茂、陳炳基等人，「他們一致憤怒譴責美國侵略者霸佔臺灣和奴役臺灣人民」，新聞用一號宋體字標題「臺灣一定回到祖國懷抱」。⑱

民國四十九（一九六〇）年，祕書長徐萌山再度舉行紀念座談，發言人也雷同於往年，報上也僅三百字報導，標題是「怒斥美國侵占臺灣盜劫文物。」⑲

民國五十（一九六一）年到五十四（一九六五）年，臺盟紀念「二二八起義」十四週年、十五週年、十六週年、十七週年、十八週年，「人民日報」均各發表三百至五百字的新聞；前二年用「堅決支持臺胞反美鬥爭」、「美國侵略者從臺灣滾回去」標題，從三年標題則強調「紀念臺灣人民起義」，由於內容則大同小異。前四年的座談會主持人為臺盟總部理事田富達主持。⑳

民國五十五（一九六六）年到六十一（一九七二）年期間，中共並未舉行二二八的紀念活動，此期間報刊發佈的都是「文化大革命」的消息。臺盟在文革中被紅衛兵關門鬥爭，民國六十二（一九七三）年中共重新舉辦二二八紀念座談會時，舉辦的單位是「政協全國委員會」。

民國六十二（一九七三）年二月二十八日「政協」假「人民大會堂台灣廳」舉行二十六週年座談會，由「副主席」傅作義主持，中共統戰首長廖承志、羅青長等率先發言，臺盟代表蘇子蘅以來賓身份發言，傅、廖的講話全文和座談會的摘要，佔了該日「人民日報」一張多的篇幅，主旨是「祖國形勢越來越好」「廣大臺灣同胞日夜渴望著，臺灣早日獲得解放，回到社會主義祖國懷抱。」[21]

民國六十三（一九七四）年的紀念活動也是雷同去年，報上發表了座談會新聞和廖承志講話，而篇幅略少。紀念二二八改由「政協」接手後，每年在「人民大會堂臺灣廳」舉辦，場面浩大，發言順序以「政協」委員為主，臺盟人士排在最後應景，其內容是呼應中共統戰講話。廖承志說：「臺灣人民舉行了愛國反帝、反對蔣介石集團黑暗統治的「二二八」武裝起義。它是中國共產黨領導下的反帝、反封建、反官僚資本主義的人民民主革命的一部分。」[22]

民國六十四（一九七五）年則較前二年的紀念活動更見擴大，不但北平舉行座談會，廣東、天津、福建、上海、旅大、武漢等省市分別集會。召集的單位除了「政協」以外，也漸漸加入「各界人士和臺灣同胞」，顯然中共統戰部直接插手「二二八起義二十八週年」慶，組織各地臺胞集會，要他們發言表態：「我們更加體會到，臺灣人民只有在毛主席和中國共產黨領導下，爭取解放，走社會主義道路，才能很快翻身，成為國家的主人。」（臺胞林麗韞語）廖承志在講話中強調：「臺灣自古以來就是我國神聖領土的一部分，台灣同胞是我們的骨肉兄弟。周恩來總理在四屆人大會議上再一次莊嚴宣告：『我們一定要解放臺灣！臺灣同胞和全國人民團結起來，為實現解放臺灣、統一祖國的崇高目標而共同努力。』……國內外形勢的發展，越來越有利於我們解放臺灣的鬥爭。」㉓

民國六十五（一九七六）年中共依例舉行的紀念座談會，參加者陳錫聯、徐向前、烏蘭夫、阿旺晉美、周建人、許德珩、胡厥文、帕巴拉格列朗杰等一百多人，仍然在「臺灣廳」舉行，但臺灣人已不到半數且坐不上主席臺。廖承志的講話，精神仍如以前，內容則配合時勢，仍然堅持「我們一定要解放我國的神聖領土臺灣」臺籍人士發言的有蔡嘯、林麗韞、陳逸松等人，一致呼籲：「我們希望在臺灣的老朋友們要認清國民黨反動派的本質，與大陸同胞緊密團結，為解放臺灣、統一祖國而奮鬥。」㉔

民國六十六（一九七七）年，中共更是隆重紀念「二二八」三十週年，出席的黨政軍負責人，「政協」負責人、各界人士和臺籍人士達三百多人。除了北平依例在「人民大會堂」舉辦外，臺胞比較集中的廣東、福建、四川、湖北、江蘇、浙江、江西、上海、天津、旅大等省市也分別由當地「政協」舉行集會。廖承志和各發言人的主旨，依然是「鼓舞和激勵著臺灣省人民反帝、反蔣，為實現解放台灣、統一祖國的神聖事業而英勇鬥爭。」北平還舉辦文藝晚會，烏蘭夫、王震和臺籍人士二千多人觀看，由節目單上客家山歌「遠望北京心更暖」、手風琴合奏「我們要解放臺灣」、臺灣民歌「盼望早日出頭天」、鋼琴獨奏「高山族兒女要解放」，可以知道中共舉辦晚會的統戰目的。㉕

民國六十七（一九七八）年中共召開「二二八」三十一週年座談會，由「政協」在「人民大會堂臺灣廳」舉行，召集了各界人士和臺籍人士二百人，聲勢浩大唯稍遜於去年。但在海外的紀念集會，則聲勢更強，紐約到了五百人，日本東京、大阪和神戶都有集會。會上展出臺灣史圖片，演出歌仔戲，演唱「我們一定要解放臺灣」等歌。廖承志要求美國廢除中美共同防禦條約，「解放臺灣是我國的內政，我們在什麼時候，採取什麼方式解放臺灣，絕不允許任何外國干涉。」他反對任何「兩個中國」、「一中一台」、「一個中國兩個政府」、「臺灣獨立」的各種說法，他提出「愛國一家」、「愛國不分先後」的號召，「希望國民黨軍政人員能夠認清形勢，走愛國的道路。」[26]

民國六十八（一九七九）年的紀念會也如往年，北平到了二百人，廣東、福建、上海、天津、武漢、旅大的「政協」也就地集會，海外則有東京、大阪集會。廖承志定義二二八性質是「一場轟轟烈烈的愛國民主運動，它直接配合了當時祖國大陸上的解放事業。當時的目的是推銷中共「人大常委會」發表的「告臺灣同胞書」，要求中華民國政府同意與中共通商、通航、通郵，中共再度表示其對「臺灣回歸和實現祖國統一」的基本立場和一貫態度。[27]

民國六十九（一九八〇）年中共下令停止召開二二八紀念會。然而三月一日有一百六十名北平各界人士和臺籍人士，在中山公園中山堂元宵聚會，「政協」和臺盟的談話，重點是「當我們歡慶中國人民傳統節日的時候！就更加懷念臺灣骨肉同胞。」二月二十九日福州地區去臺灣人員的眷屬，也在西湖公園苑在堂舉行元宵茶話會，「共敘懷念親人之情，強烈要求臺灣當局允許他們同在臺灣的親人通信往來。」㉘

民國七十、七十一、七十二、七十三、七十四、七十五年，中共不再召開二二八的紀念會，不宣傳臺盟、「政協」和統戰部署，但卻著手建立「臺灣同胞聯誼會」的新組織。浙江省的「臺灣同胞聯誼會」是於民國七十（一九八一）年二月二十七日成立，由宗旨看來：「聯誼會是團結臺灣同胞的群眾性愛國組織，它將配合有關部門做好來大陸觀光、探親訪友等臺胞的接待工作，努力促進大陸和臺灣省的通航、通郵和通商工作，反映臺胞的意見，要求和建議。」由日期上看來，臺聯在紀念二二八的日子成立，仍準備繼承臺盟的反國民黨的傳統和吸收臺盟的人員。各地建立了地區性臺聯組織，中央的臺聯會接著成立，第二次「全國臺灣同胞代表會議」於民國七十四（一九八五）年在北平開會，鄧穎超、習仲勛、楊尚昆等人到會致詞，臺聯會長林麗韞談其工作為「協助國內外臺灣同胞為祖國的和平統一和現代化建設貢獻力量」，但是不再提二二八的精神了。㉙

民國七十六（一九八七）年是二二八事件的四十週年，中共又恢復紀念活動。「人民日報」國內版以二則三欄新聞，分別報導臺籍人士在臺北、高雄、宜蘭、臺中等地的民眾自發集會，以及旅美臺籍人士二百人在美國紐約的集會。中共的吳克泰、江濃在紐約演說，認為「二二八起義繼承了數百年來臺灣人民的愛國傳統」呼籲「三通」和「一國兩制」，要求「回到家鄉共同紀念二二八，並在臺灣建立二二八英雄紀念碑。」「人民日報」海外版則闢了整版篇幅、臺盟副主席李純青、臺聯會長林麗韞、二二八事件參與者蔡子民、蔡鴻振和江濃，分別發表了政策講話和回憶錄。回憶是見證「起義是反對國民黨貪官污吏，反抗國民黨的猛虎苛政。」政策是「臺灣人民必會走上愛國統一道路。」[30]

民國七十七（一九八八）、七十八（一九八九）民國八十年（一九九一）、八十二年（一九九三）、八十三年（一九九四）、八十四年（一九九五）、八十五年（一九九六）、八十六年（一九九七）年是二二八事件的四十一週年及四十二、四十四、四十六、四十七、四十八、四十九、五十週年，中共仍然在北平等各地召開座談會，前者參加者有臺胞、惟其論調仍離不開「一國兩制」、「兩岸交流」、「和平統一」的字眼。[31]

從近四十年來中共對臺灣二二八事件的新聞處理，可以發現其由不宣傳到宣傳，又由擴大紀念到淡化處理，其間有幾個明顯的階段。根據劉勝驥先生的量化統計，可以獲知中共歷年來「人民日報」紀念二二八的新聞處理以民國六十六年的評分最高，而且前五名幾乎集中在民國六十二年以後，以廖承志的演說為代表，更加證明其對臺態度越來越為激進。[32]茲附表如下：

中共歷年來(一九四九—一九九七年)宣傳二二八事件的強度變化統計圖表

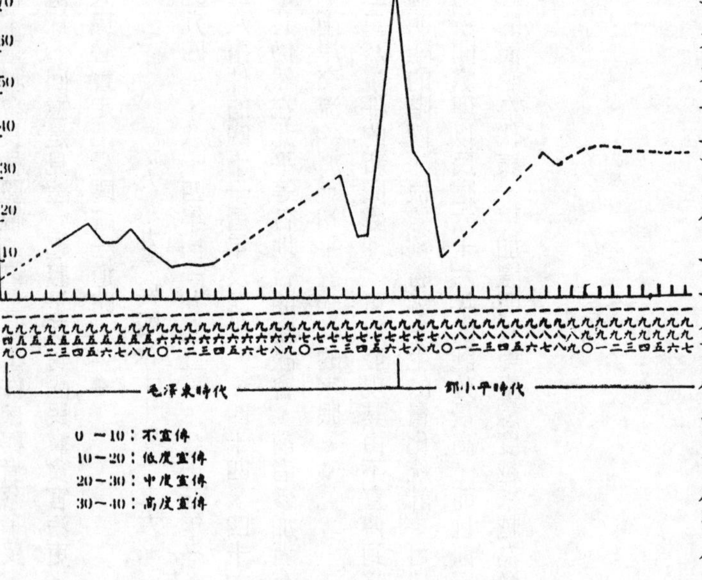

廖承志在二二八紀念會中的演說內容摘要

年／項目	論國際情勢	對台灣的號召	台灣的現況	「解放軍」的角色
一九七三	中美會談上海公報中（共）美關係有顯著的發展	回歸大陸及想回歸祖國的人越來越多。		
一九七四	天下大亂美蘇對立加深	歡迎歸國者	台灣經濟惡化	殲滅侵略敵人準備解放
一九七五	資本主義社會的經濟危機深刻化，美蘇對立增強	歡迎回歸者，希望促進與台灣居民的交流	經濟惡化	消滅敵人、決意解放。
一九七六	天下大亂，美蘇對立激烈，蘇聯是最危險的戰爭禍源	歸走回歸者	經濟惡化，國民黨加強統治	做好消滅入侵敵人的準備工作。
一九七七	世界情勢美蘇對立	愛國不分先後既往不究	國民黨控制力加強	做好消滅入侵敵人的準備工作
一九七八	反對「兩個中國」論，美國應該退出台灣（提出了條件）	愛國沒有區別在台者的大陸親屬不予區別，歡迎歸國者。	國民黨控制力加強	做好消滅入侵敵人的準備工作
一九七九	中美關係正常化台灣回歸祖國，與中國統一打下良好的條件。	希望台灣及大陸各界人士互相訪問，就統一問題和談。	中壢事件	

而從附表中，對其高低起伏之宣傳態度，亦可分為八個時期比較：㉝

第一期：民國三十八—四十三年（一九四九—一九五四），「不宣傳時期」。

此期中共為「武力解放臺灣」的策略階段，二二八參與者的舊關係為其在臺組織地下黨的線索，為便於滲透、組訓、破壞、顛覆活動，故不多宣傳，以免自我暴露。

第二期：民國四十四—四十七年（一九五五—一九五八），「中度宣傳時期」。

當中共在臺地下黨兩度被我捕獲，有系統的組織一旦瓦解，而國內外局勢又不利其武力侵臺，故中共乃宣傳二二八事件，作為挑撥臺民的仇恨、打擊國民黨政府之利器。而臺盟在中共統戰部指導下工作，與中共其他附庸黨派同列，成為中共的統戰工具。

第三期：民國四十八—五十四年（一九五九—一九六五），「低度宣傳時期」。

此期的新聞，各年均只有一則消息關於二二八的紀念活動，與往年又發佈新聞、又刊登講話不同。因前期宣傳二二八事件，在海內外未引起作用。繼續紀念二二八而淡化處理，是保留二二八這個武器，做為來年盛大紀念的伏筆。

第四期：民國五十五—六十一年（一九六六—一九七二），「停止宣傳時期」。

文革時期大陸內鬥激烈，對於海外事務並無興趣注意，也無力處理，因而二二八的週年紀念停辦了七年。負責搞二二八宣傳的「臺盟」，被紅衛兵勒令停止活動。臺盟的大小頭目都受到不同程度的批鬥，這是臺盟的黑暗時期。

第五期：民國六十二—六十四年（一九七三—一九七五），「高度宣傳時期」。

中共召開「四屆人大」，文革的高潮已經過去，周恩來的講話重提「解放臺灣」這一未了的工作。中共提高層次，由「全國政協」出面紀念二二八，中共統戰人士，廖承志年年講話。

第六期：民國六十五—六十八年（一九七六—一九七九），「宣傳攻勢時期」。

此四年正逢二二八的三十週年，中共以大量的篇幅來刊登消息、講話和文章，整版都排不下，有時還動用幾個版面。除了中共「政協」、臺盟在大陸各城市舉辦紀念活動外，中共也在美國、日本的重要都市，舉辦紀念活動。

第七期：民國六十九—七十五年（一九八〇—一九八六），「低度宣傳時期」。

一九八〇年中共輕描淡寫的辦了一次紀念活動，以後六年則停辦了。此期間，「五屆人大常委會」發表了「告臺灣同胞書」，葉劍英表達了九點意見，希望透過國共和談方式「和平統一臺灣」。故而中共不願渲染二二八事件，以免刺激國民黨政府之不快。

第八期：民國七十六—八十六年（一九八七—一九九七），「高度及低度並用宣傳時期」。

中華民國政府對於「三通」、「四流」、「九點」迄無妥協之反應，中共之耐性逐漸消失，乃於四十週年又再擴大紀念二二八，但是為保留與我政府的溝通轉寰餘地，故而其在北平舉行的紀念活動並不多宣傳，反而策動海外臺獨的二二八紀念活動，臺灣本地的二二八活動也是中共藉以化國民黨政府的好題目。於四十一週年時，因值　蔣經國先生辭世，中共為加速「一國兩制」與「和平統一」，對二二八事件乃採淡化處理，一來避免刺激中華民國政府的新領導者，二來希望藉此緩和態度來進行對新領導者的統戰，並可淡化臺獨的意識，四十二週年時仍採淡化處理（由二百多人參加之紀念會減為七十多人參加），也是著眼於避免助長島內臺獨氣焰，企圖達到拉攏臺胞與統一臺灣之目的。到民國八十、八十二、八十三、八十四、八十五、八十六年乃逢二二八、四十四、四十六、四十七、四十八、四十九、五十週年紀念，中共仍然不忘利用此一主題，在北京等地召開紀念會，作為對台宣傳之資料。

伍、從「二二八」紀念會觀中共的對台態度

吾人檢視民國三十八（一九四九）年以來中共所召開的「二二八」紀念會，其對台態度的演變，可以得知所謂「和平統一」，完全是一種策略和手段，其武力併台的野心，未曾稍減。

茲以毛澤東、鄧小平的統治時代作為歷年來召開二二八紀念會的分期，比較兩個時期中共召開的二二八紀念會之差異，藉以明瞭中共對台統戰的態度。

一、「毛澤東時代」的「二二八」紀念會之對台態度

從民國三十八（一九四九）年至六十七（一九七八）年十二月中共「十一屆三中全會」召開前，毛澤東的對台政策演變過程可分為「武裝解放台灣」、「和平解放台灣」、「認同、回歸、統一」三階段，而其間召開紀念會之言論也離不開此三階段政策的演變，茲分述如下：

㈠武裝解放台灣

民國三十八（一九四九）年十月，中共政權成立，立即決定「解放台灣」的方針。同年

十月十七日，共軍攻佔廈門，十月二十日，共軍「二十九軍」主力由廈門北渡，準備會合「二十八軍」向我金門大舉進犯。二十五日凌晨，共軍在五十餘門重炮掩護下，在古寧頭附近登陸，經我方陸、空軍迎擊，激戰兩日，共軍全部肅清，計死傷二萬餘人，無一人逃生[34]。中共「血洗台灣」的幻想，為之粉碎。此後不再叫囂「血洗台灣」，改稱「武裝解放台灣」。

自台灣光復後，中共就已經對台灣展開全面性的滲透活動。企圖運用其「三大法寶」—「黨的建設、統一戰線、武裝鬥爭」[35]，來為「武裝解放台灣」創造有利形勢。中共在此一時期主要的活動有：

一、在黨的建設方面：建立其黨的地下組織「台灣省工作委員會」，實施對台灣滲透和顛覆活動。[36]

二、在統一戰線活動：企圖以「反蔣」、「反美」、「民主」、「自由」等口號，拉攏動搖分子和投機分子，以達成統戰目的。

三、在武裝鬥爭方面：除針對國軍展開「兵運」和「策反」工作外，還企圖建立「武裝基地」和「地方武裝」等勢力，以便逐步開展武裝鬥爭。

由於金門古寧頭一役，殲滅來襲共軍，中共至此受到決定性的打擊，復以中共在史達林的要求下介入韓戰，陷入慘戰的泥沼；而台灣由於先總統　蔣公復職視事，國軍從舟山群島、海南島順利轉進、台灣政治經濟的改革與發展、國軍的迅速整頓、台灣防務的加強、防治力量的充實等等；另一方面，共黨在台灣的地下組織亦在政府大力檢肅之下，受到全面遏阻。上述情況，均使台海戰略形勢發生變化，從此中共武裝犯台轉入低潮，而對台內部工作也轉為隱蔽及長期潛伏。中共欲以「裏應外合」的策略方針，實現「武裝解放台灣」的政策，也不得不改弦更張。因此，中共於四十四（一九五五）年又重新提出一套「解放」台灣的政策。

一九四九年—一九五五年「人民日報」報導「二二八」紀念會言論中出現「武力解放台灣」之字眼彙整

爲了爭取早日解放台灣	一九五三年三月一日中共「人民日報」北平出版 缺一九五四年資料
我們一定要解放台灣：我們正在向著解放台灣的道路上前進……台灣一定會解放的……爭取早日解放台灣	一九五五年二月二十八日中共「人民日報」

(二)「和平解放台灣」

民國四十四（一九五五）年四月，中共「總理」周恩來在印尼萬隆出席第一屆「亞非會議」時聲明，願意與美國談判「和緩台灣緊張局勢」問題[37]。同年七月三十日，周恩來在中共「人大」第一屆第二次會議上更進一步宣稱：「願意在可能的條件下，爭取用和平的方式解放台灣。只要美國不干涉中國的內政，和平解放台灣的可能性將會繼續增長，如果可能的話，中國政府願意同台灣地方的負責當局協商和平解放台灣的具體步驟。」[38]這是中共對台政策改變的開始，即從「武裝解放台灣」轉變為所謂的「和平解放台灣」。

四十五（一九五六）年一月，周恩來在中共「政協」第三屆第二次會議上作「政治報告」，談及「解放台灣問題」時說：「我國政府一年來曾經再三指出：除了用戰爭方式解放台灣以外，還存在著用和平方式解放台灣的可能性。這樣，我們大陸人民和台灣人民就有一種共同的愛國責任：這就是除了積極準備在必要的時候用戰爭方式解放台灣外，努力爭取用和平方式解放台灣。」[39]雖然中共提出願意以「和平方式」僅是掩飾之詞。周恩來同時宣佈「凡是願意回到大陸省親會友的，都可以回到大陸上來……。凡是在和平解放台灣這個行動中立了功的，都將按照立功大小給以應得的獎勵，凡是通過和平途徑投向祖國的，都將在工作上給予適當的安置。」[40]同年六月，周恩來在中共「人大」第一屆第三次會議上以「目前國際形勢、我國外交政策和解放台灣問題」為題的報告，其中談及「解放台灣」問題時，他說：「中國人民解放台灣有兩種可能的方式，即戰爭的方式和其他和平方式；中國人民願意在可能的條件下，爭取用和平方式解放台灣。」[41]同時他還向我政府提出和談的建議：「現在，我代表政府正式表示……我們願意同台灣當局協商和平解放台灣的具體步驟和條件，並且希望台灣當局在他們認為適當的時機，派遣代表到北京或其他適當的地點，同我們開始這種商談。」[42]這是中共正式提出與中華民國政府「和談」的要求。

在中共散佈「和談」假象的同時，中華民國已和美國在四十三（一九五四）年十二月簽定一項共同防禦條約，這不僅提供了台灣海峽的安全，也是對中共「解放台灣」幻想的一項打擊。所以，中共就用盡種種方法，強調「台灣同胞今天所受的災難是極其深重的。他們剛剛從舊的殖民統治之下解脫下來，不久就被投入美國武力統治的深淵。美國已經控制了台灣的軍事、政治和經濟，掠奪著台灣的豐富資源，榨取著台灣同胞的膏血，並且驅使著台灣同胞充當美國的炮灰。」[43]藉以製造中美糾紛，挑撥和鼓勵台人反美和仇美的情緒。中共的主要目的，乃是為阻止美國對台灣的援助，離間中美之間的友誼。

四十五（一九五六）年九月，中共召開「八全大會」，劉少奇在會上所作「政治報告」及彭德懷、陳毅等人的發言均涉及對台問題，大會通過「關於政治 報告的決議」指出：「應當爭取用和平的方式解放我國的領土台灣，但是也要準備在不能和平解決的時候，採取其他方式達到解放台灣的目的」。由此可見，中共雖然改採「和平解放台灣」的政策，但同時表示它決不放棄以武力進犯台灣的手段。這種「和戰並用」的說法，迄今仍為中共領導人所強調。

從四十四（一九五五）年至四十六（一九五七）年間，中共透過與中華民國行政官員有關係者向台灣發動「書信攻勢」(Letter Offensive)，不斷鼓吹「和談」。然而我政府一再重申「漢賊不兩立」，中共在此方面的工作當然毫無成效。

中共遂於四十七（一九五八）年八月二十三日發動金門炮戰，企圖對中華民國政府製造和談「壓力」，同時恫嚇美國，欲使美國放棄其協防金馬政策[46]。吾人從當時中共「外交部長」陳毅的聲明看出當時中共必取台灣的決心，聲明中說：「中國人民一定要收復金門、馬祖，任何力量都不能阻擋。……事實證明，金門、馬祖一天不收復，我國大陸和沿海地區所遭受的直接威脅就一天不能解除。我們人民對盤據金門、馬祖的蔣〇〇部隊採取懲罰性的軍事行動，是完全正當的、必要的。」[47]但至十月五日止，中共徒然白費四十五萬發炮彈，且在空戰中損失米格機三十一架，在海戰中折損九十條船艦，並未使台灣的反共意志瓦解，反而使台灣軍民愈戰愈勇。當武力無法拿下金門時，中共只好另找下台階，來掩飾其敗象，如當時中共「國防部長」彭德懷的「告台灣同胞書」就說我們都是中國人，三十六計，和為上計，企圖建議舉行談判，實行和平解決[48]。同時，又發動一些附庸黨派、代表，如「民革」主席李濟琛等人發表談話，呼籲我軍政人員響應彭德懷的建議[49]。

十月二十五日，彭德懷又發表「再告台灣同胞書」，除宣佈對金門隔日炮擊的決定外，指出「中國人利益和國共兩黨之間的事好辦」，並企圖挑撥中美關係，要求政府「不要屈服於美國人的壓力。」[50]

四十八（一九五九）年以後，由於「三面紅旗」的失敗，導致中共內部分裂，並引發政治、經濟危機。五十一（一九六二）年中共發動「社會主義教育運動」，圖謀壓服農村反「人民公社」及反共的浪潮。五十四（一九六五）年冬，毛澤東發動「文化大革命」，更使大陸造成極度的分裂和混亂。中共在這種不利情勢下，其本身猶自顧不暇，故對台除了宣傳攻勢及外島零星炮擊之外，少有具體的直接行動。直到五十八（一九六九）年四月中共召開「九全大會」後，對外路線作了極大的改變，對台政策亦隨之有了相應的改變。

一九五六——一九七二年「人民日報」報導「二二八」紀念會言論中出現「和平解放台灣」之字眼彙整

一九五六年二月二十八日中共「人民日報」	爭取和平解放台灣……除了積極準備在必要時用戰爭方式解放台灣以外，努力爭取用和平方式解放台灣……。
一九五七年二月二十八日中共「人民日報」	爭取和平解放台灣不僅對台灣人民有利，而且對世界和平也是有利的……
一九五八年二月二十八日「人民日報」	只有掉轉頭來參加和平解放台灣的愛國運動……。
一九五九年二月二十八日「人民日報」	……更有利於我們解放台灣……
一九六一年二月二十八日「人民同報」	……爲解放台灣而鬥爭……
一九六二年二月二十八日「人民日報」	……中國人民一定要解放台灣，也一定能夠解放台灣……。
一九六三年二月二十八日「人民日報」	……中國人民一定要解放台灣……。
一九六四年二月二十九日「人民日報」	……爲早日解放台灣而奮鬥到底……。
一九六五年二月二十八日「人民日報」	……中國人民一定要解放自己的領土台灣……。
一九六六年——一九七二年未召開「二二八」紀念會	

㈢「認同、回歸、統一」

到了一九七〇年代，整個東亞的戰略環境起了相當大的變化，一方面中共為了抗拒蘇聯日增的壓力，開始尋求與美國改善關係，也開始突破「文革」時期自我封閉的孤立狀況，而積極的尋求對外建立關係[51]。另一方面美國因外受越戰困擾，泥足無以自拔；內則經濟趨向萎縮，反戰浪潮高張，為解決其內外困境，因而產生季辛吉的「國際權力均衡論」：一方面高唱「以談判代替對抗」；一方面進行秘密外交[52]。因而尼克森就任總統後，即積極嘗試與中共接近，這是美國對中國政策重大轉變的開始。

在另一方面，由於台灣在經濟建設上有驚人成就，中共迫不得已在台統戰政策方面也相應改調，把「解放」改成了「統一」，對台整個姿勢也變成了「回歸」的號召[53]，不過主要戰場卻是在海外。

首先是「釣魚台事件」的發生[54]；五十九（一九七〇）年十一月留美中國學生，開始掀起「留美學生保衛釣魚台」。保釣運動使得海外中國知識分子對國家、民族問題的關切空前的高漲，其祈求國家統一強大之心亦趨急切。然而這原屬愛國護土的運動，在共黨分子滲透之下逐漸變質，而為中共所利用。有心人士利用簡單的「統一三段論證」來作宣傳上主張中共併合的「統一運動」的論證。所謂「三段論證」即：「第一，凡是中國人都要國家統一強大；第二、現在的中國大陸是遠比台灣強大；第三、所以台灣應該早日併入大陸，完成國家的統一」。[56]隨之而來的是向中共政權「認同」與「回歸」的鼓吹，以將「統一」的理論化成「認同」、「回歸」的行動，展開所謂「中國統一」運動。

在中共「認同」、「回歸」、「統一」的口號下採取的是間接路線，將在文革時期尚未被破壞殆盡的中國文物，再重新整理而向海外廣為宣傳，想藉由文化的認同轉化為政治的認同。中共一方面大舉利用文字、文物對外進行宣傳，促進「認同」；一方面令駐外人員展開「笑臉外交」，對駐在國人民及僑胞、留學生從事籠絡，建立「可親」的印象，以消除敵意，並對返回大陸觀光旅遊、定居工作的同胞給予方便、照顧和優待等，此即「回歸」[57]。當時一些海外知名人士，就在這種口號之下前往大陸訪問，並向中共靠攏，為中共所宣傳[58]。

六十（一九七一）年十月，中共進入聯合國，遂予中共向海外華人大肆展開另一次宣傳攻勢的機會。自「文革」以來，此時中共首次表現對併吞台灣的高度興趣，強調「美日反動派……妄圖把台灣省從我國分割出去，……中國人民一定要解放自己的神聖領土台灣！台灣一定會回到祖國的懷抱！」[59]又說「世界上只有一個中國，就是中華人民共和國。……我們堅決反對『兩個中國』、『一中一台』、『台灣獨立』、『台灣地位未定』或類似的荒謬主張與陰謀」[60]。海外的左傾保釣團體亦隨聲附和，要求我政府儘快與中共尋求和平統一的具體辦法。並於同年十月起，在美相繼成立「中國統一促進會」及「華府中國統一促進會」，大力推動「中國統一運動」[61]。

可見自由中共政權進入聯合國後，即自居為中國「唯一合法政權」，而利用海外知識分子的保釣熱潮，在其間積極策動「認同」、「回歸」與「統一」。故此一階段，中共即以破壞海外華人對中華民國政府的向心力，企圖以遂其「和平解放台灣」的陰謀。

六十二（一九七三）年二月二十八日，中共以「國內外形勢的發展，十分有利於我們祖國的組一」，而在北平舉行「二二八紀念座談會」。與會者為中共統戰幹部、「政協」成員、附共分子、「台灣民主自治同盟」代表、在平的台籍人士等百餘人。會議內容主要為兩方面，一是由傅作義、廖承志、劉斐等出面向國民黨誘和，一是由「台盟」代表出面向台灣同胞呼籲「回到祖國的懷抱」[62]。由於中共多年來未提及「二二八」，故此次座談會乃配合其在海外策動的「認同」、「回歸」、「統一」風潮，再度推出的另一統戰手法「國共「和談」。

六十三（一九七四）年二月，中共又舉行「二二八」座談會，值得注意的是與會單位除了「政協」、「人大」、中共中央及「統戰部」、「台盟」等代表外，亦是有軍方代表—「解放軍」副總參謀長李達參加[63]。傅作義在會中除了重彈「愛國一家、愛國不分先後」舊調外，不再像前一年提出「大家（指國共之間）一起來商談」，而改說：「我們一定要解放台灣，至於採取什麼方式來解放台灣，都是中國的內政」「任何外人無權干預。」[64]廖承志更謂：「人民解放軍隨時準備解放台灣[65]。似乎中華民國政府堅拒「和談」，導致中共惱羞成怒，故推出軍方代表出席座談會，並言明對台採取軍事行動的可能性，作為在誘和的同時，進一步台灣擺出軍事恫嚇姿態。

六十四（一九七五）年一月十三日，中共召開「人大」第四屆第一次會議，周恩來在台上作「政府工作報告」時說：「我們一定要解放台灣，台灣同胞和全國人民要團結起來，為實現解放台灣、統一祖國的崇高目標而共同努力。」[66]重新對台的「解放」與「統一」外，已無新調了。此時，中共的「和談」攻勢已逐漸減弱，而海外的「和談」呼聲也已消聲匿跡。

六十五（一九七六）年五月，毛澤東死後，華國鋒接掌政權後，也發出同樣論調。六十七（一九七八）年二月二十六日，華國鋒在中共「人大」第五屆第一次會議上致詞說：「中國人民解放軍要為解放台灣作好充分準備。我們一定要和台灣同胞一道實現毛澤東和周總理的遺願，完成解放台灣、統一祖國的神聖事業。」[67]同時，中共在修訂的「憲法」中，將「解放台灣」列入「憲法」「序言裏」[68]。顯示中共對台政策的主調仍定位於所謂「解放台灣」上面。

直至六十七（一九七八）年底，在美國與中共「關係正常化」之後，中共的對台政策才發生很大的改變。

一九七三年——一九七九年「人民日報」報導「二二八」紀念會中出現「認同、回歸、統一」字眼彙整。

……台灣同胞日夜渴望著台灣早日獲得解放，回到社會主義祖國懷抱……，統一祖國。

……愛國一家，愛國不分先後……。我們希望更多台胞回到祖國大陸探親、參觀訪問，參加活動……爲統一貢獻。

……愛國一家，愛國不分先後，……解放台灣統一祖國，早日歸回祖國……。

一九七三年三月一日「人民日報」

一九七三年三月一日「人民日報」

一九七四年三月一日「人民日報」

一九七五年三月一日「人民日報」

一九七六年二月二十九日「人民日報」

一九七七年二月二十八日「人民日報」

一九七七年三月一日「人民日報」

一九七八年三月一日「人民日報」

一九七九年三月一日「人民日報」

一九八〇年至一九八六年未召開「二二八」紀念會

二、「鄧小平時代」的「二二八」紀念會之對台態度

六十七（一九七八）年十二月十六日美國宣佈與中共關係正常化，決定自六十八（一九七九）年元旦起正式承認中共，三月一日起雙方互換「大使」，並在六十八（一九七九）年底中止與中華民國的「共同防禦條約」。同月十八日至二十二日，中共召開「十一屆三中全會」，鄧小平取得領導權，像徵著中共政權進入另一個轉折期。上述兩件事的發生，同樣顯示著中共對台統戰政策的重大轉變。

在十年中，中共對台統戰攻勢，同趨凌厲與靈活，明顯地超越過去數十年的任何階段。它不僅調整了從前各時期的高姿態，而且同意以「對等談判」來完成它所謂的「統一大業」。然而，在表面形式變化的同時，基本上中共仍維持其慣用的兩手策略：一是和平的笑臉攻勢；一是強制的武力恫嚇。在兩者的交互運用下，逐漸形成鄧小平時代的中共對台統戰政策總綱領～「三通四流」、「對等談判」與「和平統一」與「一國兩制」。

而二二八紀念會之言論取向，亦圍繞在這兩大政策綱領之下。

㈠「三通四流」、「對等談判」

六十八（一九七九）年元日，中共以「全國人大常委會」的名義發展「告台灣同胞書」，揭開了中共對台統戰政策另一個新階段的序幕。中共強調「實現中國的統一，是

人心所向，大勢所勢」。聲稱「我們國家的領導人已經表示決心，一定要考慮現實情況，完成祖國統一的大業，在解決統一問題時尊重台灣現狀和各界人士的意見，採取合情合理的政策和辦法，不使台灣人民蒙受損失。」並表示「我們寄望於一千七百萬台灣人民，也寄望於台灣當局。台灣當局一貫堅持一個中國的立場，反對台灣獨立。這就是我們共同的立場、合作的基礎。我們一貫主張愛國一家，統一祖國人人有責。希望台灣當局以民族利益為重，對實現祖國的事業作出寶貴的貢獻。」[69]

文告同時倡議通航、通郵，以利雙方同胞直接接觸、再通訊息、探訪親友、旅遊參觀，進行學術文化體育工藝觀摩。希望相互發展貿易，互通有無，進行經濟交流[70]。

七十（一九八一）年九月三十日，中共「人大常委會委員長」葉劍英，對「新華社」記者發表談話，提出「建議舉行兩黨對等談判實行第三次合作」的九點方案。這是中共作進一步闡明台灣回歸祖國實現「和平統一」的方針政策。這也就是我們一般所稱的「葉九條」。其主要內容為：

一、為了儘早結束中華民族分裂的局面，國共兩黨應對等談判，實行第三次合作，完成祖國統一大業。

二、雙方共同為通郵、通航、探親、旅遊，以及學術、文化、體育交流，達成有關協議。

三、台灣可作為特別行政區，享有高度自治權，可保留軍隊，中共不干預台灣行政事務。

四、台灣現行社會經濟制度和生活方式不變，私人財產權不受侵犯。

五、台灣當局和各界人士，可擔任統一政府之領導職務，參與國家管理。

六、台灣地方財政有困難時，可由中央政府酌情補助。

七、台灣各族各界人士願回大陸定居者，不受歧視、來去自由。

八、台灣工商人士願向大陸投資，保證其合法權益和利潤。

九、統一中國，人人有責。歡迎台灣所有人民，通過各種渠道，提供建議，共商國是[71]。

葉劍英的談話，除了上述九項建議外，尚有三個「希望」，即是：一、希望台灣同胞，發揚愛國主義精神，積極促進全民族大團結早日實現，共享民族榮譽。二、希望港澳同胞和海外華僑繼續努力，發揮橋樑作用，為統一祖國貢獻力量。三、希望國民黨當局堅持一個中國與反對兩個中國的立場，以民族大義為重，捐棄前嫌，共同完成統一大業[72]。由上述可知，中共不惜假藉愛國主義和偽裝民族主義為名，以掩飾其國際主義的本質，冀期激引台灣同胞和海外華人認同與回歸。若以六十八（一九七九）年元旦中共「人大常委會」名義所發佈的「告台灣同胞書」為現階段中共對台統戰政策的起點，則葉劍英的九項聲明顯然是中共對台政策的重要發展，兩文相較可以獲得以下的印象：

一、從原則的空談到具體的作法．六十八（一九七九）年所謂的「告台灣同胞書」雖然也提出了「三通」、「四流」等初步的構想，但這些「建議」都是輕輕帶過，主要的重點還在強調民族的情感；而葉劍英的所謂「和平統一」的方針政策」則每一項均是具體的「方案」。

二、從「政府」對政府到黨對黨：「告台灣同胞書」中曾提及：「通過中華人民共和國政府和台灣當局之間的商談，結束這種軍事對峙的狀態。」[73]這裏表示了在「緩和軍事對峙」乙點上，應該是由「政府」對政府的「商談」；而葉劍英的九條中第二條就說「舉行中國共產黨和中國國民黨的對等談判」[74]。

三、從民族情感的引誘到民族、政治、經濟等全面的統戰：「告台灣同胞書」主要在民族情感上大作文章，希望以親情鄉土為餌；到了葉劍英的「聲明」在民族情感方面並未放鬆，而同時在政治上和經濟上也開出大量的支票，希望達到分化我們的團結，瓦解我們心防的目的[75]。顯然中共在尋求和平統一的攻勢上，其姿態是越來越低，其條件也越來越「寬」，其要求我們上桌談判的野心越來越明顯了。

(二)「一國兩制」、「和平統一」

七十三（一九八四）年二月，鄧小平在會見美國喬治城大學戰略與國際問題研究中心代表團布里辛斯基等人時說：「我們提出的大陸與台灣統一的方式是合情合理的，統一後，台灣仍搞它的資本主義，大陸搞社會主義，但是，是一個統一的中國，一個中國，兩種制度。」[76]這是首次比較完整地對「一國兩制」的含義作出闡明。在五月十五日，中共「國務院」總理趙紫陽在「人大」第六屆第二次會議的「政府工作報告」中，使用了「一個國家，兩種制度」的字樣，是中共官方文件的首次使用[77]。爾後，「一國兩制」即被中共廣為運用，以之作為對台統戰工作的利器。

同年四月，美國總統雷根訪問中國大陸，鄧小平在一次會談中告訴雷根說：「中國政府為解決台灣問題作了最大的努力，就是在不放棄主權原則的前提下允許在一個國家內部存在兩種制度。……海峽兩岸可逐步增加接觸，通過談判實現和平統一。統一後的制度不變，台灣人民的利益不會受到損害。台灣同美國、日本可以繼續現有關係。」並強調「我相信我們這個辦法是行得通的，希望美國不要做妨礙中國大陸同台灣統一的事情。」[78]

七十三（一九八四）年九月二十六日，中共與英國完成「香港問題協議」草簽之後，中共就將「一國兩制」當作未來解決台灣問題的模式，而展開一連串的宣傳工作。同時也自認為這是世界政治學的新創舉，說這種方式可以提供作為和平解決國際重大爭論的參考。[79]

九月三十日在慶祝中共政權成立三十五週年招待會上，中共「總理」趙紫陽向台灣呼籲接受「一國兩制」：「『一個國家、兩種制度』主張是合情合理的。……希望台灣當局以國家民族利益為重，順應民心民意，對祖國統一採取積極態度。」[80]

同年十月二十二日，鄧小平在「中央顧問委員會」第三次全體會議講話指出：「香港這個問題的解決會直接影響到台灣問題。……用『一國兩制』的方式，他們應該是能接受的。『一國兩制』的方式，你不吃掉我，我不吃掉你，這不是很好嗎？最近一個外國人問我，台灣問題是不是同香港一樣？我說更寬，就是除了解決香港問題的這些內容可以用於台灣外，還允許台灣保留自己的軍隊。」[81]

七十四（一九八五）年七月，中共「國家主席」李先念訪問加拿大與美國。七月二十三日，李先念在與雷根總統會談時，向雷根介紹了所謂的和平解決台灣問題的「一國兩制」構想。他強調「這個解決方案照顧到了各方面的利益，如果能夠實現，將會有助於維護亞洲和世界和平，有利於中（共）美關係。希望美國政府能在這個問題上，採取明確的、積極的態度。」

在我政府於七十六（一九七八）年十月十五日正式公佈開放赴大陸探親後，中共立即作出反應，於十六日，由中共「國務院辦公廳」發表「關於台灣同胞來祖國大陸探親旅遊接待辦法的通知」[82]。此外，十月十七日中共「人民日報」海外版刊載一篇題為「歡迎台灣同胞到大陸探親」的評論員文章，其中除重談「熱誠歡迎」，要求「三通」外，特別強調我政府應允許居住大陸二萬七千名台胞來台探親[83]。顯然中共希望更進一步造成海峽兩岸人員相互交流的目的。

十月二十四日，中共黨「十三大」新聞發言人朱穆之在「十三大」記者會談及台灣問題時說：「最近台灣當局同意台灣同胞到大陸探親，我們表示歡迎。至於對台灣的政策，我們希望實行『三通』，實現和談統一，我們的這一政策是一貫的。十三大對這個政策不會有什麼改變。」[84]

十一月十四日，趙紫陽在「黨外人士茶話會」中與「民盟」、「民革」、「工商聯」等代表人物進行對話，其中談到「祖國統一問題」時說：「台灣當局最近採取放寬台胞來大陸探親的措施，這是我們多年來力爭按『一國兩制』的構想實現國家統一的政策影響和台灣內外形勢發展的結果。隨著探親而來的還會有文化、藝術、體育等方面的交流。通商問題也或遲或早會提上日程。這可以說是一個大趨勢吧！當前，最重要的是要做好台胞來大陸探親的接待工作，這項工作做好了，不僅有助於溝通台灣與祖國大陸之間的聯繫，增進台灣同胞對祖國大陸的信任感和向心力，而對促進『三通』實現和平統一也將產生積極的作用。」[85]

從中共對我國開放大陸探親後的一連串反應來看，顯示中共企圖藉我開放大陸探親之勢，開展文化、藝術、體育等方面的交流，進而促進「三通」。同時，中共更樂觀地認為「目前的局勢」，能不能實現統一是一回事，但總的來看，不會背道而馳，是向著一個好的方向發展。」

大陸探親解禁，無疑地帶給中共對台統戰的另一個高潮。中共顯然會利用探親之舉達到一些統戰的目的，如動搖國人反共信念，模糊國人與中共之間的敵我觀念，助長中共宣傳「一國兩制」的氣勢及助長國人對「三通四流」的要求，進而激發民間與政府之間的矛盾。中共的最終目標是希望海峽的關係由探親到觀光，由間接貿易到直接貿易，進而走上和談的道路。

七十七（一九八八）年元月十三日，蔣總統經國先生不幸逝世，次日，中共「中央委員會」即致電國民黨中央委員會弔唁。電文稱：「驚悉中國國民黨主席蔣經國先生不幸逝世，深表哀悼，並向蔣經國先生的親屬表示誠摯的慰問。」這項舉措，實為近四十年來所未見。

除了中共的正式致電外，同日，中共「總書記」趙紫陽也發表談話，對蔣故總統作了肯定的評價。並讚揚經國先生「堅持一個中國，反對『台灣獨立』，主張國家統一，表示要向歷史作出交待，並為兩岸關係的緩和作了一定的努力。」

同時，他重申了中共的立場：「當此國民黨領導人更替之際，我們重申，我黨和平統一祖國的方針和政策是不會改變的。」並向李總統登輝先生呼籲：「我們希望新的國民黨領導人，從中華民族根本利益出發，審時度態，順應民心，把海峽兩岸關係上開始出現的良好勢頭推向前進，為早日結束我們國家分裂局面，實現和平統一作出積極貢獻。」最後並說：「我們由衷地期望局勢穩定、社會安寧，經濟繼續發展，人民安居樂業。」

這次中共以「黨對黨」的立場向國民黨中央委員會發出唁電，並發表談話，其目的在藉機大搞和平統戰陰謀，以廣結海內外人心，企圖軟化我同胞之反共立場，殆無疑義。從另一方面來看，它也顯示出中共在不久的將來，會對台灣採取比較積極的作法。我們預期中共對台灣么政治宣傳和統戰工作，將會大大升級。

一九八七——一九九七年「人民日報」報導「二二八」紀念會中出現「三通四流」、「對等談判」、「一國兩制」、「和平統一」之字眼彙整。

……海峽兩岸人爲的樊籬一旦拆除，「三通」和「和平統一」、「一國兩制」相繼實現……。	一九八七年二月二十八日「人民日報」（海外版）
我們認爲「二二八」起義所要求的民主和自治這一政治目標，不可能排除在「一國兩制」構想之外。祖國統一後，台灣仍然保存資本主義制度，保存與社會主義不同的意識形態。「一國兩制」的具體內容……希望台灣與大陸進行磋商討論。……	
……在當前形勢下，發揚二、二八的愛國民主精神，努力推動海峽兩岸的密切交往，是克服分離意識，反對台獨主張的有效之途，對促進民族大團結和實現祖國和平統一具有重大意義，……	一九八八年二月二十九日中共「人民日報」（海外版）
……二二八事件是台灣人民反對國民黨苛政，要求民主自治的全島性鬥爭……希望當局對「二二八」歷史給予平反，並向家屬（死難者）道歉，尊重兩岸民意，進一步「開放交流」，以順應「國家統一」的時代潮流。	一九八九年三月一日中共「人民日報」（海外版）
……現在，台灣島內還有一部份人在鼓吹「台獨」，這主要是國民黨長期反共政策造成的。希望台灣當局以準備「撫平」「二二八」爲契機，在兩岸關係上儘快取消種種不合理的人爲障礙，爲實現統一做出努力。	一九九一、二月二十八日中共「人民日報」（國內版）

……少數搞「台獨」的人利用「二二八」，偷換包裝，把歷史上台灣民衆向國民黨爭民主權力的鬥爭篡改爲要求「台獨」……	一九九三年二月二十八日中共「人民日報」（國內版）
……二二八起義直接表達的台灣人民追求「出頭天」，自己當家作主的願望，絕不是少數人鼓吹「台獨」所能實現。……	一九九四年二月二十七日中共「人民日報」（海外版）
……只有一個中國，反對「台灣獨立」……某些外國勢力插手台灣問題，干涉中國的內政，台灣當局某些人主張「分裂分治」，「階段性兩個中國」，「主權分割共享」，「擴大國際生存空間」的空間，客觀上起著縱容「台獨」的作用，所有這些言論和行動都是違背一個中國的原則的，要加以堅決反對。	一九九五年二月二十八日中共「人民日報」（海外版）
……在實現祖國統一的進程中，不管是什麼人，什麼黨派，只要是遵循一個中國的原則，贊同統一，反對「台獨」的，我們都支持，反之；我們就要與之堅決鬥爭。具有光榮愛國傳統的廣大台灣同胞一定要發揚「二二八起義」精神，在反分裂，反「台獨」，促統一的鬥爭中，作出新的貢獻。	一九九六年二月二十八日中共「人民日報」（國內版）
……五十年後的今天，我們隆重集會紀念「二二八」起義五十周年，更應堅決反對「台獨」分裂活動，努力促進祖國和平統一大業，以徹底撫平「二·二八」事件給臺灣人民帶來的內心創傷，早日實現「二·二八」志士們所追求的民主自治、繁榮富強的美好願望。這才是我們對「二·二八」起義最好的紀念。	一九九七年二月二十八日中共「人民日報」（海外版）

陸、結論

綜上所述，從中共歷年來召開「二二八」紀念會無論是毛澤東時代，或是鄧小平時代，從其參加人員及其發表之重要言論觀之，具有下列特點：

一、在對二二八事件的精神意義方面：則歸結為「反帝」「反蔣」。在五〇年代中共強調其反帝的意義，在七〇年代中共則改而強調其反蔣的精神，在八〇年代則改為認同「社會主義祖國」「愛國主義」。

民國四十一年（一九五二）台灣民主自治同盟（台盟）駐京辦事處主任林雲，在紀念二二八集會的開幕詞上，認為紀念二二八是為了「爭取早日解放台灣」，「在目前我們必須積極投入反貪污反行賄和抗美援朝運動中去。」參加二二八的台灣青年吳克泰、彭克巽和田富達等人發言：「他們一致表示要繼承二二八起義的傳統為爭取抗美援朝的勝利，和平解放台灣而奮鬥。」

民國四十六年（一九五七）的紀念集會上，謝雪紅認為二二八是台民反對美國帝國主義的侵略和反蔣統治的「愛國主義」，李純青則認為「蔣、美勾結拍賣台灣，台灣有殖民化的危機，受夠日本人殖民蹂躪的台灣人民逐起而反抗，「解放區人民也積極聲援台灣人民的鬥爭」。李稚甫從此而推論：「台灣人民孤立鬥爭的時代結束了，台灣人民的解放，是祖國人民革命事業的一部分，」「二月革命失敗血的教訓，也使台灣人民深刻體會到台灣人民的解放，需要全國人民的支持；」[88]

民國六十二年（一九七三）起，中共改以「反蔣」為紀念二二八的重心，認為「台灣人民在毛主席發出迎接『中國革命的新高潮』的偉大號召下，所發出的一次可歌可泣的愛國反帝鬥爭。」民國六十二年（一九七三）又說二二八是「反帝、反封建、反官僚資本主義的人民民主革命的一部份。」並呼應到現實：「當前反蔣鬥爭即是反孔孟之道的革命行動。」民國六十三年（一九七四）。中共更在三十週年時發行二二八紀念郵票，認為二二八是台灣人民響應毛澤東的革命號召，「配合祖國大陸的解放戰爭，沈重地打擊蔣幫反動統治。」「希望台灣同胞，及早掙脫反動統治，重回祖國懷抱。」民國六十六年（一九七七）。「反帝、反霸、反蔣愛國鬥爭。」民國六十七年（一九七八）由於反蔣必以中共為領導中心，因而二二八的鬧事群眾便由自發性轉變為響應性，所謂台民響應了毛澤東「中國革命新高潮」「那裏有壓迫，那裏就有反抗」，以推翻「台灣法西斯統治」。

中共想「解放台灣」「統一中國」的念頭從未稍息，尼克森訪問大陸後，中共宣傳「反美」「反帝」的聲浪低了下來；「五屆人大」提出「告台灣同胞書」後，推銷「三通」「四流」的和平統戰，因而不再厲聲「反蔣」了，剩下的主題，是回歸和統一。台盟的李純青和台聯的林麗韞，都在四十週年的紀念活動上，為實現「三通」，推銷「一國兩利」，號召「祖國統一」而致詞。

二、在對美國的宣傳態度方面：在五〇年代中共恐懼美國把台灣置於中立、託管或其勢力範圍，因而以攻擊美國的殖民主義為主；在六〇年代美國明顯對台灣無領土野心，中共則斥責美國製造「兩個中國」政策；在七〇年代中共反對台獨，並進一步要求美國對台撤軍、廢約、斷交；在八〇年代中共陸續達成，對美政策之目標，因而不再於紀念二二八週年攻訐美國了。所以，中共對美政策的四個階段，由嚴厲而漸趨緩和。

第一個階段，李純青指美國以共同防禦條約為名，企圖霸占台灣，又說美國煽動台灣獨立來行擺脫中國之實，中共堅決反對「兩個中國」、「聯合國託管」、「台灣中立」或「獨立」的任何政策，中共呼籲台灣人民趕走「美帝」，一如以前台民趕走荷蘭、西班牙和日本。民國四十四年（一九五五），中共指責美國壟斷台灣市場，行殖民剝削政策。美軍在台灣驕橫無狀，霸佔風景區，當街追逐婦女，借醉毆打台民，以致台北市電線牆壁上寫「美國鬼子滾出去」的標語。

民國四十八年（一九五九）李純青在二二八的週年紀念會上斥責美國製造「兩個中國」，反美的措詞依然尖銳。中共指說美國強盜我國文物，遂行文化侵略。又說：「在美國侵略和蔣幫掠奪下，台灣經濟繼續惡化。美日、美韓、美越相繼訂約共同防禦，中共視為莫大安全威脅，台盟呼應中共的外交政策，叫囂美軍應從亞、非、拉三洲滾出去。

民國六十三年（一九七四）起中共發現美、日卵翼了台獨派系，蘇子衡在二二八的紀念座談會上說：「那些投靠帝國主義，叫囂『台灣獨立』的一小撮人是台灣同胞堅決反對的。」民國六十二年三月一日（一九七三、三、一「人民日報」）。至民國六十四年（一九七五）中共與美國簽訂了「上海公報」，中共因未獲美國的明確放手台灣，故而仍假借二二八的集會上，指斥「兩個中國」、「一個中國兩個政府」和「台灣獨立」等說法。並且中共堅持美國對台撤軍、廢約、斷交，以此作為美國不干涉「中國內政」的證明，當然「國際上一小撮反華反共的頑固派」，總不能使中共如願。（民國六十六年三月一日（一九七七、三、一））。

八〇年代中共不再於二二八紀念日批評美國，民國七十六年（一九八七）二月二十八日中共還辦了「上海公報發表十週年」的紀念會，利用美國的投降動搖來打擊中華民國政府堅持反共國策的信念，並以二二八復仇主義的兇燄上，再對中華民國政府吹一把失敗主義的陰風。

三、在對中華民國政府的統戰策略方面：文革以前的訴求策略是「解放台灣」，認為台民生活在水深火熱之中；七〇年代的口號是「愛國一家」、「愛國不分先後」，採招降策略；八〇年代的口號是「三通」「四流」、「一國兩制」，改採漸進迫降政策。但是為了防止大陸民心歸向中華民國政府，中共對台灣現況報導，長期以來均是醜化歪曲。

文革以前中共宣傳台灣人民「過著非人生活」民國四十四年（一九五五），「水深火熱」—「貧窮、凍死、餓死、冒險而為盜賊」。事實上台灣經濟一直比大陸良好，餓死是不可能的；至於凍死，以台灣氣候言更不可能。中共仍堅持台灣人民生活「暗無天日」「美軍鐵蹄下」，中共「表達同情與關懷」民國四十九年（一九六〇）」。而歷年集會紀念二二八的主題，是「解放台灣」「台灣一定要回到祖國懷抱」。

至於「解放」的手段，初期是堅持「武力解放台灣」，民國四十一年（一九五二年）的二二八的五週年紀念會上，軍校學生趙敏說：「我是一個烈士的弟弟，我也是一個光榮的人民解放軍戰士。為了保衛祖國的和平建設事業、解放台灣、粉碎美國帝國主義的侵略陰謀……走上國防崗位上去。」他的哥哥是中共黨員，在二二八事件中殉難，中共以復仇主義來紀念二二八。

但是民國四十五年（一九五六）以後，中共改採和平策略，收拾起武力攻台的說法，而宣傳「和平解放台灣」，對中華民國政府說「不究既往寬大政策」，對人民說「台民三百年愛國傳統，千萬烈士鮮血革命傳統，要回歸祖國。」（一九五六，李純青）。

文革結束後，民國六十二年（一九七三）中共紀念二二八活動更盛況於往年，廖承志說：「解放台灣是包括台灣在內的中國人民的共同願望和神聖使命。」傅作義說：「祖國的統一是大勢所趨，人心所向。」他要求我政府「認清形勢，勿錯過立功機會。」並強調「愛國一家」「愛國不分先後」的口號。民國六十三年二月二八日（一九七四、二、二八）

民國六十四年（一九七五）中共與美國勾搭，並且安排在二月二七日這個敏感日子簽下「上海公報」，這當然是企圖給中華民國佈置一個四面楚歌的假相。中共安排高山族同胞田富達，宣達「台灣人民依然過著暗無天日的生活，只有社會主義能救中國。」（一九七五）。尼克森因水門案遭彈劾辭總統職位，中共卻在二二八紀念日邀請他到廣州等地訪華。廖承志更在紀念會上，發表釋放「美蔣特務和船員」返台的訊息，以製造誘降的氣氛。民國六十五年（一九七六）。翌年更提出「自由來回，保證來去自由和安全。」「三通四流」的辦法，鑑於我政府總是不理會，乃轉向「台灣人民具有革命愛國主義的傳統的英雄人民，……絕不會長期容忍剝削壓迫。」民國六十六年（一九七七）。

民國三十八年大陸淪陷時，有一艘巡洋艦倒戈加入中共，其日子不是二月二十八日而是二十五日。但中共在紀念二二八的三二週年時，合併紀念重慶巡洋艦「起義三十週年」，以宣傳「台灣回歸大勢所趨」。由於我政府對於「三通」「回歸」始終駁斥，中共也加強宣導希望「台灣留學生返祖國建設」，以收實際成效。

八〇年代中共在加緊對台迫談誘降的統戰攻勢下，不便再由「政協」「台盟」主持「二二八座談會」乃改由「台聯」出面辦元宵茶話，福州地區去台人員親屬要求通信，中共出版「台灣小說選」所選「陸軍上士陶多泉」，描述多省籍兵老懷鄉思情之情，台聯人員更在「祖國統一前景下」，批判台灣社會，鼓吹三通。民國六十九年（一九八〇）

民國七十一—七十四年（一九八一至八五）間，中共對「二二八」雖未辦紀念活動，但在這敏感日子，「人民日報」，依列都有報導台灣社會的文章和新聞，均從批判角度，如「台灣教育風氣敗壞，學生道德觀念差」，「醫療費用昂貴威脅平民」，「仿冒品越來越多」，「現有通緝犯十二萬人增加率逾百分之二百」，「鐵窗業興旺警察局公館也製」，「婦女就業離婚後予以退職」，「處處有陷阱少女落風塵」，「科技人才外流嚴重」，「販賣假藥醫生用禁品」，「女工遭虐待、毆打、誘騙、強姦和殺死」……總之，中共蒐積台灣社會病態缺失的一面，予以集中強化報導，避免大陸人心嚮往台灣。另外又報導「大陸名酒茅台、汾酒，在台供不應求」，「台胞愛聽大陸歌，會演大陸戲」，「海峽兩岸通商激增百分之一三〇」……以彰中共「三通」政策已有成效，塑造「祖國統一為期不遠」的假相。

四、在對台胞組織的運用方面：文革以前，台盟（「台灣民主自治同盟」）是中共對台工作的重要執行機關；文革後政協（「全國政治協商會議」）接起了二二八座談會的主辦權，近年台聯（「台灣同胞聯誼會」）則又接起了部分對台統戰工作。當然對台統戰的決策機關，始終都是由中共的統戰部領導指揮。

台盟成立於民國三十六年（一九四七）十一月，總部初設上海。主席謝雪紅於民國三十八年（一九四九）抵北京後，由於中共對於台盟的高度重視，謝雪紅隨之兼任了許多要職，歷任「中國婦女聯合會」執行委員、「民主青年聯合會」副主席、「全國政協」委員、「中央政治法律委員會」委員、「華東軍政委員會」委員、「中蘇友好協會」理事等。然而自民國四十二年（一九五三），在「台盟」副主席李純青及北京主委陳炳基等人的排擠之下，謝雪紅開始受到中共當局歧視。每年的二二八講話，不再是謝雪紅的專利，而是謝雪紅、李純青共同講詞在人民日報刊出。李純青以「台盟副主席」身份，主持民國四十八年－五十三年（一九五九至一九六四）間的二二八座談會。田富達又以「台盟總部理事」身份，主持了民國五十四年（一九六五）二二八座談會。主持人選雖有異動，但講話的內容和精神卻不因人而異，完全配合中共對台政策需要而定。

謝雪紅在民國四十六年（一九五七）受到中共批判鬥爭，她的戰友楊克煌、江文也、沈毅等也受整肅。謝雪紅本身被拉出來鬥爭十多次之多，她的罪名是「右傾」，阻撓「反右派鬥爭」，反對中共「土改政策」和「三反五反」。至於謝雪紅在二二八事件所立的汗馬功勞，則以「老革命架子」「女英雄主義」被一筆勾消了。民國四十七年（一九五八）一月下旬的台盟代表大會上，謝雪紅的台盟主席職務被撤銷了，最後連中共黨籍也被開除了。民國六十年（一九七一）中共加入聯合國後，僑居海外的台灣人，常向中共人員打聽謝雪紅下落。中共的台灣籍黨員陳炳基、吳克泰、蔡子民等，乃說謝雪紅人格有瑕疵：「日據時代叛黨而投降日本帝國主義」，勾結日警特高，開『三美堂』「百貨商店」招待日本兵」，「採取逃跑主義，在埔里解放『二七部隊』，反革命反人民」，「與楊克煌捲逃人民捐款，逃亡香港」等。

台盟在文革以前，執行中共統戰部對台工作的訓令，每年二月二十八日，台盟總部和其北京市支部召開「二二八紀念座談會」，每次約有十位二二八參加者發言，座談會的經過和摘要發表在報刊上。

民國六十二年（一九七三）起，紀念二二八的集會，改由「全國政協」接手，與會者由數十人增加為一百多人。民國六十六年（一九七七）更達到三百多人，台盟人員比例更見降；地點改在「人民大會堂台灣廳」，主持人由廖承志親自出席，中共紀念二二八的層次提高，統戰部門不再於幕後決策，更走到幕前演出，反映中共對台統戰已顯得焦急、迫切和較無耐性了。

民國七十六年（一九八七）中共紀念二二八的四十週年，除了台盟的李純青、蔡子民、吳克泰等人紛紛露面外，台聯的主席林麗韞也發表了一篇「台灣人民必會走上愛國統一道路」講詞。可見中共對台統戰，以多元化組織來加強其工作。民國七十七、七十八年（一九八八、一九八九年）一些未參加過二二八事件的台籍人士，則仍聚集在「台聯」「台灣同學會」等旗下，舉辦「二、二八」紀念座談會，自民國八十年以後中共幾乎每年皆有透過台籍組織舉辦「二．二八」紀念會，因此隨著鄧小平時代的結束，江澤民也積極加強對台工作，充分反映中共對台統戰更見靈活，吾人不得不提高警覺。

中共歷年來（一九四九—一九九七）召開台灣「二、二八」紀念會重要人士出席情形

年	主辦團體	主持人	主要發言者	參加人數
一九四九	在北平市台胞	詹以昌	趙毅敏、陳其瑗	一二〇名以上（七名）
一九五〇	台灣民主自治同盟	林鑑生	朱德、郭炤烈	六〇〇名以上（三名）
一九五一				
一九五二	台灣民主自治同盟	林雲	彭澤民、田富達	一〇〇名以上（六名）
一九五三	台灣民主自治同盟	林雲	陳炳基	一〇〇名以上（三名）
一九五四				
一九五五	台灣民主自治同盟	謝雪紅	李純青	（五名）
一九五六	台灣民主自治同盟	謝雪紅	李純青	（四名）
一九五七	台灣民主自治同盟	謝雪紅	李純青	七〇名以上（二名）
一九五八	台灣民主自治同盟	李純青	田富達、楊春松	一〇〇名以上（六名）
一九五九	台灣民主自治同盟	徐萌山	田富達、楊春松	（八名）
一九六〇	台灣民主自治同盟	徐萌山	田富達、楊春松	（六名）
一九六一	台灣民主自治同盟	徐萌山	田富達、陳文彬	一〇〇名上（一三名）
一九六二	台灣民主自治同盟	徐萌山	田富達、謝南光	（一四名）
一九六三	台灣民主自治同盟	徐萌山	田富達、謝南光	（一五名）

一九六四	台灣民主自治同盟	徐萌山	陳文彬、謝南光	（一二名）
一九六五	台灣民主自治同盟	田富達	陳炳基、謝南光	一〇〇名以上（七一名）
一九六六				
一九六七				
一九六八				
一九六九				
一九七〇				
一九七一				
一九七二				
一九七三	政協全國委員會	傅作義	廖承志、傅作義	一〇〇名以上（一二〇名）
一九七四	政協全國委員會	許德珩	廖承志、傅作義	一〇〇名以上（一二〇名）
一九七五	政協全國委員會	許德珩	廖承志	一〇〇名以上（一三九名）
一九七六	政協全國委員會	許德珩	廖承志	一〇〇名以上（一四八名）
一九七七	政協全國委員會	許德珩	廖承志	三〇〇名以上（一六五名）
一九七八	政協全國委員會	許德珩	廖承志	二〇〇名以上（一九九名）
一九七九	政協全國委員會	許德珩	廖承志	二〇〇名以上（一七二名）
一九八〇				
一九八一				

一九八二				
一九八三				
一九八四				
一九八五				
一九八六				
一九八七	台盟、台聯會、台灣同學會	蘇子蘅	林麗韞、廖秋忠	二〇〇名以上
一九八八	台盟、台聯會、台灣同學會	李純青	郭平坦、林麗韞	二〇〇名以上
一九八九	台盟、台聯會、台灣同學會	蔡子民	蔡子民、林麗韞	七〇名以上（七名）
一九九〇				
一九九一	台盟、台聯會、政協全委會		蔡子民、林麗韞、盧嘉錫	二〇〇名以上
一九九二				
一九九三	台盟、台聯會		蔡子民、徐兆麟	二〇〇名以上
一九九四	台盟、台聯會		蔡子民、張克輝、吳克泰、郭平坦等	二〇〇名以上
一九九五	台盟、台聯會		張克輝、周青、楊國慶等	二〇〇名以上
一九九六	台盟、台聯會		蔡子民等	二〇〇名以上

一九九七	台盟、台聯會、海峽兩岸關係協會全國總工會、中國社會科學院台灣研究所		蔡子民、唐樹備、許世銓等	二〇〇名以上

註1.（　）內是姓名可以確定者。
註2.主要參考中共「人民日報」報導。
註3.空格部份表示未召開紀念會。

註釋

❶《共匪對台陰謀活動組織人事調查》（台北、法務部調查局印行、民國七十六年六月），頁二五—二八。轉引自〈民國七十一年六月台灣同胞聯誼會綜合分析〉一文。

❷同前註❶，頁二六，轉引自民國七十年十二月十五日中國新聞。

❸同前註❶，頁二六—二七，轉引自民國七十一年十二月十四日中國新聞、民國七十五年四月十六日中共〈人民日報〉海外版，民國七十二年十二月六日中共〈人民日報〉。

❹一九八七年十二月一日〈人民日報〉海外版。

❺新章程見中共海外版〈人民日報〉（一九八七年十一月二十九日），舊章程見中共國內版〈人民日報〉（一九八三年十二月十日）

❻見〈中共『台盟』召開中委會議採行主席團集體領導方式〉（中央社、台北、一九八七年十二月二日電）頁四—五。

❼見中共海外版〈人民日報〉（一九八七年十二月一日）

❽同前註❶，頁一五—二〇。

❾同前註❶，頁四〇。

❿中川昌郎著、楊明雄譯〈三十年來中共對台灣的態度〉（八十年代、第五卷、第一期、民國七十一年八月出版），頁六七—七六。

⓫敵情系編著，《匪黨策略研究》（台北、政治作戰學校，民國六十九年），第九五—九八頁。

⑫ 李稚甫著《台灣人民革命鬥爭簡史》（廣州，華南人民出版社，一九五五年），第一頁前記。
⑬ 一九五二年二月二十九日〈人民日報〉，第一版。
⑭ 一九五五年二月二十八日〈人民日報〉，第一、三版。
⑮ 一九五六年二月二十八日〈人民日報〉，第三版。
⑯ 一九五七年二月二十八日〈人民日報〉，第一、三版。
⑰ 一九五八年二月二十八日〈人民日報〉。
⑱ 一九五九年二月二十八日〈人民日報〉，第三版。
⑲ 一九六〇年二月二十八日〈人民日報〉，第三版。
⑳ 一九六二至六六年之各年二月二十八日〈人民日報〉。
㉑ 一九七三年二月二十八日〈人民日報〉，第一、二版。
㉒ 一九七四年二月二十八日〈人民日報〉第三版。
㉓ 一九七五年三月一日〈人民日報〉，第四版。
㉔ 一九七六年二月二十九日〈人民日報〉，第一、五、六版。
㉕ 一九七七年二月二十八日及三月二日〈人民日報〉八版、二版。
㉖ 一九七八年三月一日〈人民日報〉，第三、五版。
㉗ 一九七九年三月一日〈人民日報〉，第二、四版。
㉘ 一九八〇年三月三日〈人民日報〉，第四版。
㉙ 一九八一年二月二十七日〈人民日報〉第三版及一九八五年三月七日〈人民日報〉，第一版。
㉚ 一九八七年三月二日〈人民日報〉，第一版。

㉛ 一九八八年二月二十九日〈人民日報〉(海外版)。

㉜ 馬起華編《二二八研究》(台北、中華民國公共秩序研究會出版，民國七十六年十月出版)，頁一六〇。

㉝ 同前註㉜，頁一五七—一五八。

㉞ 謝傳聖，《大陰謀—共匪統戰顛覆實錄》(台北：聯經出版公司，民國六十八年一月)，頁三二一。

㉟ 毛澤東，〈「共產黨人」發刊詞〉，《毛澤東選集》第二卷(北平：人民出版社，一九六九年六月)，頁五七三。

㊱ 〈台灣省工作委員會〉，以蔡孝乾為書記，最初僅有黨員七十餘人，至一九五〇年底，黨員增至九百餘人，一共建立了一個學生工委、二個山地工委、五個地區工委，十七個市(區)工委，一〇四個支部，八個獨立小組和若干小型的武裝基地。(引自郭瑞華，「中共對台統戰政策的演變」(台北、共黨問題研究月刊，十四卷五期，民國七十七年五月十五日出版)，頁一—二三。

㊲ 同前註㊱〈中共對台統戰政策的演變〉一文，頁三。

㊳ 周恩來，〈目前國際形勢和我國外交政策〉，〈人民日報〉，一九五于年七月三十一日，北京、二版。

㊴ 周恩來，〈爭取和平解放台灣—在「政協」二屆二次會上的講話〉，《中共關於「解放台灣」的文件集》(一九四九—一九七一)(香港：當代中國研究所出版，一九七二年)，頁一二。

㊵ 同前註㊴，頁一四。

㊶ 周恩來，「台灣的解放一定夠實現」、「周恩來選集」下卷(北平：人民出版社，一九八四年十一月)，頁二〇〇。

42 同前註41，頁二〇二。

43 同前註39，頁一二。

44 〈關於政治報告的決議〉，〈人民日報〉，一九五六年九月二十六日，北平二版。

45 Lewise Gibert, "peking and Taipei", The China Quarterly, NO. 15 (July-Sept, 1863), p.57.

46 張虎，〈中共的『武力刺探』—析『八二三炮戰』〉，（台北，「中國大陸研究」月刊，第二十八卷第三期，民國七十四年九月，頁三九—四〇。

47 〈中華人民共和國外交部長陳毅駁斥美國國務卿杜勒斯在聯合國大會上發言的聲明〉，《中共關於『解放台灣』的文件集》，前引書，頁二二。

48 同前註47，頁二四—二五。

49 一九五八年十月七日〈人民日報〉北平，一版。

50 同前註47，頁三〇—三二。

51 沈呂巡，〈軍售問題與中共對台政策之研究〉（台北：三民書局，民國七十五年一月），頁九。

52 丁永康，〈中共對美國外交政策：理論與質關係探討〉（台北，政大東亞研究所碩士論文，民國六十九年六月），頁六三—六五。

53 〈中華人民共和國美利堅合眾國聯合公報〉，《周恩來選集》第二卷（香港：一山圖書公司，一九七六年八月），頁五七九。

54 翁松燃，〈經濟改革聲中的中共對台政策〉，（香港，「九十年代」月刊，第一八九期，一九八五年十月），頁三六。

55 郭瑞華，〈中共對台統戰政策的演變〉（台北、共黨問題研究月刊，十四卷五期，民國七十七年五月十五日），頁五。

56 陳裕清，〈當前中國青年的價值認同與思想取向〉、〈民族大義的中心磁極〉（台北：中國國民黨中央委員會文化工作會，民國六十二年編印），頁一—三九。

57 同前註34，頁五二。

58 張榮恭，《中共九大後對海外華人之統戰工作》（台北：政大東亞研究所碩士論文，民國六十四年六月），頁七七—八三。

59 人民日報社論，〈歷史潮流不可抗拒〉，《中共關於「解放台灣」的文件集》，前引書，頁八二。

60 施君玉，〈任何敵視中國的陰謀必敗〉，〈大公報〉，一九七一年十月二十七日，香港，二版。

61 同前註58，頁八四。

62 〈全國政協舉行座談會紀念台灣人民「二、二八」起義二十六週年〉，〈大公報〉，一九七三年三月二日，香港，一版。

63 「首都各界人士和在京的台灣同胞舉行座談會紀念台灣省人民「二、二八」起義二十七週年」，〈人民日報〉，一九七四年三月一日，北平，三版。

64 一九七四年三月二日〈人民日報〉，北平，三版。

65 一九七四年三月一日〈人民日報〉，北平，三版。

66 周恩來，「政府工作報告」，〈人民日報〉，一九七五年一月二十一日，北平、一版。

67 一九七八年三月七日〈人民日報〉，北平，五版。

68 一九七八年三月八日〈人民日報〉，北平、一版。

69 〈告台灣同胞書〉，北平《新華月報》，一九七九年一月號，第四一一期，一九七九年二月二八日，頁十—十一。

70 同前註69，頁十—十一。

71 〈葉劍英向台灣當局提九點方案對等談判實行第三次國共合作〉，〈大公報〉，一九八一年十月一日，香港，一版。

72 同前註71。

73 同前註69。

74 同前註71。

75 同前註55。

76 鄧小平，〈穩定世界局勢的新辦法〉，《建設有中國特色的社會主義》（廣東：人民出版社，一九八四年十二月），頁二三。

77 趙紫陽，〈政府工作報告〉，北平，《新華月報》，一九八四年五月號，第四七五期，一九八四年六月三十日，頁一五。

78 〈鄧小平主任會見里根總統夫婦並向里根舉行會談〉，北平，《新華月報》，一九八四年四月號，第四七四，一九八四年五月三十日。

79 錢俊瑞〈從香港問題圓滿解決論「一個國家兩種制度」英明構想〉，《論「一國兩制」》（專輯）（香港：文匯報，一九八四年十二月十九日，頁一一。

80 〈趙紫陽總理的講話〉、〈人民日報〉，一九八四年十月一日，北平、一版。

81 鄧小平，〈在中央顧問委員會第三次全體會議上的講話〉，〈人民日報〉、一九八五年一月一日，北平一版。

❽〈國務院發出通知公佈招待台胞探親七條辦法〉，〈人民日報〉海外版，一九八七年十月十七日，一版。
❽評論員，〈歡迎台灣同胞到大陸探親〉，〈人民日報〉海外版，一九八七年十月十七日，一版。
❽一九八七年十月二十五日〈人民日報〉海外版，一九八七年十月二十五日，四版。
❽〈中共中央邀請黨外人士共商國是〉，〈人民日報〉海外版，一九八七年十一月十五日，一版。
❽〈趙紫陽談笑風生縱論天下事〉，〈人民日報〉海外版，一九八七年十一月三日，三版。
❽一九五二年二月二十九日〈人民日報〉第一版。
❽同前註⓬，頁一九一。

第八章 結論

第一節 當前中國大陸學界對唯物史觀的反思

壹、關於歷史發展階段問題

馬克思的唯物史觀（歷史唯物主義），是馬克思主義的靈魂。當二十世紀初期，它就傳到日本，如河上肇翻譯塞里格曼著「歷史的經濟說明」，它是日本出版物中論述馬克思歷史唯物主義的第一本書。一九一九年五月到十一月十一日「晨報」副刊登載河上肇的「馬克思唯物史觀」，這便進而傳入到中國。不過，由於歷史唯物主義有馬克思版本與史達林版本的不同，而長期以來中共所接受的，卻是史達林版本。近年大陸學界掀起對馬克思主義反思的風潮，其在歷史唯物主義方面，要求恢復馬克思版本的本來面目，這就成為主要探討的課題。茲就此說明如次。

一、五形態說

大陸學界指出：

「長期以來，我們盲目地接受蘇聯傳播的一套社會發展理論，即僅僅根據階級關係來劃分社會形態，認為人類社會發展過程要依次經歷原始社會、奴隸社會、封建社會、資本主義社會和共產主義社會五種形態，斷言普遍規律。現在，我們應當恢復馬克思主義的本來面目，糾正這個理論上的失誤。」❶

所謂蘇聯的社會發展理論，即史達林提出的社會發展「五形態說」，或稱「五階段」單線發展論。史達林在「辯證唯物主義與歷史唯物主義」一文中，首次提出「五形態說」。他說：「歷史上有五種基本生產關係：原始公社制的，奴隸制的，封建制的，資本主義的，社會主義的。」他不僅這樣劃分五種形態，而且把每一種形態都同生產力水平聯繫起來，說這些形態都是由生產力、特別是生產工具的發展水平制約的，是一個必然的過程。史達林的這些觀點，寫進聯共（布）黨史，編入歷史唯物論和政治經濟學教材，便成為研究人類社會發展史，甚至每個國家和民族發展史所應遵守的基本準則。在中國大陸，誰要是敢於對它提出異議，或不按照這個公式來描述各個國家和民族的發展史，就是離經叛道，就要批判整肅，如梁漱溟、雷海宗、尚鉞、錢穆等即是。

然則，史達林的五形態說，究竟是史達林所獨創，抑來自馬克思？這個問題，卻發生爭論。

如鄭鎮❷，他認為，「五階段」單線發展論確為史達林提出，馬克思也確實從來沒有說人類社會有五種基本的社會形態依次更替。但是，不能因此斷言馬克思沒有「五形態說」的思想。相反，史達林這一經典的表述，正是淵源於馬克思。因為，從現有資料看，在人類歷史上最早指出人類社會有五個發展階段的不是史達林，也不是馬克思，而是空想社會主義者聖西門。為了證明資本主義社會必定被社會主義者代替，聖西門試圖理出一條人類社會發展的基本線索。根據人類文明發展的程度和階段關係的狀況，他把人類社會分為五個階段：原始社會、奴隸社會、神學和封建的社會、過渡性社會（資本主義社會，即十五世紀以來破壞神學和封建體系的時代）、未來的「實業和科學的社會」（社會主義社會）。然而聖西門雖然第一次對人類歷史作了基本的分期，但這只是一種猜測，因為他並沒有就這一分期作理論上的闡述。特別是聖西門堅持唯心史觀，他認為歸根到底是理性推動歷史前進。受聖西門的影響，馬克思很自然地把人類歷史的發展分為五個不同的發展階段，所不同的，是馬克思從社會經濟形態來說明歷史發展的過程，亦即以社會經濟形態推它為「緯線」，另以社會歷史階段性發展為「經線」，科學地再現了人類歷史。它的理論發展，大致幾個階段：

㈠社會經濟形態理論未形成之前（一八四二—一八四五年）

一八四二年，在「萊茵報」工作期間，馬克思發現自己原來所信奉的黑格爾的國家觀不適用於現實。一八四三年春夏之際，在「黑格爾法哲學批判」手稿中，馬克思得出了與黑格爾相反的結論：不是國家決定市民社會，而是市民社會決定國家。他從市民社會和國家關係的角度分析了古代社會，中世紀社會，新時代社會和未來的、能導致人解放的、代表人民的民主制社會。在這裏，馬克思雖然還沒有真正揭示出歷史發展的進程，但歷史進程階段性已見端倪。但是「市民社會」指的是什麼？它又是由什麼決定的？對這些問題，馬克思從對黑格爾法哲學的批判轉入對資產階級經濟學的批判，以便在經濟學中尋找到市民社會的解剖力，以進一步掌握打開人類歷史之謎的鑰匙。「一八四四年經濟學哲學手稿」（以下簡稱手稿）」，就是這一研究成果的結晶。在「手稿」中，物質生產是歷史的發源的觀點，得到了初次的論證。馬克思認為，國家是由市民社會決定的，而作為市民社會基礎的私有制又是由異化勞動而產生的。這樣，馬克思的觀點向前發展了一步，一八四三年認為歷史發展的決定因素是市民社會，一八四四年則認為決定因素是物質生產勞動。物質生產勞動不但決定市民社會，進而決定國家和社會的其他所有方面，包括著社會意識的各種形式。「宗教、家庭、國家、法、道德、科學、藝術等等，都不過是生產的一些特殊方式，並受生產的普遍規律的支配」（馬克思恩格斯全集、第四十二卷、第一二一頁）。在這裏，生產力決定生產關係和上層建築的思想開始萌芽。馬克思通過分析異化勞動產生、發展和揚棄的過程，把社會歷史的發展分為：⑴異化勞動未出現時期，這時還不存私有財產制：⑵異化勞動時期，存在私有制；⑶異化勞動被揚棄時期，私有制被消滅，在這裏，馬克思對歷史分期還保留著黑格爾「三段式」的遺跡，但是由於緊緊抓住異化勞動這一主線，說明，他已經找到了社會歷史分期的根據

一八四三年他還是以國家和政治制度作為分期的根據，而在這裏則是以勞動作為分期的

依據。

㈡社會經濟形態理論初步形成階段（一八四五—一八四八年）

一八四五年馬克思的歷史觀始成熟。如果說在「手稿」中，作為人類歷史發源地的物質生產還是以不大明顯的形式包含在異化勞動中的話，那裏在一八四六年的「德意志意識形態」（以下簡稱「形態」）中就十分突出地強調了生產在社會歷史發展中的決定作用，並對生產力決定生產關係、經濟基礎決定上層建築作了初步闡述。與這一成果相適應，馬克思、恩格斯第一次揭示出歷史上彼此依次更迭，並在每個階級上位統治地位的五種所有制形式：⑴部落所有制；⑵古代公社所有制和國家所有制；⑶封建的或等級的所有制；⑷資產階級的所有制；⑸未來的共產主義公有制。而且還進一步揭示了它們依次更替的規律性。

㈢社會經濟形態理論形成階段（一八四八—一八六七年）

一八四八年，歐洲革命失敗後，馬克思利用革命低潮的喘息機會進行更深入的理論研究工作。社會經濟形態理論終於形成了，社會歷史進程也被清晰地勾畫出來了。

在馬克思於一八五二年發表的「路易、波拿巴的霧月十八日」中，第一次出現「社會形態」這一概念。此後，他就不再用「所有制形式」、「社會形式」等用語表述社會歷史發展的階段，而是用「社會形態」或「社會經濟形態」來表述。從而把社會經濟形態作為劃分社會歷史發展階段的依據也最後被確定下來了。

在馬克思於一八五九年發表的「政治經濟學批判『序言』」（以下簡稱「序言」）中，

社會的結構，即生產力決定生產關係，經濟基礎決定上層建築的原理得到了經典的表述。在此基礎上，馬克思指出了歷史上社會經濟形態依次更替的情況：「大體說來，亞細亞的、古代的、封建的和現代資產階級的生產方式可以看做是社會經濟形態演進的幾個時代。資產階級的生產關係是社會生產過程的最後一個對抗形式……」（馬克思恩格斯選集、第二卷、八十三頁）加上未來的共產主義生產方式，這樣，歷史的發展就呈現出五種社會經濟形態。

在一八六七年出版的「資本論」中，馬克思以社會經濟形態理論對資本主義社會的結構作了深入的分析。他首先分析了作為資本主義經濟細胞的商品中所包括的矛盾，進而分析資本主義的生產過程、流通過程的各個方面，把資本主義社會的生產力、生產關係和上層建築的矛盾和盤托出，從而得出這樣一個結論：社會經濟形態的發展是一種自然歷史過程，共產主義代替資本主義是歷史的必然。這樣，關於歷史發展千古之謎的大門終於被打開了。列寧指出，例如達爾文推翻了神造論，第一次把生物學放在完全科學的基礎上一樣，「馬克思也推翻了那種把社會看作可按長官的意志（或者說按社會意志和政府意志，都是一樣）隨便改變的、偶然產生和變化的、機械的個人結合體的觀點，第一次把社會學置於科學的基礎上，確定了作為一定生產關係總和的社會經濟形態的概念，確定了這種形態的發展是自然歷史過程。」（「列寧選集」第一卷，第一〇頁）。

但這並不是說到了七十年代，馬克思的社會歷史進程理論已經到了完美無缺的地步。相反，它還有不完善之處。第一、在四十年代的不同時間，馬克思社會歷史分期不很一致。除了一八四四年，他以異化勞動為主線，把社會歷史進程分為三個階段之外，就是在唯物史觀已經成熟後的一段時期中，他描述社會歷史進程的階段也不固定：在「形態」中，他把人類社會分為五個階段，在一八四八年二月出版的「共產黨宣言」（以下簡稱「宣」）言中，他和恩格斯揭示了奴隸社會、封建社會和資本主義社會的階級鬥爭狀況，加上共產主義社會，在這裏只呈現出了人類社會的四個階段。在一八四七年寫成的，一八四九年發表的「僱傭勞動與資本」中，馬克思指出，古代社會、封建社會和資產階級社會都是標誌著人類歷史發展中的一個特殊階段，加上未來的共產主義社會，這裏也只呈現出人類社會的四個發展階段。第二、馬克思對於原始社會的認識很含糊。在「形態」中所表述的第一種所有制形式從經濟結構上看像是原始社會（「當時人們是靠狩獵、捕魚、牧畜或者最多是靠耕作生活的」）；從社會結構上看又像是奴隸社會，因為它不但有父權制的酋長和他們所管轄的部落成員，而且還有「隱蔽地存在於家庭中的奴隸制」。之所以存在這兩個問題，是因為當時馬克思還不了解原始社會的狀況。從五十年代起，馬克思開始把注意力引向東方。他根據十七、十八世紀以來西方旅行家、傳教士、外交家、殖民官員所提供的材料，對東方社會的經濟結構、政治結構進行研究，發現東方存在著一種與西方不同的「亞細亞的生產方式」。但是「亞細亞的生產方式」屬性是什麼，馬克思始終沒有做明確界說。因此至今還引起人們無窮的猜測和爭論。也許正因為沒有最後弄清「亞細亞的」屬性，在一八五九年的「序言」中，馬克思在表述五種社會形態依次更替時用了「大體說來」這個不大確定的口氣。但有一點是可以肯定的，馬克思認為在「古代的」社會形態（指古希臘、羅馬奴隸制社會）前一定還有個社會形態。就是說，馬克思認為人類社會是有五種社會形態依次更替的。

後來，歷史科學有一系列新發現，特別是摩爾根發現了氏族的真正本質及其對部落的關係。馬克思首先敏銳地發現了這本書的重要價值。一八八四年，恩格斯在整理馬克思手稿時，發現馬克思在一八八〇—一八八一年間對摩爾根的「古代社會」一書作了詳細摘要，並寫了許多評語。因此，他利用了馬克思的批語，以及摩爾根這本書中的某些結論和材料，於一八八四年寫出了《家庭、私有制和國家的起源》。在書中，恩格斯不但揭示，原始社會的社會結構，而且指出文明時期有三大奴役形式：奴隸制、農奴制和僱傭勞動制。加上原始社會和共產主義社會，人類社會歷史進程五階段就被清晰地揭示出來了。這裡要強調指出的是，這「五形態說」不僅是恩格斯的觀點，而且也就是馬克思的觀點。因為恩格斯在書的序言中明確指出他的書「某種程度上是執行」馬克思的「遺言」。不僅如此，一八八八年恩格斯還給「宣言」英文版作了注釋，指出以前由於不懂得原始社會情況，而把全部歷史看成是階級鬥爭史是不對的。這就完善了馬克思在四十年代關於歷史分期的不足之處。因此，那種認為「五形態說」只是史達林的觀點，它和馬克思無緣的看法，是沒有根據的。

但是，大陸學界亦有人根本否定「五形態說」淵源於馬克思的論點，他們認為，它是史達林對馬克思主義的附加和曲解。❸此何故？

最主要的原因是：一般認為「五形態說」出自馬克思著，他們都是以「序言」為論證的根據。單從字面上看，馬克思這一段話的意思，同史達林概括的五種形態，好像沒有多大區別，但如果了解馬克思寫那段話的思想背景，就會發現他同史達林講的意思完全不同。馬克思的「序言」寫於一八五九年初，這是馬克思剛剛寫完「倫敦手稿」—「一八五七—一八五八年經濟學手稿」的時候。在「倫敦手稿」中，有一節專門研究「資本主義生產以前的各種形式」，馬克思在那裏指出幾種社會形式：亞細亞的所有制形式、古代的所有制形式、日爾曼的（中世紀）所有制形式，並且把這些形式同資本主義作了比較分析。一看就清楚，馬克思在「序言」講的幾種經濟形態，就是他在「倫敦手稿」這一節中講的幾種所有制形式，連用的都一樣，亞細亞的、古代的、「封建的」也就是指中世紀的、日爾曼的所有制。馬克思講的意思同史達林的五形態理論，有三大原則性的區別：

第一、馬克思是在三種形態的思想框架內，來講幾種所有制形式的。他把資本主義社會以前的幾種所有制形式，亞細亞的、古代的、中世紀的形式，看作是同一種社會形態，即自然經濟和人的依賴關係。他在「倫敦手稿」中把這些前資本主義形式都稱之為「公社制的生產關係」，指出他們的共同特徵是：以土地財產和農業為基礎，以使用價值為生產目的，從而以再生產舊的社會組織為目的：它們都是個人直接隸屬於或大或小的共同體，沒有獲得共同獨立性：都是共同地區性的、非常有限的生產力相聯繫（參見「馬克思恩格斯全集」第四十六卷「上」，第四七一—四九七頁）。所謂前資本主義形態，就是以自然經濟為基礎的「人的依賴關係」，這是講得明明白白的。所謂資本主義形態和未來的共產主義形態，馬克思當時是指它們分別等同於商品經濟社會和時間經濟社會❹的部份。他分析的資本主義形態的歷史特徵，實際上是商品經濟的一般特徵。同時，他關於共產主義社會的論述，實際上講的都是時間經濟社會的特徵。馬克思在「序言」中講的那段話，是對三形態下邊的一些具體社會組織形式的通俗概括，並不是像史達林講的那樣，完全離開三種形態，另外劃分出五種形態。馬克思為什麼要把商品經濟社會等同於資本主義社會，把時間經濟社會等同於共產主義社會呢？主要由於馬克思所處的時代局限性。在馬克思生活的時代，商品經濟社會只有一種形式，就是西方的那種資本主義，馬克思只能根據那種經濟事實來作理論概括。同樣，在馬克思生活的時代，世界上還沒有出現社會主義國家，他不知道在自然經濟基礎上建立的社會主義國家，還遠遠不可能實行時間經濟，他以為共產主義的兩個階段（包括作為第一階段的社會主義社會），都只能在商品經濟發展到極限之後生，因而也就只是時間經濟。而今有了實踐經驗，可以補充馬克思的理論了，不能再把自然經濟社會、商品經濟社會、時間經濟社會這三種形態，完全等同於前資本主義社會、資本主義社會、共產主義社會這三個歷史階段，可以不再沿用後一種概念。

第二、史達林講的五種形態，是從階級關係出發的，他把馬克思講的亞細亞社會改為原始公社，把古代社會改為奴隸社會，突出了以階級鬥爭為主線。與此不同，馬克思劃分資本主義以前的幾種所有制形式，或者更確切地說，他劃分自然經濟社會的幾種具體形式，不是從有沒有剝削、以什麼樣形式剝削這標準出發，而是從個人同社會共同體的關係出發。馬克思講的亞細亞社會，不是指原始公社，而是指在亞洲存在的那種自然經濟社會，它從很古的時候，一直延續到近代。亞細亞社會的基本特徵是，生產以種植業為主，土地歸社會共同體所有，個人只是佔有和使用，沒有所有權。人們生活在城市與鄉村無差別的統一中。馬克思講的古代社會，不是專指奴隸社會，而是指古希臘、古羅馬的那種自然經濟社會。它的基本特徵是戰爭成為重要的經濟活動，人們按照軍事方式組織起，生活地點以城市為中心。它的所有制形式是公有與私有並存，一部分土地直接歸社會共同體所有，另一部分劃歸私人所有，但是個人對土地的這種所有權，仍然要以它作為共同體成員的身份為前提。馬克思講的封建社會，不是指農奴制，而是指歐洲中世紀的那種自然經濟社會，或者說日耳曼人征服羅馬帝國之後形成的那種社會形式，所以馬克思常常把封建的、中世紀的、日爾曼的幾個概念，作為同義語來使用。封建社會的特徵是實行領主制，除了一些公用牧場、林地之外，土地基本都劃歸私人所有，共同體只表現為私人之間的聯合，人們的生活以農村為基地，然後在城鄉對立中運動。對於奴隸、農奴制這些具有階級對抗社會現象。馬克思沒有把他們看作是獨立的社會形態，而是把它們僅僅看作是古代所有制、中世紀所有制的派生形式，是它們走向解體的否定形式。從馬克思的「倫敦手稿」看，他認為自然經濟社會中各種形式的基本特徵是共同體所有制，是個人對自然發生的和歷史形成的社會共同體的隸屬，而不是什麼階級所有，階級鬥爭為主。史達林在這一點上曲解了馬克思的意思。

第三、史達林把五種形態說成是世界各地到處適用的，是由生產力決定的必然過程。馬克思不是這個意思，只講幾種形態時僅僅是對歷史現象進行歸納、列舉。馬克思在手稿中首先舉出所有這些形式地區性，不是全世界的統一模式。他說，希臘、羅馬的古代所有制和西歐中世紀的日爾曼所有制不適合於東方：在東方一直存在的是亞細亞生產方式。這種方式既不是原始公社，也不是奴隸制、封建制，它是由亞細亞地理環境、生產方式形成的一種共同體。所以，亞細亞的、古代的、中世紀的所有制並不是邏輯演進關係，而是空間上存在的幾種形式。同時，馬克思也一再指出：這些不同的所有制形式，是由複雜的原因造的，它們是由人類從遷徙、流動生活到定居後，因民族特性、生活的環境條件、同四鄰的關係、征服戰爭等等因素而形成的，是原始部落動的歷史生活、各種遭遇以及變化的產物。

也就是，史達林的錯誤有三：

第一、史達林把自然經濟社會的幾個地區性所有制形式，看作獨立的社會形態，從而把馬克思的社會發展五種形態劃分修改為五種形態。

第二、史達林把馬克思劃分社會形態的標準由個別勞動的關係、個人與社會共同體的關係，改為人們對個別勞動的佔有關係和由此產生的階級關係。從而把馬克思講的亞細亞社會改為原始社會，把古代所有制形式改為奴隸社會，把封建社會的特徵說成是農奴制關係；把資本主義社會完全解釋資本家剝削工人，去掉了社會關係物化這個商品經濟的共同特徵；把社會主義和共產主義社會完全解釋成為生產資料公有制和消滅剝削階級，去掉了社會關係擺脫物化、達到自主狀態的共同特徵。

第三、史達林生硬地把「五形態」同生產力發展水平聯繫起來，硬要說他們是由生產工具的發展決定的，是世界各地的普遍規律，從而否定了社會發展過程的偶然性和地區多樣性。這樣一來，對於人類社會進步的實質和標誌的理解就變得很狹隘，似乎馬克思主義就是只講階級鬥爭，只為被剝削者爭取權力，而不管社會生產力的發展和全人類的共同命運；似乎馬克思主義只要專政、集中，不要人權、自由，不關心社會個體的獨立；似乎馬克思主義只稿機械的教條，而不顧社會發展的客觀事實，硬要削足適履地世界各地歷史都納入五種形態循序演進的框子。

因此，它認為，只有「三形態說」才是馬克思歷史唯物主義本來的面目。

二、三形態說

何謂「三形態說」？所謂三種形態，就是人與人建立社會聯繫的三種方式。人的依賴關係，實質是自然經濟社會；物的依賴關係，實質上是商品經濟社會；自由個性，實質上是時間經濟社會。❺這一說法，它的論據來自馬克思原典著者計有兩處：

一為「倫敦手稿」。它首先研究貨幣問題。通過對貨幣本質問題的揭示，馬克思概括出商品經濟的一般特徵：社會關係物化。然後他把資本主義商品經濟同資本主義以前的社會與未來的共產主義社會加以比較，把整個人類社會的發展過程劃分為三種社會形態。他說：

「每個人以物的形式佔有社會權力。如果你從物那裏奪去這種社會權力，那你就必須賦予人以支配人的這種權力。人的依賴關係（起初完全是自然發生的），是最初的社會形態，在這種形態下，人的生產能力只是在狹窄的範圍內和孤立的地點上發展著。以物的依賴性為基礎的人的獨立性，是第二大形態，在這種形態下，才形成普遍的社會物質變換，全面的關係，多方面的需求以及全面的能力的體系。建立在個人全面發展和他們共同的社會生產能力成為他們的社會財富這一基礎上的自由個性，是第三個階段。第二個階段為第三個階段創造條件。因此，家長制的，古代的（以及封建的）狀態隨著商業、奢侈、貨幣、交換價值的發展而沒落下去，現代社會則隨著這些東西一道發展起來。」[6]

二為「資本論」。馬克思的資本論第一卷「商品拜物教」一節中，從剖析價值形式的本質入手，把整個人類社會分為三個階段[7]：

(1)直接的社會關係—如農民家庭，為了自生的需要而進行產品生產，它們不是互相作為商品發生關係，勞動和產品也就用不著採取與它們的實質存在不同的虛幻形式。

(2)物化的社會關係—勞動產品一採取商品的形式，就具有一般的性質。在生產者私人勞動的關係，不是表現為人們在自己勞動中的直接社會關係，而是表現為人們之間的物關係和物之間的社會關係。

(3)自由人聯合體—他們用公共的生產資料進行勞動，並且自覺地把他們許多個人勞動力當作一個社會勞動力來使用，每個生產者在生活資料中得到的總額是由他的勞動時間決定。

是知，拜物教理論精神同二形態理論是一樣的。

大陸學界依據以上馬克思原典，說明三形態社會特徵❽如次：

㈠自然經濟社會

它是人類社會發展的第一種形態。它包括經濟形式、社會關係、外部聯繫三層次。它的經濟形式是自然經濟，其特點是：社會以土地財和農業為基礎；生產分工很不發達，生產的直接目的，是實物形態的使用價值；生產過程週而復始的，處於相對停滯狀態。社會關係的特點是，「人的依賴關係」。就是人們在物質生產過程和生活過程中社會結合方式，採取人與人直接相聯繫的形式，個體對社會整體的依存，表現為個人直接從屬於、依賴於他人或某種社會組織。也就是說，在生產力極其低，人們處處受自然界奴役，在自然界面前無能為力，人們只有互相依賴，結成某種形式的共同體，才能更好地向自然作鬥爭。這種共同體最初表現為以血緣為基礎的原始共同體（如原始社會的原始群、族、氏族部落等），後來表現為地域共同體（如奴隸社會和封建社會的農村公社和城市公社）。在這些共同內部，「人都是相互依賴的；奴隸和領主、部臣和諸侯、俗人和牧師，物質生活的社會關係以及建立在這種生產的基礎上的領域，都是以人身依附為特徵的」（「資本論」第一卷、第九十四頁）它的外部聯繫，由於人的生產能力只是在狹窄的範圍內和孤立的地點上發展，還沒有形成普遍的聯繫和普遍的交往，它是區域性的小社會，也就是說，它處在自然經濟統治之下，各個經濟社會之間處於封閉狀態。因此，馬克思認為，原始社會的生產方式、奴隸制的生產方式和封建制的生產方式同屬於第一大社會形態的自然經濟階段。

㈡商品經濟社會

它是人類社會發展必然要經歷的第二種形態。它的經濟，其特點是：社會的主要財產形式是動產，主導產業部門是工商業部；生產分工充分發展起來，確立明確的、專一的所有權；生產的直接目的是交換價值僅僅作為增加交換價值的手段；一切經濟活動都受價值規律支配，致富欲成為活動的主要動機；生產過程處於不停的變動之中，基本趨勢是一方面不斷在外延上增加經濟部門和擴大經濟活動的空間，突破地域的、民族的限制，建立起世界經濟體係；另一方面不斷在內涵上變革生產手段和生產方式，推動生產過程科學化。

在商品經濟社會中，人們的社會關係由「人的依賴關係」發展為「物的依賴關係」。所謂「物的依賴關係」，就是人們在社會經濟活動中的相互關係表現為勞動產品之間的交換關係，勞動的社會性質和個人對社會整體的依賴，表現為人們對勞動產品的共同化表貨幣權力為紐帶的社會體系。商品、貨幣都是勞動的物化形式，以商品、貨幣為紐帶的物的依賴關係，實質上就是以勞動為紐帶的社會關係，人與人的關係取決於個人的勞動能力以及為他人和社會作出的勞動貢獻，不再像第一形態那樣取決於個人在社會組織中的地位和身份規定。在這個階段上，一方面個人擺脫了各種自然發生的和歷史形成的社會關係，獲得了獨立性；另一方面人們仍然受到物化的社會關係的擺佈，沒有達到完全的自主狀態。商品經濟社會的外部聯繫是開放型的。它打破了自然經濟社會的閉關自守，建立起全球性的普遍交往和聯繫，開創了人類的世界史，使人由區域性居民向世界公民發展。然則，與商品經濟形態相對應的生產方式究竟是什麼呢？大陸學界「過去認為，與商品經濟形態相對應是資本主義生產方式，現在認為，不僅如此，還有社會主義生產方式。」❾

㈢時間經濟社會

所謂時間組濟社會，亦稱產品經濟社會，它是世界各地最終都要達到的第三種社會形式是時間經濟社會形式是時間經濟，其特徵是：人力基本上退出直接生產過程，生產活動成為人控制能動的生產資料，自動化機器體系，作用於勞動對像的科學行為，人的直接勞動不再成為財富的源泉，社會的基本經濟資源自自然資源轉變為智力資源。在這個階段，生產過程的客體分工仍然存在，但勞動者主體分工，把人束縛於分工勞動中的現象，則會消滅。隨著生產過程的科學化和勞動者主體分工的消滅，勞動性質將由謀生手段變為人的生活目的，社會的生產目的首先是人本身的能力發展，使個人能力獲得全面的、充分的、合理的發揮。人，能力全面發展要以充足的自由時間為基礎，因此，以人的能力發展為目的的經濟也就是以生產和佔有自由時間為目的的經濟。馬克思說：「那時財富的尺度決不再是勞動時間，而是可以自由支配的時間。」（《馬克思恩格斯全集》、第四十六卷、下，第二二二頁）人類社會生產力的發展，一方面表現為物質財富的增加，另一方面表現為不生產性質的空閒時間的增大。在生產力發展較低的歷史階段上，人們的大部份時間要用於生產物質產品，空閒時間很少，社會發展的基礎建立在生產時間上，社會的主要財富形式是物質產品。在未來生產力高度發展的歷史階段上，生產物質產品的時間被壓縮到最低限度，貧困問題已經解決，社會發展的基礎就轉向空閒時間，社會的主要財富形態就由物質產品轉變為自由支配時間。對自由時間佔有多少，以及對它的利用程度，成為社會發展的新尺度。在未來的時間經濟社會中，人們的社會關係將採取自由人聯合體的形式，個人不僅擺脫了直接的人的依賴關係，從各種身份規定中解放出來，而且消除了社會關係的物化，進一步擺脫對貨幣權力的依賴關係，能夠完全自主地支配社會生產過程和自身的生活過程。人們之間的社會關係是圍繞個人的志趣進行自由組合，達到人類一體化的社會，世界各地區的人們不僅建立起普遍的社會聯繫，而且內在地一體化了，真正形成沒有國家、民族之間衝突的人類社會。而與時間經濟形態對應的，只能是生產主義生產方式。

以上便是「三形態說」的主要內容。大陸學界並且主張放棄「五形態」理論而代之以「三形態」理論。原因之一是：「『五形態』理論不是真正的馬克思主義。」[10]它不僅脫離了馬克思主義，同時它也不符合歷史事實，沒有正確反映社會規律。因為：

第一、史達林的五種形態理論對社會形態的概括是片面的、狹窄的。社會生產關係既包括人們在各個經濟單位內部對個別勞動的佔有關係，同時也包括社會範圍內個別勞動同社會總勞動的關係，生產組織者、管理者之間的關係，而且這種關係是最基本的、宏觀層次的生產關係。五形態理論把社會生產關係僅僅歸結為人們對個別勞動的佔有關係，僅僅從個別勞動的佔有是否公平、是否存在階級對立、剝削者以什麼樣的方式剝削勞動者這些標準來區分社會形態，而把個別勞動同社會勞動的關係排除出社會形態範疇把人類從自然經濟到商品經濟、再到時間經濟這樣重要的社會變化過程，置於社會形態規定之外，這就沒有全面地、如實地反映社會客觀結構。

與此相聯繫，五種形態理論對於人類社會進步的實質和標誌的理解，也是很狹隘的。原始社會、奴隸社會、封建社會、資本主義社會這樣的進化序列反映的是什麼呢？它反映的是人們在對待社會財富上的經濟地位問題，人們相互間是否利益一致，是否平等。從這個立場出發，人類社會發展的實質和標誌被看作實現公平道德原則，社會發展的動力被歸結為階級鬥爭。在這個思維框架內，人類爭取自由、自主的過程不見了，生產力社會化對歷史的推動作用淡化了，人類不同階級、不同階層之間的同一性和合作，它們錯綜複雜的相互關係也不見了。社會發展完全被歸結為生存鬥爭，人的發展被歸結為追求物質財富佔有的鬥爭。馬克思也曾經把這種觀點稱作「粗陋的共產主義。」

第二、歷史事實也證明，「五形態」不是社會必然的演進規律。包括中國在內的所有社會主義國家，都沒有經歷過資本主義社會，美國是典型的資本主義國家，它就不是從封建制度轉變過來的。封建社會，按其正確的本來含義是分封制，以互相獨立的領主采邑領地為基礎，這樣的制度上存在於中世紀的西歐，中國從秦朝以來一直就不是封建制。同時，西歐的封建制也不是直接從古羅馬的奴隸制轉來的。奴隸制在歷史上主要存在於古希臘、羅馬以及受琴海沿岸國家，中國就從來沒有形成奴隸制。縱觀人類的全部歷史過程，看不到有一個地區依次經史達林式的五種社會形態。[11]

大陸學界認為，過去為什麼在馬克思的社會歷史進程理論中，「五形態說」一直佔據主導地位?因為理論是為現實服務的。「五形態說」的著眼點是人們的財產所有制關係，即由經濟地位所決定的人與人之間的關係。這一理論最好不過地說明為什麼無產階級要進行革命，為什麼社會主義必然要取代資本主義的問題。而蘇俄、中國等國家的無產階級正是以這一理論為指針，使自已獲得了解放。它的歷史功績是不可磨滅的。但它不合於歷史事實，而且在當今階級鬥爭已基本結束的情況下，歷史主題應該有個新的轉換。因此，三形態說乃普受重視。所以普受重視，原因之一，即由於它不是著眼於人們財產關係，而是著眼於人們的能力的發展以及人對環境控制的程度和個性發展的自由度。用它，可以最好地說明為什麼任何國家都不可超越商品經濟這一歷史階段。而五形態說卻根本無法說明實行社會主義商品經濟的必然性，甚至是與此相悖的。中共長期以來老把「五形態說」作為自己行動的指導，老在所有制問題上下功夫，總想通過所有制的變革很快地「過渡」到共產主義社會，吃了不少苦頭。這說明正確地理解、運用馬克思主義的理論是多麼重要。[12]

三、複線發展論

大陸學界對馬克思唯物史觀的反思，由於認識到「五形態說」之不合乎歷史事實，除提出「三形態說」作為取代而外，並在馬克思原典中尋找論據，建立歷史的複線發展論，以否定「五形態說」的單線發展論。

因為，「很長時期以來，特別是自史達林發表『論辯證唯物主義與歷史唯物主義』以來，理論界對馬克思主義關於人類社會歷史發展進程理論的理解，可以說是一種「單線論」。這種『單線論』把人類社會複雜的歷史進程看作是：原始公社↓奴隸社會↓封建社會↓資本主義社會↓共產主義社會（第一階段是社會主義社會），這種單線論一直統治著理論界。」⓭單線論雖確定於史達林，但淵源於馬克思，這在前面已經說過了。不過大陸馬學學者指出，馬克思首次在「形態」一書中提出人類社會歷史「五階段」發展道路的思想，這時，他所依據，主要是西歐的歷史。而在寫作「形態」之前的一八四三年，他在克羅茨納赫主要是研究了西歐地區的歷史；一直到「形態」的寫作，他的歷史研究還沒有超出這個地區的範圍。撇開當時他對歷史發展階段的劃分還不很準確這一點不說，他在這裏提出的關於人類社會歷史發展道路的思想，也只是近似地反映了世界局部地區社會發展的特殊規律。嗣馬克思經過五十年代對印度村社問題的研究，特別是在創立自己的經濟學說的過程中，對資本主義以前各種社會形態，尤其是對原始公社所有制形式的比較深入的研究之後，在他的第一部成熟的經濟學著作「序言」裏，把人類社會歷史上已經存在的社會形態表述為亞細亞的、古代的、封建的和現代資本主義的生產方式依次演進的幾個時代，這比「形態」在階級劃分標準及發展階段的表述雖更科學、更確切，但仍為「形態」中思想的接續，還是反映了西歐這一世界局部地區的特殊規律。

在十九世紀七十—八十年代，馬克思通過人類學的研究，直接探索了人類社會歷史的發展進程。從六十年代末開始，他研讀了毛勒、科瓦列夫斯基、摩爾根等人關於人類社會歷史的著作。這時，他的世界歷史研究的視野開闊得多了，大大地超出了西歐的界限。在這樣的基礎上，他綜合以往的研究成果，提出新的看法。這就是他逝世的兩年以前，二月底至三月初給俄國勞動解放社成員查蘇利奇覆信的草稿中，對人類社會歷史發展道路的高度概括。[14]

一八八一年二月十六日，俄國女革命家維·伊·查蘇利奇寫信給馬克思，她在信中寫道：

「最近我們經常可以聽到這樣的見解，認為農村公社是一種古老的形式，歷史，科學社會主義，—總之，一切不容爭辯的東西，—使它注定要滅亡。鼓吹這一點的人自稱是你的真正的學生，『馬克思主義者』」。

「因此……假如你能說明你對我國農村公社可能的命運的看法和對世界各國由於歷史的必然性產生都應經過資本主義生產各階段的理論看法，給我們的幫助是多麼大。」[15]

查蘇利奇和當時俄國社會主義者提出的問題：人類社會歷史發展是否世界各國都必須經過完整的資本主義發展以後，才能進行社會主義革命而進入社會主義社會？當時馬克思認為，這樣對他歷史理論的理解，乃是誤解。為了消除蘇查利奇因誤解他的理論而產生的懷疑，乃經三次擬稿，始於一八八一年給查蘇利奇寫了覆信。他指出幾點：

第一、人類社會的發展，是從古代公社所有制的原生的社會形態，到以私有制為基礎的次生的社會形態，再回復到「古代」類型的集體所有制的最高形式的過程。

依馬克思覆信：

㈠「農業公社既然是原生的社會形態的最後階段，所以它同時也是向次向的形態過渡的階段，即以公有制為基礎的社會向以私有制為基礎的社會過渡的階段，即以公有制為基礎的社會向以私有制為基礎的社會過渡。不言而喻，次生的形態包括建立在奴隸制上和農奴制上的一系列社會。」⑯

㈡「俄國公社不僅和資本主義生產是同時代的東西，而且渡過了這種社會制度沒有被觸動的時期，相反地，不論是在西歐，還是在美國，這種社會制度現在都處於同科學、同人民群眾以至同它自己所產生的生產力本身展開鬥爭的境地。總之，在俄國公社面前，資本主義是處於危機狀態，這種危機只能隨著資本主義的消滅、現代社會的回復到『古代』類型的公有制而結束，或者像一位美國作家（這位作家是不可能有革命傾向的嫌疑的，他的研究工作曾得到華盛頓政府的支持）所說的，現代社會所趨向的『新制度』將是『古代類型社會在一種更完善的形式下的復活』。因此，不應該特別害怕『古代』一詞。」⑰

第二、古代公社，亦稱原始公社，並非同一形式，而是有其進化的各個階段。

依馬克思覆信：

㈠「並不是所有的原始公社都是按著同一形式建立起來的。相反，它們有好多種社會結構，這種結構的類型，存在時間的長短彼此都不相同，標誌著依次進化的各個階段。俄國的公社就是通常稱做農村公社的一種類型。在西方相當於這種公社的是存在時間很短的日爾曼公社。在尤利烏斯·凱撒時代，日爾曼公社尚未出現，而到日爾曼部落征服意大利、高盧、西班牙等地的時候，它已經不存在了。在尤利烏斯·凱撒時代，各集團之間、各民族和血統親屬聯合之間已經每年重分耕地，但還不是在公社的各個家庭之間重分：大概，耕種也是由集團共同進行的。在日爾曼尼亞本土上，這種較古類型的公社通過自主的發展而變為塔西佗所描繪的那種農業分社。從那時起，我們就看不到它了。它在連綿不繼的戰爭等遷徙的情況下不知不覺地消滅了：很有可能，它是死於暴力之下的。但是，它的天賦的生命力卻為兩個不可爭辯的事實所證實。零星的這類公社經歷了中世紀的一切波折，一直保存到今天，例如，在我的家鄉特利爾專區就有。然而最重要的是，這種『農業公社』的烙印是如此清晰地表現在從它產生出來的新公社裏面，以至毛勒在研究了新公社後能夠還原成這種『農業公社』。這種耕地是農民的私有財產，而森林、牧場、荒地等等仍然是公共財產的新公社，由日爾曼人在所有被征服的國家建立起來。由於它承襲了原型的特徵，所以在整個中世紀內是自由和人民生活的唯一中心。同樣在亞洲，在阿富汗人及其他人中間也有『農村公社』。但是，這些地方的公社都是最新的公社，也可以說，是古代社會形態的最新形式。」⑱

㈡「各種原始公社（把所有的原始公社混為一談是錯誤的；正像地質的形成一樣，在這些歷史的形成中，有一系列原生的、次生的、再次生的等等類型）解體的歷史，還有待於撰述。」⑲

㈢也就是說，在原始公社中，建立自已社會的血統親屬關係上的公社是較古的類型；農業公社是最新類型，也是原生的社會形態的最後階段。次生的社會形態分為奴隸社會、封建社會等若干階段。對在新的基礎上向原生的社會形態復歸的階段，馬克思曾在「哥達綱領批判」中，把它分為低級階段和高級階段。⑳

第三、不同地區和國家歷史發展的道路是不同的。譬如：

㈠由於原始公社所有制的形式不同，它解體的形式也各不相同，即從不同的原始公社所有制形式中產生出各種不同的私人所有制形式。依馬克思：

「近來流傳著一種可笑的偏見，認為原始的公社所有制是斯拉夫族特有的形式，甚至只是俄羅斯的形式。這種原始形式我們在羅馬人、日爾曼人、賽爾特人那裏都可以看到，直到現在我們還能在印度遇到這種形式的一整套圖樣，雖然其中一部分只留下殘迹了。仔細研究一下亞細亞的，尤其是印度的公社所有制形式，就會得到證明，從原始公社所有制的不同形式中，怎麼產生出它的解體的各種形式。例如，羅馬和日爾曼的私人所有制的各種原型，就可以從印度的公社所有制的各種形式中推出來。」㉑

按：所謂從不同的原始公社所有制形式中產生出不同的私人所有制形式，就是從原始公有制向私有制過渡中有幾種不同的道路。具體地說，這時馬克思已經看到，在古希臘、羅馬，古代公社所有制解體以後產生了奴隸制，在斯拉夫公社，羅馬尼亞公社等地區，出現了

領主的財產支配權；在有過亞細亞公社的地區，出現了君主專制制度，或者叫做東方的普遍奴隸制。㉒

㈡在俄國，可以不通過資本主義制度而過渡到社會主義社會。

馬克思在一八九一年三月八日給查蘇利奇的覆信中，他說：

「在分析資本主義生產的起源」時，我說：

『因此，資本主義制度的基礎是生產者同生產資料的徹底分離，在整個發展的基礎就是對農民的剝奪。這種剝奪只是在英國才徹底完成了，但是西歐其他一切國家都正在經歷著同樣的運動。』

「可見，這一運動的『歷史必然性』明確地限於西歐各國。造成這種限制的原因在第三十二章的下面這段已經指出：

『以個人的勞動為基礎的私有制被以剝削他人的勞動，以偏傭勞動為基礎的資本主義所有制所排擠。』

因此，在這種西方的運動中，問題是把一種私有制形式變為另一種私有制形式。相反地，在俄國農民中，則是要把他們的公有制變為私有制。

「由此可見，在『資本論』中所作的分析，既不包括贊成俄國農村公社有生命力的論據，也不包括反對農村公社有生命力的論據，但是，從我根據自己找到的原始材料所進行的專門研究中，我深信，這種農村公社是俄國社會新生的支點。」㉓

因為，「俄國是在全國範圍內把『農業公社』保存到今天的歐亞唯一的國家。它不像東印度那樣，是外國征服者的獵獲物。同時，它也不是脫離現代世界孤立生存的。一方面，土地公有制使它有可能直接地，逐步地把小土地個體耕作變為集體耕作，並且俄國農民已經在沒有進行分配的草地上實行著集體耕作。俄國土地的天然地勢適合於大規模地使用機器。農民習慣於勞動組合的關係，有助於他們從小土地經濟向合作經濟過渡：最後，長久以來農民維持生存的俄國社會，也有義務給予農民必要的墊款，來實現這一過渡。另一方面，和控制著世界市場的西方生產同時存在，使俄國可以不通過資本主義制度的卡夫丁峽谷，而把資本主義制度一切肯定的成就用到公社中來。」從而便可使「現代社會的回復到『古代』類型的集體所有制和集體生產的最高形式。」[24]

㈢俄國不經過資本主義而直接進入社會主義，必須與西方無產階級革命相互配合。

一八八二年，馬克思與恩格斯聯名為「共產黨宣言」俄文版第二版寫的序言中，把他對蘇俄農村公社多年潛心研究得出極其重要的歷史結論，作了如下的陳述：

「『共產黨宣言』的任務，是宣告現代資產階級所有制必然滅亡。但是在俄國，我們看見，除了盛行起來的資本主義狂熱和剛開始發展的資產階級土地所有制外，大半土地仍歸農民公社佔有。那麼試問：俄國公社，這一固然已經大遭破壞的原始土地公共佔有制形式，是能夠直接過渡到高級的共產主義公共佔有制形式呢？或者相反，它還須先經歷西方的歷史發展所經歷的那個瓦解過程呢？

「對於這個問題，目前唯一可能的答覆是，假如俄國革命將成為西方無產階級革命的信號而雙方相互補充的話，那麼現在的俄國土地公社所有制便能成為共產主義發展的起點。」[25]來實現這一過渡。另一方面，和控制著世界市場的西方生產同時存在，使俄國可以不通過資本主義制度的卡夫丁峽谷，而把資本主義制度的一切肯定的成就用到公社中來。」從而便可使「現代社會的回復到『古代』類型的集體所有制和集體生產最高形式。」

恩格斯在一八九四年寫的「『論俄國的社會問題』跋文中，重申了馬克思和他在一八八二年寫的「共產黨宣言」俄文版序言中的論點，并且作了新的闡述。他指出，氏族公社不能從自己本身產生出未來的社會主義社會。「然而，不僅不可能而且無庸置疑的是，當西歐人民的無產階級取得勝利和生產資料轉歸公有之後，那些剛剛踏上資本主義生產道路而仍然保全了氏族制度或氏族制度殘餘的國家，可以利用這些公社所有制的殘餘和與之相適應的人民風尚作強大的手段，來大大縮短自己向社會主義社會發展的過程，並可以避免我們在西方開闢道路時所不得不經歷的大部分苦難和鬥爭……這不僅適用於俄國，而且適用於處在資本主義以前的發展階段的一切國家。」[26]恩格斯像馬克思一樣，寄希望於俄國革命的發生和勝利，與西方無產階級革命相互配合，以便使歷史提供給剛剛踏上資本主義道路的國家，不再經過資本主義的充分發展階段而直接進入社會主義社會的可能性變為現實。「歷史的步伐與恩格斯的期望如此合拍，在他寫下了寄希望於俄國革命的文字僅僅二十餘年之後，俄國就爆發了十月革命並取得了勝利，建立了人類歷史上第一個社會主義社會。」[27]

大陸學界根據以上的說明與引證，從而作出結論：「馬克思的歷史理論揭示了人類歷史發展的複雜情景，它告訴我們：原始公社解體以後，不但形成了西方古代社會，而且還形成了與此並行的亞細亞等類型的社會，在階級對抗社會發展階段，世界各個地區的發展進程也是各異的，例如，世界上許多國家就沒有經過奴隸社會這個歷史階段，美國則沒有經過封建社會這個歷史階段而直接建立了資本主義社會；而馬克思對俄國農村公社的詳盡研究得出的結論表明，世界上有的地區，在世界資本主義已經充分發展，同時本國的資本主義也有一定程度的發展，由於有利的形勢使得無產階級取得了革命勝利，可以不必經過資本主義充分發展，而進入社會主義社會（當然，西歐各國等地區將是經過資本主義的充分發展，進入社會主義社會）。應該說，歷史發展的進程不是否定了而是證實了馬克思的理論」[28]這就叫做歷史發展的「複線論」。由於肯定它，因而認為，「那種認為在世界任何地區、任何國家，只有經過資本主義的充分發展，只有通過完整的資本主義發展階段，才能進行社會主義革命、進入社會主義社會的觀點，并不是對馬克思和恩格斯關於人類社會歷史發展進程的正確理解，而是對這個理論的誤解。」[29]為了證明結論的正確，大陸學者並列舉世界歷史以作此批判「單線論」的依據。如：

在西歐。一般地說，這個地區是經過了原始社會、奴隸社會、封建社會、資本主義社會這條發展道路的。但是，這個地區有的民族——日爾曼民族，也沒有完全經過這條道路。居住在多腦河以北的日爾曼人，沒有經過奴隸社會階段，直接從原始公社制度發展到了封建制。

在東歐。這個地區居住的斯拉夫人和其他一些較小的民族，大都沒有經過奴隸制，而是由原始公社進入了農奴制的封建社會。這個地區，只有巴爾幹半島在拜占廷帝國的統治下經歷了奴隸制社會。西斯拉夫人從九世紀開始，建立了摩拉維亞、捷克、波蘭等封建國家，農奴制逐漸地發展起來。東斯拉夫人和諾曼人，居住在後來成為俄國土地的東歐平原上，在九世紀後期，諾曼人在這塊土地上建立了最早的封建國家基輔羅斯，標誌著俄國地區開始由原始公社制進入了封建農奴制。

在亞洲。關於中國古代史的分期問題，實際是中國古代歷史的發展道路問題，現在歷史學界還爭論不休。中國，近、現代史沒有經過資本主義形態，即直接進入社會主義社會。其他亞洲大陸的社會主義國家，如北韓亦然。

在非洲。撒哈拉沙漠以南的非洲，在歐洲殖民主義者到來之前，有的地區已經建立了封建關係佔主導地位的國家，有的地區則剛剛完成原始公社向私有制社會過渡的階段。在赤道非洲和南部非洲，許多民族還處於原始公社制度的不同階段。歐洲殖民主義者入侵，給這些地區造成了長時期的殖民地制度，並且經過這種制度向資本主義社會形態發展。

在美洲，當歐洲移民到來之前，除去中、南美洲的少數地區已經進入私有制社會之外，大部分地區的土著居民印第安人，還處在原始公社制度的不同階段。隨著歐洲殖民主義者的入侵，特別是歐洲大量勞動力的到來，北美洲迅速地發展起了資本主義制度，由原始社會直接進入資本主義社會形態：

太平洲。這個地區的情況和北美洲很相似，不過它的土著居民比北美洲的印第安人還要落後。後來，它就隨著大量歐洲移民的到來進入了資本主義社會。

四、結論

綜觀當今大陸學界對馬克思歷史唯物主義的反思，其主張「三形態論」或「複線發展論」：否定「五形態論」，尤其否定「五形態論」之為人類歷史發展的普遍規律。它已成為一思潮。不過，「三形態論」及「複線發展論」的提出，在大陸學界因屬新的突破，為曩昔數十年所未見。但，此僅「以馬解馬」或「以馬易馬」而已，在基本上，無論「三形態論」和「複線發展論」，都仍未能擺脫馬克思歷史唯物主義追求共產主義理想反以「邏輯過程為歷史過程」之局限性，這是很明白的。因此，究以何者為「真馬」，歷史唯物主義究竟能否成為編寫中國歷史與台灣歷史的通則，這都是在馬學領域需要繼續探討的問題。

註釋

❶ 劉佐成，〈馬克思的社會發展三形態論〉，《新華文摘》，第三期（北平，人民出版社，一九八九年），頁二二〇

❷ 鄭鎮，〈馬克思社會歷史進程理論考論〉，《新華文摘》，第十二期（北平，人民出版社，一九八九年），頁五二。

❸ 同註一

❹ 即指每個生產者在生活資料中得到的份額是由地的勞動時間決定的。

❺❻ 馬克思，〈一八五七—一八五八年經濟學手稿〉，《馬克思恩格斯全集》，第四十六卷（上）（北平，人民出版社，一九七九年），頁一〇四。

❼ 馬克思，《資本論》，《馬克思恩格斯全集》，第二十三卷（北平，人民出版社，一九七二年），頁八七—一〇一。

❽ 顧乃忠，〈馬克思三大社會形態理論和社會主義社會經濟性質〉，《新華文摘》，第五期（北平，人民出版社一九八八年），頁四六。

❾ 同前❽

❿ 同❶。

⓫ 同❶。

⓬ 同❷。

⑬段若非，《歷史的轉折與理論的反思》（北平、工業學院出版社，一九八五年），頁三〇三。

⑭孟慶仁，〈論人想歷史發展的道路動因〉，《哲學研究》，第五期（北平，人民出版社，一九八七年），頁一〇。

⑮轉引自《馬克思恩格斯全集》注釋一六四（《馬克思恩格斯全集》、第十九卷、人民出版社，一九六三年版，頁六三六—六三七。）

⑯馬克思，〈給維·伊·查蘇利奇的覆信草稿〉，『馬克思恩格斯全集』，第十九卷（北平，人民出版社，一九六五年），頁四五。

⑰同⑯，頁四三二。

⑱同⑯，頁四四八—四四九。

⑲同⑯，頁四三二。

⑳同⑯。

㉑馬克思，《政治經濟學批判》，《馬克思恩格全集》，第十三卷（北平，人民出版社，一九六二年），頁二二。

㉒同⑭。

㉓馬克思〈給維·伊·查蘇奇的信〉，《馬克思恩格斯全集》，第十九卷（北平，人民出版社，一九六三年），頁二六八—二六九。

㉔同⑯，頁四三五—四三七。

㉕馬克思、恩格斯，〈共產黨宣言〉一八八二年俄文版序言，《馬克思恩格斯選集》，第一卷（北平，人民出版社），一九七二年，一九七二年，頁二三一。

㉖ 恩格斯，〈論俄國的社會問題〉，《馬克思恩格斯全集》，第二十二卷（北平，人民出版社，一九六五年），頁五〇二—五〇三。

㉗ 同⑬頁三〇三。

㉘ 同⑬頁三〇四。

㉙ 同⑬頁三〇五。

第二節　當前台灣學界面對兩岸編寫歷史幾個問題的整合

以上就兩岸編寫台灣史比較中所提到中共編寫「台灣歷史」的理論與實際等問題，僅就其犖犖大者而言，其對史料史實之誤用與曲解，非短文所能盡述，茲從略。惟綜觀中共史學研究，深有所感，因就當前我史學界面對的幾個問題，加以陳述，以供我學界今後史學研究決策之參考。

一、當前大陸出版史料審評範圍的問題

中共自竊據大陸之始，即在其科學院領導之下，組織各大學及研究機構歷史學研究者，開始對中國史展開研究工作，四十餘年來，其發表史學專論及論文，汗牛充棟，不勝枚舉。儘管各機構、各研究者研究專題，包括時代和範圍各有不同；但使命則一。此使命即「為革命而研究歷史」，即在使歷史學「為無產階級政治服務」。據劉大年指出：

「近代史知識和古代史知識，都是人民所需要的。教歷史既要講近代史，也要講古代史教學要從人民現實鬥爭的需要出發確定教學目的。為什麼研究古代史？我們是為了今天鬥爭

的需要，不是為古代而研究古代。研究死人是為了活人，不是為了讓死人統治活人。中國歷史上有過孔子、秦始皇，然而我們研究他們，研究他們那個時代的根本目的，應當是為了現在我們更好地進行反對封建主義、資本主義的鬥爭，為了徹底進行社會主義革命，現實鬥爭是我們研究古代的立腳點。」❶

由此可知，它的研究及教學方法為「以論帶史」。所謂「以論帶史」，即根據馬克恩歷史唯物主義乃至「毛澤東思想」來研究中國歷史。也就是說，中國歷史發展的「論」是確定了的，即由原始公社制、奴隸制、封建制、資本主義制到社會主義社會，這是不變的；史學研究者的任務，就是把中國的史料填進這個模型。它所強調的有兩點：第一、要重視歷史的連續性，即不能割斷歷史看問題；第二、應將一切事件放在一定的歷史範圍中來考察，用「歷史的態度」看問題，也就是用階級觀點分析歷史，是即稱為「歷史主義」，它反對「史料即史學」的觀點，更反對「為史實而史實」的做法。

由於這一個使命和方法支配了大陸的史學研究者，無論史實或人物的敍述、解釋與評價，都有其特定尺度。因此，它與傳統史學的尺度，便發生差距，甚至背離了歷史真實。這一個問題，是普遍存在於四十餘年來大陸出版各類史學論著之間的問題，而不是那幾個作者，或那幾本書的問題。現在吾人如欲審評大陸出版史料，吾人如欲求「中國史」與「台灣史」真偽問題之根本理解與澄清，則其審評範圍，似不能以大陸出版「台灣史」為限，而且，它所需要審評的，不只是涉及史料真偽的問題，而是一個歷史哲學的根本問題。

二、馬克思歷史哲學的問題

馬克思歷史唯物主義，乃是唯物辯證法的產物。它認為，歷史的過程就是邏輯的過程，從簡單的範疇的辯證運動中生出群，從各群的辯證運動中生出系，而從各系的辯證運動中則生出體系與總和；宇宙任何事物都涵蓋在這體系和總和中。可以說，整個的馬克思主義，就是一個唯物的辯證的體系。而拿它分析人類歷史，即為歷史哲學。馬克思的思維方式不同於其他哲學家的地方，就是他的思維方式有巨大的歷史感作基礎。而且，他的歷史哲學，不只是歷史觀，而是包含著馬列主義的基本世界觀與人生觀，它是作為一個馬列主義者所具有的獨特的價值體系。

當今中共根據馬克思歷史哲學改寫中國歷史與台灣史，改寫後中國歷史與台灣史的面貌是什麼？簡言之，中國與台灣的歷史便成了一部階級鬥爭史，其奴隸社會、封建社會、半封建半殖民地社會都是專制的、壟斷的、黑暗的，也是必然要滅亡的，最後，歷史的取向，必然進入共產主義社會。譬如：中共說「興中會」是「資產階級集團」；中國國民黨是資產階級政黨。按照歷史唯物主義，所謂「資產階級集團」，它的使命是「民主革命」，即推翻封建社會，建立資本主義社會。但是，這個「資產階級集團」，它在歷史長流中所扮演的角色，只是擔負「民主革命」的使命，這個使命完成以後，它便要異化，便要走到它的反面，而被無產階級的「社會革命」所揚棄。假定歷史唯物主義成為大陸人民的歷史觀、世界觀與人生觀，那麼，在他們眼裡，中國國民黨便沒有歷史前途。因為，歷史的終站乃是共產主義社會，共產主義社會的主角是無產階級，而非資產階級。

當今中共不僅改寫中國歷史與台灣史，而且是將那改寫後的中國歷史與台灣史用以教學，用以傳播於國際社會。也就是說，它的流毒之廣之深，實不可估計。這一影響，對於歷史的傷害，毫無疑問是巨大的。

三、我們歷史研究與教學工作的問題

當今我學術界有一現象，即因四十年餘年來與共黨的政治隔離，而形成學術思想隔離。這種隔離，表現於史學界，即不研究大陸歷史著作，也不談馬克思的歷史唯物主義。因此，首先是不知敵；由於不知敵，所以無以破敵。

更重要的，是我們史學界採取的研究方法，是實驗主義的方法，歷史研究首重史料，必須從一點一滴的史料和事實作研究，或研究某一斷代，或研究某一人物。這種研究方法，當然是很好的，但是，它的嚴重缺點，就是對於人類歷史沒有整體的觀察與理解。像大學歷史系沒有「歷史哲學」的課程，正就是這一現象的反映。假定今天在臺灣接受教育的學生在海外與大陸接受教育的學生接觸，大家面對面討論中國問題，而大陸學生從人類歷史發展看中國問題，他有系統的理論知識；而我們的學生，則只有片斷的歷史知識，他看不到歷史的全貌。這樣，這種面對的討論，我們的學生必然無以應對。事實上，它就是兩種文化的意識型態的戰爭，這戰爭在我們這一代，乃至今後若干代，它都必然要繼續存在於學術界，存在於日常生活，這種戰爭是不可逃避的。因此，今天我們歷史學界需要面對此一歷史文化的戰爭，還歷史以真面目，這是很必需的，也是迫切的。

四、認清大陸學者研究台灣的方法問題

根據大陸學者陳孔立：〈大陸學者研究台灣的方法問題〉乙文，深值台灣學界參考，茲引述如下：❷

㈠研究隊伍的構成

大陸目前有多少人從事台灣研究呢？可能誰也說不清。台灣研究會講到各地成立台灣研究組織時用了「雨後春筍」的形容詞，估計光是研究所（室）就有幾十個。從研究機構的性質來說，可以分為專業研究機構、專業實務機構中的研究部門、兼職研究人員三種。前者如中國社科院台灣研究所、廈門大學台灣研究所以及南開大學、南京大學、浙江大學等校的研究所，還上海台灣研究會等等，都有專職人員從事研究，人員比較集中，資料比較豐富，研究條件比較好。專業實務機構如台辦系統、台聯、台盟以及經貿、傳播、科技系統中也有一

些部門有人做研究工作，他們有的任務比較單一，有的則比較繁雜。其中有些人天天看台灣報紙，對台灣情況如數家珍，到處寫稿，今天寫政黨政治，明天寫南向政策，後天寫風味小吃。兼職研究多是大學教師，有的學校還開了有關台灣的課程，可是連一份報紙都沒，有只好跑北京圖書館或專業研究機構，他們的條件相當困難。還有一些研究機構如日本研究所、美國研究所的研究人員有時也寫些日台關係、美台關係的論文，具有相當的專業水平。

從年齡層來看，60歲以上的，基本上已經退出研究隊伍，有些人還在做些研究，或是還在指導研究。這些研究人員一般地說，基礎比較紮實，知識面比較廣，不過有的人意識形態的束縛比較多，新的知識比較缺乏，研究方法也比較單一，50—60歲這一層為數不多，在各研究機構中幾乎都有類似的情況。現在的研究隊伍基本上是由50歲以下人員組成，特別是30—40歲這一層，他們中的許多人已經成為研究的骨幹。多數有碩士、博士學位，分別受過政治學、經濟學、歷史學、法學、哲學、文學等專業的訓練，吸收較多的新理論和方法，外文基礎較好，但還不夠成熟。年齡層的差別在研究方法上也有所反映。

㈡研究的四個層次

這裡不是按研究的水平來分，而是按類型來分。

1.動態研究

這是緊跟形勢，有什麼新的情況就研究什麼問題，也就是「應付島內突發事件，被動的急就章式研究」。其特點是求快。例如，國民黨十四全述評、縣市長選舉評析、評台灣當局的南向政策、台灣一九九三年經濟狀況和一九九四年的展望、兩岸關係的現狀與展望等等。這類文章是多綜述性質的。

2.對策研究

台灣研究會的報告指出，在大陸的台灣研究中，「政策研究占相當比重，學者在決策中占重要地位」。這可能是在北京的學者有這樣的體會，我們則不知道自己的地位如何。根據所看到的文章，有不少所謂對策，事實上沒有什麼用處，舉舉一個例子：有人寫汪辜會談後的兩岸關係，最後提出對策如下：一、要保證大陸的經濟發展和政治穩定；二、要增強台灣同胞對統一的認同；三、要加強兩岸經貿合作。研究半天得出這樣一般化的對策，似乎別人都想不到，怪不得決策部門看不起了。當然總會有人提出高明的對策。不過據我看，由於研究機構角色的限制，不能要求他們提出切實可行的對策，如果能夠提出對決策有參考價值的意見就不錯了。

3.基礎研究

對台灣各方面情況作長期的、系統的、連續性的研究，每個研究人員都有相對固定的研究方向。例如，在政治方面，有的專門研究國民黨，有的專門研究民進黨，還有地方派系、台獨問題等等；在經濟方面，分別就工業、農業、財團、財政、金融、兩岸經岸、產業結構等等進行研究。寫成的論文，一般題目較小，比較深入。例如，兩岸個人所得稅比較研究，二屆立委選舉對民進的影響、國民黨中央決策體制改革動向、金融管制與經濟成長等等。這樣長年累月地從事範圍的研究，若干年後，他們便成了台灣金融方面的專家、「台獨」專家等等。這樣，一旦需要各方面的基礎資料、最新動態以及比較有權威性的見解，都有專人可以提供。

4.理論研究

這是更高層次的研究，一方面要研究一些涉及理論的問題，一方面要提出觀察台灣政治、經濟以及其他問題的種種理論框架或模式，是難度較大的研究工作。前者如有關主權、自決權之類的研究，針對現存的各種觀點，從理論角度作出有力回答。後者如現階級兩岸關係的互動模式、台灣選舉的預測模型等等，這些研究不一定能形成理論，但可能有助於對有關問題作有系統的思考、有條理的分析，從而理出一個比較可行的分析框架，在研究類似問題時可以作為參考，並且在這個基礎上不斷加以修改和完善。這方面的研究已經開始做了一些，目前大部分研究者都認識到加強理論研究的重要性。

㈢有關研究方法的一些問題

1.選題

目前大陸學者對台灣的研究範圍相當廣，幾乎什麼問題都研究，誰要研究什麼，沒有人干涉。所以，從好的方面說，是百花齊放，從不好的方面說，是雜草叢生。一般人喜歡做大文章，題目很大，例如，台灣政局與兩岸關係展望、兩岸關係現狀與展望、兩岸經貿關係的現狀與前景，這類文章可以找到很多。為什麼要大？因為大文章比較好寫，把有關資料整理一下，就是一篇大文章，一般人只要看看這樣的文章，了解個概況就可以了。但是大文章往往重覆多，也無法寫得深、寫得細。我常要求作者把寫作的範圍縮小，有人寫兩岸經貿關係，我看他對投資了解得不多，而對貿易，特別是轉口貿易則有一些看法，所以建議他把題目縮小為專寫轉口貿易，這樣，文章的質量就有所提高。當然，專業研究人員的選題一般比較細一些，也寫得比較深一些。各位如果看到近年來大陸學者的論文目錄，就會發現在寫的論文，題目會比以前小一些，寫得深一些。目前有一個大的缺點，那就是更大的文章很少人寫。我指的是有關大思路、大戰略的研究還很少。這裡，我想至少有兩個原因，一方面，學者認為這不是自己的事，應當由上級領導去思考；另一方面，一般研究人員也沒有足夠的學識和修養可以承擔這樣的任務。不過作為專業的台灣研究學者，不應當有所推託，這項工作應當著手去做。

2.資料來源

主要依靠台灣出版的報紙、雜誌、圖書，北京較多，廈門也有一些，其他研究單位可能比較少。其次，聽中廣，看華視，也是一個來源。此外，從台灣去大陸的學者、記者以及各方面人士，在交談時也可以給我們提供一些信息，我們在向他們請教中也獲益不少。但是總是感到資料不足，非賣品的出版物難看到，特別是感性認識少，不像台灣學者經常可以去大陸，大江南北通行無阻，了解的情況就深入得多了。我們天天關心台灣的情況，希望能夠按到台灣社會跳動的「脈膊」，可是仍然無法做到。不過，老實說，有些人資料少反而膽子大，他們只靠一份中央日報就敢寫書，有的只看大陸發表的文章就敢寫論文。其結果不是脫離台灣的實際，就是跟著別人的觀點走。

在資料不足的情況下，研究工作還是要進行的。我（指陳孔立）常對研究生說，哈佛大學的Fairbank東亞研究中心有一位MacFarquhar先生，五十年代就研究中國，當他們不能來大陸，只能依靠大陸公開出版的報刊，可是他卻寫成了一部（文化大革命的起源），其中講到一九五六—一九五七年毛澤東和劉少奇在政治觀點上的矛盾，資料相當充分，這在當時我們是無法想像的。所以，並不一定要有「完整」的資料才能研究，關鍵在於要學會善於駕馭資料。我有兩位研究生分別寫了「二李矛盾」（李登輝、李煥）「李郝矛盾」，在他們「肝膽相照」的時候，就看到矛盾的一面，所用的也是一般報刊的資料。當然我不是說資料不夠也沒有關係，我們還是希望能夠更多地掌握資料。

3.思維方式

思維方式對研究方法有很大影響，「實事求是」這句很多人都會講，可是在台灣研究上到底是從台灣的客觀實際出發，還是從大陸的主觀願望出走，還成為一大問題。有人從大陸出發，看台灣的任何現象都以統獨劃線，把複雜的問題簡單化了。「以我為主」「以己度人」，因此得出的結論是雷同的，觀點一致，可惜並不符合台灣的實際。例如，有人寫批判「台獨」的文章，說明台獨不能得逞，其理由是：廣大台灣同胞反對台獨；廣大台灣工商界反對台獨；大陸人民反對台獨；國際勢力不敢公開支持台獨。因此作者勸說台獨人士改變立場。作者不是從台灣內部情況出發，不去分析為什麼有人主張、有人支持，為什麼多數人並不贊成，從而針對實際問題作出有說服力的「勸說」，結果只能是無的放矢，甚至給人以作者不想了解台灣的印象。

要從台灣實際出發，因為台灣是我們的研究對象，研究的第一目的就是要真正了解研究對象。因此，首先要有了解台灣真實情況的願望，要把台灣人民作為自己的同胞，從兩岸人民的長遠利益出發，才可能實事求是地進行觀察和思考，得出接近現實的看法。所以，現在多數研究者都認為要更多地了解台灣各方面人士的心態，台聯已經做了好幾年，其他單位也做，但看法不一致，因為溝通的程度不同，此外和思維方式也有關係。我們過去強調要歷史地、全面地、實事求是地認識台灣，今後希望能夠準確地、深入地、系統地了解台灣，總之，從台灣的實際出發，從台灣本身的發展來認識台灣，這是努力的方向。

4. 三種基本方法

一是哲學方法，大陸學者一般都學過辯證唯物主義和歷史唯物主義，能夠用發展的觀點、普遍聯繫的觀點等基本哲學觀點作為研究問題的方法，一般不會孤立地靜止看問題。在台灣研究上，一般不是就台灣看台灣，而是把台灣與大陸、與世界聯繫起來考察，用比較寬闊的視野，考慮多種環境因素，進行多方位的研究，這同系統觀點是相符合的。當然也有知識面太窄，只看有關台灣的資料。陸放翁說，「汝果欲學詩，工夫在詩外」，我（指陳孔立）常對學生提起這句話。

二是一般方法，這裡指的是歸納、演繹、綜合、分析、比較等等通常使用的方法，這在有關台灣研究的論文中也是常見的。

三是各門學科特殊的研究方法，例如，用政治學中的決策理論、權力分配理論、溝通理論等作為方法，還有抽樣方法、統計方法等等。在這個方面開始做了一些，但總的來說還用得很少。

目前最常用的是歷史研究方法，即從事物的發展過程進行研究，而不是單純指從台灣的歷史來看現在，而且這種方法與哲學方法、一般方法等結合起來使用的。由於研究者的哲學修養、分析資料的深度不同，即使使用同一方法，效果也不相同。這裡舉一些實例加以說明。

有一種常見的寫作模式，可以稱之為調研報告式，這類文章一般是三段論式，即現狀—前景—對策，有的在這個基礎上有所發展，成為現狀（十變化十評估）—特點—原因—問題—影響（或前景，或趨勢）—對策。有些文章基本上是資料綜述，有的則有獨到的見解。我曾經就同一課日同時發表幾篇不同作者的文章，讀者不難從中看出水平的高下。例如，在一九九三年縣市長選舉時，有人認為「李登輝牌」是成敗的關鍵，有人則認為不是決定性因素，並且分析其利弊得失；有人從單純從大政策本身的變化看問題，有人則從大陸政策在總體政策結構中的地位變化來說明問題；有人可以指出某個政策有幾個方面的變化，而有人則能從這些變化中找出其實質、關鍵和中心。一些比較深入的研究，可能提出比較切合實際的預測，這方面也有不少的事例。

註釋

❶ 劉大年：《中國近代史諸問題》，頁二二，人民出版社，一九六五年出版。

❷ 陳孔立〈大陸學者研究台灣的方法問題〉，《台海兩岸》，台北，中國大陸研究學會，一九九五年，三月出版，頁五八—六二。

附錄七：中共「人民日報」歷年來對「二二八紀念會」之報導原文（一九四九—一九九七）

在京台灣同胞集會 紀念「二·二八」五週年

【本報訊】據新華社訊：台灣民主自治同盟在京盟員和在京台灣同胞及來賓等一百多人，在二十八日集會，紀念台灣人民「二·二八」起義五週年。大會開始，全體肅立向「二·二八」死難烈士及死難同胞致哀。大會主席台灣民主自治同盟駐京辦事處代主任林鏗致開會詞。他說：在紀念「二·二八」起義五週年的今天，美帝國主義正企圖長期霸佔我國的台灣，以作為進攻我國大陸的跳板。台灣人民和全國人民要緊密團結，共同為粉碎美帝國主義的無恥侵略陰謀而鬥爭。他並說：為了以實際行動來紀念「二·二八」，爭取早日解放台灣，我們必須響應祖國的一切號召。在目前，我們必須積極投入反貪污反行賄鬥爭和抗美援朝運動中去。

接著，由親身參加起義的台灣青年吳克泰報告「二·二八」鬥爭的經過，他的報告說明了台灣人民偉大的愛國主義精神和不屈不撓的鬥爭意志。

中國農工民主黨代表彭澤民、全國學聯代表田德民應邀講話後，曾參加起義的台灣青年彭克巽和台灣民主自治同盟盟員田富達等相繼講話，他們一致表示要繼承「二·二八」起義的光榮傳統，為爭取抗美援朝的勝利和早日解放台灣而奮鬥。

鎮壓「二·二八」起義的罪犯 張匪兆煥已在福建伏法

【新華社福州二十八日電】在五年前曾參與指揮鎮壓台灣人民「二·二八」起義的劊子手之一張匪兆煥，已在原籍福建省仙遊縣伏法，張匪兆煥是一貫屠殺人民的國民黨中統特務分子。抗日戰爭勝利後，張匪任國民黨台灣省黨部書記長。那時，台灣人民不堪蔣匪幫的殘酷統治，在一九四七年二月二十八日舉行了武裝起義，此時，張匪即參加指揮蔣匪軍和特務大規模地屠殺台灣同胞，造成了國民黨匪幫一大屠殺三萬餘無辜人民的流血慘案。福建解放後，張匪携帶武器潛伏福州進行破壞活動，終於難逃人民巨掌，在去年冬季，為福建省人民公安機關逮捕，經當地人民公審後執行槍決。

1952年2月28日「人民日報」北平版

台盟總部紀念台灣人民「二·二八」起義八周年

【新華社二十七日訊】台灣民主自治同盟總部二十七日下午召集在北京的盟員舉行座談會，紀念台灣人民「二·二八」起義八周年。

座談會由台灣民主自治同盟主席謝雪紅主持，她在致詞中指出：「二·二八」起義是台灣人民反對美帝國主義侵略和蔣介石獨裁統治的愛國主義的鬥爭。副主席李純青在會上報告了目前的形勢。他說：台灣是我們中國的領土，我們一定要解放台灣，美帝國主義企圖用原子彈來威脅我們解放台灣，這是嚇不倒中國人民的。我們也堅決反對所謂「託管」、台灣「中立」和搞什麼「兩個中國」的陰謀，這實際上是幫助美帝國主義侵略台灣，分割我國的領土。我們正在向着解放台灣的道路上前進，在全國人民的努力下，台灣一定會解放的。

在座談會上發言的有田富達、楊春松、陳炳基等九人。他們憤怒地斥責了美帝國主義侵略台灣，並堅決表示要做好本崗位工作，爭取早日解放台灣。

1955年2月28日「人民日報」

在京的台灣同胞集會紀念「二・二八」

【新華社二十八日訊】台灣民主自治同盟在京盟員和在京台灣同胞共一百多人，二十八日舉行台灣人民「二・二八」起義六周年紀念會。紀念會開始，全體肅立向「二・二八」死難烈士致哀。台灣民主自治同盟駐京辦事處主任林雲致開會詞。他說：無論美帝國主義如何幫助國民黨一小撮殘餘匪幫苟延殘喘地竊據台灣，但由於祖國人民力量的蓬勃發展，美帝國主義和蔣匪幫的企圖終要被粉碎，台灣一定是屬於我們人民的。台灣民主自治同盟華北總支部主任委員陳炳基在會上講話。他在介紹了「二・二八」起義經過和六年來台灣人民頑強地和蔣匪幫進行鬥爭的情況後，指出：為了爭取早日解放台灣，大家必須發揚台灣人民「二・二八」起義的愛國主義精神，為勝利完成一九五三年的三大任務而奮鬥。

在會上發言的還有曾參加「二・二八」起義的黃勝卿等九人，他們一致表示要在目前的工作崗位上和學習中，以實際行動來爭取抗美援朝的完全勝利和台灣的早日解放。

1953 年 3 月 1 日「人民日報」北平版

台灣人民要努力爭取和平解放

台灣民主自治同盟集会紀念"二·二八"起义十周年

新华社27日訊 台灣民主自治同盟总部和北京市支部今天为紀念台灣人民"二·二八"起义十周年举行座談会。

座談会由台灣民主自治同盟主席謝雪紅主持。她在会上致詞說：当我們今天紀念"二·二八"起义十周年的时候，我們台灣人民应該更加紧密地团結起来，为和平解放台灣作出更大的貢献。

副主席李純青也在会上講了話。他說，爭取和平解放台灣不仅对台灣人民有利，而且对世界和平也是有利的。不管采取什么方式，台灣終归是要解放的。他說，只有台灣人民和祖国人民一道，只有全中国人民的力量，台灣才能得到解放，台灣人民才能回到祖国的怀抱。

出席座談会的除在北京的部分盟員外，还有在北京的台灣同胞和从日本、东南亚等地归国的台灣同胞共七十多人。許多人都很激动地在会上發了言，他們一致認为，"二·二八"起义英勇斗爭的革命历史，更加坚定了他們解放台灣的信心。他們表示，要在自己的崗位上，努力工作、学習，为爭取和平解放台灣貢献出自己的力量。

1957年2月28日「人民日報」

台灣民主自治同盟举行座談会

紀念台灣人民"二·二八起义"九周年

新華社27日訊　台灣民主自治同盟总部为紀念台灣人民"二·二八起义"九周年，27日召集在北京的部分盟員举行了座談会。座談会由台灣民主自治同盟主席謝雪紅主持，副主席李純青在会上作了"爭取和平解放台灣"的报告。到会盟員田富达、王天强等在發言中都热烈拥护周恩来总理最近宣布的除了積極准备在必要时用战爭方式解放台灣以外，努力爭取用和平方式解放台灣的政策。各人表达了处在水深火热中的台灣同胞盼望台灣早日归还偉大祖國怀抱的心情，并且一致痛斥漢奸廖文毅等一小撮败类在美帝國主义的豢養下，在东京成立所謂"台灣共和國臨时政府"的陰謀活动。各人在發言中提出，台灣是中國領土不可分割的一部分，台灣必將獲得解放。美國侵略者霸占我國領土台灣的任何陰謀活动，都必將遭到包括具有光輝革命傳統的台灣同胞在內的6億中國人民所徹底击敗。

1956年2月28日「人民日報」

美国侵略者在台灣

文：丁固　　插图：华君武

"专家"如此专横

据台湾报紙透露，美国"专家"已伸展到台湾国民党的各个主要經濟部門，操縱了一切經济大权。蒋介石集团的財政预算要征得美国"专家"同意，台湾的所謂"經济建設計划"也要由美国"专家"审查批准。

不久以前，台湾中部用"美援"建筑了一所中学校舍，因为厨房和厕所不合美国标准，前来視察的美国"专家"竟然駡这个学校的师生是"猪猡"，并且胁迫赔偿建筑校舍的工程费。

台湾当局最近召开了一次"林業会議"，参加这次会議的，除了蒋介石集团主管林業的少数官員以外，其余都是美国的"林業专家"。消息說，美国"专家"在会上以"喧宾夺主的姿态"，一定要台湾当局接受他們的"建議"，强迫蒋介石集团的官員"放弃了其应当表示的意見或主張"，使这些官員内心都有"一股悶气"。

台湾报紙說，在台湾的美国"专家""不过以三、四流脚色充数"，却"居然高視闊步，以权威自命，頤指气使，忘其所以"，台湾稍有民族自尊心的人，对美国"专家"都抱着"厭惡"和"憎恨"的态度。

美軍生財有道

台北中山北路农安街，有一家規模宏大、設备新穎的"六三"洗衣店。老板名叫菲尔德，他是一个美軍少校，也是前美国第七艦队司令柯克上將的女婿。菲尔德的洗衣店既做美軍的生意，也做台湾居民的生意。在通常情况下，这家洗衣店每月的营業額是三千至三千五百美元，但它从沒有向台湾当局繳納过营業稅，而且洗衣店的全部房产都是霸占居民的，也从沒有繳納过房租和地租。

在台湾开店既能如此發財，因而菲尔德的岳父、前美国海軍上將柯克也动了心。他以鮑格斯公司台湾造船厂顧問的身分，在台湾經营造船業。他不仅要求台湾当局貸給这个公司八百万至九百万美元，而且在这个公司正式营業以后，三年不向台湾当局繳納所得稅。

台湾报紙說，美軍官兵在台湾大做生意，台湾的有些商人专替美軍顧問团人員出售从美国运来的"私貨"。因此，有的台湾老百姓說，在台湾的美軍是沒有特权的"奸商"。

美軍横冲直撞

春节前，台湾好几个地区大拜拜（神会）时，美国兵丧心病狂地駕吉普車四处乱闖，橫蛮朝人乱撞，时常下車强拉女人跳"牛仔"舞，或者狂叫不已。在基隆美軍駐区附近的居民，每逢美軍發餉的一两天，都閉門不出，怕招来灾难。由台北市区通美軍住宅区的公路上，經常發生有人被美軍汽車撞倒或撞死的慘事，現在台湾当局已把这条公路划归美軍专用。

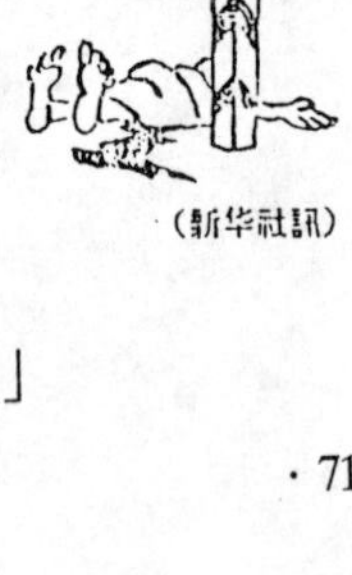

（新华社訊）

1958年2月28日「人民日報」

国际形势大变化　祖国建設大躍进

解放台灣的日子越来越近

台盟总部紀念台灣人民“二·二八起义”十一周年

据新华社27日訊　台湾民主自治同盟总部和北京市支部，今天下午联合举行了台湾人民“二·二八起义”十一周年纪念会。到会的在京台湾同胞一致痛斥美国制造“两个中国”企图永远霸占台湾的陰謀。所有發言的人都充满信心地相信台湾一定能够回到祖国大家庭的怀抱。

纪念会由台湾民主自治同盟副主席李純青主持。李純青說，慈祥的母亲不会丢掉她的孩子，强大的祖国不会放弃她的领土和人民。台湾人民的祖国只有一个，那就是中华人民共和国。离开了她，台湾的前途就是殖民地，台湾人民的命运就是外国的奴隶。美国制造“两个中国”的陰謀一定要破产。因为我們的祖国已經强大起来了，祖国社会主义建設的大躍进，也就是解放台湾的大躍进。东風压倒西風的国际形势对我們解放台湾有利。我們深信台湾解放的日子已經愈来愈近。

李純青还駁斥美帝国主义散布的所謂“托管台湾”、“公民投票”、“台湾自治”等謬論。

政协全国委員謝南光在会上叙述了一百年来美国侵略台湾的历史后指出，日本首相岸信介参预美国制造“两个中国”的敌视中国的行为，已經引起日本人民的反对。謝南光同时指出：具有爱国心的台湾军政界人士，要防止被美国[illegible]，只有掉转头来参加和平解放台湾的爱国运动，除此以外再也没有第二条出路。

全国人民代表大会代表田富达（高山族）在会上說，[illegible]二十万高山族人民与全国人民一道，坚决反对美国霸占台湾和制造“两个中国”的陰謀。

在会上發言的还有政协全国委員楊春松、中国文字改革委員会副研究員陈文彬、北京中医医院院長魏正明等和从日本归国的台湾籍华侨多人。

参加紀念会的在京台湾同胞有一百多人。

1958年2月28日「人民日報」

美侵略軍在台灣血債累累

肆意杀人无法无天　台灣人民恨之入骨

新华社27日訊　台北消息，台湾最近發生美国士兵駕車撞死一名国民党立法委員的慘劇。23日晚上，台湾国民党立法委員馬晓軍和他的妻子方昂生，在台北市内乘坐一輛三輪車回家，經过南京东路时，被美国軍事援助顾問团上士德格斯駕駛汽車撞翻。三輪車当場撞坏，馬晓軍受重伤，被送入抬救送往台湾大学医院不久即死亡。其妻方昂生头部受重伤，肩骨折断，現在还在医院未脱离危险期。三輪車工人的腿部受伤。馬晓軍今年七十七岁，广驻台湾軍事援助顾問团团长鲍文德上校向蒋介石集团高雄市政府請求解决。鲍文德写了一封信給蒋介石集团高雄市市长陈武璋，說明美軍人員在高雄請不到佣人，要求陈武璋"解决此一困难"。

台北市"联合报"也报道說，最近高雄"美軍營區貼出招聘女工"，尽管她們是"闊綽美金的主客"，但很少有人願意替她們做工，使美国人"感到应付棘手而求助于地方政府，足見这一問題的严重性了"。

西容县人，曾任蒋介石集团的"軍政部主任参事"等职。

馬晓軍慘死只是橫行霸道的美国侵略軍在台湾犯下数以千計的罪行事件之一。两个多月前，台北市郊曾發生一对新婚夫妇看电影后乘三輪車回家时，被美国第十三航空队士兵汉森駕車撞翻的慘案。十七岁的新娘陈良美当場慘死，二十多岁的新郎张新鸿和三輪車工人都受重伤。美軍凶手汉森肇禍后，不但不下車，反而把汽車加大油門飞速逃走，但被許多市民把車拦下。

美国侵略人員在台湾橫行霸道，无恶不作，台湾人民对他們的仇恨也日益加深。据高雄"中国晚报"报道，根据蒋介石集团高雄市警察局外事室發表的統計，在去年一年内，美国侵略人員在高雄市犯案二百一十六件，其中包括汽車闖禍案六十二件，杀死和伤害中国人案二十一件，違反治安案四十二件，其他为国际走私、調戏妇女、妨害風化、抢掠盗窃等等案件。这二百多案只是警察局有案可查的事件。还有許多美軍的暴行，高雄市民为台北警察当局接到了許多报告凶猛駕車肇禍和要求緝凶的电話和信件。經过交涉，美国第十三航空队才不得不承認其部屬汉森駕車肇事杀人。但是，至今美国空軍杀人凶手汉森仍然逍遙法外，美軍方面并且拒絕給受害家屬賠偿損失。

新华社27日訊　台北消息：台湾人民对美国侵略者十分痛恨，在被美国侵占为海軍基地的高雄港，美国軍事援助顾問团人員想雇用一个女佣人也十分困难。这是台湾报紙最近透露的消息。

台南市"成功晚报"在2月19日以"有錢难雇工，美顾問求援"为标題刊登的消息說，駐在高雄市的美軍顾問团人員"正在为雇佣佣人問題而大伤脑筋"，她們公推美国了免得招惹麻烦而没有报案。台湾去年曾發生几件轰动一时的美軍暴行，其中一件是美軍顾問团人員路易斯在住宅中把女佣人陈花妹在沙發椅上，淋上汽油活活烧死。这一件暴行传遍台湾后，使在台美軍眷属从此很难雇到女佣人了。

同时有消息說，由于駐在高雄、台南一带的美国兵都常受到台湾爱国者的懲罰。这一地区还常常發現"美国鬼子滚出去"等反美标語。因此，目前美国兵除非成群结队，都不敢远离市区和营房。

美国資本層層盘剝　台灣經济步步衰退

厂矿倒閉成風　失业人口激增　通貨膨脹严重

新华社27日訊　美国对台湾經济加紧控制和掠夺，使台湾財政經济面临更加困难的处境。蒋介石集团"經济部长"杨继曾在談到如何挽救台湾經济上危机的时候，也說不能長期依賴"美援"，要"走独立經济的道路"。

台湾当局自从接受"美援"以来，在生产建設上不但沒有發展，而且步步衰退。去年各項主要工业品的生产量都沒有达到預定的指标。今年煤、金、硫磺、鋁、紡織和許多輕工业品的产量，都比去年減少。

台湾工商业倒閉之風，在近三年来是一年盛一年。1957年，台湾全省倒閉的厂矿、商店有四百二十四家，去年倒閉的就多达二千家左右。成千上万的台湾工人和职員，因工厂、商店倒閉而不断走进失业者的队伍。同时，据台湾"征信新聞"消息，估計在台湾农村的失业人口，就在二百万以上，这是由于台湾农村在美国压榨下破产"。例如在台湾經济中占重要地位的甘蔗、鳳梨、香蕉和茶叶等，近几年不断減产。去年甘蔗的种植面积減少了四十多万亩，茶叶种植面积減少了二十多万亩，比1957年的甘蔗和茶叶的种植面积，減少了一半以上。

台湾的通货膨胀也在年年加剧。到今年1月底，台币發行额已超过二十四亿元，比1949年6月底的新台币發行額，增加了七十四倍多。台湾物价也跟着年年上涨，尤其是最近三个多月来，許多貨物的价格上涨了50%以上，台湾人民的生活更加陷入了困苦的深淵。

据台湾报紙透露，造成台湾这种严重情况的原因，主要是由于美国垄断資本侵入台湾，控制了台湾的經济命脈。美国通过"美援"机构，对蒋介石集团执行"监督"，使台湾每年的預算和一切重大的財政經济措施，都要經过美国国际合作署台湾分署的同意，从而直接操縱台湾的經济大权。另一方面，美国又通过所謂"工业建設援助"和"开發基金貸款"等各种花招，操縱台湾的工业生产部門。在台湾制糖和制盐工业中，美国資本各占60%以上。台湾的电力、交通运輸业、人造纖維、化学肥料、造紙、食品等二十多項主要企业，无一不被美国資本所渗透和控制。最近在台湾"投資"的美国資本家們又进一步的迫蒋介石集团修改"外国人投資条例"，要台湾当局給予他們更多的优惠条件，以便在台湾无限制地搜刮財富，否則就以收回在台湾的"投資"为要挟。不仅如此，美国还大量向台湾傾銷商品，更加深了台湾生产萎縮和經济困难。美国和台湾当局在去年签訂了一項貿易协定，一次就逼着蒋介石集团以高价向美国购买了一千多万美元的剩余农产品。同时，美国还以"援助"为名，向台湾倾銷了总值达七千五百八十多万美元的商品，造成台湾进出口貿易的严重入超。

1959年2月28日「人民日報」

紀念二·二八起义十一周年

李純青

[illegible]天——2月28日，我們特別[illegible]念台湾的父老兄弟。我們的[illegible]千山万水，越过台湾海峡，[illegible]。在中国大陆已經全部解放[illegible]在台湾还在美国武力侵占之[illegible]，不能不使人心情沉重。

[illegible]在今天，我們的心情不同了，[illegible]兴奋和乐观的心情。

[illegible]我們高兴，因为我們亲見[illegible]——中华人民共和国无[illegible]力，像飞一样地前进，而[illegible]存在的事实。中国已經[illegible]一个五年計划，能够生产[illegible]鋼，[illegible]一亿二千余万吨。[illegible]二个五年計划的第一年，[illegible]革命干劲，在工农和[illegible]，以排山倒海的声势向前迈[illegible]的目标是：要在十五年后，[illegible]工农产品产量方面赶上和[illegible]中国向社会主义工业化迈进[illegible]向解放台湾的途径迈进。

[illegible]台湾是依賴帝国主义的武[illegible]，没有一个国家可以靠[illegible]主义，都注定要失败[illegible]看見过日本帝国主义的[illegible]可以看出，今后的国际形势，[illegible]力量在上升，帝国主义的[illegible]。美国的实力地位一年不如[illegible]子武器来挽回。第二次世[illegible]对抗，美国独占原子武器[illegible]的別国进行威胁和訛詐。

[illegible]年苏联就宣布有原子武[illegible]1953年，苏联声明試驗氢[illegible]三年，即在去年，苏联洲际[illegible]，两顆人造卫星上了天，[illegible]在尖端武器和尖端科学技[illegible]落后了。如果說1950年美国[illegible]，它还有什么原子优势的[illegible]兵导弹时代，美国已經失[illegible]。美国不仅在实力地位方面表[illegible]一年来，国内經济危机也日益[illegible]力量也在衰退中。今天形势[illegible]社会主义力量压倒帝国主义力量，和平的力量压倒战争的力量，已經是东风压倒西风。美国依靠武力霸占台湾是不可能长久了。

虽然如此，国內外形势都有利于台湾的解放，但在所有历史上的侵略者那样，美国侵略者絕不甘于自动退出台湾。1950年美国曾企图从朝鮮、印度支那、台湾三方面来扼杀年青的中华人民共和国。經过三年的流血战爭，又經过了复杂尖銳的外交斗爭，美国在朝鮮和印度支那都告失败了。美国知道在战场上和外交桌上中国不可欺，于是就設計制造"两个中国"，为永久侵占台湾取得合法的地位。为了这一陰謀的实现，美国已經准备了几年的輿論，去年10月，在新德里召开的第十九届国际紅十字大会上，美国堅持邀請蔣介石集团代表参加，这是企图制造"两个中国"的一次最露骨的表演。所謂"两个中国"也并非仅有一种形式，除扶持保持蔣介石集团在台湾为"中华民国政府"以外，还有台湾交"联合国托管"，制造"台湾共和国"等等荒謬主张。去年12月美国参議員[illegible]在东京就主张把台湾"交給联合国托管"，今年1月，华盛頓权威人士說：美国可能支持一个独立的"台湾共和国"的計划。不論美国用什么形式，"两个中国"的实质内容都是要使台湾变成殖民地，使它永远侵占台湾，使台湾人民永远做美国的奴隶。我們都要堅决反对。

毫无疑問，強大的中华人民共和国公民——台湾人民，絕不会做外国的奴隶。台湾人民决不能容許自己的生存之地給外国做侵略祖国的基地。如果美国不忘記，应該記得不到一年前的事。1957年5月24日，台北爆发的反美示威，搗毀了美国大使館，撕碎了美国星条旗，台湾人民已經以行动說了話，对美国表示了态度，难道还需要什么"公民投票"吗？如果把台北反美示威和十一年前二·二八起义联系起来，那么，台湾人民的自由意志就是：反对美国！反对蔣介石集团！台湾人民的自由意志就是：要求美国侵略势力立即从台湾撤出。蔣介石沒有资格代表中国，也不能代表台湾和台湾人民。台湾人民不容許在他們的家园建立一个什么国家，台湾从来不是一个国家，将来也永远不会是一个国家。

沒有人比台湾人更清楚：祖国只有一个，那就是中华人民共和国。离开了它，台湾的前途只能是殖民地，沒有祖国，台湾人的命运就是奴隶。根据十年的經驗，台湾人民深知欲解放自己，必須依靠祖国。台湾人民要求回归祖国，就像孩子要求回到母亲身边那样，沒有人能够阻挠。如果有人对台湾人說，你們台湾是一个国家，台湾人一定会以为你是疯子。如果有人說台湾地位未定，就等于說台湾人是無国之民。这是对台湾人民的誹謗，我們絕不能容忍这种無視中国人民統一的怨毒計謀。

任何人都知道自己属于什么民族。台湾人民当然也知道自己属于什么民族。但是却有人陰謀捏造謊言，想台湾同胞不是汉族。是的，像大陆其它各省有少数民族一样，台湾也有中华民族大家庭中的少数民族，即高山族同胞。但是台湾居民的絕大多数，占95%以上，都是汉族的兒女，都是历史悠久、勤劳勇敢的汉族兒女。为了要分裂台湾，說台湾汉族居民不是汉族，按照我們傳統的習慣，这不但是侮辱活着的人，而且是侮辱我們的祖宗。对于这种侮辱，我們不能忍受。

因为台湾居民絕大多数都是汉族，即使經过日本統治五十年，民俗習慣以至思想形态并無改变，和大陆上的汉族居民完全一样。台湾人民認为，台湾省应該和大陆各省一样，沒有什么特殊。現在根据中华人民共和国宪法，只有少数民族才需要自治，在台湾，除高山地区以外，是不需要自治的。因此，所謂台湾自治是沒有根据的，是別有用心的。这种主张也是为"两个中国"制造論据，企图使台湾脱离祖国。总而言之，以制造"两个中国"为目的的种种謬論，無一不是強奸台湾人民意志的謬論，無一不是和台湾人民利益势不两立的陰謀詭計。台湾人民对于这些謬論和陰謀，誓必反对到底。

不管帝国主义者有多少陰謀，台湾人民心里明白。擺在他們面前有两个世界，一个是在美蔣統治下的今日台湾，他們看到的是：台中久旱不雨，农民被債务压彎了腰。台北米价飞涨，流浪在街头的失業者以跳入淡水河为最后的归宿。美国水兵在台湾海面擊沉了漁船，国民党軍官被殺害卡車在中美[illegible]公司的职員，法官自杀，新聞記者坐牢。而官场中是一片紙醉金迷，贪污舞弊，伪台中县政府职員每人平均每年上报四百九十天的出差費。从農莊到都市，到处都是这样一片令人髮指的情景。

而在祖国是另一个世界，我們看到的是：水上高原，稻田飞上山。在冰天雪地里，灯火通山遍野，夜晚当白天，日日夜夜有一亿农民在兴修水利。今年平均每隔四十六小时就有建設完成一所的大工厂或大矿山。所有害虫害鳥遭到史無前例的大歼灭。在共产党领导下，这里是無利不兴，無弊不除，全国都在努力建設社会主义。而在每一个[illegible]的扶手架上，每一个[illegible]上，常常可以看見大幅标語写着："解放台湾而奋斗！"台湾人民有这样[illegible]所未有的祖国及其六亿兄弟，[illegible]样的祖国能够使自己的鄉土永远淪为殖民地吗？这样的中国人民能够让自己同胞永远淪为外国的奴隶吗？不可能，一千个不可能！

好几代的台湾人民忍受殖民地中[illegible]的屈辱和苦難。現在終于等到了[illegible]虽然他們还只能够隔海相望，但他們已[illegible]看見強大的祖国正在向台湾走来，[illegible]声已經越来越响，越来越近了。不管解放台湾的路程远近，我們总有一天要走到那个終点。台湾同胞总有一天要[illegible]美蔣反动統治的黑暗世界，回到親爱的家——偉大祖国的怀抱里来。

在这样偉大的时代，这样[illegible]势下，在紀念二·二八起义十一周年的今天，我們号召：在大陆的台湾同胞們都是偉大祖国的兒女，应該和全国同胞团結在一起，在中国共产党領导下，鼓足革命干劲，投入建設社会主义的[illegible]，鼓足干劲，力爭上游，多快好省地建設社会主义！我們[illegible]这里，在祖国，所作的每一个努力，每一分力量，都将轉化为解放台湾的[illegible]力量。

我們号召：台湾民主自治同盟的[illegible]員們，在反右派斗爭胜利的基础上，[illegible]的一致意見。世界在前进，[illegible]在前进。时代在前进。每一个人[illegible]应該前进，不前进就要落后，[illegible]适应这样的形势。台盟盟員应該在政治立場的改造，[illegible]前进。我們有信心，把台盟改造成为社会主义的政治团体，为建設祖国和解放台湾而服务。

1958年2月28日「人民日報」

台盟集会紀念"二·二八"起义

怒斥美国侵占台灣盜劫文物

据新华社27日訊 台湾民主自治同盟总部和北京市支部今天联合举行紀念台湾人民"二·二八"起义十三周年的集会，到会的人們紛紛譴責美国武力霸占台湾和企图劫夺我国在台湾文物的罪行，他們情緒激昂地一致高呼"美国軍队必须滚出台湾"、"不准美国强盗劫夺我国文物"等口号。

今天的集会由台湾民主自治同盟总部秘书长徐萌山主持。徐萌山在会上指出，最近美国政府阴謀劫夺我国在台湾的文物，又一次暴露了美国統治集团不仅是軍事上、政治上、經济上的侵略者，而且是疯狂地进行文化侵略的强盗。徐萌山說，在首都的台湾同胞对美国的新罪行都极为憤慨。我們完全拥护文化部对美国政府提出的严正警告和声明。我們一定要把美国侵略者从台湾赶出去，一定要把美国强盗准备从台湾劫走的文物追回来；并且警告蔣介石集团，必须立即停止出卖祖国文化遗产的可耻勾当。

徐萌山說，美帝国主义目前在全世界范围内玩弄的和平花招，在它正在台湾加紧扩建軍事基地和加紧对台湾进行政治、經济和文化侵略的事实中，也充分暴露出来。在美帝国主义鉄蹄践踏下过着暗无天日生活的台湾乡亲們，正在采用各种方式进行着反对美国占領者的斗爭。这是六亿五千万中国人民反对美国侵略者斗爭的一部分，因此，絕不是孤立的。随着祖国社会主义建設继续大跃进和社会主义阵营日益强大，台湾同胞要求台湾回到祖国怀抱的强烈願望，一定能够实现。

全国人民代表大会代表田富达（高山族）、全国政协委員陈文彬和苏子蘅、台盟北京市支部主任委員陈炳基、北京市的先进工作者、积水潭医院台湾籍医生陈杰森等，紛紛在会上控訴美国侵略台湾的各种罪行。

1960年2月28日「人民日報」

台灣一定要回到祖国怀抱

台盟集会紀念二·二八十二周年

一致痛斥美国制造"两个中国"阴謀

新华社27日訊　台灣民主自治同盟总部和北京市支部，为紀念台灣人民"二·二八起义"十二周年，今天晚上举行座談会。所有發言的人都痛斥美國制造"两个中国"企圖霸占台灣的陰謀，并且充滿信心地指出，台灣一定要回到祖国的怀抱。

座談会由台灣民主自治同盟总部秘書长徐萌山主持。他說，我們在台灣的父老兄弟姊妹們要求解放和盼望台灣回到祖国大家庭怀抱的心情愈来愈迫切，因为他們在美國的奴役下，正过着人間地獄的生活，吃尽了美国人的苦头。我們十分同情和怀念在台灣的同胞，并且堅决和他們站在一起，为赶走美国侵略者而斗爭到底。徐萌山痛斥美國制造"两个中国"的陰謀。他說，美国要把台灣成为它的殖民地，使台灣同胞永远成为美国的奴隶。但是，具有愛国传統的台灣人民絕不容許美国这种陰謀得逞。現在台灣同胞的反美情緒日益高漲，美国侵略者已成了他們的死敌。徐萌山說，台灣人民愛国反美斗爭不是孤立的，不但有强大的祖国作后盾，还有社会主义各国和世界各国的人民的支持。目前祖国社会主义的大躍进，至世界东風压倒西風的形势，是更有利于我們解放台灣。

在会上發言的还有謝南光、楊春松、田富达、陈文彬、苏子蘅、陈丁茂、陈炳基等人，他們一致憤怒譴責美国侵略者霸占台灣和奴役台灣人民，希望台灣parseInt民同胞在愛国主义的旗幟下团結起来，一致对外，堅决粉碎美国制造"两个中国"的陰謀，爭取早日回到祖国怀抱。

1959年2月28日「人民日報」

堅決支持台胞反美斗爭

台盟总部集会紀念"二·二八"十四周年

新华社27日訊　台湾民主自治同盟总部和北京市支部26日集会，紀念台湾人民"二·二八"起义十四周年。到会的台盟盟員和旅京台湾同胞一百多人，一致譴責美帝国主义侵占台湾的罪行，紛紛表示中国人民不解放台湾，誓不罢休。

台湾民主自治同盟秘书长徐萌山在会上說，去年一年是美帝国主义进一步蹂躏台湾人民的一年，也是台湾人民进一步向美帝国主义进行英勇斗爭的一年。我們对台湾同胞的爱国反美斗爭表示坚决的支持。

徐萌山指出，近来台湾的反美斗爭在工人、农民、学生、文教界、工商界等各阶层中继續有新的发展。我們希望在台湾一切有爱国心的中国人，团結起来，一致对外，向美国侵略者坚决斗爭。这一斗爭有强大的祖国的支持，一定能够取得最后的胜利。

台盟北京市支部主任委員陈炳基，全国人民代表大会代表謝南光、田富达（高山族），全国政协委員楊春松、陈文彬、苏子蘅，中央民族学院教授田中山（高山族），北京汽車厂工程师陈丁茂，北京市中医研究所副所长魏正明，北京市积水潭医院主任医师陈水森，医学工作者丘琼云、林明美等都在会上讲了話，他們强烈譴責美国霸占我国領土台湾，并且表示为解放台湾而斗爭。

1961 年 2 月 28 日「人民日報」

美国侵略者从台湾滚出去

台盟总部和北京市支部联合纪念台湾人民"二·二八"起义十五周年

新华社27日讯 台湾民主自治同盟总部和北京市支部今天下午联合举行座谈会，纪念台湾人民"二·二八"起义十五周年。到会的人们一致谴责美帝国主义企图制造"两个中国"的阴谋和侵占台湾的罪行。

座谈会由台湾民主自治同盟总部秘书长徐萌山主持。他在会上指出，美帝国主义制造一系列所谓"两个中国"的阴谋，企图长期霸占我国领土台湾。当这个阴谋一再被中国人民揭露和抨击的时候，敌人并不就此歇手。肯尼迪政府上台后，它在侵略台湾的作法上更加阴险毒辣，荒谬地提出什么中国对台湾保持"宗主权"、"一个半中国"、"两个继承国"等等；并且积极策划所谓台湾"独立国"、"中立化"、"国际托管"等侵略活动。但是，美帝国主义的阴谋是决不会得逞的。中国人民坚决反对美帝国主义制造"两个中国"和一切企图把台湾从中国的领土中割裂出去的阴谋，严正谴责美国侵略者霸占我国领土台湾。

徐萌山说，中国人民一定要解放台湾，也一定能够解放台湾。他希望在台湾一切有爱国心的中国人，都应当响应祖国的号召，在爱国主义的旗帜下团结起来，同美帝国主义作坚决的斗争，为解放台湾贡献力量。在大陆的台湾同胞和全国人民一起紧密地团结在党和毛主席周围，高举三面红旗，积极地学习和工作，为社会主义建设贡献自己的力量，为解放台湾而奋斗。

在座谈会上，田富达（高山族）、林南光、苏子蘅、陈文彬、陈炳基、郑坚宗、叶仁寿、田中山（高山族）、陈木森等以及许多台湾旅京同胞，一致强烈谴责美帝国主义霸占我国领土台湾，美国侵略者在台湾横行霸道和进行疯狂的掠夺，使台湾同胞过着悲惨的生活。他们表示：要继续积极学习和工作，为巩固社会主义建设，为解放台湾而奋斗。许多人在会上高呼："美国侵略者从台湾滚出去！"

紀念台灣「二·二八」起义十六周年

台湾民主自治同盟总部和北京市支部举行座談会

新华社二十七日訊　台湾民主自治同盟总部和北京市支部今天联合举行座談会，紀念台湾人民“二·二八”起义十六周年，到会的台盟在京盟員和台湾省籍同胞，同声譴責美帝国主义侵略台湾的滔天罪行和制造“两个中国”的阴謀，要求美国侵略者从台湾滾出去。

台盟总部秘书長徐萌山在座談会上首先发言。他詳細叙述了近年来美帝国主义在台湾加紧侵略活动以及蔣匪帮对台湾同胞大肆搜刮的罪行。

他指出，美国的兵营、海軍基地、机場、細菌战和化学战的試驗場等軍事設施已經遍布台湾全島，美国侵略者使台湾經济日益殖民地化，使台湾的經济危机日益加深。美帝国主义对台湾的掠夺和蔣匪帮的搜刮，使台湾人民遭受的灾难日益加重。

徐萌山說，美国肯尼迪政府竭力制造和推行“两个中国”、“台湾独立”的阴謀，更加暴露地表明它长期霸占台湾的狂妄企图。中国人民包括台湾同胞在內坚决反对美帝国主义这一罪惡阴謀。台湾是中国神圣領土不可分割的一部分，中国人民一定要解放台湾。

在座談会上，田富达（高山族）、胡雨光、苏子蘅、陈文彬、陈炳基、魏正明、郑坚宗、陈木森、陈丁茂、洪进山、田中山（高山族）等先后发言。他們一致强烈譴責美帝国主义霸占我国台湾和蔣匪帮媚美卖国的罪行。他們对現在仍处于水深火热中的台湾同胞表示深切的同情，并且堅决支持台湾同胞为反对美蔣黑暗統治所进行的斗爭。

台北市二千多居民包围“市議会”

憤怒抗議蔣匪帮强拆民房

新华社二十七日訊　台北消息：台北市居民二千四百多人，二十一日上午憤怒地冲进了“市議会”会場，抗議蔣匪帮台北市政当局强拆民房。

据台湾报紙报道，在台北市双园区居住着两千多戶共六千多人，这些人家的房屋被市政当局指为“违章建筑”，将于二月底以前强制拆毁。居民們恐房屋被拆，流离失所，所以采取了“緊急請願”行动。据报道，二十一日清晨五时許，居民代表二千四百多人，扶老携幼，像潮水般地涌进“市議会”，并且不顧大批蔣匪帮軍警特务的阻拦，占据了“市議会”楼上的会議室“中山堂”，要同伪政府官員評理，反对强拆民房。九时三十分，蔣匪帮警察欺骗群众說，伪台北市“代市长”要在“中山堂”前孙中山的銅像下向請願群众讲話。請願群众一退出“中山堂”，特务便把通道封鎖起来。群众发覺被騙，情緒非常激动，有的妇女用头撞击墙壁和門窗玻璃，有的人在孙中山銅像前放声号哭。不少人又蜂拥冲上楼去。消息說，当时“情况极为緊张”。“市議会”在憤怒的群众包围下，它的“第七次临时大会未能依时开幕”。

台湾报紙透露，蔣匪帮对这次台北市居民集体請願，如临大敌，竟出动了張警特务五百多人，在“市議会”周围实施“临时警戒和管制交通”。憤怒的請願居民在伪台北市“代市长”、“市議长”被迫表示願意談判后，才于十二时左右离去。

1963年2月28日「人民日報」

台盟上海广州旅大等市支部和旅居福州的台湾同胞紀念"二·二八"

憤怒譴責美帝霸占我国台湾

新华社28日訊 台湾民主自治同盟上海、广州、旅大等市支部和旅居福州市的台湾同胞，27日分别举行座談会，紀念台湾人民"二·二八"起义十五周年。

台盟上海市支部主任委員谢雪堂在座談会上憤怒地譴責美帝国主义霸占我国领土台湾和奴役台湾人民的罪行。他說，中国人民坚决反对美帝国主义制造"两个中国"企图长期霸占台湾的阴謀。台湾同胞渴望早日回到祖国怀抱的愿望一定能够实現。

台盟广州市支部主任委員丘琳在发言中說，十多年来，美国侵略者在台湾加紧进行经济滲透和掠夺，使台湾的工商业和农业受到严重的打击，工矿企业遭受无情的推残，已經引起了台湾同胞的极大憤慨。他希望在台湾的一切有爱国心的同胞团結起来，和全国人民一道在解放台湾的庄严事业中貢献出自己的力量。

旅居福州市的台湾同胞27日晚上举行了座談会。台湾民主自治同盟福建省支部筹备委員会主任委員王天强在会上指出，美国侵略者針对着我們祖国大陆在台湾建立了一系列的軍事基地和导弹基地，严重地威胁着我們祖国的安全。到会的人們一致强烈地譴責美国强盗企图长期霸占我国领土台湾的野心和制造"两个中国"的阴謀。对现在仍然处在美国侵略者和蔣介石集团黑暗統治下的台湾同胞，过着水深火热的悲惨生活，表示深切的关怀。許多人紛紛表示要努力工作，积极参加祖国社会主义建設，为早日解放台湾貢献出全部力量。

台盟旅大支部主任委員陈文在座談会上以大量的事实揭露了肯尼迪政府了企图永远霸占中国领土台湾的阴謀活动。他說，但是，无論美帝国主义玩什么新花招，都是注定要失敗的。台湾自古以来就是我国領土不可分割的一部分，中国人民一定要解放台湾，台湾一定能够回到祖国的怀抱。

1962年3月1日「人民日報」

台盟上海旅大等支部集会紀念“二·二八”

据新华社二十八日訊 台湾民主自治同盟上海、旅大和广州市支部，昨日分别举行座談会，紀念“二·二八”台湾人民起义十七周年。到会的台盟盟員和台湾省籍同胞，一致愤怒韃責美帝国主义霸占台湾和蔣匪帮出卖台湾的罪行。他們严正指出，美帝国主义必須从台湾滚出去，中国人民一定要解放台湾。

台盟上海市支部主任委員謝雪堂說，我們必須严正警告美國侵略者，台湾是中國領土不可分割的一部分，美帝国主义想把台湾从祖国大家庭中分裂出去的企图，已經遭到了全中国人民的坚决反对。

在台盟旅大市支部举行的座談会上，台盟旅大市支部主任委員陈文强烈譴責美帝国主义和蔣匪帮奴役台湾人民的罪行。他說，祖国人民时刻都在关怀着处于水深火热中的台湾同胞，坚决支持他們的反美爱国正义斗爭。

台盟广州市支部主任委員丘琮在揭露了美帝国主义霸占台湾的种种罪行以后說，現在，美帝国主义和蔣匪帮的日子越来越不好过了。在祖国大陆的台湾同胞，要更紧密地团結在中国共产党和毛主席的周围，努力学习，做好工作，为建設强大的社会主义祖国，为早日解放台湾而奋斗到底。

1964年2月29日「人民日報」

在美国侵略者和蔣匪帮的掠夺搜刮下

台湾經济情况继续恶化

据新华社二十七日訊　台北消息：据台湾报紙报道，一九六二年台湾經济情况继续恶化："工业生产总指数逐月下降"，"市况萧条"，物价猛涨，厂商倒閉風潮"已創空前紀录"，失业人口激剧增加，蔗糖、棉花等主要农作物大幅度减产。这是美国垄断資本加紧侵入和蔣匪帮疯狂搜刮的結果。

台北市《征信新聞报》最近在一則題为一九六二年"工业生产显着衰退現象"的消息中說，台湾工业是"处处險象环生，欲振乏力"，工业生产总指数，以一月份为一百，七月份只有八十三，而在七月份以后，又逐月下降。据台湾"商联会"統計，目前台湾各工厂企业生产設备閒置一半以上的，有五十四个行业之多。台湾的主要工业紡織业，由于进口原棉成本过高，資金周轉困难和捐稅太重，春节前夕已有大批紡織厂倒閉。台北市《自立晚报》的社論說："台湾紡織业的危机……已到了相当严重的情境，这一趋势，假如不适时加以遏止，甚有全面陷入崩潰"的地步。台湾《联合报》报道，仅能从事修理維护的台湾机器工业，"近两年由于紡織业的不景气，甚至连修理維护的工作，亦感到难以尋求，很多机器工厂陷于半停工状态。"台湾报紙还透露，台湾的鋼鉄业"經营极为困难"，当地最大的两家私营鋼铁厂，一家已宣告倒閉，另一家也負債累累。春节期間，这家勉强支持的鋼鉄厂，在"告貸无門的情境下"，"为了員工薪餉，及筹备一笔維持开工的物料費用"，只得不惜亏損血本，廉价拋售产品。台湾煤炭工业由于工业萧条和利息負担过重，"情况之严重，为近年来所罕見"，矿場"負債倒閉者層出不穷"。

台北市《民族晚报》在談到台湾"商业不景气，倒風頻传，創空前紀录"时說，台湾各地的倒風遍及各行各业，其中有布店、五金电料行、食品店、药房、旅館、百貨店、茶庄等。另据《征信新聞报》报道，"去年九月份全省工商业倒閉的一千多家……，十月份又倒閉了九百多家"。今年春节以后，台湾各地仍是"倒風猛吹"，"愈趋猖獗"。

台湾的农村經济状况也"极为險恶"。蔣匪帮"經济部长"楊继曾不久前供认，台湾农业生产"不如理想"，甘蔗种植面积縮减，蔗糖产量去年比前年減少二十三万吨，約占百分之二十四。另据台湾报紙报道，去年台湾的棉花产量"較预定目标減少百分之三十七点五八"，黄麻也減少百分之七点七，其他如甘薯、小麦和花生等均告减产。《征信新聞报》还揭露所謂台湾粮食"增产"的謊話說，关于粮食产量的統計問題，連"省議員"都"表示怀疑"，这些統計数字是"編"出来的，主管机关在"編制統計"时，有"夸大之嫌"。台湾报紙說，台湾"农民购买力极为低落，而且一年甚过一年"。此外，由于美国侵略者和蔣匪帮为了軍事用途，把台湾沿海渔場的面积由二十多万平方公里縮減到两万多平方公里，引起严重的渔业危机，使大批渔民无法維持生計。

台湾报紙的消息还表明，一年来的恶性通貨膨胀，引起台湾的物价飞涨。蔣匪帮越来越依賴濫发紙币来弥补財政赤字，今年一月底台币的发行額达到四十一亿二千三百余万元的"新高峰"，比去年十二月份又增加約四亿五千多万元。台北市的米粮牌价一九六二年十月份比九月份上涨百分之十六点九一，十一月份又比十月份上涨百分之八点二五。另据蔣匪帮"外貿会"統計，自去年五月以来，台
农业产品如砂糖
豆类、小麦、
度上涨，其中
六六点七。

随着台湾
化，台湾失业
据蔣匪帮《中
二日报道，台
人口已达二百
占劳动人口百
市《公論报》
前的失业問題
台湾失业人口
而且大批青年
业机会，情形

台湾报紙
經济情况严重
萧，是美国侵
掠夺和搜刮。美
款"、"投資"
台湾的电力、
来水等部門，
的化学、机械
織、食品、矿
国侵略者还以
台湾[illegible]的"
所謂"中国农
（美国在台湾
机构之一）向
灌溉工程投资
并向农民进行
时，蔣匪帮一
在去年一年中
共搜刮了約四
国主义和蔣匪
穷困破产压
"宝島"的地方
地步。

1963年2月28日「人民日報」

台湾省人民“二·二八”起义

今年二月二十八日，是台湾省人民“二·二八”起义二十六周年。

一九四五年日本战败投降后，根据开罗宣言和波茨坦公告，台湾归还中国。被日本帝国主义统治了半个世纪之久的台湾省人民，欢欣鼓舞地回到祖国怀抱，决心与祖国大陆人民共同建设一个独立自由、繁荣富强的新中国。但是，蒋介石集团窃据台湾后，却对台湾人民实行残酷的反动统治，贪污盗窃，横征暴敛，迫使工厂停工，农田荒废，物价飞涨，民不聊生，给台湾同胞带来了深重灾难。一九四六年，蒋介石集团又与美帝国主义秘密会商，允许美帝国主义在台湾自由经营企业，使用港口，建设军事基地，进一步出卖国家民族主权，使台湾面临着严重的新殖民地化危机。对于蒋介石集团的这种倒行逆施和卖国行径，台湾同胞心中充满了愤怒的反抗烈火。一九四七年二月二十七日，蒋介石集团所谓武装缉私人员在台北市街头打伤一名摆香烟摊的老年妇女，接着又开枪打死一名群众。这一流血事件，成了导火线，在二月二十八日爆发了台湾人民的起义。

一九四七年二月二十八日早晨，台北市人民罢工、罢市、罢课，纷纷走上街头，游行示威，抗议蒋介石集团出卖台湾和残酷压榨台湾人民。游行群众把蒋帮专卖局台北分局的存货抛到路上焚毁，然后又到伪台湾长官公署请愿，要求惩办凶手。蒋介石集团竟密令伪军向徒手游行群众开枪射击，当场打死三人，重伤三人。愤怒的台北市人民，反抗情绪更加高涨，当即捣毁了蒋帮贸易局在台北的公司商号，并夺取了广播电台，号召全省人民起义响应，同蒋帮展开斗争。革命风暴迅速席卷台湾全境。北起基隆，南至高雄，东至台东，花莲，各地人民纷纷蜂起，袭击蒋军仓库、警察所，夺取武器，进行武装斗争。新竹、高雄、台南等地人民，先后捣毁了国民党党部，占领了蒋帮军政机关。台中市人民在三月二日还召开了市民大会，宣布成立人民政府，并组织人民武装队伍，向台湾中部地区展开武装进攻，经过激烈战斗，先后解放了彰化、嘉义等城镇。在台湾人民英勇顽强的斗争下，几天时间内，蒋帮在台湾各地的政权大半瓦解。蒋介石集团慌忙从大陆调遣了大批军队，于三月八日在台湾基隆港登陆，疯狂地向台湾人民展开了大搜捕，大屠杀。

全国人民大力支持台湾省人民“二·二八”起义。当时，中共中央在陕北通过自己的广播和机关报，对台湾省人民这次起义给予了热情支持和声援。

台湾省人民“二·二八”起义虽然被镇压下去了，但是台湾人民的反抗斗争火种是熄灭不了的。二十六年来，具有强烈爱国思想的广大台湾同胞日夜渴望着台湾早日获得解放，回到社会主义祖国怀抱。他们在祖国人民的支持下，不怕困难，不怕牺牲，前赴后继地同帝国主义和蒋介石集团展开不屈不挠的斗争。

台湾自古以来就是我国的领土，台湾人民是祖国大家庭中不可分割的成员。党和政府与大陆人民时刻都在深切地关怀着台湾骨肉同胞。我们一定要解放台湾。

（新华社）

1973年3月1日「人民日報」

台盟总部和北京市支部举行座谈会

纪念台湾人民"二·二八"起义十八周年

新华社二十七日讯　台湾民主自治同盟总部和北京市支部今天下午联合举行座谈会，纪念台湾人民"二·二八"起义十八周年。参加座谈会的台盟盟员和在京台湾同胞踊跃发言，强烈谴责美帝国主义霸占台湾的滔天罪行，表达了中国人民一定要解放自己的领土台湾的坚强意志，坚信台湾同胞要求回到伟大祖国怀抱的强烈愿望一定能够得到实现。

座谈会由台盟总部理事田富达主持。台盟总部办公室主任、台盟北京市支部主任委员陈炳基在会上首先发言，他说，美帝国主义霸占中国领土台湾，侵略越南民主共和国、扩大越南南方的侵略战争，做尽了坏事。最近，它又指使日本反动派和南朝鲜傀儡集团进行"日韩会谈"、签订"日韩基本条约"。美帝国主义进行这一系列的侵略活动，激起了亚洲和全世界人民的强烈反对。陈炳基指出，美帝国主义推行"两个中国"企图永远霸占台湾的阴谋，是永远不会得逞的，必然要遭到可耻的失败。全国人民对于处在美帝国主义霸占和蒋匪帮统治下的台湾同胞遭受着深重的灾难十分关切，对于台湾同胞反美爱国的英勇斗争表示坚决支持。他还说，我们坚决支持越南人民反对美帝国主义武装侵略的正义斗争，我们坚决支持朝鲜人民、日本人民反对"日韩基本条约"和他们反对美帝国主义及其走狗的正义斗争。

在会上发言的还有谢南光、苏子蘅、陈文彬、魏正明、黄永仁、王万得、蔡子民、傅绝策、杨春松、林庆美等，他们一致严正指出，中国人民包括台湾同胞在内，坚决反对美帝国主义制造所谓"一个中国，一个台湾"即"两个中国"的罪恶阴谋。中国人民一定要解放台湾。美帝国主义必须从台湾滚出去，从越南南方滚出去，从南朝鲜滚出去，从日本滚出去，从亚洲、非洲、拉丁美洲和它霸占的一切地方滚出去。参加座谈会的台湾同胞和台盟盟员还纷纷表示，要在各个不同工作岗位上，努力学习毛主席著作，高举毛泽东思想伟大红旗，加速祖国社会主义建设，为早日解放自己的故乡台湾贡献出力量。

1965年2月28日「人民日報」

政协全国委员会举行座谈会

（上接第一版）

参加过“二·二八”起义的台湾同胞代表吴克泰介绍了“二·二八”起义的经过。他说，二十六年前，台湾省人民为反对蒋介石集团的残酷统治而举行的“二·二八”起义，从台北市开始，扩展到台湾全岛，形成了台湾全省人民的武装起义。那时，工人罢工、学生罢课、商人罢市，一直发展到武装占领国民党的伪军政机关和飞机场。这次起义持续了一个多星期，沉重地打击了蒋介石集团的反动统治，打击了蒋介石反动派在美帝国主义支持下发动的反革命内战。吴克泰说，台湾人民的“二·二八”起义得到了全国人民的支持，中共中央代表全国人民的意志，即时由陕北电台对台湾广播，给予支持和指示。当时的延安《解放日报》发表社论，高度赞扬台湾人民的“二·二八”起义，并为他们指明了斗争的方向。他说，这些铁的事实充分说明了台湾同胞和祖国大陆同胞是心连心的，斗争的目标是一致的，一小撮别有用心的人为破坏中华民族的大团结而制造的“台湾独立”的谬论，是完全站不住脚的。有些好心肠的人想摆脱内外剥削和压迫而走台湾独立的道路，那只能是幻想。

政协全国委员会常务委员王芸生在讲话中说，我从一九四八年参加伟大领袖毛主席和中国共产党领导的革命阵营后，亲身经历了伟大的中华人民共和国成立和社会主义革命、社会主义建设，亲眼所见我们取得的一系列辉煌胜利。现在，我和全国同胞一样，生活在幸福之中，我们万分怀念仍然生活在水深火热之中的一千六百万台湾骨肉同胞。我们一定会解放台湾。

台湾民主自治同盟代表田富达在讲话中说，作为一个台湾省高山族人，我深切地怀念着台湾的父老、兄弟和姐妹们。台湾同胞从切身的苦难生活中深切感到，只有台湾解放，回到社会主义祖国的怀抱，自己才有光明的前途和幸福的生活。我和所有在祖国大陆生活的高山族同胞一样，多年来深深体会到社会主义祖国的温暖和幸福。高山族的干部得到党和政府的多方面培养。在中央和地方政权机关里，在全国人民代表大会和一些地方的人民代表大会以及全国和地方的政治协商会议里，有高山族的代表和委员。在我们社会主义祖国，各民族一律平等，而少数民族更得到党和政府的关怀。他说，台湾广大同胞世世代代同祖国大陆同胞骨肉相连，台湾同胞的愿望就是要回到祖国的怀抱。

政协全国委员会常务委员刘斐在讲话中敦促国民党军政人员，为实现祖国的统一贡献自己的力量。他说，孙中山先生当年曾谆谆教导：要“顺乎世界之潮流，合乎人群之需要。”在台湾的国民党军政人员的出路显然就是要顺应世界的潮流，适应台湾人民回到祖国怀抱的强烈愿望，为实现祖国的统一贡献自己的一分力量，切莫再徘徊歧途，错过为统一祖国的大业贡献力量的机会。他说，作为一个过来人，自己有着切身的体会。历史的发展，时代的前进，都证明我们当年所选择的站到人民这一边，无论对个人和对国家、民族来说，都是完全正确的。他表示希望在台湾的国民党军政人员，能够以民族大义为重，以人民的利益为重，效法孙中山先生爱国反帝的精神，响应中国共产党和人民政府的号召，为实现祖国的统一做出自己的贡献。

台湾同胞代表、北京积水潭医院内科副主任陈木森在讲话中说，我是台湾省嘉义人，我离开可爱的故乡台湾已经三十多年了，现在在我们伟大祖国首都北京，在我们伟大领袖毛主席的身边工作，过着幸福生活。但是我怎么能够忘记生活在水深火热中的台湾同胞和亲人呢！台湾同胞具有反侵略、反压迫的光荣斗争传统。作为一个台湾人，我坚信台湾人民的爱国反帝斗争，在毛主席和中国共产党的英明领导下，一定会取得最后胜利。台湾一定会回到祖国的怀抱。

女作家谢冰心在讲话中说，我希望在台湾的中上层人士，不要再疑虑徬徨。大家应该以民族大义为重，即使从前因环境所迫，或认识不清，而做过一些错事，只要现在认清了形势，拥护我们社会主义的祖国，愿为解放台湾，统一祖国贡献出自己的力量，那么，爱国不分先后，我们党和政府以及祖国大陆的人民都是十分欢迎的。

参加过“二·二八”起义的台湾同胞代表叶纪东说，在毛主席和中国共产党领导下的人民解放战争的鼓舞下，在国民党统治区爆发的反饥饿、反内战、反压迫的群众运动影响下，台湾人民反对国民党反动统治的斗争波及到了台湾全省。当时，台湾的许多青年学生和广大工农群众一道参加了“二·二八”武装起义，显示了台湾人民英勇斗争的革命精神。他说，今天台湾各阶层人民继承“二·二八”起义的革命传统，正在广泛地团结起来，为反对蒋介石集团的反动统治，为争取台湾的解放，实现祖国的统一而努力。

出席座谈会的还有：

政协全国委员会常务委员和委员、有关方面负责人及各界人士（以姓氏笔划为序）马纯古、邓初民、区棠亮、卢汉、冯友兰、史良、刘友法、庄希泉、朱蕴山、李金德、陈此生、陈明仁、严济慈、杜聿明、宋希濂、杨东莼、罗方、郑以升、郑洞国、范汉杰、胡克实、胡厥文、胡愈之、聂轰仁、樊孝通、徐伯昕、钱伟长、陶峙岳、黄鼎臣、董其武、程思远等；

台湾民主自治同盟的代表和在北京的台湾同胞代表（以姓氏笔划为序）王瑞丰、田中山、许良添、刘理、庄德润、李丙贤、李克世、李国仁、李纯青、李碧琴、陈丁茂、陈瑞华、林丽韫、林尚文、林金英、林明美、林青春、郑坚宗、姚明华、徐萌山、钱招雄、傅虎棋、谢秋成、赖民生、赖金兰、蔡子民、蔡德荔。

政协全国委员会二月二十八日举行座谈会，纪念台湾省人民「二·二八」起义二十六周年。图为座谈会会场。 新华社记者摄

1973年3月1日「人民日報」

政协全国委员会举行座谈会

纪念台湾省人民「二·二八」起义二十六周年

周建人、傅作义、许德珩、廖承志、罗青长等以及各界人士和在京的台湾同胞代表出席

廖承志同志和傅作义副主席等讲话，会上讲话的人一致指出，台湾同胞和祖国大陆人民团结一致，同心协力奋斗，解放台湾，统一祖国的事业一定会实现

新华社一九七三年二月二十八日讯　今年二月二十八日是台湾省人民「二·二八」起义二十六周年。中国人民政治协商会议全国委员会今天下午在人民大会堂台湾厅举行座谈会，纪念台湾同胞这一英勇反帝革命斗争的日子。

中共中央委员、人大常委会副委员长周建人，政协全国委员会副主席傅作义和许德珩，廖承志同志，罗青长同志，以及各界人士和在北京的台湾同胞代表共一百多人出席了座谈会。

到会的各界人士对台湾省人民的革命精神给以高度赞扬，对「二·二八」起义的烈士表示深切悼念，对烈士家属表示衷心的慰问，对台湾省和在海外的所有台湾骨肉同胞表示亲切问候。座谈会上发言的人一致指出，解放台湾，统一祖国，是包括台湾同胞在内的全中国人民的共同愿望和神圣义务。台湾同胞和祖国大陆人民团结一致，同心协力奋斗，解放台湾，统一祖国的事业一定会实现。

座谈会由傅作义副主席主持。

廖承志同志首先在座谈会上讲话（全文见第二版）。

傅作义副主席接着讲话（全文见第二版）。

许德珩副主席在讲话中向台湾的知识分子致意。他说，毛主席、共产党从来重视中国人民的大团结，尽力加强各族人民的大团结。在伟大祖国的怀抱中，凡是爱国的人，凡是愿意参加祖国建设的人，都有贡献力量的机会，都有光明的前途。在毛主席、共产党提出的人民大团结方针的光辉照耀下，我们相信，台湾同胞也都具有同样的机会和前途。

他说，二十多年来，在党和政府的关怀下，知识分子和全国人民一道参加了建设祖国的伟大事业，许多人作出了有益的贡献。经过无产阶级文化大革命，祖国的形势越来越好，知识分子对祖国建设贡献力量的条件也越来越好。正因为如此，我们对台湾知识分子的处境就特别关切。只有台湾得到解放，回到社会主义祖国怀抱，台湾知识分子才能结束苦难的生活，才会有把自己所长贡献于祖国建设的机会。我们希望台湾知识分子发扬爱国主义精神，和全国人民一道，积极参加解放台湾的事业。

接着，有八位同志在座谈会上先后讲话。

台湾民主自治同盟代表苏子蘅在讲话中说，我作为一个台湾省籍人，参加今天的座谈会，心情感到十分激动。台湾自古以来就是祖国神圣领土的一部分。在外国帝国主义者侵占台湾的时候，台湾同胞始终坚持了反抗外来侵略、回归祖国怀抱的爱国斗争。当着一小撮卖国贼出卖祖国利益的时候，台湾同胞无不义愤填膺，群起而攻之。那些投靠帝国主义、叫嚣「台湾独立」的一小撮人是台湾同胞所坚决反对的。那些误以为台湾独立可以外脱强权侵略，内倒独裁统治的好心肠的人，是没有认清当代形势，不了解台湾一旦脱离祖国怀抱，仍然要回到殖民化地位，或者回到半殖民地半封建的地位，这是不以人们主观意志为转移的。他说，台湾同胞向往祖国，台湾同胞殷切盼望早日解放台湾。为解放台湾，统一祖国作出贡献，这已成为广大台湾同胞的共同愿望。

（下转第二版）

1973年3月1日「人民日報」

在纪念台湾省人民"二·二八"起义二十六周年座谈会上

政协副主席傅作义的讲话

新华社一九七三年二月二十八日讯　中国人民政治协商会议全国委员会副主席傅作义在纪念台湾省人民"二·二八"起义二十六周年座谈会上的讲话，全文如下：

同志们，朋友们：

刚才听了廖承志同志的很好的发言，我都同意，都赞成。这里我想着重对从内地到台湾的军政人员以及在台湾的同胞说几句话。

当前国内外形势的发展，十分有利于我们祖国的统一。经过无产阶级文化大革命，在毛主席的革命路线指引下，我们祖国更加团结，更加强大，我们的无产阶级专政空前巩固，我国的社会主义革命和社会主义建设又取得了一系列的新的重大成就。在毛主席革命外交路线的指引下，我们在外交方面取得了一个又一个伟大辉煌的胜利。我们的朋友遍天下，我国的国际威望空前提高。这也大大增加了在台湾的同胞的自豪感。越来越多的台湾同胞，渴望了解祖国，心心向往祖国，希望能为统一祖国的事业作出贡献。须知，中国的统一，是大势所趋，人心所向，是任何力量阻挠破坏不了的。

在台湾的当年军政同事不要再对外人存什么幻想。台湾军政同事过去错误地依靠美国，使祖国的统一推迟了二十多年。到今天，美国的政策，美国对台湾问题的态度都变了。两次中美公报显示的很清楚。上海公报，美国承认台湾是中国领土的一部分；这次基辛格访华后在两国首都发表的公报，决定在两国首都设立享有外交特权的联络处；最近，基辛格又说，"我们主张和平解决大陆和台湾之间的分歧"。很明显，台湾靠美国还能靠得上多久呢？绝对靠不久了。还应该指出的是：如果有人虽然看清了美国不可依赖，却幻想转而依赖别的什么人的话，那不但是荒谬的，也是绝对不可能的。台湾军政同事绝不可一误再误。

美国在五十年代、六十年代错误地估计了世界形势，妄图遏制中国，阻挠我们祖国的统一。结果弄得它自己在国际上矛盾重重，内外交困。尼克松有勇气认识到遏制中国是错误的，只有同中国恢复正常关系，在五项原则上和平共处，才能维持亚太地区和平，进而维持全世界的和平。他决定改变美国的对华政策。既然美国要维持亚太地区及世界和平，它不同中国关系正常化，不同中国和平共处，那是不可能的。既然与中国和平共处是美国国策之所必需，那么再长期保持和台湾以往的关系是绝对不可能的。此理既明，那么，就可完全断定：美国既不会长期维持同台湾的关系来破坏同中国的和平共处，也不会允许台湾与其他的什么人"合作"，来搅乱亚太地区的和平。上海公报载明，彼此不在亚洲和太平洋地区称霸，也不允许别人称霸，这不说的很明白吗？这种形势是不可改变的。而且台湾人民，尤其是内地到台湾去的人们也决不会允许有人再去侍奉另外的什么主子，全体中国人民在毛主席领导下，更不允许有人出来再搞这类卖国勾当。

从一八四〇年鸦片战争，一百多年以来，我们国家遭蹂躏，民族受压迫，人民受欺凌的日子，都一去不复返了。中国人民真正地永远地站起来了。台湾人，内地人，所有的中国人，无不扬眉吐气，挺胸自豪。祖国的统一已是大势所趋，人心所向。为了统一祖国这一神圣事业，都是中国人嘛，为什么不能商谈呢？日本投降后，毛主席亲自到重庆去和谈。此刻正是统一祖国的好时机，大家一起来商谈吧，越快越好。如果不能立刻正式商谈，派些人来内地看看，探探亲，访访友，公开也好，不公开也好。你们要相信政府一定会保守秘密和信用，保证来去自由和安全。

由大陆到台湾去的军政同事和旧友，可能对重新回到祖国怀抱有这样那样的疑虑。我诚恳地告诉你们，这种怀疑是无根据的。就拿我来说吧，我是一度反过共，而且被宣布为战犯的。当我觉悟到只有在毛主席领导下才能统一祖国时，就毅然决然走向人民。我个人认为我属于罪大不赦之列，在北平和平解放后，我函请指定军法机构让我报到，接受惩罚。但是毛主席没有这样对待我，而是，这几十年来，在政治、生活各方面都得到了很好的待遇。李德邻到北京时，我举行家宴招待他和国家领导人。我的生活及政治情况，你们就可以了解了吧。过去同我共事的人们，绝大多数也都在"起义有功，既往不究"的伟大政策下，得到了照顾。

党的一贯政策是"爱国一家"，"爱国不分先后"。现居台湾的同胞和海外各地华侨，为了完成统一祖国的大业，实现骨肉团聚，希望都能做出自己的贡献。血浓于水，落叶归根，七亿同胞无不殷切期待、热烈欢迎亲人归来。

1973年3月1日「人民日報」

廖承志同志的讲话

在纪念台湾省人民「二·二八」起义二十六周年座谈会上

新华社一九七三年二月二十八日讯　廖承志同志在纪念台湾省人民"二·二八"起义二十六周年座谈会上的讲话，全文如下：

同志们，朋友们：

今天是台湾省人民"二·二八"起义二十六周年，在纪念台湾同胞这一爱国反帝革命斗争的日子里，首先让我们对台湾省一千六百万骨肉同胞表示亲切的问候和深切的关怀。

一九四七年台湾省人民举行"二·二八"起义，正是中国人民解放战争时期，是在伟大领袖毛主席发出"迎接中国革命的新高潮"的伟大号召影响下，所发生的一次可歌可泣的爱国反帝革命斗争，当时它的影响所及，震撼了蒋介石集团的黑暗统治。我们对台湾同胞的这种爱国主义精神和革命斗争意志，表示坚决的支持，并致以崇高的敬意。

台湾同胞有着光荣的革命传统，在几个世纪中，为了反对帝国主义的侵略和国内反动统治阶级的压迫，进行了长期的不屈不挠的斗争。"二·二八"起义虽然遭到了反动统治的血腥镇压，但是，长期以来台湾同胞的革命斗争并没有停止。特别是近几年来，台湾同胞为了反对蒋介石集团的黑暗统治，为了实现祖国的统一，进行了各种形式的斗争，表现了英勇的革命精神。

台湾省自古以来是我国神圣领土不可分割的一部分，台湾同胞是我们的骨肉兄弟，解放台湾统一祖国，是包括台湾同胞在内的全中国人民的共同愿望和神圣义务。广大台湾同胞目前仍然受着种种剥削和压迫，生活在苦难之中，我们对台湾同胞所遭受的痛苦和凌辱，表示深切的同情和关怀。台湾只有得到解放，回到祖国的怀抱，一千六百万台湾同胞才能和祖国大陆人民一样，真正成为国家的主人。

当前国内外形势的发展，对我国人民解放台湾的斗争十分有利。经过无产阶级文化大革命以后，我们的党，我国各族人民，我们的军队，在毛主席无产阶级革命路线的指引下，更加团结，更加强大，我们的无产阶级专政空前巩固。我国社会主义建设取得的一系列新的重大成就，使我们的社会主义祖国更加欣欣向荣。在毛主席革命外交路线的指引下，近两年来我国在外交斗争中取得了一系列重大胜利。二十六届联大恢复了我国的合法权利以后，我国代表在国际组织中主持正义，坚持革命的立场，受到了全世界一切革命人民的欢迎和称赞。中美两国领导人的会谈，上海联合公报的发表，打开了中美两国人民友好往来的大门，增进了两国人民的了解和友谊。中日两国外交关系的建立，揭开了两国关系史上的新篇章。近年来，承认中华人民共和国是中国的唯一合法政府，并和我国建　　　;外交关系，已成为不可阻挡的历史潮流。现在同我国建立了外交关系的国家和地区已经达到八十九个，我们同更多的国家和地区有着贸易关系和人民间的友好往来，我们的朋友遍天下。今年二月中美双方发表的公报，表明中美两国关系又有了进一步的发展。最近越南、老挝和平协定的相继签订和越南、老挝人民所取得的伟大胜利，更加有利于我们解放台湾的斗争。

我们社会主义祖国的日益繁荣昌盛，我国对外关系的日益发展，国际威望的提高，也大大增进了台湾同胞的自豪感。越来越多的台湾同胞渴望了解祖国，向往祖国，希望为解放台湾统一祖国作出贡献。近几年来已有不少台湾同胞回到祖国大陆参观探亲，增进了对社会主义祖国的了解，发展了爱国大团结。我们深信，台湾同胞和祖国大陆人民团结一致，同心协力为解放台湾统一祖国的事业而共同奋斗，台湾就一定能够解放，祖国就一定会统一，台湾人民就一定会同全国人民一起过幸福的生活。

在这里，我们也要对蒋介石集团的军政人员讲几句话。当前的大势已经非常清楚。国际反动派策划的"两个中国"、"一中一台"、"一个中国两个政府"、"台湾独立"、"台湾地位未定"等阴谋已遭到沉重打击，日益破产。台湾一定要解放，这是大势所趋，人心所向，任何妄想把台湾从祖国分裂出去的企图都是不能得逞的。指望依靠任何帝国主义势力，维持苟延残喘的局面，是决不能持久的。希望蒋帮军政人员不要错过为实现祖国的统一而立功的机会。我们党和政府一贯主张全民族大团结，一致对外，这是符合我们伟大祖国和人民的利益的。我们党和政府的一贯政策，是爱国一家，爱国不分先后。对于一切爱国的人们，不管他们过去有多大过错，只要现在拥护社会主义祖国，为祖国的统一而尽力，我们都以礼相待，既往不咎，并鼓励他们继续前进，欢迎他们为解放台湾贡献自己的力量。我们坚决相信，依靠全民族的团结和全国人民的努力，依靠一切爱国力量的共同奋斗，一定能够争取早日解放台湾，实现祖国统一的大业。

让我们在毛主席和党中央的英明领导下，团结一致，为解放台湾，实现祖国统一这一伟大历史任务共同奋斗！

首都各界人士和在京的台湾同胞举行座谈会

纪念台湾省人民「二·二八」起义二十七周年

廖承志首先讲话，傅作义发表书面讲话。在会上发言的人们指出：台湾一定要解放，祖国一定要统一

阿沛·阿旺晋美、周建人、沈雁冰、许德珩、李达、廖承志、罗青长、丁国钰、蔡啸、林丽韫等出席

新华社一九七四年二月二十八日讯　首都各界人士和在京的台湾同胞一百多人，今天晚上在人民大会堂台湾厅举行座谈会，纪念台湾省人民"二·二八"起义二十七周年。

人大常委会副委员长阿沛·阿旺晋美、周建人，政协全国委员会副主席沈雁冰、许德珩，中国人民解放军副总参谋长李达，中共中央委员廖承志、罗青长、丁国钰，中共中央委员、台湾省籍同胞蔡啸、林丽韫，中共中央统战部负责人刘友法、李金德、東小莉，以及工人、青年、妇女代表，参加了座谈会。

今天的座谈会是政协全国委员会举办的，由许德珩副主席主持。

廖承志同志首先讲话（全文另发）。政协全国委员会副主席傅作义发表了书面讲话（由政协全国委员会常务委员帝其武代读，全文另发）。

在座谈会上先后发言的，还有蔡啸同志，不久前从台湾省回到祖国大陆的台湾省知名人士陈逸松先生，林丽韫同志，北京大学教授周一良，政协全国委员会常务委员王芸生，北京大学教授冯友兰，台湾民主自治同盟代表李纯青，参加过"二·二八"起义的台湾同胞蔡子民，女作家谢冰心，去年回到祖国大陆的台湾青年同胞吴英辉，政协全国委员会常务委员荣毅仁，台湾民主自治同盟代表、台湾省高山族同胞田富达，参加过"二·二八"起义的台湾同胞陈炳基，台湾同胞方直。

发言的人们热烈赞扬台湾省人民热爱祖国，反压迫，反侵略的革命精神，赞扬他们为解放台湾、统一祖国，进行了坚持不懈的斗争。

发言的人们指出，台湾省是我们伟大祖国的神圣领土，台湾人民是我们的骨肉同胞。解放台湾是包括台湾省人民在内的全国各族人民的共同愿望和神圣义务。台湾一定要解放，祖国一定要统一。国际上一小撮顽固派还在妄想染指台湾，这是中国人民绝对不能容许的。中国人民解放军要提高警惕，保卫祖国，随时准备歼灭入侵之敌和解放台湾。

大家在发言中一致严厉谴责国民党反动派极力诋毁全国人民正在深入开展的批林批孔运动的罪恶行径。指出他们大搞尊孔反法活动，就是以孔孟之道继续镇压和欺骗台湾省人民，妄图维护法西斯统治，维持蒋家世袭王朝。他们顽固地倒行逆施，必将加速自己的灭亡。

大家在发言中谈到，爱国一家，爱国不分先后，是我们的一贯政策。从陆到台湾去的人员要认清形势，要以民族、国家利益为重，不要错过为统一祖国大业立功的机会。我们欢迎他们回祖国大陆探亲、访友，保证来去自由。

许德珩副主席最后讲话说，今天的座谈会，充分体现了在伟大领袖毛主席和中国共产党领导下的全国人民对台湾同胞革命斗争的坚决支持。他说，台湾人民反对蒋介石集团的斗争，也就是反对孔孟之道的革命行动。让我们团结起来，在以毛主席为首的中国共产党的领导下，在毛主席革命路线的指引下，积极参加批林批孔的政治斗争，为贯彻执行党的十大提出的各项战斗任务，为解放台湾，统一祖国的伟大事业而努力奋斗。

参加座谈会的还有：

在京部分人大常委会委员，政协全国委员会常务委员、委员及各界人士（以姓氏笔划为序）：史良、刘芸生、刘斐、庄希泉、朱蕴山、沙千里、苏子蘅、宋伟斌、宋希濂、杜聿明、严济慈、杨东莼、吴庆祥、陈之炎、陈此生、金宾、李以升、郑洞国、范汉杰、林玲玉、罗西欧、罗叔章、经普椿、洪丝丝、赵明哲、邵子昂、胡厥文、胡愈之、黄孝迺、徐伯昕、钱昌照、陶峙岳、黄鼎臣、童思远、楚图南；

台湾民主自治同盟的代表和在北京的台湾省籍同胞代表（以姓氏笔划为序）：王民杜、王思明、王瑞宇、王培云、叶纪东、田中山、江亚光、许良铮、沈润、纪朝钦、李丙松、李克世、李河民、李国仁、李玲虹、李欢芳、李碧、李捷男、杨小英、杨国庆、吴克泰、吴河、吴崇连、陈丁茂、陈文彬、陈木森、陈和明、陈连生、陈荣祖、陈瑞华、陈铎龙、郑坚杜、郑坚泉、林、林尚文、林丽芳、林思平、林栋、林尚山、林森中、林紫云、徐纯真、承敏、徐鹤山、钱福星、黄文泽、曾绍德、谢秋成、傅尧英、蔡云莲、潘、魏立、魏正明；

北京市各界人士（以姓氏笔划为序）：王林、浦洁修、钱伟长、钱端升、朔、傅学文。

▽首都各界人士和在京的台湾同胞举行座谈会，纪念台湾省人民"二·二八"起义二十七周年。图为座谈会会场。　新华社记者摄

1974年3月1日「人民日報」

代表十五人在发言中畅谈了当前国内外大好形势，指出：当前正在开展的回击右倾翻案风的斗争，是无产阶级文化大革命的继续和深入，它关系着我们党和国家的前途和命运，也关系着解放台湾、统一祖国的事业，我们一定要把这场斗争进行到底

[illegible]

据悉，各界人士和台湾省同胞代表十五人在会上发言。[illegible]

[illegible]

台盟和在京的台湾省籍同胞代表：苏子蘅、[illegible]

[illegible]

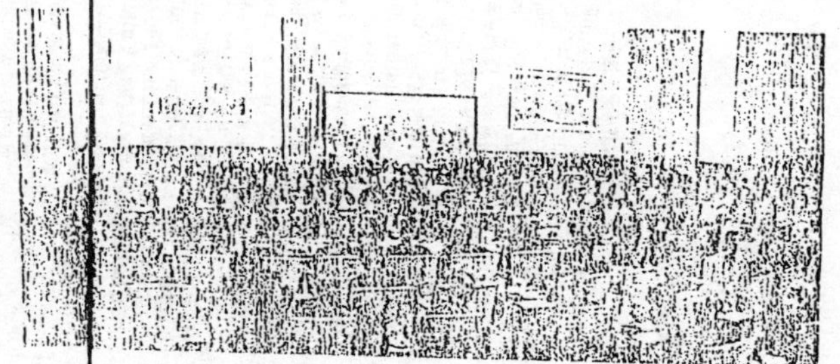

[illegible]

新华社记者摄

在首都各界人士和在京的台湾同胞的座谈会上

廖承志同志的讲话

新华社一九七四年二月二十八日讯　中共中央委员廖承志同志在首都各界人士和在京的台湾同胞纪念台湾省人民"二·二八"起义二十七周年座谈会上的讲话，全文如下：

台湾省同胞们、朋友们、同志们：

我们今天在这里举行座谈会，纪念台湾省人民"二·二八"起义二十七周年。

一九四七年二月一日，伟大领袖毛主席发出"迎接中国革命的新高潮"的号召，在解放区军民连续取得胜利和国民党统治区人民运动不断发展的影响下，台湾省人民举行了英勇反帝、反对蒋介石集团黑暗统治的"二·二八"武装起义。它是中国共产党领导下的反帝、反封建、反对官僚资本主义的人民民主革命的一部分。我们对于台湾省同胞的这种革命斗争精神，致以崇高的敬意！在纪念"二·二八"起义的日子里，让我们对参加起义的烈士表示深切的悼念！对台湾省骨肉同胞表示亲切的关怀和问候！

当前，国内外形势一派大好。在祖国大陆"社会主义到处都在胜利地前进"，我们粉碎了林彪反党集团妄图复辟资本主义的罪恶阴谋，毛主席的无产阶级革命路线更加深入人心。我们党更加朝气蓬勃，我国各族人民更加团结，我们的军队更加强大，我国的无产阶级专政更加巩固，社会主义经济和科学文化事业蓬勃发展，蒸蒸日上。在毛主席革命外交路线的指引下，我国对外关系迅速发展，我们的朋友遍于全世界。

我们这个历史上倍受欺凌，贫穷落后的国家，现在已成为初步繁荣昌盛的社会主义国家，包括台湾省人民在内的全国各族人民以及海外爱国侨胞，无不感到欢欣鼓舞。在以毛主席为首的党中央领导下，全党、全军、全国人民掀起了贯彻党的十大精神的热潮。在伟大领袖毛主席亲自发动和领导下，一场群众性的深入批林批孔的政治斗争，正在全国蓬勃地展开。这对于坚持和贯彻毛主席的革命路线，巩固和发展无产阶级文化大革命的伟大成果，巩固无产阶级专政，防止资本主义复辟，具有重大的现实意义和深远的历史意义。

当前国际形势的特点是天下大乱，"山雨欲来风满楼"，整个世界在激烈的动荡中前进。世界人民日益觉醒，第三世界的力量更加团结和壮大，国家要独立，民族要解放，人民要革命的历史潮流奔腾向前。苏修、美帝两霸互相争夺，内外交困，处境越来越孤立，日子越来越不好过。

国内外敌人，对于我国革命大好形势的迅速发展，十分仇视，对于我国人民正在开展的轰轰烈烈的批林批孔的群众运动极端仇恨。中外敌视我们的顽固分子都尊孔崇孔。社会帝国主义恶毒攻击我们的这场斗争。国民党反动派一向就是把孔孟之道作为维持他们反动统治的精神支柱，现在，更是变本加厉地诋毁批林批孔运动，大搞尊孔活动。其目的无非要继续镇压和欺骗台湾省人民，妄图维持蒋家世袭王朝的反动统治。这是办不到的！

台湾同胞历来热爱祖国，有着光荣的革命传统，为了反对帝国主义的侵略和国内反动统治阶级的压迫，他们进行了长期的不屈不挠的斗争。一九四五年，中国收复台湾省以后，蒋介石集团勾结帝国主义，对台湾省人民进行政治欺骗，实行特务统治。一九四七年台湾省人民"二·二八"武装起义，给了国民党反动统治以沉重的打击。近几年来，台湾经济日益殖民地化，人民生活日益困苦。台湾工人、农民、知识分子不断地进行各种斗争，反对蒋介石集团的黑暗统治，要求解放台湾、统一祖国的斗争越来越发展。广大台湾省人民和海外爱国侨胞热爱伟大领袖毛主席，拥护中国共产党和怀念社会主义祖国的感情不断加深，解放台湾、统一祖国的呼声日益高涨。许多台湾省同胞和海外爱国侨胞，克服重重困难，冲破种种阻拦，回到祖国大陆探亲、参观访问，以及组织团体来祖国大陆参加各种活动，受到了党和政府以及人民的热烈欢迎，他们回去以后，为解放台湾、统一祖国的事业，做了大量的工作，通过这些活动，更加增进了台湾同胞对社会主义祖国的深厚感情，发展了爱国大团结，推进了解放台湾、统一祖国的神圣事业。

台湾省是我国的神圣领土，台湾同胞是我们的骨肉兄弟。台湾一定要解放，祖国一定要统一。这是任何帝国主义，任何反动势力绝对阻挡不了的。只有解放台湾，台湾省人民才能和祖国大陆人民一样，当家作主，过幸福的生活。我们希望有更多的台湾同胞，回到祖国大陆探亲、参观访问，以及参加各种活动，为解放台湾、统一祖国作出更大的贡献。

国内外形势的发展，对于我们解放台湾的斗争十分有利。解放台湾、统一祖国，这是大势所趋，人心所向。在台湾以及从大陆去的各方面人员，都是中国人，爱国的多，卖国的少。我们希望他们认清形势，不要错过为祖国统一大业立功的机会。我们党和政府的一贯政策是：爱国一家，爱国不分先后。我们欢迎他们来祖国大陆探亲、访友、参观，保障他们的安全和来去自由。如果一小撮顽固分子执迷不悟，妄图依靠帝国主义苟延残喘，或者同某个帝国主义勾勾搭搭，充当破坏祖国统一的罪人，是绝不会有好下场的。

国际反华反共的顽固派所策划的"两个中国"、"一个中国两个政府"、"台湾独立"等等阴谋日益破产。但是，国际上一小撮顽固派，不甘心失败，还在妄想霸占台湾，他们的这种阴谋，是绝对不能得逞的。

解放台湾是包括台湾省人民在内的全国各族人民的共同愿望和神圣义务。我们一定要解放台湾，我人民解放军将继续提高警惕，保卫祖国，随时准备和台湾人民一道解放台湾。

同胞们，朋友们，同志们！让我们在伟大领袖毛主席为首的党中央领导下，在毛主席的革命路线指引下，团结一致，为实现十大提出的各项战斗任务而奋斗，为实现解放台湾、统一祖国的伟大任务而奋斗！

1973年3月1日「人民日報」

人民日报　　1978年3月1日 星期三 第五版

在纪念台湾省人民“二·二八”起义三十一周年坐谈会上

廖承志同志的讲话

新华社北京二月二十八日电　廖承志在纪念台湾省人民“二·二八”起义三十一周年座谈会上的讲话，全文如下：

台湾省同胞们，朋友们，同志们：

今天，我们[illegible]在这里[illegible]，纪念台湾省人民“二·二八”起义三十一周年，这次[illegible]在英明领袖华主席为首的党中央领导下，我们取得了粉碎“四人帮”的伟大胜利。抓纲治国的战略决策一年[illegible]已经胜利实现，各条战线[illegible]大好[illegible]，全国人民热切盼望的五届人大和五届全国政协正在胜利召开的大好形势下举行的。

五届全国人大和五届全国政协的胜利召开，是我国各族人民政治生活中的一件大事，也是我国各族人民包括台湾同胞在内的一件大喜事，是从政治上组织上巩固和发展粉碎“四人帮”的胜利成果，实现安定团结，达到天下大治的一个重要步骤。它标志着以工人阶级领导的工农联盟为基础的，包括爱国民主党派、爱国人士和台湾同胞、港澳同胞、海外侨胞的革命统一战线，进一步得到发展，标志着无产阶级专政更加巩固和加强，对于进一步发展大好形势，加快我国革命和建设的前进步伐，争取在本世纪内实现四个现代化的宏伟目标，对于解放我国神圣领土台湾，实现统一祖国的大业都具有十分重大的意义。

台湾省同胞的反对[illegible]爱国斗争从来没有停止过。三十一年前台湾人民举行的“二·二八”起义，[illegible]配合了当时祖国大陆人民的解放战争，沉重地打击了蒋介石集团的反动统治，为中国人民解放战争的胜利作出了自己的贡献。三十一年来，台湾省人民[illegible]，沉重地打击着帝国主义和蒋帮的反动统治。我们对台湾省人民这种[illegible]的敬意！

[illegible]

[illegible]的战略决策。一年来，揭批“四人帮”[illegible]，把“四人帮”[illegible]的路线是非已基本得到澄清，无产阶级专政大大加强，社会秩序大为安定，[illegible]实事求是、群众路线和艰苦奋斗等优良传统和作风正在恢复和发扬，统一战线正在巩固和扩大。总之，毛主席的无产阶级革命路线和各项政策可以比较顺利的得到贯彻执行。全国各族人民心情舒畅，安定团结，人心思治，精神面貌焕然一新，呈现出一派团结战斗的热烈气氛。工农业生产[illegible]前进，科学技术正向现代化进军，文化教育出现一派新景象。国防建设大大加强，人民解放军的军事训练热火朝天，各条战线都欣欣向荣。一个经济建设和文化建设的高潮正已现在我们面前。展望未来，我们伟大的祖国前程似锦。

在外交战线上，我们坚决遵循毛主席[illegible]的关于三个世界划分的战略思想，[illegible]执行毛主席亲自制定的外交路线、方针和政策，我国的国际威望不断提高，我们的朋友遍天下。

我们的胜利，[illegible]大大鼓舞台湾省人民的爱国斗争，打击[illegible]的反动统治。

[illegible]

把台湾人民当作廉价劳动力，加强蒋帮的经济掠夺，使台湾经济日益殖民地化，广大的台湾省劳动同胞[illegible]政治上的压迫和经济上的剥削。我们对台湾省同胞的处境表示深切的关怀，对蒋帮的黑暗统治表示极大的愤慨。

“哪里有压迫，哪里就有反抗。”台湾省同胞具有光荣的革命传统。蒋帮的倒行逆施只能进一步激起台湾省人民的仇恨和奋起反抗。一年多来，台湾省人民各种形式的反蒋爱国斗争此伏彼起，不断发展。去年十一月，蒋帮举行所谓“五项地方选举”，[illegible]手段，在桃园县中坜镇激起上万人的[illegible]斗争，这是台湾人民对蒋帮反动统治长期不满和仇恨的一次大[illegible]，是反蒋爱国斗争的新发展。

台湾省同胞[illegible]祖国大陆的大好形势中，越来越[illegible]自己斗争的方向，进一步[illegible]，更加向往社会主义祖国，盼望台湾早日回到祖国的怀抱，和祖国大陆人民一样成为国家的主人。[illegible]来，越来越多的台湾省同胞和爱国人士，回到祖国大陆探亲访友、参观旅行，有的已在祖国大陆定居。他们以亲身的经历[illegible]蒋帮的[illegible]，增进了台湾同胞对社会主义祖国的了解，为解放台湾、统一祖国做了大量的工作。在[illegible]大为社会主义祖国的建设贡献了自己的力量，[illegible]。

[illegible]

[illegible]，我们一定要解放台湾，这是毛主席、周总理的遗志，是包括台湾省同胞在内的全国各族人民的共同心愿。华主席继承毛主席的遗志，深切关怀台湾人民的疾苦，多次强调指出，我们要做好解放台湾的准备，要和台湾人民一起努力完成解放台湾、统一祖国的神圣事业。华主席去年曾两次接见在祖国大陆的台湾省籍同胞的代表。最近，各省、市、自治区召开的人大、政协会议，绝大多数都有台湾省籍同胞代表参加。五届全国人大，台湾省的代表团，和[illegible]的省、市、自治区代表团欢聚一堂，共[illegible]国家大事。五届全国政协的委员，除了[illegible]单位以外，还有一些单位也有台湾省籍的委员参加了会议。政府还规定在[illegible]和报考大学等方面，照顾台湾省籍同胞，所有这些，都体现了党和政府以及祖国人民对台湾省籍同胞的关怀和关心。

台湾省是我国的神圣领土，是中华人民共和国不可分割的一部分，台湾人民是我们的骨肉同胞。台湾人民长期受帝国主义和国民党反动派的统治和压迫，他们对解放台湾统一祖国，早日成为国家的主人有着强烈的愿望。但是，由于台湾人民长期受蒋帮反动宣传[illegible]，有些人对中国大陆的社会主义制度和[illegible]，对我们解放台湾的政策，不很了解，这是完全可以理解的。我们寄希望于台湾人民，希望回[illegible]台湾人民[illegible]祖国[illegible]。

[illegible]，增进台湾同胞和大陆同胞相互之间的[illegible]，加深[illegible]了解。我们[illegible]，为了解放台湾，统一祖国的神圣事业[illegible]。

在台湾的国民党军政人员和海外的其他人士，爱国的多，[illegible]。我们党和政府的一贯政策是“爱国一家”、“爱国不分先后”。凡是爱国的，我们都欢迎，欢迎你们和你们的亲属回祖国大陆看看，回到自己的家乡看看，保证安全和来去自由。[illegible]，我们对你们在大陆的亲属一视同仁，不加歧视。[illegible]、[illegible]、马的国民党军政人员，应该认清形势，走爱国的道路。

国内外形势的发展，越来越有利于解放台湾，统一祖国的斗争。[illegible]一小撮反华反共的美国派，勾结台湾极少数反动派，妄图分裂我国，制造所谓“两个中国”、“一中一台”、“一个中国两个政府”、“台湾独立”等种种阴谋，这是绝对不能得逞的。美国必须断绝同蒋帮的所谓外交关系，撤走在台湾和台湾海峡地区的一切武装力量和军事设施，废除美[illegible]的所谓“共同防御条约”。解放台湾是我国的内政，我们在什么时候、采取什么方式解放台湾，绝不允许任何外国干涉。我们坚信，台湾一定要解放，祖国一定要统一，这是任何势力都阻挡不了的。毛主席、周总理解放台湾统一祖国的遗志，必将在华主席为首的党中央领导下实现！

同胞们！朋友们！同志们！当前形势大好，而且会越来越好。让我们更紧密地团结在以华主席为首的党中央周围，高举毛主席的旗帜，[illegible]路线，团结一切可以团结的力量，调动国内外一切积极因素，扩大革命统一战线，为完成解放台湾，统一祖国[illegible]。

纪念台湾省人民"二·二八"起义二十八周年

首都各界人士和在京的台湾省同胞举行座谈会

叶剑英、徐向前、乌兰夫、阿沛·阿旺晋美、周建人、许德珩、胡厥文、沈雁冰、丁国钰、罗青长、姬鹏飞、廖承志、林丽韫、蔡啸、杨成武、梁必业、张宗逊等参加座谈会

廖承志首先讲话，在会上发言的人们指出：国内外形势的发展，越来越有利于我们解放台湾的斗争

新华社一九七五年二月二十八日讯 首都各界人士和在北京的台湾省同胞一百多人，今天下午在人民大会堂台湾厅举行座谈会，纪念台湾省人民"二·二八"起义二十八周年。

参加座谈会的有：中共中央副主席、中央军委副主席、政协全国委员会副主席叶剑英，中央军委副主席、人大常委会副委员长徐向前，人大常委会副委员长乌兰夫、阿沛·阿旺晋美、周建人，人大常委会副委员长、政协全国委员会副主席许德珩，人大常委会副委员长胡厥文，政协全国委员会副主席沈雁冰，中共中央委员丁国钰、罗青长、姬鹏飞、廖承志，中共中央委员、台湾省籍同胞林丽韫、蔡啸，中国人民解放军副总参谋长杨成武、总政治部副主任梁必业、总后勤部部长张宗逊，中共中央统战部负责人刘友法、李金德，首都工人、青年、妇女代表。

二十八年前，有着爱国反帝斗争传统的台湾省人民，在伟大领袖毛主席发出"迎接中国革命的新高潮"的战斗号召鼓舞下，在全国革命胜利形势的影响下，英勇地举行了"二·二八"武装起义，打击了蒋介石集团在台湾的反动统治，配合了祖国大陆人民的革命斗争。参加今天座谈会的各界人士热烈赞扬台湾省人民的革命斗争精神，向"二·二八"起义的死难烈士们表示深切的悼念，向烈士的家属们表示亲切的慰问，对今天台湾省人民要求解放台湾、实现祖国统一的爱国正义斗争表示崇高的敬意和坚决的支持。

今天的座谈会是政协全国委员会召开的，由许德珩副主席主持。

廖承志同志首先在座谈会上讲话。

接着，有各界人士和台湾省籍同胞代表十四人在会上发言，他们是：胡厥文副委员长，蔡啸同志，林丽韫同志，人大常委会委员、政协全国委员会常务委员董其武，台湾省籍同胞、人大常委会委员陈逸松，人大常委会委员刘斐，人大代表、台湾省高山族同胞田富达，人大代表、北京大学教授冯友兰，人大代表、参加过"二·二八"起义的台湾省籍同胞蔡子民，人大代表钱昌照，不久前从美国回来的台湾省籍同胞王雨浓，人大代表、已故卫立煌先生的夫人韩权华，台湾省高山族同胞、中央民族学院工农兵学员柯荣福，政协全国委员会委员杜聿明。

大家在发言中一致指出，台湾省自古以来就是我国神圣领土的一部分，台湾同胞是我们的骨肉兄弟。周恩来总理在四届人大会议上再一次庄严宣告："我们一定要解放台湾！台湾同胞和全国人民团结起来，为实现解放台湾、统一祖国的崇高目标而共同努力。"这显示了包括台湾省人民在内的全国各族人民的钢铁意志和坚强决心。

大家在发言中指出，国内外形势的发展，越来越有利于我们解放台湾的斗争。国际上一小撮反华、反共的顽固派，他们所策划的什么"两个中国"、"一个中国两个政府"、"台湾独立"等等妄图分裂我国台湾省的阴谋，都是绝对不能得逞的。

大家在发言中畅谈了在伟大领袖毛主席和中国共产党的领导下，祖国社会主义革命和社会主义建设所取得的伟大成就，表示希望有更多的台湾同胞回到祖国大陆参观访问、探亲和参加各种活动。

大家还指出，爱国一家，爱国不分先后，这是中国共产党和人民政府的一贯政策，希望从大陆去到台湾省的各方面人员认清形势，站到爱国民族的立场上，为完成解放台湾、统一祖国的崇高事业贡献力量。

许德珩副主席在座谈会上最后说，解放台湾，实现祖国的统一，是包括台湾人民在内的全国人民的共同愿望。我们相信，在中国共产党的领导下，在毛主席的无产阶级革命路线的指引下，台湾同胞和全国人民紧密地团结，共同努力，一定会胜利地实现解放台湾、统一祖国的崇高目标。

参加座谈会的还有：

在京的部分全国人大常委和人大代表、政协全国委员会委员和委员：马纯古、[illegible]、王维舟、王炳南、史良、刘宁一、李维汉、[illegible]、[illegible]、严济慈、杨东莼、沙千里、陈丕显、陈永贵、[illegible]、李素文、李任仁、[illegible]民、林巧稚、罗叔章、季方、周一良、荣毅仁、胡子昂、胡愈之、侯镜如、贾亦斌、胡厥文、钱伟长、徐伯昕、郭棣活、黄炎培、康克清、[illegible]、廖梦醒、谢冰心、楚图南、魏建功。

台湾民主自治同盟的代表和在京的台湾省籍同胞代表：[illegible]、方亮、田中山、江水生、江惠然、[illegible]、[illegible]、苏子蘅、苏锦、杨小来、杨国庆、[illegible]、杨能源、吴克泰、吴英辅、吴河、[illegible]、陈文彬、陈炳基、陈逸生、陈蕙华、陈钟龙、[illegible]、[illegible]、李河民、李国仁、李玲虹、李丙鑫、李克世、[illegible]、郑坚、郑贯宗、林冈、林田平、林东、[illegible]、林丽芳、林紫云、林尚文、林仲纲、林[illegible]、[illegible]、周青、高晓真、[illegible]、徐西山、[illegible]、[illegible]、傅尧寅、曾绍涛、[illegible]、[illegible]、[illegible]、魏正明。

各民主党派和北京市有关人士：[illegible]、[illegible]、[illegible]、[illegible]、[illegible]、张希让、[illegible]、[illegible]、[illegible]、[illegible]、[illegible]、郭秀仪、郭冀青、[illegible]、傅学文。

1975年3月1日「人民日報」

在纪念台湾省人民“二·二八”起义二十八周年座谈会上

廖承志同志的讲话

新华社一九七五年二月二十八日讯　廖承志同志在纪念台湾省人民“二·二八”起义二十八周年座谈会上的讲话，全文如下：

台湾省籍的同胞们，

朋友们、同志们：

今天，是台湾省人民“二·二八”起义的二十八周年。首先让我们向起义的死难烈士们表示深切的悼念，向烈士的家属们表示亲切的慰问！

一九四七年，在中国共产党领导下的反帝、反封建、反官僚资本主义的革命斗争，正发展到了一个新的人民大革命的阶段，伟大领袖毛主席向全国军民发出了迎接中国革命的新高潮的战斗号召。在全国革命形势的鼓舞下，有着爱国反帝斗争传统的台湾省人民，英勇地举行了“二·二八”武装起义，打击了蒋介石集团在台湾的反动统治，配合了祖国大陆人民的革命斗争。“二·二八”起义，是中国共产党领导下的新民主主义革命的组成部分。我们对台湾省人民的爱国主义行动和革命斗争精神表示崇高的敬意！

同胞们，朋友们，同志们，二十八年中，我们祖国发生了翻天覆地的变化。在以毛主席为首的中国共产党的领导下，在毛主席的无产阶级革命路线指引下，我国已经从半封建半殖民地变成独立自主、初步繁荣昌盛的社会主义国家。特别是无产阶级文化大革命和批林批孔运动，摧毁了刘少奇、林彪两个资产阶级司令部，批判了他们反革命的修正主义路线，批判了他们所宣扬的尊孔、倒退、卖国的孔孟之道，进一步加强了无产阶级专政，促进了社会主义建设。我们所取得的伟大成就，证明了只有社会主义能够救中国。

在伟大领袖毛主席领导下召开的中国共产党第十届中央委员会第二次全体会议和第四届全国人民代表大会第一次会议，是团结的大会，胜利的大会。毛主席最近关于无产阶级专政理论问题的指示，对于反修防修，巩固无产阶级专政，防止资本主义复辟，坚定地执行党的基本路线，坚持无产阶级专政下继续革命，具有极其重要的现实意义和深远的历史意义。四届人大通过的《中华人民共和国宪法》，以根本大法的形式巩固了我们的胜利成果，规定了我们国家的性质、路线、政策和体制、任务，反映了我国人民坚持在无产阶级专政下继续革命的共同愿望。周恩来总理在《政府工作报告》中，提出了要“在本世纪内把我国建设成为社会主义的现代化强国”的宏伟目标和各项方针任务。全国各族人民正在认真学习马克思、列宁和毛主席关于无产阶级专政的理论，继续普及、深入、持久地开展批林批孔运动，决心把中国自己的事情办好，力争对人类作出较大的贡献。

四届人大的组成，充分体现了以工人阶级为领导的以工农联盟为基础的、包括各爱国民主党派、爱国人士、爱国侨胞和港澳同胞在内的各族人民的大团结，也表明了革命的统一战线在继续发展。参加四届人大的台湾省籍同胞代表有十二人，其中有工农兵、革命干部、知识分子和高山族的代表，还有爱国人士陈逸松先生。在四届人大会上，台湾省籍的代表有四位被选入大会主席团，有两位被选为人大常务委员会委员。这体现了中国共产党和祖国大陆人民对台湾省同胞的深切关怀，反映了生活在祖国大陆的台湾省籍同胞也同祖国大陆人民一样都是国家的主人。

同胞们，朋友们，同志们！

台湾省自古以来就是我国神圣领土的一部分，台湾同胞是我们的骨肉兄弟。周恩来总理在四届人大会议上再一次庄严宣告：“我们一定要解放台湾！台湾同胞和全国人民团结起来，为实现解放台湾、统一祖国的崇高目标而共同努力。”大会还号召“全国人民和中国人民解放军指战员，坚决执行毛主席的深挖洞、广积粮、不称霸的方针，加强战备，随时准备歼灭一切敢于入侵之敌。我们一定要解放台湾！”这显示了包括台湾省人民在内的全国各族人民的钢铁意志和坚强决心！

目前，蒋介石集团内外交困，危机四伏，日子越来越不好过。在资本主义世界严重经济危机的冲击下，台湾的殖民地化经济日益恶化，工农业生产衰退，中小企业纷纷倒闭，贸易入超，物价上涨，失业人数日益增多，人民生活困苦，社会动乱。蒋介石集团又变本加厉地大搞尊孔活动，妄图借助孔老二的亡灵，欺骗和控制台湾省同胞，维持其反动统治。蒋介石集团还同日本《产经新闻》相勾结，刊登所谓“秘录”，颠倒历史，妄图为国民党反动派和日本过去的军国主义树碑立传。但是，哪里有压迫，哪里就有反抗。台湾省同胞历来热爱祖国，有着光荣的革命传统。蒋介石集团的残酷剥削和特务统治，激起了台湾同胞的极大愤慨。台湾省同胞越来越多的人看清了蒋介石集团的反动面目，更加热爱伟大领袖毛主席，更加拥护中国共产党，更加向往社会主义祖国。不少人排除各种阻挠，回到祖国大陆参观、探亲，通过实际接触，增加了对祖国大陆的了解，增强了斗争的信心。台湾省同胞正在采取各种形式，不断进行反抗蒋介石集团残暴统治的斗争，要求解放台湾、实现祖国统一的呼声日益高涨。我们对台湾省人民的爱国正义斗争表示崇高的敬意和坚决的支持。我们深信：台湾的爱国力量是一定会团结壮大起来的，台湾省人民要求解放台湾、实现祖国统一的斗争，是任何反动势力也阻挡不了的。

我们希望有更多的台湾同胞回到祖国大陆参观访问、探亲和参加各种活动。中华人民共和国第三届运动会将于今年九月在北京举行，我们热烈欢迎台湾省和海外侨胞中的台湾省籍体育工作者和运动员组成体育代表

首都各界
在北京的台湾
一百多人，二
八日下午在人
会台湾厅举（
会，纪念台湾
“二·二八”
十八周年。
新华社

1975年3月1日「人民日報」

首都各界人士和在京的台湾省同胞举行座谈会

纪念台湾省人民"二·二八"起义二十九周年

陈锡联、徐向前、乌兰夫、阿沛·阿旺晋美、周建人、许德珩、胡厥文、帕巴拉·格列朗杰等参加座谈会。政协副主席许德珩主持座谈会，廖承志发表讲话。各界人士和台湾省籍同胞代表十五人在发言中畅谈了当前国内外大好形势，指出：当前正在开展的回击右倾翻案风的斗争，是无产阶级文化大革命的继续和深入，它关系着我们党和国家的前途和命运，也关系着解放台湾、统一祖国的事业，我们一定要把这场斗争进行到底

新华社一九七六年二月二十八日讯　首都各界人士和在京的台湾省同胞一百多人，今天下午在人民大会堂台湾厅举行座谈会，纪念台湾省人民"二·二八"起义二十九周年。

[illegible]，台湾省人民在[illegible]"[illegible]中国革命的新高潮"的战斗号召的鼓舞下，[illegible]，配合了祖国大陆的[illegible]，沉重地打击了美蒋反动派的反动统治。[illegible]各界人士和台湾省同胞[illegible]台湾省人民的革命精神，向"二·二八"起义的[illegible]表示深切的怀念，向[illegible]台湾省骨肉同胞表示亲切的关怀和慰问，对台湾省同胞的反[illegible]斗争表示坚决的支持。

参加座谈会的有：中共中央政治局委员、国务院副总理陈锡联，中共中央军委副主席、人大常委会副委员长徐向前，人大常委会副委员长乌兰夫、阿沛·阿旺晋美、周建人，人大常委会副委员长、政协全国委员会副主席许德珩，人大常委会副委员长胡厥文，政协全国委员会副主席帕巴拉·格列朗杰，中共中央委员、中共中央和政府有关部门、中国人民解放军各[illegible]负责人[illegible]、廖承志、丁国钰、罗青长、[illegible]、[illegible]、张宗逊、[illegible]、林丽韫、朱学之、刘友法、[illegible]、[illegible]、[illegible]、[illegible]、路金栋、张世忠、[illegible]、史克宁。

今天的座谈会是政协全国委员会召开的，由政协全国委员会副主席许德珩主持。

廖承志同志首先在座谈会上讲话。

接着，各界人士和台湾省同胞代表十五人在会上发言，他们是：中共中央委员、台湾省籍同胞林丽韫，人大常委会[illegible]，中共中央委员、台湾省籍[illegible]，人大常委会委员刘[illegible]，参加过"二·二八"起义的[illegible]，台湾省籍同胞、北京汽车制造厂副总工程师陈丁茂。

大家在发言中畅谈了当前国内外的大好形势，[illegible]正在开展的回击右倾翻案风斗争的伟大意义。大家说，[illegible]的社会主义祖国"到处莺歌燕舞"，欣欣向荣，无产阶级专政空前巩固，社会主义新生事物茁壮成长。大家指出，当前教育、科技等战线正在深入开展革命大辩论，批判"三项指示为纲"的修正主义纲领，回击右倾翻案风的斗争，是无产阶级文化大革命的继续和深入，它关系着我们党和国家的前途和命运，也关系着解放台湾、统一祖国的事业，我们一定要把这场斗争进行到底。

大家在发言中指出，现在蒋帮统治下的台湾省，各种矛盾都在发展激化，整个台湾动荡不安。人民公敌蒋介石死后，蒋帮内部勾心斗角、互相倾轧日益加剧。蒋经国为了维持摇摇欲坠的反动统治，更加强化法西斯特务控制，加强对台湾人民的剥削和压迫。富有爱国和革命传统的广大台湾省人民，继承和发扬了"二·二八"起义的革命精神，反传爱国斗争不断发展，有力地冲击着蒋经国的反动统治。祖国大陆人民同台湾骨肉同胞心连心，对台湾人民不畏强暴，正在加紧开展[illegible]的反蒋爱国斗争，表示崇高的敬意和坚决的支持。

大家在发言中希望在台、港、澳、[illegible]和海外的各方面人员认清形势，走爱国的道路，为解放台湾，统一祖国做出贡献。大家指出，中国共产党和人民政府的一贯政策是爱国一家，[illegible]

了原国民党县团以上党政军特人员，给予公民权，并进行适当安置。愿意回台湾的，可以回台湾，提供方便。去了以后愿意回来的，我们欢迎。这充分体现了毛主席和中国共产党的[illegible]，[illegible]台湾[illegible]结合和[illegible]的伟大政策，表明我们社会主义祖国更加安定团结，无产阶级专政更加巩固。[illegible]这一英明决策，在国内外产生了巨大影响。

大家强调指出，台湾省是我国的神圣领土，台湾人民是我们的骨肉同胞。国际上一小撮反华、反共的[illegible]，[illegible]台湾的[illegible]，[illegible]所谓"两个中国"、"一中一台"、"一个中国，两个政府"、"台湾独立"等等，阴谋分裂我国，这是绝对不能得逞的，是注定要失败的。

大家在发言中说，解放台湾，统一祖国是包括台湾省人民在内的全国人民的共同愿望和神圣职责。全国

在纪念台湾省人民"二·二八"起义二十九周年座谈会上

廖承志同志的讲话

新华社一九七六年二月二十八日讯　廖承志同志在纪念台湾省人民"二·二八"起义二十九周年座谈会上的讲话，全文如下：

台湾省同胞们，朋友们，同志们：

今天是"二·二八"起义纪念日。二十九年前的今天，台湾省人民在伟大领袖毛主席一九四七年二月一日，向全国军民发出"迎接中国革命的新高潮"战斗号召的鼓舞下，英勇地举行了武装起义，配合了祖国大陆的解放战争，沉重地打击了蒋介石集团的反动统治。我们对台湾省人民这种革命斗争精神致以崇高的敬意！向参加起义的死难烈士表示深切的悼念！向烈士家属和台湾省爱国同胞表示亲切的关怀和慰问！

同胞们，朋友们，同志们：二十多年来，我们伟大祖国发生了翻天覆地的变化。在毛主席为首的党中央领导下，在毛主席无产阶级革命路线指引下，我国已经建设成为初步繁荣昌盛的社会主义国家。经过无产阶级文化大革命和批林批孔运动，经过无产阶级专政理论学习运动和评论《水浒》，社会主义祖国"到处莺歌燕舞"。我们的党朝气蓬勃，我们的人民意气风发，我们的国家欣欣向荣，无产阶级专政空前巩固。社会主义新生事物象绚丽的鲜花，开遍了祖国大地。各族人民广泛持久地学习马克思主义、列宁主义、毛泽东思想，对社会主义社会的阶级、阶级斗争和路线斗争的认识逐步加深，提高了限制资产阶级法权、在无产阶级专政下继续革命的觉悟。老、中、青三结合，使各级领导班子生气勃勃，千百万无产阶级革命事业接班人正在按照毛主席提出的五条标准锻炼成长。以革命样板戏为标志的文艺革命，促进社会主义文艺创作日益繁荣。教育革命沿着毛主席指引的方向，在斗争中前进，努力把学校改造成无产阶级专政的工具，培养有社会主义觉悟的有文化的劳动者，取得了可喜的成绩。卫生革命改变了农村缺医少药的面貌，赤脚医生不断成长，合作医疗更加巩固。广大干部走五·七干校，下放劳动，重新学习，提高了继续革命的觉悟，焕发了革命青春。千百万知识青年上山下乡，接再教育，在农村广阔天地里茁壮成长。工人阶级进驻大、中、小学和上层建筑机构，打破了资产阶级知识分子的一统天下。工农兵理论队伍的建立和发展，推动了思想文化战线的社会主义革命。农业学大寨的群众运动蓬勃开展，亿万群众发动起来了，百万干部奔赴农业第一线，普及大寨县的革命洪流滚滚向前。我国农业连续十四年丰收。工业学大庆的群众运动深入发展，独立自主、自力更生的革命精神进一步发扬，工业生产达到新的水平。专业科技人员和工农相结合，开门办科研，人造地球卫星返回地面，科学事业有了新的发展。第四个五年计划规定的工农业总产值指标，已经胜利完成。我国物价稳定，市场繁荣，既无内债，又无外债，人民生活逐步提高。我们取得的伟大成就，雄辩地证明了"只有社会主义能够救中国"。

现在，全国人民在伟大领袖毛主席为首的党中央领导下，坚持党的基本路线，认真学习无产阶级专政理论，以阶级斗争为纲，继续贯彻执行毛主席的一系列重要指示，深入进行上层建筑各个领域的社会主义革命，促进安定团结，促进社会主义的农业、工业和整个国民经济的发展，为进一步巩固无产阶级专政，为实现在本世纪内把我国建设成为社会主义现代化强国的宏伟目标而奋斗！当前教育、科技等领域正在深入开展革命大辩论，批判"三项指示为纲"的修正主义纲领，回击右倾翻案风，回击资产阶级反对无产阶级的右倾翻案风。这是无产阶级文化大革命的继续和深入，它对进一步加强无产阶级专政，巩固和发展无产阶级文化大革命的胜利成果，具有重大意义。

当前国际形势大好，天下大乱。世界各种基本矛盾日益激化，革命和战争的因素都在明显增长。苏美两霸的争夺愈演愈烈，争夺的战略重点在欧洲。苏联社会帝国主义是今天最危险的战争策源地，它野心很大，但力不从心。第三世界国家和人民在反对帝国主义、反对殖民主义和反对大国霸权主义的斗争中，不断发展壮大，发挥了主力军的作用。国际形势继续朝着有利于人民的方向发展。毛主席的革命外交路线取得了伟大胜利。目前已有一百多个国家与我国建交。我国的国际威望日益提高，我们的朋友遍天下。

同胞们，朋友们，同志们！现在台湾社会各种矛盾都在发展激化，整个台湾动荡不安。盘踞在台湾省的蒋帮内外交困，矛盾重重，危机四伏，处境空前孤立。人民公敌蒋介石死后，蒋帮内部勾心斗角、互相倾轧日益加剧。在资本主义世界经济危机冲击下，更加暴露了台湾殖民地经济的严重恶果。生产萎缩，物价飞涨，许多工商企业倒闭，失业人口剧增，农业破产，进口粮食年年增加。蒋经国为了维持摇摇欲坠的反动统治，更加强化法西斯特务控制，加紧对台湾人民的剥削和压迫。

"哪里有压迫，哪里就有反抗"。富有爱国和革命传统的广大台湾省人民继承和发扬了"二·二八"起义的革命精神，反蒋爱国斗争不断发展。斗争的浪潮此起彼伏，斗争的声势越来越大，有力地冲击着蒋经国的反动统治。台湾人民心向社会主义祖国。近几年来，越来越多的台湾省同胞、旅居海外的台湾省籍同胞回祖国，[illegible]，冲破重重阻力，克服种种困难，回到祖国大陆[illegible]，亲眼看到了祖国社会主义建设的[illegible]，揭露了蒋帮的欺骗宣传，把祖国大陆社会主义革命和建设的成就，不断传到台湾省内，增进了台湾省同胞对祖国大陆的了解，促进了台湾省人民和祖国大陆人民的团结，极大地鼓舞了台湾省人民反蒋爱国的斗志。不管蒋经国如何封锁、镇压，都阻止不了台湾人民反蒋爱国斗争的发展。台湾人民必将和祖国大陆人民一道推翻蒋帮的反动统治。

台湾省是我国的神圣领土，台湾省人民是我们的骨肉同胞。我们一定要解放台湾！我们寄希望于台湾省人民。我们对台湾省同胞的反蒋爱国斗争，表示坚决支持。只有包括台湾省人民在内的全国人民紧密地团结起来，解放台湾，统一祖国，台湾省人民才能当家作主。

在台、澎、金、马和海外的各方面人员，他们当中爱国的多，卖国的少。我们党历来有的一贯政策，是爱国一家，爱国不分先后。我们欢迎他们来大陆探亲、参观、保证安全和来去自由。希望他们认清形势，走爱国的道路，为解放台湾，统一祖国做出贡献。

遵照伟大领袖毛主席的指示，去年以来，我人民政府特赦释放了全部在押的战争罪犯，宽大释放了一九六二年十月至一九六五年九月俘获的全部蒋帮武装特务和特务船船员，一律宽大释放了全部国民党县团以上党政军特人员。每人都给公民权，并妥善安置。愿意回台湾的，可以回台湾，去了以后愿意回来的，我们欢迎。这充分体现了毛主席的惩办与宽大相结合，劳动改造与思想教育相结合的伟大政策，表明了我们社会主义祖国[illegible]，无产阶级专政更加巩固。毛主席这一英明决策，在国内外产生了巨大影响。

国际上一小撮反华、反共的帝国主义，勾结台湾的极少数民族败类，策划所谓"两个中国"、"一个中国，两个政府"、"台湾独立"等等，阴谋分裂我国。这是绝对不能容忍的，注定要失败的。

周恩来总理在第一次全国人民代表大会第一次会议上，再一次庄严宣告："我们一定要解放台湾，[illegible]全国人民团结起来，为解放台湾，统一祖国的崇高目标而共同努力。"全国人民[illegible]。[illegible]坚决执行毛主席"深挖洞、广积粮、不称霸"，"备战、备荒、为人民"的战略方针，[illegible]。我们一定要解放台湾[illegible]。

同胞们，朋友们，同志们：让我们在以毛主席为首的党中央的领导下，在毛主席的无产阶级革命路线指引下，团结一致，为实现[illegible]，统一祖国的伟大任务而共同奋斗。

1976年3月1日「人民日報」

台湾同胞决心为解放台湾作好准备

扬「二·二八」革命精神　深入开展反蒋爱国斗争

……

扬反扬　二·二八”革命精神，以各种形式进行反蒋爱国斗争，不断打击了蒋帮的反动统治。

蒋经国在一九七二年就任伪“行政院长”，开始执掌蒋帮大权以来，为了巩固其统治地位，一面喋喋不休地宣扬什么“政治革新”、“开放民主”，借以欺骗台湾人民，一面变本加厉地强化法西斯统治，疯狂镇压台湾人民。一九四九年由蒋介石下令颁布实施的法西斯“戒严法”，蒋经国原封不动地继承下来，直到今天还在继续施行，在台湾“戒严”时期之长为古今中外所罕见。蒋经国通过这样长期的“戒严”及其它一系列反动法令，把台湾人民置于军警特务的严密监视和控制之下，剥夺了台湾人民一切民主自由权利。蒋经国本来就是依靠特务起家的，上台后更进一步依靠特务统治。据海外一些报刊揭露，目前台湾“特务如麻”，每个工厂、农村、学校，以至蒋帮的机关、军队，都设有公开的或秘密的特务组织，派驻具有特务身份的“安全人员”，时刻监视着台湾人民的言论和行动。台湾人民对蒋经国的反动统治稍示不满，蒋帮就给扣上种种莫须有的罪名，随意加以拘捕、判刑，甚至杀害。去年七月，蒋帮又以所谓“中共间谍”、“进行叛乱活动”等莫须有的罪名，连续拘捕了十七名台湾商人和学生。蒋帮这一新的法西斯暴行引起国际舆论的关注，纷纷提出严厉谴责并发起营救运动，迫使蒋经国不敢秘密处决，而将其中七人分别判处七年至十五年徒刑。“国际特赦组织”去年十月发表的报告指出，目前在台湾被蒋帮囚禁的所谓“政治犯”，仍有八千人之多。

哪里有压迫，哪里就有反抗。蒋经国的法西斯暴行，从反面教育了台湾人民。台湾人民透过蒋经国的那些骗人鬼话，进一步认清了他的狰狞面目，纷纷起来同他及其统治集团进行不屈不挠的斗争。从台湾及海外一些报刊报道的材料中可以看出，近年来台湾人民反蒋爱国斗争，无论是参加斗争者的广泛程度还是斗争的深刻程度，都比过去有新的发展。在整个台湾，从南到北，从大小城市到山区渔村，到处都掀起斗争的浪潮。往年参加斗争的人多半是青年学生和工农群众，如今不少富有的工商业者也投入了斗争的行列。往年台湾人民的斗争多半局限于在经济上争取生活权利，如今他们已把经济斗争同在政治上争取民主自由权利、反抗法西斯暴政的斗争交织在一起，并把斗争的矛头直接指向蒋经国及其反动统治集团。一九七五年底，蒋经国在台湾上演了一出“立法委员”增补名额“选举”的丑剧。广大台湾人民看穿蒋经国搞的“选举”不过是骗人把戏，对他的卑劣行径极为愤慨。就在这出“选举”丑剧揭晓的当天晚上，宜兰县一万多名群众愤怒举行游行示威，并包围蒋帮警察局和“选举事务所”，抗议蒋帮在“选举”中作弊。与此同时，高雄、台北两市的人民群众也为抗议蒋帮假“民主”举行了强大示威。去年二月，台中市六千五百多名居民因不满蒋帮“市长”营私舞弊，联名向蒋经国统治集团提出抗议，要求罢免蒋帮“市长”。去年四月，这个市的居民又为抗议蒋帮强拆民房供外国资本家设厂牟利，向蒋帮派出的“拆除队”人员身上泼大粪，迫使蒋帮暂停拆迁。最近，当蒋帮出动二百多名警察强行拆迁时，当地居民群起反抗，同蒋帮警察对峙达六个半小时，迫使蒋帮仍不敢动手。居住在台湾著名风景区阿里山区的高山族同胞，最近也掀起了抗议蒋帮无理迫迁的斗争。据报道，蒋帮为了把阿里山的居民区改为“游乐区”，以吸引外国游客，赚取外汇，在当地制造了一场“无名火灾”，将居民住房“付诸一炬”。事后，蒋帮不但不安置灾民，连灾民要在原地重建家园也被禁止。灾民们忍无可忍，便向各处投寄抗议书，强烈抗议蒋帮的暴行。台湾工人和农民反压迫、反剥削的斗争更是此伏彼起，有的地方农民为反对蒋帮霸占他们的良田，还直接写信向蒋经国本人提出强烈抗议。由于蒋帮长期以来对投入监狱的“犯人”进行残酷的迫害，去年在台北、桃园、台东、高雄、小琉球等地连续发生“犯人”越狱事件，吓得蒋帮慌忙出动大批军警进行缉捕。去年四月，台北市一名青年因不满蒋帮的无理迫害，向蒋帮警察局投掷了一枚土制炸

……总汇下令进行

……的反动统治特别不满，他们拒不参加

拒唱蒋帮的“国歌”，拒服蒋帮的“兵役

月招认，仅近年来拒服蒋帮“兵役”的

同台湾岛上各阶层人民的斗争相呼

省同胞也不断掀起反蒋爱国的斗争。据

约、芝加哥、波士顿、旧金山、洛杉矶

同胞和留学生，纷纷揭露蒋帮对台湾人

些地方活动的官员、特务进行面对面的

狼狈不堪。去年十一月底，旅居美国的

“反对蒋帮迫害”、“释放全部政治犯”、

标语牌，在美国城市举行游行示威，抗

滔天罪行。

值得注意的是，最近几年台湾人民

们要求解放台湾、统一祖国的斗争紧密

蒋爱国斗争的深入发展，台湾同胞日益

大领袖毛主席和敬爱的周总理，要求解

来愈高。许多人不顾蒋帮特务的监视，

消息，抄录和传阅毛主席著作和各种进

写文章或作诗歌颂社会主义祖国取得的

逝世的消息传到台湾后，许多台湾同胞

还通过给海外报纸写信和其他方式，

台湾人民对毛主席的深切怀念。以英明

承毛主席的遗志，采取果断措施一举

帮受到沉重打击，使台湾人民受到巨大

香港报纸的信中说：“粉碎‘四人帮’，

振奋，热烈欢呼。”“我们台湾同胞身

决心听从以华国锋主席为首的党中央

决做好反帝反修反蒋的工作，做好解放

1977年2月28日「人民日報」

人民和中国人民解放军坚决执行“深挖洞、广积粮、不称霸”，“备战、备荒、为人民”的战略方针，随时准备歼灭一切敢于入侵之敌。我们一定要解放我国的神圣领土台湾省。

许德珩副主席在座谈会上最后讲话说，在解放台湾，统一祖国的伟大事业中，我们一贯寄希望于台湾省人民，重视他们的爱国行动，支持他们的反蒋爱国斗争。我们坚信，在毛主席为首的党中央的领导下，在毛主席的无产阶级革命路线指引下，台湾同胞和全国人民紧密团结，并肩战斗，解放台湾，统一祖国的崇高目标一定会胜利实现。

参加座谈会的还有：

在京的部分人大常委会委员、政协全国委员会常务委员、人大代表、政协委员、爱国人士和北京市有关人士：史良、严济慈、杨东莼、茅以升、林巧稚、季方、荣毅仁、胡子昂、胡愈之、陶峙岳、王芸生、孙起孟、屈武、徐伯昕、楚图南、黄鼎臣、钱昌照、谢冰心、费孝通、王昆仑、甘祠森、赵君迈、张学铭、侯镜如、郑洞国　翟异之、杜聿明、宋希濂、程思远、李奇中、宋伟威、赵明哲、赵子立、杨铭仪、李仙洲、溥杰、刘芸生、洪希厚、郭琛青、黄艳霞、罗西欧、沈性元、郭秀仪、林玲玉、陆达、聂翔、魏建功、浦洁修、冯友兰、钱伟长、傅学文、王炜钰；

台盟和在京的台湾省籍同胞代表：苏子蘅、李纯青、田富达、徐萌山、陈炳基、蔡子民、陈木森、王碧云（医务工作者）、陈文彬、林盛中、吴英辅、王阿雄、田中山、王茂辉、李河民、林田平、吴克泰、李国仁、魏正明、杨小英、郑坚宗、徐福兴、傅尧策、李丙寅、郑炯灶、林栋、李碧琴、林丽芳、谢秋成、黄美砂、林明美、蔡速凤、李克世、林仲敏、潘渊静、吕平、林尚文、吴荣造、陈和明、王瑞丰、吴明吉、郭平坦、范聆、吴河、李顺然、陈妙玲、赖金兴、陈弘、甘萤、王碧云（文艺工作者）、林为民、高建设、谢文雄、詹志远、游源旺、吴石春、杨少波、曾北云、陈心莹。

党和国家领导人同首都各界人士和在京的台湾省同胞一起

隆重纪念台湾省人民"二·二八"起义三十周年

叶剑英副主席，党和国家其他领导人陈锡联、吴德、徐向前、乌兰夫、邓颖超、阿沛·阿旺晋美、周建人、许德珩、胡厥文、王震以及沈雁冰出席由政协全国委员会召开的纪念会

廖承志在会上讲话，有十一人发言，有的人作了书面发言。与会者意气风发，热烈庆祝粉碎"四人帮"的伟大胜利，表示深切怀念伟大领袖毛主席，深切怀念敬爱的周总理和朱委员长，热烈欢呼我们党又有了英明领袖华主席，决心最紧密地团结在华主席为首的党中央周围，为夺取大治之年新的伟大胜利，为实现解放台湾、统一祖国的崇高目标而努力奋斗。

新华社一九七七年二月二十八日讯　首都各界人士和在北京的台湾省同胞三百多人，今天下午举行集会，隆重纪念台湾省人民"二·二八"起义三十周年。

今年的"二·二八"纪念会，是在英明领袖华主席为首的党中央取得一举粉碎王张江姚"四人帮"的历史性伟大胜利，全国各族人民正遵循华主席抓纲治国的战略决策奋勇前进的大好形势下召开的。这对包括台湾省人民在内的全国各族人民团结一致，加强解放台湾、统一祖国的斗争，具有重要的意义。

中共中央副主席、中央军委副主席、政协全国委员会副主席叶剑英，党和国家其他领导人陈锡联、吴德、徐向前、乌兰夫、邓颖超、阿沛·阿旺晋美、周建人、许德珩、胡厥文、王震，和政协全国委员会副主席沈雁冰，出席了纪念会。党和国家领导人同首都各界人士和台湾省同胞一起纪念台湾省人民"二·二八"起义三十周年，这充分显示了党和政府对台湾省同胞的亲切关怀，对台湾省人民反帝反蒋爱国斗争是一个巨大的鼓舞。

纪念会在人民大会堂举行。伟大领袖毛主席和英明领袖华主席的彩色画像并排悬挂在大厅中央。到会的各界人士和台湾省同胞意气风发，斗志昂扬，热烈庆祝粉碎"四人帮"的伟大胜利，表示深切怀念伟大领袖毛主席，深切怀念敬爱的周总理和朱德委员长，热烈欢呼我们党又有了英明领袖华主席，决心最紧密地团结在华主席为首的党中央周围，为夺取大治之年新的伟大胜利，为实现解放台湾、统一祖国的崇高目标而努力奋斗。

下午三时，叶剑英副主席、陈锡联副总理、吴德副委员长等党和国家领导人来到会场。全场一片欢腾，响起长时间的热烈欢呼。叶剑英副主席等高兴地同大家握手，并向与会的台湾省籍同胞表示亲切的问候。

今天的纪念会是政协全国委员会召开的，由政协全国委员会副主席许德珩主持。

中共中央委员廖承志在会上首先讲话。他畅谈了当前国内外的大好形势。他指出，在华主席为首的党中央领导下，去年取得了粉碎"四人帮"反党集团的伟大胜利，我们的党和国家更加团结，更加坚强了。现在，全国各条战线正在遵循毛主席提出的调动一切积极因素，建设强大社会主义国家的基本方针，实现华主席提出的抓纲治国的战略决策，我国的社会主义革命和社会主义建设正在胜利前进。国际形势的发展也越来越有利于人民而不利于苏美两个超级大国。我们的朋友遍天下。

（下转第二版）

首都各界人士和在北京的台湾省同胞三百多人，二月二十八日举行纪念会，隆重纪念台湾省人民"二·二八"起义三十周年。

叶剑英、陈锡联、吴德、徐向前、乌兰夫、邓颖超、阿沛·阿旺晋美、周建人、许德珩、胡厥文、王震以及沈雁冰出席了纪念会。

新华社记者摄

人民日报
在纪念台湾省人民"二·二八"起义二十九周年座谈会上
首都各界人士和台湾省籍同胞代表发言摘要

邮电部发行「台湾省人民「二·二八」起义三十周年」纪念邮票

新华社一九七七年二月二十七日讯 为纪念台湾省人民“二·二八”起义三十周年，表达祖国人民对台湾省人民反帝反蒋爱国斗争的支持，表达包括台湾省人民在内的全国人民解放台湾、统一祖国的坚强决心，邮电部定于二月二十八日发行《台湾省人民“二·二八”起义三十周年》纪念邮票一套。

这套纪念邮票共两枚。第一枚：台湾省人民“二·二八”起义。画面反映了台湾省人民在伟大领袖毛主席发出的“迎接中国革命的新高潮”的战斗号召鼓舞下，于一九四七年二月二十八日英勇地举行武装起义，配合祖国大陆的解放战争，沉重地打击了蒋介石集团的反动统治。第二枚：台湾一定要解放，祖国一定要统一。画面上方是天安门和在浩浩荡荡游行队伍中“我们一定要解放台湾”的巨幅标语，左下方是台湾省日月潭，右边是双手展开五星红旗的台湾省同胞。它反映了富有爱国和革命光荣传统的台湾省人民，心向社会主义祖国，决心同祖国大陆人民团结一致，在以华主席为首的党中央领导下，为实现解放台湾、统一祖国的崇高目标而共同奋斗。

这套邮票的面值，第一枚为八分，第二枚为十分。

第一枚：台湾省人民“二·二八”起义（上图）；第二枚：台湾一定要解放，祖国一定要统一（下图）。 新华社发

1977年2月28日「人民日報」

廖承志的讲话

在台湾省人民「二·二八」起义三十周年纪念会上

台湾省同胞们，
朋友们，同志们：

今天，我们在人民大会堂隆重纪念台湾省人民"二·二八"起义三十周年。这次纪念会，是在英明领袖华主席为首的党中央领导下，粉碎王张江姚"四人帮"取得历史性的伟大胜利，全国各族人民正在遵循华主席抓纲治国的战略决策，奋勇前进的大好形势下召开的。这对包括台湾省人民在内的全国各族人民团结一致，加强解放台湾、统一祖国的斗争，具有重大意义。

一九四七年的今天，在伟大领袖和导师毛主席的"迎接中国革命的新高潮"的战斗号召鼓舞下，台湾省人民不甘国民党反动派的镇压和掠夺，奋起举行了武装起义，配合了当时祖国大陆人民的解放战争，沉重地打击了蒋介石集团的反动统治。三十年来，台湾省人民继承和发扬了"二·二八"起义的革命精神，反美、反蒋爱国斗争不断发展，有力地冲击着帝国主义和蒋帮的反动统治。我们对台湾省同胞这种革命斗争精神致以崇高的敬意，向参加起义的牺牲烈士表示深切的悼念！向烈士家属和台湾省骨肉同胞表示亲切的关怀和慰问！

同胞们，朋友们，同志们！在毛主席和共产党的领导下，在毛主席革命路线指引下，我们伟大的祖国起了翻天覆地的变化，已经成为初步繁荣昌盛的社会主义国家。经过无产阶级文化大革命取得了粉碎刘少奇、林彪两个资产阶级司令部的伟大胜利。在英明领袖华主席为首的党中央领导下，又取得了粉碎"四人帮"反党集团的伟大胜利。我们的党和国家更加团结，更加坚强了。

一九七六年是极不平凡的一年。这一年，我们失去了伟大的领袖和导师毛主席，失去了毛主席久经考验的亲密战友、我们敬爱的周恩来总理和朱德委员长。我们还遭受了唐山等严重自然灾害。正在我们面临巨大困难的时候，丧心病狂的"四人帮"，大搞阴谋诡计，迫不及待地向我们党和国家发动了空前的猖狂进攻，妄图篡夺党和国家最高领导权，达到复辟资本主义的罪恶目的。以英明领袖华主席为首的党中央，继承毛主席的遗志，一举粉碎了"四人帮"，使我们的党和国家避免了一次大倒退，大分裂，使我们能够继续沿着毛主席指引的航向，把无产阶级革命事业进行到底。

"四人帮"既是资产阶级在我们党内的典型代表，又是蒋介石国民党在我们党内的典型代表。我们同"四人帮"的斗争，是中国共产党及其领导下的广大人民群众和国民党反动派长期斗争的继续，是无产阶级和资产阶级阶级斗争的继续，是马克思主义和修正主义斗争的继续。粉碎了"四人帮"，对盘踞在台湾的蒋经国的反动统治是一个沉重的打击，更加鼓舞了包括台湾省人民在内的全国各族人民解放台湾、统一祖国的斗志。

当前，国内外形势一派大好。毛主席光辉著作《论十大关系》和华主席在第二次全国农业学大寨会议上的重要讲话发表以来，全国人民精神振奋，意气风发，斗志昂扬，信心倍增，各条战线正在遵循毛主席提出的调动一切积极因素，为建设社会主义强国的基本方针，贯彻华主席提出的抓纲治国的战略决策。揭批"四人帮"这场……的群众运动正在深入发展，农业学大寨、工业学大庆的群众运动蓬勃……[illegible]……我们的朋友遍天下。

同胞们，朋友们，同志们！蒋经国反动集团众叛亲离，内外交困，矛盾重重，处境空前孤立。这一小撮反动派，为了苟延残喘，更加依靠美帝，极力推行卖国外交政策，出卖民族权益，使台湾省日益殖民地化，对台湾省同胞的榨取和压榨日益残酷。蒋帮在政治上强化法西斯统治，对台湾人民加紧实行特务控制、迫害和镇压，同时拉拢收买极少数依附蒋帮的台湾省籍的上层分子，企图笼络人心，欺骗台湾人民，维持其摇摇欲坠的反动统治。哪里有压迫，哪里就有反抗。台湾省广大劳动人民已日益觉醒，反压迫、反剥削、反迫害、抗税、抗捐、罢工、罢课、罢市等等，各种形式的反蒋爱国斗争此起彼伏，正有力地冲击着蒋经国的反动统治。

台湾省自古以来就是中国神圣领土不可分割的一部分，台湾省人民是我们的骨肉同胞。伟大领袖毛主席早就发出"一定要解放台湾"的伟大号召。伟大领袖毛主席和敬爱的周总理生前对台湾省一千六百万骨肉同胞无限关怀，对台湾省工人、农民、渔民、知识分子和各阶层爱国人士的现状处境十分关心，对台湾省人民的反蒋爱国斗争非常重视。英明领袖华主席最近强调指出："我们一定要完成解放台湾、统一祖国的神圣事业。"毛主席和周总理要解放台湾、统一祖国的遗志，必将在华主席为首的党中央领导之下实现。

台湾省的广大爱国同胞心向社会主义祖国，热爱社会主义祖国，渴望早日解放台湾、统一祖国，同时伟大的社会主义祖国的怀抱与祖国大陆人民一样当家作主人。近几年来，越来越多的台湾省同胞和旅居海外的爱国人士，冲破蒋帮的重重阻挠，克服种种困难，回到祖国大陆探亲访友、参观学习。他们亲眼看到了祖国的欣欣向荣，增进了对社会主义祖国的了解和深厚感情，为解放台湾、统一祖国的事业，做了大量工作。台湾省同胞必将同祖国大陆各族人民团结一致完成解放台湾、统一祖国的神圣事业。

在台、港、澳、马和旅居海外的各方面人员中，爱国的多，卖国的少。他们当中已有不少人对社会主义祖国日益倾向表示信赖。我们欢迎他们来祖国大陆看一看，保证安全和来去自由。我们的一贯政策是：爱国一家，爱国不分先后。对于一切回来看看祖国的人们，我们都表示欢迎，以礼相待，既往不咎，立功者受奖。台湾一定要解放，祖国一定要统一，这是人心所向，大势所趋，是任何人也阻挡不了的。

国际上一小撮反华反共的帝国主义，勾结台湾极少数民族败类，妄图分裂我国，制造所谓"两个中国"、"一中一台"、"一个中国、两个政府"、"台湾独立"等种种阴谋，都是绝对不能得逞的，都是注定要失败的。解放台湾、统一祖国，这是包括台湾省人民在内的全国各族人民的共同愿望和神圣义务，是中国人民的内政，绝不容许外人干涉。中国人民和中国人民解放军，要继续提高警惕，保卫祖国，随时准备听从人民之召唤解放台湾。

同胞们，朋友们，同志们！英明领袖华主席指出："一九七七年将是我们打倒'四人帮'，走向大治的一年，是我们团结战斗，凯歌前进的一年！"我们要高举毛主席的伟大旗帜，更加自觉地贯彻执行毛主席的革命路线，最紧密地团结在华主席为首的党中央周围，一切行动听从华主席为首的党中央指挥，继续深入揭批"四人帮"这个纲，去夺取天下大治的新的伟大胜利。我们一定要在英明领袖华主席为首的党中央领导下，为完成解放台湾、统一祖国的神圣事业，为在本世纪内全面实现农业、工业、国防和科学技术现代化，把我国建设成为强大的社会主义现代化强国而共同奋斗。

（新华社一九七七年二月二十八日电）

1977年3月1日「人民日報」

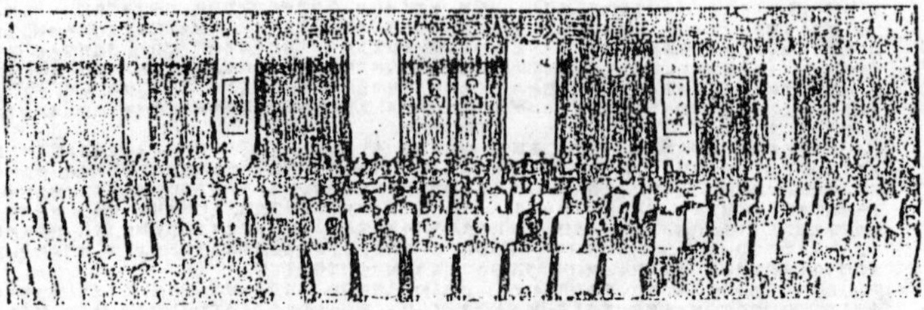

隆重纪念台湾省人民"二·二八"起义三十周年

1977年3月1日「人民日報」

首都各界人士和在京台湾同胞发言摘要

在纪念台湾省人民二·二八起义三十一周年座谈会上

新华社北京二月二十八日电

1978年3月1日「人民日報」

旅美台胞和其他爱国华侨及日本东京、大阪、神户华侨集会

纪念“二·二八”起义三十一周年

据新华社北京二月二十六日电 纽约消息：旅居美国东部地区的台湾同胞和其他爱国华侨约五百人二月二十五日下午在纽约隆重集会，纪念台湾人民“二·二八”起义三十一周年。他们表示决心进一步发扬“二·二八”起义的革命精神，同全国各族人民一道，共同奋斗，调动一切积极因素，早日完成解放台湾、统一祖国的神圣任务。

旅美台湾同胞刘玉叶首先在大会上发言说，在华主席为首的党中央的英明领导下，祖国大陆一年来发生了令人鼓舞的变化。最近，党的十一届二中全会、第五届全国政协、第五届全国人民代表大会先后胜利召开，这是祖国人民政治生活中的大事，它必将进一步推动抓纲治国的战略决策加快实行，使革命统一战线进一步巩固和发展，加快实现四个现代化。她说，这个大好形势，给了台湾同胞、国外华侨以极大鼓舞，大大促进了他们团结爱国反蒋斗争和争取早日解放台湾统一祖国的斗争。

刘玉叶指出，解放台湾是包括一千六百万台湾同胞在内的全中国人民自己的事，决不容许外人干涉。

纪念会场外的走廊里展出了几百张介绍台湾历史和社会情况的图片。会上还演唱了反映台湾劳动人民悲惨生活的歌仔戏和《台湾同胞我的骨肉兄弟》、《我们一定要解放台湾》等歌曲。

在美国东海岸、中西部和西部一些城市，台湾同胞和爱国华侨也将分别举行各种形式的活动，纪念台湾人民“二·二八”起义三十一周年。

据新华社东京二月二十八日电 日本东京华侨一百三十多人二月二十八日晚在东京集会，纪念台湾人民“二·二八”起义三十一周年。

这次集会是由东京华侨总会主办的。东京华侨总会会长甘文芳首先在集会上讲话说，我们要继承和发扬“二·二八”起义的光荣传统，加强爱国团结，为进一步推动解放台湾和统一祖国的运动而努力。

中国驻日本大使馆参赞肖向前出席集会并讲了话。他说：“英明领袖华主席指出：‘我们一定要完成解放台湾、统一祖国的神圣事业。’毛主席和周总理关于解放台湾、统一祖国的遗志，必将在以华主席为首的党中央的领导下实现，”

东京华侨总会付会长陈焜旺在集会上作了形势报告。

大会在热烈掌声中一致通过一项呼吁书，号召爱国华侨加强反蒋爱国斗争，为解放台湾，统一祖国发挥应有的作用。

参加这次集会的有台湾省民会付会长陈文杰以及居住在横滨等地的台湾省出生的青年。

同一天，大阪华侨联合会和神户华侨总会分别在大阪和神户举行集会，纪念台湾省人民“二·二八”起义三十一周年。

1978年3月1日「人民日報」

邓副委员长在会见参加过“二·二八”起义的台湾籍同胞时说

希望能够看到台湾早日归回祖国

新华社北京二月二十八日电　邓颖超副委员长今天下午在会见参加过“二·二八”起义的台湾籍同胞时说：我的年纪虽然大了，但是我希望能够看到台湾早日归回祖国，实现祖国统一。等台湾归回祖国后，我一定要到台湾去看看台湾的父老兄弟姐妹们。邓副委员长是在参加了首都各界纪念台湾省人民“二·二八”起义三十二周年座谈会之后，会见这些台湾籍同胞的。会见时，她向大家表示亲切的慰问，并同大家一起照了相。

许德珩副主席代表政协全国委员会宣布

邀请台湾各界人士来大陆参观访问
准备组织大陆各界人士去台湾参观访问

新华社北京二月二十八日电　政协全国委员会副主席许德珩今天宣布，中国人民政治协商会议全国委员会邀请台湾各界人士来大陆参观访问，同时准备组织大陆上的各界人士代表团去台湾参观访问，双方就统一祖国问题交换意见。

许德珩在首都各界纪念台湾省人民“二·二八”起义三十二周年座谈会上代表政协全国委员会讲话说，统一祖国，人人有责。为了增进台湾和大陆同胞的相互了解，推进台湾归向祖国的神圣事业，中国人民政治协商会议全国委员会邀请台湾各界人士来大陆参观、访问，同时也准备组织大陆上的各界人士代表团去台湾参观、访问，双方就统一祖国问题，交换意见，进行协商，共同对实现祖国统一的大业作出应有的贡献。

许德珩说，在当前条件具备、时机成熟的情况下，让我们携起手来，同心同德，群策群力，为早日实现祖国统一的大业，为加速实现祖国的社会主义现代化建设而共同努力。

1979年3月1日「人民日報」

同台湾同胞紧密团结早日完成祖国统一大业

政协全国委员会召开座谈会纪念台湾省人民“二·二八”起义三十二周年

[illegible]

1979年3月1日「人民日報」

在纪念台湾省人民"二·二八"起义三十二周年座谈会上

廖承志同志的讲话

1979年3月1日「人民日報」

在京台胞举行座谈会

为纪念台湾人民「二·二八」起义四十周年

本报讯 记者连锦添报道：在台湾人民“二·二八”起义40周年前夕，在京台胞近200人在北京人民大会堂集会，对当年起义牺牲者表示深切哀悼，向分布在海内外的“二·二八”起义幸存者致敬问候。

座谈会由台盟总部主席苏子蘅主持。中共中央政治局委员胡启立，中共中央书记处书记、全国人大常委会副委员长陈丕显，中共中央书记处书记邓力群，全国人大常委会副委员长彭冲，全国政协副主席周培源，中共中央统战部部长阎明复，全国政协秘书长周绍铮，以及各民主党派负责人应邀参加了座谈会。

奏国歌后，台盟总部常务理事蔡子民代表台盟总部和在大陆的“二·二八”起义参加者首先发言。他回顾说，“二·二八”起义开始于抗议缉私警察的暴行，是当局方面开了第一枪，迫使台湾人民夺取武器进行斗争。起义中台湾人民提出了42条要求，都没有超出要求民主权利的范围。这些要求都是合情合理的、正义的、爱国爱乡的。国民党却以平息“叛乱”为名，对台湾人民进行血腥屠杀，数以万计的同胞壮烈牺牲。

在分析了起义发生的背景和原因后，蔡子民指出：“有人说‘二·二八’起义是反对外省人的运动，甚至说它是‘台独’运动的开端，这纯属是一种误解或有意歪曲，是不符合事实的。”

全国台联会会长林丽韫发言说：“‘二·二八’起义是为民主争温饱的起义，是人民的正义的反抗。它是中国新民主主义革命时期的一个重要事件，具有深远的影响。我们今天纪念它，心情是沉重的。这段历史在台湾同胞的心灵上留下的创伤太深了！不知台湾国民党当政者如今面对这段历史将作何感想？他们也许仍自视‘联则法’，因而把‘顺我者昌，逆我者亡’作为判断历史是非的法度，或许他们随着时代的变化而开明一点。我们希望他们采取后一种态度。”她还说：“我们也希望看到台湾当局能够正视祖国统一的历史责任，摒弃不近情理的‘三不’禁忌。”

全国政协副主席、九三学社中央副主席周培源代表各民主党派向台湾同胞通将诚挚的问候。他说：“海峡两岸的同胞还被人为的樊篱所阻隔，祖国统一，亲人团聚的愿望还迟迟不能实现。祖国一天不统一，为中华民族的解放事业而洒尽鲜血的先烈和‘二·二八’起义的烈士们就一天不能瞑目。希望台湾国民党当局吸取历史教训，尊重人民意愿，弥释前怨，做出明智的抉择。”

台湾同学会会长廖秋忠说，许多“二·二八”以后出生的年轻台胞，对这一事件的真相是模糊的。因为许多前辈已经刑难了，国民党当局又作了许多歪曲宣传。他要求台湾当局尽快公布“二·二八”事件的真相。

目前在祖国大陆，尚有“二·二八”起义参加者近百名。今天，几位参加者陈炳基、叶纪东、蔡鸿恩、翁绕其、方生在发言中回顾往事，对不能为数以万计的起义牺牲者和无辜被杀害的兄弟姐妹扫墓表示遗憾。

在京的台湾著名党外人士黄顺兴和张春男在座谈会上，对“二·二八”起义与当今台湾状况的联系作了阐述，对统一事业提出一些建言。

座谈会是由台湾民主自治同盟、全国台联和台湾同学会共同主办的。

福建纪念台湾“二·二八”起义

新华社福州2月27日电（记者蔡珠村）台盟福建省分部、台盟福州市分部和省、市台联会今天在福州举行纪念台湾“二·二八”起义40周年座谈会。

台盟福建省分部主委吐庆烟、省台联会会长朱天顺、副会长林水在座谈会上发言。他们希望国民党当局尊重台湾人民的民主权利，以民族大义为重，顺应历史发展潮流，实行第三次国共合作，走和平统一祖国的道路。他们认为，中国共产党提出的“一国两制”构想，是切实可行的和平统一祖国的办法。

当年台湾“二·二八”起义参加者、省顾委常委张连和、省农科院情报所所长吕从周等人也在会上讲话。他们以亲身经历讲述了当年起义的经过。

1987年2月28日「人民日報」（國內版）

1987年2月28日「人民日報」

紀念台灣人民"二·二八"起義四十週年

台灣人民必會走上愛國統一道路

[illegible]

紀念二·二八起義

溫故知新　拓展前景

[illegible]

四十年後看當年

[illegible]

終身難忘的情誼

[illegible]

戰鬥在嘉義

[illegible]

在京台胞座談紀念"二·二八"起義

希望密切兩岸交往早日實現統一

本報北京二月二十八日訊　記者謝榮鎮報道：今天下午，居住在祖國首都的二百多名台灣鄉親舉行座談會，紀念台灣"二·二八"起義四十一週年。

台盟中央評議委員會主席李純青在講話中說，一九四七年，國民黨在台灣的統治者殘酷地鎮壓了台灣人民起義。"二·二八"事件傷害了台灣人民的愛國心，玷污了祖國大陸的形象，造成了長期的省籍隔閡，這一切應由國民黨政府負全部責任。雖然以後的台灣當局，尤其是現在台灣的新的領導者，不可能改變當時發生的事實，但是人們有理由要求後任者消除歷史影響的危害。"

全國台聯會副會長郭平坦在座談會上宣讀了台聯會長林麗韞的書面發言。林麗韞說："在當前形勢下，發揚"二·二八"的愛國、民主精神，努力推動海峽兩岸的密切交往，是克服分離意識，反對台獨主張的有效之途，對促進民族大團結和實現祖國和平統一具有重大意義。"林麗韞還說，我們希望台灣當局能汲取"二·二八"的教訓，順應民心和歷史發展的潮流，在開放兩岸交往上邁出大步。"

曾經親歷"二·二八"起義的台胞彭克巽、蔡銘熙、徐萌山、吳明科等，也在座談會上發言。他們希望化解"二·二八結"，使台灣走向民主、繁榮和祖國和平統一的前途。

1988 年 2 月 29 日海外版「人民日報」

林麗韞向台胞代表彙報台聯工作

大陸台胞為祖國統一作出新貢獻

二萬七千大陸台胞已有半数同島内親人通信

本報北京二月二十七日訊　全國台聯會長林麗韞今天在全國台灣同胞代表會議上說，在大陸的台灣同胞在祖國四化建設和統一事業中的作用越來越顯著。

目前，大陸除西藏外的二十八個省、自治區、直轄市都成立了台聯，台胞集中的六十八個地區、市也建立了地方台聯。林麗韞說，各級台聯組織協助黨政部門大力抓了落實台胞的各項政策，台灣同胞在政治上、工作上受到了信任和重視，有一千五百八十人擔任了各級人大代表和政協委員。

三年來，在各級台聯的幫助下，在大陸的兩萬七千多台灣同胞有一半左右已經和島內的親人通了書信，近千人次在境外會親。全國台聯還邀請接待了海外和島內的不同階層、不同政治傾向的各界台胞約二千人次，並在海外接觸了包括島內人士在內的台灣鄉親近三千人，廣泛地開展海內外聯誼活動、增進瞭解、交換意見。

林麗韞指出，為了幫助海外和島內台胞經濟界人士瞭解大陸經濟建設的進展情況和經濟政策，瞭解大陸的需求和投資環境，全國台聯成立了經濟部，組建"中國同源公司"，並且建立台聯系統的經濟信息網，起到搭橋引路、提供服務的作用。至今，已接待來自島內及海外的台胞工商界人士四百餘人，幫助他們同有關業務部門進行貿易合作洽談項目二百多個，成交或已簽協議的有七十多項。

林麗韞指出，祖國和平統一的形勢越來越好，我們有信心為促進祖國和平統一、實現"一國兩制"做出新的貢獻。

1988年2月29日海外版「人民日報」

台盟紀念二·二八起義

本報北京二月二十八日訊　台盟中央今天在京召開紀"二·二八"起義四十二週年學術座談會。在京台籍人士七十餘人出席。

台盟中央主席團主席蔡子民主持座談會。他說,"二·二八起義是台灣人民反對國民黨苛政、要求民主自治的全島性鬥爭起義被殘酷地鎮壓下去，給台灣人民以慘痛的創傷，雖已過四十二年，但至今在台灣人民的心靈上仍留着很深的陰影。

（鄭固固　黃耀輝）

1989 年 3 月 1 日海外版「人民日報」

在京台胞举行座谈时呼吁

台当局应为"2·28"起义平反

新华社北京2月28日电　部分在京台籍人士今天上午在台盟中央礼堂聚会，举行纪念"二·二八"起义42周年学术座谈会。

台盟中央主席团主席蔡子民阐述了"二·二八"起义的历史和思想背景，驳斥了国民党当局对"二·二八"起义的种种不实之词。他指出,"二·二八"起义是台湾人民反对国民党苛政、要求民主自治的全岛性斗争。只有正确对待"二·二八"的历史，伸张台湾人民的民主与正义，消除省籍隔阂，才能开辟未来，使台湾社会健康地发展。

全国台联会会长林丽韫在发言中说,"二·二八"起义是台湾人民为争取民主权利，求得温饱的起义，是台湾人民正义的反抗。并不是国民党肆意歪曲宣传的那样是什么"台独"、"分离"等等。当年"二·二八"起义的部分幸存者来到祖国大陆，40多年来为祖国大陆的建设做出了重大贡献。

她说，40多年来，台湾人民要求台湾当局面对历史，公布"二·二八"真相，纾其死难者，并向事件幸存者及死难者家属道歉。但时至今日，未见台湾当局有任何表示，而且还发表一些不合情理的讲话，从而引起台湾人民的反感。我们再次希望台湾当局尊重台湾人民要求和平、民主自由的意愿，对"二·二八"这段历史给予平反，使台湾人民40多年的伤痕早日愈合。

林丽韫指出，在纪念"二·二八"起义42周年之际，我们奉劝台湾当局吸取历史教训，顺应祖国统一的时代潮流，尊重海峡两岸的民意，进一步开放两岸交流，为祖国早日统一做出明智的抉择。

吴克泰、江浓、叶纪东、徐萌山等先后在座谈会上发了言。

1989年3月1日「人民日報」（海外版）

抚平历史伤痕　顺应历史潮流　实现和平统一

首都各界纪念「二·二八」起义四十四周年

[illegible]社记者[illegible]报道：首都各界200余人今天在人民大会堂集会，纪念台湾人民“二·二八”起义44周年。

44年前，台湾人民为反对国民党当局的专制腐败，要求民主自治举行了“二·二八”起义，起义遭到残酷镇压，至今其阴影仍笼罩在台湾，未能得到平反昭雪。

台盟中央主席团主席蔡子民在会上说，“二·二八”起义时台湾人民反对专制腐败、要求民主自治、反对内战、希望和平团结，这是合理、合法的，是正义的，我们应该把这一历史事实还原于今天，化解省籍矛盾，使台湾政治民主化。

他指出，“二·二八”之后，国民党于1948年发布“动员戡乱时期临时条款”，以台湾为反共基地，一直坚持内战体制，与大陆隔绝。最近，李登辉先生一再声称要于今年5月终止“戡乱时期”，并多次表示“一个中国”，强调“统一”，我们赞赏这种表示。

蔡子民说，我们期望国民党当局不要再与共产党保持什么“交战状态”，不要搞实际上的“两个中国”、“一中一台”，不要纵容“台独”，要真正结束内战，尽早实现海峡两岸的和平统一、促进两岸的共同繁荣，振兴中华。

全国台联会长林丽韫说，“二·二八”起义与当时大陆全国范围内“反饥饿、反内战、反独裁”的斗争联为一体，成为新民主主义革命的一部分而载入史册。希望台湾当局能尊重历史、顺乎民意，对“二·二八”起义尽早给予彻底平反，对死难者家属给以抚恤。她呼吁台湾国民党当局在世界局势变幻莫测的今天，拿出勇气尽早与中国共产党进行和平谈判，切莫观望、等待。

全国政协副主席、农工民主党中央主席卢嘉锡代表各民主党派发言。他说，在台湾[illegible]坚持要求公正对待“二·二八”起义的[illegible]下，去年以来台湾当局对“二·二八”起义的态度有所变化。我们希望台湾当局[illegible]为契机，顺应历史的潮流，尊重台湾人民的意愿，采取更[illegible]积极、切实的步骤。

在会上发言的还有“二·二八”起义的参加者代表、台湾同学会代表和在京台湾青年代表。他们指出，真心为台湾人民的幸福着想，谋得台湾社会的长久安定和繁荣，就必须尽快解决国家统一问题。现在，台湾岛内还有一部分人在鼓吹“台独”，这主要是国民党长期的反共政策造成的。希望台湾当局以准备“抚平”“二·二八”为契机，在两岸关系上尽快取消种种不合理的人为障碍，为实现民族和睦、国家统一做出努力。

出席纪念会的有国务院台办、各民主党派、全国工商联、黄埔同学会及北京市有关方面负责人陈宗基、苏子蘅、彭清源、冯之浚、白大华、楚庄、陈明绍、赵伟之、方荣欣、黄凉尘、张治、李伯康、张明义等。

1991年2月28日「人民日報」

台盟中央全国台联在京集会

纪念台湾『二·二八』起义四十六周年

本报北京2月27日讯 记者郑宏范报道：台盟中央、全国台联今天下午举行在京台胞座谈会，纪念台湾人民“二·二八”起义46周年。

会议开始，与会台胞首先全体起立默哀，向“二·二八”死难烈士表示哀悼。

46年前，抗日战争胜利不久，国民党当局拂逆中国人民“和平民主建设中国”的强烈要求，在台湾实行军事专制统治，歧视台湾人民，从台湾调运大量物资和青年到大陆打内战，激起了台湾人民的强烈不满，引发了震惊世界的“二·二八”起义。这场反专制、反贪污、反腐败的人民爱国民主运动受到国民党当局镇压而失败。

台盟中央主席蔡子民在座谈会上首先发言。他说，去年，台湾当局不得不承认“当时的政府在‘二·二八’事件上犯了很大错误”，表示要“抚平历史的伤口”，最近，又决定把2月28日定为“和平纪念日”，这说明“二·二八”起义的历史意义是不可磨灭的。

关于海峡两岸关系与统一，蔡子民说，1979年全国人大常委会发表《告台湾同胞书》，提出“和平统一”方针后，两岸各项交流迅速发展，到大陆旅游、经商的台胞去年达130万人次，人员层次有所提高，交流领域不断拓宽。两岸转口贸易金额去年达74亿美元，创10年来最高纪录，双方均获得重大的经济利益。

中华全国台湾同胞联谊会副会长徐兆麟在座谈会上说，少数搞“台独”的人利用“二·二八”，偷换包装，把历史上台湾民众向国民党争民主权力的斗争篡改为要求“台独”，这就完全混淆了历史的事实。

徐兆麟最后呼吁海内外台胞学习和发扬“二·二八”的爱国主义精神，为祖国的和平统一与繁荣昌盛做出新的贡献。

1993年2月27日「人民日報」

台盟台联座谈纪念「二·二八」

据新华社北京2月26日电（记者方瑾）台盟中央、全国台联今天联合在京举行座谈会，纪念台湾同胞“二·二八”起义47周年，在京的部分台胞参加了座谈。

台盟中央主席蔡子民和全国台联会会长张克辉在会上分别发言。

台盟中央委员吴克泰、全国台联副会长郭平坦、台盟中央委员周青、谢雨辰、李延、叶纪东等也在座谈会上发了言。

1994年2月27日「人民日報」第八版

台盟台联纪念二·二八起义四十七周年

缅怀先烈促进和平统一

本报北京二月二十六日讯 记者郑固固报道：台盟中央、全国台联今天联合在京举行座谈会，纪念台湾「二·二八」起义四十七周年，缅怀先烈，重温这次爱国民主斗争的光荣历史，继承和发扬爱国民主传统。

座谈会由台盟中央主席蔡子民主持。他说，「二·二八」是台湾人民难忘的一个具有历史意义的日子。「二·二八」在台湾岛内长期被禁忌，但一直活在台湾人民心中，直到两年前才得到基本平反。

蔡子民指出，「二·二八」起义的政治诉求，是反对国民党腐败专制，要求民主自治，争取当家作主。今天，邓小平提出的「一国两制」构想，尊重大陆与台湾的历史和现实情况，既维护国家的统一，又照顾到各方利益。「一国两制」构想与「二·二八」民主自治诉求是相吻合的，而且自治层次更高，更符合台湾人民要求当家作主的愿望。

全国台联会长张克辉发言表示，我们聚会纪念「二·二八」，为的是使这段充满阴影的历史真正成为过去，开创台湾人民更加美好的未来，实现海峡两岸的和平统一和中华民族的振兴。他说，现在仍有一些「台独」分子企图从「二·二八」起义中寻找其分裂祖国的历史根据，那是痴心妄想，广大台湾同胞是会认清其真面目的。

亲身参加过「二·二八」起义的台盟中央委员吴克泰回忆了起义的原因和过程。他说，当时，台湾人民为反对国民党腐败统治，要求民主自治而英勇斗争，沉重地打击了国民党的反动统治，震撼了全中国，震惊了全世界，在中国历史上留下了光荣的一页。他列举了大量历史事实后指出，在「二·二八」起义中，中国共产党、解放区广大军民和国统区广大大陆人民是同台湾人民站在一起的，大陆人民同台湾人民是心连心的。

全国台联副会长郭平坦指出，「二·二八」起义直接表达的台湾人民追求「出头天」、自己当家作主的愿望，绝不是现在少数人鼓吹的「台湾独立」所能实现的。只有「和平统一、一国两制」才会给台湾人民带来社会稳定和经济繁荣，真正实现地方民主自治，保证台湾人民的根本利益，满足台湾人民当家作主的愿望。

1994年2月28日「人民日報」（海外版）

1995年2月28日

人民日报（海外版）

发扬爱国传统　反对分裂祖国

在京台胞集会纪念“二·二八”起义48周年

新华社北京2月27日电（记者陈建山）部分在京台胞今天集会，纪念台湾人民“二·二八”起义48周年。与会者呼吁台湾当局进一步拿出诚意，肯定“二·二八”起义的爱国主义性质，彻底解决“二·二八”遗留下来的问题，反对“台独”，促进祖国的和平统一。

今天的座谈会是由台盟中央和全国台联联合举办的。台盟中央常务副主席、全国台联会长张克辉主持座谈会。

与会者指出，48年前，在台湾发生的“二·二八”起义，是台湾人民反对国民党的腐败、专制，要求实行民主、自治的一次自发的、规模最大的爱国民主运动。起义虽然被国民党当局残酷镇压下去了，但是，伤害台湾人民的痛苦记忆，至今令人难忘。

“二·二八”起义参加者、台盟中央评议委员周青说，台湾人民的“二·二八”起义，根本没有提出任何“台独”的主张，仅仅向国民党提出“制定省自治为本省政治最高模范，以便实现国父建国大纲之思想”的民主自治要求。

他认为，江泽民在关于台湾问题的讲话中指出：统一后“台湾作为特别行政区有高度的自治权，拥有立法权和司法权（包括终审权）”。这样的自治权已经大大超越了“二·二八”起义时在42条处理大纲中反映出来的自治要求。

全国台联副会长杨国庆说，过去，由于台湾国民党传统势力迟迟不给“二·二八”事件平反，少数“台独”分子乘虚而入，歪曲“二·二八”要求民主自治的奋斗目标，阴谋达到把台湾从祖国分裂出去的目的。近年来，“二·二八”事件真相已经大白，但“台独”分子并未收敛，仍然十分活跃，“台独”思想进一步蔓延，是岛内一个极不安定的因素。

与会者强调，大多数台湾同胞主张只有一个中国，反对“台湾独立”，而岛内日趋猖獗的“台独”活动；某些外国势力插手台湾问题，干涉中国的内政；台湾当局中某些人主张“分裂分治”、“阶段性两个中国”、“主权分割共享”、“扩大国际生存空间”的活动，客观上起着纵容“台独”的作用，所有这些言论和行动都是违背一个中国的原则的，要加以坚决反对。

与会者说，江泽民在讲话中提出的发展两岸关系、实现祖国和平统一的一系列看法和主张，完全是诚心诚意地希望台湾同胞当家作主，自己管理自己。实现和平统一后，台湾同胞就可以同全国各族人民一道共享伟大祖国在国际上的尊严与荣誉。

1995年2月28日「人民日報」（海外版）

寄希望于台湾人民

本报评论员

今天是台湾人民发动的“二·二八起义”49周年纪念日。

1947年的今天，台湾人民为了铲除专制和贪污腐败，要求进行政治改革。台湾人民的合理要求却为国民党当局所不容。他们以“企图颠覆政府，夺取政权，背叛国家”的叛乱罪名，对台湾人民进行了残酷的镇压，数以千计的台湾同胞流血牺牲。我们向在“二·二八起义”中牺牲的烈士表示沉痛的哀悼，向他们的家属致以亲切的慰问！

“二·二八起义”是一次台湾人民民主政治运动，是台湾当代史上一个有重大影响的历史事件。台湾人民与当局矛盾的激化，给当代台湾政治生活投下了阴影，至今还对台湾政治生活产生着影响。

在“二·二八起义”发生后，中国共产党对这一事件作了公正的评价：“台湾的自治运动完全是合理的，合法的，和平的，它之所以变成武装斗争，完全是由于蒋介石迫出来的。”“台湾人民的武装自卫，……是被迫的，是必要的，是正义的，是正确的。”“中国共产党人热烈颂扬台胞的英勇奋斗，而且预祝台胞的光荣胜利”。

中国共产党一贯认为，人民群众是历史的创造者，是推动历史发展的动力。以尊重人民，爱护人民，服务人民为宗旨的中国共产党，把人民的利益看得高于一切。在为解决台湾问题，实现祖国统一大业的不懈努力中，中国共产党和中国政府也一贯坚持“寄希望于台湾人民”的方针。江泽民主席在去年春节前夕关于台湾问题的重要讲话中体现了这个方针。中国政府关于保护台湾同胞的合法权益的政策法规，以及采取的一系列举措也体现了这一方针。

早日结束海峡两岸的分离状态，是人心所向，大势所趋。但是，某些国际反华势力，不愿看到中国的统一与强盛，以种种方式支持岛内的分裂势力，阻挠两岸关系的发展和中国的统一。台湾当局某些领导人与国外反华势力相互利用，互相勾结，他们甘愿充当外国反华势力的一张牌，在国际上大肆进行制造“两个中国”、“一中一台”的分裂活动，导致两岸关系出现了多年来从未有过的紧张局势，直接影响了台湾的经济发展，社会稳定，严重损害了台湾同胞的切身利益。近年来，李登辉的分裂祖国的面目已经暴露得更加充分，越来越多的台湾同胞已经认识到李登辉等人的分裂活动，“台独”的倒行逆施，只能把台湾拖进灾难的深渊，这是海峡两岸的中国人都不愿意看到的。早日实现祖国和平统一大业，唯有两岸的中国人携起手来，与台湾当局的分裂祖国的言行和“台独”势力进行坚决的斗争，使台湾当局停止制造“两个中国”、“一中一台”的活动，真正回到“一个中国”的原则上来，为发展两岸关系拿出实际行动，台湾才能有光明的未来。

台湾同胞具有光荣的爱国主义传统，曾经在抗击外国侵略者的历史上，前赴后继，不怕流血牺牲，写下了气壮山河的光辉的篇章。在反对国民党当局专制腐败的“二·二八起义”中，也表现了炽热的爱国情怀，中国共产党和政府一贯予以同情和支持。我们充分尊重台湾同胞的生活方式和当家作主的愿望，尊重台湾同胞行使民主权利，并采取措施保护台湾同胞一切正当权益。但是，我们坚决反对台湾当局某些领导人企图以所谓“民主化”为幌子，制造“两个中国”、“一中一台”和“台湾独立”。中央政府郑重指出：“国家的主权属于该国全体人民，包括台、澎、金、马地区在内的全中国的主权，属于包括台湾同胞在内的全体中国人民，而绝不属于台湾某一部分人，也绝不允许由台湾某一部分人来改变”。对那些损害中国人民根本利益，借实行所谓“民主化”之名，行分裂祖国之实的人，人们有责任对他们奋起抗争，人们有理由唾弃他们。

在实现祖国统一的进程中，不管是什么人，什么党派，只要是遵循一个中国的原则，赞成统一，反对“台独”的，我们都支持。反之，我们就要与之坚决斗争。具有光荣爱国传统的广大台湾同胞一定会发扬“二·二八起义”精神，在反分裂，反“台独”，促统一的斗争中，作出新的贡献！

1996年2月28日「人民日報」第一版

《澳门日报》举办座谈会

纪念"二·二八"起义50周年

本报澳门2月26日电 记者王荣久报道：为纪念台湾人民"二·二八"起义50周年，《澳门日报》今天下午举办座谈会。澳门工商企业界、教育界、新闻界和其他社团代表出席座谈会。《澳门日报》总编辑李鹏翥首先致辞。他提议与会者向"二·二八"起义而英勇牺牲的烈士们默哀。李鹏翥指出，1947年2月28日是台湾历史上一个重要的日子。这一事件影响深远，至今仍激荡着台湾政局。

李鹏翥指出，纪念"二·二八"起义50周年，要弘扬台湾同胞热爱祖国、坚持一个中国的原则。我们坚决反对分裂，反对"台独"和"两个中国"或"一中一台"，坚决拥护江泽民主席关于台湾问题的八项主张。李鹏翥说，应当清醒地看到，李登辉纵容岛内"台独"已日益成为心腹大患。台湾一天不同祖国大陆统一，变生肘腋、祸起萧墙的危险就一天不能解决；同时台湾的经济要持续发展也必须依托祖国大陆，互补互利，才有可靠的保障。台湾国民党当局应当权衡利害得失，早日作出有利于国家民族的抉择。

与会者纷纷发言。他们指出，如今，台湾有那么一些鼓吹"台独"的人，公然歪曲"二·二八"起义的真相和性质，把它说成是什么"台独建国"运动。这种谎言和谬论是对"二·二八"英烈们的侮辱，包括台湾同胞在内的全中国人民是不会答应的。

与会者在发言中指出，今天我们纪念"二·二八"事件，就是要促进祖国统一，反对"台独"，反对任何分裂祖国的行径。他们揭露台湾当局对台独势力放任怂恿，搞什么"国发会"，公然提出"废省"主张，妄图永久分裂祖国。这是包括台湾人民在内的全中国人民所不能允许的。

澳门妇联会副会长李筱玉说，台湾是中国不可分割的一部分，岛上和大陆、港澳的人民都是中国人，都是龙的传人。澳门妇女姊妹愿为祖国统一大业作出不懈努力，并盼祖国统一之日早日到来。

与会者在发言中都指出，在香港1997年7月1日回归祖国的前夕，在澳门也将实现"九九归一、一国两制"美好明天的时刻，纪念台湾人民"二·二八"起义50周年，具有十分重大的现实意义。邓小平先生提出了"和平统一、一国两制"的伟大构想，并以港、澳两地回归做表率，这不仅尊重历史和现实，也充分考虑到整个国家、民族各方面的利益。这是两岸关系发展的正确方向，是解决台湾问题的最好方法。

与会者表示，祖国统一，匹夫有责。澳门各界同胞要为促进两岸关系发展多尽力，更要为实现祖国统一作出积极的更大的贡献。

1997年2月28日「人民日報」第五版

发扬爱国民主精神 促进祖国和平统一

——纪念台湾省人民“二·二八起义”五十周年

本报评论员

今天是台湾省人民“二·二八起义”50周年纪念日，我们谨向当年起义中遇难的烈士表示深切悼念，向广大台湾同胞表示亲切慰问。

“二·二八起义”是台湾光复后第一次大规模反抗国民党独裁统治的爱国民主运动。1945年，被日本殖民统治整整半个世纪的台湾，终于随着中国人民抗日战争的最后胜利回到了祖国的怀抱。台湾同胞欢欣鼓舞，对未来能当家作主、安居乐业充满期待。但是，国民党政府接收台湾后实行专制统治并横征暴敛，激起台湾同胞的强烈不满。当时，整个中国处于光明与黑暗决战的关键时刻，国民党政府依仗美国的支持，悍然发动了反共反人民的内战。全国各族人民在中国共产党的领导下，开展了争取民主革命全国性胜利的伟大斗争。在这种背景下，1947年2月，台湾同胞奋起举行了席卷全岛的“二·二八”武装起义。这次起义沉重打击了国民党在台湾的反动统治，有力地配合了全国人民的解放斗争，赢得了中国共产党和祖国大陆各族同胞的高度评价和有力支持。1947年3月8日，中共中央发表文告指出：台湾人民面对国民党的武装进攻而采取“武装自卫”是“被迫的、必要的、正义的、正当的”，“解放区人民必定以自己的奋斗来声援你们，帮助你们”。国民党政府无视台湾人民的正当要求，血腥镇压了“二·二八起义”。历史表明，抗战胜利后，台湾同胞遭受国民党的残暴统治，是全中国人民受国民党压迫，处于苦难深渊的缩影。台湾同胞反抗国民党暴政的爱国民主运动，是全国人民反对国民党政府专制统治的重要组成部分。台湾同胞的命运与整个中华民族的命运，始终是紧密相连的。

台湾同胞在“二·二八起义”中表现出来的爱国民主精神名垂青史，任何栽赃和歪曲都枉费心机。现存所有可以看到的有关史料和“二·二八起义”参与者、知情者的回忆，都无可辩驳地证明，这次起义的目标主要是反对贪污腐败、要求民主和自治，没有任何自外于中华民族、另建独立国家的要求。但是，国民党政府为镇压“二·二八起义”制造借口，竟硬给“二·二八起义”强加上“谋叛祖国”的莫大罪名，这完全是恶毒的栽赃。

（下转第五版）

（上接第一版）而自那以后，台湾岛内主张“台独”的势力，则一直力图给“二·二八起义”贴上“台独”的标签，别有用心地宣传“二·二八起义”是“台独”运动的开端。这完全是对“二·二八起义”志士的亵渎和侮辱，是对历史的肆意歪曲。值得注意的是，近年来台湾当局的某些人与“台独”势力相呼应，大肆鼓吹“新台湾人主义”，其目的是要把台湾同胞的利益与整个中华民族的利益割裂开来、对立起来，进而裹挟台湾同胞跟随其在分裂祖国的道路上走下去。我们相信广大台湾同胞一定能认清并坚决抵制这种险恶的政治图谋。

我们党和政府一贯充分理解、尊重、相信和依靠台湾同胞。我们党和政府认为，解决台湾问题，要同台湾同胞商量，要尊重台湾同胞的意见，要照顾台湾同胞的利益，要“充分尊重台湾同胞的生活方式和当家作主的愿望”。按照“一国两制”的构想实现海峡两岸的统一后，在一个国家的范围内，台湾享有高度的自治权，这不仅符合当年台湾同胞关于民主和自治的要求，并且层次更高、内涵更广、意义更深，完全能使台湾人民真正实现当家作主的夙愿。正是根据“和平统一、一国两制”的基本方针，我们采取一系列实事求是的政策和措施，促进了两岸民间交流不断扩大，两岸经济关系日益密切；推动了两岸同胞加深了解、增进感情，建立起积极发展两岸关系以最终实现和平统一的最大共识。事实告诉人们，清政府腐败无能使台湾同胞饱受了外国殖民统治的屈辱。国民党的独裁统治在台湾人民的心灵上划下了深深的历史伤痕。中国共产党领导的新中国成立后，则一直深切关怀在台湾的骨肉同胞，并为实现和平统一以从根本上保障台湾同胞的利益而进行不懈的努力。今后，我们将继续坚持“和平统一、一国两制”的基本方针，全面贯彻江泽民主席的八项主张，在深入开展反分裂反“台独”斗争的同时，充分理解和尊重台湾同胞的生活方式和当家作主的愿望，“更寄希望于台湾人民”，努力全面促进两岸关系的发展，为实现和平统一创造条件。

历史不会忘记，具有爱国主义光荣传统的台湾同胞，不仅对日本殖民统治、对国民党的暴政进行了英勇反抗，对近几十年来祖国宝岛台湾的发展作出了宝贵的贡献，而且积极投入两岸民间交流，热忱关心和支持祖国大陆的经济建设，真诚希望加快两岸关系的发展，以推动祖国统一进程。但是，台湾当局完全违背两岸同胞的意愿，不仅继续在国际上制造“两个中国”、“一中一台”，而且竭力限制两岸关系的发展。不久前，台湾当局召开所谓“国家发展会议”，声称要改变台湾省的行政建制，朝着“废省”方向迈出危险的一步，以便否定台湾作为中国一个省的地位，为进一步制造分裂创造条件。我们坚决反对台湾当局制造“两个中国”、“一中一台”的分裂活动。我们严正指出，台湾作为中国一部分、作为中国行政区划中一个省的事实和法律地位，是包括台湾人民在内的全中国人民的共识，这是包括“台独”在内的各种分裂势力改变不了的。台湾当局若一意孤行，违背历史，违背人民，只能被历史和人民所唾弃。

今年7月1日，我国政府就要恢复对香港行使主权，洗雪150多年的民族耻辱，这将对振奋民族精神、推动祖国统一进程产生重大而深刻的影响。统一尚未实现，同胞仍须努力。值此纪念台湾省人民“二·二八起义”50周年之际，我们对“二·二八起义”所表现的爱国民主精神充满敬意，对台湾同胞要求当家作主的愿望怀有深切的理解。我们愿和台湾同胞一道，和海内外所有中国人一道，高举爱国主义的伟大旗帜，同心同德，努力奋斗，为实现祖国的完全统一和中华民族的全面振兴，作出历史性的贡献。

參考書目

壹、中文部份

一、專書方面

1. 周憲文：日據時代台灣濟史，第一、二冊，台北：台灣銀行經濟研究室，一九五八年。
2. 黎烈文譯，E. Garnot著：法軍侵臺始末（Expedition Francaise de Formose），台北：台灣銀行，一九六〇年。
3. 台灣銀行經濟研究室：清代台灣大租調查書，台北：台灣銀行，一九六三年。衛惠林等著：臺灣省通誌稿，卷八，同胄志，第一、第二冊，台中：臺灣省文獻委員會，一九六五年。
4. 臺灣省文獻委員會：臺灣省通誌，政事志，外事篇，台中：臺灣省文獻委員會，一九七一年。
5. 臺灣省文獻委員會：臺灣省通誌，卷二，人民志人口篇，台中：臺灣省文獻委員會，一九七二年。

6.臺灣省文獻委員會：台灣史，台中：臺灣省文獻委員會，一九七七年。
7.臺灣省文獻委員會編：台灣史，台北：眾文圖書公司，一九七七年。
8.鄭喜夫：台灣地理及歷史，卷九，官師志，第一冊，文職表，台中：臺灣省文獻委員會，一九八〇年。
9.王國璠：台灣抗日史，甲篇，台北：台北市文獻委員發行，一九八一年。
10.溫振華：台北市志，卷一，沿革志，城市篇，台北：台北市文獻委員會，一九八八年。
11.外交部：外交年鑑，台北：行政院外交部，一九九〇—一九九四年。
12.周學普譯，G. L. Maclcay著：台灣六記（From Far Formosa），台北：台灣銀行，一九六五年。
13.吳明遠譯，W. A. Pickering著：老台灣（Pioneering in Formosa），台北：台灣銀行，一九七九年。
14.黃家謨：美國與台灣（一七八四—一八九五），台北：中央研究院（以下簡稱史研究）近代史研究所（以下簡稱近史所），一九六六年。
15.張果為編：台灣經濟發展，台北：正史書局，一九六七年。
16.台灣省「二、二八」事變記事（台北：台灣省警備總司令部印，民國三十六年五月）共六十九頁。
17.台灣二二八事件親歷記（台北：台灣正義出版社編印，民國三十六年五月），全一冊二〇六頁。

18.台灣暴動事件紀實（台灣行政長官公署新聞室編印，民國三十六年四月），全一冊，共四十八頁。

19.自治與正統（新台灣出版社出版，民國三十七年一月一日，薈廬資料室藏）。

20.謝雪紅的悲劇（台北，中央委員會第六組編印，民國四十七年六月二十五日），共四十七頁。

21.共匪在台之陰謀與活動（法務部調查局編印，民國四十年一月初版。）

22.台灣省菸酒公賣局，二二八事件專案資料報告（薈廬資料室）。

23.專賣業務特刊（台灣省專業局業務委員會發行，民國三十六年四月出版），共三十六頁。

24.台灣「二、二八」事變專輯（台灣月刊，第六期，民國三十六年四月出版），共一一一頁。

25.台灣警察（二卷十一期）（中華警察學術研究社台灣分社、台灣省警察協會合編，民國三十六年四月一日出版）。

26.沈雲龍「二、二八事變的追憶」（薈廬資料室印，民國七十三年五月二十九日）。

27.蘇僧、郭建成合著拂去歷史明鏡中的塵埃（美國南華文化事業公司出版，一九八六年二月出版）。

28.台灣省文獻委員會前主任委員林衡道先生（二二八事變時正任職糧食局）二二八事變回憶

（薈廬資料室編印，民國七十三年一月）。

29. 楊亮功、何漢文「二二八事件」調查報告全文（民國七十七年三月十日「聯合報」第三版。

30. 蔣永敬：「楊亮功先生與『二二八』事件」（民國七十七年三月五日「聯合聯」第三版。

31. 林木順，台灣二月革命（香港：新民主出版社，一九四八年，二月出版）。

32. 共匪對台陰謀活動組織人事調查（法務部調查局印行，民國七十六年六月出版）。

33. 包恒新，台灣知識詞典（中共福建人民出版出版，一九八七年八月第一版）。

34. 李稚甫，台灣人民革命鬥爭簡史（廣州：華南人民出版社，一九五五年）。

35. 莊嘉農（蘇新），憤怒的台灣，（台北：新觀點叢書）。

36. 葉劍英、胡耀邦等，為台灣歸回祖國實現國家統一而努力（北京：出京出版社，一九八二年）。

37. George Keer（柯爾）著，陳榮成譯，被出賣的台灣（台北：新觀點叢書）。

38. 林啟旭，台灣二二八事件綜合研究（台北：新台叢書）。

39. 賴永祥：台灣史研究－初集，台北：一九七〇年。

40. 蔡啟恆譯：James W. Davidson著：台灣之過去與現在（The Island of Formosa: Past and Present），台北：台灣銀行，一九七二年。

41. 盛清沂、王詩琅、高樹藩：台灣史，台中：臺灣省文獻會（以下簡稱臺文獻會），一九七七年。

42.黃秀政：『台灣民報』與近代台灣民族運動，彰化：現代潮出版社，一九七七年。

43.張世賢：晚清治臺政策，台北：私立東吳大學中國學術著作獎助委員會，一九七八年。

44.林子侯：台灣涉外關係史，台北：三民書局，一九七八年。

45.林滿紅：茶，糖，樟腦與晚清台灣，台北：台灣銀行，一九七八年。

46.曹永和：台灣早期歷史研究，台北：聯經出版事業公司（以下簡稱聯經），一九七九年。

47.戴炎輝：清代台灣之鄉治，台北：聯經，一九七九年。

48.王國璠、邱秀堂：台灣叢談，台北：台灣史蹟源流研究會，一九七九年。

49.陳三井總纂：鄭成功全傳，台北：台灣史蹟研究中心，一九七九年。

50.劉振魯：劉銘傳傳，台中：臺文獻會，一九七九年。

51.陳其南、陳秋坤編譯、馬若孟著：台灣農村社會經濟發展，台北：牧童出版社，一九七九年。

52.陳紹馨：台灣人口變遷與社會變遷，台北：聯經，一九七九年。

53.陳奇祿：中國的台灣，台北：中央文物供應社，一九八〇年。

54.洪敏麟：台灣舊地名之沿革，台中：臺文獻會，一九八〇年。

55.周憲文：台灣經濟史，台北：台灣開明書店，一九八〇年。

56.台灣基督教長老會：馬偕醫院創設一百過年紀念冊，一九八〇年。

57.王詩琅編：日本殖民體制下的台灣，台北：羅文圖書公司，一九八○年。
58.張宗漢：光復前台灣之工業化，台北：聯經，一九八○年。
59.王藝生著：台灣史話，北京，中國青年出版社，一九五五年五月初版。
60.張勝彥、吳文星、溫振華、戴寶村編著：台灣開發史，台北，國立空中大學印行，民國八十五年元月。
61.陳孔立主編：台灣歷史綱要，北京：九州圖書出版社，一九九六年四月第一版。
62.謝傳聖，大陰謀一共匪統戰顛覆實錄（台北：聯經出版事業公司，民國六十八年）。
63.裴可權，台共叛亂及覆亡經過（台北：商務印書館，人人文庫，民國七十五年）。
64.馬起華編二二八研究（台北：中華民國公共秩序研究會出版，民國七十六年十月初版。）
65.張憲文主編，中華民國史綱（大陸，河南人民出版社，一九八五年十月出版）。
66.陳碧笙，台灣地方史（大陸，中國社會科學出版社出版，一九八二年八月出版）。
67.史明：台灣人四百年史（美國加州聖荷西，蓬萊島文化公司，一九八○年九月，中文出版）。
68.王育德，台灣苦悶的歷史（日本東京、台灣青年社，一九七九年八月，中文初版）。
69.李逢春等四人合著，風起雲湧一北美洲台灣獨立運動之發展（美國紐澤西，台獨聯盟，一九八五年六月初版）。
70.李勝峰著當代民族主義的危機一台灣自決論的研究與批判（國立政治大學三民主義研究所

出版，民國七十三年六月出版）。

71.日據時期台共活動始末（一九二八－一九三二），法務部調查局印行，民國七十三年元月出版）。

72.郭瑞華撰論中共「一國兩制」的理論與實際（台北：中國文化大陸問題研究所碩士論文，民國七十七年元月）

73.「中共關於『解放台灣』的文件集」（一九四九－一九七一年）（香港：當代中國研究所編輯，一九七二年）。

74.「周恩來統一戰線文選」（北京，人民出版社，一九八四年）。

75.「建設有中國特色的社會主義」（共匪原始資料彙編第四十三號）（台北：國防部總政治作戰部編印，民國七十三年十月二十五日。）

76.「鄧小平文選」（一九七五－一九八二年）（北京：人民出版社，一九八三年七月）。

77.鄧小平，「建設有中國特色的社會主義」（廣東：人民出版社，一九八五年六月）。

78.張念鎮，「中共統戰及對策之研究」（台北：覺園出版社，民國七十二年三月）。

79.郭煥圭、趙復三編，「台灣之將來」（北京：中國友誼出版社，一九八三年八月）。

80.鄭竹園，「台灣模式與大陸現代化」（台北：聯經出版事業公司，民國七十五年八月初版）。

81.李達編著，「一國兩制與台灣」（香港：廣角鏡出版社，一九八七年五月初版）。

82.沈呂巡，「軍售問題與中共對台政策之研究」（台北：三民書局經銷，民國七十五年一月）。
83.「歷史的教訓—為何不與中共和談」（台北：法務部調查局印行，民國七十一年六月）。
84.「揭開中共『一國兩制』統戰陰謀」（台北：中共問題資料雜誌社，民國七十六年八月）。

二、期刊論文

1.許嘉明：「彰化平原福佬客的地域組織」，中研院民族所集刊，第三十六期，一九七三年。
2.陳虹：「明末台灣山地行政的研究」（上、下），台灣文獻，第二十五卷，第三、四期，一九七四年九、十二月。
3.林子侯：「明鄭對日關係與存銀事件」，台灣文獻，第二十五卷，第四期，一九七四年十二月。
4.黃典權：「陳永華史事研究」，台灣文獻，第二十六卷第一期，一九七五年三月。
5.監清沂：「明鄭內政考略」，台灣文獻，第二十七卷第二期，一九七六年六月。
6.金鑠：「清代台灣文官制度之研究」，國立成功大學歷史學報，第四號，一九七七年，七月。

7.吳文星：「日據時代台灣書房之研究」，思語言，第十六卷第三期，一九七八年九月。

8.徐雪霞：「明鄭明期漢中在台灣的拓展」，台南文化，第十八期，一九八四年十二月。

9.王世慶：「從清代台灣農田水利的開發看農村社會關係」，台灣文獻，第三十六卷第二期，一九八七年。

10.吳文星：「日據時期台灣總督府推廣日語運動初探」，台灣風物，第三十七卷第一、四期，一九八七年三、十二月。

11.吳文星：「日據時期台灣書房教育之再探討」，思語言，第二十六卷第一期，一九八八年五月。

12.宋文薰：「台灣的考古學」，台灣風物，第三十八卷第四期，一九八八年。

13.黃士強：「從東河地區談東海岸史前文化及有關問題」，田野考古，第二卷第十期，一九九一年。

14.宋文薰：「台灣舊石器文化探索的回顧與展望」，田野考古，第二卷第二期，一九九一年。

15.黃士強：「從小馬洞穴談台灣的失闕文化」，田野考古，第二卷第二期，一九九一年。

16.吳文星：「太陽旗下的台灣－教育篇」，日本文摘，第一〇〇期紀念特刊，一九九四年五月。

17.陳孔立：「大陸學者研究台灣的方法問題」，台海兩岸，一九九五年三月春季號。

18.陳孔立：「台灣歷史與兩岸關係」，歷史月刊，一九九六年十月號。

19.王明珂：「台灣與中國的歷史記憶與失憶」，歷史月刊，一九九六年十月號。

10.陳芳明：「台灣研究與後殖民史觀」，歷史月刊，一九九六年十月號。

11.陳映真：「台灣史瑣論」，歷史月刊，一九九六年十月號。

12.陳其南：「民族、社會、國家與歷史—台灣史研究的政治意涵」，歷史月刊，一九九六年十月號。

貳、外文部份

一、日文方面

1.台灣總督府官房文書課：台灣統治綜覽，台北：該府，一九〇八年。

2.東鄉實、佐藤四郎：台灣植民發達史，台北：晃文館，一九一六年。

3.吉野秀公：台灣教育史，台北：著者發行，一九二七年。

4.伊能嘉矩：台灣文化志，東京：刀江書院，一九六五年。

5.井出秀和太：台灣治績志，台北：台灣日日新報社，一九三七年。
6.安倍明義：台灣地名研究，台北：蕃語研究會，一九三八年。
7.佐藤源治：台灣教育的進展，台北：台灣出版文化株式會社，一九四三年。
8.台灣總督府：台灣統治概要，東京，一九四五年。
9.矢內原忠雄：矢內原忠雄全集，第二卷，東京：岩波書店，一九六三年。
10.黃昭堂：台灣民主國的研究—台灣獨立運動史一斷章，東京：東京大學出版會，一九七〇年。
11.淺田喬二：日本帝國主義下的民族革命運動，東京：未來社，一九七三年。
12.台灣總督府警務局：台灣社會運動史（原台灣總督府警察沿革誌，第一篇，中卷），東京：原書房，一九七三年。
13.涂照彥：日本帝國主義下的台灣，東京：東京大學出版會，一九七五年。
14.春山明哲、若林正丈：日本殖民地主義的政治的展開（一八九五—一九三四），東京：，一九八〇年。
15.黃昭堂：台灣總督府，東京：教育社，一九八一年。
16.若林正丈：台灣抗日運動史研究，東京：研文出版社，一九八三年。
17.向山寬夫：日本統治下台灣民族運動史，東京：中央經濟研究所，一九八七年。
18.若林正丈、劉進慶、松永正義合編：台灣百科，東京：大修館書店，一九九〇年。

二、英文方面

1.Su Bing（史明）: "Taiwaneses 400 year History"（台灣四百年史）（Taiwan Cultural Grassroots Association 1120 Connecticut Avenue, NW Suite Washington, D.C 20036）。

2.A Tragic Beginning: The February 28, 1947 uprising in aiwan dy Jehhang Lai Ramon H. myers wou we（U.S.A. Published 1988）。

3.Kerr, George H.Formosa Betrayed（Boston: Houghton mifflin Company, 1965）。

4.The China White Paper: August 1949（Sstanford, California Universitv Press, 1967）。

5.United Formosa for Independence（Philadelphia, pennsylwans" ADeclaration of Formosans"; in Douglas mendel, Political of Formosan Nationalism（Berkeley: university of California Press, 1970）

6.United States State Department Central Files. Formosan internalaffairs, 1945—1949（Frederick, maryland: Unwers University Publications of America, 1985）

7.Davidson, James W, The Island of Formosa, Past and Present.（New York, Book World, 1903）

8.Takekoshi Yosaburo, Japanese Rule in Formosa, Trans. by George Braithwaita,

（London, 1907）

9. Barclay, George W, Colonial Development and Population in Taiwan.（Princeton University Press, 1954）

10. Chen, Edward I—te, Japanese Colonialism in Korea and Formosa: AComparison of its Effects upon the Development of Nationalism. Ph. D.diss.,（University of Pennsylvania, 1968）

11. Tung—tsu CH'u, Local Government in China under the Ch'ing.（Cambridge, Massachusetts: Harvard University Press, 1970）

12. Chen Ching—chih, Japanese Socio—Political Control in Taiwan, 1895—1945.（Ph. D. diss., harvard University, 1968）

13. Tsurumi, E. Patricia, Japanese Colonial Education in Taiwan, 1895—1945.（Harvard University Press, 1977）

14. Wyers, Ramon H. & Mark R. Peattie, ed., The Japanese Colonial Empire, 1895—1945.（Princeton University Press, 1984）

15. Ts'ai Caroline, Hui—Yu, One Kind of Control: The Hoko System in Taiwan under Japanese Rule, 1895—1945. Ph. D. diss.,（Columbia University, 1990）

國家圖書館出版品預行編目資料

海峽兩岸編寫「臺灣史」的反思與整合
／陳木杉編著. --初版. --臺北市：
臺灣學生，民86
面； 公分

ISBN 957-15-0839-X (精裝)
ISBN 957-15-0840-3 (平裝)

1.臺灣 - 歷史 - 研究方法

673.22 86010166

海峽兩岸編寫「臺灣史」的反思與整合（全一冊）

編著者：陳木杉
出版者：臺灣學生書局
發行人：孫善治
發行所：臺灣學生書局
臺北市和平東路一段一九八號
郵政劃撥帳號〇〇〇二四六六八號
電話：三六三四一五六
傳眞：三六三六三三四

本書局登記證字號：行政院新聞局局版北市業字第玖捌壹號

印刷所：宏輝彩色印刷公司
地址：中和市永和路三六三巷四二號
電話：二二六八八五三

定價 精裝新台幣七五〇元
平裝新台幣六七〇元

西元一九九七年九月初版

67322

ISBN 957-15-0839-X (精裝)
ISBN 957-15-0840-3 (平裝)

臺灣學生書局出版

台灣研究叢書